Meierhold

II

III

IV

Любовь къ тремъ
апельсинамъ
Журналъ Доктора
Дапертутто.

VI

VIII IX X

VII

XI　　　　　　　　　XII　　　　　　　　　XIII

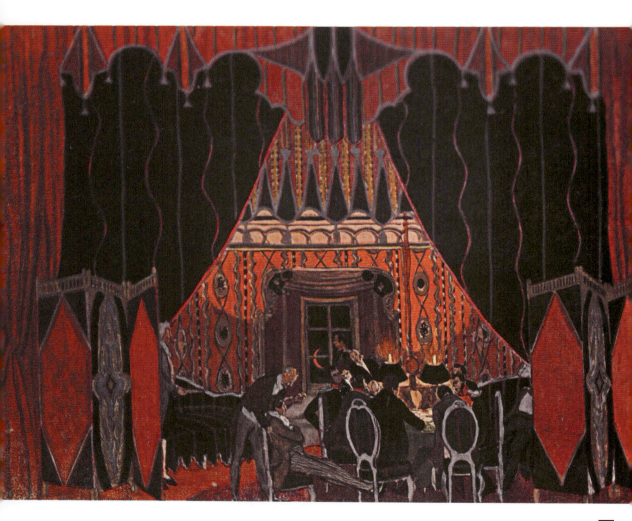

XIV

XVI

ТЕАТР ИМЕНИ ВС. МЕЙЕРХОЛЬДА

ТВЕРСКАЯ, ТРИУМФАЛЬНАЯ ПЛ., 20. ТЕЛ. 3-63-01. ТРАМВАИ: 1, 5, 6, 13, 25 и Б.

ЯНВАРЬ: 29, 30, 31, 1 февраля

БУБУС УЧИТЕЛЬ

Участвуют:

- Игорь ИЛЬИНСКИЙ (Бубус)
- Зинаида РАЙХ (Стефка)
- Б. ЗАХАВА (Варфоломей ван Кампердаф)
- В. ЯХОНТОВ (Барон Теэк Фейервари)
- Н. ОХЛОПКОВ (Генерал Берковец)
- М. КОРЕНЕВ (Пастор Зюссерлих)
- М. КИРИЛЛОВ (Валентин)

Участвуют:

- В. РЕМИЗОВА (Блазе)
- М. БАБАНОВА (Тэа)
- Т. ИЛЬИНСКАЯ (Тильхен)
- Е. БЕНГИС (Памятка)
- В. ЗАЙЧИКОВ (Министр изящн. искусств)
- А. ТЕМЕРИН (Министр без портфеля)
- М. ЖАРОВ (Секретарь Торг. Пал.)

КОМЕДИЯ В 3-х АКТАХ АЛЕКСЕЯ ФАЙКО
В ПОСТАНОВКЕ
ВС. МЕЙЕРХОЛЬДА
КОМЕДИЯ НА МУЗЫКЕ
партию рояля (ЛИСТ, ШОПЕН) исп. Л. АРНШТАМ
ВЕЩЕСТВЕННОЕ ОФОРМЛЕНИЕ — И. ШЛЕПЯНОВ
РЕЖИССЕРЫ-ЛАБОРАНТЫ: П. ЦЕТНЕРОВИЧ и Н. ЛОЙТЕР

НАЧАЛО в 8 час. вечера.

БИЛЕТЫ ПРОДАЮТСЯ.   КАССА ОТКРЫТА с 12—2 ч. дня и с 5—9 ч. веч.   КОНТРАМАРКИ НЕ ВЫДАЮТСЯ.

ГОСУДАРСТВЕННЫЙ ТЕАТР ИМЕНИ ВС. МЕЙЕРХОЛЬДА.

ВСЕВОЛОД ВИШНЕВСКИЙ

ВСЕВОЛОД МЕЙЕРХОЛЬД

ПОСЛЕДНИЙ РЕШИТЕЛЬНЫЙ

МОСКВА 7 ФЕВРАЛЯ 1931 Г

XIX

Título do original em francês
Meyerhold

© CNRS Éditions, Paris, 1990, 2004

Coordenação editorial: J. Guinsburg

Tradução: Fátima Saadi, Isa Kopelman, J. Guinsburg e Marcio Honorio de Godoy.
Revisão técnica do francês: Maude Sendra.

Preparação de texto: Adriano Carvalho Araujo e Sousa
Revisão: Marcia Abreu

Projeto gráfico e capa: Sergio Kon
Produção: Ricardo W. Neves, Raquel Fernandes Abranches, Sergio Kon e Luiz Henrique Soares

---

CIP-Brasil. Catalogação-na-Fonte
Sindicato Nacional dos Editores de Livros, RJ

P664m

Picon-Vallin, Béatrice, 1946-
　Meierhold/ Béatrice Picon-Vallin ; [tradução de Fátima Saadi, Isa Kopelman, J. Guinsburg e Marcio Honorio de Godoy]. - São Paulo : Perspectiva, 2013.

　Tradução de: Meyerhold
　Inclui bibliografia
　ISBN 978-85-273-0955-4

　1. Meierkhold, V. E. (Vsevolod Emilevich), 1874-1940. 2. Teatro russo - História e crítica. 3. Representação teatral. 1. Título.

13-0344.　　　CDD: 792.0947
　　　　　　　CDU: 792(470)

16.01.13　19.01.13　　　　　　　　　　　　　042201

Direitos reservados em língua portuguesa à
EDITORA PERSPECTIVA S.A.

Av. Brigadeiro Luís Antônio, 3025
01401-000 São Paulo SP Brasil
Telefax: (011) 3885-8388
www.editoraperspectiva.com.br

2013

Meie

rhold

Béatrice Picon-Vallin

Sumário

12 Agradecimentos
14 Nota

16 Introdução

19 Interferências
21 Meierhold e o Teatro Europeu: A Síntese das Artes
24 Meierhold e o Grotesco

DA ESTILIZAÇÃO AO GROTESCO

36 1. Barraca da Feira de Atrações e Baile de Máscaras

38 O Teatro de Convenção
45 A Primeira *Barraca da Feira de Atrações*
52 Uma Atividade Multidirecional: Experimentação sobre os Gêneros (1908-1912)
64 O Grotesco Deve Se Tornar a Alma da Cena
73 O Estúdio da Rua Borodin
82 *O Baile de Máscaras*

EM TORNO DO OUTUBRO TEATRAL

92   **1. Construtivismo e Biomecânica**

     94   Petrogrado 1917-1919

     106   Moscou 1920-1921: Os Princípios do Outubro Teatral

     114   Racionalização do Espetáculo e do Jogo do Ator

     153   A Via do Grotesco

174   **2. A Cena na Cidade, entre a Arena de Circo,**
         o Campo de Manobras e a Tela de Cinema

     175   As Metamorfoses de *A Morte de Tarelkin*
             (Novembro de 1922)

     179   *A Terra Encabritada* (Março de 1923)

     183   Um Teatro na Cidade

     185   *O Lago Lull:* Teatro, Cinema, Cineficação

     189   D. E. (Junho de 1924). Cinema, Jazz, Dança

194 **3. A *Floresta*: Clássico Russo e Burlesco Americano**

197 Por que Ostróvski? A Sábia Variante: *Um Lugar Lucrativo*

199 *A Floresta*: A Crítica e o Público

202 O Trabalho Dramatúrgico: Construção de uma Nova Máquina de Atuar

209 A Interpretação das Personagens: Uma Comédia de Máscaras. Agitação e Tradição

213 A Organização Espacial

218 A Montagem Dramatúrgica e o Roteiro das Ações Cênicas

231 A Parte do Burlesco Americano

236 O Jogo do Ator com os Objetos

247 Arkaschka-Ilínski: Gênese e Montagem da Personagem

253 O Poder do Teatro

256 **4. Uma Dramaturgia Grotesca Moderna: *O Mandato***

257 A Estranha Carreira de um Autor Cômico de Sucesso

259 O "Herói" na Obra de Erdman

260 O Texto de *O Mandato*

266 A Tradição Gogoliana em *O Mandato*

271 A Estrutura de *O Mandato*: O "Riso Através das Lágrimas"

274 A Construção de Diálogos

276 Exagero ou Verdade?

277 As Reações de Espectadores: Uma Plateia em Ebulição

280 Um Cenário Dinâmico

282 Os Princípios da Encenação

288 Estatuto da Personagem e do Ator

297 O Tragicômico no Ato III

304 Princípios da Construção de Personagens

308 A Evolução do Jogo Grotesco

TEATRO E MÚSICA

314 1. *O Professor Bubus* e as Transformações do Teatro Político

316 As Soluções Espaciais: Uma Construção Sonora

318 A "Sociomecânica": A Construção do Papel

320 Jogo Tragicômico e Pré-Jogo

323 A Partitura Musical e o Jogo de Atuação com Base
na Música

330 2. *Revizor* e o Processo de Trabalho Teatral em Meierhold

333 A Riqueza do Espetáculo

334 Teatro e Literatura

339 Trabalhos Preparatórios

345 A Construção do Texto

349 Procura da Polifonia Visual

352 A Gênese do Espetáculo

358 A Construção do Espaço

374   Teatro e Cinema

382   Realismo ou "Supernaturalismo"?

385   Os Ensaios de "A Carta de Tchmikhov": Jogo em Filigrana

388   A Cena Muda

391   Personagens e Atores: Revisão e Interpretação

397   A Montagem da Personagem de Khlestakóv

408   O Burlesco, o Biológico

412   A Personagem, entre Biologia e Mecânica

417   Coro ou Rebanho? *Revizor*, uma Comédia do Poder e do Medo

423   O Grotesco

430   **3. Um Teatro Musical**

432   Música e Pintura

437   Música e Texto: Instrumentação do Texto de *Revizor*

442   A Partitura e a Construção Musical: Música Audível e Inaudível

451   Análise da Composição Musical e Plástica no *Revizor*

457   Púschkin, Prokófiev e *Boris Godunov*

466   Meierhold e a Música de Seu Tempo

470   A Evolução de Meierhold na Direção de uma Teoria do Contraponto

475   Uma Dramaturgia Musical

480   A Interpretação do Ator e a Música: Do Acrobata ao Ator Chinês

482   Entre a Improvisação e o Rigor Científico

488   Conclusão

489   Os Anos Trinta

494   A Dimensão Utópica: Teatro Engajado, Nacional, Polêmico

498   O Grotesco, Estrutura da Obra Teatral

501   Rumo a uma Organização das Relações entre as Artes e Seus Materiais

ANEXOS

508   Glossário

514   Cronologia

532   Bibliografia

552   Índices

565   Crédito das Imagens

Agradecimentos

Esta aventura meierholdiana deu ensejo a um grande número de encontros sem os quais este livro não poderia ter sido realizado.

Devo, pois, reconhecer minha dívida e expressar minha gratidão a todos aqueles e aquelas que contribuíram para a pesquisa documental, para a elaboração e para a realização deste trabalho. Em primeiro lugar, a Denis Bablet, diretor de pesquisas no CNRS (Centre National de la Recherche Scientifique), exigente e amistoso, atento e benévolo, que me estimulou e me apoiou; a Aleksandr Fevrálski – *in memoriam* – ,que foi aluno dos Ateliês de Vsévolod Meierhold, depois membro do secretariado do Gostim•, testemunha essencial, memória viva, que me abriu seus arquivos pessoais e me brindou generosamente com conselhos e constante encorajamento; e a Constantin Rudnítski, professor no Instituto de História das Artes de Moscou, cuja competência e disponibilidade pude apreciar, e que morreu subitamente em outubro de 1988.

Agradeço igualmente a Maria Valentéi, neta de Meierhold, pelos contatos que me ajudou a estabelecer; a N. Volkova, diretora dos Arquivos Centrais Estatais de Literatura e Arte, bem como a suas colaboradoras Maia Sitkoviétskaia, que me auxiliou na recensão e na exploração dos fundos Meierhold, e O. Rojkova; agradeço a L. Posnikova, diretora do Museu Estatal do Teatro Bakhrúschin, assim como a seus colaboradores, em especial a Marina Ivânova, diretora adjunta do Museu, que ali me recebeu, a Z. Tchistova, responsável, na época, pelo fundo Meierhold, e a L. Danilova; e, por fim, a Eiba Kaetonovna, que me guiou no Museu de Teatro de Leningrado. Meus agradecimentos também a M. Kotovskaia, diretora do Instituto de História das Artes da Academia de Ciências da URSS em Moscou, e aos integrantes da Seção Teatro Russo desse Instituto, que me receberam quando de minhas últimas estadias lá; aos colaboradores da Biblioteca Teatral de Moscou, aos do Museu do Teatro de Leningrado, em especial à sua diretora, N. Metelítsa, e a E. Fedosova; aos do Museu Russo de Leningrado, que me facilitaram o acesso a determinados fundos ou arquivos; e aos funcionários do Museu do Teatro V. Meierhold de Penza.

Eu não poderia esquecer todos aqueles que, na França, na URSS e em outros países, ajudaram-me com conselhos, com documentação de seus arquivos pessoais, todos aqueles que responderam a minhas questões e concederam-me entrevistas: professores, pesquisadores, encenadores e atores, em especial:

◼ em Paris: Claudine Amiard-Chevrel, Odette Aslan, Bernard Dort, Francis Guinle, Christine Hamon, Elie Konigson, Gérard Lieber, Giovanni Lista, Mirella Nedelco-Patureau, Sally Norman, Julia Simalty;

◼ em Moscou, São Petersburgo e Voronej: T. Batchelis, N. Cheiko, A. Cherel, V. Schtcherbakov, A. Falk, O. Feldman, E. Gabrilóvitch, A. Granovskaia, I. Ilínski, E. Kuznétsov, V. Kózintseva, T. Lanina, A. Matskin, V. Netchaiev, A. Umykova, I. Uvarova, N. Pessotchínski, M. Pojarskaia, L. Potapova, T. Proskurnikova, I. Rusch, I. Schneiderman, L. Semenova, V. Skoboliev, A. Smelianski, A. Smirnova-Iskander, E. Sokolinski, E. Tiapkina, M. Turovskaia;

◼ na Itália: G. Kraiski e F. Malcovati;

◼ Nos Estados Unidos: A. Law.

Agradeço também aos membros da UPR 12, Laboratório de Pesquisas sobre as Artes do Espetáculo, que colaboraram para a realização desta obra e especialmente Odette Aslan e Jacquie Bablet.

Minha gratidão também aos integrantes dos diversos setores das Edições do CNRS.

Eu agradeço, enfim, calorosamente à equipe da editora Perspectiva e a seu editor, J. Guinsburg, por ter permitido a este livro vir à luz em língua portuguesa, neste país arrojado que é o Brasil.

Publicado pela primeira vez em 1990, este livro tem tido várias reedições e tem sido traduzido para várias línguas. Muitas personagens aqui referidas já se foram, mas permanecem vivas em minha memória por terem permitido, cada uma em seu capo de conhecimento, transmitir, a despeito de tudo, a herança da obra visionária de Vsévolod Meierhold.

Béatrice Picon-Vallin

Nota

Escolhi, para apresentar a obra de V. Meierhold, privilegiar, neste livro, a análise aprofundada de suas encenações. Porém, na medida em que não seria possível, em razão das dimensões deste volume, incluir todas as encenações meierholdianas, limitei-me às mais representativas. Às demais dediquei dois capítulos, muito sintéticos, associados a uma seleção de documentos iconográficos, que oferecerão uma visão panorâmica, indispensável à compreensão da evolução da obra do encenador. Além disso, por último, uma cronologia detalhada estabelece a sucessão completa dos espetáculos.

Também ao fim deste volume, o leitor encontrará um glossário com o significado dos termos e siglas russos ou soviéticos que aparecem no texto assinalados pelo sinal "•". Não se adotou para as palavras e os nomes russos a transcrição internacional para não desencorajar os apreciadores de teatro não eslavistas. A transliteração foi feita, visando facilitar a leitura, com base no padrão adotado pela editora Perspectiva, inclusive para os títulos que figuram na primeira ocorrência no original seguido da tradução e depois apenas em português, o mesmo se dando na bibliografia. Acrescentemos ainda, para evitar confusões, que todas as obras editadas em cidades russas foram publicadas em russo. No caso de edição soviética em língua francesa, ou de edição americana (tcheca ou de outra nacionalidade) em língua russa, essa especificação é feita entre parênteses. Da mesma forma, os títulos das obras de referência, bem como títulos de revistas ou séries de publicações, em russo ou em outras línguas estrangeiras, são apresentados na língua original. Fez-se uso de algumas abreviaturas cômodas: assim, os três tomos dos *Ecrits sur le théâtre*, de Meierhold, publicados em Lausanne pela editora L'Age d'Homme, coleção Théâtre Années Vingt, respectivamente em 1973, 1975 e 1980, serão referidos como *Ecrits I*, *II* ou *III*. Embora estas obras tenham sido objeto de uma nova edição, revista e ampliada, as referências aqui remetem à edição anterior. A revista *Lioubov k trem apelsinam* é indicada no texto com seu título em português, *O Amor das Três Laranjas*, e nas notas com seu nome original. No tocante ao material dos arquivos dos RGALI*, o primeiro número que aparece corresponde ao fundo, o segundo, ao dossiê.

Introdução

Desejo reconstruir a partir de antigas verdades
que em arte não envelhecem jamais.

Edward Gordon Craig[1]

Reprovarão minha audácia até o ponto em que, tendo me compreendido
totalmente, reprovarão totalmente a timidez.

Anatole France[2]

A obra de Vsévolod Meierhold cobre os quatro primeiros decênios do século XX e as etapas decisivas de sua evolução como encenador coincidem com os grandes acontecimentos que marcam a história da Rússia. A ruptura de Meierhold com o naturalismo russo se deu em 1905, ano da primeira revolução. A estreia de *Maskarad* (O Baile de Máscaras) de Mikhail Lérmontov, que Meierhold preparou durante seis anos, ocorre no dia da Revolução de fevereiro. Após ingressar no Partido Comunista em 1918, Meierhold procura, em 1921, levar à cena a agitação de Outubro e declara guerra civil no "*front* teatral". Ao seguir a obra meierholdiana, é a história concentrada do teatro russo e soviético que se apreende, de 1898 – ano do surgimento do Teatro de Arte de Moscou, do qual Meierhold será um dos principais atores – até o fim dos anos de 1920, quando começa a ascensão do realismo socialista. Uma década mais tarde a proximidade entre o criador e a história se transforma em tragédia: seu teatro é fechado em 1938, ele é preso em junho de 1939, julgado e fuzilado a 2 de fevereiro de 1940. O stalinismo faz com que até seu nome desapareça. Frágil porque todo teatro é frágil, sua obra é deformada, proibida, apagada, mas os arquivos do Mestre – *master*• como o chamam seus alunos – são preservados, conservados pelo primeiro dentre eles, Serguêi Eisenstein. A reabilitação de Meierhold aconteceu em novembro de 1955. Nos anos de 1960, a publicação de seus principais textos e artigos[3] e os trabalhos de pesquisadores soviéticos perseverantes, corajosos, apaixonados e precisos como Aleksandr Fevrálski, Constantin Rudnítski e Aleksandr Matskin, começam a preencher as terríveis lacunas da história do teatro e da arte soviéticos, a romper o silêncio, a recuperar os fatos e as paternidades, a restabelecer os elos.

Tanto quanto a obra de Constantin Stanislávski, a obra de Meierhold marcou a cena russa e soviética. Profundamente ligado aos acontecimentos da história nacional, às vanguardas russas e às particularidades da cultura eslava, Meierhold não pode, entretanto, ser separado da história do teatro europeu, do conjunto do que D. Bablet denomina "as revoluções cênicas do século XX" nem dos nomes de Georg Fuchs, Adolphe Appia e Edward Gordon Craig, cujos escritos Meierhold leu atentamente. As próprias pesquisas de Meierhold são conhecidas na Europa, embora em toda a sua carreira apenas um espetáculo tenha sido montado no estrangeiro, *Pisanella* (1913) de Gabriele D'Annunzio,

1 *Daybook 1*, Austin: The Humanities Research Center, University of Texas at Austin.

2 Epígrafe que, em 1935, Meierhold teria desejado colocar no começo da nova edição revista e ampliada de seu livro *Sobre o Teatro*, publicação que não chegou a realizar-se.

3 Ver *Stati, Pisma, Retchi, Besedi*.

em Paris, no Théâtre du Châtelet: em 1910, em *L'Art théâtral moderne* (A Arte Teatral Moderna), Jacques Rouché apresenta e comenta "História e Técnica do Teatro", artigo em que Meierhold faz, em 1907, um balanço de suas experiências[4], e o aspecto plástico – cenário, agrupamento das personagens – do *Carnaval des enfants* (Carnaval das Crianças), primeiro espetáculo do Théâtre des Arts[*], traz a marca do pensamento meierhodiano[5]. Aliás, em 1913, em Paris, Meierhold dá a Rouché um exemplar de seu livro *Sobre o Teatro*, que tinha sido publicado recentemente, em fins de 1912[6]. O texto não será traduzido, mas, durante os anos de 1920, exposições na França (Arts Décoratifs, Paris, 1925) e na Alemanha (Magdeburg, 1927), e depois, em 1930, uma turnê tardia e única de seu teatro por várias cidades da Alemanha e também por Paris estabelece, fora das fronteiras soviéticas, um renome tão grande quanto polêmico.

Que lugar a Rússia e, mais particularmente, Meierhold, ocupam no amplo movimento de redefinição do teatro que, desde o fim do século XIX, atinge a Europa, presa de uma dupla crise: crise da sociedade, crise da realidade e do espaço euclidiano, abalados pelas revoluções científicas e técnicas[7]? Meierhold afirma não ter lido Craig em 1905 quando efetua sua mudança de rota em direção ao teatro de convenção[8]. Só na primavera de 1906 é que ele vai mergulhar em *Die Schaubühne der Zukunft* (O Teatro do Futuro) de Fuchs, depois em *A Arte do Teatro*, de Craig, então traduzido na Rússia. Então será preciso dizer, como Jacques Copeau, que descobre em 1916, a identidade entre sua visão e a de Meierhold sobre a teatralidade, o ator, "a máscara e o grotesco", lendo o livro de Aleksandr Baskhi, que "existe, entre homens que se ignoram e que não puderam influenciar-se mutuamente, um fundo comum de ideias"?[9]

Surgem tentativas, esparsas, sintomáticas, nas quais os papéis de todos os parceiros na criação teatral são recolocados em causa e desenvolvidos – encenador, ator, cenógrafo, espectador. Elas se radicalizam ou se transformam ao se deslocar ou se encontrar no contexto específico de um país, de uma situação social ou de uma trupe. Tomemos o exemplo fundamental da colaboração dos pintores com o teatro: a entrada deles na Ópera Privada de Savva Mámontov, em Moscou em 1885, seu papel no trabalho com Paul Fort, em 1890, com Meierhold em 1905. Depois, a partir de 1909, o triunfo dos impressionistas russos, convocados por Serguêi Diághilev para a aventura dos Balés Russos, aparece como um ponto alto dessa corrente na qual a pintura, à frente do teatro, parece fazê-lo renascer, e também de um movimento mais amplo de abertura das artes geradas pela cena, cujas premissas podem ser encontradas em Jean-Georges Noverre ou em E. T. A. Hoffmann. São conhecidas as posições críticas de Appia e de Craig contra o papel desempenhado pela pintura moderna; eles consideram que tal procedimento prejudica o teatro, que necessita não de tomadas de empréstimo parciais, mas de uma reestruturação

---

4 Retomado na primeira parte de *Du théâtre*, traduzido em *Écrits*, 1, p. 87-124. Cf. Jacques Rouché, *L'Art théâtral moderne*, Paris, Edouard Cornély et Cie, 1910, p. 30-45.

* O Théâtre des Arts foi fundado por Jacques Rouché em 1910. Transformou-se depois no Théâtre-Hebertot. *Le Carnaval des enfants* é de autoria de Saint-Georges de Bouhélier (N. da T.).

5 Cf. N. Volkov, *Meyerhold*, t. 2, p. 160; e D. Bablet, *Le Décor de théâtre de 1870 à 1914*, p. 214-224.

6 Cf. N. Volkov, op. cit., t. 2, p. 285.

7 Cf. D. Bablet, op. cit., p. 80-95.

8 V. Meyerhold, "E. G. Craig", *Écrits*, 1, p. 148.

9 Cf. A. Baskhy, *The Path of the Modern Russian Stage and other Essays*, London: Cecil Palmer & Hayward, 1916; e J. Copeau, *Registres 3: Les Registres du Vieux Colombier 1*, Paris: Gallimard, 1979, p. 359-361.

total[10]. Se Copeau teme os abusos de poder do pintor, Stanislávski denuncia e rejeita "a tirania" dos Dobujinski e dos Benois[11], defendendo um cenário discreto. Quanto a Meierhold, encontraremos um duplo procedimento: colaboração com alguns pintores escolhidos por seu gosto profundo pelo teatro, bem como pela identificação entre a sua concepção de mundo e a deles, e, paralelamente, trabalho sobre um espaço totalmente livre de pintura.

Interferências

No fim do século XIX e no começo do século XX, a Rússia, onde a cultura ainda é, como escreve Georges Nivat, "jovem e instável"[12], bebe nas fontes ocidentais (viagens e estadias de pintores russos no estrangeiro, traduções e encontros de escritores, turnês dos Meininger) e seus interlocutores privilegiados são a França e a Alemanha. Mas, no teatro, as duas faces da revolta contra o realismo acadêmico, naturalismo e simbolismo[13], assumem aspectos específicos, embora tardios, ligados, por um lado, às dramaturgias de Anton Tchékhov e de Aleksandr Blok, e, por outro lado, a dados históricos: a entrada em um período de violentas crises políticas e sociais; o papel que o teatro desempenha na sociedade russa, na qual, em reação à degradação da cena profissional, se desenvolverá um teatro amador e um teatro para o povo que, muitas vezes, vieram a coincidir e de onde provêm Stanislávski, Meierhold e Evguêni Vakhtângov; enfim, o grande interesse dos simbolistas russos pela cena teatral, manifestado por meio de sua produção dramatúrgica e de um pensamento teórico e utópico.

Esse período efervescente, a "era de prata" russa, caracteriza-se por uma abertura exemplar para o estrangeiro, em todos os sentidos do termo, e por uma afirmação de si através do entrecruzamento dos "raios multicores de [...] múltiplas culturas", como escreve Andréi Béli[14]. E a da Europa Ocidental da época é um elemento entre outros na vasta exploração do mundo, de seus espaços e épocas. Pintores do Mundo da Arte*, poetas simbolistas, depois artistas cubofuturistas sabem proporcionar a si mesmos um ambiente cosmopolita, herança que transmitirão às vanguardas soviéticas, apesar dos sete anos de isolamento durante os quais a Rússia vive a guerra, a agonia do Império, a Revolução. Em fins de 1921, o processo de circulação se restabelece, dessa vez com prioridade para a Alemanha. Berlim é a cidade onde se instalam os artistas russos que ainda não têm a intenção de emigrar, e a cidade é considerada como a segunda capital da arte soviética, ao mesmo tempo que constitui um ponto de confluência da Europa. Ela

10 Cf. D. Bablet, *Les Peintres sur la scène, Théâtre en Europe*, n. 11, Paris, 1986, p. 10; e *Le Décor de théâtre, de 1870 à 1914*, p. 229-235.

11 Apud Milítsa Pojarskaia, *Russkoe Teatral No-dekoratsionnoe Iskusstvo Kontsa XIX-Natchala XX Veka*, p. 351.

12 G. Nivat, *Vers la fin du mythe russe*, p. 7.

13 Cf. D. Bablet, *Les Peintres sur la scène, op. cit.*, p. 6.

14 A. Béli, *Emblematika smisla, Simvolizm*, p. 50-51.

* *Mir iskusstva* (Mundo da Arte) constituiu revista editada por Diághilev e passou a nomear o movimento (N. da T.).

se torna destino de viagens e de turnês (Teatro Kamerni, de Aleksandr Taírov, em 1923, Blusões Azuis*, em 1927). Lázar Lissítski, Anatol Lunatchárski, Vladímir Maiakóvski, Eisenstein e outros fazem conferências em Berlim. Bem antes da turnê do Teatro Meierhold, aparecem artigos sobre seu método de trabalho, entre eles o de Henri Guilbeaux sobre *Le Cocu magnifique* (O Corno Magnífico) em 1922[15] e, em 1925, um número especial da revista *Das Neue Russland* é dedicado ao teatro soviético. Os filmes expressionistas passam na Rússia e, antes mesmo da exibição, circulam notícias a seu respeito; repertório e teoria expressionistas alemães são traduzidos. Quanto à experiência russa, na qual teatro, arte e revolução se aliam, como poderia ela não interessar aos criadores alemães engajados? Profissionais de teatro como Assía Latsis e Bernard Reich viajam para a URSS nos anos de 1920 antes das estadias moscovitas de Brecht, em 1932 e 1935, e antes também da emigração de Erwin Piscator. A história dessas estreitas e complexas relações ao longo do início do século XX ainda está por fazer[16]. Mas um contexto como esse não incita a falar, exceto em casos muito precisos, de influências – como a dos Meininger sobre os primórdios do Teatro de Arte de Moscou –, e Piscator afirma, em seus *Escritos*, não ter sido um imitador de Meierhold, falando em sua defesa, como Copeau, de ideias que, na época, estavam no ar[17]. Eu prefiro tomar emprestado a Michel Serres o conceito de interferência, a ideia de entrecruzamento: as cenas de vanguarda estão abertas à circulação de ideias e experiências, e o fenômeno se intensifica tanto pelo movimento de colaboração das artes entre si, cuja origem está no romantismo alemão, quanto pela combinação arte/ciência, da qual o poeta Andréi Béli oferece um dos primeiros modelos, aplicando à criação artística as leis da termodinâmica[18]. Esse é o modo de existência da arte moderna e, em especial, do teatro, que não pode mais ser pensado fora dessas figuras de troca, de cruzamento em variados níveis, concretizado em 1912 pela publicação do *Almanach du blaue Reiter*. Outro exemplo: é em Moscou, em 1935, com um dos colaboradores mais próximos do "Outubro Teatral" – Serguêi Tretiakov, seu tradutor e amigo –, que Brecht inventa o termo *Verfremdung*[19], derivado do conceito de Victor Schklóvski, *ostranienie* (estranhamento), que Meierhold não usa, mas do qual os críticos soviéticos se servem para designar os efeitos que ele alcança.

A onipotência das ideologias exclui, extermina os homens, mas não suas ideias: a condenação de Meierhold, o stalinismo, o nazismo embaralham as pistas, fecham as "portas" de comunicação e Brecht, que viu os espetáculos de Meierhold, fala dele muito pouco, assim como, nos textos de Meierhold que conhecemos, ele não fala absolutamente nada de seu colega alemão. Também não há nenhum testemunho de encontro entre eles. O único vestígio de interesse é um exemplar datilografado de *Cabeças Redondas e Cabeças Pontudas* nos arquivos de Meierhold... Mas, por uma reviravolta das coisas, na própria

---

* Os Blusões Azuis foram criados em 1923. O nome designa genericamente os grupos de teatro de *agit-prop* que existiam em diversas cidades da União Soviética, e está ligado ao uniforme azul usado pelos atores durante as apresentações (N. da T.).

15 Der *Cocu magnifique* der Regisseur Meierhold und die neue Dramaturgie in der RSFSR, *Das literarische Echo*, n. 24.

16 Cf. os marcos apresentados por K. Bliss-Eaton a respeito do teatro e da época em *The Theater of Meierhold and Brecht*, p. 9-48.

17 Idem, p. 3.

18 A. Béli, A. Béli, Principa Formi v Estetike (1906); Emblematika Smisla, op. cit., p. 78.

19 K. Bliss-Eaton, op. cit., p. 21-22.

ordem desse trabalho de interferências, a redescoberta de Meierhold na URSS passará pelas turnês do Berliner Ensemble a Moscou em 1957 e pelo primeiro espetáculo de Iúri Liubimov, marco inaugural do Teatro Taganka, *A Alma Boa de Sé-Tsuan* (1963-1964).

Meierhold e o Teatro Europeu: A Síntese das Artes

"O teatro é uma arte dificilmente apreensível pelos historiadores do futuro. O que é característico e essencial só subsiste nas recordações dos contemporâneos. Com Meierhold em especial, o historiador terá de lidar com um material muito variado, com opiniões contraditórias, com descrições incompreensíveis", previne o teatrólogo Boris Alpers[20], que já em 1923 constata que "não se consegue classificar Meierhold numa estante de biblioteca. Ele não gosta de armários e foge deles com um salto"[21]. Não é, portanto, simples a tarefa de apreender uma obra multiforme, contraditória e polêmica em todos os seus momentos, mas os primeiros marcos de orientação são fornecidos pela história do teatro europeu.

Em primeiro lugar, temos a dramaturgia de Maeterlinck que, em 1905, permite a Meierhold formular o conceito de teatro de convenção: a cena simbolista russa se torna, como antes dela a de Paul Fort ou a de Lugné-Poe, um lugar para fazer sentir o mistério, o irreal ou o sonho e estimular a imaginação. Ela revela o poder do silêncio, do não dito, da sugestão. Em seguida, vem Wagner. A primeira reflexão aprofundada de Meierhold sobre a música no teatro, em 1909, está ligada ao compositor, ao "drama do poeta-músico" e à sua interpretação por Appia. Diante da formulação da *Gesamtkunstwerk* wagneriana, "obra de arte total" com a qual, sem exceção confrontam-se todos os artistas do fim do século XIX e do começo do século XX[22], seja para aceitá-la, transformá-la ou recusá-la, e que impregna profundamente o movimento simbolista russo, Meierhold se coloca o problema da "síntese" das artes em cena. Sua primeira redefinição da arte do teatro, em 1905, passa pelo novo papel que concede à pintura e à música; e, portanto, pelo convite ao compositor e ao pintor para que partilhem a aventura da cena.

A autonomia do teatro – considerado uma arte criadora – em relação ao real só pode brotar de uma confrontação muito estrita com as outras artes, mas essa confrontação, não se traduz jamais pela ilustração de uma arte por outra. Para se tornar encenador, é necessário, ao contrário, deixar de ser ilustrador. Meierhold aprofunda as artes que o teatro convoca: encenador, ele é também tradutor, autor dramático,

20 B. Alpers, *Teatr Sotsialnoi Maski* (1931), *Teatralnie Otcherki v Dvukh Tomakh*, t. 1, p. 123.

21 "V. Meierhold", *Jizn Iskusstva*, n. 16, p. 3.

22 Cf. D. Bablet, Adolphe Appia, art, révolte et utopie, prefácio a A. Appia, *Oeuvres complètes*, t. 1, p. 11; e, a respeito dos problemas de tradução do termo *Gesamtkunstwerk*, idem, p. 12 e 406.

cenógrafo, está, enfim, a par de todas as áreas ligadas ao palco. Ele se engaja ao lado dos líderes dos movimentos literários, depois pictóricos, que ele atrai para o seu teatro, mas não pertence realmente nem aos círculos simbolistas, nem, mais tarde, ao construtivismo, ao produtivismo, ao LEF, porque ele é, antes de tudo, homem de teatro, e o teatro tem suas próprias leis. E Meierhold funda a arte da cena, em consonância com Appia e Craig – cada um partindo de premissas diferentes em função da sua formação pessoal – sobre a especificidade do teatro, que é o movimento.

Em 1909, Meierhold monta *Tristan und Isolde* (Tristão e Isolda); depois, em 1911, *Orfeu*, de Gluck. Ele realiza na cena lírica, com colaboradores muito próximos, uma união das artes na qual a pintura domina apenas em aparência; na verdade, seus elementos estão intimamente submetidos à música. No entanto, desde o fim de 1906, ele descobre com *Balagántchik* (A Barraca da Feira de Atrações), de Blok, o "antídoto" contra essas formas fusionais e monumentais. Num movimento de volta às fontes, às formas de teatro popular, a *Commedia dell'Arte* é privilegiada como matéria de estudo teórico e prático. Meierhold, no papel do erudito que se interessa pela história do teatro, partilha os núcleos de interesse de Craig: *Commedia dell'Arte*, máscara, necessidade de reencontrar um elo com uma tradição que jamais se torna rotineira, criação de instrumentos de investigação, de pedagogia e de combate por um teatro do futuro. Cinco anos depois de *The Mask*, Meierhold lança sua revista *Liubov k Trem Apelsinam* (O Amor das Três Laranjas) e, em 1913, são abertas duas escolas-laboratório: a primeira em Florença, a segunda em Petersburgo. Meierhold descobre nesta os princípios do movimento cênico.

Nessa época de exaltação do corpo, glorificado pela paixão que ressurge pelo esporte e pelas grandes competições olímpicas, o ator vê seu estatuto se transformar. É um paradoxo, e não dos menores, que o teatro que está sendo buscado encarne a ideia de um teatro do Espírito não no rosto, que pode desaparecer por trás da máscara, mas no corpo, no qual se opera a conjunção dos meios de expressão extralinguísticos (linhas, movimento, ritmo, cor). Diante dos corpos maltratados das realizações wagnerianas[23], ou das figuras frouxas, frutos do acaso e da emoção, Meierhold concorda com Appia e afirma que o corpo do ator deve se tornar, assim como o cenário e como a música, uma obra de arte, e imagina "atores-Maillol"[24]. Os modelos se multiplicam, vindo de outras disciplinas artísticas ou de países distantes. Eles se propagam pela Europa, que descobre uma série deles: Isadora Duncan, que deslumbra Craig, bem como conquista, em 1904, os simbolistas russos; a japonesa Hanako e seu corpo dançante e controlado; Loie Fuller, de movimentos sinuosos e transfigurada pelo jogo móvel dos véus e da luz; os dançarinos de *music hall* e os acrobatas; e, claro, Jaques-Dalcroze e a possibilidade que ele oferece de liberar os corpos no dia a dia. Mas,

23 Cf. V. Meyerhold, La Mise en scène de *Tristan et Isolde* au Théâtre Mariinski, *Écrits*, 1, p. 138.

24 Idem, p. 130 e 137. Referência a corpos desenhados no espaço como as estátuas do escultor Aristide Maillol (1861-1944), flexíveis e belas.

no teatro, como na escultura, duas concepções se opõem e podem se mesclar: a primeira é o retorno à liberdade de um corpo natural, de "instintos primitivos", de curvas sinuosas, fluidas, contínuas, livre dos entraves de um ensino restritivo e mutilador, numa espécie de ressurreição da beleza grega[25] – é o modelo de Duncan; a segunda é a vontade de construir um corpo artificial, livre justamente por se organizar a partir de um pensamento e de uma disciplina muscular que dominam o caos do gesto natural – é o modelo do ator chinês e do acrobata; levado ao extremo, esse modelo encontra a marionete. Mas a supermarionete de Craig, o ator com menos egoísmo e mais entusiasmo, segundo a bem conhecida fórmula, está mais próximo de um belo ídolo, calma estátua em harmonia com um princípio espiritual, mensageiro de uma morte inelutável, do que do títere de movimentos angulosos; ele não sustenta a ruptura, a disjunção aos quais o segundo modelo poderá conduzir, como em Meierhold, por exemplo.

Diante da utopia da monumental *Gesamtkunstwerk*, que Aleksandr Scriábin retoma no grande *Mistério* que projeta realizar às margens do Ganges, as respostas negativas são múltiplas. Schopenhauer glorificou a música pura. Appia e Craig recusam "a ideia wagneriana de um teatro como arte suprema, nascido da união ou da fusão de várias artes", mas "eles pregam a harmonia necessária entre os diversos meios de expressão cênica", escreve Bablet[26]. Enfim, sobretudo, outros artistas – e Jarry antes de todos – afirmam sua vontade de tomar "a pequena estrada"[27], a das artes da rua, do circo, do teatro de Guignol, do teatro popular, que aparece ao mesmo tempo como uma força de destruição e uma força de vida capaz de regenerar a cena. No começo do século XX as barracas das feiras de atrações pululam, de *Lulu* a *Parade*, passando pela do poeta russo Aleksandr Blok. Esse caminho não é uma utopia e, através de sua vitalidade, ele revela os rangidos do século. Para Meierhold, o teatro de feira vai se tornar o denominador comum de todos os gêneros que fazem da descontinuidade a essência da cena.

Se a "pequena estrada" vai de encontro à "obra de arte total", ela saberá também transformar seu projeto a partir de dentro por sua precisão, sua brevidade, por sua força de derrisão, suas rupturas, suas dissonâncias, e sua aparente desordem será o vetor de um novo equilíbrio. Aí podemos localizar a contribuição de Meierhold, decepcionado, num primeiro momento, pela utopia da síntese no teatro dramático, na qual se revela apenas o desacordo entre os criadores[28]. Em Meierhold, a barraca da feira de atrações perturba o idealismo do teatro simbolista que conduz o espectador para um além da cena-mediana. Abrindo-se a artes consideradas até então como menores, o teatro multiplica seus meios de ação e pode ser fonte de emoções fortes, cuja interação exerce efeitos físicos poderosos e contraditórios, visando reforçar a vida imaginária por meio do desencadeamento de processos de associação. Numa perspectiva de conjunto, o projeto da cena meierholdiana será integrar essas

25 Cf. Catálogo da exposição *Adolphe Appia 1863-1928*, p. 89.

26 *Le Décor de théâtre de 1870 à 1914*, p. 218.

27 G. Auric, Préface, em J. Cocteau, *Le Coq et l'Arlequin*, , p. 29.

28 Cf. V. Meyerhold, Histoire et technique du théâtre, *Écrits*, I, p. 109.

artes marginais a um teatro de tipo musical e transformar assim as propostas wagnerianas. Como, através delas, através da perda de seu estatuto de minoridade e da afirmação de sua heterogeneidade, transforma-se a ideia de síntese das artes em cena? Ao longo de quais processos a obra cênica se modifica a ponto de dar origem a conceitos que vão servir ao novo rival, o cinema? Essas são as questões às quais se deve procurar responder quando se analisa a obra de Meierhold, de *A Barraca da Feira de Atrações*, de 1906, até *Revizor* (O Inspetor Geral), de 1926, etapa decisiva durante a qual ele faz o balanço de suas pesquisas anteriores, abrindo caminho para uma arte do teatro infinitamente complexa.

Meierhold e o Grotesco

Mas como apreender a obra de Meierhold entre estes dois polos: o drama musical e a barraca da feira de atrações? Repleto de contradições, vivendo entre duas épocas radicalmente opostas, pré e pós-revolucionárias, Meierhold aparece para seus contemporâneos como o homem das reviravoltas brutais, o que suas atividades sucessivas de encenador dos Teatros Imperiais e de líder do "Outubro Teatral" comprovam. Como Craig, ele é, de início, ator. Por sua versatilidade, por seus conhecimentos e por sua seriedade no trabalho, é considerado um "fenômeno excepcional" por Vladímir Nemiróvitch-Dântchenko[29], seu primeiro professor, que ministra o curso de arte dramática no Instituto da Sociedade Filarmônica de Moscou. Meierhold ator, Meierhold encenador, duas faces de um mesmo homem que, além disso, antes de optar pelo teatro, aos 22 anos, ainda hesita entre a carreira de violinista e o palco.

Ator do Teatro de Arte, Meierhold se volta pouco a pouco contra Stanislávski para buscar seus próprios caminhos, "criar destruindo"[30] e defender o teatro de convenção contra o Teatro Naturalista. Nascido com o repertório simbolista, o teatro de convenção dele se afasta enquanto método, conjunto de técnicas teatrais aplicáveis a repertório mais amplo, capazes de criar formas estilizadas, alusivas, que, quebrando a ilusão e a passividade do público, incitam-no a uma atividade criadora. Ao mesmo tempo esteta e bárbaro, considerado nos momentos mais polêmicos como um destruidor do teatro, diretor tirânico, selvagem redutor de cabeças, Meierhold traz à cena, ao contrário, uma bagagem de erudição em todos os domínios da arte, uma cultura literária, aliada à cultura musical e plástica, como poucas vezes se viu no teatro[31]. Reprovam-no por ser um "ditador da cena" – na verdade, ele valoriza o ator. Aliás, ele jamais deixa de ser ator, visto que, num

29 Cf. N. Volkov, op. cit., t. 1, p. 88.

30 V. Meyerhold, Extrait d'une lettre..., fin 1901-début 1902, *Écrits*, 1, p. 57.

31 Cf. a definição do teatro meierholdiano como um "teatro de grande cultura plástica" por S. Eisenstein, *Katerina Ismailova e Dama s Kameliami, Ízbranie Proizvedênia*, t. 4, p. 597.

primeiro momento, continua a atuar em praticamente todos os seus espetáculos; em seguida, reserva para si os papéis de que mais gosta; depois, desempenha nos ensaios, uns após os outros, todos os papéis de seus espetáculos, masculinos e femininos, jovens e velhos. Realiza uma série de experiências com o espaço teatral, do qual depende estreitamente a atuação, e a audácia dessas experiências será alimentada pelo estudo erudito das tradições teatrais europeias e extraeuropeias com as quais ele reivindica seus elos, mas que ele absolutamente não copia. Por trás de suas inovações mais radicais, sempre se poderá sentir a vitalidade de tradições teatrais ou plásticas próximas ou distantes, reinterpretadas.

Segundo uma perspectiva diacrônica, duas fases se opõem na obra de Meierhold que, aberto para o estrangeiro por suas leituras, seu conhecimento do alemão, suas viagens (Itália, Alemanha, Grécia, França), alimenta-se dos movimentos artísticos russos que lhe são contemporâneos, os de Petersburgo e, depois, a partir de 1921, os de Moscou. As duas capitais, de fisionomias opostas, marcam sucessivamente sua arte. Duas cidades, dois mundos. A aristocrática Petersburgo, de atmosfera dionisíaca, pátria destronada da Revolução, e Moscou, "a construtora", capital nova onde a vanguarda soviética se reúne, oferecem outro ponto de vista sobre os dois rostos de Meierhold: o misterioso Doutor Dapertutto, seu pseudônimo dos anos de 1910, e "o artista proletário com tamanho de gigante", dos anos de 1920[32].

Em torno da obra, a época e suas rupturas brutais: no centro da obra, a personalidade de seu autor, em perpétua oposição a seu meio de formação, à sua família, depois ao Teatro de Arte de Moscou. Meierhold é um ser duplo que, longe de renegar a si mesmo, descobre, uma após a outra, as duas faces que nele coexistem, misturando o pessimismo suicida ao otimismo farsesco, ao mesmo tempo solitário e companheiro alegre, disposto ao entusiasmo como à crítica, praticando a autoanálise, e sempre muito ocupado, aliando o gosto pelo estudo e pela leitura ao gosto pelo exercício físico; frequentemente adoentado, nem por isso deixa de possuir uma energia transbordante que precisa gastar. Ele tende, em tudo, ao conflito. "Gosto", dirá ele mais tarde, "das situações apaixonadas no teatro e procuro construí-las para mim também na vida"[33]. Conflitos consigo mesmo, refletidos em cada um de seus espetáculos e por todo o seu percurso, que ele definirá como uma "autocrítica desenvolvida". Nesse movimento contínuo de criação-destruição, um traço emerge, essencial ao teatro meierholdiano, o inacabamento: em busca da perfeição formal, ele não suporta o definitivo, está sempre em processo, em movimento, e não pode ser apreendido fora desse movimento. Em seguida, conflitos com os outros, que ele suscita ou envenena. A história de seu teatro é repleta de rupturas com seus atores, com seus colaboradores mais célebres, Eisenstein, Ilínski, Erást Gárin. Ela é obscurecida pelo ressentimento dos amigos

32 Telegrama dos operários da Manufatura das Três Montanhas, do bairro Krasnaia Presnia, enviado a Meierhold pela comemoração, em dois de abril de 1923, de seus "25 anos de vida teatral" e de seus "20 anos como encenador". Ver *Zrelischtcha*, n. 32. Na ocasião, ele é nomeado "artista do povo da República" e são apresentados, no Teatro Bolschói, trechos de espetáculos de Meierhold, Eisenstein, Foregger e de outros criadores da vanguarda teatral russa.

33 Cf. A. Gladkov, *Godi Utchêniia Vsévoloda Meierholda*, p. 95.

de ontem, afastados pelo caráter de Meierhold, difícil, susceptível e desconfiado. Ela é marcada pelos conflitos com os críticos, cuja violência espanta os leitores de hoje, e que era capaz de levar os protagonistas até os tribunais. A polêmica é seu elemento e, mesmo se Meierhold ama o sucesso, nada o satisfaz mais do que uma plateia dividida entre o entusiasmo e a rejeição. O conflito é o motor de sua criação, o fator necessário à expressividade cênica.

Em cena, é um ator tragicômico, e as raras fotografias dele no desempenho de papéis teatrais evidenciam um jogo corporal muito precocemente desenvolvido. Encenador, combina os traços do interiorano, nativo de Penza, grande conhecedor da Rússia profunda, com os do cosmopolita de Petersburgo, aberto à Europa e à Alemanha, de onde sua família, aliás, se origina. E ele conseguirá unir, no âmbito de um mesmo espetáculo, os gritos e grosserias do teatro de feira que ele viu na praça de sua cidade natal e o refinamento do impressionismo russo. Nos anos de 1920, partidário de primeira hora da Revolução, Meierhold vive, nas palavras do ator Iúri Zavádski, "em duas dimensões ao mesmo tempo", mágico da cena e comissário do teatro soviético, usando o uniforme do Exército Vermelho[34]. Como encontrar as constantes profundas, a unidade da obra, sem contudo mascarar suas férteis contradições, como mostrar que, se as diferentes etapas meierholdianas se opõem – do luxo decorativo e trágico de *O Baile de Máscaras* ao ascetismo alegre de *O Corno Magnífico* –, todas elas respondem a uma mesma interrogação apaixonada sobre o teatro, sempre colocada em termos concretos e experimentais?

A primeira constante é, claro, a condenação irreversível do naturalismo, dos princípios de reprodução, de identificação, é a negação do "reviver", do sentimental, do anedótico. A partir de 1905, a cena não é mais, para Meierhold, um espelho, nem o arco de proscênio, é um buraco de fechadura. Primeiro, velada para melhor revelar, a cena se tornará uma lente que fragmenta, concentra o real, afasta-o ou depura-o. A segunda constante é a vontade de correr riscos. Em 1901, Meierhold escreve: "O mais perigoso para o teatro é servir aos gostos burgueses da multidão [...]. O teatro é grande quando faz a multidão se elevar até ele [...]. Se se escuta a voz da multidão burguesa, pode-se facilmente degringolar. O desejo pelo ápice, só tem razão de ser se não forem feitas concessões [...]. Avante, sempre avante!"[35]. A esse desejo de ser um "inventor"[36], com todos os excessos, os erros e os fracassos que isso pode comportar, a esse desejo de ser verdadeiramente um aventureiro da encenação que tende a se transformar no "artista de teatro único", cuja aparição Craig almeja[37], a esse desejo se mescla a preocupação com o público que se define mais precisamente ao longo dos anos: nunca o deixar cair na rotina de um teatro comercial ou apenas neutro, pacificado e aviltado nessa pacificação, mas elevá-lo ao papel de colaborador, de criador, surpreendê-lo sempre, fazê-lo vibrar,

34 I. Zavádski, Misli o Meierhold, *Teatr*, n. 2, p. 10.

35 V. Meierhold, Extraits de notes (1901-1902), *Écrits*, I, p. 53.

36 Cf. A. Gladkov, *Teatr: Vospominánia i Razmischlenia*, p. 271.

37 Cf. D. Bablet, *Edward Gordon Craig*, p. 243.

agredi-lo, enfim, inquietá-lo. Sem baixar a cena ao nível do público – e isso é particularmente importante em um tempo em que o público vai mudar – ele o coloca no coração da obra criada. A terceira constante diz respeito às relações entre a cena e a vida: "O teatro é uma arte, e ao mesmo tempo algo mais do que uma arte"[38]. Esse credo retoma a confissão feita a Tchékhov em 1901: "Eu gostaria de arder no espírito do meu tempo. Eu gostaria que todos aqueles que trabalham para a cena tomassem consciência de sua grande missão [...] Sim, o teatro pode desempenhar um papel imenso na reorganização de tudo o que existe"[39]. Mas, se manifesta essa vontade de engajamento, Meierhold define ao mesmo tempo o teatro como o espaço da "vida dos sonhos"[40], depois como "o País das Maravilhas"[41], onde, como o Celionati de *A Princesa Brambilla*, ele ordena e transfigura em turbilhões fantásticos as paixões e as preocupações dos anos de 1910.

Revoltado contra a realidade, mas sem poder sobre ela, a primeira tarefa é, na sua opinião, mudar o teatro, liberá-lo da reprodução do cotidiano que o aprisiona como aprisiona a vida, fazer com que ele não dependa de nada a não ser de suas próprias leis. Aí aparece a grande ruptura em relação às ideias de Nicolai Tchernischévski ou de Lév Tólstoi que dominam o século XIX, com a tradição russa da arte imediatamente útil e educativa, do teatro-cátedra que prega, ensina ou transmite uma cultura, uma moral e sentimentos, teatro onde nem Nicolai Gógol, nem Tchékhov, nem Shakespeare encontram lugar. "A vida é um jogo", afirma Meierhold em 1901[42] e esse jogo se joga no teatro. Quando, em 1920, ele tem certo poder sobre a vida e a reorganização dos teatros, fanático, jacobino, partidário de um centralismo cultural autoritário, Meierhold desenvolve uma ação violenta e atribui ao teatro o objetivo de recuperar a vida. Em sua prática pessoal, faz a cena padecer a mesma sina dos palácios saqueados. Vazia, a cena se abre para a rua. Se o teatro permanece como mundo autônomo e mágico, se é sempre um jogo, esse jogo agora deve ser jogado na vida que revolucionou a cena, nela penetrou, alargou suas dimensões, mas que, por sua vez, a cena vai ter que ultrapassar. Nessa incessante relação dinâmica, o teatro sai ganhando porque a vida que o penetra, a das reuniões políticas ou a do exército, já é uma vida teatralizada.

Em lugar do estetismo das encenações dos anos de 1910, colocado como valor diante de uma sociedade em decomposição, e cuja força vem do enfrentamento em curso entre promessas de vida e forças de morte, Meierhold propõe, em 1922, essa nova beleza que é o funcionalismo. A vida é transformada, intensificada por um jogo cênico organizado, cujo impacto deve vencer a sonolência russa, da qual se queixa Andréi Prozorov, no ato IV de *As Três Irmãs*. Mas, antes de mudar o homem, trata-se, nesse teatro, de mudar o espectador, de transformar seu olhar e sua escuta. As tensões entre vida e teatro ou, mais genericamente, entre real e arte, esse duplo movimento no qual se entrecruzam

38 V. Meierhold, Glossi Doktora Dapertutto k "Otricaniju Teatra" I. Aikhenvalda, *Liubov k Trem Apelsinam*, n. 4-5, p. 68.

39 Lettre à Tchekhov, 18 avril 1901, *Écrits*, I, p. 45.

40 Extraits du journal de 1891, *Écrits*, I, p. 45.

41 Prefácio a *Du théâtre*, *Écrits*, I, p. 86, e La Baraque de foire, *Écrits*, I, p. 249.

42 Extraits de notes (1901-1902), op. cit., p. 55.

um real teatralizado e um teatro que se abre para a vida são essenciais para compreender as contradições da obra, tornada, por meio delas, especialmente sensível às transformações que intervêm na realidade.

A unidade interior da obra meierholdiana, tanto no plano sincrônico quanto no diacrônico, se verifica na tensa união dos contrários. A principal contradição é a que opõe e associa um teatro político a um teatro estético. O conceito de grotesco que Meierhold propõe em 1911 e que impõe ao fim de 1912 parece capaz de fornecer o ângulo de visão mais fecundo, a perspectiva menos redutora, menos esquemática sobre a sua obra. Numa entrevista de agosto de 1911, Meierhold define o termo ao mesmo tempo que o introduz no vocabulário do teatro russo de então, como uma nova técnica experimentada em várias de suas encenações desde 1906, e que ele considera uma solução para a crise do teatro. "O que há de essencial no grotesco", afirma, "é o modo como incessantemente ele puxa o espectador para fora de um plano de percepção que ele acaba de intuir para levá-lo para outro que ele absolutamente não esperava"[43]. É a técnica de base da encenação meierholdiana, conduzida em função da recepção do público, incluído desse modo na ação teatral. Ao fim dos anos de 1930, quando Meierhold procura desmistificar o grotesco, sobre o qual o teatro russo e soviético já havia discutido muito, ele dirá simplesmente: "O grotesco não é algo de misterioso, é simplesmente um estilo cênico que joga com contradições agudas e produz um deslocamento constante dos planos de percepção"[44]. Mas, desde 1911, o grotesco lhe aparece como uma estrutura definida por sua dualidade, sua mobilidade e por produzir estranheza. E imediatamente depois do enunciado desse princípio, Meierhold situa o jogo grotesco no ponto de interseção de uma dupla referência, exótica e refinada, por um lado – os atores japoneses e seu gestual aparentado à dança –, popular, por outro – os *clowns* excêntricos.

Em "O Teatro da Feira de Atrações", terceira parte, e a mais prospectiva, de seu livro *Sobre o Teatro*, que planejará reeditar em 1919, em 1923 e em 1936, livrando-o do jargão datado, Meierhold apresenta o grotesco como a própria essência da teatralidade, e chega mesmo, no fim de 1912, a definir a arte do teatro, não como Appia ou Craig, através da "hierarquia dos meios de expressão artística" ou pela "convergência, pela união harmoniosa de seus materiais constitutivos[45], mas por uma ferramenta conceitual que, elaborada a partir de suas experiências plurais, ligadas ao teatro simbolista, à encenação lírica, ao teatro de cabaré, ao circo, será capaz de estruturar relações ao mesmo tempo temáticas e formais em séries de oposições. Porém, Meierhold não assume o papel de teórico de sua "descoberta": ele mostra melhor do que explica, e raramente é capaz de teorizar. Sua reflexão é, antes de tudo, de ordem prática. Mas, estética e método ao mesmo tempo, o grotesco meierholdiano permite que seu teatro constitua sua linguagem, destruindo qualquer continuidade no âmbito da narratividade,

43 Novie Puti, *Rampa i Jizn*, n. 34, p. 2-3.

44 Cf. A. Gladkov, *Teatr: Vospominánia i Razmischlenia*, p. 303.

45 Cf. D. Bablet, *Le Décor de théâtre de 1870 à 1914*, p. 247 e p. 286-288.

da psicologia, da intriga e determinando um modo de organização não tautológica dos diversos elementos cênicos responsáveis pelo sentido e pela expressão, a partir de fenômenos de ruptura ou de derrapagem. Ele organiza a construção dos materiais e dos temas numa forma cuja intensidade, imediatidade e concretude são tornadas possíveis pela energia liberada pelo princípio de descontinuidade, pelo choque e pela interação dos contrários. O grotesco meierholdiano não se reduz a uma figura de estilo, a um exagero ou hipérbole; como método, ele não é mistura eclética nem fusão. Ele supõe uma colaboração dialética dos elementos formais e temáticos em vista de uma forma capaz de tornar mais aguda a percepção do espectador, de tal modo que, mesmo sem música, "lembre a linguagem da música quando esta ultrapassa o discurso por sua expressividade"[46], uma forma que, como Meierhold gostava de dizer, deixa vibrar a pulsação viva do conteúdo.

O conceito de grotesco aparece em todas as vanguardas artísticas do começo do século XX, mas não terá o mesmo sentido nos futuristas italianos, nos russos e em Meierhold. Este lhe atribui uma interpretação pessoal, evolutiva, marcada por sua sensibilidade e sua cultura. A emergência do grotesco meierholdiano está ligada, por um lado, à época à qual o encenador pertence, e, por outro, à história complexa desse conceito polissêmico.

De acordo com as análises de Mikhail Bakhtin, o grotesco aparece em períodos de transição ou de perturbação, quando a antiga ordem se vê colocada em causa sem que um novo sistema a tenha substituído. Ele exprime o encontro pontual do homem e de uma história em movimento, inserindo-se numa longa tradição. Corrente subterrânea, ele se exacerba e brota nas épocas de grandes mutações sociais, culturais, científicas e técnicas que transformam profundamente a visão que uma sociedade pode ter de si mesma e do mundo, sendo rejeitado, reprimido, nas épocas de estabilização. A partir de sua redescoberta-tomada de consciência no Renascimento, um movimento de oscilação o leva, de sua repressão na época clássica, à sua exaltação pelos românticos franceses e alemães. Se ele explode no começo do século, particularmente na Rússia, é condenado em seguida pelo realismo socialista vitorioso e se refugia nas páginas do *samizdat*•. As décadas de 1910 e de 1920, são épocas de transição, a primeira retraída na espera, a segunda expandida na ação; elas são caracterizadas por uma gigantesca e paradoxal mistura de traços caducos e de elementos novos; os grupos sociais e os indivíduos são, então, tomados, como observa dolorosamente Blok em 1908, por sentimentos contraditórios, duplos[47]. Depois de 1917, é um novo psiquismo que se constrói com pedaços de consciência muito matizados e que parecem incompatíveis[48]. A mudança determina os modos de pensamento e as práticas criativas, cria um espaço conflitual no qual se processa a luta entre passado, presente e futuro utópico.

46 I. Brukson, *Teatr Meierholda*, p. 110.

47 Cf. A. Blok, À propos du théâtre, *Oeuvres en prose*, p. 119-120.

48 Cf. G. Dayan, Vtoroi Kongress Psikhonevrologi, *Krasnaia Nov*, n. 3, p. 236-238.

Bakhtin mostrou o processo de carnavalização das formas literárias, no qual se produzem a subversão dos códigos culturais quando as fronteiras entre formas artísticas maiores e menores se diluem, quando as obras se constroem sobre um princípio de ambivalência; a associação dos contrários, em um sopro único; a dualidade das imagens e das experiências dos corpos em sua manipulação ou sua materialidade agressiva, o que ele designa por "baixo corporal". Ele ligou o grotesco à cultura cômica popular[49], à presença real ou metafórica do povo que Victor Hugo reivindica no "Prefácio de Cromwell"[50]. Ele mostrou que, caso se produza um afastamento das fontes populares diretas, o grotesco se torna mais subjetivo, "grotesco de câmara"[51], e sobre sua estrutura ambivalente predomina de modo bastante amplo o trágico. Nos anos de 1910, Meierhold não separa sua reflexão sobre o grotesco da utopia de um amplo público popular, do qual ele tenta se aproximar por meio de fontes livrescas e do estudo das tradições, mas que permanece para ele um tanto abstrato. Depois de 1917, a voz popular se materializa para ele graças à presença de um público e de atores formados numa outra prática social; ela conclui a desestabilização já bem avançada das artes e dos ofícios do espetáculo. A carnavalização atinge a cena que se torna praça pública, ela queima tudo o que é esclerosado, numa apresentação irreverente dos clássicos, que não pretende destruí-los, mas lhes dar vida novamente; ela transforma a estrutura do espetáculo dramático, afirma a experiência dos corpos contra as regras do bom gosto.

O termo grotesco guarda suas origens pictóricas – os ornamentos murais antigos descobertos na Renascença e que misturam as formas do reino vegetal com corpos de homens ou de animais – um elo estreito com a imagem, o visual, e com um jogo decorativo, insólito, livre, artificial. Mas os estetas, em sua maioria alemães e russos, que se preocuparam em analisar o grotesco ligaram-no, segundo as épocas e as formas que ele assumia, seja ao gênero cômico[52], seja apenas ao trágico[53]. Com frequência, eles o reduziram ao exagero, à caricatura, ao excesso satírico, ou o remeteram ao fantástico. Sua especificidade parece ser tudo isso ao mesmo tempo, determinada por uma estrutura dupla, mas não forçosamente maniqueísta como a que Victor Hugo propõe[54]. Quanto ao fantástico, que pode ser um de seus elementos estruturais, ele apontaria uma fissura ou um súbito exagero na ordem do cotidiano, ou um entrelaçamento, em trama cerrada, entre o real e o maravilhoso. O romantismo alemão faz aparecer, paralelamente à derrubada das hierarquias, na quebra das fronteiras entre as espécies e as formas que distinguem a razão ou os códigos culturais em vigor, uma comunicação não apenas entre os gêneros no interior de uma única arte, mas entre as próprias artes. O grotesco se torna então uma concepção da arte como mundo autônomo e coerente por meio das relações que as artes mantêm entre si. Baudelaire verá na aparente desordem da obra de E. T. A. Hoffman "um catecismo de alta estética"[55] e na

---

49 M. Bakhtine, *L'Oeuvre de F. Rabelais et la culture populaire au Moyen Âge et sous la Renaissance*, p. 104.

50 Cf. A. Ubersfeld, *Le Roi et le bouffon*, p. 469. (N. da E.: ver também Victor Hugo, Prefácio de Cromwell, *Do Grotesco e do Sublime*, tradução de Célia Berrettini, 3. ed., São Paulo: Perspectiva, 2010).

51 M. Bakhtine, op. cit., p. 46-47.

52 Cf. Z. Efimova, Problema Groteska v Tvórtchestve Dostoevkogo, *Zapíski Naútchno-Issledovatelskoi Kafedri Istóri Evropeiskoi Kulturi*, p. 149.

53 Cf. W. Kayser, *Das Groteske*.

54 V. Hugo, Préface de Cromwell, *Théâtre complet*, t. 1, p. 416 e 419, onde ele considera o grotesco como "um objetivo junto do sublime, como meio de contraste". Em português, ver Prefácio de Cromwell, op. cit., p. 31.

55 C. Baudelaire, De l'essence du rire et généralement du comique dans les arts plastiques, *Écrits esthétiques*, p. 206.

escrita de Edgar Allan Poe uma operação concisa, concentrada, rigorosa e matemática concebida em função de um "vigoroso efeito a ser produzido"[56]. No começo do século XX, a Rússia interpreta a herança dos românticos alemães, nos quais se inspiraram Fiódor Dostoiévski e Gógol. Os simbolistas russos os traduzem e começam a desbastar a interpretação realista que ocultava esses dois autores. Enfim, fazendo aparecerem as técnicas de construção da obra de Gógol, a escola formalista de Petrogrado acaba de mostrar a ordem que preside ao grotesco e enumera suas regras[57].

Os analistas privilegiam um corpo de referências literárias e talvez pictóricas, e mais raramente estudam o grotesco no teatro, quando não o excluem simplesmente, como faz Bakhtin; de todo modo, quando estudam o teatro, é fora das especificidades da cena. O grotesco parece ser um desafio, renovado em diferentes épocas, de um teatro ao qual se trata de insuflar um sentido novo, teatro teatral que o grotesco permite liberar do enfeitiçamento literário e do jugo do real. Antes de "O Teatro da Feira de Atrações", o polonês Leon Schiller publica, em 1908-1909, em *The Mask*, um "Ensaio sobre o teatro grotesco", no qual evoca, em uma ficção poética, uma cena que seria o reino do imaginário e da *féérie*[58]. A abordagem de Meierhold é diferente, visto que ela passa, no fim de 1912, por um estudo histórico e uma análise das formas.

Conceito-chave da obra meierholdiana, o grotesco aparece, portanto, como um instrumento de análise ainda mais pertinente pelo fato de lhe fornecer uma tripla filiação: o romantismo, francês, mas, sobretudo, alemão; em seguida, a vida das formas e as imagens sensíveis e concretas do carnaval; e, por fim, Gógol e sua reinterpretação. Como Meierhold utiliza e renova o grotesco carnavalesco e o grotesco romântico? Como esse grotesco, retrabalhado por ele, integra progressivamente as contradições sobre as quais funciona o modo de criação meierholdiano: observação minuciosa e rigorosa seleção, fragmento e generalização, trágico e cômico, realismo e convenção, inacabamento e totalidade, agitação política e estética, teatro de variedades e drama musical? E como, enfim, ele pode se tornar o fermento de uma nova síntese das artes fortemente articulada e organizada? A segunda e a terceira séries de questões que acabamos de levantar ordenam e comandam a primeira.

O estudo da obra meierholdiana, de 1905 a 1926, data não estritamente limitativa, na medida em que será necessário abrir algumas perspectivas sobre os espetáculos dos anos de 1930 como *A Dama de Espadas* ou *Boris Godunov*, se apoia, para além das obras críticas cuja lista bibliográfica oferecemos, em três tipos de materiais: os textos de Meierhold, em especial os quatro volumes publicados em francês sob o título *Ecrits sur le théâtre* (Escritos sobre o Teatro, dos quais os dois primeiros já foram relançados em edição revista e aumentada), complementados por outros artigos ou intervenções publicados em russo ou conservados em Moscou nos RGALI*, onde está concentrada grande

---

56 C. Baudelaire, La Genèse d'un poème, em E. A. Poe, *Histoires grotesques et sérieuses*, p. 221.

57 Cf. em especial, B. Eichenbaum, Comment est fait *Le Manteau* de Gogol (1919), em T. Todorov, (org.), *Théorie de la littérature*, p. 212-232.

58 An Essay on the Grotesque Theater, *The Mask*, n. 10, p. 187-191; n. 11, p. 207-212; n. 12, p. 235-242.

1 *Retrato de Meierhold por A. Golovin, 1917 (Museu do Teatro, São Petersburgo).*

parte dos arquivos de Meierhold, os seus e os de seu teatro; em seguida os documentos relativos a seu trabalho pedagógico, aulas e programas, em três períodos decisivos, 1913-1917, 1918-1919 e 1921-1922, consignados em diversas revistas e antes nas edições da revista *O Amor das Três Laranjas* ou arquivados no RGALI; enfim, os documentos relativos aos espetáculos, conservados no Museu do Teatro de Leningrado, nos RGALI e no Museu Bakhrúschin de Moscou, onde estão reunidos, para o período posterior a 1924, álbuns de fotos realizados pelo próprio Teatro de Meierhold.

Em 1936, Meierhold gostava de dizer que, enquanto Stanislávski escrevia, ele transmitia sua experiência e seus ensinamentos trabalhando em cena com os estagiários, os alunos e organizando "ensaios-aula", destinados a todos os teatros de Moscou[59]. É, portanto, a prática, e, em consequência, a análise dos espetáculos, que serão aqui privilegiadas, mas sem jamais pretender uma reconstrução, tão nostálgica quanto impossível. O que deve nos guiar é a fórmula lançada por Vakhtângov em 1921: "Meierhold deu raízes ao teatro do futuro"[60], e a visão de uma obra aberta, capaz de inventar o futuro do teatro.

Tradução de Fátima Saadi

---

59 V. Meierhold ob Iskusstve Teatra, *Teatr*, n. 3, p. 126, entrevista de 27 maio 1936.

60 E. Vakhtângov, Dnevnik 26 marta 1921, escritas no sanatório de Vsekhsviátski. Essas notas só foram integralmente publicadas em 1987, em *Teatr*, n. 12, por iniciativa de Constantin Rudnítski. Segundo o trecho citado, faremos a remissão ou à publicação russa, ou, como aqui, à tradução francesa, de C. Amiard-Chevrel, em *Travail théâtral*, n. 9, p. 71-72. Uma tradução francesa completa já existe, Notes de la Toussaint, *Théâtre en Europe*, n. 18, 1988, p. 56-58.

Da Estiliz

ação ao Grotesco

I.

Barraca da Feira de Atrações e Baile de Máscaras

> Um sujeito alto e magro, com o nariz adunco de um abutre, olhos faiscantes, uma boca sarcástica e um *collant* vermelho fogo, guarnecido de botões de metal luzidio [...]. Era o Doutor milagre, o senhor Dapertutto.
>
> E. T. A. Hoffmann[1]

Ator do Teatro de Arte de Moscou desde a sua criação, Vsévolod Meierhold é, de início, partidário da reforma empreendida por Constantin Stanislávski, adepto do naturalismo russo caracterizado por uma exigência de verossimilhança, de conformidade à verdade da vida – histórica, depois psicológica –, marcado pela homogeneidade do conjunto sob a autoridade de um encenador pedagogo que é também excelente ator. A amizade de Meierhold com escritores como Aleksei Rémizov, Anton Tchékhov, Jurgis Baltruschaits, orienta-o em direção a atividades de escrita e de tradução. Representando em *Tchaika* (A Gaivota) o papel de Treplev, um revoltado em busca de formas novas, vive em cena seu próprio drama enquanto criador[2] e esse papel, que o consagra, ajuda-o também a se tornar ele mesmo. Através das intervenções de Tchékhov a respeito do caráter convencional da cena[3] durante o período de ensaios de *A Gaivota* por Stanislávski, Meierhold progressivamente se distancia do Teatro de Arte, que acaba deixando em 1902 para formar sua própria trupe, com a qual se instala na província. No primeiro momento, ele utiliza sua experiência stanislavskiana, mas, já a partir da segunda temporada, a trupe assume o nome de Confraria do Drama Novo e monta um repertório com autores como Maeterlinck, Ibsen, Hauptmann, Arthur Schnitzler, Wedekind. Com *Šnieg* (A Neve), do polonês S. Przybyszevski, em dezembro de 1903, Meierhold, com a ajuda de efeitos de sombra, dilui o realismo dos cenários, rompe com a imitação de qualquer realidade cotidiana ou histórica e quer tocar o público através de "um tom, cores, uma plástica"[4].

Na primavera de 1905, cansado do ritmo que a produção na província impunha – Meierhold montou 160 peças nesse período –, aceita com grande interesse um convite de Stanislávski, que procura soluções para a crise que o desafio da dramaturgia de Maeterlinck deflagrou, em 1904, em relação aos métodos do Teatro de Arte[5]. Trata-se, para Meierhold, de dirigir uma trupe experimental e com ela desenvolver pesquisas "sobre a técnica da cena e dos atores" que permitiriam ao Teatro de Arte voltar a ser um teatro de vanguarda, superando seu atraso em relação à dramaturgia e à pintura contemporâneas[6]. Meierhold volta para Moscou em um ano tumultuado, inaugurado pelo Domingo Sangrento, quando as greves gerais culminam numa insurreição moscovita violentamente reprimida: 1905, a primeira revolução russa.

2 *A Barraca da Feira de Atrações, de A. Blok. Quadro de N. Sapunov (detalhe) (Cf. infra, fig. 10, p. 47).*

1 Die Abenteuer der Sylvesternacht, *Phantasiestücke in Callots Manier.*

2 V. Meyerhold, Extrait d'une lettre à un inconnu (fin 1901-début 1902), *Écrits*, 1, p. 57.

3 Diário de Meierhold, ensaio de 11 de setembro de 1898, apud N. Volkov, *Meierhold*, t. 1, p. 115. Cf. também V. Meyerhold, *Du théâtre*, Écrits, 1, p. 102.

4 A. Rémizov, Továristchestvo Nóvoi Drami: Písma iz Khérsona, *Vessi*, n. 4, p. 36.

5 Os métodos de realismo histórico, psicológico ou social que Stanislávski utilizou para montar peças de A. Tolstói, A. Tchékhov ou M. Górki não convêm absolutamente à encenação das três peças de Maeterlinck, *Os Cegos, A Intrusa* e *Interior*, que são um verdadeiro fracasso no espetáculo de 1904.

6 V. Meyerhold, Projet d'une nouvelle troupe dramatique près le Théâtre Artistique de Moscou, *Écrits*, 1, p. 72.

O Teatro de Convenção

DA ESTILIZAÇÃO
AO GROTESCO

A Experiência do Teatro-Studio: Pintura e Música no Teatro

As circunstâncias políticas e a insatisfação de Stanislávski porão fim prematuramente a essa experiência[7]. Ela foi, no entanto, fundamental e ocorreu no contexto do movimento simbolista russo, no qual a função da arte e suas relações com o real são colocadas em questão a partir da tripla influência europeia de Schopenhauer, Nietzsche e Wagner, este último conhecido pelas numerosas traduções de obras suas para o russo[8]. Mas em seu modo agudo de perceber a situação do país, de intuir, sob a estagnação, a aproximação de acontecimentos catastróficos, o simbolismo russo, constituído de correntes heterogêneas, assume traços originais. Verdadeiros enciclopedistas da arte e do saber, os artistas realizam, em duas gerações, uma grande obra de tradução: filosofia, poesia, romance, sem falar do teatro. Eles oferecem à cena russa uma abundante matéria-prima. Levado pelo movimento, Meierhold traduz os textos alemães de que necessita, de Hauptmann a Wedekind[9]. Em suas próprias criações, os simbolistas russos põem em prática sua concepção de "wagnerismo": Andréi Béli, poeta e romancista, escreve uma *Sinfonia Dramática* em quatro partes, prosa rítmica na qual cada verso é o equivalente de uma frase musical. Rémizov e Maximilian Volóschin desenham, o compositor Mikolaiaus Tchiurliónis pinta, Mikhail Kuzmin escreve poemas, canções e música para teatro. Béli sonha incluir essa prática individual da síntese das artes em um sistema único filosófico-científico-artístico e, como Valéri Briússov, também possui amplo conhecimento de ciências exatas e humanas. Cada um, enfim, se interessa pela cena teatral. Para Béli, qualquer forma de arte tem "a música, considerada movimento puro, como destino" e na hierarquia das artes, considera o teatro contemporâneo como uma forma em devir "sobre uma ponte entre poema e música"[10]. Assim privilegiado, o teatro representará para Aleksandr Blok "a própria carne da arte"[11].

Em 1902, dois artigos, um de Béli, outro de Briússov, fazem uma severa condenação do realismo. O primeiro, intitulado "As Formas da Arte", afirma que se o artista se alimenta da realidade mentirosa, mundo de ilusões criado pelo véu da "Maia" hindu, ele transforma essa realidade em um processo que, em outro lugar, Béli, discípulo de Wilhelm Ostwald, por causa de sua formação de físico, assimila ao trabalho da energia sobre uma quantidade dada de materiais cuja origem varia segundo as artes[12].

O segundo artigo, "Uma Verdade Inútil" concerne em especial à cena. Seu autor, Briússov, lança-o contra o Teatro de Arte de Moscou: regida, como todas as artes, por um princípio de convenção, a cena não

---

7 Cf. C. Amiard-Chevrel, *Le Théâtre Artistique de Moscou (1898-1917)*, p. 249-255.

8 *Das Kunstwerk der Zukunft* (A Obra de Arte do Futuro) foi traduzida em 1897-1898, *Oper und Drama* (Ópera e Drama) em 1906. Em 1911-1912, quatro volumes de memórias, cartas e diários são editados em Moscou com o título *Moiá Jizn* (Minha Vida).

9 Entre os autores dramáticos seus contemporâneos, os simbolistas traduziram, na primeira década do século xx, Maeterlinck, Ibsen. Schnitzler, Hauptmann, Knut Hamsun, Przybyszewski, August Strindberg, Emile Verhaeren. No tocante às traduções feitas por Meierhold, cf. Bibliografia.

10 Cf. Formi Iskusstva, *Mir Iskusstva*, n. 2, retomado em *Simvolizm*, traduzido para o inglês em *The Dramatic Symphony: The Forms of Art*, p. 165, 176 e 181.

11 A. Blok, A propos du théâtre, *Oeuvres in prose*, p. 129.

12 Cf. em especial A. Béli, Printsip Formi v Estetike (1906) e Emblematika Smisla (1909), *Simvolizm*, op. cit.

deve imitar a realidade, mas estilizá-la, sugeri-la. Nesse teatro da "convenção consciente", Briússov atribui ao ator um papel preponderante: ele deve dirigir e modelar seu "material", sua voz e seu corpo, submetendo-se à forma da obra representada[13]. As peças de Maeterlinck intensificam, concretizando-as, essas afirmações teóricas, com uma mudança fundamental de perspectiva: é uma dramaturgia que não se propõe a imitar o visível, mas a manifestar e revelar o invisível por meio de uma intriga frouxa, do diálogo reduzido, do universo onírico, da substituição dos desenvolvimentos psicológicos pelas inquietações metafísicas, da impregnação pelos quadros dos primitivos flamengos e pelos contos populares. Contudo, enquanto Briússov coloca em primeiro lugar um ator-intérprete, ao mesmo tempo submisso e livre, os pequenos dramas para marionetes de Maeterlinck tendem para uma estética do inanimado, do inumano. Afastando a cena da vida superficial, Maeterlinck a perpassa com a "presença infinita, tenebrosa, hipocritamente ativa da morte que preenche todos os interstícios do poema"[14].

Béli, Briússov, Maeterlinck, três figuras importantes para a evolução de Meierhold. E Briússov faz parte do Departamento Literário do Teatro-Estúdio, que monta *La Mort de Tintagiles* (A Morte de Tintagiles). O encenador Meierhold está diante de uma contradição entre a teoria da "convenção consciente" que ele toma para si[15] – ele que, já em 1899, escreve a respeito do ator que ele era: "Queremos [...] pensar atuando, queremos saber por que atuamos, o que representamos e a quem ensinamos ou denunciamos através de nossa atuação"[16] – e o sopro da morte lançado sobre as cenas pelo dramaturgo belga, a exigência de uma ausência do que é vivo para representar a vida. A história do teatro meierholdiano é, de alguma forma, superar essa contradição.

Para encenar o novo repertório, para "fazer o irreal entrar na cena", como diz então Stanislávski[17], Meierhold cerca-se, durante o verão de 1905, de jovens pintores, Nicolai Sapunov, Serguêi Sudéikin, Vassíli Denissov e Nicolai Uliânov, integrantes ou simpatizantes de um novo grupo fundado em 1904, "A rosa escarlate". Esses jovens principiantes se recusam a construir maquetes complexas, atitude que, para Meierhold, equivalia a "romper com as técnicas ultrapassadas do teatro naturalista"[18]. Sapunov e Sudéikin resolvem em duas dimensões *A Morte de Tintagiles*. Fazem esboços-quadros sobre o tema da peça. A encenação é ditada pela ordem pictórica, fundada sobre a subjetividade do artista, sobre seu imaginário. É a cor, ou melhor, a escolha de uma gama de cores, a relação das nuances entre si e "a técnica dos planos impressionistas"[19], que desempenha o papel principal na determinação do espaço cênico, e não a topografia e a disposição dos objetos cotidianos. Em *A Morte de Tintagiles*, a sutileza de um degradê que vai do azul esverdeado ao roxo para o fundo do palco, as perucas, os vestidos e a "disposição dos efeitos de luz" sobre a pintura[20] atenuam o princípio de representatividade, tornando-o enigmático. No fundo, um painel onde estão pintados uma paisagem à beira-

BARRACA DA FEIRA
DE ATRAÇÕES E BAILE
DE MÁSCARAS

13 Cf. V. Briússov, Nenujnaia Pravda, *Mir Iskusstva*, n. 4, p. 67-74. O artigo tem como subtítulo "Po povodu Moskovskogo Khudójestvennogo Teatra" (A Propósito do Teatro de Arte de Moscou).

14 M. Maeterlinck, Préface, *Théâtre complet*, p. IV.

15 Cf. *Du théâtre*, op. cit., p. 107-109.

16 V. Meierhold, Pismo Vladímir Nemiróvitch-Dântchenko, 17 jan. 1899, *Perepiska (1896-1939)*, p. 21.

17 C. Stanislavski, *Ma vie dans l'art*, p. 357 e s.

18 *Du théâtre*, op. cit., p. 90.

19 Idem, ibidem.

20 Idem, ibidem.

-mar e, plantado sobre uma rocha negra, um castelo medieval; no palco, uma aleia de ciprestes e, em frente a eles, alinhadas, uma ponte, algumas árvores, uma escada que sobe em direção a um praticável-caramanchão, tudo esbatido por uma cortina de tule transparente. À complexidade das montagens naturalistas, responde um desejo de simplificação, à precisão histórica que acumula detalhes, uma técnica de estilização: criar a época, no caso, a Idade Média, com "duas ou três pinceladas principais"[21].

Nesse espaço pictórico, chapado e sugestivo, as personagens serão dispostas como sobre um afresco ou um baixo-relevo. O ator deverá "sentir a forma"[22], exprimir o diálogo interior pela "música dos movimentos plásticos"[23]. O encenador dita gestos lentos, solenes, nos quais o ator se imobiliza antes de falar. Primeira tentativa para criar, do exterior, um corpo consciente, por meio da utilização da parada, da pausa, da imobilidade e da desaceleração. Para o texto, Meierhold propõe uma leitura rítmica, sem vibração nem modulação, uma escansão fria, uma dicção calma, tranquila. Enfim, a música de Iliá Sats é, ao mesmo tempo, cenário e personagem, uivar do vento e coro *a capella*, boca fechada, canto das almas. Mas na harmonia que Meierhold busca entre movimento, cor, dicção, música e onde se deve "tramar" a simbiose cósmica própria de Maeterlinck, o corpo do ator é uma falha, ele permanece cotidiano, realista demais. A experiência tropeça na atuação, na formação do ator. Desde então, duas orientações gerais são propostas: enquanto Stanislávski aprofundará o método analítico, a investigação psicológica, Meierhold fará da cultura física "um objeto de estudo fundamental"[24].

Pesquisas de Síntese e Experimentações Espaciais

Abre-se, então, para Meierhold, uma fase experimental, primeiro no interior do país, onde ele retoma *A Morte de Tintagiles* para verificar "os altos e baixos da sua encenação"[25], acentuando a estilização, com base no modelo oferecido pelos quadros de Böcklin e Botticelli. Meierhold põe em prática sua leitura de Georg Fuchs, utilizando, pela primeira vez, no verão de 1906, um proscênio construído para *Os Espectros*, de Ibsen, representado sem cortina.

Convidado em seguida a trabalhar em Petersburgo no teatro da célebre atriz Vera Komissarjévskaia, Meierhold se aproxima dos meios simbolistas, cujas ideias retoma para definir, em "História e Técnica do Teatro", o longo artigo que redige entre 1906 e 1907[26], o teatro de convenção, a partir de dois princípios: convenção consciente de Briússov e ação dionisíaca de Viatchesláv Ivanov[27]. As teorias deste último oferecem-lhe o modelo do teatro antigo, considerado capaz de ressuscitar um teatro único, que englobe todos os gêneros, para um público unido, "o povo inteiro" que, em vez de contemplar passivamente, parti-

[3] Um dos muitos desenhos realizados por Meierhold para os agrupamentos de atores em A Morte de Tintagiles, Teatro-Estúdio, 1905. Cada croquis é circundado por um traço colorido e a atitude das figuras corresponde a uma ou duas falas.

[21] Idem, p. 91.
[22] RGALI, 998, 188. V. Meierhold, Zapíski dliá *Smerti Tintajiliá*, apud C. Rudnítski, *Rejisser Meierhold*, p. 55.
[23] *Du théâtre*, op. cit., p. 107.
[24] V. Meyerhold, Théâtre naturaliste et théâtre d'état d'âme (1906), *Du théâtre*, op. cit., p. 96.
[25] V. Meierhold, Pismo Olge Meyerhold, 20 mar. 1906, *Perepiska* (1896-1939), p. 65.
[26] Publicado na coletânea *Teatr: Kniga o Novom Teatre*, que reúne artigos de diferentes autores. Meierhold retoma esse texto na primeira parte de *Du théâtre*.
[27] Cf. *Du théâtre*, op. cit., p. 119.

cipa da ação teatral numa espécie de unanimidade religiosa. Meierhold apresenta as noções de "teatro-ação", "teatro-festa"[28]. Ele define o teatro de convenção como a antítese de um "Teatro de Tipos". É um "Teatro de Síntese"[29] em todos os sentidos do termo, mesmo se a realização do *Gesamtkunstwerk* (obra de arte total) se revela, na prática, muito difícil no teatro. Embora ele considere, como Béli em relação à obra de Ibsen e de Maeterlinck[30], que a dramaturgia de Tchékhov se aproxima da música e que *Vischnióvii Sad* (O Jardim das Cerejeiras) é "abstrata como uma sinfonia de Tchaikóvski"[31], embora ele considere a música "a forma mais elevada de arte"[32], Meierhold se confessa decepcionado com a colaboração do pintor e do músico no teatro[33]. Ele se volta portanto para uma estreita fusão entre escritor/encenador, encenador/ator, que pressupõe um "quarto criador", o público: este colabora com a encenação completando suas alusões por meio da imaginação[34]. Na época em que Edward Gordon Craig convoca o teatro a se liberar do texto, Meierhold reafirma o elo do teatro com uma literatura que ele deve "alcançar", mas esse elo é feito de compreensão musical e global, não analítica, do texto, desprovida de submissão ou de respeito petrificado. Enfim, verifica-se que essa busca da síntese utópica pressupõe, por um lado, tanto no ator como no encenador, uma cultura teatral que nenhum dos dois ainda possui, e uma comunhão espiritual que só uma escola pode oferecer. Por outro lado, a síntese utópica dá origem a uma série de paradoxos que comprometem a ideia de "união harmoniosa das artes", então dominante: paradoxo da atuação imóvel na qual se desvelará a essência dinâmica do teatro[35], paradoxo do movimento que pode exprimir o contrário da palavra[36], paradoxo da artificialidade ostentada que faz nascer um sentimento de vida ainda mais intenso[37].

Durante esse período, de 1906 a 1907, os espetáculos, muito diferentes entre si, sucedem-se em ritmo veloz. Meierhold "manipula" a caixa cênica, reduzindo-a e aproximando-a do espectador. Em busca de novas relações entre a plateia e a cena, ele varia os parâmetros espaciais. Seguindo o que havia feito em *A Morte de Tintagiles*, acentua as soluções pictóricas e, por meio de um painel decorativo, limita o espaço cênico a uma estreita faixa: em *Hedda Gabler* (10 de novembro de 1906), o ator não passa de uma mancha de cor que se dilui na pintura do fundo. Um princípio de estatuária o levará a rejeitar o painel pintado e a cena-quadro em benefício de uma concepção arquitetural do espaço que a tridimensionalidade do ator exige: adoção da forma-escada que ocupa toda a largura da cena, mais favorável a composições em baixo-relevo e até mesmo em alto-relevo, antes de chegar, enfim, à ideia de um espaço teatral concebido como espaço específico, distinto do espaço das outras artes, com *Balagántchik* (A Barraca da Feira de Atrações).

Tomaremos três exemplos. Em primeiro lugar, *Soeur Béatrice* (Irmã Beatriz), prodígio de Maeterlinck (22 de novembro de 1906): Sudéikin compõe um painel numa gama fria de azul esverdeado na qual se

---

28 Idem, p. 120-121.

29 Idem, p. 94.

30 A. Bely, The Forms of Art, *The Dramatic Symphony*, p. 167 e 181.

31 V. Meyerhold, Lettre à A. Tchekhov, 8 maio 1905, *Écrits*, 1, p. 66

32 V. Meyerhold, Mot d'introduction avant la première de *La Mort de Tintagiles* à Tiflis, *Écrits*, 1, p. 80.

33 *Du théâtre*, op. cit., p. 109.

34 Cf. Idem, p. 123 e 145.

35 Idem, p. 120.

36 Cf. Idem, p. 117.

37 Idem, p. 123 e 145.

introduzem o prata e o dourado de tapeçarias estilizadas numa velha parede gótica. Colocado próximo à ribalta, o painel delimita um "púlpito" muito estreito e muito próximo do espectador, que deve ser envolvido por uma atmosfera de mistério e de oração, cuja solenidade nenhum movimento violento deve romper. Atuação lenta, cheia de pausas, em duas dimensões para os atores alinhados, frequentemente de perfil. Meierhold organiza os grupos como baixos-relevos, mas se inspira nas linhas dos quadros de Giotto. Um coro de freiras com hábitos cinza azulado cerca uma Beatriz de cabelos louros. Seus gestos são idênticos e lentos, com variações na orientação dos corpos; em conjunto elas juntam as mãos, inclinam a cabeça, ajoelham-se, e sua dicção é, com frequência, murmurante. A área de atuação do *Odwieczna Baśń* (Conto Eterno) de Przybyszewski (dezembro de 1906) é constituída por quatro degraus, começo da organização em escadaria que se imporá em *Pobeda Smerti* (A Vitória da Morte, 1907), depois em *Elektra* (1911). Espaço estreito, limitado por um painel vazado por aberturas muito altas, ladeado por duas escadas, cuja ingênua simetria invoca um castelo de cubos, construído por uma criança, e origina a simetria na atuação.

Para *Jizn Tcheloveka* (A Vida do Homem), de Leonid Andreev (fevereiro de 1907), é Meierhold quem concebe o espaço. Depois das maquetes naturalistas, é a vez de os painéis pictóricos desaparecerem. Simplificação extrema: o espaço nasce, em primeiro lugar, da luz que estrutura uma extensão monocromática de cinza esfumaçado; a cena é constituída por telões cinzentos pendurados a intervalos regulares. A desaparição do cenário como fundo parece oferecer à cena um acréscimo de teatralidade. Meierhold compõe aqui sua primeira verdadeira "partitura" de luz: no prólogo, ele envolve a cena numa névoa cinza com uma luz uniforme e fraca, sem sombras; depois, ele rompe a semiobscuridade permanente com manchas de luz originadas, a cada vez, de uma única fonte, iluminando sucessivamente diversos pontos da cena. Ele usa a luz de fontes múltiplas, independentes – abajur atrás de um sofá, lanternas,

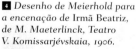
4 *Desenho de Meierhold para a encenação de* Irmã Beatriz, *de M. Maeterlinck, Teatro V. Komissarjévskaia, 1906.*
5 6 *Irmã Beatriz, Teatro V. Komissarjévskaia. Fim do ato III: A Morte de Beatriz.*

5

6

DA ESTILIZAÇÃO
AO GROTESCO

7 A Vitória da Morte de Fiódor Sologúb, Teatro V. Komissarjévskaia, *1907*. Desenho de A. Liubimov retratando o cenário.

8 Desenho de A. Liubimov para o quadro 3 *"O Baile na Casa do Homem"*.

9 A Vida do Homem, desenho preparatório de V. Meierhold para o mesmo quadro.

velas – frequentemente verticais – lustre circular, lustres de onde a iluminação cai em forma de cone alongado. Nessas áreas reservadas ao jogo cênico, Meierhold pode criar a impressão de lugar fechado com limites invisíveis, porém sugeridos. Ele coloca os atores em relação às fontes de luz de tal modo que eles se destacam em silhueta, em sombra chinesa ou em grupo compacto: velhas encapuzadas amontoadas como ratazanas sobre o sofá, numa composição no estilo de Goya. No espaço vazio, depurado, os objetos assumem, por contraste, ainda mais importância. Escolhidos a dedo, suas dimensões são exageradas. Seleção e deformação devem estimular a atividade do espectador.

A Primeira *Barraca da Feira de Atrações*

Um mês antes de *A Vida do Homem*, a 31 de dezembro de 1906, a estreia de *A Barraca da Feira de Atrações* é um escândalo: a sala exaltada, dividida em dois campos, urra, assovia, aplaude. O espetáculo é uma bomba cujos reflexos se inserem de modo sólido e durável em todos os campos da vida artística russa: teatro, pintura, balé, música. Essa bomba, é o *balagan**, título da peça.

Histórico do Balagan

O que é o *balagan*? Palavra de origem tártara, designa, de início, a barraca instalada, nos dias de feira, nas cidades e burgos, com objetivos comerciais; depois a barraca onde se exibem fenômenos, onde se fazem apresentações, em momentos bem determinados do ano, festas cívicas ou religiosas. No século XIX, todas as artes do espetáculo estão presentes nessas barracas: "teatro de bichos" (domesticadores de ursos, domadores, exibição de animais de circo; combates entre animais), teatro mágico ou teatro maravilhoso (prestidigitadores, especialistas em desaparições, hipnotizadores, autômatos, barracas para a exibição de monstros), teatro mecânico (apresentação de diversos panoramas, dioramas, *raiók**), atrações de parque de diversões (carrosséis, balanços, roda-gigante e, durante o inverno, montanhas de gelo ou rampas preparadas para andar de trenó, demonstração de habilidade ou de força humana (homens másculos, funâmbulos, depois ginastas), enfim teatro dramático, representado seja por marionetes (*petrúschka**), seja por atores capazes de fazer acrobacias, andar no fio de aço, fazer mágicas, engolir fogo, e ainda *clowns* para representar as pantomimas inspiradas na *Commedia dell'Arte*. Enquanto os gêneros no teatro burguês se diferenciam, o drama de *balagan*, que se torna o último refúgio desse tipo de atividade, conserva uma forma sintética devido à presença de atores de múltiplos talentos. Se, ao longo do século XIX, as pantomimas diminuem, cedendo lugar a *féeries* ou apoteoses, a anti-ilusão é a regra e as sessões de "drama de *balagan*" acontecem sobre um fundo cacofônico de realejos, rangidos dos carrosséis, tiros, piadas e chamados dos que fazem o reclame do espetáculo, respostas berradas pela multidão de espectadores, e gritos de vendedores.

Por volta de 1880, o teatro de *balagan* vai de encontro ao desprezo da *intelligentsia* liberal que lhe censura de cambulhada grosseira, charlatanismo, incitação ao alcoolismo, trituração dos autores clássicos. Assim, a *intelligentsia* dedica-se à criação de teatros populares (*naródnie teatr*) que aparecem, com frequência, como uma "espécie de subteatro, onde

DA ESTILIZAÇÃO AO GROTESCO

não há mais nem o povo, nem os seus gostos, nem a sua língua, feito pelas classes superiores para as classes inferiores"[38]. Aí é apresentada, com fins didáticos ou higienistas, a comédia russa realista, Nicolai Gógol e Aleksandr Ostróvski, na visão que a classe dominante tem desses autores, e com maus atores profissionais ou amadores mais ou menos preparados. As pantomimas e as *féeries* não são imediatamente abandonadas, mas passam a ser controladas. Gratuitos, esses espetáculos fazem aos *balagani* uma concorrência que eles não têm como enfrentar, ainda mais que as autoridades, em Petersburgo, por exemplo, os empurraram para a periferia das cidades. Em 1897, temendo os excessos populares, o tsar lhes concedeu um lugar muito distante do centro, perto de uma caserna, longe da Praça do Almirantado ou do Campo de Marte, onde eles se apresentavam até então, o que reduziu consideravelmente seu público.

Enquanto, de um lado, o "*balagan* agoniza"[39], eliminado e dispersado ao vento da história pelos "teatros populares", do outro lado da cultura, ele reaparece e, em primeiro lugar, nos pintores do grupo Mundo da Arte, movimento pictórico que combate o realismo dos *peredvijniki**, apoiando-se nas ideias de Wagner, Nietzsche, Ruskin e Wilde. Em 1904, seu líder Aleksandr Benois ilustra as diferentes letras de seu *Alfabeto* com as personagens dos tablados: Bufão, Anão, Prestidigitador, Astrólogo, máscaras da *Commedia dell'Arte*, negrinho do teatro de marionetes. Mas o interesse do Mundo da Arte pelo *balagan* é, antes de mais nada, histórico e exótico. Com a entrada dessas personagens na curta peça de quinze páginas de Blok e na cena de vanguarda, o retorno às "fontes" é de natureza totalmente diferente.

Primeiro, Meierhold se vê como que no entrecruzamento de todas essas influências: aluno de Vladímir Nemiróvitch-Dântchenko[40], atua no verão no Teatro Popular de Penza, onde trabalha nas duas primeiras temporadas e para cujo brilho contribui. Mas ele frequentou durante toda a infância os *balagani* de Penza, cujos atores e atrações o marcam profundamente – a ponto de reaparecerem nos anos de 1910 e de 1920 em seus espetáculos – marionetes enormes, em escala humana, malabaristas orientais, *kalmuk* mudo com serpente amestrada, tocador de realejo com papagaio ou passo gigante*, no qual os jovens se alçam acima dos telhados das casas vizinhas[41]. Para Meierhold, o *balagan* não constitui apenas algo ligado ao passado, motivo de admiração e pretexto para a estilização; quando ele der vida aos negrinhos de Benois em várias de suas encenações (*A Devoção à Cruz*, *A Echarpe de Colombina* ou *Dom Juan*) ele lhes atribuirá uma função que nada terá de exótica nem de simplesmente decorativa. Quanto à *Barraca da Feira de Atrações*, de Blok, há, na personagem de Pierrô, que, ao lado de Arlequim e de Colombina, compõe o trio de *Commedia dell'Arte* sobre o qual se articula a peça, algo do "autorretrato fantasiado" do artista como *clown* e saltimbanco, analisado por Jean Starobinski e que retoma o modo paródico de formular a questão da arte, característica

---

38 Cf. E. Zamiátin, Naródnie Teatr, "*Blokha*", *Igra v 4 Akta Evguêni Zamiátina*, p. 4.

39 Título de um artigo da *Peterburgskaia Gazeta*, 7 abr. 1898.

40 Cf. Introdução, supra, p. 16.

* Espécie de carrossel primitivo, composto de um mastro e de cordas fixas no topo dele. Aquele que vai andar nessa espécie de "voador", senta-se sobre uma corda arrematada num grande nó e corre, decolando e realmente "voando" em torno do mastro. Às vezes há um pequeno assento, como num balanço de criança, para facilitar a acomodação. Meierhold usou esse recurso na cena de amor lírico entre Aksouche e Piótr em *Les* (A Floresta, 1924). O passo gigante existiu nos parques de diversões europeus até o início do século xx (N. da T.).

41 Cf. A. Gladkov, *Godi Utchêniia Vsévoloda Meierholda*, p. 14-15.

[10] A Barraca da Feira de Atrações, de A. Blok. Teatro V. Komissarjévskaia, 1906. Cena dos Místicos. Quadro pintado por N. Sapunov a partir do espetácuclo, 1907.

dos pintores e dos escritores românticos ou simbolistas franceses[42]. As personagens e os temas que trazem consigo interessam a Blok tanto quanto sua natureza carnavalesca, isto é, o funcionamento, as técnicas do teatro de feira, em sua simplicidade grosseira. E, longe de ser o reflexo de um mundo perdido, refinado por meio de uma recriação poética, o *balagan* é revelado em seus artifícios, decomposto em seus elementos, posto a nu em sua estrutura.

O Balagan de Blok-Meierhold no V. Komissarjévskaia

Com *A Barraca da Feira de Atrações*, de Blok-Meierhold, a arlequinada se apodera da cena russa: em vez de freiras, reis e rainhas, vêem-se as personagens convencionais da *Commedia dell'Arte*. O espetáculo impõe sem rodeios a forma do teatro de feira como *uma força* capaz de exprimir as contradições de uma personalidade, de uma sociedade, de uma história e de um teatro em crise. O tom ingênuo do *balagan*, sua linguagem "ao pé da letra", capaz de materializar a metáfora e de fazer o pensamento abstrato tomar corpo, o modo brutal pelo qual ele rebaixa qualquer julgamento, sua insubmissão às normas da verossimilhança e do *bit*•, o cotidiano sob o qual o poeta russo sofre demais para ainda querer vê-lo reproduzido no teatro, correspondem ao mesmo tempo aos objetivos ideológicos, morais e artísticos de Blok. A forma do *balagan* é um aríete, arma contra a matéria inerte[43], contra todas as mentiras e concessões, as do pequeno-burguês e as do intelectual, contra a

[42] J. Starobinski, *Portrait de l'artiste en saltimbanque*, p. 7.

[43] A. Blok, Pismo V. Meierholdu, 22 dez. 1906, *Sobrânie Sotchiniêni*, t. 8, p. 169-170.

DA ESTILIZAÇÃO
AO GROTESCO

verossimilhança cênica dos carpinteiros da cena, contra o simbolismo místico de Viatchesláv Ivanov e contra o teatro imóvel de Maeterlinck. Oriunda do movimento simbolista, a peça dele se distingue pela crítica que lhe faz e pelas propostas novas[44].

A *Barraca da Feira de Atrações* é designada por seu autor ao mesmo tempo como "pequena *féerie*"[45] e como drama lírico. Um deslocamento constante de planos assume o lugar da trama: dois mundos, duas visões se interpenetram, a dualidade constitui a estrutura da peça, opondo os homens, os Místicos ou o Autor, às personagens de teatro. Apenas essas últimas são vivas, os outros não passam de invólucros vazios. O "longínquo", para além da janela pela qual Arlequim salta, todo contente pela chegada da primavera, é pintado em papel, acessório de ilusão que se rasga, e seu elã inspirado se conclui por uma queda no vazio. Mas, no rasgo do papel, a aurora se anuncia e a Morte se aproxima. É mesmo a Morte ou a noiva de Pierrô, que acredita reconhecer Colombina?

O desenvolvimento da ação na peça não é linear, lógico, ele progride por meio de aparições, desaparições, metamorfoses. O drama de Blok não quer espelhar, descrever, mas realizar, dar a ver "toda a complexidade da alma moderna", a de Pierrô dividida entre o sofrimento e a dança, a careta e a blasfêmia[46], por uma sucessão de ações, de movimentos contraditórios; é nisso que o drama é lírico. As situações cênicas se repartem em momentos em que a teatralidade é enfatizada: assembleia, baile, desfile, e em momentos de interpelação direta à plateia, que podem ser de dois tipos. A do Autor desmancha-prazeres, em primeiro lugar. Ele busca o apoio dos espectadores. E sua função na peça é tornar o auditório ativo, suscitando reações de simpatia ou de raiva. O *balagan*, que ridiculariza o Autor, ridiculariza por tabela os que o apoiam: quando, furioso, ele aparece para gritar que suas personagens representam sem sua permissão uma velha lenda e que ele é contra todas as lendas, todos os mitos e outras vulgaridades[47], uma mão sai das coxias e puxa-o, como a um títere movido por fios. A segunda forma de intervenção direta é a de Pierrô, que, em seus derramamentos confiantes, suas confissões, procura tocar o espectador, estabelecer com ele um contato familiar, fazê-lo refletir. Convenção, jogo, sinceridade lírica ou bufona: o público, constantemente interpelado, será rudemente posto à prova.

A escrita dramatúrgica de *A Barraca da Feira de Atrações* contém propostas concretas de encenação: as numerosas indicações cênicas de Blok levam à realização material de suas ideias nos jogos de cena, no ritmo, na música, nas cores, no jogo com a plateia. Ela introduz uma série de técnicas provenientes da cultura popular, que atacam os métodos realistas ligados ao teatro de texto. Construção metafórica das personagens, estilhaçamento do indivíduo psicológico em facetas dissociadas e sua desaparição sob a máscara ou num grupo de personagens, liberdade de composição a partir do modelo de Ludwig Tieck e dos românticos alemães, combinação de uma multiplicidade de planos contrastados e

44 Propostas que se aparentam às de Théodore de Banville, cf. D. Bablet, *Le Décor de théâtre de 1870 à 1914*, p. 72-76.

45 A. Blok, Préface aux drames lyriques (1907), *Oeuvres dramatiques*, p. 10.

46 Idem, p. 9-10;

47 Cf. *La Baraque de foire*, *Oeuvres dramatiques*, p. 20.

conflitantes (cotidiano, farsa, mascarada, *féerie*), cortes brutais e rupturas inesperadas entre os fragmentos. O verso sucede as vociferações prosaicas e triviais, e até no interior do texto versificado reina a disparidade entre metros, ritmos e gêneros, da confissão lírica ao poema romântico, passando pela canção e até mesmo pela poesia mística.

Por causa de sua sensibilidade, sua ironia, sua paixão pelo teatro, seu gosto pela festa e pela mistificação, Sapunov é, de fato, coautor do espetáculo com Blok e Meierhold. Ele reveste a cena – pernas e parede do fundo – com uma tela azul escuro. No centro desse espaço azul, ele constrói um pequeno "teatro dentro do teatro" com seus tablados, sua cortina, a caixa do ponto, as frisas. Toda a maquinaria é aparente: urdimentos, cordas e cabos. Num nível abaixo desse palco em miniatura, lugar onde o jogo se denuncia como tal, um espaço livre está reservado ao Autor, estrado de onde ele defende a teoria da ilusão cênica. É também o lugar onde Pierrô aparece no final, quando tudo já foi desmascarado. É a segunda manifestação do proscênio, estudado aqui em seu funcionamento variável: lugar de aproximação, em vez de fusão com o público, e que implica em diferentes tipos de relações com ele, mas, antes de mais nada, implica na destruição de toda ilusão.

O espetáculo começa por um rufar de tambor. Sobre um ritornelo de realejo, o ponto entra e acende suas velas, em seguida a cortina em miniatura se abre. Os cenários tradicionais, colocados na pequena cena, salão fechado por três paredes ou sala com colunas, desaparecem à vista do espectador. Os móveis voam para os urdimentos. As mãos dos contrarregras permanecem visíveis quando eles sustentam, na ponta de varas de metal, os fogos que iluminam a procissão com tochas. A música, composta por Kuzmin, acentua os contrastes, torna-se comentário irônico. Meierhold materializa assim o questionamento do teatro pelo *balagan* e denuncia as mentiras da verossimilhança em cena. Enfim, as personagens-fragmentos propostas por Blok introduzem no coração da atuação o problema da máscara. A máscara pode ser um objeto, dissimular o rosto dos casais que volteiam disfarçados no baile de carnaval, mas pode ser também maquiagem ou figurino, como os troncos de papelão negro, com colarinhos e punhos brancos pintados, por trás dos quais desaparecem os rostos e os braços dos membros da Assembleia dos Místicos, decepcionados e ridicularizados em sua espera pela Morte, cuja foice, na realidade, é simplesmente a trança de Colombina (jogo a partir do termo russo *kossa*). A máscara é, enfim, a personagem-tipo, Pierrô ou Arlequim. Sob essas três formas, a máscara permite a Meierhold uma primeira abordagem da atuação sob o ângulo da dialética do contraste que ela engendra. Assim, o encenador esboça a passagem entre um teatro místico da revelação, que busca tornar manifesto o que está escondido[48], e um teatro ativo da máscara que esconde para melhor revelar.

Meierhold assume o papel de Pierrô e nele realiza a síntese dos temas desta "farsa estranha e terrível". Seu Pierrô não é molenga nem

48 *Du théâtre*, op. cit., p. 116.

choramingão. É uma criatura ao mesmo tempo impertinente e terna, figura do povo e poeta sonhador. É um homem e um títere: seus movimentos são angulosos, ele sabe cair como uma tábua, estatelado, e seu coração de madeira, que diríamos "montado como um mecanismo de relojoaria", deixa escapar alguns gemidos. Sua dicção é artificial, combina vários registros sonoros, às vezes muito altos. Mas suas mãos se animam por baixo de longas mangas, antes de cair novamente inertes sob a bata branca com pompons vermelhos. No fim, ele dá vazão às suas penas numa ária de flauta e aparece em sua condição de homem, artista sem auréola, capaz de metamorfosear em arte toda a complexidade da vida: não é mais, então, a personagem Pierrô, mas o ator Meierhold que fixa a sala com um olhar penetrante. E assim dá ao papel "uma dose terrível de seriedade e autenticidade"[49].

Tão essencial para Meierhold quanto a personagem Treplev, o papel de Pierrô constitui para ele um encontro entre a arte e a vida, representado no terreno da arte. Contudo, ele não apreenderá de imediato toda a fecundidade do *balagan* e a "maravilhosa Barraca da feira de atrações" só retrospectivamente marcará para ele o ponto de partida consciente de uma pesquisa fundamental[50]. Mas, de fato, *A Barraca da Feira de Atrações* marca a obra de Meierhold: ele a retoma em 1908, depois em 1914 e no fim dos anos de 1930 pensará em apresentá-la como uma "chaplinada".

Enfim, a encenação estabelece com o público, "quarto criador", relações opostas ao consenso da ação dionisíaca teorizada por Viatcheslác Ivanov. Mas ela não destrói totalmente a utopia e uma contradição persiste para Meierhold, fonte de inquietação e de pesquisas permanentes, capaz de fazer explodir as formas teatrais e de diversificar o repertório: de um lado, seu gosto pelos movimentos de fusão, que congregam a plateia e o palco, de outro lado, sua pesquisa de rupturas nas quais plateia e palco se opõem assim como ator e personagem são dissociados.

A Máscara, Fenômeno de Sociedade

No clima de tensão que reina na Rússia depois de 1905, a *intelligentsia* exprime o sentimento angustiado de estar vivendo o fim de um mundo. A velha Rússia se desfaz na incompetência, na corrupção, na divisão, na arbitrariedade policial e na violência social marcada pelo antissemitismo e pelo terrorismo. Ao luxo insolente das pompas imperiais, a *intelligentsia* responde por jogos de máscaras nos quais busca se divertir, esquecer, mas também, mais profundamente, pensar suas contradições. No vasto movimento que alcança a Europa e, em primeiro lugar, a poesia e a pintura francesa, traduzida e reproduzida nas revistas de arte russas (Degas, Cézanne), as personagens da *Commedia dell'Arte*, que desceram dos tablados de *A Barraca da Feira de Atrações* ou dos

---

49 V. Veriguina, *Vospominánia*, p. 101.

50 Cf. V. Meyerhold, Préface, *Du théâtre*, p. 86.

11 *Meierhold com o figurino do Pierrô de A Barraca da Feira de Atrações. Retrato por N. Uliânov, 1907-1908.*

DA ESTILIZAÇÃO
AO GROTESCO

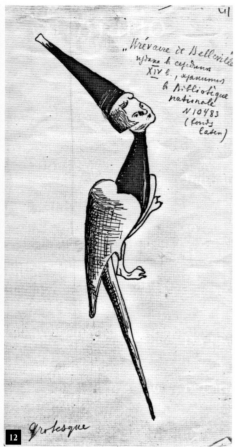

[12] Um dos desenhos de Meierhold que ilustram suas notas dos anos de 1910 sobre o grotesco.

51 A. Akhmatova, Le Poème sans héros, p. 208.

52 "Se quero desempenhar uma personagem", dirá Meierhold em outubro de 1938, quando ensaiava em Leningrado a terceira e última variante de O Baile de Máscaras, "devo sempre buscar nela Briguela ou Pantaleão. Pode haver cem variantes de Briguela, mas, num autor de teatro autêntico, pode-se sempre encontrar essas máscaras", apud I. Schneiderman, V. Meierhold v Rabote Nad Poslednim Vozobnovleniem Maskarada, Naúka o Teatre, p. 176.

quadros de Benois invadem, com variantes macabras, fantásticas ou feéricas, o teatro, a pintura, a poesia, o balé e se instalam no universo festivo dos bailes e reuniões. A mascarada se torna uma moda e Anna Akhmátova, na primeira parte de seu Poema sem Herói, "1913", evoca "a infernal arlequinada" de Petersburgo[51]. Teatro e vida são, para Meierhold e Sapunov, a mesma coisa e eles aprofundarão juntos a forma teatral dessa visão do mundo materializada como vida festiva. E, em 1917, Meierhold oferecerá, num espetáculo grandioso –, Maskarad (O Baile de Máscaras), no qual ele pensa desde 1911 –, a expressão cênica mais completa desse período de crise social intensa.

O que é original no fascínio duradouro dos russos pelas máscaras, o que as torna fonte produtiva para a emergência de formas novas não é tanto sua onipresença na vida e na arte, a reutilização de imagens e personagens antigas, pitorescas ou estranhas no contexto pré-revolucionário de uma Petersburgo que se considera uma Veneza, mas, em primeiro lugar, a refração daquelas através do prisma da cultura russa que, por exemplo, Sapunov realiza em sua pintura. É também a influência determinante do romantismo alemão e de E. T. A. Hoffmann sobre os escritores, os pintores e os homens de teatro russos e, em especial, sobre Meierhold. É, enfim, o estudo do funcionamento dessas personagens nos canovacci, todo um trabalho sobre a Commedia dell'Arte que se pretende científico e que, empreendido por Meierhold a partir de 1911, se desenvolve sobretudo em 1913-1916. Diferentemente de Craig, que, antes de Meierhold, mergulha nessa pesquisa, mas recusa a transplantação das personagens italianas para outras culturas, Meierhold não hesita em montar com eles pantomimas. Ele verá nelas sempre figuras arquetípicas, capazes de estruturar inúmeras outras personagens de teatro[52].

Uma Atividade Multidirecional: Experimentação sobre os Gêneros (1908-1912)

A colaboração com V. Komissarjévskaia dura pouco. Meierhold é demitido: acusam-no de transformar os atores em marionetes, o que, ao comentar em artigo a turnê do Teatro Komissarjévskaia a Moscou, Béli enfatiza como consequência lógica do princípio de estilização, prelúdio à substituição dos atores por bonecos. Segue--se um novo período de experimentação na província. No fim de 1908, graças à inteligência e à abertura de Vladímir Teliakóvski, diretor dos Teatros Imperiais de Petersburgo, do Teatro Aleksandrínski e do Teatro Marínski, dedicado à ópera, Meierhold é nomeado encenador dessas casas de espetáculos. Sua atividade vai então se dividir entre os palcos oficiais e os múltiplos espetáculos realizados em lugares marginais, sob o hoffmanniano pseudônimo de Doutor Dapertutto, o maquiavélico charlatão de *Die Abenteuer der Sylvesternacht* (A Noite de São Silvestre), seu duplo misterioso e estratégico. Nesses espetáculos, Meierhold se permite audácias impossíveis nos Teatros Imperiais, onde ele utiliza o que aprendeu nos espetáculos experimentais, num movimento pendular, ao mesmo tempo liberador e organizador. Ele lida assim com todos os gêneros do espetáculo: a ópera de recursos luxuosos, o balé, o circo, o cabaré, a pantomima, o repertório contemporâneo e o repertório clássico. O teatro se encarna, a seus olhos, tanto nos lustres nos quais brilham centenas de velas em *Dom Juan* quanto nas pobres lanternas de papel do *Obrascenii Prince* (Príncipe Transformado). Por trás das aparências, é o modo de funcionamento que cria a unidade.

Essa prática estilhaçada não significa ecletismo: as experiências não são estanques, cada uma reverbera sobre a seguinte, na perspectiva de uma pesquisa prioritária sobre o movimento do ator em estreita ligação com os lugares, os gêneros, as tradições e com públicos diferentes. Elas se alimentam de numerosas leituras ativas, concretizadas por publicações de artigos sobre Craig ou Wagner, e por uma visada em perspectiva de sua própria experiência no contexto europeu ao qual a Rússia está amplamente aberta: turnês de Isadora Duncan, de Dalcroze, de Max Reinhardt, presença de Craig no Teatro de Arte, viagens de Meierhold à Europa e, em especial, à Alemanha.

Meierhold e o Drama Musical

Quase um ano de preparação para *Tristan und Isolde* (Tristão e Isolda) de Wagner, apresentado em novembro de 1909. Meierhold fala de seu trabalho e de sua reflexão num longo artigo sobre o drama musical, no qual o raciocínio – alimentado por Wagner, que ele lê no original, e por A. Appia, G. Fuchs[53], K. Immermann e M. Denis[54] – passa, sem cessar, do drama wagneriano à cena dramática. A exemplo de Appia, Meierhold afirma que a música deve conduzir a encenação: a esfera musical condiciona a ação dramática, a imagem visual é a encarnação plástica da substância sonora, não do texto. Dentro da problemática geral do teatro, o drama musical aparece como uma arma nova na luta contra o naturalismo: a ópera, diz Meierhold, é uma convenção total, como o nô japonês[55]. A música dá a medida dessa convenção. Sem a palavra, a ópera é pantomima e os cantores, em vez de desenvolver um gestual naturalista, devem seguir, com precisão matemática, o ritmo

BARRACA DA FEIRA
DE ATRAÇÕES E BAILE
DE MÁSCARAS

[53] De G. Fuchs, além de *Die Schaubühne der Zukunft*, do qual Meierhold tomou conhecimento no início de 1906, ele leu *Die Revolution des Theater*, que havia sido lançado em 1909, e o artigo Der Tanz, *Flugblätter für kunstleriche Kultur*, de 1906.

[54] Cf. a bibliografia oferecida por Meierhold ao fim de La Mise en scène de *Tristan et Isolde* au Théâtre Mariinski, *Du théâtre*, p. 142.

[55] Idem, p. 130.

DA ESTILIZAÇÃO
AO GROTESCO

da música. Fiódor Schaliápin, modelo de *verdade teatral*, fornece um dos raros exemplos de fusão harmoniosa do desenho plástico com a linha melódica da partitura[56], à qual deve tender o cantor wagneriano.

A solução para os problemas que a síntese das artes coloca passa pelo surgimento de um novo ator, de modo que se possa, por meio de seu corpo, traduzir a categoria do tempo – a música – em espaço. Um ator flexível e esbelto, em movimento, capaz de fazer de seu corpo uma escultura, um ator-Maillol, que obedeça ao ritmo e cujo gestual seja sóbrio e econômico, na medida em que a música o dispensa de certo número de tarefas de expressão[57]: um ator-dançarino. Porque "a dança é para o corpo o que a música é para a alma", uma forma artificial, plástica e sensível[58]. A ação dramática deve ser coreográfica, em uníssono com a música e é com o mestre de balé que o ator deve aprender a se movimentar, a transformar seu corpo em obra de arte. No entanto, a complexidade das tarefas que lhe são designadas no drama musical não deve fazê-lo esquecer o lugar que lhe cabe: o ator é um meio de expressão entre outros, igual a eles, "nem mais nem menos importante"[59].

A peça será, portanto, concebida como pedestal para o corpo do ator, escultura animada, e o encenador, como o cenógrafo, deve se tornar arquiteto. Mas, na prática, Meierhold não pode construir e, para atenuar as falhas da caixa cênica à italiana no tocante às relações do espaço com o corpo do ator, tenta adaptar o modelo da "cena-relevo" proposto por G. Fuchs e realizado no Kunstler Theater de Munique, e cujos esboços, feitos por M. Littmann, ele publica em seu livro *Die Schaubühne der Zukunft* (A Cena Teatral do Futuro)[60]. Naquele momento, o proscênio é descartado, na medida em que a continuidade wagneriana recusa os "números" da ópera italiana. Mas ele é coberto por um tapete que se harmoniza com as coxias, anula o seu vazio e o transforma em mancha de cor. O primeiro plano da cena fica reservado aos atores, o segundo à pintura, que é afastada para evitar o hiato que se forma entre um corpo em três dimensões e um fundo em duas dimensões. No primeiro plano, os "praticáveis-relevo", de alturas diferentes, serão combinados de tal modo que a composição dos corpos, dos grupos, das ondas rítmicas e dos movimentos plásticos se torne obra harmoniosa e concentrada. Os coros permanecem imóveis para não perturbar a "magia de Maillol", em direção à qual deve tender o espetáculo.

Enfim, Meierhold quer dar ao mito um invólucro histórico e não uma moldura intemporal. Se ele se recusa, como Appia antes dele, a respeitar as didascálias wagnerianas que o obrigariam a atravancar a cena, ele tem, no entanto, necessidade do concreto para elevar-se até o simbólico e escreve:

> Por menos que o aspecto material de um barco no estilo do século xiii seja reproduzido por um artista com um grau de fidelidade que nos leve a dizer que ele tomou o caminho do imaginário (Cézanne),

56 Idem, p. 125-127.
57 Idem, p. 131.
58 Idem, p. 130.
59 Idem, p. 131.
60 Cf. D. Bablet, op. cit., p. 359-369.

o mais naturalista desses barcos se torna mais simbólico do que aquele, que, de saída, se quis simbólico, mas cuja aparência em nada se liga à natureza[61].

A partir de uma grande vela em tecido quadriculado e de escadas de corda, o espectador imaginará o barco: o século XIII escolhido como moldura do drama é interpretado pelo cenógrafo, o princípe Aleksandr Schervaschídze, num espírito de livre composição e de sobriedade.

Em 1911, para sua segunda encenação no Teatro Marínski, Meierhold escolhe *Orfeu*, de Gluck, que Wagner considera um de seus precursores. Ele utiliza os princípios elaborados para *Tristão e Isolda*, enriquecidos pelos dois anos de colaboração no teatro com o cenógrafo Aleksandr Golovin. O aspecto visual do espetáculo é dado por um trabalho pictórico sobre o estilo: Golovin procura a imagem que o século XVIII de Gluck tinha da Antiguidade. O primeiro plano é reservado a tecidos bordados, o segundo, à pintura, iluminada por gambiarras laterais e verticais: os refletores, colocados na plateia, lançam sobre o palco uma luz azul. Meierhold usa o proscênio e Golovin marca convencionalmente os limites entre os três planos por um sistema de cortinas de tule. O entendimento entre os criadores – encenador, pintor, coreógrafo – é perfeito: eles se decidiram por um método e nada destrói a harmonia de conjunto. Golovin procura traduzir "a linguagem sonora de Gluck em linguagem cromática"[62], e os "acordos" sutis do colorido dos figurinos evoluem musicalmente – dos agrupamentos estáticos aos deslocamentos coreográficos que praticáveis-relevo, de diferentes níveis, permitem organizar em movimentos ascendentes e descendentes. Mikhail Fokin submete a dança ao poder da música, numa arte do fragmento, da visão alusiva e Meierhold o considera como "o mestre de balé ideal da nova escola"[63]. O movimento do ator passa pela dança: Meierhold trabalhou sob a direção de Fokin e dançou em 1910 o papel de Pierrô no *Carnaval* de R. Schumann, montado pelo coreógrafo para um baile literário[64].

Circo e Cabaré:
"A Echarpe de Colombina"

Se Meierhold se apaixona pelo refinamento e pelas harmonias da cena lírica, seu duplo se interessa pelo avesso disso: em janeiro de 1909, Meierhold publica sua adaptação para a cena de uma novela do dinamarquês Herman Bang, *Os Quatro Diabos*, drama passional entre acrobatas. Meierhold não monta essa adaptação, mas o encenador está presente nas longas rubricas que redige para o texto. *Os Reis do Ar e a Dama do Camarote*[65] se passa nas coxias de um circo, montadas "com tábuas, como uma barraca de feira" e cercadas por múltiplas saídas – telas ou portas – das quais a principal é uma cortina

BARRACA DA FEIRA
DE ATRAÇÕES E BAILE
DE MÁSCARAS

61 Après la mise en scène de *Tristan et Isolde* (1910), *Du théâtre*, p. 174.

62 V. Meierhold; A. Golovin, O Planakh Khudójnica A. Golovina i Rejissera V. Meierholda v *Orfee* Gliuka, em A. Golovin, V*stretchi i Vpetchatlenia*, p. 162.

63 La Mise en scène de *Tristan et Isolde...*, op. cit., p. 130.

64 Meierhold dançará novamente o papel de Pierrô em 1914 ao lado de Tamara Karsávina, no balé *Pierrô e as Máscaras* de Boris Romanov.

65 V. Meierhold, Koroli Vozdukha i Dama iz Loji: *Melodrama dliá Teatrov Tipa Parijskogo Grand-Guignol po Rasskazu Datchanina G. Bang Die vier Teufel.*

DA ESTILIZAÇÃO
AO GROTESCO

que se abre para a pista[66] e para o público, cujos aplausos os espectadores ouvirão. Meierhold usa as personagens, os figurinos, o material do circo para construir as situações a partir de fortes contrastes nos temas, nas cores, nos sons. É assim o impressionante cortejo fúnebre, formado pelos artistas que, em trajes de cena multicoloridos e brilhantes, trazem o corpo de um dentre eles, o acrobata que se espatifou na pista. Todos os diálogos se dão durante o treinamento específico dos artistas. Meierhold indica com precisão uma partitura sonora, composta de ruídos muito variados e de música: *A Valsa do Amor*, música de trabalho de *Os Reis do Ar*, é utilizada como um *leitmotiv* no qual o trágico vai se aprofundando.

[13] *Cartaz de Re-mi para a Casa dos Intermédios, 1910.*

66 A organização do espaço cênico lembra a de *Os Acrobatas*, de F. von Schönthan que Meierhold montou em Kherson em 1903 e no qual desempenhava o papel de um velho palhaço em trajes de Pierrô.

67 Cf. E. Znosko-Boróvski, *Istória Russkogo Teatra v Natchale XX Veka*, p. 302.

68 Trata-se do Lukomorie onde Meierhold pensou, primeiro, em retomar *A Morte de Tintagiles*, mas onde acabou realizando um espetáculo que incluiu *A Queda da Casa Usher*, adaptado de Edgar Allan Poe, e *Petrúschka*, de P. Potiómkin. A montagem, com cenários muito estetizantes do Mundo da Arte, não correspondeu ao espírito do cabaré.

O cabaré, segundo o modelo da Überbrettl• alemã, "*balagan* artístico", constitui outro centro de interesse para Meierhold, enquanto forma de distração, curta, capaz de tornar o público mais livre e mais ativo[67]. Depois de uma primeira tentativa fracassada[68], em 1908, é inaugurada, em outubro de 1910, a Casa dos Intermédios; Meierhold é o inspirador dela. O lugar: uma cena sem ribalta, ligada à plateia por uma escada e com mesas para os espectadores, por entre os quais os atores entram e saem. Durante a única temporada da empresa, dois programas foram apresentados, compostos de peças curtas e de canções. Foi aí que, entre um esquete cômico e uma pastoral com cantos e danças de Kuzmin, o Doutor Dapertutto apresenta *A Echarpe de Colombina*, com música de Ernö Dohnányi. Esse número, o maior sucesso da Casa dos Intermédios, é um espetáculo muito estranho. É uma adaptação livre do *Der Schleier der Pierrette*

(O Véu de Pierrette), pantomima que Schnitzler compôs a partir de uma de suas tragédias, *Der Schleier der Beatrice* (O Véu de Beatriz). Meierhold depura, fragmenta o texto, recorta e articula uma sequência de cenas curtas sobre um princípio de contraste[69] e infla os papéis secundários. Com Sapunov, mais uma vez coautor do espetáculo, ele aprofunda a linha de *A Barraca da Feira de Atrações* e as máscaras ítalo-vienenses são submetidas a um tratamento e a um ambiente russos. Essa foi a contribuição específica de Sapunov, de sua percepção da realidade russa, ao mesmo tempo triste, estagnada, infinitamente limitada e alegremente colorida, como um *lubok**, de laranja e amarelo. Sapunov mergulha no coração da vida de província, tacanha e vulgar, que denuncia por intermédio das personagens-máscaras, ao mesmo tempo cômicas e horríveis, plasticamente construídas sobre tensões entre o humano e o animal, o animado e o inanimado.

BARRACA DA FEIRA
DE ATRAÇÕES E BAILE
DE MÁSCARAS

14 *A Echarpe de Colombina, a partir de A. Schnitzler, Casa dos Intermédios, 1910. Esboço de Sapunov para o maestro de cabelos azuis.*

15 *A Echarpe de Colombina. Esboço de Sapunov para Pierrô.*

16 *Esboço de S. Sudéikin para o figurino do Doutor Dapertutto-Meierhold.*

A colaboração entre Meierhold e Sapunov despoja a pantomima do sentimentalismo grandiloquente de Schnitzler, introduz notas cômicas, grosseiras, acentua os contrastes, faz dela uma verdadeira tragicomédia de máscaras russas, denunciadora. Sem palavras, a eterna história do Pierrô enganado se desenvolve contra um fundo de valsa, galope, polca e mais valsa. Tudo está submetido a um ritual social – o baile do casamento de Colombina com Arlequim, as danças dos alegres companheiros de Pierrô – e ao ritmo nervoso da música de Dohnányi, como se a ação cênica não passasse de uma dança terrível e abrupta, pela qual o mestre de cerimônia Gigolô, figura degradada do Destino, transformava o drama do trio em tragédia, com a ajuda do maestro e de seus músicos, colocados sobre um pequeno estrado. Ruivo e corcunda,

[69] Cf. RGALI, 998, 70. Programa de *A Echarpe de Colombina*. O espetáculo compreende 3 quadros e 14 cenas (das quais 9 no quadro II, que é o do baile).

DA ESTILIZAÇÃO
AO GROTESCO

[17] A Echarpe de Colombina. "O Baile", disputa com Arlequim. Quadro pintado por Sapunov a partir do espetáculo, 1910.

o pequeno Gigolô está em toda parte, patinando com seus sapatos rosa. Ele parece um papagaio: Sapunov eriçou os cabelos de sua peruca como um tufo de plumas e arregaçou as abas de sua casaca verde e rosa como se fossem uma cauda.

A encenação procura a surpresa, o choque: choque entre as manchas de cores escolhidas por Sapunov, cacofônicas ou carregadas de sentido (vermelho, branco), choque entre os grupos antagonistas que se enfrentam mecanicamente nas figuras da dança, choque perceptivo entre impressões contraditórias. Escutemos uma testemunha, Mikhail Bontch-Tomaschévski: "Compreendo como se pode rir e ao mesmo tempo sentir um abismo de horror, de trevas plenas de desespero". Contra o fundo grosseiro e dinâmico da dança que pode se derramar pelos degraus no meio do público,

> através dos gestos não naturais, inventados, e dos figurinos fantásticos, a tragédia essencial sobressaía com um brilho admirável; sobre um fundo cômico, como o inelutável era terrível! E quando me lembro da polca de pesadelo que músicos ridículos, regidos por um maestro caolho e diabolicamente nefasto, tocavam, quando me lembro desse turbilhão de pesadelo de corpos multicoloridos e grosseiros que volteavam, enrolavam-se como anéis em torno do pequeno mestre de cerimônias, Gigolô, com sua crista eriçada como a de um galo, até agora, três anos depois, sinto o mesmo calafrio que nos arrepiava a pele[70].

70 M. Bontch-Tomaschévski, Pantomima A. Schnitzlera v Svobodnom Teatre, Maski, n. 2-3, Moscou, 1913-1914, p. 52.

De repente, estamos longe das harmonias refinadas de Tristão e Isolda. No palco da Casa dos Intermédios, entre um hall de estilo mourisco e outro em estilo gruta, *A Echarpe de Colombina* concentra, na radicalidade de uma forma curta, o estilo de Meierhold e anuncia, mais ainda que *Dom Juan*, ensaiado paralelamente, os grandes espetáculos de 1924-1925.

O Escândalo de *Dom Juan*

Quando, em 1908, Meierhold começa a trabalhar no Teatro Aleksandrínski, seus projetos se voltam para um repertório de clássicos russos e europeus, fato novo para quem, até então, havia lidado, na maior parte das vezes, com a literatura contemporânea. Os clássicos tinham que ser montados sob a perspectiva da época deles, recuperando as tradições de interpretação dos maiores atores do passado, sem reconstituição arqueológica, mas com a colaboração dos cenógrafos do início do século XX, pintores que conhecem o ritmo das cores, das linhas, a composição dos grupos que revelam a ideia de uma obra tanto quanto o texto dialogado. Na verdade, mais comportada que a da época da trupe de Komissarjévskaia, a formulação desse programa para um teatro "eco do tempo passado"[71] esconde projetos audaciosos. Porém, por mais escandalosa que pareça sua leitura de Molière, é preciso compreender seu *Dom Juan* no contexto de 1910, ano em que aparece a primeira coletânea cubofuturista *O Viveiro dos Juízes*. Meierhold não está disposto, muito ao contrário, a atirar os clássicos para fora "do navio de nosso tempo", como aconselhará, em 1912, o manifesto futurista *Uma Bofetada no Gosto Público**. O encenador se mantém distante dessa estética e seus questionamentos tomam outros caminhos. No entanto, ele associará a suas pesquisas do verão de 1912, Nicolai Kulbin, médico, erudito, pintor, crítico de arte e de música, integrante mais velho do grupo cubofuturista e seu protetor, que desempenha o papel de traço de união entre o Doutor Dapertutto e o movimento nascente[72].

Para seu programa de encenação atual dos clássicos, o pintor colaborador ideal será Golovin. Retratista e paisagista, chegou ao teatro em 1900, depois de ter sonhado ser cantor de ópera, de ter feito estudos de arquitetura e de ter se consagrado às artes aplicadas. Revelado em Paris em 1908 pelo *Boris Godunov* da primeira temporada russa, Golovin desenvolve, ao contrário de Lev Bakst e de Benois, uma carreira basicamente nacional. E, sobretudo, como a de Sapunov, sua obra pictórica é totalmente absorvida pela cena. Nomeado em 1902 por Vladímir Teliakóvski – que, assim como Savva Mámontov também recorre aos pintores – consultor da direção dos Teatros Imperiais, Golovin cuida não apenas dos cenários, mas se encarrega de toda a parte técnica do espetáculo, que supervisiona como responsável e até como encenador. Ele traz para Meierhold, de cuja nomeação foi, em certa medida,

[71] Cf. V. Meyerhold, Extraits de journal, *Du théâtre*, op. cit., p. 152-153.

* Em português, ver a tradução de Boris Schnaiderman, *A Poética de Maiakóvski através de sua Prosa*, 2. ed., São Paulo: Perspectiva, 2013 (N. da T.).

[72] O outro traço de união é um lugar de encontros e debates: O Cão Errante, cabaré artístico, que sucedeu à Casa dos Intermédios, e onde Meierhold teve, sem dúvida, oportunidade de assistir, em fins de 1912, às intervenções de Maiakóvski.

18 Dom Juan, esboço de A. Golovin para a tela de fundo do ato II.

19 Dom Juan, 1910. Organização do espaço cênico por A. Golovin. Gravura de Pável Schillingóvski.

responsável, sua grande cultura teatral, seu conhecimento das técnicas, sua formação de arquiteto, sua intuição a respeito de figurinos. Refinado colorista, *expert* nos jogos de luz, esse impressionista russo conseguirá, em sua colaboração com Meierhold, que durará onze anos, equilibrar os excessos de seu gosto pelo ornamento por meio dos princípios de equilíbrio e de simetria, uma divisão estrita dos planos de atuação, materializada por telões, cortinas e pernas que estruturam o espaço ao mesmo tempo que realçam a convenção do espetáculo. Em 1912, Meierhold fará uma homenagem calorosa a Golovin assim como a Sapunov, porque ambos, um por causa de seu conhecimento do teatro, o outro, de sua visão de mundo, souberam abrir-lhe "as portas secretas do País das Maravilhas"[73].

A encenação de *Dom Juan* aplica o princípio da "livre composição, efetuada segundo o espírito das cenas primitivas, com a condição imperiosa, entretanto, de, ao abordar o trabalho, tomar das velhas cenas a essência das particularidades arquiteturais mais adaptadas ao espírito da obra representada"[74]. A especificidade topográfica da cena antiga, que Meierhold conserva na ideia que faz do teatro de Molière, é o proscênio, espaço para a expressão, para o contato, não para a ilusão. Desde maio de 1909, as orientações dadas a Golovin são as seguintes:

A cena será dividida em dois planos:

1. o primeiro plano é um proscênio que avança bastante sala adentro. Sem ribalta, ele é concebido exclusivamente em função da atuação e, sobretudo, para ressaltar o aspecto tridimensional do corpo dos atores.

2. a pintura é colocada em segundo plano, para onde o ator jamais irá, representando, no máximo – para a cena final, quando Dom Juan desaparece entre as chamas –, no limite entre o primeiro e o segundo plano, às vezes materializado por um biombo[75].

O arco de proscênio é pintado nos mesmos tons de vermelho dos camarotes, para unificar plateia e palco. Reguladores, pernas e *manteaux d'Arlequin**, em dourado e prateado, reduzem a altura da cena. O segundo plano está limitado por um painel pictórico que muda a cada ato e que designa o lugar onde se passa a ação. Colocados numa moldura dourada e descobertos pelo movimento de uma cortina de tapeçaria, esses quadros são, ao mesmo tempo, claramente denotativos e impressionistas: a noite estrelada, através de altas e amplas janelas – em pequenas pinceladas pintadas pelo próprio Golovin, que verificou sobre elas os efeitos de luz –, é uma dessas noites fantásticas nas quais as estátuas bem poderiam ganhar vida[76]. Enfim, a iluminação pode passar bruscamente do primeiro para o segundo plano: efeito de sombras chinesas quando a luz baixa no proscênio (fim do Ato III), efeito de mistério quando o segundo plano escurece para os jogos pirotécnicos (Ato V).

Para os figurinos e acessórios, Meierhold precisa de autenticidade: entre a atmosfera de Versailles, luxuosa, solene e a grosseria de Sganarelle, o temperamento crítico de Molière, a relação será dissonante.

73 V. Meyerhold, Préface, *Du théâtre*, p. 86.

74 V. Meyerhold, La mise en scène de *Dom Juan* de Molière, *Écrits*, I, p. 169.

75 V. Meierhold, Don Juan k Obstanovke, em A. Golovin, op. cit., p. 159-160.

* *Manteaux d'Arlequin* se refere a um conjunto característico e constitutivo da cena à italiana, formado por dois chassis e uma trave, que antigamente eram pintados em *trompe-l'oeil* imitando panejamentos. Situado atrás do quadro de proscênio e da cortina da boca de cena, o *manteau d'Arlequin* permite aumentar ou diminuir as dimensões da parte do palco que fica visível para o espectador (N. da T.).

76 Cf. N. Volkov, op. cit., t. 2, p. 140.

DA ESTILIZAÇÃO
AO GROTESCO

Rendas e tapeçarias devem sublinhar o desacordo entre Molière e o Rei Sol, como se não se tratasse de encenar Molière, mas de trazê-lo em pessoa à cena. A música se associa aos figurinos e adereços: trechos das *Índias Galantes* e de *Hipólito e Arícia*, de Rameau. Os três imensos lustres suspensos, com cem velas de cera amarela e os grandes candelabros do proscênio não são apenas decorativos: constituem fatores de ação (eles são acesos durante o espetáculo); são fonte de dissonância; enfim, a mistura de iluminação elétrica e a vela lança sombras em cena, dissolve o contorno dos tecidos festonados, e o tremor das chamas atribui um caráter misterioso ao movimento das personagens.

Na base do trabalho do ator, a máscara é um princípio coreográfico. Dom Juan não é a encarnação do sedutor, cujo retrato psicológico a encenação esboçaria, mas sucessivamente todas as personagens das quais Molière necessita para acertar suas contas com seus inimigos. A elegância e a graça de Iúri Iuriév, que, a cada passo, faz com que se agitem suas fitas e rendas, interpretando um Dom Juan aéreo, serão unanimemente reconhecidas e, na cena com os camponeses, ele dá a impressão de executar as estranhas figuras de alguma dança antiga.

Princípio da máscara, a partir do qual voa em estilhaços a unidade psicológica da personagem, uso do proscênio, jogo com o público quando Sganarelle avança e conversa com ele, música durante os entreatos: a representação é totalmente exibida. Nada de cortinas, mesmo se isso entra em contradição com a época de Molière, de modo que os espectadores possam se impregnar do que vão ver, assistindo à preparação da cena. Os pontos entram com grossos livros antigos debaixo do braço, vestidos como gente da corte, e, antes do início de cada ato, tomam lugar atrás de dois pequenos biombos verdes, colocados de um lado e de outro da cena. A personagem do negrinho, que apareceu em *A Echarpe de Colombina*, desta vez está multiplicada e um exército de negrinhos de libré vermelha se movimenta no proscênio. Como os *kurombo*•, as "sombras" do kabuki, eles garantem o funcionamento da representação: acendem as velas, tocam uma sineta para anunciar o começo do espetáculo e os entreatos. Rápidos, leves como gatos, queimam perfumes, oferecem cadeiras aos atores, amarram as fitas dos sapatos de Dom Juan, apanham do chão o lenço de renda dele, tiram as capas e as espadas depois do combate com os salteadores, esgueiram-se, apavorados, para debaixo da mesa quando o Comendador chega, e entregam lanternas aos atores quando a ação se passa à noite.

O espetáculo fez sucesso – será reapresentado em 1922, depois em 1932. Mas as críticas são cortantes: o teatro está morto, assassinado pela pintura, o teatro não existe mais, não há mais nem gente nem trabalho sobre o texto, a cena se tornou um teatro de marionetes, um "*balagan* sofisticado"[77]. É que com *Dom Juan*, Meierhold se embrenhou num

[77] A. Benois, Balet v Aleksandrínskom Teatre, *Retch*, n. 318, p. 3.

mundo teatral que se quer diferente da vida, que não tece a ação cênica com sentimentos e pensamentos, por meio de uma análise da personagem "homem vivo"[78]. Evidenciando um jogo de forças, de máscaras, de relações variáveis e de ligações plurais com a cena, Meierhold explode a análise puramente literária e psicológica de um grande texto dramático e a ordem teatral ilustrativa que ela implica.

O Oriente de Meierhold

O último centro de interesse de Meierhold nesses anos é o Oriente, sobre o qual a leitura de Fuchs atraiu sua atenção desde 1906. Será que ele viu Sada Yacco em turnê a Moscou em 1902 ou, o que é mais provável, apenas ouviu relatos sobre ela? De todo modo, ele assiste às apresentações de Hanako em Petersburgo em 1909. Ela o encanta pela economia do gesto, pela beleza do desenho corporal[79]. No ano seguinte, em Hamburgo, ele descobre a Polinésia: fica impressionado com as danças, os cantos rituais e os jogos guerreiros, com os corpos dos nativos das ilhas Samoa, em representação no Jardim Zoológico[80].

O Oriente construído, mesmo que edulcorado, por Hanako, deixa nele vestígios duráveis. Em 1909, ele traduz do alemão, mas não a monta, *Terakoia ou A Escola do Vilarejo*, tragédia em um ato de Takeda Izumo[81]. Ao contrário do que ocorreu em relação à *Commedia dell'Arte*, a respeito da qual Meierhold desde 1911 realiza estudos sistemáticos, seu mergulho no Oriente vai se dar a partir da consulta de muitas obras sobre o kabuki, o nô, mas também sobre a vida, as tradições, as cerimônias, as artes plásticas. A partir de Hanako e de leituras, Meierhold adquire sobre o teatro oriental conhecimentos e intuições que ele dirá terem se confirmado, depois de assistir, enfim, em Paris, em 1930, ao espetáculo da trupe de kabuki reunida por Ito Michio[82]. Em 1909, ele toma de empréstimo ao Oriente seus *kurombo*, a dança da agonia antes da morte, culminação do espetáculo de Hanako, que ele introduz em *A Echarpe de Colombina*[83]. Mas toma de empréstimo sobretudo a raiz dançante do movimento cênico, um senso do decorativo, cuja essência Guillaume Apollinaire apreendeu, "um sentimento não mesquinho do lado precioso das obras de arte, um refinamento sem afetação"[84]. No palco de *Dom Juan*, as tradições japonesas, na percepção global e pessoal que Meierhold tem delas, têm seu lugar como todas aquelas que pertencem às "épocas teatrais autênticas"[85]. Heterogêneas, elas são unificadas pelo ritmo da atuação e se recortam ou se combinam na elaboração do espetáculo, em busca de sua autonomia.

78 Ver idem. É a ausência do "homem vivo" que Benois lamenta.

79 Cf. N. Volkov, op. cit., t. 2, p. 51.

80 Idem, p. 99.

81 Montada por W. Runge, em 1908, no Kammerspiele de Berlim, com cenários de E. Stern. A tradução de Meierhold será encenada no Teatro Liteini, onde ele já havia apresentado *Os Reis do Ar*.

82 A trupe de Ichikawa Sadanyi apresentou espetáculos na União Soviética: em Moscou, entre 26 de julho e 18 de agosto de 1928 e em Leningrado de 20 a 27 de agosto de 1928. Foi em Leningrado que a trupe do GOSTIM, sem Meierhold, que estava na França na época, se encontrou, durante três horas, no dia 24 de agosto, com a trupe de Ichikawa Sadanyi. Os atores de Meierhold mostraram então aos atores de kabuki episódios tirados de alguns de seus espetáculos. Estiveram presentes a esse encontro também os professores do Instituto de História das Artes de Leningrado e outros atores da cidade. Meierhold certamente pôde conversar com Sadanyi, que esteve com seus atores em visita a Paris entre 14 e 19 de setembro, mas Meierhold não os viu representar, porque não houve espetáculos na capital francesa. Como afirmou a seus atores durante os ensaios de *As Núpcias de Kretchinski*, em 1932, ter visto kabuki em Paris, conclui-se que se referiu às apresentações no Teatro Pigalle em maio de 1930 das "tragédias, comédias, mimodramas e danças do repertório kabuki", levados pela trupe de quarenta atores que Ito Michio organizou em torno de Tokujiro Tsutsui para uma turnê mundial. Uma entrevista de Meierhold a E. Demeter em *Le soir*, 10 maio 1930 atesta a presença do encenador russo em Paris entre 2 e 15 de maio de 1930, datas das apresentações dessa trupe na capital.

83 Cf. RGALI, 998, 70. Programa de *A Echarpe de Colombina*, Quadro 3, cena 1.

84 G. Apollinaire, Chroniques d'art, *Oeuvres complètes*, t. 4, p. 202.

85 Cf. *Du théâtre*, op. cit., p. 166.

O Grotesco Deve Se Tornar
a Alma da Cena

DA ESTILIZAÇÃO
AO GROTESCO

Entre a primeira definição que dá do grotesco, em agosto de 1911[86], e a publicação de *O Teatre* (Sobre o Teatro), em fins de 1912, Meierhold organiza, primeiro com um grupo de pantomima, depois com a Confraria de Terioki, na Finlândia, onde ele reúne pessoas que lhe são próximas, uma viagem de exploração pelo território teatral, ao longo da qual ele redige a terceira parte de seu livro: "Le Théâtre de foire" (O Teatro de Feira). Em Terioki, ele retrabalha primeiro a pantomima *Arlekin, Kodatai Svadeb* (Arlequim Alcoviteiro), escrita por Vladímir Solovióv, jovem universitário, poliglota, especialista em teatro italiano e em *Commedia dell'Arte*, do qual ele se torna amigo inseparável até 1916.

No outono de 1911, os dois homens já ofereceram duas variantes desse *Arlequim*, cujas soluções cênicas (figurinos, jogos de cena) são modificadas pela topografia dos lugares extrateatrais das duas representações. A partir do roteiro estabelecido em torno de doze *lazzi* grosseiros ou ingênuos (chute na cara, deslocamento de um ator com outro sobre as costas, lutas, saltos, cambalhotas), Meierhold não manifesta vontade alguma de reconstrução, mas um princípio de livre composição na tradição da comédia de máscaras, da qual Solovióv é a caução científico-histórica. Não há diálogo, só algumas frases curtas nos momentos de tensão, e música, que fornece uma moldura a frases improvisadas, criadas livremente pelo ator.

Em Terioki, o gestual de *Arlequim Alcoviteiro*, representado diante de biombos pintados, é construído "no estilo de Callot"[87] e uma nova personagem, o Autor, se encarrega de animar o público. Meierhold monta também entremezes de Cervantes, uma pantomima de sua autoria, *Os Amantes*, inspirada por um quadro do espanhol H. Anglada Camarasa, *Serenata*, depois peças de Wilde e de Shaw. Ele prepara *Kamenni Gôst* (O Convidado de Pedra), de Aleksandr Púschkin. Apresenta uma nova variante de *La Devoción de la Cruz* (A Devoção à Cruz), de Calderón de La Barca, branca, geométrica, sóbria, em total oposição à primeira, na qual, em 1910, no apartamento de Viatcheslávic Ivanov, os atores representavam num ambiente de tapetes e tecidos luxuosos, improvisado pelo pintor Sudéikin. Atuação rápida, ingênua, dicção seca como golpes de espada. Enfim, em *Crime e Crime*, de Strindberg, o dinamismo do histrião, até então explorado, é substituído por pausas, que são como gritos. Jogo imóvel, a cena deve parecer um quadro, tudo deve significar, as linhas, as cores, as sombras e as personagens são afastadas do público.

Cada espetáculo apresentado na Kursaal de Terioki dá testemunho de uma recusa total da rotina e de uma vontade de experimentação:

86 Em Novie Puti, (Razgovor s Meierholdom)", *Rampa i Jizn*, n. 34, Moscou, 1911, p. 2-3. Cf. Supra, Introdução, p. 28, nota 46.

87 M. Babentchikov, Teatr v Terioki: Továristchestvo Akterov, Muzikantov, Pissátelei i Khudójnicov, *Novaia Studia*, n. 7, Peterburg, 1912, p. 7-8.

de um lado, tradição e *Commedia dell'Arte*, do outro, uma pesquisa relativa à ação precisa das cores sobre o espectador[88]. Os cenários de Kulbin, que se interessa, a exemplo dos psicólogos e estetas alemães, pelas leis científicas relativas à percepção da arte, empenham-se em tornar mais penetrante a percepção do espectador por meio de "combinações estritas de cores"[89] cuja interferência, como a das combinações estritas de sons, deve produzir sensações inconscientes de dissonância. Os cenários de Iúri Bondi usam a cor para traduzir, reunir e ampliar cada um dos temas. Não se trata mais aqui de sugestão, mas de ativar um funcionamento controlado e associativo da percepção: o começo de um processo de codificação[90].

Meierhold e o Ator

As duas primeiras partes de *Sobre o Teatro*, constituídas, no geral, por artigos já publicados, oferecem uma análise das diferentes etapas do percurso de Meierhold como encenador. Ele aponta a coerência interna desse trajeto, o fio condutor que leva à apologia do *balagan*, e estabelece uma teoria da teatralidade construída e pensada, resultado de um grande trabalho criador. Teoria oposta à da teatralidade instintiva que Nicolai Evreinov expõe em *Teatr kak Takovói* (O Teatro Enquanto Tal), publicado em 1913. Sob certos aspectos, *Sobre o Teatro* pode ser considerado como uma resposta a *The Art of the Theatre* (A Arte do Teatro), de Craig, publicado em russo em 1912[91].

   Em "O Teatro de Feira", enfim, Meierhold centra sua reflexão sobre o ator, mas um ator de tipo novo, um profissional armado com as técnicas de um ofício, mas, que, ao mesmo tempo, é um artista, e que ele remete a um saber físico tanto quanto intelectual e à única realidade da vida cênica, a atuação. Em 1914, em "A Barraca de Feira", artigo que assume a forma de uma interpelação direta ao ator, Meierhold precisará que, no reino do teatro, "o Rei não é, evidentemente, o encenador, como Craig acabara de afirmar. Talvez o encenador seja o primeiro-ministro, aquele que conhece as leis melhor do que os outros"[92]. Para favorecer o surgimento de um ator assim, Meierhold separa radicalmente o teatro do mistério, esse grandioso ritual de comunhão em torno de um mito, tal como o concebem Wagner, Ivanov ou Aleksandr Scriábin. Ele declara guerra à escravidão na qual a literatura mantém o teatro russo. Ao "declamador intelectual", com figurinos e maquiagem, que transforma a plateia do teatro em sonolenta sala de leitura[93], Meierhold opõe o ator que atua; ao teatro do imitador, ele opõe o teatro do improvisador, do inventor; ao teatro do acaso, ele opõe o teatro do trabalho; ao teatro psicológico, o teatro da máscara, do movimento, do *balagan*, que supõe tradições, estudo, leis, técnicas, treinamento. Onde encontrar essas leis? Nos livros e

88 Commentaires à la liste des travaux de mise en scène, *Écrits*, I, p. 214.

89 Cf. N. Kulbin, Svobodnoe Iskusstvo kak Osnova Jizni, *Studia Impressionistov*, Sankt-Peterburg, 1910, p. 3-14 e C. Douglas, Colors without Objects, *The Structurist*, n. 13-14, p. 30-41.

90 Cf. S. Eisenstein, Verticalnii Montaj, *Ízbranie Proizvedênia*, t. 2, p. 217, que cita na íntegra o texto que I. Bondi dedicou a essa pesquisa, e nega qualquer caráter místico a esse procedimento.

91 *Sobre o Teatro* é publicado nos últimos dias de 1912.

92 La Baraque de foire, *Écrits*, I, p. 249.

93 Cf. *Écrits*, I, p. 185-187.

nas iconografias antigas. Mas também em outros lugares: "Banidos do teatro contemporâneo, os princípios do teatro de feira se refugiaram, no momento, nos cabarés franceses, nos Überbrettl alemães, nos *music halls* e nas variedades do mundo inteiro[94].

A Apologia das Variedades

Fuchs e Craig já haviam chamado a atenção para os funâmbulos, as variedades. Seguindo von Wolzogen, Meierhold caracteriza essas últimas como uma arte moderna, que responde ao ritmo acelerado do "pulso mundial". Brevidade, profundidade, vivacidade, clareza e saudável concisão: essas qualidades são o antídoto para a cena naturalista. No manifesto *O Music Hall*, Marinetti lança, em novembro de 1913, um ataque semelhante contra o teatro contemporâneo "minucioso, lento, analítico e diluído", mas vai muito mais longe em sua glorificação do "*music hall*, consequência da eletricidade"[95]. Porque, enquanto o *music hall* de Marinetti se quer livre de qualquer genealogia, as variedades de Meierhold têm por ancestral o teatro de feira, mesmo se, para ele, a forma delas corresponde a "todas as mutações possíveis da técnica e do espírito contemporâneo"[96]. Nesse estágio, Meierhold opõe, aliás, o *balagan* e o cinema, esse "ídolo da cidade moderna", ao qual ele recusa o estatuto de arte, enquanto Marinetti associa intimamente o cinema ao *music hall* como meio de enriquecê-lo com imagens irrealizáveis no teatro[97].

Nessas duas visões opostas, dois pontos em comum: a vontade de síntese e de concisão, e a de multiplicar os contrastes para despertar o público. Mas o que Meierhold encontra nas variedades, não é o fermento marinettiano que dinamita tudo, é uma estrutura construtiva, o grotesco, ligado a três nomes: Hoffmann, Callot e Carlo Gozzi, assim como ao teatro oriental, que Fuchs já havia qualificado de "grotesco audacioso"[98].

O Grotesco, Método Sintético

Da definição de grotesco oferecida pela *Grande Enciclopédia Russa*, Meierhold retém a liberdade do artista em relação ao real, a afirmação de uma subjetividade poderosa, do capricho como fonte de criação[99]. Em seu próprio caminho, Meierhold considera que o grotesco ultrapassa a etapa da estilização que responde ainda a critérios de verossimilhança, está em relação com um método analítico, esquemático, redutor, chapado, ligado à prática dos pintores que o cercavam na época. O grotesco deve apreender o relevo, a complexidade. Nem naturalismo nem estilização, ele exclui a acumulação, ignora a adição, não

94 Idem, p. 192.

95 F. T. Marinetti, Le Music-hall, em G. Lista, *Futurisme. Manifestes. Documents. Proclamations*, p. 249.

96 Le Théâtre de foire, *Du théâtre*, p. 197.

97 Cf. Idem, p. 195; e F. T. Marinetti, Le Music-hall, em G. Lista, op. cit., p. 250.

98 *Die Schaubühne der Zukunft*, p. 73.

99 Cf. Le Théâtre de foire, op. cit., p. 198 e *Bolschaia Russkaia Entziklopédia*, t. 7, p. 634.

quer nem mostrar tudo, nem ilustrar, nem copiar, nem explicar, nem, claro, reduzir a realidade a alguns traços típicos. Ele "soube acertar definitivamente suas contas com a análise", deseja-se "rigorosamente sintético"[100]. Ele associa pares contraditórios, realidade e ficção, trágico e cômico, e o par fundamental, vida e morte, de modo a suscitar no espectador uma percepção ativa e construída, cujo resultado, uma totalidade recomposta, deve rivalizar com a plenitude da vida. O grotesco substitui o critério de verossimilhança pelo de "inverossimilhança convencional", regra de ouro da cena segundo Púschkin. Como nos afrescos antigos, ele une "os fenômenos naturais mais dessemelhantes"[101]: Gigolô é, ao mesmo tempo, homem e pássaro.

O grotesco, segundo Meierhold, não é um elemento do contraste, ele é a própria estrutura do contraste, o movimento que liga duas imagens inversas, transformando, a partir de um pé de vento, que faz correr e desarticula um senhor afetado que vai atrás de seu chapéu, um cortejo sombrio de enterro em multidão em festa[102]. O grotesco cria um mundo palpitante, móvel, onde nada é estável, um mundo de metamorfoses. Ao contrário de K. L. Flögel e das definições correntes, Meierhold não liga o grotesco ao cômico. Ele é cômico e trágico ao mesmo tempo, o que corresponde à sua percepção dupla, de homem cindido, contraditório, que, desde há muito, considera *Der grüne Kakadu* (O Papagaio Verde), *O Jardim das Cerejeiras* ou *Krasnii Petukh* (O Galo Vermelho) tragédias sobre um fundo de explosões de riso ou de danças[103].

Capricho na escolha dos elementos, mas "concisão premeditada": "nada em cena deve ser fortuito", diz Meierhold. O agenciamento dos elementos será pensado e, antes de mais nada, submetido às leis do ritmo[104]. O grotesco é uma arte da fragmentação. Seus modelos são a sucessão dos números do teatro de feira, a separação dos atos por paradas, prólogos e intermédios, como nos teatros do Século de Ouro. À tragédia de Pierrô sucede uma viva arlequinada, às palhaçadas do *gracioso*•, um monólogo solene. Em *A Barraca da Feira de Atrações*, Blok não procura amenizar a brutalidade da sucessão de quadros sem ligação aparente. Mas essas cenas, números ou elementos não são simplesmente justapostos. Eles reagem uns aos outros. Assim o monstruoso, lado a lado com o belo, evita que ele caia no sentimental. Trata-se de um colocar em relação, de um funcionamento relacional: do choque entre dois termos opostos, brota um terceiro que não é a soma dos primeiros, mas seu produto, até mesmo sua fusão. Os elementos do contraste induzem uma percepção globalizante, a da "quintessência dos contrários", escreve Meierhold[105], princípio essencial, extremamente concentrado, comum aos dois elementos e obtido como que por destilação. A maneira pela qual Meierhold aborda o grotesco oferece uma primeira abordagem da montagem conflituosa.

BARRACA DA FEIRA
DE ATRAÇÕES E BAILE
DE MÁSCARAS

100 Le Théâtre de foire, op. cit., p. 198.

101 Idem, p. 200.

102 Idem, p. 99.

103 Feuilles tombées d'un carnet de notes, *Écrits*, 1, p. 55.

104 Commentaires à la liste…, op. cit., p. 209.

105 Le Théâtre de foire, op. cit., p. 199.

Callot e Hoffmann

DA ESTILIZAÇÃO
AO GROTESCO

O elogio do *balagan* é o elogio de uma sensibilidade carnavalesca, que mistura o vulgar e o sublime, o riso grosseiro e a música do majestoso órgão de igreja. Como o circo, a barraca da feira de atrações conservou e renovou velhas formas do carnaval[106]. Mas Meierhold apreende esse mundo carnavalesco, percebido nos teatros de feira e nas cenas antigas, nas quais se ouve "ressoarem os guizos da pura teatralidade"[107], por meio de Hoffmann e de sua visão da *Commedia dell'Arte*. No outono de 1912, Meierhold pensa em montar *Brambilla* e em ressuscitar para isso a trupe itinerante dos Sacchi, que fizeram uma turnê pela Rússia entre 1742 e 1745... É a análise hoffmanniana da arte de Callot que Meierhold evoca para definir sua concepção do grotesco cênico, a maneira pela qual o gravador dá a suas personagens "ao mesmo tempo algo de familiar e estranho"[108]. E não se trata aqui da "estranheza" baudelairiana, "esse elemento inesperado [...] condimento indispensável a qualquer beleza"[109], mas da criação de um ponto de vista que permita "oferecer uma nova abordagem do cotidiano"[110]. Através do contraste, da reviravolta, do insólito, do grotesco, ele coloca o real à distância, aprofundando-o, "até o ponto em que ele deixa de aparecer como simplesmente natural". Em seguida, ele cria aí um vão, uma brecha, abrindo por trás das aparências uma "imensa região indecifrável" que ele quer levar o espectador a decifrar[111]. A formulação tem uma dívida com o vocabulário simbolista e teosófico, mas, por trás dela, está colocado o axioma de que o teatro deve ser enigmático, interrogar, em vez de ser o espelho de uma realidade ordenada e compacta contra a qual o olhar se choca. É um espectador particularmente ativo o que o grotesco suscita, obrigando-o, numa espécie de ginástica perceptiva e emocional, "a se desdobrar para seguir o que se passa em cena"[112], puxando-o para um plano para logo projetá-lo em outro. O público é mantido em alerta pelo que se passa na plateia iluminada, na qual se espalha o cheiro de incenso queimado (*Dom Juan*), e onde, como na Casa dos Intermédios, os atores vêm representar. Mas a ação cênica em si deve provocar essa atividade do público, feita de derrapagens perceptivas, de estados de perturbação de onde brota a interrogação.

Em "O Teatro de Feira", Meierhold afirma que se o teatro não é, em nenhum caso, o lugar onde se imita a vida, o grotesco deve, no entanto, introduzir em cena um novo tipo de realismo. Entre a percepção-ilusão de uma contrafação teatral que se faz passar por vida, contra a qual Hoffmann esbraveja em *Kreisleriana*, e uma percepção criadora de realidade a partir do que se declara abertamente como jogo, de que lado está o realismo? O debate, aberto aqui, prosseguirá, cada vez mais exacerbado, até a segunda metade dos anos de 1920.

O "divino Callot"[113] será um dos artistas mais citados por Meierhold: suas personagens são modelos destinados a fazer com que os

---

106 Cf. M. Bakhtine, *Problèmes de la poétique de Dostoïevski*, p. 153.

107 *Écrits*, 1, p. 170.

108 Cf. *Écrits*, 1, p. 201. Usamos aqui a tradução de E. T. A. Hoffmann, "Jacques Callot", *Fantaisies dans la manière de Callot*, Paris, Verso-Phébus, 1979, p. 34.

109 C. Baudelaire, *Notes nouvelles sur Edgar Poe*, em E. A. Poe, *Histoires grotesques et sérieuses*, p. 341.

110 La Baraque de foire, *Écrits*, 1, p. 199.

111 Idem, ibidem.

112 Idem, ibidem.

113 La Baraque de foire, *Écrits*, 1, p. 248.

atores tomem consciência de que devem impor a seu corpo um tratamento gráfico, ao mesmo tempo vigoroso e sinuoso. Quanto a Hoffmann, sua leitura é decisiva, tanto no plano teatral como no pessoal. Hoffmann fascina Meierhold, que o considera um artista completo. Escritor, pintor – e o exercício da pintura atribui às personagens de seus escritos clareza de traço e relevo, obrigando-o a não perder o caráter visual, mesmo quando é visionário –, Hoffmann é também compositor e regente. Ele estrutura suas narrativas como escreve música, compõe seus romances como partituras de ópera[114]. No trabalho do escritor, Meierhold descobre uma aliança sutil entre as artes, mas o que efetivamente toma para si é a profunda ambivalência do mundo hoffmaniano, no qual os animais falam, os mendigos são reis e o fantástico está solidamente ancorado numa visão concreta, que lhe dá uma perturbadora realidade. Diferentemente dos expressionistas alemães, não é o lado sobrenatural, oculto, que Meierhold apreende em Hoffmann, mas seu claro espírito de composição, sua ironia, o entrelaçamento da realidade e do conto, a derrapagem do familiar ao estranho, enfim, sua contribuição de homem de música e de teatro. Porque, aos seus múltiplos talentos, Hoffmann acrescenta uma autêntica prática cênica de administrador e de cenógrafo, e vários de seus textos, sem serem destinados ao teatro, falam da cena. Mais do que temas, são métodos de composição e reflexões sobre o teatro, ao mesmo tempo técnicas e gerais, que marcam Meierhold. Ele retoma, em "O Teatro de Feira" as conclusões desses grandes tratados de arte cênica e de alta dignidade da música que são "Os Estranhos Padecimentos de um Diretor de Teatro" e *Kreisleriana*, que dizem respeito ao texto, ao ator, ao espaço, ao cenário e mesmo à crítica. Diante da mediocridade do ator de seu tempo, Hoffmann invoca Garrick, imortalizado por Hogarth e conclui o diálogo entre os dois diretores de trupe dos "Estranhos Padecimentos" com uma evocação vertiginosa: a substituição, que um dos interlocutores já efetuou, dos atores vivos por uma caixa de magníficas marionetes[115].

Corpo Desafio e Corpo Decorativo

Conhecemos a história desse tema, desenvolvido por Kleist e retomado em direções diferentes por Maeterlinck, Jarry, Craig. É também com as marionetes que Meierhold introduz o retrato do ator ideal, mas a abordagem é paradoxal – acenos para Hoffmann e para Craig – e polêmica – trata-se de responder àqueles que, há seis anos, o vêm acusando de fazer do ator um títere. Meierhold opõe o ator-marionete desencaminhado da escola naturalista a um ator que pratica "uma arte do homem"[116], dito de outro modo, uma arte consciente e que se submete às leis específicas do teatro, como o boneco às leis de sua empanada. A primeira lei é a ausência de verossimilhança, sublinhada por Púsch-

BARRACA DA FEIRA
DE ATRAÇÕES E BAILE
DE MÁSCARAS

114 Por exemplo, *O Elixir do Diabo* tem a forma de um rondó, no qual se sucedem os seguintes movimentos: *grave sostenuto, andante, sostenuto e piano, allegro forte*. Cf. Hoffmaniana 3, *Liubov k Trem Apelsinam*, n. 4-7, p. 187.

115 Cf. E. T. A. Hoffmann, Les étranges souffrances d'un directeur de théâtre, *Contes retrouvés*.

116 Le Théâtre de foire, op. cit., p. 190. O artigo de E. G. Craig, "O Ator e a Supermarionete" foi traduzido em russo em *Teatr i iskusstvo* em janeiro de 1912.

[20] *O trabalho corporal no Estúdio da rua Borodin. Pesquisa de um figurino de inspiração oriental: projeto de I. Bondi 1915-1916.*

kin: "Que verossimilhança pode haver, que diabo, numa sala dividida em duas partes sendo que numa delas estão duas mil pessoas praticamente invisíveis para as que estão em cena?".

E acrescenta: "A verossimilhança é sempre considerada como a condição essencial e a base da arte do teatro. E se nos demonstrassem que a essência mesma da arte do teatro exclui precisamente a verossimilhança?"[117].

Meierhold assume como suas essas frases-chave de Púschkin, empenha-se em demonstrar a exatidão delas e sempre se perfilará, até em suas reivindicações teatrais revolucionárias, de 1912 até 1936, atrás do nome de Púschkin, garantia do caminho certo. Essa lei se aplica, em primeiro lugar, ao espaço e ao tempo: espaço teatral exíguo em relação ao mundo que ele não pode refletir, no qual a perspectiva geométrica não existe, porque, "depois de uma brusca transformação, todos os planos se aproximaram e todos os objetos perderam suas relações habituais"[118]; tempo teatral que se contrai e se expande ao infinito.

Meierhold enuncia a segunda lei: "As palavras são apenas desenhos sobre a tela do movimento"[119]. A pantomima permite acabar com o "ator-gramofone"[120], ela "fecha o bico do retórico cujo lugar é a cátedra e não o teatro"[121]. Se, em 1906, via o teatro novo emergir de uma literatura que lhe abria os caminhos da pesquisa, Meierhold planeja agora reduzir o texto a um simples roteiro no qual a força da intriga domina, e no qual o ator se torna autor.

Quanto ao ator, é um *cabotino*. Entendamos por isso "o representante das tradições autênticas do ator", "o ator ambulante", expressões nas quais, por trás do ator *dell'Arte*, é evocada uma figura fictícia que reúne todos os modelos espalhados pela história do teatro. O essencial de seu desempenho passa pelo trabalho do corpo, mas não é um corpo natural, o corpo utilitário ou instintivo da vida, é primeiro um corpo livre e inventivo que desafia as leis do cotidiano, multiplica as proezas, pode executar um *salto mortale* e – por que não? – voar..."[122] O ator é acrobata, funâmbulo, malabarista, musculoso e leve ao mesmo tempo, rápido. Mas com esse corpo ginástico, cuja genealogia é a das artes empurradas para a periferia do teatro burguês, combina-se o corpo decorativo e disciplinado do ator oriental. É nessa bipolaridade que Meierhold vê o *cabotino*: o corpo-desafio e o corpo que posa, "o gesto inventado que só é adequado ao teatro", a exclamação alegre e a "dicção teatral artificial"[123], que ele cria a partir de um registro de "mil entonações diferentes"[124]. O termo "decorativo" que Meierhold emprega, pode ser compreendido em três níveis. Decorativo porque gráfico: o ator conhece a força do desenho de seu corpo no espaço. Decorativo porque artificial, modelado, polido pela habilidade humana e não pela natureza: corpo artificial oposto ao "homem vivo". Decorativo, enfim, como projeto artístico de conjunto do qual mesmo o

---

117 A. Púschkin, Nabroski Predislovia k *Borisu Godunovu* i o Naródnoi Drame i Drame *Marfa Posadnítsa, Púschkin i Teatr*, p. 380 e 392.

118 *La Baraque de foire, Écrits*, I, p. 249.

119 *Le Théâtre de foire*, op. cit., p. 185.

120 V. Meierhold, Glossi Doktora Dapertutto k "Otricaniju Teatra" I. Aikhenvalda, *Liubov k Trem Apelsinam*, n. 4-5, p. 75.

121 *Le Théâtre de foire*, op. cit., p. 186.

122 Idem, p. 193.

123 Idem, p. 191.

124 Idem, p. 193.

menor movimento deve participar: é o tratamento do corpo revelado por Hanako e pelo Oriente. Para traduzir os movimentos cotidianos em linguagem cênica, a dança, raiz da gestualidade do ator do drama musical, permite decompor o gesto naturalista em gestos cênicos nos quais as diferentes partes do corpo são ao mesmo tempo individualizadas e submetidas a um ritmo único: assim ocorre com o oferecimento de uma flor, representado por um ator japonês. Já se disse que *Dom Juan* era um balé. Porque, embora não se dance durante o espetáculo, a leveza dos deslocamentos, a organização dos movimentos de conjunto, das entradas e saídas com música de Rameau, os percursos complicados e não utilitários dos atores, a complexa partitura dos negrinhos de libré vermelha sobre o tapete azul remetem a princípios coreográficos que são, para Meierhold, parte integrante dos procedimentos do grotesco[125].

O cabotino, enfim, usa máscara, "símbolo por excelência do teatro"[126]. A máscara pode ser a que se coloca sobre o rosto e que se anima graças à arte do gesto e do movimento, mas é, com mais frequência ainda, o próprio rosto que se torna máscara, ou a personagem-máscara.

Representando Arlequim, o ator pode mostrar as "mil facetas" da personagem, compor seu papel a partir da memória que a história do teatro conserva da personagem, evocar para o espectador não um ser determinado, mas todos aqueles que lhe são aparentados. Dom Juan é apenas um "portador de máscaras", um meio, não um fim, é a marionete de Molière. A mudança frequente de perucas e figurinos de Iuriév, na ausência da máscara-objeto, é o signo da sucessão de máscaras na encenação de *Dom Juan*. Mesmo se a máscara não cobre o rosto do ator meierholdiano, ela é essencial: permite quebrar a continuidade psicológica da personagem, o simulacro de vida, e dá origem a uma "arte de camaleão"[127], digna de um ator-Proteu, de um ator-poeta, herdeiro não mascarado.

O Grotesco, um Lugar, um Repertório

"A arte do teatro reencontra a arte da forma, que ele tinha perdido"[128]. Se Meierhold define em 1907 o teatro de convenção como uma abordagem técnica, alusiva, ligada às artes plásticas, à pintura, à escultura, ao desenho, e aplicável ao mais amplo repertório[129], o grotesco é, ao mesmo tempo, visão de mundo e do teatro e método de articulação da encenação e da atuação sobre pares conflituosos e sobre sua relação instável e evolutiva. Ele implica um lugar específico cujo aparecimento foi propiciado pelas experiências marginais, apresentadas num cabaré, numa sala de reuniões ou em apartamentos, um

125 Idem, p. 202.

126 Idem, p. 193.

127 Idem, p. 192.

128 Commentaires à la liste..., op. cit., p. 209.

129 Cf. *Du théâtre*, op. cit., p. 144-145.

21 Figurino realizado para a apresentação do espetáculo do ano de 1915 no Estúdio da rua Borodin. Esboço de A. Rikov.

lugar livre tanto da profundidade do palco à italiana como da ribalta, e caracterizado por uma necessária proximidade entre ator e espectador. Esse lugar é o proscênio, "arena de circo cercada por todos os lados pelo anel de espectadores", que "avança para dentro do público para que nenhum gesto, nenhum movimento, nenhuma expressão do ator se perca na poeira das coxias"[130]. O proscênio é definido por Meierhold como um espaço aberto onde se respira bem e onde a luz jorra em ondas, vinda ao mesmo tempo do palco e da plateia, espaço de liberdade onde a criação pode se desenvolver sem entraves, graças ao sentimento de bem-estar físico que ele proporciona ao ator. Meierhold protestará, sempre, contra as condições pouco higiênicas oferecidas ao ator: falta de luz natural, poeira. E, em oposição ao lugar teatral existente, sonhará com frequência com o palco-tombadilho bem lavado de um barco, e com o ar livre em volta: um teatro que se assemelhará a um navio que voga[131]. O proscênio é, em seguida, um lugar-teste, onde o ator deve recorrer a todas as fontes técnicas de sua profissão, porque nenhum erro é perdoável aos olhos do público, que não o perde nunca de vista. É, enfim, uma zona-margem onde o ator está ao mesmo tempo em cena e na plateia, espaço contraditório, teatro e não teatro, cuja dualidade Golovin acentua, ao fazer do arco de proscênio ao mesmo tempo um prolongamento da plateia, e a moldura da ação teatral. Visto não ser utilizado o tempo todo, o proscênio permite fazer variar a proximidade e há, nos passos do ator que avança e sai do quadro da cena, e na mudança que se opera então no olhar do espectador, como que a materialização da distância que o ator assume em relação à sua personagem.

O grotesco implica, enfim, um repertório, "conjunto de peças que têm em comum ideias e procedimentos técnicos"[132]. Desde 1911, Meierhold reescreve a história da dramaturgia russa, ligando-a às grandes épocas do teatro ocidental, *Commedia dell'Arte*, teatros shakespeariano, espanhol e francês. A primeira influenciou o *balagan*, os demais influenciaram Púschkin, Mikhail Lérmontov, Ostróvski, Gógol. Esses autores criaram uma dramaturgia nacional que não encontrou nem sua expressão cênica nem sua posteridade escrita, "que murchou sem ter tido tempo de desabrochar"[133], apesar de ser profundamente teatral. Voltar a essas bases abaladas pelo teatro de costumes e de estados de alma propagado pelo Teatro de Arte de Moscou, ao qual abandona Tchékhov, entretanto, não sem lhe conceder a contribuição determinante de uma construção musical, eis o objetivo de Meierhold à procura de um repertório russo para um teatro grotesco.

---

130 La Mise en scène de *Dom Juan* de Molière, op. cit., p. 170.

131 Cf. La Baraque de foire, *Écrits*, I, p. 252.

132 Les Auteurs dramatiques russes, *Du théâtre*, p. 159.

133 La Dramaturgie de M. Lermontov (1915), *Écrits*, I, p. 269.

Grotesco:
A Dissonância

BARRACA DA FEIRA
DE ATRAÇÕES E BAILE
DE MÁSCARAS

Longe de qualquer perspectiva de progresso histórico, Meierhold afirma a eternidade do teatro de feira e coloca o grotesco como denominador comum a todas as formas teatrais que sua curiosidade erudita persegue. Teatro da descontinuidade, mas também da dissonância. Em *L'Almanach du blaue Reiter*, editado em maio de 1912, o crítico musical russo Leonid Sabanêev publica um artigo dedicado a Scriábin em quem ele vê o herdeiro de Wagner, aquele que realiza a reunião (fusão, conjunção, combinação, conjugação, todos esses termos são empregados na tradução francesa) de artes dispersas em uma totalidade destinada a levar a alma a um verdadeiro êxtase. A música de Scriábin é, segundo ele, totalmente consoante, e em *Prometeu*, sinfonia de sons, cores e jogos de luz, não se pode encontrar a menor dissonância[134]. Ora, é referindo-se à música que Meierhold conclui "O Teatro de Feira" com a apologia da dissonância, do mesmo modo, desenvolve uma crítica à contribuição de *Prometeu* e com ele, a todo mistério no teatro. No mesmo *L'Almanach du blaue Reiter*, Kulbin convidou a buscar, na "música livre", "novas dissonâncias com resoluções novas"[135]. Há nisso mais do que simples coincidências.

A dissonância, constitutiva de qualquer organização musical, é transformada por Meierhold em princípio, só que ele a concebe como objetivo a ser alcançado. Quando visa uma totalidade, não é na obra apresentada em cena, mas por intermédio da ação dos fragmentos dissonantes sobre o "quarto criador" que a recompõe e cria, a partir daí, harmonias novas. Ao remontar à fonte da síntese wagneriana, o romantismo alemão, coloca os marcos de uma nova síntese das artes, qualitativa e quantitativamente transformada pela entrada das artes menores. Meierhold esboça as regras de sua organização, de sua estruturação interna, mas, num primeiro momento, transfere a ambição de sua realização do conjunto do espetáculo para a pessoa do cabotino, artista polivalente, ator, cantor, dançarino, malabarista, acrobata, artista plástico de seu próprio corpo. Só falta formar esse ator.

O Estúdio da Rua Borodin

Depois do manifesto, do estudo e da pesquisa: "Todos encontraram sua linguagem, o pintor, o escritor, o erudito", notará Meierhold, "só o ator não encontrou a sua"[136]. No outono de 1913, depois de uma estadia em Paris, consegue, finalmente, criar um Estúdio,

134 L. Sabanéïev, *Prométhée* de Scriabine, *L'Almanach du blaue Reiter*, p. 177.

135 N. Koulbine, *La Musique libre*, *L'Almanach du blaue Reiter*, p. 186. (Em russo, *Svobodnaia Muzika*, *Studia Impressionistov*). No verão de 1912, Meierhold convidou, como vimos, Kulbin para Terioki.

136 RGALI, 998, 715. Aula sobre o domínio técnico do ator. Notas coletivas de alunos do Estúdio. Manuscrito com anotações de Meierhold.

74

DA ESTILIZAÇÃO
AO GROTESCO

do qual participam alguns dos membros daquele que havia organizado em sua própria casa em 1908-1909 e do grupo de Terioki. Há estreantes, estudantes vindos de cursos variados, e atores profissionais. Entre eles, Serguêi Radlov, os irmãos Bondi, Boris Alpers, Aleksandr Mguébrov, Leonid Vivien, Aleksei Gripitch, a bailarina Ada Korvina e a mulher de Blok. Esse Estúdio é definido por Solovióv como um "laboratório cênico destinado a verificar matematicamente todo o passado teatral e a preparar o material que será utilizado com seus alunos pelo mestre que surgirá"[137] e, ao mesmo tempo, como um espaço necessário à higiene mental de Meierhold, muito isolado nos Teatros Imperiais, apesar da afinidade profunda que o liga a Golovin. A pobreza e a radical simplicidade do Estúdio o liberam do exagero decorativo e luxuoso de certos espetáculos como *Pisanella*, em Paris, ou *Elektra*, ópera de R. Strauss.

O Amor das Três Laranjas

O Estúdio edita uma revista que, de 1914 a 1916, terá dez edições. O título é tomado de empréstimo a um dos *fiabe*• de Gozzi, cuja adaptação russa Meierhold havia feito em colaboração com Solovióv. Por intermédio de Hoffmann, Meierhold chega até Gozzi. Em consequência, adere à causa do conde veneziano contra o Abade Chiari e contra Carlo Goldoni, e ressuscita, retomando-o, o conflito entre eles: Meierhold vê em Gozzi não um aristocrata conservador, mas um artista precursor do romantismo. Hoffmann é o inspirador do Estúdio e uma rubrica especial "Hoffmaniana" lhe é dedicada na revista. O grupo partilha a revolta de Kreisler contra os "agrimensores artísticos"[138], pequeno-burgueses da arte. Meierhold não montará nem Hoffmann, nem Gozzi, mas se impregnará de suas obras e de suas ideias, que *Liubov k Trem Apelsinam* (O Amor das Três Laranjas) difunde.

No primeiro número, "A Barraca de Feira" retoma, de modo poético, os temas da terceira parte de *Sobre o Teatro*. É um verdadeiro programa e *O Amor das Três Laranjas* aparece como uma revista que defende sua concepção do teatro: documentos, material dramatúrgico, artigos teóricos e críticos estão a serviço de um grupo. A revista é, ao mesmo tempo, seu instrumento de trabalho e a arma de sua luta. Publica numerosos *canovacci* italianos e intermédios musicais, *Der gestiefelte Kater* (O Gato de Botas), de Tieck, *Re cervo* (O Rei Cervo), de Gozzi, bem como seu *Ragionamento ingenuo e storia sincera dell'origine delle mie dieci Fiabe teatrali*, *Os menecmos*, de Plauto e a produção dos membros do Estúdio, a começar pela adaptação de *O Amor das Três Laranjas*. A parte teórica concerne, em primeiro lugar, à *Commedia dell'Arte*, com longos estudos de Solovióv, de Constantin Miklaschévski ou de Constantin Motchúlski, mas também outros artigos sobre os teatros espanhol, alemão ou antigo são assinados por professores universitários como Constantin Vogak ou Victor Jirmunski, futuro membro da OPOIAZ•. No domínio da atualidade,

137 V. Solovióv, *Teatralnii Tradítsionalizm*, *Apollon*, n. 4, p. 45.

138 E. T. A. Hoffmann, *Kreisleriana*, em *Les Romantiques allemands*, t. 1, p. 902.

uma parte crítica, que trata da vida teatral contemporânea, em especial do Teatro de Arte ou de Aleksandr Taírov, possibilita que Meierhold, ao condenar suas concepções de teatro, afirme a sua[139]. E, sobretudo, ele cria uma forma original de "crítica da crítica", na qual, publicando artigos que o criticam, responde ponto por ponto, segundo uma disposição tipográfica original, ao lado de cada "ataque" ou logo em seguida. A polêmica refina suas posições. Uma última rubrica apresenta regularmente os programas de trabalho do Estúdio.

A Prática do Ensino no Estúdio

O Estúdio funciona entre 1913 e 1917 e as aulas são organizadas em dois blocos, um relativo à voz e outro ao corpo. O compositor Mikhail Gnessin coordena um curso de "leitura musical aplicada ao drama" que, destinado a fazer o discurso do ator passar do plano cotidiano ao plano da arte, corresponde ao sonho de Meierhold de prover o ator, como o cantor, de uma partitura. O filólogo Vogak ensina matéria que se poderia chamar de "versificação comparada". O curso de Solovióv versa sobre "a teoria da composição cênica e o estudo da técnica cênica da comédia italiana", o de Meierhold se intitula "Técnica do Movimento Cênico". Em 1914, um curso comum se inicia e, nele, estudos e pantomimas, compostos pelos dois "mestres de cena", o Doutor Dapertutto e Valdemar Liutsinius e por seus alunos, aplicam as teorias a ficções feéricas.

  "Temam a restauração", repete Meierhold[140], e o fato de ele não pretender utilizar máscaras tradicionais e de limitar o jogo com elas ao raro uso de uma meia-máscara negra funciona bem nesse sentido. Não há nostalgia nem arqueologia em relação à *Commedia dell'Arte*, mas a ideia de que, com ela, lida-se com um verdadeiro ofício. A pesquisa não se apoia numa visão idealizada, no mito da improvisação, mas, num primeiro momento, no estudo atento dos vestígios escritos – os *canovacci* – e a improvisação é definida estritamente como "uma combinação livre de técnicas teatrais em quantidade determinada"[141]. A *Commedia dell'Arte* é um meio, não um fim: apresenta a vantagem de "concentrar todos os elementos da arte cênica"[142] e oferece assim a possibilidade de estudar mais facilmente as questões ligadas à forma do teatro. O "tradicionalismo teatral", como definido por Solovióv, não é a repetição da tradição, mas "método objetivo"[143] para fornecer as bases a uma nova técnica do ator, por meio de um processo de generalização: a uma pesquisa centrada sobre a *Commedia dell'Arte*, que os conhecimentos de Solovióv e a "aura" de Hoffmann e de Gozzi estruturam, vêm se juntar o circo – Donato, *clown* acrobata e atleta de saltos, é convidado por Meierhold para o Estúdio – e o teatro japonês, a cargo de Vogak. É preciso despertar o teatro de sua amnésia e, devolvendo--lhe a memória, encontrar sua linguagem de hoje.

---

139 Em especial Benois metteur en scène; Le Grillon du foyer ou par le trou de la serrure, *Écrits*, 1, p. 232-242; e "L'Orage", *Écrits*, 1, p. 253-259.

140 RGALI, 998, 715. Curso sobre o domínio técnico do ator. Notas coletivas de alunos do Estúdio. Manuscrito com anotações de Meierhold.

141 V. Solovióv, K Istórii Scenítcheskoi Tekhniki *Commedia dell'Arte*, 4, *Liubov k Trem Apelsinam*, n. 4-5, p. 57.

142 V. Solovióv, K Istórii Scenítcheskoi Tekhniki..., 3, op. cit., n. 3, p. 78.

143 V. Solovióv, Teatralnii Tradítsionalizm, op. cit., p. 41.

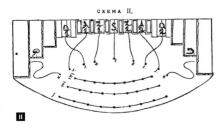
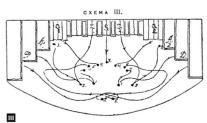

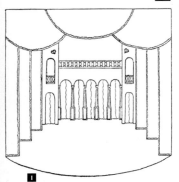

22 A Commedia dell'Arte.
Pesquisas de Solovióv sobre
a "Cena da noite": estudo
dos percursos das personagens.
I "O Lugar";
II "O Desfile";
III "O Encontro";
IV "Os Criados Ajudam os Apaixonados";
V "Triunfo da Virtude Pisoteada".
Desenhos de A. Rikov.

Legenda:
A1.A2.......... apaixonados,
Z1.Z2.......... zanni,
a1.a2..........damas,
P.D........... Pantaleão e o Doutor,
s............... Smeraldina.

Os algarismos que aparecem
no palco indicam a ordem
dos deslocamentos
(O Amor das Três Laranjas,
1915, n. 1-2-3).

144 V. Solovióv, K Istórii Scenítcheskoi Tekhniki..., 1, op. cit., n. 1, p 13.

145 V. Solovióv, K Istórii Scenítcheskoi Tekhniki..., 4, op. cit., p. 59-60.

Meierhold e Solovióv propõem uma nova pedagogia: todos, professores e alunos podem manifestar sua iniciativa criadora, que a rigorosa disciplina não deve entravar. Solovióv preconiza um "método cênico" de estudo da Commedia dell'Arte[144], ao mesmo tempo livresco, científico e prático. Ele se baseia no estudo de *canovacci* (de Adolfo Bartoli ou dos Sacchi, copiados por Vassíli Trediakóvski a partir dos espetáculos realizados durante turnês). Mas ele tanto reinsere esse trabalho na história da evolução das formas da *Commedia dell'Arte* (das atelanas até Gozzi) quanto o detalha pela análise pontual da variação de certos elementos de base como a "cena da noite", na qual de um *canovaccio* a outro são encontradas as mesmas personagens em diferentes combinações. Esse trabalho está destinado a alimentar uma prática imediata: composição e encenação de novos roteiros, verificação por parte dos atores, em cena, dos esquemas deduzidos do estudo, despertar dos corpos pela realização dos diferentes *lazzi* e pela manipulação repetida dos objetos da tradição teatral (dos quais ele elaborou um levantamento): capa, máscara, bastão, chapéu, flor, espada etc.

Por um lado, Solovióv depreende assim os princípios de um jogo corporal do ator cujos termos serão reencontrados, em sua maior parte, no âmbito da formulação da teoria biomecânica, e, por outro lado, as leis da composição cênica, independentes de uma escrita literária. Os princípios que definem esse tipo de atuação são os seguintes:

- necessidade de um caminhar cênico designado em russo pelo termo "kruazada", conhecido no século XVII: calcanhares juntos fazem com que os pés estejam sempre perpendiculares um em relação ao outro, em qualquer momento da caminhada[145].
- ausência de motivação psicológica, mas existência de uma emoção teatral (alegria, admiração por si mesmo).
- atuação definida como a arte de combinar livremente um saber técnico corporal acumulado.
- qualidades acrobáticas que exigem do ator um grande equilíbrio.
- rapidez das reações, capacidade de responder prontamente às tarefas propostas.
- orientação no espaço e coordenação do movimento e do espaço, inspirados num princípio de Guglielmo Ebreo da Pesaro, um dos

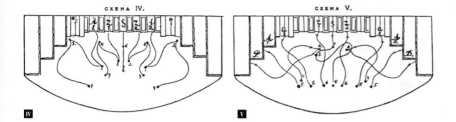

grandes coreógrafos da Itália do Quattrocento, autor de um *Tratado de Dança*, no qual ele enumera as qualidades indispensáveis ao bailarino, entre as quais *partire del terreno*, isto é, a habilidade do bailarino de avaliar a superfície onde vai evoluir e ajustar seus passos a ela.

- geometrização da encenação que também remete à coreografia: traçado materializado por gráficos de certos percursos no solo, específicos de cada personagem.
- capacidade de seguir o parceiro, técnica da transmissão das iniciativas no momento mais tenso da ação. O jogo teatral é coletivo, é a arte de representar junto, exige conhecimento das técnicas específicas que cada um dos participantes utiliza.
- controle do temperamento, noção de medida.
- técnica do *znak otkaza* (literalmente, sinal de recusa), que faz o ator, para exprimir o medo, não se afastar, num primeiro momento, do objeto que o atemoriza mas, ao contrário, dele se aproximar antes de recuar: técnica de expressão essencial, que sublinha a situação cênica e constitui a condição da atenção dramática.

No que concerne à composição cênica que o ator deve ser capaz de assumir:

- o espetáculo é concebido, a partir de variantes francesas da *Commedia dell'Arte*, como uma sucessão alternada de números diferentes: a representação está dividida em desfile, intermédio, *finale*. É indicada a possibilidade de introduzir e de fazer se sucederem números com animais adestrados, acrobacias, malabarismos, dança ou canto[146].
- o roteiro se desenvolve por combinações variáveis de certo número de ações precisas e repertoriadas, e se decompõe em fragmentos de ação com um momento de culminância.
- o desenvolvimento da intriga está em estreita relação com a manipulação de objetos cênicos, cuja lista seria possível elaborar a partir dos roteiros consultados.
- o caráter fantástico de certos roteiros nos quais estão em jogo forças infernais, que Arlequim e Esmeraldina podem assumir, está

[146] V. Solovióv, K Istórii Scenítcheskoi Tekhniki..., 6, op. cit., n. 6-7, 1914.

DA ESTILIZAÇÃO
AO GROTESCO

condicionado por trucagens cênicas (explosões, fogos de artifício), ou pela presença de objetos específicos que multiplicam a exigência de virtuosismo no trabalho do ator.

- □ enfim, o desenvolvimento do roteiro está em relação estrita com o número e a alternância par-ímpar dos atores em cena. Descoberta que conduz a fórmulas dramatúrgicas que se transformam segundo o número de personagens. A alternância par-ímpar influi sobre a sucessão das cenas, confere ao roteiro seu dinamismo: o ímpar suscita o conflito, a tensão na ação, o par, sua complicação, sua desaceleração e frequentemente a introdução de uma intriga paralela[147].

O Movimento Cênico

A contribuição de Solovióv é fundamental e permite a Meierhold radicalizar sua concepção do teatro como sinônimo de movimento: "Mesmo se suprimirmos a palavra, o figurino, a ribalta, as coxias, o edifício teatral enfim, enquanto restarem o ator e seus movimentos cheios de maestria, o teatro continua a ser teatro"[148]. O *komediant* é definido como "senhor do movimento livre" e sua liberdade se enraíza em regras e numa tentativa de racionalização: a geometria dos esquemas de deslocamentos, e a álgebra da construção do roteiro sobre a alternância dos números.

Meierhold faz primeiro os *studiotes* trabalharem movimentos simples: caminhar, levantar-se, sentar-se, correr, cair, saltar, dar cambalhotas. Nada de afetação, mas a maleabilidade da cera[149], controlada pela força e pela consciência: sobriedade, cálculo. O regulamento do Estúdio aconselha a prática de um esporte (tênis, vela, esgrima). À precisão do artista de circo, acrescenta o valor do gesto e insiste sobre a "autoadmiração"[150]. Exercícios mais complexos põem o ator em relação com o outro – Meierhold recomenda que seja dada máxima atenção ao corpo do parceiro, como se ele fosse um objeto precioso – e com diferentes espaços, cuja forma é imaginada a partir de algumas cadeiras: circular, quadrada, elíptica.

Um "grupo grotesco" aprimora o desenho cênico, trabalha suas fraturas a partir de fragmentos de O *Convidado de Pedra* ou *Hamlet*, cujo texto foi provisoriamente suprimido. O grupo é capaz de improvisar sobre um tema, de representar *Otelo* em três minutos, oferecendo um concentrado do drama, e não seu resumo, em que Marinetti recomenda que se "prostitua toda a arte clássica"[151]. Os estudos e pantomimas representados no Estúdio são inspirados em *canovacci* venezianos ou em arlequinadas francesas, são imaginados a partir de quadros ou de entradas de circo. Mais abstratos, alguns se desenvolvem a partir de um número de personagens dado e de objetos impostos. O lugar de trabalho é o teatro e o teatro do Estúdio: pequena cena elevada, ligada à plateia por duas

147 Cf. V. Solovióv, K Voprosu o Teórii Scenitcheskoi Kompozitsii 1, *Liubov k Trem Apelsinam*, n. 4-7.

148 Klass V. Meierholda (Tekhnika Scenitcheskikh Dvijenii), Studiia 1914-1915, *Liubov k Trem Apelsinam*, n. 4-5, p. 94.

149 Idem, p. 97.

150 Klass V. Meierholda i V. Solovióv, Studiia 1914-15, op. cit., p. 92.

151 F. T. Marinetti, Le Music-hall, em G. Lista, op. cit., p. 253. De passagem por Petersburgo, em 1914, Marinetti assiste no Estúdio ao trabalho desse grupo grotesco.

escadas laterais, prolongada, num nível inferior, por um proscênio, materializado por um tapete azul semioval. Para variar o espaço e, em consequência, o jogo dos atores, pode-se não usar a cena, fechada por um painel que tem várias portas "de frente" que determinam uma geometria estrita dos deslocamentos. O estudo favorito de Meierhold, "A Caça", é uma pantomima coletiva, baseada na manipulação do arco. Desenvolve-se a partir do seguinte *canovaccio*, acompanhado por um pianista que toca as *Mephisto-walzer* de Liszt ou improvisa: caçadores armados com arcos e flechas imaginárias perseguem um pássaro maravilhoso. Eles chegam pela plateia, alguns vêm a cavalo, todos têm um porte oriental. Param dos dois lados do tapete azul, dispondo-se nas escadas. Em cena, por uma porta central, o pássaro aparece e se esconde. Os papéis se repartem entre guerreiros e atiradores e, nesse pequeno espaço, a caça se organiza (subida à cena, descida, rastejamento). O pássaro reaparece, dá voltas e "voa". Uns não conseguem vê-lo, outros o atingem enfim e, depois de uma espécie de dança da morte, ele acaba por tombar, embaixo, nos braços dos caçadores que fazem uma saída triunfal pela plateia e o agitam sobre suas mãos levantadas. O treinamento do corpo é completado pelo do olhar e Meierhold costuma levar seus alunos ao Museu Hermitage. As referências pictóricas do Estúdio são Goya, Callot, Velázquez, às vezes Nicolas Lancret. O corpo do ator deve viver numa forma plástica já mediatizada pela pintura.

Na época, o recurso à pantomima é geral tanto na Europa ocidental quanto na Rússia, nem o Teatro de Arte de Moscou escapa. Isso responde à crise da sociedade, à crise das formas e também ao "Grande Mudo", o cinema, num momento em que uma viva polêmica irrompe entre as duas artes das quais se diz que a mais nova condena a outra ao desaparecimento. Depois de ter oposto a pantomima, utilitária, que reproduz no cinema a realidade, à atuação silenciosa do ator, que deve tocar o espectador mais por seu *savoir-faire* do que pelo tema, Meierhold acaba por aceitar, em 1915, filmar *The Picture of Dorian Gray* (O Retrato de Dorian Gray), de Oscar Wilde, a partir de um roteiro próprio. Sem procurar, nessa primeira experiência, fazer do filme teatro filmado, ele descobre no cinema uma arte da luz e do ritmo, da composição plástica e do grafismo em movimento: um aliado de seu teatro na luta contra o naturalismo.

O Objeto

Meierhold exige um manejo hábil e respeitoso dos acessórios. A referência é aqui oriental. Ele treina seus alunos na manipulação dos objetos mais simples, treina-os para que os peguem, lancem, façam malabarismos com eles, treina-os ainda no uso da espada, do chapéu, do cesto, do leque, para que saibam trajar uma capa, brincar com o longo cinto do figurino-uniforme de cena. Ele lhes ensina a servirem-se de véus e

DA ESTILIZAÇÃO
AO GROTESCO

cortinas que os ajudantes de cena devem hastear em bastões e pedaços de bambus, cenários leves e rápidos de montar. Meierhold revela o modo pelo qual os objetos usados nos roteiros são a realidade a partir da qual estes se desenvolvem e os papéis são repartidos. Material de treinamento, o objeto é também pivô da ação dramática. Determina o movimento do ator. Mas é ainda mais do que isso: ajuda o espectador a penetrar num mundo encantado. Meierhold mostra como "se pode desdobrar um pano de chão e apresentá-lo de tal modo que pareça aos espectadores um pedaço de brocado"[152]. A manipulação transforma o objeto ou faz com que apareça. Entre mãos inteligentes e hábeis, cujo estatuto cênico é privilegiado, capazes de concentrar todo o jogo corporal na extremidade dos dedos[153], o objeto decola do cotidiano, torna-se signo e, ao mesmo tempo, parceiro do ator. "Os objetos desempenham quase que o mesmo papel que os atores", afirma Meierhold[154].

O Ator Malabarista e Músico da Cena

152 A. Smirnova, V Studii na Borodinskoi, *Vstretchi s Meierholdom*, p. 94. Cf. também as entrevistas que Smirnova me concedeu em Leningrado, hoje São Petersburgo, em dezembro de 1981.

153 RGALI, 998, 714. Notas de Meierhold no Estúdio, s.d. Ver também Urok V. Meierholda i V. Solovióva, Rabotchaia Programma, Sezon 1914-15 Godov, art. cit., p. 92.

154 RGALI 998, 715. Aula sobre o Domínio Técnico do Ator. Notas coletivas de alunos do Estúdio. Manuscrito com anotações de Meierhold.

155 "Talvez eu pudesse representar uma paixão cujo efeito perturbador eu ignorasse, mas não posso representar a paixão que me queima intensamente com seu fogo", O. Wilde, *Le Portrait de Dorian Gray*, p. 119. A frase é citada em Klass V. Meierholda (Tekhnica Scenitcheskikh Dvijenii). Studiia v Sentiabr, Oktiabr, Noiabr i Dekabr 1915, *Liubov k Trem Apelsinam*, n. 4-7, p. 209.

156 Idem, p. 209.

157 La Baraque de foire, *Écrits*, I, p. 246-247.

158 Glossi Doktora Dapertutto..., op. cit., p. 69.

159 Programme d'étude du Studio de Meyerhold pour l'année 1914, *Écrits*, I. p. 244.

160 Idem, ibidem.

Nessa linguagem do corpo que se constrói, há lugar para os sentimentos? Em *O Amor das Três Laranjas*, Meierhold condena sem remissão o reviver, citando a célebre declaração da atriz Sybil Vane de *O Retrato de Dorian Gray*[155]. A emoção perturba o ritmo compassado da respiração, aprendida, se necessário, com algum iogue[156] e, sem respiração, adeus trabalho físico. Em vez de situar o ator entre sua personagem e seu passado perdido, em vez de mergulhá-lo em si mesmo, no limiar do subconsciente, como faz Stanislávski em seu próprio Estúdio, Meierhold o coloca diante de outros atores, seus parceiros presentes e seus antecessores. Encarrega-lhe da missão de restabelecer a cadeia da memória, de não embaçar "o corredor de reflexos" e fazer surgir assim o ator novo, "proveniente do país das maravilhas", bem vivo depois de uma longa viagem entre os mortos do passado teatral[157].

A peça nunca é mais do que "um trampolim" e os atores são "os malabaristas da cena"[158]. Meierhold afirma a força e a mentira do teatro: os sentimentos aqui são primeiro estados teatrais e "a alegria se torna a esfera fora da qual [o ator] não pode viver, mesmo quando lhe é necessário morrer em cena"[159]. Às capacidades de concentração psíquica, Meierhold não opõe apenas o treinamento de um corpo de ginasta e de um corpo decorativo, mas o despertar da musicalidade, na qual o estudo da versificação tem seu papel. Os estudos e pantomimas são acompanhados pelos excelentes pianistas do grupo e "a música compõe sempre o roteiro dos movimentos, esteja ela realmente presente no teatro ou apenas indiciada, cantarolada pelo ator que age em cena"[160]. Meierhold acrescenta às partituras de Mozart, Chopin, Rameau, Liszt, percussões exóticas, bater de martelo em sininhos para marcar o início dos exercícios, acompanhamento de baquetas sobre um pedaço de madeira para a pantomima da loucura de Ofélia. Meierhold recusa qualquer psicologização dos fundos musicais: a música ajuda no cálculo do tempo, preenche as pausas, durante as quais, graças a ela, o movimento não desaparece. Sobretudo, Meierhold inaugura um novo tipo de relação entre a música e o movimento, ao recusar a coincidência entre eles, o uníssono e a submissão à métrica, como proposta por Dalcroze. Ele esboça uma espécie de "polifonia" na qual "a música reina em seu plano e os movimentos do ator fluem, paralelamente, na esfera deles"[161]. A forma musical exige do ator escuta, obediência, organização, mas não o priva de uma certa liberdade. "Liberdade possível mesmo na submissão"[162], esse é o paradoxo do ator, muito precocemente enunciado por Meierhold.

Quando Meierhold afirma: "Nós devemos aperfeiçoar o corpo do homem"[163], não devemos concluir apressadamente que se trata de uma separação total entre a estética e a ética. No Estúdio, o encenador esboça a silhueta de um ator completo, culto, que frequenta ao mesmo tempo o circo e os museus, esportivo, musicista, um ator à altura do homem e não do seu reflexo em cena, um ator responsável, membro de um grupo em que as hierarquias estão momentaneamente abolidas e em que o regulamento é restrito. Ao mesmo tempo lugar na moda, que se mostra aos estrangeiros de passagem pela cidade, e núcleo de um trabalho sério, organizado, contínuo, o Estúdio parece desenvolver pesquisas desligadas da vida real, do contexto da guerra. Mas a reivindicação concreta de uma voz popular, necessária ao ato teatral se faz ouvir ali. No pequeno palco, o "povo" está presente, assim designado nos roteiros e composto de três, quatro ou cinco atores ativos. Esse "povo" assume uma dupla função dramatúrgica e cênica, corresponde às necessidades dos *cannovacci* que mantêm elos com as temáticas carnavalescas e reitera a ligação entre o palco e o público. Ele é, de algum modo, o representante de um público utópico, fortuitamente presente na plateia a partir do outono de 1914, na medida em que o imóvel que abriga o Estúdio se torna um hospital militar. Assim, os soldados feridos em convalescença concretizam essa utopia com uma clareza brutal, durante os ensaios ou por ocasião de alguns espetáculos destinados especialmente a eles[164]. A angústia de Meierhold quanto à acessibilidade de suas pesquisas se exprime na maneira pela qual interroga os diferentes convidados do Estúdio, na grande atenção que presta aos risos e às observações desses soldados. Desde então, considera que, apesar de o público aristocrático e burguês não o compreender, aqueles espectadores legitimam sua pesquisa. Eles encarnam sua ideia de um público popular, receptivo e móvel, cuja emergência é propiciada por acontecimentos tão trágicos quanto uma guerra[165]. Isso também não resolve a crise que Meierhold atravessa nesses anos de conflito mundial, quando parece crescer a distância que separa o Doutor Dapertutto do encenador dos Teatros Imperiais. Mas tudo se passa como se as formas populares extintas ou em vias de extinção fossem reencontradas

---

161 Urok Meierholda. Tekhnica Scenitcheskikh Dvijenii, Rabotchaia Programma, Sezon 1914-1915, p. 95-96.

162 Urok Meierholda. Tekhnica Scenitcheskikh Dvijenii, Rabotchaia Programma, Konez 1915, p. 209.

163 Arquivos citados por C. Rudnítski, op. cit., p. 173, que interpreta isso como uma separação total em relação à vida.

164 RGALI, 998, 2868. Programa dos concertos, Poeti Soldatam (Dos poetas para os soldados), no Estúdio da rua Borodin.

165 Vetcher Studii 12 Fevralia 1915, Ejenedelnaia Pressa i Zametki Redaktsii Doktora Dapertutto, *Liubov k Trem Apelsinam*, n. 1-3, p. 140; e Voiná i Teatr, *Birjevie Vedomosti*, n. 14.367, p. 4.

DA ESTILIZAÇÃO
AO GROTESCO

ou retomadas por um meio ao mesmo tempo confinado e apaixonado, antes de poderem ser entregues ao seu destinatário e produtor original. E em sua estética, como em sua ética, o Estúdio, "laboratório experimental de uma nova cultura teatral, indica exatamente os caminhos de Meierhold depois da revolução", como o constatará o teatrólogo Stefane Mokúlski em 1926[166].

O Baile de Máscaras

A atividade de Meierhold é intensa entre 1913 e 1917: divide-se entre a ópera, o teatro, o cinema, o Estúdio e sua revista. Dois espetáculos se destacam, o *Espetáculo Blok*, em 1914, e *O Baile de Máscaras*, em 1917, ambos representativos do teatro grotesco como Meierhold o imagina, um em sua variante pobre e ascética e o outro com todas as magnificências da ópera.

Em abril de 1914, durante uma semana, o Estúdio apresenta dois textos de Blok, *A Barraca da Feira de Atrações* e *Neznakomka* (A Desconhecida), peça em três "visões". As duas partes do espetáculo são reunidas por intermédio de malabaristas chineses com facas e um atirar de laranjas sobre o público. No anfiteatro do Instituto Tenischévski, Bondi recria o espaço do Estúdio: estrado vazio, estreito porém elevado em relação ao público, escadas que dão acesso à plateia, tapete azul que materializa o proscênio. Um exército de ajudantes de cena, em uniforme cinza – túnica com largas mangas – o rosto coberto por meia-máscara negra, desloca-se ritmicamente, trazendo os acessórios, ocupando-se dos atores. Entre eles está Meierhold. A crítica os associa tanto aos ajudantes de picadeiro quanto às "sombras" do teatro japonês e o *Espetáculo Blok* traz mesmo a dupla marca do circo e do Oriente. O salto de Arlequim pela janela em *A Barraca da Feira de Atrações* se torna um número de adestramento, salto em um quadro de papel fino fixado por uma moldura, na pista azul, enquanto em *A Desconhecida*, seis mulheres-*kurombo*, com avental sobre o uniforme, ajoelham-se ao longo do estrado, de costas para o público, com uma vela na mão levantada, imitando ao mesmo tempo a ribalta e a domesticidade de um salão burguês.

De fato, esse *balagan* despojado não é nada mais que o *balagan* elegante de *Dom Juan* levado a um grau de simplicidade extrema, para o qual tende o trabalho do Estúdio, livre da pintura. É construído sobre o mesmo tipo de funcionamento da teatralidade. Sobre essa pequena cena e esse proscênio, Meierhold afirma que, no teatro, por mais simples e despojado que seja, tudo é arte, tudo é digno de ser mostrado, mesmo a manipulação das cortinas na ponta de varas de bambu e, sobretudo, o

[166] S. Mokúlski, Pereotsenka Traditsii, *Teatralnii Oktiabr 1*, p. 15.

BARRACA DA FEIRA
DE ATRAÇÕES E BAILE
DE MÁSCARAS

modo pelo qual um ator pode, com fogos de artifício, "refazer o caminho de uma estrela"¹⁶⁷. Nada de coxias; as cortinas são como velas de navio. A independência do ator é reivindicada de modo radical: é ele quem fabrica os acessórios, costura os figurinos e tinge os tecidos, é ele quem traz seu "cenário" para a cena. Os *kurombo*, como ratos cinza privados do exotismo colorido dos negrinhos de *Dom Juan*, encarregam-se com eficiência de todas as manipulações do espetáculo, abrem as cortinas, recolhem-nas; fazem rolar as duas partes de uma ponte de madeira, postados, enquanto esperam, de um lado e do outro do estrado, que eles montam no proscênio; seguram um céu de tule azul salpicado de estrelas coladas e um deles senta-se bem no meio do tapete, com as pernas cruzadas, de costas para o público, no lugar do ponto, ostensivamente preparado para reparar qualquer possível erro no desenrolar da representação. Guardiães da ordem e do bom andamento do espetáculo, eles substituem maquinistas e contrarregras; mas, diz Meierhold, "eles também são atores, visto que há atores em toda parte, em cena como na plateia"¹⁶⁸.

Figurinista, maquinista, o ator polivalente suprime o extracena e se torna, ironicamente, ribalta viva, iluminação da visão n. 3 de *A Desconhecida*. À sua independência, que implica em escorraçar toda ilusão, corresponde a *autonomia* total da cena que, livre das coxias, desvela seus segredos num trabalho contínuo: teatro autônomo, ao mesmo tempo poético, portátil e coletivo. A complexidade do sistema cenográfico de *O Baile de Máscaras* exigirá, ao contrário, uma assistência técnica competente e especializada e um longo tempo para montagem.

Para *O Baile de Máscaras*, que Meierhold e Golovin "carregam" por mais de seis anos, o pintor realiza quase quatro mil esboços. O espetáculo acontece no momento preciso em que a crise dos anos de

23 A Barraca da Feira de Atrações, *Instituto Tenischévski*, *1914*. Cenário de I. Bondi. Desenho de G. Markov.

167 La Baraque de foire, Écrits, I, p. 250.
168 Idem, p. 251.

1910, cujas forças surdas ele apreende, se resolve brutalmente com a Revolução de Fevereiro. Na estreia, os canhões ressoam na rua. *O Baile de Máscaras*, cujo luxo está insolentemente em descompasso com o estado de sítio, é um esplêndido réquiem aos tempos passados, à Rússia aristocrática. No último quadro, numa cena recoberta de véus negros, um coro canta o ofício dos mortos, em memória de Nina, envenenada por Arbenin, seu marido.

História de salões de jogo e de baile, de paixão, de ciúme e de ódio, a peça de Lérmontov, raramente encenada, é analisada por Meierhold como uma dramaturgia da ação, conduzida por meio de situações teatrais (baile, jogo) por duas personagens teatrais. Um, o Estrangeiro, o solitário (Arbenin) despreza a "alta sociedade", o outro, o Desconhecido, assim nomeado na peça, tece as intrigas desse mundo em torno do Estrangeiro. São duas forças que regem a fábula da peça: uma puxa-a para si por um crime, a outra a amplia para um além que ela sugere. Meierhold interpreta *O Baile de Máscaras* em diversos níveis. Num primeiro, está o drama do próprio Lérmontov, assassinado por Nicolai Martínov, a soldo da aristocracia da qual o autor aproxima o Desconhecido. Num segundo, vê-se a solidão do poeta, à qual Meierhold superpõe seu próprio isolamento nos Teatros Imperiais e diante das cabalas antissemitas. Meierhold associa a sociedade de 1825, marcada pelo fracasso da revolta dos dezembristas, com a dos anos de 1910, mundo que se atordoa enquanto o Império se desaba, e ele os contempla através do prisma byroniano perceptível no texto de Lérmontov, através da projeção da Petersburgo de sua época sobre Veneza e através de seu próprio mundo teatral, alimentado por Hoffmann e Gozzi. A trilogia da máscara, da vela e do espelho constrói uma tripla e rica metáfora, a do fim de uma época, a da vida em geral e a da condição do artista russo em particular.

24 *O Baile de Máscaras. Foto que dá a organização do espaço: proscênio, escadas, quadro de cena (cenário) construído. A cortina aqui é erguida deixando ver a profundidade da cena.*

25 *Dispositivo com a cortina do quadro.*

26 *O Baile de Máscaras, gravura que mostra a organização do espaço para o quadro 8.*

Paralelamente a uma reorganização dramatúrgica dos quatro atos e dez quadros de *O Baile de Máscaras*, o espaço do teatro à italiana é remodelado. O conjunto palco/plateia é de novo considerado por Meierhold e Golovin um material a ser trabalhado, maleável no tocante a tamanho e volume. Primeiro, a atmosfera luxuosa é criada pela construção de um grande portal de cena, esculpido, branco e dourado, interpretação simplificada da arquitetura interior do Teatro Aleksandrínski, concebida pelo arquiteto Carlo Rossi. À direita e à esquerda, duas altas portas, encimadas por camarotes forrados de seda vermelha. De um lado e de outro, quatro espelhos foscos, nos quais a sala é refletida, iluminados por candelabros com velas. Arquitetura e espelhos – encontraremos outros espelhos praticamente em todos os quadros – apagam as fronteiras entre o palco e a plateia e dão unidade ao espaço do teatro como um todo. Um grande proscênio semicircular avança até a primeira fileira da plateia, emoldurado por duas balaustradas douradas e prolongado por duas escadas arredondadas que descem até a orquestra e são utilizadas apenas para o quadro 2, o do baile de máscaras. Três banquetas forradas de tecido cor de damasco, dispostas simetricamente à direita, à esquerda, e no centro do proscênio, estão ali do começo ao fim e servem de pontos de apoio e de marcas para complexos jogos de cena.

A largura do palco é muito reduzida em relação à do proscênio, consequência da amplitude do portal esculpido. O proscênio está separado da cena por uma série de cortinas. Suprimida em *Dom Juan*, a cortina já havia sido reintroduzida em *El Príncipe Constante* (O Príncipe Constante), de Calderón de La Barca, para ser submetida a uma pesquisa de expressão. Aqui, temos um sistema de cortinas com múltiplas tarefas: técnicas, estéticas e dramatúrgicas. Ele permite mudanças rápidas e fluidas de cenário, sem retardar o ritmo do espetáculo. Permite oferecer a

BARRACA DA FEIRA
DE ATRAÇÕES E BAILE
DE MÁSCARAS

27 O Baile de Máscaras. Dispositivo com a cortina do quadro 9.

28 O Baile de Máscaras, quadro 7, "A Casa de Jogos". Esboço de A. Golovin, todo em tons de vermelho e negro.

30 O Baile de Máscaras, personagem do quadro 2, Coviello. Esboço de A. Golovin.

* No original, *manteaux d'Arlequin*, ver n. 79 supra (N. da T.).

cada espectador a impressão fundamental de cada quadro, seu "extrato" por meio das cores e dos materiais utilizados para cada cortina. Ele dá à ação teatral uma moldura luxuosa e estranha, e oferece ao encenador uma sintaxe leve e expressiva. "Poeta da cortina de teatro", como o chamou Vladímir Dmítriev, Golovin compõe cinco cortinas de base: a primeira, a principal, que também serve de cortina entre os atos, cobrindo as outras, é a do primeiro quadro, "A casa de jogos". Vermelha e negra, de elaboração complicada, ela é composta de aplicações de imensas línguas de tecido festonado, e traz, emblema discreto, mas central, cinco cartas dispostas como na mão de um jogador. A segunda, rosa, verde e azul, tem longas aberturas, de modo a deixar passar as máscaras do baile; tem guizos e fitas, vibra e tilinta a cada passagem.

Essas cortinas são combinadas a outras, secundárias: panejamentos laterais e bandôs*, nos mesmos tons que a cortina que eles acompanham, ou com variações de cores, recortes complexos e variados, festões e franjas. As cortinas secundárias podem reduzir à metade a abertura da cena e servem de moldura suntuosa às sequências que aí se desenrolam, enquanto as ações no proscênio podem se desenvolver diante de uma das grandes cortinas, abaixadas para funcionar como fundo. Manipulando-as no começo, no fim e até mesmo no meio de um quadro, Meierhold realça momentos específicos, constrói planos de conjunto, cenas de massa, ou isola as personagens, distingue, graças ao proscênio e à cortina fechada, uma introdução, uma conclusão, sublinha as rupturas no desenvolvimento da ação e cria, no interior de cada quadro, um ritmo próprio. Enfim, para cada um deles, Golovin pintou painéis de fundo que formam um conjunto com os *manteaux d'Arlequin*, bem como um sistema de pequenos biombos apoiados no arco de proscênio esculpido. A cena

é, pois, limitada uma segunda vez e só se abre em profundidade – ainda que apenas parcialmente – para os dois episódios de baile. Esse sistema, arquitetura/cortinas/painéis/biombos permite, segundo as necessidades dramatúrgicas, reduzir o espaço ou ampliá-lo, aprofundá-lo, aí desenvolver cenas de massa ou esculpir cenas íntimas. Assim, numa riqueza memorável, os espelhos, nos quais se misturam público e atores, colocados no palco ou repetidos no brilho dos assoalhos, as inumeráveis velas, as máscaras e roupas de baile compõem a imagem teatral e veneziana da sociedade aristocrática de Petersburgo às vésperas de 1917.

Nenhum objeto passa tal e qual da vida para o palco. Tudo, das cadeiras às cartas de baralho, é fabricado segundo esboços de Golovin, que trabalha a partir de documentos de época. Cada móvel é recriado, submetido às regras da cena, e seu tamanho é ligeiramente superior ao tamanho natural. Concebidos como pontos estratégicos do jogo teatral, os objetos cênicos possuem também uma vida própria, expressivos em seu aspecto extraordinário, reinterpretados pelo cenógrafo por meio das cores, das proporções, do material. Quanto aos figurinos, Golovin escolheu minuciosamente o corte e o colorido tendo em vista efeitos musicais de harmonia e de dissonância: é o caso da silhueta em preto e branco do Desconhecido, traço rígido no meio de fitas caleidoscópicas dos dançarinos. Estes, cujas fantasias são divididas em unidades de temas e de cores, são o material para as composições musicais e plásticas de Meierhold. Nos figurinos do Desconhecido, Golovin denota a ambiguidade dessa personagem misteriosa, ao mesmo tempo daqui e de outro lugar. Um redingote negro, cintado – e temos a roupa de um funcionário de Estado, cuja estranheza é criada por uma série de botões excessivamente brilhantes. No baile de máscaras, aparece com

29 O Baile de Máscaras, quadro 2, "O Baile de Máscaras". Foto da segunda versão cênica, 1933.

31 O Baile de Máscaras, personagem do quadro 2: o Pierrô azul (o Peppe Napa). Esboço de A. Golovin.

32 O Baile de Máscaras, *quadros 2, 8 e 10, o Desconhecido, com máscara veneziana* (bauta). *Esboço de A. Golovin. Meierhold e Golovin se apaixonaram pelo livro de P. Murátov, O Século da Máscara (Imagens da Itália), publicado em Moscou em 1912.*

169 Existe uma gravação da "Valsa-Fantasia" de Glinka por Mstislav Rostropóvitch com a Orquestra de Paris.

170 Para as demais personagens do baile de máscaras, ver meu artigo Les Années dix à Petersbourg: V. Meyerhold, la *Commedia dell'Arte* et *Le Bal masqué*, em O. Aslan; D. Bablet (orgs.), *Le Masque*, p. 156.

uma fantasia do carnaval veneziano, o rosto coberto pela *bauta*, meia-máscara branca com bico de pássaro, uma pelerine curta, de renda, jogada por sobre um dominó negro, comprido, com enfeites prateados, aberto sobre um vestido lilás. No corpo mascarado, só uma mão branca, com gestos que ficam suspensos no ar, parece viva.

Aleksandr Glazunov compõe numerosos trechos musicais: árias de dança, temas para Arbenin e para o Desconhecido, fragmentos para pantomimas temáticas, coros do ofício dos mortos. Em sua própria música, ele introduz a célebre *Valsa-fantasia* de Mikhail Glinka[169]. Os quadros se sucedem segundo um princípio de contrastes espaciais e de cores, criados pela alternância das cortinas (cor, disposição), e pela iluminação. O quadro 2, o baile de máscaras, desenvolve jogos de cena circulares ou em espiral em torno das duas forças antagonistas, Arbenin e o Desconhecido[170]. Há quase duzentas pessoas em cena: a relação entre a superfície de atuação e o número de atores põe os grupos em destaque, mas exige uma organização draconiana. Meierhold assume sozinho a coreografia desse quadro e confia aos membros de seu Estúdio as danças e pantomimas.

No centro do palco, bem perto dos espectadores, o Pierrô azul arranca o bracelete de Nina, objeto-pivô da peça, cuja perda motiva os ciúmes do marido. É uma pantomima ao mesmo tempo leve e trágica que, por causa de suas cores ao estilo de Sapunov, azul, laranja e branco, do gestual deslocado das personagens, dos percursos complicados do Pierrô e de uma música ingênua, em contraponto, deve-se fixar com intensidade na memória dos espectadores.

Depois dessa pantomima, uma quadrilha desenfreada, uma enorme onda engole Nina, e o Desconhecido surge, no meio do turbilhão de bailarinos, com sua máscara de pássaro branco. Seu tema musical, lento, atravessa o motivo da quadrilha: ele avança vagarosamente. A multidão da mascarada muda progressivamente de ritmo e como uma cauda obediente, vem se enrolar e se desenrolar atrás dele. Sob seu olhar, enfim, todos se paralisam. No silêncio total, ressoam as ameaças do Desconhecido a Arbenin: "Uma desgraça vai lhe acontecer esta noite". Depois, de novo, a multidão serpenteante se enrola, na quadrilha, em torno dele, enquanto ele se afasta, sombria silhueta rígida que se apoia sobre uma comprida bengala.

O espetáculo se estrutura de modo preciso sobre a música composta especialmente para ele e, em seu conjunto, sobre o ritmo do texto versificado de Lérmontov. Em primeiro lugar, os jogos de cena são plásticos e sonoros. As cores assumem uma função dramatúrgica e musical. Canta-se em cena, toca-se piano. As pantomimas se encarregam do desenvolvimento da intriga: as relações entre as artes se refinam no corpo do ator, trajado com seu figurino. Sem dúvida, a prática do cinema influi também sobre a decupagem das cenas no interior dos quadros, sobre o modo leve pelo qual a cortina cai no meio da ação, chocando o público da época, transformando instantaneamente o cenário, destacando claramente os protagonistas. Influi também sobre a alternância de planos de conjunto e de planos, aproximados ao máximo dos espectadores, permitida pela combinação das cortinas e do proscênio. A maleabilidade do espaço cênico integra aqui alguma coisa do que a câmera permite na tela, sem que se trate, de modo algum, de cinema. Mas Meierhold já não havia pensado, num roteiro elaborado a partir da novela de Edgar Allan Poe, *Hop-frog*, na encenação cinematográfica de um baile de máscaras?[171]

As relações entre as diferentes artes funcionam segundo o princípio de contradição, que caracteriza a cena grotesca. Além da sucessão de cenas que contrastam e, até mesmo, se chocam, no plano plástico ou sonoro, outro princípio atua no espetáculo, o da máscara: sob o belo, o mal, o demoníaco; sob o brilho e a ordem, as paixões; sob a elegância, o egoísmo, a frieza, o horror. O festim de cores representa um "festim durante a peste", a festa esconde e revela, ao mesmo tempo, a tragédia. O excesso decorativo, sempre perfeitamente pensado, arquiteturado, composto, é gerado pela ironia, esta distância romântica que assegura o elo entre elementos dessemelhantes como a *Valsa-fantasia*, tocada enquanto Nina morre ou a música ingênua que acompanha o roubo do bracelete. As artes nunca intensificam mutuamente seu impacto. Elas "mascaram" umas às outras e produzem, assim, numa percepção complicada, efeitos cênicos poderosos. E as cortinas que dividem a ação cênica em fragmentos exprimem perfeitamente esse processo de velar-desvelar.

33 Um bufão.

O Baile de Máscaras é uma tragédia do ciúme, apresentada contra o cenário de um mundo que está desmoronando e é por meio de uma festa teatral, um baile luxuoso e desenfreado que se deixa perceber o fim de um reinado. Ponto por ponto, *Le Cocu magnifique* (O Corno Magnífico) que, em 1922, sistematizará, na simplicidade de seus meios de expressão e no abandono de qualquer pintura e de qualquer ornamento, a autonomia do *Espetáculo Blok* de 1914, poderá ser lido como uma espécie de reflexo invertido de *O Baile de Máscaras*: o drama paroxístico do ciúme será aí representado no interior do alegre surgimento de um mundo novo. Em lugar dos fogos de artifício fúnebres, uma alegria ascética em três cores. O motor do drama não virá mais do exterior, de um Desconhecido, representante do Destino, mas do interior do homem, de seus mecanismos psicológicos. Porém, naquele momento, o ímpeto em direção aos prazeres populares que animou o trabalho do Estúdio da rua Borodin se apaga por trás da cortina de tule negro e transparente que cai sobre a cena de *O Baile de Máscaras*, que o Desconhecido, em seu traje veneziano, atravessa a passos lentos. Porque essa é a última imagem do espetáculo, no momento exato em que desmorona o regime tsarista.

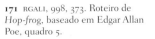

Tradução de Fátima Saadi

[171] RGALI, 998, 373. Roteiro de *Hop-frog*, baseado em Edgar Allan Poe, quadro 5.

Em Torno

o Outubro Teatral

I.

Construtivismo e Biomecânica

A Revolução lhe deu um público tão grande quanto o mundo.

B. Alpers[1]

proximadamente, quatro anos se escoaram entre *Maskarad* (O Baile de Máscaras) e *Les Aubes* (As Auroras). Quatro anos de reviravolta total para a Rússia. Quatro anos durante os quais o engajamento político de Meierhold se define progressivamente. A Revolução de Fevereiro reforça as posições que já o haviam levado a tomar a guerra, na medida em que esta, em sua violência elementar se lhe afigurou como um acontecimento capaz de fazer emergir um público novo e, com ele, "o novo teatro, um teatro autenticamente popular"[2]. A relação de Meierhold com as Revoluções de Fevereiro e de Outubro passa, antes de tudo, pelo teatro e é, concomitantemente, ética e estética. Revolução na rua e revolução em cena são, para ele, associadas aos eventos de 1905 e a *La Mort de Tintagiles* (A Morte de Tintagiles). Esmagada nas ruas, a revolução continuou na cena e a democratização do público vai realizá-la nas salas e no repertório quando, "em silêncio, os soldados libertarão o teatro da *intelligentsia* sonolenta e indiferente da plateia" e quando se representará, diante dos camponeses e operários, "os condenados de nossa época, Blok, Sologúb, Maiakóvski, Rémizov"[3]. Mas esta tomada de posição *teatral* e violenta não se concretiza imediatamente por uma transformação da prática meierholdiana. Entre a primavera de 1917 e o verão de 1918, ele se encontra na encruzilhada dos caminhos e a passagem de um radicalismo liberal ao bolchevismo, impulsionada pela sua aversão ao público dos Teatros Imperiais, se efetua por meio de uma série de ações pontuais.

Depois do Outubro, Meierhold será, com Aleksandr Blok, Vladímir Maiakóvski, Altman e Riúrik Ívnev, um dos cinco artistas de Petrogrado que atendem ao chamado feito por Lênin. Em dezembro de 1917, ele reivindica a criação de uma "comuna mundial da arte"[4]. Mas permanece nos Teatros Imperiais até o primeiro aniversário do Outubro, marcado por sua encenação de *Misteria-Buff* (O Mistério-Bufo) de Maiakóvski. Esta peça lhe dá a força necessária para romper com os dez anos passados nos palcos petersburguenses e para se lançar, sem rede de proteção, numa outra aventura teatral. Essa opção foi preparada por uma tripla atividade administrativa, pedagógica e criativa, e por sua adesão, em agosto de 1918, ao Partido. Esta decisão, que nenhum outro diretor conhecido tomou, ser-lhe-á por muito tempo censurada a pretexto de que toda sua prática anterior a 1917 contradiz tal ato. Ora, o engajamento de Meierhold ocorre em um momento no qual o sucesso da Revolução bolchevique ainda não fora assegurado.

34 As Auroras *de E. Verhaeren, Teatro* RSFSR *1º, 1920.*

1 *Le Théâtre du masque social.*

2 Vetcher Studii 12 Fevralia 1915, Ejenedelnaia Pressat i Anotatsii Redaktsii Doktora Dapertutto, *Liubov k Trem Apelsinam*, n. 1-3, p. 140.

3 Cf. B. Vivitskaia, Revoliútsia, Iskusstvo, Voiná, *Teatr i Iskusstvo*, n. 18, p. 296. Cf. também o discurso de Meierhold ao Comitê de Organização das Representações Populares ao teatro do Eremitério, em A. Fevrálski, *Pervaia Soviétskaia Pessa*, p. 36.

4 Intervenção em uma reunião de atores no Teatro Marínski, resumida por Homo Novus, Zametki, *Teatr i Iskusstvo*, n. 49, p. 823.

Petrogrado 1917-1919

A Atividade Administrativa

O TEO• de Petrogrado

Em fevereiro de 1918, Meierhold torna-se membro do Conselho Teatral junto ao Narkompros• e, desde sua criação, em junho de 1918, vice-presidente do TEO (Departamento Teatral) de Petrogrado, órgão de reflexão e decisão para toda a vida teatral do país. Meierhold considera então o TEO como "um enorme reservatório que pode e deve nutrir a todos os teatros, uma força organizacional que se presta a auxiliá-los a renovar-se, a avançar"[5]. O grupo de *Liubov k Trem Apelsinam* (O Amor das Três Laranjas) estava aí bem representado. Com Meierhold, Serguêi Radlov, Vladímir Solovióv, Leonid Vivien, Constantin Miklaschévski ganha destaque a seção de repertório que, presidida por Blok, estabelece listas-modelos de peças a serem montadas, ocupa-se de traduções, adaptações, edições. A seção histórica compreende um grupo de pesquisas e difusão, que age sob a forma de conferências e publicações sobre história do teatro, um grupo bibliográfico, e prepara uma enciclopédia do teatro. Uma seção pedagógica introduz o teatro na escola e lança projetos de espetáculos para um público jovem, em cujo quadro Meierhold divulga *Alinur* com base em *The Star-Child* (O Menino-Estrela) de Oscar Wilde, melodrama previsto para ser representado pelas próprias crianças. Uma última seção concerne à formação teatral: Meierhold estabelece planos para o ensino do teatro e cria, em junho de 1918, o Curso de Domínio da Encenação (ou Kurmastsep•), ciclos curtos para formar instrutores dos teatros de periferia, dos teatros móveis destinados aos operários, soldados e camponeses, dos grupos de agitação.

35

35 *Alinur* de V. Meierhold e I. Bondi, peça infantil. Dispositivo de I. Bondi para o ato III (Igra, *1918*, n. 2).

Qual Teatro Popular?

É pelo TEO que as teoria meierholdianas acerca de um teatro popular se espalham em 1918-1919 em Petrogrado e são implantadas de modo duradouro. O conceito de teatro popular é desembaraçado de todas as tendências filantrópicas, higienistas e moralizantes que haviam contribuído até aí para torná-lo um instrumento didático, uma cátedra ou veículo de bons costumes. "Abaixo a acessibilidade a todos", nota Meierhold em 1918[6]. Para ele, o teatro popular divide, ele se contrapõe à estética de união e de transmissão cultural de um Teatro do Homem,

---

5 Meierhold, v Vremia Zasedaniia 12 Dekabria 1918 (TEO• Narkomprosa), *Russki Soviétski Teatr 1917-1921*, p. 55.

6 RGALI, 998, 728. Kurmastsep•. Notas de Meierhold.

tal como é definido no trabalho de Pável Gaidebúrov. O teatro para o povo deve converter-se em teatro do povo e as grandes peças do repertório devem voltar aos *seus* espectadores, os da praça pública. No TEO de Petrogrado não há reorientação ideológica do repertório, ele pende para um teatro de divertimento, sem nuance cultural-educativa, um teatro de fortes sensações, não normativo[7]. O vibrante apelo de Meierhold "Viva o malabarista!"[8], verdadeiro programa, proporciona ao teatro o modelo sadio, dinâmico, excitante do circo, que comunica audácia, coragem, energia. Nesta concepção do teatro popular, enxerta-se a ideia de "cirquisação" da cena que divulgará largamente em Petrogrado a revista *Jizn Iskusstva* e que Radlov realizará, a partir de 1920, na Comédia Popular, em que se afirmarão laços umbilicais com o Estúdio da rua Borodin[9]. O tradicionalismo teatral ali tomará formas agressivas, mesclando circo e *Commedia dell'Arte*, com ritmos muito rápidos, e Radlov pregará aí "o excentrismo como novo gênero de concepção do mundo cômico, engendrado pelo gênio anglo-americano"[10]. É aí que nascerá a FEX*, Fábrica do Ator Excêntrico, ligada a uma segunda fase de exploração do circo, cruzamento de *music hall* e urbanização febril: mecanização, tecnicismo, eletricidade, que conduzirão, aliás, rapidamente a FEX ao cinema.

Sem se definir pela transmissão de um patrimônio, mas por sua redescoberta, fundamentalmente antinaturalista e antipsicológica, o teatro popular é, para Meierold, religado no tempo e no espaço a todos os teatros antigos de grande audiência, tributário, portanto, de uma busca histórico-científica. Mas caso se defina como uma forma e um conjunto de técnicas, denominadores comuns de todos estes teatros, ele é antes de tudo um processo, uma troca entre ator e espectador, assim como entre passado e presente.

Em 1919, Meierhold está próximo do Proletkult*, que, influenciado pelas ideias de Viatcheslav Ivanov, então largamente difundidas pelo TEO de Moscou e numa recusa de obediência ao Partido, visa, no domínio teatral em particular, que os próprios usuários tomem a seu cargo. Mas se ele destaca a importância dos "momentos de auto-atividade criativa das massas", e imagina o futuro do teatro ao lado da "mitocriação" e da "autêntica improvisação"[11], o encenador considera que esse teatro popular deve ser aprendido antes de ser feito. Mais que nunca, Meierhold considera o ator e o encenador como detentores de uma mestria profissional. Daí a urgência de formar instrutores para os grupos que nascem como cogumelos, nas fábricas ou no exército. Ao se vincular nesta atividade de ensino, Meierhold se distancia resolutamente de toda forma de teatro profissional existente, assim como de todo amadorismo. Então imagina através das brigadas teatrais cujos responsáveis ele forma, planos de festas populares, o retorno dos histriões, do teatro itinerante libertado de um jugo secular... Neste período de transição, é entre estas contradições que Meierhold caminha.

95

CONSTRUTIVISMO
E BIOMECÂNICA

---

7 Cf. A. Blok, O Repertuare Gosudarstvennich i Komunalnikh Teatrov, em *Repertuar*, p. 65.

8 Da Zdravstvuet Jongleur!, *Ekho Tchirka*, n. 3, p. 3, traduzido em *Du cirque au théâtre*, textos reunidos e apresentados por C. Amiard-Chevrel, p. 225-228.

9 A. Rikov, Naródnaia Comediia, em *Zelenaia Ptitchka 1*, p. 163.

10 S. Radlov, Teatri Vozrojdeniia i Vozrojdenie Teatra, *Jizn Iskusstva*, n. 607, p. 1.

11 V. Meierhold, Posfácio a *Skhemi k Izutchêniiu Spektaklia*, p. 36.

A Atividade Pedagógica

Rodeado de antigos companheiros do Estúdio, cuja degradação progressiva do ambiente não resistiu ao Outubro (Serguêi e Iúri Bondi, A. Gripitch, Radlov), apoiado por Aleksandr Golovin, Piótr Morozóv, Kuzmá Petrov-Vódkin, Vsévolod Vsevoldski-Guerngross, Meierhold organiza, com muita paixão, nos Kurmastsep, um ensino ao mesmo tempo experimental e orientado para fins muito práticos e imediatos. De junho de 1918 a março de 1919, ele investe aí toda sua energia, num clima político cada vez mais tenso devido à guerra civil e às difíceis condições materiais. O recrutamento é diferente daquele do Estúdio que, no entanto, esses cursos prolongam. Trata-se para Meierhold, de "fazer participar, na mestria criativa, novas forças provenientes das grandes massas democráticas"[12]. A originalidade da formação está em ser dispensada não a futuros atores, mas a futuros encenadores, cenógrafos ou técnicos, e em fornecer a todos eles um domínio comum a partir do qual serão capazes, cada um em sua especialidade, de pensar o teatro não como um conglomerado de diversas disciplinas artísticas, mas como "uma arte independente". Como ponto de partida, esta regra de ouro: "A submissão de tudo que se faz no teatro a leis teatrais, a exigências, a tarefas teatrais: no teatro, não há lugar para uma arte que nasce fora do teatro, que responda a outras tarefas que não sejam aquelas do teatro [...]. O teatro não pode ser o lugar onde se reúnem, para mostrar seu saber, técnicos, escritores, pintores etc. Agora os teatros devem eles mesmos criar seus quadros"[13].

Cada encenador é também, portanto, cenógrafo, cada cenógrafo é também encenador: Meierhold insiste na novidade deste método de formação geral, mas sua referência é a escola de Craig em Florença.

Para ser condensado, este ensino não é, entretanto, regateado. Meierhold forma quadros capazes de realizar "encenações simplificadas", não somente por preocupação de eficácia demagógica ou por necessidade econômica, mas sobretudo porque esta simplificação coincide com as regras de um teatro teatral trazidas à luz por suas pesquisas na década de 1910. São problemas de cenário que Meierhold levanta com prioridade, e os Kurmastsep constituem um elo essencial para se compreender suas escolhas ulteriores.

Reflexão Pré-Construtivista sobre o Cenário

Neste domínio, Meierhold sente urgência após *O Baile de Máscaras*: em Moscou, Aleksandr Taírov soube utilizar, já em 1916, a fecunda vanguarda pictórica russa. No Teatro Kamerni, os pintores tomaram o poder e, em 1917, na *Salomé* de Oscar Wilde, Aleksandra Ekster domina tanto a cena quanto os atores, não formados para atuar em seus espaços cubofuturistas constituídos de escadas, de colunas e de planos coloridos.

---

12 Programas dos Kurmastsep, 27 ago. 1918, *Vremênnik TEO Narkomprosa*, n. 1, p. 17.

13 Idem, ibidem.

Meierhold efetuou diversas tentativas para recuperar-se de seu atraso e se aproximar dos pintores de vanguarda: do futurista Vladímir Tátlin no verão de 1917, quando Meierhold projeta rodar um filme baseado no romance fantástico de Fiódor Sologúb *Návi Schari* (Os Sortilégios dos Mortos); de Ekster e de Georgi Iákulov em seguida, no momento em que estabelece com Taírov um acordo de curta duração para montar *L'Échange* (A Troca), de Claudel (fim de 1917 e começo de 1918); do suprematista Kazímir Malévitch, enfim, para *O Mistério--Bufo*, em novembro de 1918. Nos três casos, trata-se de fracassos, mesmo para *O Mistério-Bufo*, em que a rapidez com a qual o espetáculo deve ser montado impede de falar de colaboração. Em 1918-1919, Meierhold parece depositar mais esperança no método que aplica nos Cursos: não mais o lançamento em paraquedas do pintor no palco, mas uma dupla formação, ao mesmo tempo pictórica e teatral, para um cenógrafo que desenvolve sobre o espaço uma reflexão de encenador, baseada na história do teatro, nas exigências da atualidade e nestas "disciplinas", provenientes do trabalho do Estúdio, que são a geometria e a álgebra dramatúrgicas das peças.

Nesses cursos, Meierhold cede ao chamado do espaço: "Invistam na cidade, nas ruas, nas praças [...], representem à beira do mar, perto de um lago" aconselha[14], enaltecendo as qualidades de Petrogrado como lugar teatral. De 1918 a 1919, Meierhold troca o termo "*balagani*• itinerantes" por aquele, mais militar, o de "teatros em campanha", cenas móveis que utilizarão o mínimo de material: tonéis, tábuas, cordas, letreiros, bambus, tapetes. Para os teatros existentes, cumpre "quebrar a cena"[15], libertar o espaço da maquinaria e das cortinas, deixá-lo respirar: chega de bastidores, rampas, cortininhas flexíveis, mas cubos, elevações, declives, biombos, escadas que levem à plateia. A cena deve ser depurada, aligeirada, geométrica. Duas referências: os esboços de Craig e a pequena corcunda de *Neznakomka* (A Desconhecida), reunidos no mesmo lugar. A cena submete o cenógrafo às suas leis, não o inverso.

Nos ateliês do ex-Teatro Marínski, Meierhold propõe aos alunos refletir sobre *Boris Godunov* de Púschkin[16], e sobre *As Auroras* de Verhaeren. Vladímir Dmítriev, um dos últimos recém-chegados ao Estúdio, e que sucede a Meierhold nos Cursos, executa uma maquete composta de quatro grandes cubos, de uma tela e de uma escada ligando o palco ao posto da orquestra em concavidade, maquete que, uma vez desembaraçada de suas cores puras (azul e vermelho), servirá de base a *As Auroras* de 1920. Para justificar sua maquete, Dmítriev redige, como os outros alunos, um "manuscrito de *mise-en-scène*" no qual o cenógrafo é designado como "construtor do espaço" (*stroïtel*) e em que as análises sucessivas do drama, do cenário, da encenação utilizam o vocabulário da arquitetura, mas também o da indústria. As personagens são as alavancas, os mecanismos da peça, assimiladas ora a uma construção, ora a uma máquina cujas engrenagens é necessário limpar. "O encenador",

14 RGALI, 998, 729. Kurmastsep. Meierhold, *Rejissura*, curso 6 mar. 1919 e RGALI, 998, 729, 730. *Teatr v Pokhode*, curso 20 mar. 1919.

15 RGALI, 998, 728. Kurmastsep. Notas de Meierhold [s.d.].

16 Isso dará lugar à seguinte publicação: *Boris Godunov A. Puschkina, Materialy k Postanovke*, material para a encenação publicado sob a direção de Meierhold e de Derjavin, p. 31-33.

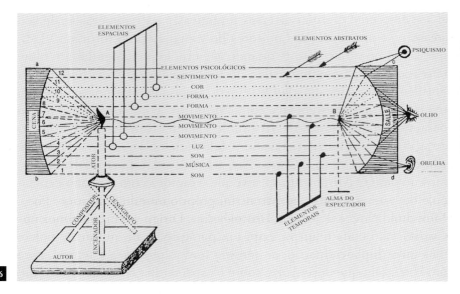

36 *Estudo dos processos de criação e de percepção do espetáculo, esquema de V. Bakrilov, aluno do Curso de Mestre em Encenação (1919).*

Legenda

Dramaturgo (12)
Encenador (3, 4, 5, 6)
Cenógrafo (9, 10)
Compositor (2)
Ator (1, 7, 8, 11)

Linha de relações e comunicações psíquicas diretas entre os participantes do espetáculo

escreve Dmítriev, "indica as máquinas-ferramentas e seus tornos sólidos entre os quais a máquina de ação cênica se colocará em marcha"[17]. Se em seus cursos Meierhold fala frequentemente de construção, sente-se fascinado pela fábrica, onde treina o jovem Dmítriev, seu companheiro inseparável naquele momento.

Discurso Científico e Estilo Grotesco

Para designar a matéria dos seus cursos, Meierhold lança o novo termo "scenovedenie", ciência da cena (ou "cenologia"), por essência comparatista e interdisciplinar. Procura aqui, numa perspectiva de criação contemporânea, estudar o teatro segundo as estruturas da prática teatral sob o ângulo histórico e técnico, ligando estreitamente dramaturgia, encenação e cenário centrados no jogo do ator. Ele se interessa ainda por uma teoria da criação teatral e incita seus alunos a estabelecer organogramas da produção de uma encenação e de seu funcionamento com o público, em "esquemas do espetáculo" que recenseiam os diferentes membros da "união de parceiros" e definem suas interações.

A cada lição, o grotesco permanece no centro de suas preocupações. Meierhold o define como um estilo que se atinge por uma aproximação sintética do real, uma superação racional da subjetividade e do rigor da organização. "A nova geração diz 'Abaixo a natureza!' Nós, nós a tomamos e nós a organizamos. E nossa criação é tanto mais bela quanto é mais visível a mão do organizador", ensina Meierhold[18]. Ele formula, à base da arte da encenação, um princípio de geometria.

"A mascarada e os jogos infantis são os dois elementos que distinguem nosso teatro daquele que se denomina em geral teatro e que, do nosso ponto de vista, não o é"[19]. Meierhold retoma por sua conta todos

17 RGALI, 998, 2 878. V. Dmítriev, *Zori, Izlojenie*, 1918.

18 RGALI, 998, 725. Kurmastsep. Meierhold, curso de 23 de setembro de 1918.

19 RGALI, 998, 729 e 998, 731. Kurmastsep. V. Meierhold, *Uproschênie Postanovki*, curso 27 mar. 1919.

os adágios de Púschkin sobre o teatro, que reúne e publica numa coletânea consagrada aos trabalhos de seus alunos sobre *Boris Godunov*[20]. O teatro é o domínio do "realismo no fantástico"[21]. Meierhold desenvolve sua história verídica, o Japão, o *balagan* e seus rituais, a filiação "Callot-Hoffmann, Hoffmann-Gógol e Gógol-Sapunov". Ele prevê: "Lutando contra o naturalismo, os elementos do grotesco penetrarão sempre mais. A vitória definitiva não é, entretanto, para amanhã"[22]. Se a iniciação mais segura passa pelas artes plásticas – e Meierhold o mostra bastante: Callot, Bosch, Bruegel, Vinci, Holbein o jovem, Goya, Sapunov, Grigóriev –, recomenda também leituras que dão asas à imaginação e incitam cada um a construir seu próprio mundo fantástico: Poe, Hoffmann, Púschkin, Gógol, Dostoiévski[23]. Dirige, enfim, um enorme trabalho de documentação e de pesquisas (iconográficas, jornalísticas, epistolares, bibliográficas, críticas e textuais) sobre *Revizor* (O Inspetor Geral), dramaturgia e encenações: questionamento completo da obra, modelo de trabalho preparatório a toda *mise-en-scène*.

Meierhold confia ao pintor Zandin o cuidado de marcar a diferença entre grotesco e caricatura. Quanto a ele, define o grotesco como a mistura dos reinos, a extração de um objeto pertencente a um modo de existência ou a uma série dada, fora da percepção comum, pelo deslizamento para um modo ou para uma série antagônica (homem/animal, animado/inanimado), enfim, como a reconstrução de uma percepção desenviscada em que uma calça pode apresentar-se como um pedestal, um chapéu claque como um relógio, um homem como um papagaio[24]. A indispensável forma cênica cinzela-se nessas aparentes desordens, nessas redes de analogias ou de diferenças, de associações, nesse cômico que implica uma atitude séria por parte do público.

Se o palco tende a uma grande simplificação, o trabalho criativo torna-se, ao contrário, cada vez mais complexo. Cada criador deve conhecer o conjunto das especialidades que concorrem para o teatro. Meierhold ensina que o encenador une o coletivo de criadores, que ele deve ser escritor, ator, desenhista, músico, coreógrafo[25]: ele é o "*autor do espetáculo* tanto quanto o dramaturgo é autor da peça"[26].

Quanto ao ator, é o elemento essencial dos Cursos, visto que "a partitura orquestrada do conjunto do espetáculo é o tapete sobre o qual ele expõe sua arte"[27]. Porém, Meierhold organizou com Vivien, além disso, a Escola de Mestria do Ator. Na base da sua formação, coloca a anatomia, como Noverre fez para a coreografia, pois "se um ator não conhece anatomia, nenhum aprofundamento psicológico poderia salvá-lo: ele deslocará rapidamente uma mão ou uma perna"[28]. Bom ginasta, o ator tem a vista muito clara, o olhar preciso, as mãos hábeis, as pernas fortes, o tronco firme. Respira bem. Esportivo, pratica a esgrima, esta arte de ataques, paradas e *coups fourrés* (estocadas duplas)*, que desenvolve as capacidades de atenção a outrem e de resposta aos estímulos exteriores. O ator sabe fazer malabarismo, deve conhecer a acro-

---

CONSTRUTIVISMO
E BIOMECÂNICA

---

20 Cf. supra, p. p. 97, nota 16.

21 RGALI, 998, 728. Kurmastsep. Notas de Meierhold [s.d.].

22 RGALI, 998, 725. Kurmastsep. V. Meierhold, curso 23 set. 1918.

23 RGALI, 998, 717. Kurmastsep. V. Meierhold, curso n. 2 [s.d.].

24 RGALI, 998, 725. Kurmastsep. V. Meierhold, curso 23 set. 1918.

25 As notas e os cursos de Meierhold multiplicam as referências a Noverre, Delsarte, Blasis.

26 RGALI, 998, 726. Kurmastsep. V. Meierhold, *Metod Rejissera*, 3 jul. 1918. Notas de alunos.

27 RGALI, 998, 736. Kurmastsep. Notas de alunos [s.d.].

28 Cf. Noverre, *Lettres sur la danse*, p. 130-131; e RGALI, 998, 716. Kurmastsep. Meierhold, curso n. 1.

* Tipo de golpe de esgrima dado e recebido ao mesmo tempo pelos dois atletas (N. da T.).

bacia: "Sarah Bernhardt estudou a arte de cair em cena com um *clown* célebre"[29], recorda Meierhold, e os atores japoneses são todos acrobatas. O corpo do ator, flexível e exercitado, é também um corpo aventureiro, modelo de audácia.

Deve-se corrigir e fortificar o aparelho vocal, estudar a versificação; o ator, em um primeiro momento, desconfia da palavra na medida em que se pode despojar a carne textual de uma peça sem que esta se torne pouco firme. Ele trabalha sobre esse esqueleto a partir do seu domínio gestual adquirido nas disciplinas já citadas e de técnicas coreográficas nas quais ele será iniciado, pois "a pantomima nasceu da arte da dança"[30]. Ele pratica também o desenho, de modo a controlar a disposição de seus membros e a composição dos grupos no espaço. Enfim, o curso de movimento cênico da Escola de Mestria do Ator é concebido por Meierhold para "dar forma" ao material dos alunos-atores, treinados nessas disciplinas, graças a exercícios e breves estudos pantomímicos com os quais vêm trabalhar em pequenos grupos nos Cursos com temas de pesquisa: leis do movimento, liames entre movimento e emoção, compreensão do ritmo, desenvolvimento do sentido do tempo. Meierhold nota: "Nascimento do gesto na esfera da expressão. Nem o gesto nem a mímica ganharão vida se o corpo humano que ocupa uma tribuna não estiver ali estabelecido solidamente na pose daquele que fala e se aquele que fala não adquirir a prática da direção de suas emoções"[31]. Controlar as emoções e o equilíbrio do corpo para encontrar o movimento e depois os gestos justos que, por sua vez, farão surgir a palavra justa.

A metáfora que domina em 1919 o discurso de Meierhold, quando ele busca cercar o jogo do ator, não é mais aquela do cabotino, e sim a do animal. Antes de chegar ao homem-máquina da biomecânica, Meierhold passa pelo modelo do animal, o de um corpo perfeito, musculoso e felino, que o fez descobrir Valéri Inkijinov, um dos últimos a chegar ao Estúdio. Ao estudar a música e a lei do ritmo, fortalecendo, por um modo de vida esportivo, seu corpo enfraquecido, o homem o liberta da ganga do cotidiano e sai de "sua jaula em que cindido do mundo animal, rompeu todo laço com a natureza e começa a assemelhar-se a um ser repulsivo imundo". O ator que Meierhold evoca aqui será um "belo animal" capaz de produzir movimentos hábeis ou um salto cintilante adaptado ao alvo fixado. "O novo teatro é aquele que eu espero de vocês e dos membros do Proletkult", prossegue Meierhold perante seus estudantes,

> é o teatro de que temos necessidade, é o único que pode surgir no contexto de nossa cultura, nascido ao mesmo tempo que uma audácia extraordinária e que uma "animalidade" faz urrar os burgueses, quando dizem "eles agem como bestas". É justamente nesta cultura que se produzirá esse fenômeno animal, magnífico

---

29 RGALI, 998, 716. Idem, ibidem.

30 RGALI, 998, 724. Kurmastsep. Meierhold, curso 12 set. 1918.

31 RGALI, 998, 728. Kurmastsep. Notas de Meierhold [s.d.].

porque é só para ele que o caminho está justificado. Porque atualmente, a situação é tal que todos os fracos devem necessariamente desaparecer e que restarão apenas os fortes [...] Que pereçam 75%, se deles restar 25% para criar uma cultura capaz de nos fazer esquecer os 75% desaparecidos[32].

A violência dessas palavras pronunciadas em março de 1919 reflete a situação dramaticamente tensa em Petrogrado, remete às indignações de um Maksim Górki diante daquilo que chama justamente "as explosões de instintos zoológicos"[33]. Um retorno à barbárie, não maculada pela cultura burguesa e humanista, parece, em face do caos que reina nos meios intelectuais, ser o único portador de uma esperança que os horrores da guerra civil não atenuam. Por trás dessa violência em que se perfila o Meierhold dos *slogans* mais destrutivos do Outubro Teatral, cumpre também discernir o interesse que ele já manifesta pelas experiências de Pávlov e um chamado para construir um teatro e um mundo sobre laços estreitos entre o homem e a natureza. O ator, homem novo, é visto como um bárbaro, portador de uma força instintiva e libertária encontrada por um arrebatamento e um modo de vida específicos. O contato com a vanguarda ideológica e artística fará evoluir este modelo em uma outra direção: a vida moderna e a fábrica, que Meierhold começa a descobrir em Petrogrado.

A Criação: Evolução do Grotesco Meierholdiano

Em outubro de 1917, Meierhold concluiu a trilogia de A. Sukhovó-Kobílin, com sua última parte, *Smert Tarelkina* (A Morte de Tarelkin), representada sob o título *Veselie Raspliuevskie Dni* (Os Alegres Dias de Raspliuiev). É a peça mais sombria desse autor cuja obra faz parte da dramaturgia grotesca que Meierhold quer revelar à cena.

A Morte de Tarelkin

Quando é montada em 1900, após treze anos de interdição, como uma farsa grosseira, a peça choca-se com uma incompreensão total: para falar da burocracia e da polícia tsarista, Sukhovó-Kobílin utiliza uma hipótese fantástica que lhe permite abordar o cotidiano sob um ângulo inesperado. À maneira de Gógol, de quem foi um leitor assíduo, permanece lógico no alogismo e, por meio das máscaras cômicas das personagens principais, denuncia quer o sistema, quer "o amargo absurdo da existência humana"[34]. Como a escritura gogoliana, a de Sukhovó-Kobílin compõe-se aqui de muitos estratos estilísticos em que se alternam cenas cruéis e cômicas, estudo sociológico e teatro de feira cujos espetáculos cativavam o escritor[35].

32 RGALI, 998, 730. Kurmastsep. V. Meierhold, *Pokhodnie Teatr.*

33 Cf. M. Gorki, *Pensées intempestives (1917-1918)*, p. 169-174.

34 L. Grossman, Prefácio, em A. Sukhovó-Kobílin, *Trilogiia*, p. 13.

35 Sukhovó-Kobílin viveu por muito tempo em Paris, onde frequentou vaudeviles e farsas, os espetáculos de Lavasseur e de Marie Bouffe, uma atriz parisiense da primeira metade do século XIX, acrobata e pantomimista com dons de transformação.

RESUMO DA PEÇA:

A Morte de Tarelkin, "comédia-gozação em três atos", abre-se com a decisão de Tarelkin de "representar uma farsa imortal"[36]. Ele se aproveita da morte recente de seu vizinho Kopilov, cujas verdadeiras exéquias acaba de organizar longe de Petersburgo, a fim de mudar de identidade e escapar de seus credores e de seu perseguidor e superior hierárquico, o general Varravin. Tarelkin tira sua dentadura e sua peruca; ajudado por sua empregada, põe em cena seu "cadáver", recheia de peixe podre um manequim e lhe indica a artimanha que ela deve efetuar para forçar Varravin, já avisado de sua morte, a pagar as despesas de "seu" enterro.

O apartamento é invadido e Varravin, ante a recusa da "grande família" dos funcionários de se cotizar para realizar o enterro de urgência de um Tarelkin já decomposto, imagina uma estratégia: manda que se ponham em fila, e que cada um pegue dinheiro do bolso de outro, três rublos, não mais, diretamente da carteira daquele que está à sua frente e que está preso pelo colarinho!

Varravin revista em vão o apartamento sem conseguir achar a correspondência secreta que testemunha seus crimes e que Tarelkin lhe roubara com o intuito de lhe arrancar o dinheiro. Tarelkin deixa o biombo atrás do qual assiste a tudo isso para se apresentar como o vizinho Kopilov. Ele pronuncia seu próprio elogio fúnebre diante do oficial de polícia Raspliuiev que veio para estampar o lacre na documentação. Em um rasgo generoso, convida Raspliuiev a partilhar do repasto dos funerais que oferece em honra do defunto Tarelkin. No ato II, Tarelkin prepara a colação prometida e, ao mesmo tempo, suas valises. Raspliuiev devora a refeição, tudo desaparece nele como em um abismo sem fundo. Mas os aborrecimentos começam; a antiga amante de Kopilov, Brandakhlístova, lhe cai em cima para obter dele o reconhecimento de seus filhos. Por sua vez, Varravin entra disfarçado e acompanhado de credores que reclamam os bens de Tarelkin. Varravin se apresenta como sendo o capitão Polutatarinov, um amigo de Tarelkin. Os dois exclamam à parte sobre como suas "caras" são horríveis de se ver. É Varravin quem descobre primeiro a identidade de seu interlocutor e que manda Raspliuiev deter esse "broncolaque" [chupador de sangue], esse fantasma, esse vampiro, que pode ser ao mesmo tempo duas pessoas, ambas mortas, além disso. No comissariado, Raspliuiev espera realmente receber a cruz de S. Jorge pela captura desta criatura sobrenatural. Varravin, desta vez sem disfarce, dá instruções sobre o caminho a seguir na condução do inquérito, sugere que se desconfie do poder mágico da água sobre os espectros, portanto, que se torture o suspeito pela sede. A loucura do poder se apossa de Raspliuiev que, nomeado juiz de instrução, se dá conta de poder prender todo mundo. Interrogam as testemunhas, a concubina de

---

36 Smert Tarelkina, Ato I, Cena I, Sukhovó-Kobílin, Trilogiia, p. 403. Para o texto francês, cf. a adaptação de G. Vitaly e V. Stepau, em Le Magasin du spectacle, n. 6, p. 5-37, e n. 7, p. 35-62, nov./dez., 1946.

Kopilov, a porteira para a qual Raspliuiev inventa um astucioso sistema para desancar uma máquina de arrancar confissões. Varravin faz Tarelkin dizer qualquer coisa, que ele é sugador de sangue e que tem como cúmplice toda Moscou. Em troca de um copo de água, Tarelkin entrega a Varravin seus papéis comprometedores, mas foge com o passaporte de Kopilov depois de haver dado um jeito de subtrair ao general o dinheiro para cair fora.

A arte de Meierhold será a de compor rápidos movimentos pendulares entre tonalidades diferentes. Para ele, as cenas cômicas nada mais fazem senão acentuar o lado trágico do caso: ele "efetua constantemente o equilíbrio sobre o fio da navalha entre trágico e cômico"[37]. E, para começar, o pintor Almedingen acentua o fantástico nos cenários: nenhum ângulo reto, paredes estriadas e manchadas, sombras reais ou pintadas, luz brumosa, toda uma fatura inquieta evoca as tendências do expressionismo alemão. As maquilagens são os "focinhos" expressivos e concretos que o autor indica, certas vestimentas são pintadas com as mesmas estrias que as paredes. O espetáculo é percebido como uma condenação do Antigo Regime em que, apesar do fluxo cômico, dominam as notas sombrias e angustiadas, sobretudo na personagem misteriosa Tarelkin-Fregoli, inquietante por seu olhar de suicida e suas temíveis capacidades de adaptação. Nesse grotesco trágico, a crítica reconhece unanimemente a mão de Hoffmann e um lado policial que os petersburguenses apreciam então nas histórias de Nick Carter ou do salteador Leichtweiss.

Em maio de 1918, quando Meierhold monta *Die Weber* (Os Tecelões) e a *Casa de Bonecas* sobre um pequeno palco de um bairro operário, ele dirige no mesmo momento os ensaios do *Rouxinol*, de Stravínski, no Teatro Marínski. Ele faz experiências acerca da convenção na ópera, repartindo as tarefas entre solistas ligados à sua estante e atores pantomimistas mudos que representam a ação. A crítica fala de "milagre cênico", inteiramente deslocado em um contexto pouco propício a uma discussão sobre a renovação da ópera. Mas essas contradições encontram uma resolução na atividade que Meierhold vai desenvolver para montar *O Mistério-Bufo*, em um momento em que a peça se choca em toda parte com um muro de desaprovação provocado por sua grosseria, sua irreverência blasfematória, em que a Goslitizdát• se recusa a imprimi-la e que todos os teatros a rejeitam. É com uma trupe improvisada, assistido pelo autor, por Solovióv e alguns membros do Estúdio, que, obstinado, Meierhold porá em execução o seu desejo.

A Carnavalização da Cena

Meierhold aceita na hora a peça, porque ela lhe fala de hoje nos próprios termos do teatro de feira, próximos de "Dvenadtsat" (Os Doze) de

37 V. Solovióv, *Smert Tarelkina, Jizn Iskusstva,* n. 25, Petrogrado, 1924, p. 8.

EM TORNO
DO OUTUBRO TEATRAL

Blok, avatar revolucionário da arlequinada petersburguense, que Meierhold lera com entusiasmo em março de 1918[38]. Aqui, o *balagan* não é mais um ideal, uma via para a experimentação, um modelo, porém uma forma dramatúrgica atual, que utiliza todo o arsenal verbal e visual da arte popular russa, *lubok*•, espetáculo de feira, *petrúschka*•, *raiók*• e *tchastúschki*•, as mitologias pagãs e cristãs, os mistérios da Idade Média e os textos sagrados, para apreender a época, sua vivência política e social em seus aspectos contraditórios: o grandioso cósmico, o dilúvio da história e do povo em marcha e o riso que sacode a Rússia machucada e faminta onde surge uma multidão de pequenos teatros. À projeção da cidade de Pedro, o Grande, para o primeiro Jubileu de Outubro, no algures da festa e da utopia, como que mascarada sob dezenas de quilômetros quadrados de tecido rubro e como que transfundida por desfiles gigantes, corresponde a do teatro fora do teatro. *O Mistério-Bufo* pulveriza a caixa cênica, abocanhada pelo sopro poderoso da rua. E já em 1919, Maiakóvski, como outros depois dele, quererá montar sua peça ao ar livre, em Moscou, praça da Lubianka, com Tátlin.

A dramaturgia de Maiakóvski, uma espécie de *balagan* de ficção científica, é movida por um elã portador de todas as formas vindouras do teatro revolucionário: festa de massa, carnaval de rua, esquete de agitação, teatro de máscara social. Espetáculo de vanguarda, não alcançará em 1918 o sucesso esperado, e os gracejos mais acessíveis cairão às vezes em um silêncio de morte. Mas o futurismo de *O Mistério-Bufo* tem suas raízes na tradição e, sobretudo, em uma sensibilidade carnavalesca que ordena a grande desordem da atualidade de 1918. Maiakóvski conta aí a história grotesca do poder em termos de comida e de estômago, registro essencial desta peça que põem em luta os magros e os pançudos, ele mostra diabos esfaimados devido às revoltas terrenas, ávidos do ragu de danados, e desmistifica o banquete celeste em que servem apenas nuvens que não se atêm ao corpo dos operários... É através do corporalmente baixo que é percebida a grandeza da revolução, em um movimento ininterrupto e circular que se confunde com o desenvolvimento da fábula, percurso, viagem da terra ao céu, do inferno à terra prometida, depois regresso à terra. Os representantes das antigas verdades, dos antigos poderes – príncipes, mercadores, diabos, Deus, anjos e profetas – são liquidados como fantoches de carnaval que o povo dos Impuros dilacera, maltrata a golpes de gargalhadas ou faz passar pó em cima de sua Arca. O Velho Mundo morre sob ouropéis multicores e exóticos (o Négus, o Chinês, o Rajá) ou disfarces de carnaval (os diabos e os anjos), mas, morrendo, ele dá à luz o Novo e os raios divinos, arrancados a Jeová pelos operários, convertem-se na eletricidade. *O Mistério-Bufo* põe em cena o povo de maneira resolutamente não psicológica e reata com aquilo que Bakhtin denomina a franquia da praça pública, essas pragas, blasfêmias e imagens audaciosas em que os "camaradas-objetos" têm pernas e em que

38 Em 1921, Maiakóvski propõe a Blok adaptar *Os Doze* para o teatro a fim de formar, com seu *Mistério-Bufo*, um repertório revolucionário.

a humanidade do passado nunca viu outra coisa senão "o cu eterno de Deus". A carnavalização do mundo é produzida por um livre discurso associativo que mescla os níveis de linguagem, inventa palavras, mistura os reinos. E as tradicionais vassouras de carnaval são metamorfoseadas pelo sopro revolucionário que liga "os raios do sol em escovas, para varrer as nuvens dos céus pela eletricidade"[39]. Em seu primeiro *O Mistério-Bufo*, Maiakóvski designa o povo como imortal em meio a um Todo cósmico nascente, triunfalmente alegre e sem medo[40]. A arte de vanguarda redescobre para si uma verdadeira infância e mergulha nela com delícia, sem segundas intenções, sofisticação, nem ironia dolorosa. Crueza, verdor, chacotas, trocadilhos, réplicas chocantes das personagens nutrem a fala teatral que se identifica em *O Mistério-Bufo* à do povo dos cinco continentes.

As três representações de 1918 têm o ar de uma declaração de guerra futurista aos teatros acadêmicos: no palco, os Impuros rasgam cartões que imitam grosseiramente os cartazes teatrais petersburguenses do dia, presos com alfinetes na cortina de veludo do prólogo, designando assim nomeadamente os adversários dos dois criadores. É a morte mimicada do velho teatro, como início do espetáculo, que permite o advento do novo teatro: "Obra do Satã!" exclama um crítico[41]. A representação é um sacrilégio teatral: é muito engajada, em um período de incerteza política, e tecida com a fala popular em todos os níveis. Meierhold encontra em Maiakóvski seu poeta e *O Mistério-Bufo* desempenha para ele o papel de *Balagántchik* (A Barraca da Feira de Atrações) de Blok, doze anos antes. O papel do Homem-pura-e-simplesmente é interpretado por Maiakóvski, que deve também representar Matusalém e um diabo. Encarapitado a cinco metros do solo em uma escada de segurança e preso por um uma cinta de couro, o poeta-ator se eleva e voa sobre a multidão dos Impuros, comprimidos na ponte, para proferir o anti-Sermão da Montanha. Ao Pierrô sonhador, triste e solitário, joguete de metamorfoses da realidade enganosa, que afirmava sua força apenas na arte, sucede o poeta fazedor de milagres que acredita ser capaz de transformar o mundo.

Não resta quase nada desse *O Mistério-Bufo*, afora alguns relatos e testemunhos. Malévitch parece abordar o espaço cênico de um ponto de vista estritamente pictórico e em uma óptica que contradiz o sistema de imagens muito concreto da poética maiakovskiana. Uma semiesfera azul, de cinco metros de diâmetro, demasiado leve para que em cima se possa efetuar o jogo interpretativo, ocupa o fundo da cena. Painéis pintados para o inferno – uma sala gótica vermelha e verde – e para o paraíso – cores "vomitivas", diz Malévitch[42], rosa e cinza. Para a Terra Prometida, uma tela suprematista. Os trajes vienenses do cotidiano, salvo os *collants*, as malhas, em vermelho e negro dos diabos ginastas e acrobatas, e sacos costurados envolvendo as Coisas. Realizado às pressas, o espetáculo procura devorar o espaço cênico, joga

39 *Mistério-Bufo*, primeira versão, em V. Maiakóvski, *Pólnoie Sobrânie Sotchiniêni*, t. 2, p. 240.

40 M. Bakhtine, *L'Oeuvre de F. Rabelais et la culture populaire au Moyen Age et sous la Renaissance*, p. 256.

41 A. Fevrálski, op. cit., p. 109.

42 Idem, p. 69-70.

com alçapões e cordas, utiliza camarotes e faz entrar o Americano em uma motocicleta trepidante.

Com *O Mistério-Bufo*, Meierhold liberta-se da abordagem romântica do carnaval, das festividades venezianas e seu *ersatz* provinciano, meias-máscaras de veludo e vestidos de baile. Em vez de deslocar uma cultura democrática sobre uma cena aristocrática, operação que esculpia a imagem teatral de um mundo decadente, ao mesmo tempo que ela vivificava o teatro, ressuscitava a teatralidade, Meierhold aborda sem intermediário o grotesco do carnaval, por meio de um patrimônio exclusivamente russo. Retorno direto às fontes que se efetua sob pressão da história: a ironia dos anos dez cede temporariamente lugar a uma comicidade grosseira em que se apagam o individual e o sofrimento pessoal.

Isso não significa que em Meierhold um grotesco expulsa o outro. Haverá em seguida a contaminação das duas correntes: o grotesco modernista de inspiração romântica, a percepção nervosa das rachaduras do individual em uma plástica e ritmos sincopados, e o grotesco carnavalesco que tem a larga respiração, as enormes zombarias do "coro popular"[43]. Em *O Mistério-Bufo*, o povo, que efetuou sua entrada na cena política russa, invadiu o palco teatral, ao mesmo tempo como ator e observador, última mola do drama ou da comédia, e o grotesco popular é assumido de um ponto de vista temático. No mesmo momento, Meierhold se interessa por *Boris Godunov* de Púschkin, em que o povo é o grande protagonista, peça sobre a qual ele vai meditar incessantemente. Combinando os dois grotescos, Meierhold exprimirá teatralmente as lutas que o dilaceram e, consigo, seu país.

Moscou 1920-1921: Os Princípios do Outubro Teatral

Em março de 1919, Meierhold deixa Petrogrado esfaimada para tratar urgentemente de uma tuberculose óssea em um sanatório de Ialta. Em Novorossísk, na Crimeia vermelha retomada pelos Brancos do general Anton Deníkin, ele é detido por denúncia, passa dois meses seguidos na prisão, à espera de um processo, para que seja posto em liberdade sob caução. No coração da guerra civil, na linha de frente, de testemunha ele se torna participante e vive "uma escola da revolução"[44] que termina por convertê-lo em um soldado do exército da arte e lhe impõe o modelo comum das vanguardas russas, do exército como único fator de organização capaz de tirar o país de seu atraso para levá-lo à modernidade. Quando o Exército Vermelho retoma

---

43 M. Bakhtine, op. cit., p. 470.

44 A. Matskin, *Protreti i Nabliúdenia*, p. 307.

a Crimeia, participa lá mesmo, como homem de ação, na organização de novas instituições culturais e educativas.

Em setembro de 1920, Meierhold, na qualidade de encenador membro do Partido, é nomeado pelo Narkom[*] Anatol Lunatchárski para ficar à testa do TEO de Moscou, a nova capital, quando se converte rapidamente no líder do "*front* teatral". Suas perspectivas são radicais: o TEO deve tornar-se "no domínio do teatro o órgão da propaganda comunista"[45]; ele adota o *slogan* do "Outubro Teatral" que, inventado pelo crítico Vladímir Blum, é tanto mais agressivo quanto sua sigla se decifra em russo como a do Departamento Teatral; enfim, em janeiro de 1921, declara aberta a guerra civil no teatro. Encorajado por Aleksei Gan[46], ideólogo extremista e muito ativo de um teatro proletário em ruptura total com o teatro burguês, a quem abriu as portas de seu teatro e as colunas do órgão do TEO, *Vestnik Teatra*, Meierhold ataca e ameaça todos os teatros profissionais existentes, a ponto de Lunatchárski o rebaixar em fevereiro de 1921 ao grau de vice-diretor. E Meierhold se demite após cinco meses de atividade administrativa bastante caótica. Mas o Outubro Teatral se encarna de maneira fecunda em seu próprio teatro, até que cabalas que reagrupam pessoas de diferentes margens políticas, assustadas por suas violências verbais tanto quanto pela intervenção perturbadora do teatro na vida que ele desencadeou, o põem na rua, após um segundo *O Mistério-Bufo* considerado como "uma triste profanação da arte comunista"[47]. O Outubro Teatral concentra-se então nos ateliês-laboratórios experimentais.

Destruição dos Tabus Idealistas: Arte, Propaganda, Produção, Exército

Em dezembro de 1920, Meierhold resume seu programa: a arte só pode ser política; a arte e a vida não devem ser mais coisas opostas; "nas mãos do proletariado, a arte é a arma mais sólida da propaganda e da agitação comunista, é um instrumento de produção, o meio e o resultado dessa produção"[48]. Este pleito sobre o papel da arte do teatro na sociedade se traduz em um primeiro tempo pelo alinhamento da cena em função da vida da época, por uma orientação para uma cultura de massa, um programa de uniformização em que os teatros seriam batalhões numerados a envergar, todos eles, o uniforme do Estado. Assim, a trupe de Meierhold recebe o nome de Teatro RSFSR 1º, seria o iniciador de uma série desejada.

Para as festas de Outubro de 1920, Meierhold, com a assistência de Valéri Bébutov, encena *As Auroras*. De um texto utópico que ele considera um simples roteiro, faz um espetáculo-comício sobre a Rússia de 1920. "Abordando a criação de um teatro novo, Meierhold decide fazê-lo voltar a suas fontes", escreve Ivan Aksiónov em um

45 Retch Meierholda v TEO (11 out. 1920), *Vestnik Teatra*, n. 71.

46 No TEO, Aleksei Gan dirige a seção dos espetáculos de massa e é um dos membros mais ativos do Setor de Teatro Operário e Camponês que reúne todos os órgãos do TEO dedicados ao teatro autoativo.

47 Carta de K. Lander a A. Lunatchárski, jun. 1921, apud A. Fevrálski, op. cit., p.183-184.

48 Rezoliútsiia Conferentsii 19-27 dek 1920, publicada por A. Fevrálski, Teatralnii Oktiabr, *Zori, Soviétski Teatr*, n. 1, p.4.

37 As Auroras de E. Verhaeren, Teatro RSFSR 1º, 1920. Cerimônia para o enterro de um herói: soldados com armas de legenda (escudos-lanças), personagens da peça, "delegados" da plateia rendem-lhe homenagem.

49 I. Aksiónov, *Piát Let Teatra Meierholda*, p.13. O livro nunca foi publicado, trata-se aqui das provas consultadas no RGALI, 963, 138.

* Para *Zemlía Dibom*, de Tretiakov/Martinet, literalmente *A Terra de Pé*, não dá conta do significado, nem a expressão por que geralmente é traduzida, *A Terra Revoltada*. Em seu lugar, optou-se por *A Terra Encabritada* (N. da T.).

ensaio sobre o período moscovita. "Ele toma como plano inicial não mais a praça do mercado, mas a praça contemporânea das cidades da República Soviética, a dos *meetings*, das manifestações"[49]. A rua politizada e militarizada, com sua multidão cinzenta, suas bandeiras vermelhas, seus disparos de tiros, seu cheiro de pólvora, se engolfa neste antigo teatro de bulevar deteriorado, sem aquecimento nem controle de ingressos, em que as poltronas foram arrancadas, e que acolhe com prioridade os Guardas Vermelhos da guarnição de Moscou. O aspecto da cidade, transformada pelo comunismo de guerra, e as massas organizadas abalam o edifício obscuro. A multidão em *As Auroras* não está no palco – um coro a representa –, ela está na sala: o público é convidado a desempenhar, como indica o programa, o papel dos participantes das assembleias populares que a intriga exige, a escutar os oradores enrouquecidos, montados sobre grandes cubos-pedestais, a seguir as injunções dos coreutas, a ler panfletos lançados dos balcões, a ovacionar, a cantar. Logo depois, Meierhold projeta uma grandiosa representação de massa, de que Petrogrado lançara os primeiros modelos, *Borba i Pobeda* (A Luta e a Vitória), com o concurso massivo do exército para ações que iam do ataque ao fortim do Capital mundial à construção da Cidade do Futuro. *Zemlía Dibom* (A Terra Encabritada)* será, em 1923, o "resíduo" deste imenso projeto que permaneceu nas pastas de desenho dos artistas plásticos Aleksandr Vesnin e Liubov Popova, por falta de dinheiro.

O Público

Uma contradição entre o autoritarismo administrativo, a militarização da arte, presentes nos princípios do Outubro Teatral, assim como nas "Ordens do Exército da Arte" de Maiakóvski, e uma embriaguez de liberdade inaudita caracterizam esses anos. Pois o Outubro Teatral constitui também para Meierhold a abertura de um campo gigantesco para a experimentação, um sonho de evasão e até de errância, de renascimento do teatro de feira, é a libertação da cena, do ator, mas, sobretudo, do público, é a utopia de um teatro em que todos serão atores[50]. "Muita luz, alegria, grandiosidade, uma criação comunicativa, o arrastamento do público para a ação e um processo coletivo de criação, tal é nosso programa"[51].

Nos cartazes de As Auroras, Meierhold manda afixar um decreto de emancipação do público: "É permitido entrar na sala durante o espetáculo. Admitem-se sinais de aprovação (aplausos) e protestos (assobios)"[52]. Mas uma claque distribuída pela sala incita o público a reagir nos momentos necessários. Quando se trata da utopia no poder, arregimentar pode querer dizer libertar e vice-versa... Já em 1921, a colaboração de Meierhold nas escolas militares do Vsevobutch* para o grande projeto de Tefizkult* ou cultura física teatralizada, instaurado a partir de 1922, é portadora da mesma contradição. O teatro e o exército trabalham aqui em uma revolução conjunta da cena e do mundo, com critérios idênticos de reaproximação com a natureza e de educação física, condição para o aparecimento de um "novo ator hábil e forte" e de uma "nova humanidade coletivista"[53]. Estádios e praças devem ser os focos dessa nova cultura libertada da pesantez do bit*, e nos exercícios de Tefizkult, à teatralização do esporte, vai juntar-se a ginástica do trabalho (ou ginástica industrial) baseada no estudo do gesto eficaz do operário na fábrica.

No TEO, a atividade de Meierhold se inicia por uma luta pelo público com as dimensões do país inteiro. Alarmado com o estado dos teatros de província, ele quer requisitar as reservas dos AK* para esses deserdados. As turnês que seu teatro irá organizar regularmente a partir de 1923 pelas regiões operárias mais afastadas da capital testemunharão essa constante preocupação de "servir" um espectador desfavorecido, do mesmo modo que de uma vontade de estender seu próprio público a toda URSS.

Sua prática criadora, ligada então às comemorações festivas, em As Auroras assim como em O Mistério-Bufo, montado em 1º de maio de 1921, é um lugar de experiências que enquetes efetuadas por meio de

50 Cf. V. Meierhold, Ujazvimie Mesta Teatralnogo Fronta (Disput na nonedelnike Zor), *Vestnik Teatra*, n. 78-79, p. 17.

51 Exposição de Meierhold, Novie Zadatchi TEO Narkomprosa, 31 oct. 1920, *Vestnik Teatra*, n. 72-73, p. 22-23.

52 A. Fevrálski, Teatralnii Oktiabr, Zori, op. cit., p. 4.

53 Intervenções de Meierhold e de Nicolai Podvóiski que dirige o Vsevobutch*, Beseda o Vsevobutche e o Iskusstve v Dome Pessati (dek 1920), *Vestnik Teatra*, n. 78-79, p. 25, traduzido em *Écrits*, 2, p. 284.

EM TORNO
DO OUTUBRO TEATRAL

questionários impressos no dorso dos programas[54] procuram racionalizar e que transforma o funcionamento e o sentido do teatro. Em *As Auroras*, de início, Meierhold busca a união viva da sala e da cena que Viatchesl
áv Ivanov havia teorizado e que ele pôde ver promovido nos espetáculos do Proletkult de Petrogrado, adaptações de poemas de Verhaeren ou de Whitmann. Na sala iluminada, o espectador de *As Auroras* participa de um evento teatral – variável conforme a noite e a composição da plateia –, cuja mensagem política não é didática, mas passa por grandes emoções coletivas revividas por meio dos coros falados, das ações simbólicas, das orquestras militares, das marchas fúnebres ou de *A Internacional*. À energia da multidão organizada por certo número de "excitantes" e representada por um coro, vanguarda da plateia, situado entre ela e a cena em um fosso pouco profundo ou sobre as escadas que ligam a sala e o palco, Meierhold combinará o impacto da informação, anúncio de um fato verdadeiro e recente pelo Mensageiro de *As Auroras*: primeira do gênero, a da tomada de Perekop, derradeiro bastião branco na Crimeia, já no dia seguinte à sua difusão pelos jornais, suscita a ovação da sala, que se levanta, unânime. Telegramas do *front*, mudados cada noite, são em seguida inseridos no espetáculo. Enfim, com *As Auroras*, o espetáculo é prolongado por todo um contexto que o inscreve na vida da cidade: cartazes, *slogans*, boletins da Rosta•, quiosques de livros no *foyer* e debates nos dias de descanso, as "segundas-feiras das *Auroras*".

Não há nenhum grotesco nesta *mise-en-scène* que marca a adequação total do teatro e do mundo, e até a invasão do teatro pelo mundo. Mas o prólogo da segunda versão de *O Mistério-Bufo* é um manifesto que especifica o programa do Teatro RSFSR 1º, teatro da tragédia e da bufonaria revolucionárias, que matiza a mensagem da festa pobre, grandiosa e solene das *Auroras*: a cena não é um buraco de fechadura através do qual se olha de esguelha a vida dos outros, ela mostra a verdadeira vida transfigurada em um espetáculo extraordinário[55]. Em *O Mistério-Bufo*, os "tragicomediantes" de Meierhold, jovens atores recrutados em teatros autoativos do Exército Vermelho ou na trupe das Organizações Operárias[56], multiplicam e diferenciam as relações com a sala que o funcionamento do espetáculo procura agora dividir mais do que unir[57]. A cena do teatro-*meeting* acolhe o *balagan*. Grito de alegria que celebra o fim da guerra civil, esse *O Mistério-Bufo* é uma revista política grosseira e, ao mesmo tempo, um hino patético à revolução e à eletrificação. A nova versão de *O Mistério-Bufo*, atualizada, mais satírica que carnavalesca, é um texto-carcaça, um texto em movimento, um *libretto* recheado de alusões aos acontecimentos e fatos do dia que podem deixar a cena tão depressa quanto entraram. Nomeado poeta do teatro, Maiakóvski participa da encenação. À composição dramatúrgica em quadros fortemente contrastados correspondem a fragmentação do palco e a "cirquização" do espetáculo, dividido em números dinâmicos próprios para diversificar as emoções intensas da sala: o célebre *clown*-acrobata, Vitáli Lazarenko,

54 Para *O Mistério-Bufo*.

55 *O Mistério-Bufo*, segunda versão, in V. Maiakóvski, *Pólnoie Sobrânie Sotchiniêni*, t. 2, p. 248. Tradução francesa em V. Maiakovski, *Théâtre*, p. 102.

56 Dirigidas desde novembro de 1918 por Fiódor Komissarjévski, que emigrará em 1919.

57 Cf. Os estudos de M. Zagórski, realizados de acordo com as respostas aos questionários, Teatr i Zritel v Epoche Revoliútsii, *O Teatre*, p. 106.

recrutado para a circunstância, faz acrobacias infernais de trapézio, iluminado por um projetor vermelho, o Conciliador usa a peruca ruiva do Augusto e seu papel é uma entrada de palhaço. Um Impuro se torna funâmbulo sobre a balaustrada do balcão, de onde descreve a Terra Prometida e sua evocação tira, para o público, sua força emocional do suspense de sua perigosa progressão. Os atores atuam em toda parte, nos camarotes, na plateia. O sucesso é enorme.

Virulento teatro de agitação, *O Mistério-Bufo* deve comunicar ao público uma corrente psíquica dinamizante, uma "carga volitiva", em outras palavras, uma perturbação tal que ele possa receber do jogo incitações à ação para o dia seguinte: "A continuação, camaradas, está na realidade", escreve um crítico-espectador[58]. O teatro responde tanto aos *slogans* para a reconstrução econômica lançados por Lênin em dezembro de 1920, no VIII Congresso dos Sovietes, quanto aos recuos ideológicos da NEP*, instaurada em março de 1921, mas nada é demonstrado nem explicado: uma cena não é um jornal. Reina aí uma atmosfera comunicativa. O espetáculo, visivelmente inacabado, é mostrado em fazimento pelas mãos dos Impuros. Estes estão vestidos com uma blusa de trabalho destinada a unificar as personagens pelo uniforme dominante do operário e a sublinhar, de maneira demonstrativa, o espírito coletivo e austero daqueles que devem edificar o novo mundo "nesses anos moles de Nepomania"[59]. A arte teatral é dessacralizada nesse processo em que o grupo de atores que conduz a ação é, por sua indumentária e seu jogo de atuação, percebido como uma equipe de operários. O teatro, como o mundo, está em construção, e *O Mistério-Bufo* é uma "oficina de cargas psicorrevolucionárias"[60], oficina cuja produção é de emoções que, combinadas, comunicam ao público uma energia vital.

O Dispositivo

Oficina, a cena ainda o é porque nela intervêm sem se esconder operários-maquinistas que ajustam, fixam, pregam ou levam embora elementos do cenário que são designados pela expressão *veschestvennoe oformlenie* – arranjo material, enformação. Para seus dois primeiros espetáculos moscovitas, Meierhold buscou a colaboração de Tátlin, impossível de obter nas condições apressadas de preparação. Mas a evolução do dispositivo de Dmítriev para *As Auroras* testemunha a influência dos "relevos angulares" desse último: elementos geometrizados, planos e volumes suspensos ou pousados no solo, devem agir sobre o espectador por sua forma, seus materiais brutos, sua *factura* ou textura, conceito oriundo das pesquisas sobre os contrarrelevos e que, no vocabulário tatliano, coloca o olho sob o controle do tato[61]. Para *As Auroras*, portanto, simplificação, tendência à abstração das formas, concreto das matérias, disposição em níveis dos locais do jogo de atuação.

58 V. Val, V Proletarskoi Teatre: Maliarnoi Kistiu po Domotkannoiu Kholstu, *Gudok*, 8 íiun 1921, apud *Russki Soviétski Teatr 1917-1921*, p. 158.

59 V. Bébutov, Bebutov Meierholdu, *Meierhold Sbórnik k 20-letiiu Rejisserskoi i 25-letiiu Akterskoi Deiatelnosti*, p. 27.

60 Sadko (pseudônimo de V. Blum), *Teatr RSFSR 1: Misteriia-Buff*, *Vestnik Teatra*, n. 91-92, p. 10.

61 Cf. V. Meyerhold, La Mise en scène de *Les Aubes* au Premier Théâtre RSFSR, *Écrits*, 2, p. 50. Cf. também V. Beriózkin, *Vladímir Dmítriev*, p. 35-40. Dmítriev, aluno de Kuzmá Petrov-Vódkin, nos Ateliês Livres de Pintura de Petrogrado, conhece o trabalho de Tátlin que ensina no ateliê vizinho.

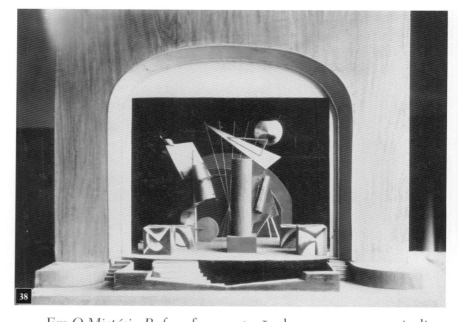

38 As Auroras, maquete (madeira, metal, cartolina). A cidade de Oppidomagne é evocada por "materiais que se tornam sensíveis pelo jogo das superfícies e dos volumes", escreve Meierhold. Entre a sala e a cena, ligado a ela por escadas, um fosso em que são agrupados os coristas, vanguarda do público. Maquete reconstruída por Vladímir Dmítriev e Stefane Kozikov em 1924-1925 para o Museu do TIM.

Em O Mistério-Bufo, a fragmentação do espaço e sua verticalização combinam-se a uma ideia de arranjo desse espaço no próprio processo do jogo de atuação, com uma vontade de construção junto ao conhecimento e à vista do público. Desaparece a cortina de As Auroras, a sigla RSFSR é marcada sobre um círculo vermelho e amarelo! Para um espetáculo com as dimensões do universo, o dispositivo concebido pelo pintor Vladímir Khrakóvski e o escultor Anton Lavinski transborda largamente para a sala de onde são retiradas as primeiras fileiras de cadeiras. Cena e sala formam um espaço único em que a circulação dos atores se faz facilmente. Uma semiesfera oca e giratória assenta-se sobre um praticável em declive que vem morrer aos pés do público. No lado posterior está a Terra, no lado anterior está o Inferno. Atrás daquela, o resto do dispositivo ocupa toda a largura, a profundidade e a altura da cena: escadas, passarelas, plataformas e cabos distribuem-se em três níveis escalonados em que se pode sentir o ritmo geral de uma parábola. Uma fina estrutura gradeada, espécie de poste-semáforo, parece inspirado nas aparelhagens espaciais que os Stenberg apresentaram na Primeira Exposição Construtivista de janeiro de 1921. Trata-se, portanto, de uma *assemblage* em três dimensões de elementos em madeira, concebida em função de planos de atuação potenciais: é totalmente habitável pelo ator, favorável a um contato livre com o público, propícia a um jogo em relevo, mas exigente do ponto de vista do treinamento físico. É mais útil do que representativa, mas comporta elementos figurativos (globo terrestre, proa de barco), precisados por elementos formulados (a palavra "Terra" sobre a esfera). Se, como o de As Auroras, o dispositivo de O Mistério-Bufo não é nem racional, nem funcional, se é difícil instalá-lo e desfazê-lo, o que impede a alternância, e se a cena parece ainda mais atravancada do que verdadeiramente organizada, ele

CONSTRUTIVISMO
E BIOMECÂNICA

[39] O Mistério-Bufo, segunda versão cênica, Teatro RSFSR 1º, 1921, maquete do dispositivo em madeira e em compensado, reconstruída em 1924-1925 por M. Gólossov, segundo indicações de Victor Kissilióv para o Museu do TIM.

contém, apesar de sua pesantez e sua dispersão, os germes do construtivismo meierholdiano.

Aos 46 anos, Meierhold inaugura, pois, na capital bolchevique, festas sem máscaras nem ouropéis coloridos; exibe, reivindica a pobreza, em um momento em que outros tentam escondê-la. Assim, A Princesa Brambilla montada por Taírov em um cenário colorido e simultâneo de Iákulov, fogo de artifício hiperteatral, põe um ponto final nas arlequinadas petersburguenses, sem expô-las à iluminação ardente da atualidade, como fará, ao contrário, Evguêni Vakhtângov com a Turandot de C. Gozzi em 1922. Aos encantamentos desse conto teatral que Taírov apresenta em maio de 1920, Meierhold responde com As Auroras por um espetáculo em que ele afirma a força do mundo, enquanto Brambilla encerra o teatro em um carnaval que permanece limitado à cena. Em face de seus turbilhões de cores que aquecem a severa capital revolucionária, Meierhold reivindica um teatro que tem um papel ativo na cidade. As Auroras e O Mistério-Bufo abrem à fase de ascese à qual Meierhold se adstringe: a cena, sitiada pelo mundo, afirma sua "natureza" política pela atenção que presta ao público, na qualidade de parceiro criador do ato teatral, embora reivindicando ao mesmo tempo a prioridade de um trabalho sobre a forma. Mas se Meierhold rompeu, através de sua aceitação teatral da revolução, com a Commedia dell'Arte sob todo aspecto retrospectivo, qualquer que seja, nem o meeting, nem a rua apagaram de sua consciência criadora as lições da cena italiana, nem mesmo o poder do baile de máscaras, metáfora da vida. Em A União dos Jovens de Ibsen, totalmente reestruturada, montada a toda pressa e apresentada em algumas reprises por sua trupe em setembro de 1921, Meierhold faz do último ato uma quadrilha tragicômica de seis figuras com galope final e negrinho servidor da cena.

Racionalização do Espetáculo e do Jogo do Ator

Os Ateliês de Meierhold, 1921-1922

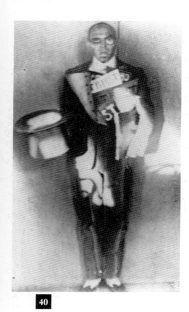

[40] O Mistério-Bufo. Contrastando com a sobriedade do uniforme dos Impuros, o figurino-colagem de um Puro, o Americano, realizado segundo um esboço de Kissilióv e inspirado por Picasso e pelos cartazes do Rosta*. Foto do ator Zaĭtchikov no papel, 1921.

62 São algumas das denominações dadas a Meierhold em Meierhold Sbórnik k 20-letiiu…, passim.

63 Pikasso i Okrestnosti, escrito sob a influência de A. Ekster em 1914, ilustrado com 22 reproduções de obras do pintor pertencentes à coleção de Ekster.

Essas estreias moscovitas dão o tom da prática teatral meierholdiana da primeira metade dos anos vinte: um teatro que se realiza polemizando consigo mesmo em condições materiais e ideológicas muito duras: é assim a campanha organizada contra O Mistério-Bufo, antes, durante e após a première. A luta pelo repertório coincide com a luta pela própria existência do teatro.

No outono de 1921, o fechamento de seu teatro e a morte de Blok deixam Meierhold por um instante desamparado. Mas "o pai e os netos dos jovens", como o chama Victor Schklóvski, "o eterno revoltado", Dom Quixote, Savonarola ou Cristóvão Colombo do teatro[62], como vão designar essa personagem, já lendária, lança-se a uma atividade de pedagogia e de pesquisa, uma retirada ao mesmo tempo forçada e necessária para analisar a experiência adquirida, que o conduz ao terceiro espetáculo-manifesto do Outubro Teatral, Le Cocu magnifique (O Corno Magnífico), tão discutido quanto os precedentes. Esta é para Meierhold, que todos denominam doravante master*, uma fase de juventude absoluta. O Mestre encontrou Zinaida Raikh no Narkompros. Bem depressa, ela entra em seu grupo e em sua vida. Ele a fará sua assistente de biomecânica. Ela se tornara sua mulher, será sua atriz. Rodeado pela "guarda teatral" de seus alunos e discípulos, às vezes muito jovens (17-18 anos), Meierhold organiza o GVYRM* (Ateliês Superiores de Estado de Encenação) em um antigo liceu. É uma espécie de comuna de trabalho instalada em dois andares: em cima, o apartamento de Meierhold; embaixo, duas salas de trabalho e um foyer. Devido às dificuldades de transporte, quase todos os estudantes dormem no local e os cursos, assim como as reuniões, também se realizam em casa de Meierhold. O reitor do GVYRM, Aksiónov, é engenheiro de formação, mas também poeta, erudito, grande conhecedor do teatro elizabetano, tradutor de peças inglesas e francesas (Crommelynck, Claudel, Shaw), autor de estudos sobre Shakespeare e da primeira monografia russa sobre Picasso[63]. Meierholdiano convicto, faz parte do grupo de escritores construtivistas. Meierhold dirige o GVYRM, ensina, como em Petrogrado, a "ciência da cena", reflete com seus estudantes sobre projetos de espetáculos. Bébutov se ocupa da parte científica. Entre os oitenta alunos admitidos ao GVYRM, encontra-se o núcleo sólido de Serguêi Eisenstein, Nicolai Ekk, Serguêi Iutkévitch, Vassíli Fiódorov, Vladímir Liutse, Mikhail Koreniev, Khessía Lokschina, Naum Loiter, e uma das filhas de Meierhold, Irina. A esses Ateliês de Encenação associa-se o Laboratório das Técnicas do Ator, composto de elementos oriundos do ex-Teatro RSFSR ou recrutados por exame: Igor Ilínski, Vassíli Zaítchikov, Mikhail Jarov, María Babánova, Dmítri Orlov, Aleksei Temerin. Esse laboratório assume em seguida o nome de Ateliê Livre de Meierhold e, na primavera de 1922, a fusão dos dois grupos desembocará na denominação comum de GVYTM[*]. Mas o laço entre alunos-encenadores e alunos-atores é estabelecido desde o início e todos participam da segunda série de cursos de Meierhold: movimento cênico, biomecânica.

A pedagogia ligada à pesquisa tem para Meierhold um valor absoluto e experimental. Não é uma atividade paralela à existência de um teatro, porém uma atividade fundamental destinada, em primeiro lugar, a cimentar um coletivo capaz de fundar um teatro correspondente às suas convicções. "Todo mundo aprende, os alunos e os professores", escreve Erást Gárin[64]. Dando prosseguimento às indagações dos Cursos de Aperfeiçoamento de Encenação, Meierhold estabelece para seus alunos esquemas destinados a fixar cientificamente as relações entre os diversos elementos do teatro: o trabalho realizado nos Ateliês visa também descobrir bases científicas que sustentariam todo o edifício do teatro contemporâneo. Além disso, Meierhold forma um grupo para a redação de uma enciclopédia teatral, à cuja testa ele coloca Eisenstein. Enfim, estabelece liames com as outras artes: a vanguarda dos artistas plásticos – Popova ensina nos Ateliês – e a vanguarda literária – Maiakóvski e, logo em seguida, Serguêi Tretiakov vêm ler suas obras ou ministrar cursos-conferências. O GVYRM toma a feição de um cadinho em que se elabora uma nova estética. Na maior parte, os alunos trabalham para ganhar a vida em outros teatros, alguns no Proletkult, alguns em teatros para crianças, alguns em teatros autoativos com os quais o coletivo meierholdiano cria relações duradouras.

Meierhold procura transformar radicalmente a psicologia do ator e seus Ateliês se parecem com uma fábrica de homens novos. Em abril de 1921, ele define seu Método de maneira polêmica contra o sistema nascido "nos gineceus do Teatro Artístico" e baseado na psicologia individual, na tensão psíquica e no amolecimento muscular. O método une tradições teatrais e ciências humanas contemporâneas, na medida em que é concebido a partir de dois elementos:

> A improvisação autêntica que concentra como uma lente todas as aquisições e os encantamentos das autênticas culturas teatrais de todos os tempos e de todos os países [e] a cultura física do teatro que opõe, às leis psicológicas duvidosas de uma pseudociência em vias de desaparecer, as regras precisas de um movimento fundado na biomecânica e na cinética[65].

As correntes artísticas se enfrentam tão violentamente quanto as tendências políticas e, assim como polemiza com Taírov, Meierhold ataca o Teatro Artístico, ainda mais "perigoso" à medida que em 1921,

---

CONSTRUTIVISMO E BIOMECÂNICA

64 E. Gárin, S Meierholdom: Vospominánia, p. 44.

65 V. Meyerhold; V. Beboutov; C. Derjavine, La Dramaturgie et la culture du théâtre; Feuillets théâtraux, Écrits, 2, p. 60.

o sistema stanislavskiano se espalha nos círculos de amadores. Mas Meierhold tenta também "salvar" Stanislávski, associando-o a Vakhtângov e separando-o do Teatro Artístico e de Vladímir Nemiróvitch-Dântchenko, isto é, de suas tendências literárias e de seu passado. A tática de "A Solidão de Stanislávski", artigo que escreveu em maio de 1921, é perversa, pois visa enfraquecer os Teatros Acadêmicos avivando os conflitos internos que dilaceram o Teatro Artístico. Entretanto, além da estratégia, o artigo opõe ao "sistema para uso dos exércitos de *reviveurs* psicológicos"[66], deturpado e amiúde mal compreendido por discípulos pouco honestos que publicam balanços apressados, a cultura de autênticas tradições teatrais, o sentido do ritmo, do gesto, que Meierhold reconhece em Stanislávski ator. De seu lado, Vakhtângov então se separa radicalmente de seu professor para aproximar-se de Meierhold, cujo sentido da forma teatral admira. Em suas notas de março de 1921, ele afirma que "o teatro de Stanislávski já está morto e jamais renascerá"[67].

A biomecânica e o construtivismo teatral vão aparecer como as novidades surpreendentes, eficazes ou discutidas, da temporada de 1921-1922, mas é a parte visível do *iceberg*. Pois Meierhold continua a visar "o grotesco, o único teatro de que nós temos necessidade"[68], procurando ao mesmo tempo uma formação do ator e um arranjo dos elementos do espetáculo cada vez mais racionais. Duas linhas coexistem e, longe de se oporem, completam-se e nutrem-se mutuamente.

As Teorias da Vanguarda: Produtivismo, Americanização da Vida e Seu Impacto sobre o Teatro

Para os produtivistas, a arte socialista não deve ser consumida, mas produzida, como na fábrica. "A produção intelectual, sob a forma dos processos racionais do trabalho artístico, em função de uma ação real, de uma construção e de uma organização, substitui a arte no momento de sua desaparição histórica e natural", escreve Gan[69]. No teatro, a transformação deve ser radical do ponto de vista do método do encenador e da educação do ator, proclama Boris Arvátov, cujas teses dominam no Proletkult de Moscou. O "teatro de cavalete", definido como arte pura, submetido a uma condição mesma de "obra de cavalete" no seio da cultura burguesa, deve tornar-se na cultura socialista um teatro da vida real, que não a reflete, mas a *organiza*. O encenador deve por isso criar dentro da vida, não fora dela, e transformar-se em "mestre de cerimônia do trabalho e do cotidiano". O ator, de "especialista (*spets*•) do ato estético, deve tornar-se um homem comum qualificado, isto é, uma personalidade socialmente eficaz de tipo harmonioso". É preciso proletarizar as técnicas teatrais levando-as a um papel "organizacional" universal e

66 V. Meyerhold; V. Beboutov, La Solitude de Stanislavski; Feuillets théâtraux, *Écrits*, 2, p.64.

67 E. Vakhtângov, Dnevnik 26 marta 1921, escritas no sanatório de Vsékhsviatski, *Teatr*, n. 12, p.149. (Cf. supra, Introdução, nota 62, p.33).

68 RGALI, 998, 734. Meierhold, curso n. 2 no GVYRM, estenograma, out./nov. 1921.

69 A. Gan, Borba za Massovoe Desjstvo, *O Teatre*, p.57.

basear-se não na experiência da cena, mas na experiência extraestética, nas ciências naturais e na história: o teatro proletário será "o laboratório de uma nova sociedade". Seu material não é o ator em particular, mas todo homem atuante em seu meio espaçotemporal, em sua função social. O sistema teatral proletário deve ser "biologicamente útil, psicologicamente regulado, racional, econômico, ele se apoia em um domínio tecnicamente perfeito do material, e está adaptado ao máximo a toda mudança do meio, adaptação sistemática que se denomina improvisação na linguagem da estética teatral". Nesse teatro, uma alta tecnicidade e a mecanização devem triunfar sobre o individualismo desorganizado assim como na sociedade coletivista. Elas são "armas poderosas nas mãos do futuro engenheiro-construtor", o encenador[70]. Nessa teoria do teatro como trabalho produtivo, inserido na vida cotidiana, não como distração, proposição de ilusões, de falsas aparências, mas como ação incitante de outras ações ou de apresentação de modelos de comportamento, o corpo é considerado como "o instrumento de produção do ator". O ator proletário não é mais o ator-cabotino individualizado pela indumentária teatral ou pela maquilagem do papel (*grime**). Ele é um operário, membro de um coletivo "organizador da vida"[71].

A ação cênica deve desenvolver-se em conformidade com processos de produção: pode realizá-los em cena ou mesmo limitar-se à organização de *subbotniki*, essas jornadas de trabalho gratuito e obrigatório destinadas a enformar o cotidiano coletivo. No limite, para Aksiónov, o teatro não mais seria pensável senão "como jogo-manifestação" coletivo e eficaz, resultando, no tempo atribuído a um espetáculo normal, como em Oriel em 1920, na construção de várias casas de madeira[72].

Nesse movimento de ideias em que, apoiada nas tarefas da industrialização, a economia prevalece por um tempo sobre a política, a transformação dos comportamentos antigos em comportamentos sãos, úteis, eficazes, precisos, rápidos, é a preocupação dominante. A revolução do modo de vida é o instrumento da transformação do Homem, e os Estados Unidos, que fornecem a ajuda tecnológica sobre a qual repousa o desenvolvimento econômico soviético entre 1917 e 1930, tornam-se um modelo, um ideal. Especialistas soviéticos são formados nas fábricas Ford, em Detroit, que vendem material à URSS. O poeta proletário Aleksei Gastev, que trabalhou nessas fábricas americanas, propõe a seguinte experiência: "Tomemos o furacão da Revolução, a URSS. Enxertemos aí o pulso da América e façamos um trabalho regulado como um cronômetro"[73]. É preciso transplantar para a Rússia o discurso organizador de F. Taylor e os ritmos americanos de produção, suscetíveis, em condições de economia de energia, de resultar em uma produtividade máxima, se quisermos arrancar os russos do peso da tradição, e insuflar-lhes o ardor e a pertinácia de que o trabalho de fábrica, desorganizado pela guerra civil e pela sabotagem, tem necessidade para o avanço industrial do país, decidido pelo Partido. A era

CONSTRUTIVISMO
E BIOMECÂNICA

70 B. Arvátov, Teatr kak Proizvodstvo, *O Teatre*, p. 113-117.

71 E. Beskin, Na Novikh Putiakh, *O Teatre*, p. 9.

72 I. Aksiónov, Teatr v Doroge, *O Teatre*, p. 85.

73 Apud M. Heller; A. Nekrich, *L'Utopie au pouvoir*, p. 178. Cf. A. Gastev, As Tendências da Cultura Proletária, *Proletarskaia Kultura*, n. 9-10, p. 36, que vê nas fábricas de automóveis dos Estados Unidos e da Europa, na indústria militar de todo o globo terrestre, "os novos laboratórios gigantes em que se constrói a psicologia [...] do proletariado".

EM TORNO
DO OUTUBRO TEATRAL

do maquinismo e a taylorização da própria vida devem engendrar uma nova raça de homens produtivos, todos construídos segundo o modelo de um organismo assimilado a uma máquina e acionado como tal. Não estamos longe aqui dos "uniformes azuis" dos operários e dos quadros numerados que Evguêni Zamiátin descreve na sinistra utopia de *Mi* (Nós), escrita em 1920, em que a arte e a poesia são reduzidas à "fricção maquinal das escovas de dente elétricas e à crepitação das faíscas da Máquina do Benfeitor"[74].

O gestual "americano", rápido, racional, econômico na relação da energia despendida com o resultado produzido, é o símbolo de modernidade, tanto no trabalho como na vida ou nas distrações. É concebido como um meio radical para extirpar as lentidões camponesas e vencer o Ocidente e a América em seu próprio terreno. Hippolyte Sokolov, com quem Meierhold trabalha no Tefizkult, anuncia: "Nós estamos na véspera de um novo homem taylorizado", cuja organização psicofísica será radicalmente transformada pela fábrica[75]. Ele procura, a partir de sua experiência nas fábricas Renault em Paris, analisar de maneira científica diversas manipulações de ferramentas e promover uma educação do gesto de trabalho. Em Petrogrado, os excêntricos da FEX propõem criar "um Instituto de Ensino do gesto americanizado para a população"[76] e Radlov exclama: "Deixem que nos tornemos bons americanos"[77]. Se essa utopia de uma América socialista alimenta uma reflexão ao mesmo tempo contra a arte e sobre a arte, seu estatuto modelizador da vida será depressa contestado pelas greves que se desencadeiam em 1925, por exemplo, quando, para desenvolver a produtividade, será acelerado o trabalho do operário e, em menor medida, melhorar a técnica, mas sem compensação salarial.

As teorias produtivistas consideram o teatro proletário como uma fábrica de homens qualificados para a vida ativa e visam a destruição do teatro como arte, sua dissolução em um cotidiano cujos comportamentos coletivos organizaria e no qual transformaria os corpos individuais inábeis. Utopia comum às vanguardas ideológicas e artísticas, enquanto uns os imaginam homens-máquinas, outros, como Radlov, crianças destras fazendo malabarismos com laranjas ou abricós[78]. Entretanto, a fusão utópica do teatro com a vida, concebida então como uma ação de massa, é vista por certos teóricos produtivistas como Gan ou Arvátov, através de estádios intermediários, em que a construção do real se afirma paradoxalmente por meio do lúdico: o número de circo ou de *music hall* que coloca o ator em face de um risco, de um desafio verdadeiro, ou o fato de utilizar como tema do espetáculo o dinamismo das ações teatrais em detrimento de toda ficção. Por outro lado, se o teatro deve tender ao desaparecimento na vida, é naquela de uma sociedade moderna caracterizada por seu cinetismo (máquinas, eletricidade), definida por seu caráter de massa e seus elementos espetaculares, heroicos,

74 E. Zamiatine, *Nous autres*, p. 19 e 78.

75 H. Sokolov, Proizvodstvênnii Zest, *Ermitaj*, n. 10, p. 6.

76 Kate (pseudônimo de Grigóri Kózintsev), Bok-not Ektchentrikov n. 2, *Jizn Iskusstva*, n. 8.

77 S. Radlov, O Massovoi Deistvii, *Stati o Teatre (1918-1922)*, p. 39-40.

78 Idem, ibidem.

rituais ou guerreiros (coros, procissões, manifestações, rumor de passos, correrias, fuzilarias): uma vida já teatralizada.

Essa utopia se nutre enfim da ideia mais geral de que arte e vida são projetadas portanto por um mesmo movimento para o futuro em uma perspectiva amiúde cósmica. Por exemplo, sente-se entre as linhas dos textos consagrados à cena a imagem dinâmica de um teatro que, como o gênio libertado de sua garrafa invade a sala, depois avança a largos passos pelas ruas, retarda-se nas praças, nas pistas dos circos, sai ao sol, transpõe as portas das fábricas. Onde se deterá ele? Nos anos de 1910, em Meierhold, a imagem obsedante de um teatro-navio já é portadora desse conceito de teatro em marcha. Nos anos de 1920, a imagem se atualiza em Meierhold, empresta metáforas da aviação: desejo de voo que exprime a vontade de sair da caixa cênica, de "decolar" dela. O ar livre será uma impulsão decisiva e corresponderá a uma realidade, sobretudo por ocasião das turnês estivais da Trupe de Meierhold pelo sul da Rússia. Mas antes de ser um objetivo concreto, é um meio de pensar a transformação radical da cena. É finalmente no interior da caixa cênica de seu velho teatro deteriorado, chocando-se contra ela, desnudando-a, quebrando-a, que o teatro meierholdiano, em sua revolta e em sua liberdade conquistada a cada passo de viva luta, se afirma ao mesmo tempo como teatral e atual.

Meierhold adota em 1921 a terminologia produtivista, faz do corpo um instrumento de produção, mas não negligencia então as receitas provocantes de Marinetti para demolir o teatro burguês, e a alegria do jogo transcende, em *O Corno Magnífico*, o figurino-uniforme, o ascetismo do cenário, o trabalho sobre a regulação do movimento. Quando Meierhold aproxima teatro e vida, assimila arte e produção, utiliza os paradoxos dos produtivistas para fazer da vida um teatro, sem jamais renunciar ao conceito de jogo. A partir das proposições teóricas, cujo vigor lhe permite fazer tábula rasa na cena, o novo ator, homem qualificado, tornar-se-á também e acima de tudo ator qualificado. Meierhold chega à inversão da ordem dos parâmetros produtivistas: inserindo o teatro na vida, introduzindo o real em sua nudez na cena, multiplicando os laços entre os espectadores e os atores, atinge as raízes mínimas da teatralidade. Óssip Brik poderá escrever, a propósito de *O Corno Magnífico*: "Os dinamitadores utilizaram conscientemente todas as suas munições, mas o resultado foi inesperado: em lugar de uma explosão, foi um estrepitoso fogo de artifício à glória da cidadela teatral"[79]. Não é à fusão do teatro e da vida, não mais do que, após *As Auroras* e *O Mistério-Bufo*, à fusão da cena e da sala que Meierhold tenderá, mas para o estabelecimento de "pontes" sólidas e numerosas entre as duas partes. Esse termo arquitetural é, nos anos de 1920, uma das expressões favoritas do encenador.

[79] Ó. Brik, Ne v Teatre, a v Klube, *LEF*, n. 1/5, p. 22.

O Construtivismo no Teatro

Vanguarda e Tradição

Preparada pelas pesquisas de Tátlin, de Aleksandr Ródtchenko e de Popova, a primeira exposição construtivista ocorreu em janeiro de 1921. Alguns meses após, em Moscou, em novembro, vinte cinco artistas do Inkhuk• (Instituto de Cultura Artística) votam em favor do abandono de toda pintura de cavalete para se dedicarem à produção[80]. Ligado aos novos *slogans* econômicos de industrialização e de modernização do país, mas, em primeiro lugar, ao movimento não figurativo russo, este Outubro pictórico declara guerra à arte, na medida em que ela é irracional e reflete passivamente a realidade. A arte deve sofrer uma mutação profunda e tornar-se ciência, ciência do ambiente. O construtivismo se declara ativo, agindo sobre todos os domínios da vida, seus "produtos" devem aí se inserir de maneira tão necessária quanto a ciência ou o trabalho. A pintura de cavalete, ultrapassada e inútil socialmente, deve abandonar a *representação* e reciclar-se na *construção* de formas, de objetos de linhas sóbrias, rigorosas, precisas. O artista se aproxima do engenheiro, mas não se torna um deles, deve introduzir em suas criações os processos mecânicos da indústria, as novidades da técnica, e utilizar os materiais sólidos. Abandono da anedota, do assunto, do conteúdo, por uma arte em que a forma é significante em seu dinamismo. O funcionalismo substitui a estética. Todo movimento construtivista vota um culto à máquina que é sentida como um organismo vivo, mais vivo em sua organização racional do que o homem caótico, e à fábrica da qual são esperados os necessários milagres econômicos. A América russa com que os construtivistas sonham não pode realizar-se no contexto de um país sem dinheiro, em que faltam os materiais de construção. Os grandiosos projetos destinados à indústria e à arquitetura permanecem amiúde em estado de maquetes, esboços ou declarações. Paradoxo de talhe é o teatro que, embora tão privado de tudo como o país, fornecerá a um movimento decididamente voltado para o porvir a ocasião de se declarar como tal ao grande público, com uma "construção" feita de tábuas e pregos comuns – ainda que muitos difíceis de serem obtidos à época – e não de vidro e de ferro, como nas famosas maquetes realizadas por Tátlin para a Torre da Terceira Internacional em 1920. Disseram que a exposição $5 \times 5 = 25$, em que expõem cinco artistas plásticos construtivistas (Ródtchenko, Popova, Stepánova, Ekster, Vesnin) e que Meierhold visita em setembro de 1921, faz germinar nele a ideia de um dispositivo construtivista para um futuro espetáculo. Mas Meierhold teve contatos desde janeiro de 1921 com Ekster e Popova no TEO e com Vesnin e Popova para os projetos de *A Luta e a Vitória* em maio de 1921. E o construtivismo cênico é preparado para

80 Cf. A. B. Nakov, *2-Stenberg-2*, p. 20-21.

toda uma caminhada teatral específica a todos que refletiram sobre o problema do tradicionalismo. Há em *O Corno Magnífico*, no escândalo e na moda que ele desencadeia, coincidência entre um pensamento plástico de vanguarda e uma lenta reflexão teatral que a atualidade movente faz amadurecer. Antes de designar o cenário construtivista, o termo técnico *konstruktsia* com sua consonância estrangeira, empregado agora de preferência ao termo russo *prostroienie*, já faz parte da linguagem teatral meierholdiana em 1918-1919, em que designa alternativamente um processo de trabalho teatral, a organização de estruturas administrativas ou a arquitetura de uma peça estudada[81].

Meierhold faz remontar a 1914 e ao trabalho com *Neznakomka* (A Desconhecida) as premissas do construtivismo teatral. E, assim como a guerra lhe fez entrever a ascensão decisiva de um novo espectador, do mesmo modo ela o incitou a desembaraçar a cena de todas "as bugigangas estéticas do teatro"[82]. O roteiro de *Ogon* (O Fogo), publicado em 1914, em *O Amor das Três Laranjas*[83] desenvolve a temática da guerra e abre a cena a um espaço natural (floresta, mar, céu), depois urbano. *O Fogo* põe em cena um navio, comboios, exércitos, batalhões. No quadro 6, as didascálias descrevem "um arquipélago metálico" composto de muros, chaminés, fios telefônicos, goteiras. Os objetos e os sons da modernidade povoam esse argumento como irão povoar mais tarde *A Terra Encabritada*: aparelhos telefônicos, ruídos de automóveis, de bombas, ferrovia, estradas, comboios militares. O cenário do último quadro é constituído de vigas metálicas que determinam em seu centro um posto de observação, ligado ao solo por passarelas de ferro. Esse posto comporta um sistema de alavancas que comandam uma barragem e, entre vigotas, percebe-se o céu e as colinas vizinhas. Autorizado para a representação, esse roteiro visionário não é jamais encenado, pois suscita dificuldades insolúveis em 1914. Ele recorre a esse tipo de cena ao qual Meierhold chega em 1921, a que "se arranca dos bastidores poeirentos para instalar-se em ar livre, que não suporta um cenário a não ser na medida em que sugira elementos industriais e dê ao ator a sensação do ferro, da pedra etc."[84]. Em 1914, um novo "bacilo", o da modernidade industrial percebida através de uma combinação de natureza e de realidades militares se introduz no pensamento meierholdiano, mas ele só se desenvolverá mais tarde, em um novo contexto sociopolítico, por uma tripla entrada em crise – a própria saúde do teatro segundo Meierhold[85] – a do texto, a do lugar e a do jogo.

Meierhold definiu como uma via de abordagem do construtivismo cênico as pesquisas dos Cursos de Mestria da Encenação em que, após a análise das estruturas da peça, a realização espacial é comparada ao "erguimento do edifício da ação no espaço"[86], em que o trabalho se apoia sobre princípios de simplificação, de geometrização depurada e expressiva, de tratamento rítmico e arquitetural das superfícies e dos volumes, e se submete a imperativos de leveza, de comodidade e de economia.

CONSTRUTIVISMO
E BIOMECÂNICA

81 Cf. por exemplo, *Vremênnik TEO*, n. 2, p. 28.

82 V. Meyerhold, La Scénographie de *Les Aubes*, *Écrits*, 2, p. 52.

83 V. Meierhold; I. Bondi; V. Solovióv, *Ogon*, argumento em oito quadros e uma apoteose, *Liubov k Trem Apelsinam*, n. 6-7, p. 19 s.

84 V. Sakhnóvski, "Meierhold", *Vremênnik Russkogo Teatralnogo Obschtchestva*, 1, p. 231.

85 V. Meyerhold, Le Théâtre, bouillon de culture (notas de 1916), traduzido por B. Picon-Vallin em *Sauf-conduit*, n. 1, p. 283-284.

86 Expressão de V. Dmítriev a propósito do dispositivo de *As Auroras* em 1919, cf. V. Beriózkin, op. cit., p. 33.

EM TORNO
DO OUTUBRO TEATRAL

Em 1919, quando Meierhold vê o dispositivo de *A Tempestade* montado por Fiódor Komissarjévski e Bébutov no Teatro das Organizações Operárias, combinação estrita de escadas e cubos, em desenvolvimento vertical, com uma iluminação dinâmica, interpretada como uma vontade de aproximar-se da estrutura espacial do Teatro do Globo, ele brada que esse cenário traz em si: "a necessidade de transportar o conjunto do espetáculo para a natureza, sobre colinas, sobre pedras. A cortina negra de Komissarjévski será substituída pelo azul da abóbada celeste ou o verde de uma muralha de folhagem. A encenação de *A Tempestade* marca com nitidez toda a inutilidade da caixa cênica"[87].

A pesquisa desse tipo de suporte do jogo simples e construído está de fato associada em Meierhold à saída do teatro para fora de suas paredes, a uma busca da praça pública, real ou metafórica, que marca a organização progressiva do sistema cenográfico meierholdiano dos anos de 1920, do palco nu do Estúdio – lugar de trabalho sobre a *Commedia dell'Arte*, cujo desnivelamento com a sala compõe uma *assemblage* de diferentes níveis (tapetes, cena, escadas) – à construção de *O Corno Magnífico*, objeto real, em três dimensões e com vários níveis, feito de materiais sólidos e exibidos, liberado da figuração e plantado em um espaço cênico não camuflado. Em 1926, o crítico Stefane Mokúlski destaca o laço de filiação entre tradição e vanguarda, entre o construtivismo cênico e "toda uma série de sistemas teatrais populares (antigo, inglês, espanhol)"[88].

No artigo "Eu Acuso" de 1920, Meierhold denuncia "aqueles que se dissimulam atrás do fetichismo de pseudotradições e que ignoram os meios de salvaguardar as tradições autênticas"[89]. O tradicionalismo será definido no vocabulário dos anos de 1920 como "um esforço puramente prático para evitar uma perda inútil de energia criadora, uma economia de forças racionais utilizadas para novas criações com base em esquemas antigos, verificados"[90]. A radicalização da espacialização vertical, escalonada, para a qual tendem tanto às pesquisas teatrais quanto às artes plásticas de vanguarda, e a composição da imagem fílmica, constitui para Meierhold, em 1921, a solução contemporânea[91]. Na ausência de perspectiva axonométrica em uma sala impossível de ser reorganizada em arquibancadas, ela lhe permite também estruturar o espaço em lugares contrastados e quebrar o olhar frontal, achatador.

O caminho percorrido por Meierhold é aqui de uma lógica rigorosa. Em abril de 1922, alguns dias antes de *O Corno Magnífico* e como que a fim de preparar o público para a sua recepção, os Ateliês de Meierhold apresentam *Nora*, quinta versão cênica da peça de Ibsen, adaptada pelo Mestre, ensaiada em cinco dias com uma estratégia precisa: aproveitar a ocasião para recuperar seu teatro com um espetáculo feito rapidamente. Esse alvo será atingido, pois que a trupe de Meierhold retomará seu local e apresentará aí *O Corno Magnífico* três dias mais tarde. Para *A Tragédia de Nora Helmer ou Como uma*

---

87 Obseideniia Meierholda na Congresse Vneskolnogo Obrarovania, *Vestnik Teatra*, n. 28, p. 5.

88 S. Mokúlski, Pereotsenka Tradítsii, *Teatralnii Oktiabr*, p. 23.

89 Cf. J'accuse, *Écrits*, 2, p. 54.

90 S. Mokúlski, Pereotsenka Tradítsii, op. cit., p. 10-11.

91 RGALI, 998, 733, GVYRM, Plano de Trabalho, out. 1921.

41 Nora de Ibsen, Teatro RSFSR 1º, 1922. O "fuzilamento" do cenário clássico. Desenho de A. Kelberer, 1926.

Mulher Saída de uma Família Burguesa Preferiu a Independência e o Trabalho, nenhum cenário. De manhã, uma primeira brigada, composta dos mais jovens estudantes do GVYRM, vem desembaraçar a cena de suas cortinas, bastidores e penduricalhos que um jovem acrobata trepado nos cintros despendura. Colunas de poeira se erguem e uma outra brigada lava com muita água o assoalho do palco: é preciso ar, espaço. As ações são altamente simbólicas: "É todo teatro burguês que nós jogamos na rua, com todos os seus trastes", recorda-se o ator Gárin[92]. Enfim, algumas horas antes da estreia, uma última brigada, a da classe do "arranjo material" em que se encontra Eisenstein, que se lembrará por muito tempo do caráter inaudito do momento, é encarregada de instalar o cenário. Ela utiliza o material empilhado nas reservas do teatro, velhos chassis pintados, colocados não importa como, mesmo às avessas, com seu número de inventário à mostra, ganchos, tablados, cintros descidos... Nesse palco montado de pernas para o ar "ao estilo de Picasso", como escreve Aksiónov[93], há um mobiliário heteróclito disposto com o único objetivo de fornecer aos atores apoios para seu desempenho, e luzes vermelhas e violetas. A impressão é que tudo estala, vai por água abaixo na intriga à qual essa interpretação espacial tira toda coloração pessoal, como no interior do teatro, em que se trata de fato, sublinha Gárin, de um autêntico ato revolucionário, "o fuzilamento estético do passado". Mas, ao mesmo tempo, essa *Nora* adianta novos valores: desnuda o material da produção cênica como tal, desembaraça-o de sua "laca" representativa e estética, revirando-o no sentido próprio do termo. O avesso do cenário enfatiza o avesso do teatro de ilusão, sobre o material, o trabalho e o ensaio, todos eles elementos que contradizem comicamente o jogo psicológico da maior parte dos atores, que não fazem parte do laboratório meierholdiano. Trata-se de um grupo estranho, que lhe é ligado, depois de uma das

[92] E. Gárin, op. cit., p. 45. É preciso falar também da sabotagem dos técnicos e maquinistas do teatro, que vedam os camarins dos atores na noite da *première*; estes são obrigados a quebrar as portas a machadadas.

[93] Cf. I. Aksiónov, *Piát Let Teatra Meierholda*, p. 46-48.

42 A construção de O Corno Magnífico de F. Crommelynck, Teatro do Ator, 1922. Plano em cores de L. Popova.

cinco fusões às quais o grupo de Meierhold é sucessivamente submetido, e que após esta *Nora* deixará o GVYRM.

Com *O Corno Magnífico*, esses valores tornam-se estrepitosos e atuantes. Se *Nora* é o relâmpago, *O Corno Magnífico* é o trovão... A caixa cênica é neutralizada pelo ato destruidor e definitivo realizado por *Nora*: despojado de todo o seu equipamento específico que os atores jogaram, na véspera da estreia, nos alçapões ou no pátio do teatro, a cena apresenta a nudez de sua parede de tijolos. Ela é assimilada a uma oficina de uma fábrica, o dispositivo a uma máquina-ferramenta (*stanok*), o ator a um operário e o cenógrafo a um engenheiro.

A Construção de O Corno Magnífico: Gênese e Descrição

As discussões em grupo possuem certo número de exigências. Em cena, terão direito de permanência apenas os objetos necessários ao jogo da atuação, indicados no diálogo. Os dados de partida são, portanto: dois dispositivos verticais dissimétricos, de alturas diferentes, comportando uma escada, um patamar, duas portas, duas janelas. O conjunto deve ser simples, ligeiro, montar-se e desmontar-se facilmente. Assentar-se no solo. Deve ser independente da maquinaria teatral, mas seu talhe deve convir à altura média de uma sala de teatro. Meierhold impõe, enfim, a ideia da porta giratória[94]. Popova, que ensina e colabora ativamente com

94 Cf. I. Aksiónov, *Proiskhojdenie Obstanovki Velikoduschnovo Pogonostsa*, *Afischa TIM* 3, p. 7 s.

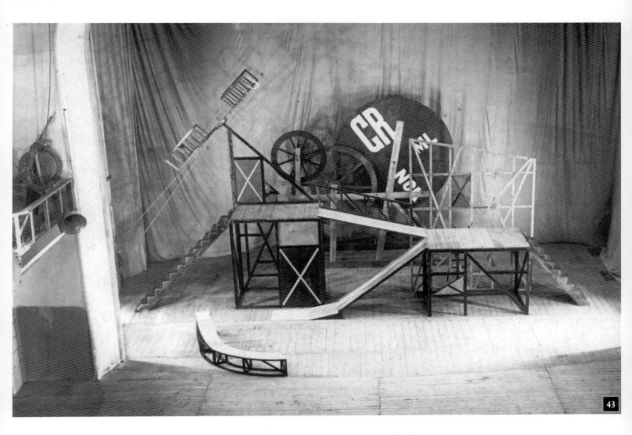

[43] *A construção de O Corno Magnífico, tal como permaneceu inalterada na reprise de 1928. Uma só diferença; a presença da cortina de fundo que esconde os elementos do cenário de outros espetáculos, empilhados ali por falta de lugar.*

os Ateliês meierholdianos, tenta, entretanto, manter essa atividade em segredo: para os puristas do Vkhutemas• a cena é um campo de ação indigno, porque estético. É, pois, um aluno, Liutse, que realiza essas indicações em uma maquete que Meierhold completa com novos elementos: um plano inclinado e três rodas de moinho, uma das quais é vermelha. Mas a pobreza plástica da maquete obriga Popova a intervir: transformando as proporções, as direções, a orientação, a organização e o equilíbrio do conjunto, ela proporciona uma construção unificada, rebatida sobre si mesma, formando um todo ao mesmo tempo sólido e etéreo que projetores militares iluminarão poderosamente. Popova só aceitará na véspera da estreia assinar sua obra no cartaz, o que lhe valerá expor-se ao julgamento de seus camaradas artistas plásticos.

Essa construção é, primeiro, ensamblada nos Ateliês, com os meios ali disponíveis e com a ajuda dos estudantes que dormem em cima do dispositivo ou ao seu redor... Ela é de madeira branca, alguns de seus elementos estão pintados em vermelho ou preto: são as cores do construtivismo e as dos cartazes da rua. Na falta de tinta de pintura, utiliza-se a maquilagem, a fuligem e, como fixador, cola de barba postiça... Aksiónov fala de um "trabalho alegre e solene"[95] para essa encenação que responde às exigências da época, à situação de uma trupe sem teatro e aos critérios da vanguarda dos artistas plásticos: economia, laconismo, "portabilidade" e funcionalismo.

[95] I. Aksiónov, *Piát Let Teatra Meierholda*, p. 44.

EM TORNO
DO OUTUBRO TEATRAL

Popova torna-se a construtora do espaço para o novo ator cuja formação ela pôde acompanhar nos Ateliês. Ela equipa o palco de um dispositivo de base tendo em vista um trabalho preciso, a representação dada, dispositivo concebido como uma ferramenta de trabalho cênico, composto de elementos não descritivos, a bancada do jogo de atuação dos atores. Por meio de suportes verticais e de travessas diagonais, Popova amplia e aligeira a construção por uma espécie de armação, de carcaça de madeira, estrutura que triunfa da compacidade da matéria e dos objetos do cotidiano, como as aparelhagens espaciais dos irmãos Stenberg, que foram, aliás, pressentidas através de *O Corno Magnífico*, como os quiosques de propaganda de Gustav Klutsis ou as próprias estruturas lineares de Popova. As linhas entrecruzadas que sustentam ou acentuam a verticalidade dessa *assemblage* de locais de ação escalonados e ligados entre si fazem viver o espaço cênico, o tornam visível e até palpável. Três rodas móveis e coloridas, uma vermelha, outra preta e a terceira em madeira natural, destacam, por seu movimento simultâneo ou sucessivo, coral ou invertido, o dinamismo do conjunto no qual colaboram todos os elementos destacados pela reflexão dramatúrgica. Os dois praticáveis estão ligados por uma passarela inclinada, o "tobogã", que mergulha em declive íngreme ante a porta giratória e permite jogos cinéticos mais difíceis entre o ator móvel e o objeto giratório. Diante desse dispositivo, coloca-se um único elemento independente, um "banco" inclinado e curvo, composto de três locais de atuação associados: no alto, um pedestal, um plano inclinado e, embaixo, um assento. Montado sobre o mesmo tipo de suporte em cruz do que o resto da construção, ele salienta a passagem obrigatória de uma posição a outra (em pé, deitado, sentado), concentrando-os em uma só figura plástica.

A construção em volume, de linhas geométricas, que não obedece nem às leis da perspectiva, nem ao princípio da representatividade, é concebida de acordo com o movimento constante do corpo tridimensional do ator, em função de um teatro da ação e não de um teatro do verbo[96]. Os puristas do construtivismo lhe censurarão seu caráter associativo e quase figurativo; com efeito, as três rodas, as duas escadas entrecruzadas sobre um eixo ligado a essas rodas, o plano inclinado, tudo isso evoca o moinho, local de ação de *O Corno Magnífico*, suas engrenagens, suas asas de moinho e a calha adutora em que se faz deslizar os sacos de farinha. Eles lhe criticam também sua falta de comodidade: certas superfícies são mal calculadas para um jogo de atuação com vários atores. Mas é em relação ao espetáculo que essa construção deve ser em primeiro lugar avaliada. Seu papel não é de significar, mas fracionar o espaço cênico, fornecendo ao ator lugares de trabalho variados e superpostos. Ao mesmo tempo, esse fracionamento não é senão aparente, pois a construção deve ser vista não como um objeto estático – isso não é nem um quadro nem uma estátua – mas em seu

96 E. Rakitina, "Liubov Popova": Iskusstvo i Manifesti, *Khudójnik, Scena, Ekran*.

funcionamento, isto é, como um objeto animado pelo jogo do ator para o qual ele é concebido. Ela concentra em si toda a potencialidade de um ritmo rápido. A roda negra traz em letras brancas as consoantes do nome do autor CROMMELYNCK. Letras laqueadas provenientes das telas de Malévitch, Ródtchenko ou Picasso, indicam ainda "a rude tamborilada das consoantes que claqueteiam*"[97] e, na supressão das vogais movediças, instáveis, lábeis, o inflexível rigor bem estruturado da nova linguagem teatral. Elas exprimem, enfim, que todo sentido é dado pelo movimento, visto que é na rotação da roda que o nome se oferece à leitura.

Desprovida de valor em si, essa construção só adquire um valor em função da ação e do movimento: ela deve tornar-se parceira do ator. É, escreve Aleksei Gvozdev, um "trampolim para o ator, que é comparado, com toda justiça, ao equipamento e aos aparelhos de um acrobata de circo"[98]. Como o trapézio do acrobata, o dispositivo é simples e racionalmente adaptado ao trabalho do ator.

Mas se essa máquina-ferramenta cênica indica sua submissão total às tarefas de jogo do ator, ela é igualmente investida de um valor ao mesmo tempo simbólico e estético. *O Corno Magnífico* encarna, em seu dispositivo móvel e alado, a utopia de voo partilhada por toda a geração revolucionária e proporciona a imagem teatral do advento do século da máquina, capaz de tirar o país de sua pobreza. Imagem ingênua de um futuro alegre de que o homem será senhor, como o ator é então senhor do espaço que a construção determina. O público deve perceber todos esses níveis: destruição dos tabus estéticos, afirmação de uma beleza nova e funcional, projeção para uma utopia alegre em que poderá se desenvolver essa nova estética.

Se o cenógrafo-construtor se submete à dinâmica do espetáculo, ao ritmo da ação cênica e à tensão da ação dramática, cada um, em cena, torna-se, por sua vez, organizador, construtor. Tudo aqui é construído, por que é em primeiro lugar desmontável ou desmontado: o dispositivo, os jogos de cena, o movimento do ator. O dispositivo todo ele é concebido em função de um ator revolucionário, cuja "força não pode suportar um borrão de cor"[99], fornece-lhe um suporte que põe em relevo seu jogo de atuação, mas, sobretudo, um instrumento dinâmico com o qual pode "jogar como um leque ou um chapéu"[100].

A Construção: Objeto para o Ator

No construtivismo, o cenário por inteiro se objetiva, torna-se objeto à disposição do ator. Não o objeto ilustrativo e estático que Meierhold baniu da cena desde o período simbolista, substituindo-o por objetos escolhidos e característicos, ampliados ou isolados, destinados a produzir impressões, a completar, a acentuar os diálogos entre os atores, a impressionar o espectador, mas o objeto dinâmico cuja

---

* De claquetas, que produzem um som semelhante ao da matraca (N. da T.).

97 Cf. o que S. Eisenstein escreverá a propósito da assinatura de Prokófiev, "P.R.K.F.V.", em *Le Mouvement de l'art*, p. 164-165.

98 A. Gvozdiev, *Le Cocu magnifique*, Écrits, 2, p. 92.

99 Cf. Intervenção de Meyerhold, 1921, apud V. Sakhnóvski, "Meierhold", op. cit., p. 231.

100 Cf. I. Aksiónov, Prostranstvennii Konstruktivizm na Scene, *Teatralnii Oktiabr*, p. 124, traduzido por N. Gourfinkel, em V. Meyerhold, *Le Théâtre théâtral*, p. 157.

EM TORNO
DO OUTUBRO TEATRAL

função organizadora ele descobriu estudando as estruturas da *Commedia dell'Arte*, tanto para o desenvolvimento em renovações do roteiro quanto para o jogo do ator-histrião. Em 1916, o termo *veschestvennie elementi* (de *vesch*, coisa, objeto) designa já o conjunto dos elementos materiais da representação, isto é, "equipamento, arranjo do cenário, iluminação da plataforma cênica, indumentária do ator, objetos que ele manipula"[101]. O aparecimento desse conceito sublinha uma vez mais a ligação entre construtivismo e tradição, porquanto a expressão *veschestvennoe oformlenie* (empregada para *O Mistério-Bufo* assim como para designar o trabalho de Popova nos Ateliês), define o mesmo conjunto material, mas insistindo desta vez no aspecto organizado de seus elementos. O termo objeto, *vesch*, substitui já em 1916 o de *butaforia* (objeto fabricado especialmente para o teatro) e de *rekvisit* (objeto real utilizado no teatro). Torna-se então objeto cênico tudo o que concorre para o jogo do ator, balões, piques, mantas sobre escadas ou biombos, estando cada um deles revestido de um dinamismo potencial destinado a valorizar a mestria do ator e a fazer avançar a ação, a evacuar o psicologismo. Essa propriedade recobre o sentido semântico primeiro do objeto e confere-lhe outros, variáveis no curso da ação. A construção de *O Corno Magnífico*, *assemblage* homogênea de objetos espaciais (escadas, plano inclinado, praticáveis) completada por objetos anexos (banco no primeiro plano) e por alguns raros acessórios de formas hiperbólicas para uso pontual (pena grande, tinteiro, escova, pá), é utilizada pelo ator como objeto cênico, a essa dominação do espaço cênico pelo ator liga-se o conceito-chave de "jogo com o objeto", que desde os anos de 1910 define uma parte de seu saber.

A construção permite ao ator jogar, no seu desempenho, não só com suas mãos, seus braços (ele se pendura, suspende-se neles), com todo seu corpo, com suas pernas principalmente, pois constituem também objetos de jogo as superfícies, no solo ou elevadas. O ator domina a cena: a construção, longe de esmagá-lo, encontra-se aí para valorizá-lo. Alada, com aberturas, acentua sua ligeireza e sua flexibilidade, e seu cinetismo induz o da trupe. Meierhold edifica seu teatro revolucionário com base no ator de quem nada mais desvia a atenção do público, nem o cenário, nem o figurino agaloado. Toda a equipe (dos comediantes aos maquinistas, passando pelo encenador que aciona as rodas, atrás da construção) veste uma *prozodiéjda**, roupa de trabalho em zuarte: ampla túnica decotada em v e acabada em uma gola que fica aberta ou fechada, com mangas largas arregaçadas ou não, e calça ou saia até a panturrilha. Mas o efeito do uniforme, muito nítido nas cenas de grupo, é temperado pela introdução de detalhes singularizantes para cada um: as botinas de Stella, as botas militares de Burgomestre, as grossas "chancas" de *clown* com ponta revirada de Estrugo, ou então os dois pompons vermelhos que se agitam em redor do pescoço de Bruno, os aventais de tecido oleado das mulheres da aldeia, uma

101 Cf. Studiia 1916-1917, *Liubov k Trem Apelsinam*, n. 2-3.

capa do mesmo material para Stella, que no ato III desatará seus longos cabelos loiros. Em uma cena sobriamente aparelhada, despojado de suas vestimentas de parada, o ator, em uniforme de operário da arte, deverá expor mais ainda a paleta multicor de seu *savoir-faire*.

A Biomecânica

A Biomecânica e Seus Suportes Científicos

A própria pesquisa de Meierhold pode inscrever-se no movimento de ideias produtivistas, pois desde 1918, em seus Cursos de Petrogrado, ele colocou como essencial a noção de *mestria* (da encenação, do jogo do ator). Ora, é esta mesma noção que os produtivistas e construtivistas teorizam quando fazem da arte "uma atividade que pressupõe em primeiro lugar mestria e habilidade", de maneira a "aproximar a arte da vida, integrando-a ao trabalho"[102]. Eles apresentam os postulados materialistas de uma ciência da arte, recusando a estética sublimante idealista, consideram a arte produtora de uma nova realidade por "ação direta sobre um material", e a identificam à técnica. Na utopia meierholdiana de um teatro firmado em suportes científicos, vêm cruzar-se essa ideologia produtivista da eficácia técnica, da utilidade social e do trabalho sobre o material com as ferramentas lógicas tomadas de empréstimo às ciências humanas e as bases sólidas postas à luz nas pesquisas teatrais empreendidas desde 1913.

Para racionalizar o comportamento cênico do ator, Meierhold volta-se prioritariamente para a psicologia americana, para a teoria periférica das emoções de W. James e a reflexologia soviética pavloviana. Ele tenta acertar, como Meierhold dirá, suas contas com a alma, rompendo com a psicologia francesa na qual se apoiam o psiconaturalismo e o sistema stanislavskiano. Na primeira abordagem da biomecânica que ele apresenta em abril de 1921, Meierhold liga com facilidade a teatralidade tradicional com seus jogos e danças e a biomecânica. Para ele, o movimento biomecânico é "de um tal tipo que faz surgir todos

44 *Exercícios de biomecânica, desenhos de V. Liutse, aluno dos Ateliês meierholdianos (1922). Na sequência:*
I *Salto sobre o ombro do parceiro;*
II *Cavalo e cavaleiro;*
III *Marcha com um parceiro sobre as costas;*
IV *Marcha com a carga de um corpo rígido.*

102 N. Taraboukine, Du chevalet à la machine, *Le Dernier tableau*, p. 51.

os 'sentimentos' no encadeamento de seu processo, com a ligeireza e a mesma livre convicção com que um balão solto cai na terra. Junta-se simplesmente as mãos e eis resolvido o problema da verossimilhança do 'Ah!', essa interjeição dificílima que os 'revivedores de emoções' arrancam de si em vão"[103]. Meierhold opõe ao sistema de Stanislávski baseado em premissas idealistas, na ilusão da caixa obscura, e em uma espécie de *doping* psicológico perigoso para a saúde psicofísica do ator, um método de atuação que parte de princípios de higiene física e psíquica, libera o ator da caixa cênica privada de luz e o coloca em condições tais que ele não desperdiça suas reservas de energia no uso dos nervos para experimentar sentimentos.

Se esse método empresta suas bases teóricas de W. James, I. Pávlov e Vladímir Békhterev, ele é antes de tudo, como apontará mais tarde Eisenstein, pura e simplesmente "a ordenação de uma experiência puramente empírica. Meierhold é um ator brilhante, virtuose do movimento, prestou atenção a certas leis segundo as quais seu movimento se efetuava [...] que são as leis próprias a toda manifestação expressiva"[104]. Ele as descobriu estudando a arte de certos grandes atores. As bases e cauções científicas vão permitir eliminar o acaso da cena, canalizar a energia do ator para o trabalho e inseri-lo no movimento mesmo do mundo moderno.

A teoria periférica das emoções de W. James, que substitui a fórmula "eu vejo um urso, eu tenho medo e eu tremo" por aquela outra: "eu vejo um urso, eu tremo e eu tenho medo", faz da experiência emotiva

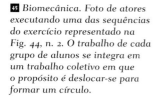

45 *Biomecânica. Foto de atores executando uma das sequências do exercício representado na Fig. 44, n. 2. O trabalho de cada grupo de alunos se integra em um trabalho coletivo em que o propósito é deslocar-se para formar um círculo.*

103 V. Meyerhold; V. Beboutov; C. Derjavine, *La Dramaturgie et la culture du théâtre; Feuillets théâtraux*, op. cit., p. 60-61.

104 Cf. S. Eisenstein, estenograma do curso no VGIK', 1932-1933, Arquivos do VGIK', apud E. Gárin, op. cit., p. 39.

a tomada de consciência das perturbações corporais acarretadas por uma percepção. Esse curto-circuito do psiquismo e o estudo dos mecanismos cerebrais e dos reflexos naturais ou condicionados proporcionam uma base científica experimental à afirmação do homem-máquina biológico, do homem biomecânico, cujas estruturas e funções fisiológicas são estudadas segundo as leis da mecânica. Pode-se considerar todo ato psíquico desencadeado por um processo nervoso nele engatado e toda ação pode ser tida como uma resposta a uma excitação. O processo que liga a excitação ao movimento-resposta é um processo nervoso, portanto, fisiológico, o comportamento humano é visto como uma série de reflexos naturais e condicionados, uma vez que o sistema nervoso responde a todo instante às solicitações-excitações do mundo exterior ou do próprio corpo. A reflexologia não conhece as divisões em atos fisiológicos e psíquicos, cada momento do comportamento humano é ditado por um conjunto de excitações internas e externas que suscitam reflexos naturais ou aprendidos. O psiquismo não é senão a atividade de correlação do cérebro. Békhterev, que prossegue os trabalhos de Pávlov sobre os reflexos condicionados, alargou nesses anos seu campo de observação no domínio da criação artística[105]. O método meierholdiano de formação do ator tira proveito da reflexologia, mas também da psicologia do trabalho, dos trabalhos de Ivan Sétchenov, das experiências feitas por Sokolov e Gastev sobre a ginástica industrial – a manipulação performática do martelo ou da picareta no Instituto do Trabalho – e das teorias de Taylor difundidas por esta instituição moscovita que é o NOT ou Organização Científica do Trabalho. Nessa última série de pesquisas, o ritmo é considerado como o regulador do gestual do trabalho, como fator de intensificação da produtividade e do senso coletivo no operário. Meierhold dá bases biológicas e sociais ao ofício de ator, que ele aparenta agora, segundo o modelo dominante, com o trabalho do operário.

A biomecânica meierholdiana expele o psicologismo em proveito dos reflexos e do estudo da mecânica do corpo. Os conceitos de arte-produção e de corpo-máquina permitem uma análise mais racional das descobertas sobre o corpo realizadas no Estúdio e radicalizam as posições de Meierhold sobre o movimento, linguagem específica do ator cuja "criação [se reduz] à criação de formas plásticas no espaço"[106]. O encenador relatou como havia descoberto a lei fundamental do movimento ao escorregar na rua por causa de um forte *verglas* (regelo): caindo sobre o lado esquerdo, precisou, para se reerguer, lançar a cabeça e os dois braços para a direita, de modo a fazer contrapeso e manter assim o equilíbrio. A biomecânica toma forma a partir desse reflexo espontâneo de preservação do equilíbrio e da consciência de suas perdas e restabelecimentos sucessivos que todo movimento implica. Ela destrói o "fetichismo" da inspiração do ator e põe a nu o material do jogo de atuação, o corpo do ator em movimento, tal

131

CONSTRUTIVISMO
E BIOMECÂNICA

105 Cf. RGALI, 998, 861. Bibliografia do TIM, em que figuram as obras e os artigos de V. Békhterev, *Kollektivnaia Reflekssologiia, Vopros o Rabotu Studii etc.* Cf., em inglês, V. Bekhterev, *General Principles of Human Reflexology.*

106 L'Acteur du futur et la biomécanique, *Écrits,* 2, p. 80.

EM TORNO
DO OUTUBRO TEATRAL

como Tátlin na pintura e Velimir Khlébnikov na poesia desnudaram o material de sua criação[107].

Arvátov saúda na biomecânica o gesto expressivo, fator de organização do cotidiano, e a construção da ação cênica, conforme as leis do movimento real, baseada em uma cultura psicológica racionalizada ao máximo. Tretiakov vê no ator meierholdiano um "organizador de movimentos expressivos das massas"[108]. Aleksandr Fevrálski julga segundo critérios mais teatrais, pressente aí o nascimento de um "novo realismo": em vez da "biofixação", do "reconstrutivismo" em que a arte congela ao imitar-lhes as formas de vida, trata-se de uma "bioprojeção", de um "construtivismo" que erige a arte de novas formas que ele apreende em germe na vida, para aí projetá-los de novo[109]. Nos artigos e intervenções de Meierhold ou de seus alunos relativos à biomecânica, um constante vaivém se estabelece entre a vida e o teatro. Em 1922, a biomecânica pode aparecer como um meio de realizar as ações de massa sonhadas por Gan. "Do mesmo modo que o tapete voador passou, graças ao trabalho humano, da ficção a uma espantosa realidade, e que o avião cessa de ser um milagre de conto de fadas, do mesmo modo, graças à biomecânica, dentro de cinco, seis anos, veremos festas teatrais tais que sentiremos profundamente a alegria da nova existência", pode-se ler sob a pena das "Dezoito Ovelhas do GVYTM"[110].

Mas críticas virão de colaboradores recentes. Sokolov, a quem Meierhold emprestou, aliás, elementos de terminologia, logo lhe censurará o caráter fortuito dos exercícios propostos pela biomecânica, sua falta de espírito científico[111]. Parece que, mesmo se Meierhold constrói o movimento cênico com base no modelo do movimento perfeito do operário no trabalho (economia de energia, ritmo, equilíbrio, precisão), não utiliza nem comportamentos, nem situações do trabalho e da vida cotidiana, mas os do jogo de atuação, que é o trabalho do teatro. Situações e comportamento em sua maior parte já teatralizados na tradição dos *lazzi* da *Commedia dell'Arte* que servem de pontos de partida escolhidos para a análise contemporânea do movimento. Assim, a biomecânica, que extrai seus princípios do movimento racional, desenvolve-se não no cotidiano, porém do teatral, ainda que lance uma "ponte" entre o teatro e a vida, ainda que cada um possa encontrar aí outros princípios de equilíbrio e de eficácia. Combinada a outros ensinamentos relativos ao corpo que ela estrutura, ela é um método de trabalho para o ator novo, fornece as bases do movimento cênico.

Biomecânica, Treinamento e Método

A biomecânica é o adestramento do ator, conjunto de exercícios que fazem parte de um treinamento mais completo, em que entram outras disciplinas físicas e esportivas que a prática biomecânica disciplina e organiza; ela é também em um plano mais amplo método de atuação.

107 Cf. B. Arvátov, Razruschitelfetischei, em *Meierhold Sbórnik k 20-letiiu...*, p. 11.

108 S. Tretiakov, *Fakti, LEF*, n. 2, p. 169.

109 A. Fevrálski, "Vsevold Meyerhold", em *Meierhold Sbórnik k 20-letiiu...*, p. 13.

110 RGALI, 963, 1339. *Dossiê GVYRM-Gektemas (1922-1927) e Nas 18, Ermitaj*, n. 7.

111 Cf. H. Sokolov, *Biomekhanica po Meierholdu, Teatr i Iskusstvo*, n. 5 e *Biomekhanica: Tartiúfi Communizma i Rogonóstsi Morali, Teatr i Muzika*, n. 1-7, p. 23-25.

Ela proporciona ao ator o conhecimento de seu corpo como material e lhe propõe meios para lhe impor formas rigorosas e lutar contra a gestualidade estetizante, vaga, afetada, imprecisa, que floresce nos estúdios de dança que se multiplicam em Moscou como cogumelos após a chuva. A biomecânica retoma as ideias de Coquelin *ainé*, o mais velho, sobre os dois "eu" do ator, que ela insere na fórmula: $N = A_1 + A_2$, em que N é o ator, A_1 o construtor (o maquinista) que recebe e dá ordens tendo em vista a realização do projeto, A_2 o corpo do ator (a máquina) que realiza a ordem do construtor. O ator é, assim, desdobrado em material e pensamento (aparelho intelectual), em força operária e em iniciador, regulador, em princípio passivo e princípio ativo[112]. Essa formulação é da mais alta importância para o jogo da atuação. Meierhold dirá mais tarde: "Treinamento, treinamento! Mas se é um treinamento que exercita somente o corpo e não a cabeça, muito obrigado! Não necessito atores que, para saber mexer a cabeça, não saibam pensar"[113].

O construtor deve, em primeiro lugar, treinar sua máquina (seu material), de modo que ela esteja apta a realizar as ordens recebidas o mais rapidamente possível, com economia de movimento e precisão. Aqui, com o modelo da fábrica combina-se o do exército e o exercício do *drilling* ou resposta-reflexo imediata a um comando. Exige-se do ator, "automotor" perfeito, uma produtividade máxima. Aliás, não só o movimento, mas toda a produção teatral deve ser taylorizada: brevidade de um espetáculo que se insere em um tempo de repouso estritamente regulamentado no emprego do tempo de trabalho, identidade da roupa de trabalho e da indumentária de cena do ator que não perde tempo em se maquilar ou se vestir. O ator, exercitado por uma prática intensa de esporte e da cultura física (acrobacia, dança, boxe, esgrima, ginástica em dupla, dança clássica e danças populares)[114], deve estar em plena forma física. Esse ideal de saúde apregoado é notável *a fortiori*, porque Meierhold ainda está doente e suas privações não se coadunam com o estado físico dos comediantes... A biomecânica organiza esse material bem azeitado, desenvolvendo a precisão e a capacidade de resposta a excitações-reflexas. "A excitabilidade nasce no processo do trabalho em consequência de uma boa utilização do material bem treinado"[115]. Meierhold procura um ator vivo, nervoso, não no sentido patológico do termo, porém tal que seu comportamento seja produzido por um sistema nervoso em boa saúde.

O ator estuda a mecânica de seu corpo para compreendê-la e aperfeiçoá-la. Exercícios vão organizar o conjunto dessa mecânica no espaço; eles põem em jogo as posições relativas do tronco, da cabeça, dos braços, das pernas, em ações simples tais como a marcha, o salto, o pulo, a meia volta etc. Essa dominação pelo ator de seu instrumento de trabalho é necessária visto que, para Meierhold, todo estado psicológico é condicionado por processos fisiológicos, estados e até posições

[112] Cf. L'Acteur du futur..., *Écrits*, 2, p. 79, e Critique du livre de A. Taïrov, *Écrits*, 2, p. 71.

[113] A. Gladkov, *Teatr*, p. 274.

[114] Cf. RGALI, 998, 739, GVYRM (1921-1922). Notas ordenadas por Z. Vin e V. Fiódorov. Plano de trabalho do encenador com o autor (1921).

[115] RGALI, 963, 1338 e 998, 740. Dossiê sobre a biomecânica. *Viskazivaniia Meierholda o Biomekhanike*, texto estabelecido por M. Koreniev.

EM TORNO
DO OUTUBRO TEATRAL

46 *Biomecânica. Punhalada. Na iconografia relativa à biomecânica meierholdiana, os atores envergam uma prozodiéjda inspirada seja no figurino de marinheiro, seja no macacão de operário, ou então um short e às vezes um calção de ginástica. As fotos foram realizadas quer em uma sala, no chão nu ou coberto por um tapete oriental, quer ao ar livre (na beira do mar, na verdade uma cobertura inclinada).*

116 RGALI, 998, 741. Curso de Meyerhold no Ateliê Livre (18 maio 1922), *Igra Aktera*. Notas de Khrisanf Khersonski.

físicas. Corolário: se há realmente jogo biomecânico de atuação, haverá também uma encenação biomecânica que deverá ocupar-se de criar o contexto cênico, a carcaça em que o ator poderá desenvolver uma construção física exata, condição necessária de uma justa construção psíquica. O encenador deverá encontrar a melhor organização do tempo e do espaço para fornecer ao ator "pontos de apoio" seguros, limitando--o nesses dois domínios. Uma vez limitado, o ator pode orientar-se: ele encontra seu lugar na peça, na marcha dos acontecimentos, no espaço cênico, e pode edificar sua própria construção física e psíquica. "Se de um ponto de vista físico e material, com base em uma composição formal, a construção é bem executada, todas as emoções e as entonações nascerão de modo preciso" assegura Meierhold[116].

Em teoria, portanto, o jogo do ator meierholdiano parte do exterior para ir ao interior: não há supressão da emoção, mas ela jorrará sempre através de um estado físico conveniente em tal ou tal personagem em uma situação dada. Esta engendra um estado de excitabilidade que se colore em seguida com tal sentimento ou emoção. Tomar a posição de um homem aflito, na contração muscular que ela implica, não incita a exprimir alegria, mas cria, ao contrário, um estado físico no qual pode nascer a tristeza. Enfim, cada "elo" ou "elemento de jogo de atuação" será em 1922 idealmente decomposto, segundo o modelo do reflexo, em três momentos necessários a suceder-se rapidamente, pois o novo homem, conforme a fórmula de Gastev que Meierhold cita, é o da "grande velocidade" e ele despende o mínimo de energia nervosa[117].

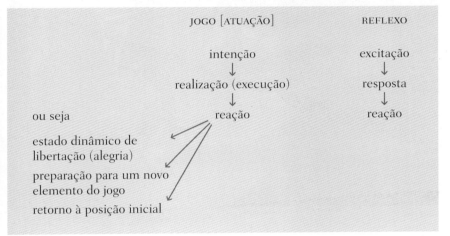

O treinamento biomecânico fornece modelos para esse tipo de jogo. Ele estabelece os princípios de uma execução analítica precisa e rápida de diversas ações, proporciona um método de decomposição do movimento em três fases – intenção, realização, reação – que prepara a organização dos elementos do jogo de atuação. Meierhold acerta, em colaboração com seus "laboratoristas", seus instrutores de biomecânica como Inkijinov ou Koreniev, uma série de exercícios, alguns dos quais retomam, despojados do contexto romântico-fantástico, os exercícios de improvisação do Estúdio. Assim, o "Tiro com Arco" retoma a carcaça da pantomima favorita de Meierhold, a da caça ao pássaro feérico. Mas é descascada em fragmentos-reflexos mecanizados, decupagem que Meierhold remete às vezes ao dos movimentos nas figuras do balé clássico. O exercício do "Salto sobre o Peito", que inaugura o curso de biomecânica, traz em subtítulo "Grasso". É a transcrição de um jogo de cena melodramático que, numa turnê do célebre ator siciliano, Meierhold vira em Petersburgo em 1908. Para vingar sua noiva, Grasso rasteja em direção do subornador com a flexibilidade de uma pantera, depois se atira sobre ele, salta sobre seu peito em um pulo felino. O adversário joga a cabeça para trás com um grito. Grasso o morde no pescoço, o sangue corre...

[117] RGALI, 998, 740. Dossiê sobre a biomecânica, e 963, 1339. Dossiê GVYRM-Gektemas (1922-1927), Laboratoriia Biomekhaniki.

47 Biomecânica. Soco no nariz.

Não há, pois, nenhum corte entre o aprendiz-comediante do Estúdio e o "tragicomediante" de *O Corno Magnífico* que revela ao público o jogo biomecânico em 1922. Meierhold dirá, aliás, que *O Corno Magnífico* não é senão uma *Commedia dell'Arte* soviética. A biomecânica, que aparenta o gesto do ator ao do homem do futuro, muito eficiente, do acrobata seguro de si em todas as posições, do operário taylorizado, não pode ser compreendida sem que seja deformada quando fora do contexto da indagação teatral, do processo meierholdiano de pesquisas e de escolha de técnicas antigas úteis à atualidade[118].

A Biomecânica: Os Exercícios

Os exercícios vão do mais simples ao mais complicado. Os mais simples fazem, aliás, primeiro, o ator trabalhar sobre as posições fundamentais: posição ereta em pé, marcha, corrida em que o aluno busca a estabilidade e a regularidade, de modo que um recipiente de água colocado sobre a cabeça ou mantido entre as mãos não produza nenhum respingo, movimento de lançar. Trata-se de despertar a atenção para o corpo, para a coordenação dos movimentos. Meierhold faz trabalhar também a "reação elétrica", isto é, a resposta instantânea a uma ordem vinda do exterior.

[118] Cf. STINF*, *Beseda s Laborantami Meierholda*, *Zrelischtcha*, n. 10. Nesse artigo, é dito também que o termo biomecânica é utilizado por Meyerhold desde 1918 para designar o sistema dos movimentos teatrais.

Outros exercícios mais complexos são agrupados em vinte ou 22 títulos de "ginástica cênica", às vezes denominados "estudos". Sua descrição está conservada nos RGALI*, nos arquivos de Meierhold, mas nunca foram publicados. Fato que se pode atribuir à desconfiança do encenador em relação ao emprego possível desses exercícios fora de seu sistema teatral ou de sua transplantação direta para a cena. "Nós somos muito prudentes acerca de nosso sistema", dirá um dia Meierhold, "nossas pesquisas não estão ainda acabadas"[119].

A lista completa desses estudos compreende:

1. Tiro com arco.
2. Salto sobre as costas do parceiro e transporte desta carga.
3. Cair, apanhar e lançar um peso.
4. Punhalada.
5. Bofetada.
6. Derrubar com a perna um parceiro inclinado e ajoelhado.
7. Jogo com bastões.
8. Lançar um balão no ar.
9. Atirar uma pedra.
10. Salto sobre o peito do adversário.
11. Jogo com um punhal curto.
12. Quadrilha.
13. A corda.
14. Os cavalos.
15. O patinador.
16. Tropeçar.
17. A ponte.
18. A serra.
19. A foice.
20. Funerais.
21. O palhaço.
22. Pula-sela[120].

A temática de certo número desses exercícios provém, como vimos, das situações tradicionais da *Commedia dell'Arte*, retomadas no circo (bofetada, pula-sela, salto sobre as costas, palhaço, cavalo), outros do teatro oriental (tiro com arco) ou de situações da vida já teatralizadas (funerais, quadrilha, mais tardias), outros enfim são exercícios de ginástica. A maioria se articula com base em uma situação de conflito exacerbado. Cada exercício é precedido de uma parada que tem tanto do desfile militar quanto da parada de comediantes. Todas possuem um caráter lúdico ou teatral fortemente acentuado e se ocupam apenas do desenvolvimento de uma ação: do fazer e não de ser. Os objetos implicados no exercício estão ausentes e nascem na imaginação do ator e do espectador no curso do processo do trabalho.

CONSTRUTIVISMO
E BIOMECÂNICA

119 RGALI, 998, 737. Extratos de conferências de Meyerhold destinados a ser utilizados para um dicionário de termos de teatro.

120 Damos aqui a lista mais completa e, portanto, a mais tardia (RGALI, 998, 740. Dossiê sobre a biomecânica). Outras listas, que datam de 1922 (RGALI, 963, 1339. Dossiê GVYRM-*Gektemas* 1922-1927), compreendem de 11 a 14 exercícios. Os mais antigos correspondem aos números 1 a 11 e 21.

O número dos participantes é variável conforme os exercícios. Se o "Tiro com Arco" põe em jogo um trabalho solitário, nem por isso ele deixa de ser realizado no interior de um grupo, como todos os exercícios desse tipo: para romper com a tentação do solo de ator, o exercício se efetua sempre coletivamente. O trabalho em grupo é realizado a dois, a três, a cinco ou a dez, com um número que influi sobre o desenvolvimento do tema no espaço e no tempo, dedução direta do estudo dos roteiros da *Commedia dell'Arte*. Amiúde, os participantes são cindidos em dois grupos que se enfrentam. Os elementos físicos do movimento, que comportam todas as tarefas acrobáticas, assim como as forças em presença no exercício, variam de um título a outro.

Cada exercício é segmentado em uma série de ações limitadas tendo cada uma um começo e um fim. A preparação do exercício é às vezes assegurada por um "dáctilo", duplo estalo brusco de palmas, repetido duas vezes e acompanhado de um rápido movimento ascendente e depois descendente do corpo que se instala assim em uma dinâmica enérgica e toma um firme apoio nas panturrilhas e nos pés. Esse dáctilo, ou simplesmente um "upa", ordem semelhante às do circo, permite ao ator ao mesmo tempo concentrar-se no fragmento vindouro e prevenir seus parceiros. A exemplo do trabalho plástico sobre o material, liberto, na construção, de sua compacidade pela exposição da carcaça, o movimento adquire o mesmo vigor seco por meio de uma fragmentação precisa em que as cesuras fazem alternar ritmos contrastados que destacam seu "esqueleto", sua fórmula dinâmica.

O exemplo do "Tiro com Arco" proporciona a seguinte segmentação:

1. Parada.
2. Sustação.
3. Dáctilo.
4. Meia-volta do tronco.
5. Gesto-indicação do lugar em que se encontra o arco.
6. Abaixar-se.
7. Pegar o arco.
8. Endireitar-se.
9. Erguer-se.
10. Pôr o tronco na devida posição.
11. Controle.
12. Movimento inverso (*otkaz*•) à extração da flecha.
13. Deslocamento-salto da mão.
14. Extração da flecha.
15. Virar a mão no ar.
16. Instalação da flecha no devido lugar.
17. Controle da corda.
18. Movimento inverso (*otkaz*) em meia-volta dos ombros.
19. Meia-volta dos ombros.

20.	Deslocamento dos pés.
21.	Controle da corda.
22.	Pontaria no ar.
23.	Junção das mãos.
24.	Salto no ar (com os pés juntos).
25.	Peso sobre a perna esquerda.
26.	Pontapé com a perna esquerda, as mãos se desunem.
27.	Grito.
28.	Final.
29.	Parada de saída[121].

TIRO { 23, 24, 25, 26 }

Segundo esse estudo, um dos mais antigos *trainings* do ator meierholdiano, verifica-se que certo número de movimentos é sublinhado por um *znak otkaz* (literalmente signo de recusa – ou bequadro na terminologia musical), ou simplesmente *otkaz*, conceito essencial da biomecânica, enunciado já em 1914 no Estúdio[122] e definido como a fixação dos pontos em que finda um movimento e onde um outro começa, um *stop* e um *go* ao mesmo tempo. O *otkaz* indica um nítido corte com o movimento precedente e a preparação do movimento seguinte, permitindo reunir dinamicamente dois elementos de um exercício, valorizar o elemento vindouro, fornecer-lhe um elã, um impulso, um trampolim. O *otkaz* pode assinalar também ao parceiro que se está pronto a passar à fase seguinte. É um gesto de curta duração, em sentido contrário, em oposição à direção do conjunto do movimento: recuo antes de avançar, ímpeto da mão que se levanta antes de desfechar um golpe, flexão antes de pôr-se em pé.

Nos casos de exercício coletivo, o *otkaz* coral permite dobrar a expressividade e o dinamismo do exercício, valorizar seu núcleo: no estudo intitulado "Bofetada", duas linhas de atores dispõem-se face a face, os ativos ou assaltantes, e os passivos que recebem o golpe. Cada exercício concerne a uma ação, um espaço e uma relação específicos. Na "Punhalada", trabalha-se, a partir de uma ordenação em pares face a face, estando o conjunto do grupo disposto como em um tabuleiro de damas, sobre a força do olhar, as quedas para frente e as quedas para trás. Nos outros casos, o movimento se organiza circularmente, ou então em diagonal.

Voltando-se ao exercício do "Tiro com Arco", toma-se consciência de um trabalho corporal muito afinado. A preparação do exercício (os números de 1 a 5) comporta uma parada, desfile dos atores uns atrás dos outros, que se alinham em seguida por cinco em diagonal. É aí um momento de concentração antes da passagem a outro exercício: a busca de uma posição de partida. Após a disposição, é preciso olhar os pés dos parceiros. A situação no espaço cênico é determinada pelo ajuste dos pés como fonte de energia, as pontas paralelas umas às outras: "O melhor é ter as mãos nas costas", escreve um

---

121 RGALI, 998, 740. Dossiê sobre a biomecânica. Cf. também M. Gordon, Meyerhold's Biomecanics, *The Drama Review*, v. 18, n. 3, p. 80-81.

122 *Rabotchaia Programma 1914 -1915, Liubov k Trem Apelsinam,* n. 4-5, p. 91.

observador. Esse momento é totalmente ocupado pelo cuidado com o tronco, independentemente das mãos, imaginado e disposto como "um troço montado sobre molas em um momento de repouso", e que a gente controla. As exigências essenciais: a estabilidade (o equilíbrio), a concentração, a ausência de bamboleio. O objeto imaginado, o arco, jaz na área cênica. É preciso designar esse arco em linguagem

48 *Biomecânica. Tiro de arco. Decomposição, por quatro alunos, dos tempos fortes do exercício.*

mímica ("é isto que eu vou pegar"). "Designar um ponto imaginário com o dedo é uma tarefa difícil. É preciso primeiro um *otkaz* prévio. O tronco se apoia sobre a perna direita, a mão direita fica sobre o quadril. Para realizar esse gesto, faço passar o peso do corpo para minha perna direita, ponho a mão direita sobre meu quadril; com a mão esquerda, faço um sinal de *otkaz*, depois, o gesto que designa, deixo cair a mão esquerda depois a direita e começo o exercício". O observador prossegue:

> Neste exercício, o corpo é organizado segundo o princípio do barco: o punho que fecha o arco, a ponta dos pés e a cabeça estão num mesmo plano, o plano da quilha, a cabeça é a popa, o punho, a proa do barco. A descida (n. 6) não se completa de imediato. Primeiro, a pessoa se agacha ao meio, depois inteiramente. É preciso que haja aí uma *reserva*. Mostrar que a pessoa pega, segura na mão o arco imaginário.

Verificação à direita e à esquerda. Alinhamento do corpo nas fases intermediárias. O alinhamento é a tarefa constante de todo exercício: alinhamento, organização total. O corpo inteiro neste exercício é como a armação de um barco. Cada barco é em sua construção um verdadeiro peixe, com uma espinha dorsal e espinhas, um eixo extremamente sólido. A diferença é simplesmente

CONSTRUTIVISMO
E BIOMECÂNICA

que o peixe permanece flexível. É preciso que este exercício respeite uma linha reta que vai da cabeça ao punho, considerados como pontos terminais. Uma tensão colossal, uma enorme força no punho cerrado[123].

49 *Biomecânica. Exercício com os pés do parceiro.*

A descrição deste exercício sublinha a atividade do corpo, do sistema motor por inteiro, inclusive no menor gesto efetuado. É a lei primeira de todo movimento expressivo[124], isto é, de todo movimento que se efetua como nas crianças ou nos animais, segundo as leis biológicas, não pervertidas por maus hábitos ou posições devidas ao cotidiano. Para os segmentos 12 e 13, "o tronco fica concentrado, tenso para que a mão seja firme, tudo está em atividade". E no momento da extração da flecha, que a pessoa imagine estar jogada no chão,

estamos em uma situação tal que poderíamos mostrar ao público um trabalho muito preciso, o de retirar de um feixe uma varinha, um só fino raminho, com dedos hábeis. Uma enorme estabilidade,

[123] RGALI, 998, 740. Dossiê sobre a biomecânica. Descrição de exercícios. Em sequência à decupagem em segmentos do "Tiro com o Arco", têm-se uma exposição mais circunstanciada. Quanto à adaptação do exercício segundo os atores, cf. E. Gárin, op. cit., p. 35.

[124] RGALI, 963, 1338 e 998, 740. Dossiês sobre a biomecânica. *Meierhold o Biomekhanike*, texto estabelecido por M. Koreniev.

uma enorme tensão para uma grande evidência e uma ligeireza espetacular de trabalho. Por ocasião do jogo dos dedos e da mão, mais fino é o trabalho, maior deve ser a tensão do corpo. Quando a mão salta, há uma tendência à vertical, ela vai perpendicularmente ao plano do solo. O corpo se endireita, depois se agacha, mas não balança. O braço direito, a partir do ombro, vai jogar todo o peso do corpo sobre as duas pernas[125].

O Corpo como Rede de Tensão

O exercício biomecânico põe em movimento relações de causa e efeito entre as diferentes partes do corpo. Aqui, é o braço que impulsiona um movimento do corpo para baixo, ali, o ímpeto das pernas remeterá a mão a saltar no ar. Cada parte do corpo, tronco, braço, mão, perna, é ao mesmo tempo considerada na sua *especificidade* e no *conjunto* que forma com o resto do corpo. Uma atenção particular é dedicada ao pescoço, aos ombros, aos dedos, às palmas, às mãos, exercitadas por manipulações específicas, aos joelhos e aos cotovelos, ao rosto, ao olhar que deve ser agudo, firme, preciso, mas cada parte é objeto desse duplo trabalho constante.

Em cada estudo, tudo é feito com um cálculo prévio (intenção), uma regulação simultânea no momento da ação, um controle posterior a ela (equilíbrio), e cada intenção de mudar a posição do corpo e dos membros deve ser imediatamente consciente. O ator impregna de *consciência* cada parte do corpo, *dobrando-o* assim para um máximo de expressividade. Há uma organização, um controle permanente. "O estado livre do corpo distenso [duncanismo] é inadmissível"[126]. O ator se autocontrola, tem em mãos seu temperamento, ele o freia. Esse autocontrole permite rejeitar tudo o que não é necessário ao jogo da atuação, tudo o que é impreciso, contém a energia da máquina motriz como faria um freio cujo bom estado é a condição necessária para o funcionamento da máquina. A1 deve constantemente ver A2 como em um espelho e no fim do "Tiro com Arco", o ator se admira.

As pernas, suporte do corpo, meio de deslocamento, fator de equilíbrio, fonte da força do movimento (estabilidade) e de sua energia, têm o mesmo duplo estatuto. *Ponto de apoio* no solo, elas são também comparadas a *molas* prontas a funcionar sem interrupção e o andar biomecânico é meio marcha, meio corrida[127]: a marcha que confere vigor e firmeza ao movimento cênico e cujo modelo é o passo vigoroso, útil e não elegante, de um marujo na ponte de um barco que arfa[128], e a corrida, pela sucessão de desequilíbrios e equilíbrios com que afeta o movimento e pelo dinamismo acrescido que daí resulta. Meierhold pretende poder reconhecer o talento de ator em seu jogo de pernas, e por essa razão preza a apresentação em cena de um Fiódor Schaliápin. No "Tiro com Arco", os segmentos finais concernem às pernas do ator, que devem marcar a exe-

125 RGALI, 998, 740. Dossiê sobre a biomecânica. "O Tiro com o Arco".

126 RGALI, 963, 1338 e 998, 740. Dossiês sobre a biomecânica. *Meierhold o Biomekhanike.* Enunciado n. 43.

127 RGALI, 963, 1338 e 998, 740. Dossiês sobre a biomecânica. Idem. Enunciado n. 24.

128 Critique du livre…, op. cit., p. 72.

cução do tiro e o fim do exercício. O pontapé esquerdo e o salto prévio correspondem a "uma estase nas pernas", dão altura ao corpo, exprimem a reação do ator após a realização do intuito, isto é, a alegria.

Em cada exercício, o corpo torna-se uma verdadeira *rede de tensões* antagônicas sem que o ator esteja, ele próprio, nervosamente tenso. Toda sustação é uma preparação dinâmica. O peso do corpo passa constantemente de uma perna a outra, as mudanças de posição são amiúde brutais. A simetria não existe no movimento: quando o ombro esquerdo permanece estável no tiro do arco, o direito está "sobre molas". Todo movimento é baseado em uma busca de equilíbrio, sua destruição e sua renovação.

Não há jamais utilização total dos materiais de que o ator dispõe: dinamismo, energia, espaço. Em nenhum caso, o ator deve desperdiçar suas reservas: "Mesmo o gesto mais expansivo deve deixar a possibilidade de alguma coisa mais aberta"[129]. As condições da expressividade do movimento são não somente sua força, sua precisão, mas também a intensidade da intenção e a dualidade dispêndio/reserva.

Cada exercício organiza a desmontagem e a remontagem de todas as engrenagens do corpo. A biomecânica mostra a infraestrutura, "a lei mecânica exclusiva a reger todas as manifestações de uma força", que confere uma expressividade vigorosa a todo movimento sem impedir sobre essa estrutura o desenvolvimento do ser vivo. No homem como no animal, a liberdade do corpo coexiste com um "sistema que coloca na situação de uma boneca mecânica um homem que se move no espaço", escreve Meierhold[130]. Ou antes, essa liberdade está ligada a uma organização mecânica que faz do corpo um instrumento de precisão. Mas a mecanização do ator meierholdiano não levará nunca à abstração cifrada, à depuração da carne, à engomadura do corpo humano sob a malha negra, como a Bauhaus praticará. O pensamento plástico de Meierhold apoia-se na articulação de pares de conceitos conflitantes: vida e mecanismo, liberdade e organização, animado e inanimado, concreto e abstrato.

O Ritmo

Assim, a biomecânica faz deslizar ao nível do jogo do ator todos os temas meierholdianos do mecânico e do ser vivo, ela permite levar à forma os contrastes temáticos caros ao criador no interior do jogo do ator, em suas técnicas. As figuras que desenham os posicionamentos e deslocamentos dos corpos, pares e grupos são geométricas e sua organização é planificada pelo ritmo. Os estudos biomecânicos são sempre executados com música: para o "Tiro com Arco", um fragmento de Grieg para a parada e extratos de um estudo em dó menor de Chopin, do prelúdio da primeira fuga de Bach e de um estudo em lá maior de Schlosser. Lev Svérdlin, um bom biomecânico de Meierhold, recorda-se: "Nós fazíamos os exercícios, não somente com um acompanhador que

129 Cf. supra, nota 127. Enunciados n. 32 e 33.

130 Critique du livre..., op. cit., p. 72-73, e V. Meyerhold; V. Beboutov; I. Axionov, L'Emploi de l'acteur, *Écrits*, 2, p. 91.

EM TORNO
DO OUTUBRO TEATRAL

tocava valsas e polcas, mas sobre a música de Rakhmâninov, Tchaikóvski, Chopin, Schubert... Era como se nós repartíssemos nossos movimentos sobre a música. Sem ilustrá-la, nós vivíamos esta música"[131].

Todo movimento biomecânico é, aliás, ele próprio, concebido sobre o modelo de uma frase musical: assim como os compassos sucessivos de um trecho não quebram a integridade musical, do mesmo modo os exercícios constituem "uma sequência de deslocamentos de uma precisão matemática que devem ser nitidamente distinguidos, o que não impede absolutamente a nitidez do desenho do conjunto". O ator é comparado a um compositor, no sentido musical, em seu trabalho biomecânico.

Quando Meierhold faz trabalhar seus alunos sobre um fundo musical, quando submete os fragmentos a acelerações e desacelerações, e trabalha exercícios em *legato* ou *staccato*, conforme sejam eles compostos de movimentos amplos ou muito finos, é para habituá-los a distribuir seu material ao mesmo tempo no espaço e no tempo, para concretizar, além do canevás métrico (metronômico), o fundo rítmico de que necessitam e que Meierhold explica como "alguma coisa que luta contra, que se opõe à monotonia do metro"[132]. O fundo musical ajuda-os a construir uma partitura gestual, mas não a submete estritamente a seu desenvolvimento, ele desempenha o mesmo papel de suporte flexível, porém indispensável, que a música escolhida pelo acrobata para a execução de seu número.

Meierhold introduz o estudo da música no programa do GVYRM: teoria elementar, solfejo, harmonia, contraponto. E toda uma série de exercícios é estabelecida para desenvolver a acuidade auditiva dos futuros encenadores e atores: "Reconhecimento rápido e distinção dos ritmos, do valor de curtos intervalos de tempo (minutos, segundos), sensibilidade para os movimentos acelerados ou lentos, medida das pequenas variações de som em altura, tonalidade, força, ritmo"[133]. Meierhold critica vivamente o tratamento da música na dança livre, em Isadora Duncan e seus numerosos êmulos russos. Em compensação, utiliza a rítmica de Dalcroze cujo ensinamento se espalha na Rússia a partir do Instituto do Ritmo fundado em Petrogrado. A rítmica é matéria de estudo do movimento entre outras, ao lado do boxe, da esgrima, da acrobacia, da dança. É um meio do despertar sensível, não cerebral, um meio de tomar consciência do ritmo através do corpo, de desenvolver nele o sentido, assim como a coordenação dos movimentos. A biomecânica não está longe dela quando visa estabelecer uma comunicação rápida entre pensamento, vontade e força muscular, diminuir o tempo perdido entre a concepção dos atos e sua realização, a procurar o esforço apropriado à necessidade. Mas se diferencia dela quando a rítmica baseia o valor do movimento no sentimento que o inspira.

Se considera a rítmica como válida no domínio do treinamento, Meierhold não considera sua aplicação ao próprio jogo de atuação, nem nos estudos, nem no espetáculo. "As técnicas propostas por Dalcroze

---

131 L. Svérdlin, *Stati, Vospominánia*, p. 196.

132 Curso de Meierhold no GVYRM, 19 nov. 1921, parcialmente traduzido em meu artigo, La Musique dans le jeu de l'acteur meyerholdien, *Le Jeu de l'acteur chez Meyerhold et Vakhtangov*, p. 42-43.

133 RGALI, 998, 733. Dossiê GVYRM. Plano de trabalho, outubro de 1921. Há mesmo exercícios para desenvolver a acuidade visual, a sensibilidade às nuanças de cor, de luz, para avaliar as distâncias, a partir de quadros do mestre.

tornam-se perigosas quando se põe a montar um espetáculo", diz ele em 1921[134]. Meierhold recusa toda concordância entre a música e a gestualidade, toda submissão estrita do movimento à música, toda repetição do sonoro no visual, toda encarnação plástica da música no gesto. No estudo biomecânico, não há fusão do movimento e da música, cada qual existe em sua esfera, com tempos de coincidência, sem dúvida, mas acima de tudo de contrapontos livres. A música é suporte, sustentáculo, meio de se referenciar no tempo, mas um princípio fundamental de diálogo rege suas relações com o movimento. A biomecânica se apoia em ritmos musicais que concorrem para a criação e a memorização do texto gestual. Prepara o ator para o complexo trabalho musical que Meierhold, em seguida, desenvolverá em cena.

Sobre a pesquisa vocal, associada ao trabalho acerca do movimento, temos menos materiais. Meierhold trabalha a coordenação da palavra e do movimento, e o acesso à palavra passa, como no Estúdio e na Escola de Mestria do Ator, pela exclamação, pelo grito, consequências de um movimento benfeito. No fim de 1922, Tretiakov, linguista, membro do LEF*, realiza um curso no GVYTM sobre a poética, em que procura estabelecer curvas de entonação específicas a cada língua, pondo a descoberto, para o russo, diferenças segundo a pertença social ou as situações emocionais.

Paralelamente ao tratamento a que Tretiakov submete o texto de *A Terra Encabritada*, em que reestrutura as réplicas a tal ponto que elas se tornam gestos sonoros, solidamente assentados sobre as consoantes, as onomatopeias, a repetição, as mudanças de ritmo, Meierhold projeta com ele fixar graficamente a partição vocal, a escansão e as variações dos volumes sonoros de cada papel e levantar paralelamente gráficos de movimentos precisos das diferentes partes do corpo, a fim de tentar apreender a "palavra-movimento", célula da expressividade teatral, com base na articulação sonora e gestual de um texto especialmente concebido para esse efeito. Outros modos de abordagem seguirão: Mikhail Gnessin virá ensinar um "solfejo do discurso" e numerosos poetas e escritores lerão suas obras no curso de Meierhold: Maiakóvski, Béli, Erdman... A maneira de Maiakóvski é por si só, para os atores, toda uma escola de precisão do pensamento, de elã de expressão, de inserção do ritmo na dicção.

A Biomecânica como Espacialização do Pensamento e da Emoção

Além de sua formulação agressiva, fortemente marcada por uma época, uma ideologia, o estado das descobertas científicas, a biomecânica não deve ser compreendida, portanto, apenas como uma série de exercícios destinados aos jovens atores de Meierhold, muitas vezes ainda inexperientes, que, por seu turno, os ensinam nos clubes de teatro autoativos que eles animam, clubes operários ou do Exército Vermelho,

134 RGALI, 998, 734. Meierhold, curso n. 2 no GVYRM, estenograma, out./nov. 1921.

Estúdios de diferentes nacionalidades abertos em Moscou, ou ainda, como Eisenstein, no Proletkult. Não se deve considerá-los de maneira restritiva, nem vê-los tão somente como um meio de transformar rapidamente uma "cômoda falante" em ator mais ou menos expressivo, em todo caso provido de um mínimo de consciência corporal. Ao modo de escalas, de exercícios de Hanon ou de Czerny, segundo a expressão de Gárin, esses estudos de biomecânica são treinamentos para o virtuosismo técnico que permitem ao comediante exercitar seu corpo, como o músico exercita o seu para o seu instrumento, e que liberam sua *imaginação*. Embora o Laboratório de Biomecânica continue a existir, esses exercícios e estudos perderão progressivamente seu caráter de obrigação para os atores que, entretanto, prosseguirão todos a praticar uma disciplina esportiva. Mas os princípios que inspiram esses exercícios permanecerão sempre em vigor para a abordagem do jogo de atuação, e treinamentos específicos serão estabelecidos para certos espetáculos em função dos problemas que eles apresentam ao ator. Aliás, poder-se-ia, no limite, considerar a série de exercícios de 1921-1922 como o treinamento específico correspondente às tarefas de uma encenação precisa, a de *O Corno Magnífico*.

    A biomecânica é um método de jogo de atuação que funda uma espacialização do pensamento e da emoção. Se o "teatro de feira" se apoia na distância que separa o ator da máscara ou da personagem que ele representa e joga com as variações dessas distâncias, se o teatro engajado faz do ator um orador (*As Auroras*, pregações à plateia), um *clown* ou um enviado da sala da qual ele se aproxima por sua indumentária (*O Mistério-Bufo*) e mistura nele essas diversas funções, a biomecânica lhe permite afinar essas técnicas. Além da distância ator-personagem, ela introduz de fato a dualidade no próprio coração do ator e radicaliza a estética meierholdiana do duplo, dividindo-a tanto no treinamento como na cena em ator-material e em inteligência organizadora que controla, manipula, olha, observa, admira. A biomecânica disseca o movimento cotidiano e o remonta em momentos sucessivos e antagonistas.

50 *Biomecânica. Estudo "A Bofetada", realizado sobre os telhados do teatro que domina o centro de Moscou.*

Permite construir o teatral sobre a enformação de um mecanismo tão bem dominado que se torna possível ao ator descartar-se dele. Meierhold citará o exemplo de um par de palhaços excêntricos com chapéu de coco e sapatos enormes que, sobre um torniquete, realizam todas as espécies de exercícios, um com perfeição, outro falhando em tudo... "Quem possui mais mestria?", pergunta Meierhold, que responde: "Aquele que trabalha mal [...]. Os excêntricos são pessoas que possuem uma técnica espantosa [...], Eles conhecem as leis fundamentais da biomecânica [...]. Os grandes ginastas que trabalham em dupla e cuja técnica é cada vez mais perfeita não têm nada mais a fazer senão derrubar as normas"[135]. Conhecer as leis mecânicas de um organismo para recriar em seguida o ser vivo na ação e não por meio da revivência coloca ênfases que vão contra elas, infringindo-as de maneira criativa, é dar nascimento à vida cênica e encontrar o grotesco. Ao defender a biomecânica dos ataques de Taírov, Meierhold escreve: "O grotesco é a natureza do teatro"[136]. A abordagem biomecânica fornece as estruturas necessárias a esse jogo de atuação: o material e o organizador, o mecânico e o ser vivo, a regra e sua transgressão.

Enfim, pelo domínio do movimento, ela enforma o espaço. Todos os exercícios de biomecânica podem ser considerados como exercícios de "relacionamento", criadores de espaços que tem por objetivo desenvolver a capacidade de orientação do ator em relação a si mesmo, ao lugar, ao tempo, a outrem, conforme as regras cuja formulação lembra a das artes marciais.

1. Pôr em relação diferentes partes do corpo do ator entre si, na consciência e no controle, participação de todo o corpo no menor movimento e na busca constante do equilíbrio (busca do centro de gravidade).

2. Pôr em relação o corpo com um espaço preciso em suas dimensões, sua forma, determinado por uma figura geométrica imaginária (reta, círculo) ou pela disposição do grupo. Coordenação do corpo e do espaço (*partire del terreno*), ou, para empregar uma linguagem atual, do espaço postural e do espaço circundante. Faculdade de adaptação

[135] Segundo curso de Meierhold na Faculdade de Atores do Gektemas, jan. 1929, publicado em *Teatr*, n. 2, p. 33-34.

[136] Critique du livre..., *Écrits*, 2, p. 72.

ao espaço. Importância do golpe de vista justo como instrumento de medida para calcular as distâncias.

3. Pôr em relação o corpo com o espaço e o tempo. Trabalho rítmico que dinamiza o espaço. Ritmo musical que estabelece referências.

4. Pôr em relação o corpo do ator com o do parceiro, com o grupo. Trabalho coletivo, em harmonia com o grupo, em resposta-reflexo ao do parceiro. O ator deve encontrar seu caminho no interior do movimento complexo da massa e conservar os intervalos dados. Papel do *otkaz* nesse trabalho coletivo.

5. Pôr em relação o corpo com o objeto imaginário, manipulado (designá-lo, apanhá-lo, utilizá-lo).

6. Pôr em relação o corpo do ator e do observador, que deve "sentir inquietude" à vista desse ser vivo que funciona como um conjunto de alavancas, no exercício[137].

O domínio do espaço se reduz a ocupá-lo nem muito nem muito pouco: o ator não deve "apropriar-se demasiado do espaço"[138]. Economia no gesto, concentração, calma. Mas ele deve ocupar todo o espaço que lhe é, em cada caso, concedido, horizontal e verticalmente. Os exercícios de biomecânica são experiências de tomada de conhecimento de diferentes espaços por diversos tipos de movimentos, a fim de dar aos atores uma estruturação comum. O ator trabalha – nos diferentes modos de pôr em relação – sobre quatro tipos de espaços: aquele em que seu próprio corpo está em relação consigo mesmo, descreve figuras e manipula objetos (tiro com arco, malabarismo); aquele em que está em relação mais ou menos próxima com um parceiro, relação determinada seja pela ausência de distância entre eles, em um corpo-a-corpo ou em um contato de corpos em diversos pontos (cavalos, salto sobre as costas), seja pela distância de um olhar que intenta ligar o outro a si; aquele em que está em relação com o grupo com quem ou contra quem trabalha; e, por fim, aquele em que está em relação com o público, pois um exercício é sempre executado por um observador.

Os exercícios e estudos são assim uma espécie de abc da prática dos diferentes espaços em que o ator deve, segundo organizações geométricas variadas, em linha aberta, em círculo fechado, em quadrado completo, organizar as reações de seu próprio corpo, reagir a outrem (parceiro, par), estar de acordo com o grupo, ter em conta o espectador. Essas alternâncias entre espaços íntimo, pessoal, social e público[139], e sua combinação determinam o jogo biomecânico e uma partitura gestual que, na ausência de uma cenografia figurativa, conota as diferentes partes da área cênica.

A tomada de consciência dos planos ocupados pelas diferentes partes do corpo no espaço permite trabalhar o *rakurs*: conceito pictórico, o escorço é uma rubrica específica do jogo biomecânico. É uma maneira de apresentar o corpo, para desenvolver sua expressividade, de lado, em ângulo, ou como visto de baixo, em uma disposição espacial

---

137 Todas essas regras são tiradas dos *Meierhold o Biomekhanike*, RGALI, 963, 1338 e 998, 740. Dossiê sobre a biomecânica. Sucessivamente, remete-se para os enunciados n. 12, 6-7, 9-35 e 21. Cf. tradução de B. Picon-Vallin em Enoncés, *Exercice*(s), *Bouffonneries*, n. 18-19.

138 Idem, enunciados n. 12-13.

139 Retomando as classificações de E. T. Hall, *La Dimension cachée*, p. 147.

não cotidiana. O exemplo que Meierhold dá a seus atores é o de um brinquedo, o Bi-Ba-Bo, figurinha redonda e instável cuja expressão muda em função de seu movimento de balancim e de sua posição em relação à vertical. No escorço se exprime o domínio do corpo no espaço, visto que se trata de criar fendas, novas *assemblages* de planos no jogo corporal, tais que o poeta Vadim Scherschenévitch pôde qualificar o ator Ilínski de cubista do gesto. A espacialização biomecânica aprofunda as relações entre o teatro e as artes plásticas de vanguarda, o cubofuturismo e o construtivismo. Do mesmo modo que Ekster ou Ródtchenko, Meierhold utiliza a diagonal como linha de deslocamento para os estudos e os jogos de cena, na medida em que ela permite uma elongação máxima do espaço e a apresentação do corpo em escorço de três quartos. A extensão do corpo em vertical fará uso dessa linha no desenho das pernas e dos braços dos atores de *O Corno Magnífico*, em eco às diagonais da construção.

O ator biomecânico, criador de formas plásticas no espaço, sabe, portanto, organizar seu corpo em cena. Sem reduzi-lo ao estado de máquina, o princípio do corpo-máquina facilita a execução das tarefas complexas que lhe incumbem. A decomposição do movimento em fragmentos cesurados, de diferentes comprimentos no estudo, o incita a decompor seu papel no interior de suas diversas sequências em fragmentos espaçotemporais, depois a remontá-lo combinando fases opostas. Ela lhe permite valorizar a expressividade de certas partes do corpo no trabalho cênico. Sua capacidade de improvisação não é negada: destacada da inspiração, é proporcional a uma memória plástica, a suas reservas técnicas, a sua excitabilidade. Mesmo se em 1921-1922 o termo não aparece em Meierhold, é na montagem que o método biomecânico prepara, com seu estudo analítico do movimento em que cada fragmento, importante em si, só adquire sentido no desenrolar rítmico do conjunto. Essa montagem no jogo da atuação concerne não apenas aos espaços, às diferentes partes do corpo, mas também a técnicas tomadas de empréstimo a artes variadas. O encenador Iutkévitch falará da "textura" complexa do jogo de atuação de Ilínski[140] em *O Corno Magnífico*. O conceito tatliano caracteriza aqui o jogo como montagem de materiais heterogêneos unificados pelo ritmo da ação e à mestria do ator: saltos acrobáticos, socos ou jogo de pernas de boxeador, cambalhotas de ginasta, exclamações de *clown*, gritos de ventríloquo. Esse trabalho de montagem tende para certa abstração que o teatrólogo Pável Márkov ressalta, ao mesmo tempo que põe em evidência, o caráter concreto dos fragmentos utilizados. Um jogo assim suscita uma tempestade de emoções na sala, pois "pelas combinações hábeis e complexas dos movimentos de seu corpo", Ilínski age sobre o espectador contemporâneo "quase fisiologicamente"[141].

O pensamento espacial e cinético que a biomecânica procura desenvolver no ator prepara-o, pois, para tarefas mais complexas do

140 S. Iutkévitch, *Igor Ilínski*, p. 8.

141 Cf. P. Márkov, *Sovremênie Akteri, Vremênnik Russkogo Teatralnogo Obschtchestva 1*, p. 252.

que uma simples mecanização corporal. Por uma quadriculação precisa de sua área (superfície) e de seu volume de atuação (extensão vertical), medidos concomitantemente pelo tempo (música) e por seu próprio corpo, leva-o a dar vida a um espaço teatral, individualmente, por meio de passos, por um trajeto, uma corrida, um salto, uma relação com o solo, uma queda, e coletivamente por uma procissão, uma luta, uma dança; prepara-o para executar movimentos que, sem função ilustrativa em relação às réplicas, são o próprio texto do ator-inventor, sua expressão plástica e potente. O construtivismo teatral coloca o ator meierholdiano perante tarefas de criação de imagens espaçorrítmicas, permitindo-lhe atuar como que em primeiro plano diante de um grande auditório, com uma visibilidade maximal. Ele o leva a construir o papel arrumando aí tempos de repouso, à diferença do jogo ininterrupto que reina na cena do Teatro Artístico. Ele racionaliza seu figurino que é também objeto do jogo de atuação, e que, como os objetos que o ator manipula, deve ser considerado como uma parte de seu corpo. Meierhold recusa a "heresia" da nudez da malha colante ou do corpo desvelado. A *prozodiéjda* é prática: ampla, facilita os movimentos e os destaca.

O trabalho do ator é "conhecimento de si no espaço", afirma Meierhold em 1921[142]. A área cênica é designada, com o construtivismo, como um teclado complexo em que cada "toque" do dispositivo e do palco de cena representa uma tarefa para cada membro do coletivo de trabalho resolver. A construção é ao mesmo tempo instrumento de conhecimento (sobre ela, apresentam-se jogos de cena e desenvolvem-se exercícios de biomecânica), meio de exploração dos espaços e meio de expressão. "O sentido da biomecânica é o de abrir para o ator a linguagem esquecida do pensamento plástico, capaz de exprimir uma personagem, uma psicologia e o próprio ator no espaço", escreve Nina Velekhova[143]. A partir de um trabalho mecânico corporal, mas sem jamais tê-lo como um fim em si, Meierhold confere ao gestual um elã, uma força, dota-o da energia da ação física real e não simulada. Não há senão um estado de vida cênica do ator; é a energia, com seu equivalente psíquico, a alegria. Até para representar o abatimento, o jogo enérgico de atuação é o único meio de "ultrapassar a rampa", de obter o contato com espectadores que poderão então apreciar o teatro, em vez de esvaziar suas salas em proveito dos estádios[144].

O influxo energético é comunicável, passa de um ator cheio de vontade e de força interior a uma sala ativa pronta a rir, a arrepiar-se, gigantesca câmara de eco. O espectador é "o ressoador ser vivo que responde a todas as invenções da mestria do ator que deve reagir às reações de seu ressoador pela improvisação"[145]. A energia só é liberada no deslocamento, na circulação, no diálogo e na luta. A arte – "luta contra o material"[146] – é uma fórmula que define melhor o teatro de Meierhold nesse início dos anos de 1920 do que a de "prestidigitação com o

142 RGALI, 998, 739. GVYRM (1921-1922). Notas ordenadas por Z. Vin e V. Fiódorov. Curso de Meierhold, *Iskusstvo Sceni.*

143 N. Velekhova, Govori s Meierholdom, *Teatralnie Stranîtsi,* p. 277.

144 Cf. E. Gárin, op. cit., p. 41.

145 RGALI, 998, 739. GVYRM (1921-1922). Notas ordenadas por Z. Vin e V. Fiódorov. Curso de Meierhold, *Iskusstvo Sceni.*

146 RGALI, 963, 1338 e 998, 740. Dossiê sobre a biomecânica *Meierhold o Biomekhanike,* n. 28.

material". Todo o jogo de atuação vai ser construído sobre a produção e o controle da energia, a ultrapassagem dos obstáculos, a autolimitação, o *emploi* e o *contre-emploi**, sobre conceitos dinâmicos tais como aceleração, desaceleração, freagem ou complicação, resistência. É por meio de uma luta de forças em presença que a forma atingirá seu mais alto grau de expressividade, encontrará sua "acuidade".

O domínio do espaço-tempo cênico enforma, condensa, "versifica" o discurso do ator e lhe dá a possibilidade de pensar como poeta de uma maneira ao mesmo tempo mais ampla e mais aguçada. A mestria faz do ator o seu próprio encenador, que conhece a "cenometria" ou a ciência do modo do ator colocar-se em cena, segundo Meierhold, capacitando-o a assumir a composição dos jogos de cena complexos, em que o Mestre o inicia, ao descrever os de seu *Dom Juan* ou de seu *O Baile de Máscaras*. Seus atores se tornarão amiúde encenadores. Porém, em 1922, são numerosos os que pensam que a biomecânica, tal como a percebem em *O Corno Magnífico*, reduz o ator a uma marionete e constitui apenas a louca destruição de toda uma cultura teatral, ainda que a biomecânica acabe de converter o ator na plataforma giratória do espetáculo.

Existem à época outros métodos de formação do ator, baseados, como a biomecânica, em uma abordagem científica do movimento e do mesmo modo opostos tanto ao sistema stanislavskiano quanto à grande voga da dança livre, dança plástica à la Duncan, que seus adversários denominam maldosamente "plastituição". Dois outros nomes devem ser aqui associados ao de Meierhold: Boris Ferdinandov e Nicolai Foregger que, em 1921, animam sob o mesmo teto um ateliê ao lado do seu. O primeiro organiza movimento, mímica e palavra segundo o "metrorritmo", em outras palavras, estrutura-os em frases ou sílabas acentuadas ou não acentuadas, longas, ou breves, e se apoia nas pesquisas do OPOIAZ* para extrair um canevás métrico extremamente constrangedor. O *tafiatrenai* de Foregger é um treinamento que se inspira na biomecânica de Meierhold e nas ideias de Rudolf von Laban e compreende mais de quatrocentos estudos para exercitar um corpo-máquina, em que o temperamento desempenha o papel de combustível. Esse treinamento se apoia em uma formação de dança clássica, de acrobacia, de esporte, na cultura psicofísica (desenvolvimento do controle, dos reflexos e da excitabilidade). Foregger orienta o teatro para a dança como meio de exprimir a energia, a saúde, a juventude e o dinamismo de um corpo ou de uma massa de corpos[147]. Um último tipo de trabalho teatral sobre o movimento concerne aos teatros nacionais cujo melhor representante é Aleksandr Granóvski que, no Goset* de Moscou, disseca e raçionaliza os comportamentos rituais e tradicionais dos judeus dos guetos russos. Nessa cultura do corpo biomecânico, em que se afirmam as forças do teatro de esquerda, trata-se da busca de um novo estatuto para o ator que, disciplinado, musical, acrobático, trabalha no seio de um coletivo

* *Emploi*, termo específico de teatro, constitui o tipo de papel do qual se encarrega um ator, para uma definição mais detalhada ver P. Pavis, *Dicionário de Teatro*, 3. ed., São Paulo: Perspectiva, 2011, p. 121-122 (N. da T.).

147 Cf. N. Foregger, Opiti po Povodu Iskusstva Tantsa, em *Ritm i Kultura Tantsa*, p. 38 e 48.

como um operário, como um artista de circo na arena, como um "profissional" que é também livre, alegre, hábil, audacioso em seu corpo, em seus atos, assim como em suas palavras, e o qual a cada instante da existência cênica põe em evidência a originalidade e a complexidade do *métier*. Ofício que exige uma qualificação ainda maior, porque implica um desenvolvimento maximal do ator e de seu duplo: o intelectual e o trabalhador manual, o acrobata e o tribuno...

A Racionalização do Trabalho do Encenador

O esforço de racionalização, além do trabalho do ator, afeta o do encenador. Meierhold abarca em seus cursos de "ciência da cena", em que procura estruturar a organização da produção de um espetáculo, a totalidade das tarefas que incumbem ao encenador ou, antes, à equipe de encenação, na qual o trabalho se distribui a cada um conforme a sua especialização e uma estrita hierarquia. À testa da equipe, o *"metteur en scène* criador", o mestre assistido por seus "laboratoristas" que trabalham com os atores, depois por encenadores copistas que reproduzem as etapas de trabalho do mestre, por ajudantes de encenadores e por encenadores organizadores que coordenam a produção do espetáculo e seu andamento em cena.

As diferentes etapas que balizam a "via da criação do espetáculo"[148] são repertoriadas, passo a passo, com uma vontade polêmica de ordem a opor-se ao caos da inspiração e da boêmia. O processo de criação no teatro começa no período de organização da trupe e da equipe de encenação, prossegue pelo estudo do texto e por pesquisas documentais muito aprofundadas em torno do tema, do autor, dos espetáculos anteriormente realizados, destinados a avaliar o lugar da peça em sua época, e não repetir os erros cometidos, ou a utilizar as descobertas já feitas. Compreende-se aqui que todo espetáculo é considerado um elemento da "ciência da cena" que ele está destinado a fazer progredir. O período inventivo do encenador toma apoio no seu "credo" a propósito da peça, da dramaturgia, do espetáculo futuro. O encenador deve então escolher o local da representação (ar livre, circo ou teatro) e decidir o lugar e a duração dos entreatos, enfim, refletir sobre a composição social da plateia para a qual trabalha. Ele esboça a solução cenográfica e as grandes linhas do jogo de atuação no espaço escolhido. É nesse espaço cênico esboçado que o ator estuda primeiro as linhas de seu corpo e de seus movimentos. "Começar desde logo pelos movimentos mais grosseiros, depois virão os mais refinados. Pois quando se desenha uma árvore", continua Meierhold, "a gente começa pelo tronco, não pelas pequenas folhas". O ator deve já ver-se e se entender como estando em cena[149].

Em seguida vem a colaboração do encenador e do ator, o trabalho com o músico, com o construtor. Uma interrupção é então programada

[51] *A biomecânica. Desenho espaço-dinâmico de I. Schlepiánov: as pernas são molas.*

[148] RGALI, 998, 739. GVYRM (1921-1922). Notas ordenadas por Z. Vin e V. Fiódorov. Curso de Meierhold, *Iskusstvo Sceni.*

[149] RGALI, 998, 732. Cinco encontros de Meyerhold com os alunos do GVYRM (3-8 de outubro de 1921). Notas de alunos. Quinto encontro.

antes dos ensaios; é o tempo de amadurecimento necessário, tão caro a Meierhold quando dispunha da possibilidade de estender o preparo de seus espetáculos por vários anos. O espetáculo é encarado como a última etapa do trabalho, mas deve evoluir. O recurso a esquemas, quadros e gráficos, destinados a fazer aparecer a construção da peça, os momentos a sublinhar, os momentos a atenuar, a divisão em *emplois*, a lista-montagem dos objetos, é essencial. Esse método definido ponto por ponto é, entretanto, mais indicativo do que coercitivo. Cumpre ver aí uma vontade pedagógica de formar jovens encenadores e não de lhes impor uma golilha.

Meierhold se interessa pela redação de cadernos de direção, de partituras de encenação. Exemplar geral e pessoal do *metteur en scène* com todos os elementos sobre a peça e a preparação do espetáculo, exemplar de trabalho, espécie de bloco de notas preso à sua cintura, que utiliza nos ensaios para as anotações e observações, exemplar do assistente de encenação, seu "alter ego", em que se encontram fixados em particular a marcha rítmica do espetáculo e os sinais que o encenador deverá enviar à cena, se ele dirige o espetáculo como um regente de orquestra, de uma cabine construída especialmente para esse efeito. Como redigir essas partituras cênicas? Qual grafismo, qual disposição, quais signos empregar? Meierhold convida seus alunos a dar mostras de inventividade, a descobrir a forma mais prática de unir todas as informações, de fazer projetos para as "folhas de montagem" relativas aos acessórios, à luz, ou para os "exemplares da encenação" destinados a registrar depois de apresentado o espetáculo e, assim, "tirar o teatro contemporâneo do impasse em que se encontra"[150]. Esse problema continuará sendo o de todos os laboratórios sucessivos do teatro de Meierhold e, em 1934, o do NIL* (Laboratório de Pesquisa Científica). Mas, desde 1922, esse desejo expresso de racionalizar a criação por meio de processos de trabalho estritamente definidos, por uma organização clara e hierarquizada à qual devem conformar-se a criação e a arte, é completado e temperado pela emergência de um outro modelo, a organização da orquestra e da criação musical.

A Via do Grotesco

A racionalização do jogo de atuação e do espetáculo aplica-se a uma peça que está longe de reunir unanimidade na crítica soviética. A escolha de *O Corno Magnífico*[151] traduzida por Aksiónov, que adaptou igualmente em russo e leu aos estudantes do GVYRM o *Ubu Rei* de Jarry, parece de fato ter sido muito discutida: a história de um homem, loucamente apaixonado por sua jovem mulher, que é tomado

150 RGALI, 998, 732. Idem. Terceiro e quinto encontros.

151 Crommelynck não é um desconhecido na Rússia visto que *Le Sculpteur de masques* foi traduzido por Constantin Balmont e publicado em *Vessi*, n. 5.

de ciúmes por ela a ponto de fazer passar por sua cama todos os homens de sua aldeia a fim de descobrir seu presumido rival, preferindo criar as situações que mais teme do que suportá-las passivamente, está longe aparentemente de constituir um tema revolucionário. Aliás, Meierhold é o único a atrever-se a montar a peça em Moscou, e até a crítica favorável à encenação considera geralmente que ele realizou um bom espetáculo de uma farsa de má qualidade. Outros põem peça e espetáculo no mesmo saco, criticando-os pela comum "decadência", odiosamente tolerada e mesmo louvada em pleno regime comunista. Lunatchárski escreve: "Sinto vergonha pelo público que desata em riso animal com as bofetadas, quedas e grosserias"[152], e retira-se da sala em plena representação. Ele terá oportunidade mais tarde para mudar esta opinião.

A Composição Paradoxal

Por que escolher essa peça? Não será ela, de início, apenas um simples pretexto para desenvolver as novas conquistas no domínio da cenografia e do jogo do ator, como disseram? Certamente não, e a escolha para a temporada de 1925-1926 de outra peça de Crommelynck, *Tripes d'or* (Tripas de Ouro), em uma tradução do mesmo Aksiónov, basta para mostrá-lo, mesmo se o projeto de uma encenação excepcionalmente confiada a Eisenstein, que pouco depois deixou o teatro, não foi levado a cabo. Talvez, o que interesse a Meierhold aqui, é o fato de corresponder quase ao pé da letra à *première* parisiense do Théâtre de l'Oeuvre em dezembro de 1920. Mas a escolha é ditada, sobretudo, pela audácia de Crommelynck e pela estrutura de sua peça, que corresponde ao tipo de dramaturgia de que Meierhold necessita e irá suscitar ao longo dos anos de 1920. Com sua demonstração paradoxal de ciúme, *O Corno Magnífico* é uma farsa trágica que se desenvolve ao mesmo tempo no meio tacanho de uma aldeia e no espírito monomaníaco de Bruno. "Em *O Corno Magnífico*", escreve Crommelynck, "há uma personagem, Bruno. Os outros são espelhos, esse jogo de reflexos constrói e explica a peça"[153]. Nesse quadro reduzido, todas as deformações são possíveis. A desmedida fantástica e a violência das imagens, das situações do comportamento de Bruno se desdobram sobre um solo real e a peça propõe a Meierhold uma mescla de verossimilhança e inverossimilhança. Ele irá, aliás, amplificar essa dramaturgia paradoxal, visto que transformará tudo o que, na peça, pode parecer escabroso em uma demonstração estrepitosa das possibilidades do novo homem, valorizando o aspecto são e feliz do ator-intérprete.

Três outras razões justificam ainda essa escolha. *O Corno Magnífico* põe a nu a lógica interna de um ciúme compulsivo, desmonta-a, leva-a a desenrolar-se fora de todo elemento exterior. O autor projeta essa paixão em uma série de manifestações em cadeia, palavras ou

---

152 Cf. Meyerhold à Lounatchárski (maio de 1922), *Écrits*, 2, p. 95.

153 Cf. J. Moulin, *Fernand Crommelynck ou le théâtre du paroxysme*, p. 71.

ações. No Ateliê do Ator, *O Corno Magnífico* é, portanto, um material ideal para o estudo de uma paixão em estado puro e para a tradução da psicologia na linguagem dos reflexos, da fisiologia e da mecânica do corpo. A peça não descreve o desenvolvimento cronológico do drama, não mostra a evolução da personagem, estuda-o em profundidade. Ademais, oferece a Meierhold, como *O Mistério-Bufo*, a possibilidade de um retorno direto às fontes populares do teatro de feira e do carnaval em que mergulha a escritura truculenta de Crommelynck. Enfim, essa dramaturgia é uma dramaturgia grotesca no sentido meierholdiano: na França como na Rússia, a crítica a situou bastante mal, a tal ponto que se pôde falar de uma querela de *O Corno Magnífico*: "Normas latinas inseridas em uma petulância nórdica, realismo psicológico e lirismo do exagero, tragicômico associado às dimensões mais estranhas do fantástico, quem não vê que se trata aqui de um teatro de choque, nascido das mais violentas oposições que possam ser concebidas?", escreve hoje J. Moulin, exegeta belga de Crommelynck[154].

A crítica soviética não a considera senão uma peça burguesa escandalosa, pois seus temas, sexo, ciúme, adultério, concordam mal com os imperativos do novo regime. Ora, Meierhold, que entendeu muito bem a essência dessa dramaturgia, exprime-se por meio dela em três níveis. Dirige-se, para começar, aos detratores da peça, aos "tartufos do comunismo e aos cornos da moral"[155], aos quais dá uma resposta de ordem ética, que visa a pudicícia de uma sociedade atrasada; aos políticos conservadores, a seguir, dá uma resposta de ordem ideológica, porquanto em sua encenação, investe contra o ciúme, expressão do velho mundo e de uma psicologia ultrapassada, contra um sentimento que, segundo a feminista Aleksandra Kollontai, o novo homem não deve mais sentir. Meierhold labora assim no sentido da "reconstrução" dos sentimentos, do amor e das relações cotidianas entre homens e mulheres, no sentido do grande mito do "limpo" e do "claro" que domina as ideologias artísticas do início dos anos de 1920. Não há, na encenação dessa história incrível, recuo em relação a uma temática revolucionária, pois a própria forma se torna conteúdo.

Aos produtivistas, enfim, Meierhold dá uma resposta teatral, uma vez que se trata da reconstrução do homem pelo teatro, pela arte. *O Corno Magnífico* sublinha uma vontade de escolher para essa demonstração uma *ficção*, uma situação inverossímil e, por meio dela, afirmar ao máximo a teatralidade. No ano seguinte, *A Terra Encabritada* parece negá-la ao contrário, introduzindo – último avatar do construtivismo cênico – objetos reais no palco, metralhadoras do Exército Vermelho ou ceifadeiras-debulhadoras e o *páthos* revolucionário da reconstrução do país. Essas duas linhas, ficção e teatralidade, *páthos* e realidade, alternam-se na sucessão dos espetáculos meierholdianos e, no interior de cada espetáculo, compõem o diálogo do encenador consigo mesmo. Ao nível do espetáculo, assim como ao nível do repertório, trata-se de

154 Idem, p. 84.
155 Cf. supra, nota 111.

fazer da cena um lugar nevrálgico, até detonador, de encontro, de conflito entre a arte e a vida, entre a utopia e a realidade.

O fato como tal não interessa a Meierhold, que jamais partilhará da doutrina factual do LEF, que, por sua vez, reduz a arte à reportagem, a uma montagem de objetos reais. A relação de Meierhold com o fato autêntico é complexa e ambígua. Ele recheia uma ficção de fatos reais (*O Mistério-Bufo*), ramifica a escritura simbolista sobre a realidade, dinamitando então essa forma pela explosão do acontecimento bruto (*As Auroras*); ele contrabalança a ficção, faz com que estoure pelo peso da realidade introduzida na forma, no jogo de atuação, nos materiais (*O Corno Magnífico*). Ele projetará o fato para o futuro, para a *science-fiction* (projeto *Khotchu Rebenka* [Eu Quero um Filho] de Tretiakov), ou para o passado (a guerra civil se aureolará de um halo de lenda com *Kommandarm 2* [O Comandante do Segundo Exército]). No teatro engajado, o fato real tira seu valor e seu impacto tão somente de sua relação com a ficção, desse tratamento específico. É o levedo de um espetáculo, mas o espetáculo jamais pode se reduzir a isso. Daí a aversão manifestada, as recusas notificadas por Meierhold com respeito a peças que tratam de uma atualidade estreita, e correlativamente seu gosto pelos temas alambicados (as peças de Aleksei Faikó, *O Lago Lull* ou *O Professor Bubus*), ou pela *science-fiction* das peças de Maiakóvski. O fantástico (revolução na ilha do *Lago Lull*, impostura de Bubus, ciúme patológico de Bruno) ou os mergulhos para o futuro (a máquina de circular no tempo de *Baniá* [Os Banhos] de Maiakóvski, a ressurreição em *Klop* [O Percevejo]) são elementos de ficção "superativada" que fazem parte da composição de todos os espetáculos meierholdianos e que têm um papel a desempenhar na percepção do espetáculo. É característico a esse respeito que *Ritchi, Kitai!* (Ruge, China!), uma das raras peças da dramaturgia factual montada no TIM[•], não a tenha sido por Meierhold, mas por seu discípulo Fiódorov, e que ele próprio haja assumido apenas a correção.

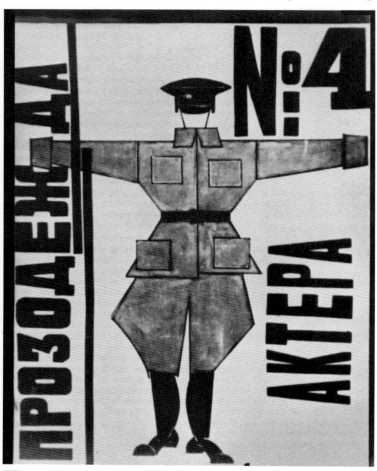

52 *A roupa de trabalho, uniforme do ator: uma prancha da série "A Prozodiéjda do ator" por L. Popova, 1921-22.*

É nesse jogo constante entre os tempos do teatro e os tempos da história, entre a ficção extrema e a realidade bruta, nas pontes que lança entre eles, nos recuos, nas reaproximações, nas fusões às vezes, que se realiza o teatro meierholdiano.

Para cativar a atenção do público, o teatro recorreu amiúde à composição paradoxal que Meierhold definiu como a exposição de uma "situação tradicionalmente cômica em um plano trágico e vice-versa"[156]. Esse trabalho sobre a inversão de perspectiva dramática leva em *O Corno Magnífico*, através da compreensão profunda do estilo de Crommelynck, a projetar uma farsa trágica em uma utopia jocosa. Tripla mistura eficaz: a farsa perde seu caráter escabroso. As situações, até as mais ambíguas, são neutralizadas pela ingenuidade do jogo, pela construção simples e direta dos jogos de cena, tão precisa quanto um escalpelo.

Devido ao físico esportivo e ao rosto corado, Ilínski foi escolhido para o papel de Bruno que, durante o espetáculo, não envelhece (contrariamente às rubricas que, em Paris, Lugné-Poe segue à risca) e devido às únicas transformações que o jogo biomecânico submete a personagem, Meierhold aprofunda a peça sem limitá-la ao sentido restrito de uma intriga de alcova. "É fisiologia que se torna metafísica", escreve Pável Márkov[157]. O espectador é seduzido pela mestria real do ator, que não se esconde atrás de nenhuma grimaça, de nenhuma característica externa, e o papel de Bruno, imenso para um ator de vinte anos, permanecerá um dos melhores do repertório de Ilínski. Saber controlar seu corpo lhe permite combinar nele todas as partes de nova maneira, e as técnicas cômicas se organizam sob princípios de deformação e distanciamento: grimaça brutal sobre um semblante indiferente, movimento inesperado de mãos que transforma a posição do corpo e dá a impressão de um títere, pausa à qual sucede o movimento brusco de um braço ou de uma perna. Ou então o rosto móvel congela-se subitamente em um momento estático, grito de angústia ou de alegria, uma mão permanece suspensa no ar como morta, enquanto o resto do corpo se move com rapidez, ou ainda o movimento se repete e o corpo converte-se em máquina estranha. Bruno é engraçado, "mas de tal modo que o riso fica bloqueado na garganta como uma espinha de peixe", observa Iutkévitch[158].

De início, o texto, que sofreu vários cortes, é considerado um roteiro imediatamente traduzido em uma cascata de ações cênicas multiplicadas a partir do modelo proposto por Crommelynck, desde a bofetada que Bruno desfecha em Petrus no ato I[159]. Esse roteiro pantomímico é composto pelas ações dos atores que reagem um com o outro e que agem com a construção; ele exterioriza, visualiza os sentimentos, as relações, o desenvolvimento dos pensamentos. Essas ações são simples, elementares: andar, correr, subir, descer, escorregar, sentar-se, suspender-se, rastejar, lutar, estender-se, dançar. Por

53 *O Corno Magnífico. O burgomestre (A. Temerin). Desenho de Schlepiánov.*

156 V. Meyerhold; V. Beboutov; I. Axionov, *L'Emploi de l'acteur*, op. cit., p. 83.
157 P. Márkov, *Sovremênie Akteri*, op. cit., p. 247.
158 S. Iutkévitch, op. cit., p. 8.
159 F. Crommelynck, *Le Cocu magnifique*, *Théâtre*, t. 1, p. 41.

isso o espectador recebe emoções e ideias condensadas e purificadas, estranhamente convincentes na sua redução ao seu esquema dinâmico, sem floreios: nascimento, desenvolvimento, culminação, esgotamento. Meierhold acaba aqui seu combate contra o ator do "reviver", colocando em primeiro plano a demonstração feliz do profissionalismo dos atores que triunfam sobre o enredo e impõem em cena, por sua linguagem específica, um roteiro cênico em contraponto ao roteiro dramatúrgico, desenvolvendo as potencialidades de um novo homem que teria rompido com esse mundo de paixões mesquinhas e que se abrirá livremente em um coletivo de produção. *O Corno Magnífico* foi levado à cena em um período "ensolarado" da vida pessoal de Meierhold e o otimismo e a alegria prevalecem sobre o trágico que a realização cênica deixa, no entanto, filtrar-se. Um jovem teatrólogo de Petrogrado, Gvozdev, observa:

> Sente-se uma total liberação do domínio pequeno-burguês [...]. O espetáculo desvela diante do público a nova fórmula da arte teatral e desnuda seu futuro, um futuro que será construído por pessoas que aceitarão a Revolução levada até o fim [...]. Em Meierhold, nosso riso é purificado como que por um ar que se respira na altitude, em um espaço amplamente aberto diante da futura nova humanidade[160].

"Aqui, tudo é direto [...] nenhum retoque, nenhum não dito, tudo é grandemente aberto, as coisas são chamadas por seu nome. Ao mesmo tempo, isto não choca, não ofende, não entristece. O espetáculo produz um sentimento de alegria artística", escreve o correspondente da revista *Trud*[161]. E Pável Márkov observa: "Creio que há muito tempo que, em cena, não se soube apresentar com tal pureza – e talvez jamais se tenha sabido – a tragédia e a tortura dos sofrimentos quase fisiológicos do ciúme, tragédia primordial do homem". Ilínski, no papel de Bruno, fala desse sentimento com uma violência e uma simplicidade profundas, apoiando-se em um jogo de atuação rápido e agudo, em que o corpo é posto a nu, como o é o cenário na construção, e esse jogo produz uma impressão de "proximidade física" no espectador[162].

A despeito de um enorme sucesso de público, essas opiniões estão longe de ser unânimes. Bestialidade, sujeira, "lastimáveis babuínos e acrobatas do corpo e da alma", "ignorantes e charlatões", pornografia, sadismo, é o que se pode ler sob a pena dos críticos, amiúde comunistas, que definem a biomecânica como um modo de montar a cavalo sobre as costas do parceiro, de se comportar como animais e ousar dizer com toda inocência as coisas mais grosseiras...[163]

160 A. Gvozdev, Etika Novogo Teatra, *Jizn Iskusstva*, n. 2, p. 8-9.

161 *Trud*, n. 91, 28 abr. 1922.

162 P. Márkov, Sovremênie Akteri, op. cit., p. 257-258.

163 RGALI, 963, 315. Dossiê de imprensa sobre *O Corno Magnífico* e, em particular, a polêmica em *Rabotchaia Moskvá*, n. 196-212-238.

O Comportamento Carnavalesco em *O Corno Magnífico*

No espetáculo de 1922, há uma liberdade de praça pública na palavra, no comportamento dos comediantes, nos seus excessos verbais e gestuais, nas grosseiras *gags* que Meierhold ousa pôr em cena para o grande pesar dos partidários de uma cultura refinada e de bom gosto, aquela que é inculcada ao público operário levando-o a assistir às óperas do Teatro Bolschói, por exemplo, às quais vai, aliás, de boa vontade. Uma sequência como aquela da cusparada no rosto interceptada por Estrugo, terceira pessoa alheia à disputa entre Bruno e o Vaqueiro, ou a dos jovens que, em fila indiana diante da porta de Stella, dançam um número de sapateado, para manifestar seu desejo e de sua impaciência, exprimem com franqueza uma grosseria que nenhum espetáculo de Meierhold poderia dispensar durante os anos de 1920, nem sequer *A Terra Encabritada* em que, entre os *slogans* revolucionários, vê-se o Imperador sentado em seu penico.

Do mesmo modo que o dispositivo que Isaac Rabinovitch concebe para *A Feiticeira* no Goset (1922), a construção de *O Corno Magnífico* pode ser interpretada como uma maneira de mesclar os planos, interno e externo, avesso e direito, de levar a dramaturgia à praça pública e de assestar sobre ela sua iluminação ofuscante. O construtivismo cênico é, em *O Corno Magnífico*, meio de expor com estardalhaço uma temática burguesa e individualista para desnaturá-la. Em face de um dispositivo assim, o espectador não pode mais funcionar ao nível da identificação, mesmo parcial. A construção, que Tretiakov interpreta como "um andaime de casas em construção, nossas escadas e nossos pavimentos, nossas passarelas e nossas passagens"[164], e o movimento com que a encenação a anima, projetando todo o sentimento íntimo sobre uma espécie de arquitetura urbana, expõem em plena luz e carnavalizam as situações. Alguns meses mais tarde, a construção estilhaçada em objetos minados em *A Morte de Tarelkin* levará essa tendência a evoluir na mesma veia carnavalesca. Foi possível fazer aproximações, mais ou menos fundamentadas, entre o dispositivo de *O Corno Magnífico* e um castelozinho de *guignol* ou uma tribuna construtivista de orador leninista. Mas, além da ruptura com uma concepção realista ou simbolista, figurativa ou sugestiva do lugar cênico, a novidade que introduz o construtivismo é a maneira pela qual, por causa de sua transparência, de sua submissão aos imperativos dinâmicos do espetáculo, o dispositivo só encontra sua justificativa na ação. Há criação de um espaço de jogo cuja estrutura provoca a exteriorização de todo sentimento, de todo pensamento, transformados eles próprios em ação. Ao eliminar uma leitura intimista, essa construção-praça pública, sem bastidores para esconder-se, preparar-se, onde a iluminação dos projetores localizados nos camarotes laterais permanece tão potente, quer a ação se

164 S. Tretiakov, Le Cocu magnifique, *Hurle, Chine! et autres pièces*, p. 242.

54 A Epidemia de O. Mirbeau. Soirée dos trabalhos dos Ateliés meierholdianos, 1923. O secretário (Z. Zlobin). Desenho de Schlepiánov.

165 Cf. A. Law, Le Cocu magnifique, em Les Voies de la creation théâtrale, v. 7, p. 28, para o conjunto das descrições de jogos de cena.

166 L'Emploi de l'acteur, op. cit., p. 91.

passe de dia, quer de noite, permite a Meierhold aprofundar e renovar a pesquisa do grotesco popular. Se no ato III, Crommelynck utiliza como pano de fundo as festividades do santo padroeiro da aldeia – disfarces, máscaras, música, quermesse e lanternas chinesas – Meierhold parodia em cena os rituais do carnaval e organiza o charivari da sessão de sapateados diante do quarto da esposa, que inverte a tradicional bagunça sob a janela de um marido corneado. Meierhold utiliza jogos coletivos com forte investimento corporal ou sexual que caracterizam a ação carnavalesca – a morte que ressuscita na atuação de Bruno[165], os golpes, batalhas, confusões e tundas, a oposição de grupos mulheres-homens.

Mas é principalmente por meio do Ator, personagem essencial do espetáculo, que faz passar ao longo da representação toda uma sensação de alegre libertação, que o cômico e o riso se impõem em sua ambivalência, ao mesmo tempo destrutiva do homem antigo (a personagem) e construtiva do novo homem (o ator). A vitória sobre o velho homem afirma-se não somente na seriedade da vestimenta de trabalho, na sobriedade utilitária da construção, na complexidade da partitura, mas também no contraponto cômico dos pompons rubros de Bruno e do jogo físico de atuação que, se promove as imagens de uma gestualidade tecnicamente perfeita e bem-sucedida, impõe a baixaria corporal nos golpes, bofetadas, quedas, cambalhotas ou escarradas.

Utilizando essas estruturas tradicionais, o pensamento carnavalesco do espetáculo se transforma consideravelmente, afastando-se de uma cultura em que abundam ainda os liames com a terra, para apreender, moderna e urbana, a do século das máquinas. O Corno Magnífico põe em evidência novos laços entre esse mundo vindouro e o corpo humano que permanece o centro da nova cultura materialista. Apagando, em conformidade com a tradição carnavalesca, as fronteiras entre o mundo e um corpo não fechado, não individualizado, ele o fundamenta aqui com a máquina, mantendo-o ao mesmo tempo ligado ao animal com o qual os movimentos humanos procuram semelhanças[166]. Ele submete a anatomia não às imagens de um maravilhoso pagão, cristão ou exótico, porém às da ciência; substitui as rotundidades, as excrescências, por ângulos agudos e retas: assim, os corpos reproduzem as linhas da construção. Mas a arte de Meierhold será, em outros espetáculos, a de não desconhecer a força da imaginária anterior, inserindo-a ao mesmo tempo em uma partitura de movimentos angulosos. Em O Corno Magnífico, a baixaria corporal é sublinhada nos jogos de cena e o pensamento espacializado do ator se concentra nas pernas, hábeis nos deslocamentos (ações de escalar, escorregar, correr) rápidos.

Enfim, esse não fechamento do corpo do homem projetado para seu devir, cujos transbordamentos são dominados, mas de modo algum amordaçados pela biomecânica, exprime-se, ver-se-á, no jogo coletivo e rítmico de três intérpretes dos quais se diz que formam um ator com três corpos, fantástica *assemblage* humana, absurda, mas eficaz e sincronizada, ao lado de quem todo "corpo único" parece em cena subitamente entediante. Em *O Corno Magnífico*, realiza-se o deslocamento do herói: o ator no lugar da personagem, e no lugar do ator, o grupo, duo ou trio.

O Circo e a *Commedia dell'Arte*

Os dois primeiros espetáculos, os de 25 e 26 de abril de 1922, são dedicados a Molière pelo bicentenário de seu nascimento e o cartaz indica que Meierhold e os membros de seu Ateliê "mostram seu jogo". Os "tragicomediantes" e seu encenador declaram assim abertamente que vão exibir suas técnicas no ex-Teatro RSFSR 1º rebatizado como Teatro do Ator e nos limites de uma partitura muito estrita (anotada graficamente por traços geométricos com uma cor por ator), tão minuciosa que o menor segundo de atraso pode ser fatal. O espetáculo é curto, dura duas horas e meia. Piruetas, saltos, escorregões, jogos com as portas giratórias, trocas de golpes e sopapos, choques, danças, cabriolas sobre o peito ou sobre as costas: os corpos entram incessantemente em contato, atropelam-se, perseguem-se, e todo movimento psicológico é imediatamente traduzido em uma linguagem corporal que empresta sua ingenuidade das crianças, sua habilidade dos acrobatas e sua expressividade do cinema mudo. Meierhold utiliza aqui diretamente certo número de exercícios em situação de treinamento biomecânicos. Ele considera *O Corno Magnífico* "em primeiro lugar, um espetáculo pedagógico" que utiliza os resultados de uma pesquisa e de um ensinamento. No período seguinte, Meierhold renunciará a toda utilização direta do treinamento em um espetáculo, mas continuará a associar pedagogia e criação, na estrita medida em que as especificidades de cada espetáculo devem suscitar métodos apropriados de formação, propor tarefas particulares ao encenador e ao ator, fazê-los avançar em sua pesquisa comum. "O movimento mecanizado dá ao ator duas mãos direitas", escreve Bébutov[167], destacando assim o ganho de eficácia expressiva dos atores de *O Corno Magnífico*.

Em cena, tudo é jogo de atuação. Certas *gags* com as portas giratórias e a maneira como dois adversários se golpeiam ou se agarram lembram sequências chaplinescas. Sobre sua máquina-trampolim ou sobre sua área de jogo vazia, os melhores atores meierhodianos apresentam aqui o equilíbrio de funâmbulos, a flexibilidade montada sobre molas de prestidigitadores, a audácia de acrobatas. Esportivo, bem treinado e ator já experimentado em gêneros muito diversos, Igor Ilínski-Bruno alia a graça do gato, uma voz de falsete e uma arte da pausa tensa que faz oscilar a bufonaria em tragédia. Após um salto de uma agilidade felina ou das cambalhotas frenéticas que traduzem seus acessos de ciúmes, interpreta seus monólogos com uma voz de *clown* monocórdica que se quebra em

[167] V. Bébutov, Bebutov Meierholdu, op. cit., p. 27.

55 O Corno Magnífico, ato III. Agarrado à construção, Bruno é surrado pelas mulheres. (foto de 1922).

sons inesperados que se comparam então aos de Grock, com largos movimentos repetitivos de braços e um modo cômico de rolar os olhos nos momentos mais patéticos do texto. Assim adquire precisão esse jogo irônico e distanciado, constantemente sustentado pela presença de um parceiro, Estrugo, representado por Zaítchikov como personagem quase muda e imperturbável que, mimicando suas réplicas, força Bruno a falar por ele. Ilínski e Zaítchikov formam uma dupla da arena, onde um dos mímicos-acrobatas se espanta com todas as incongruências que arrebentam ao seu redor, exprime uma perplexidade cheia de lentidão e um humor melancólico diante das quedas, das violências ou dos estranhos arrebatamentos do outro: por causa de suas pausas silenciosas, Estrugo leva a atuação de Bruno à incandescência e permite visualizar o louco mecanismo de seus pensamentos. Ilínski-*clown* zomba de Bruno, sua personagem, julga-o por meio de seu jogo exteriorizado.

Acrobacias e tarefas físicas formam as cadeias, os elementos de jogos de atuação concretos e muito delimitados de que cada papel se tece. Foi possível dizer que os atores não representavam "a manifestação exterior da emoção como no Teatro Kamerni, mas os impulsos internos das personagens". É o que escreve um crítico, Nicolai Lvov, negando, quanto a ele, o aspecto mecânico do desempenho e comparando as imagens do espetáculo às dos sonhos decifrados por Freud. Para ele, Meierhold constrói o jogo do ator a partir de uma psicanálise do papel, da mesma maneira como, segundo Freud, o inconsciente humano constrói o sonho[168]. No fim de seu estudo sobre o jogo interpretativo de Ilínski, Pável Márkov está pronto a afirmar que a biomecânica é "uma técnica genial de encenador" e "um método para despertar no ator as bases inconscientes da criação"[169]. Entretanto, Meierhold nunca se refere a Freud, porém a James nessa vontade de manifestar a fisiologia das emoções que nelas precede a consciência, O Corno Magnífico pertence pura e simplesmente à tradição da Commedia dell'Arte, a esse tipo de espetáculo em cujo centro há um tipo de jogo "que não é simples intérprete, mas verdadeiro criador de pensamento (...) [em que] o pensamento, apenas evocado, se concretiza, toma corpo, músculos e nervos"[170].

O jogo amoroso inicial entre Stella e Bruno faz surgir uma leve e alegre metáfora da felicidade: Bruno voa ao longo da escada até o alto da construção, sem se deter agarra no caminho sua mulher, que corre ao seu encontro, e a ergue sobre seu ombro, depois, ágil e radiosamente jovem, escorrega sobre o tobogã de patins e deposita no chão seu precioso fardo.

---

[168] Cf. N. Lvov, Aktiór v Teatre Meierholda, em Meierhold Sbórnik k 20-letiiu..., p. 30-31.

[169] P. Márkov, Sovremênie Akteri, op. cit., p. 259.

[170] G. Attinger, L'Esprit de la Commedia dell'Arte dans le théâtre français, p. 433.

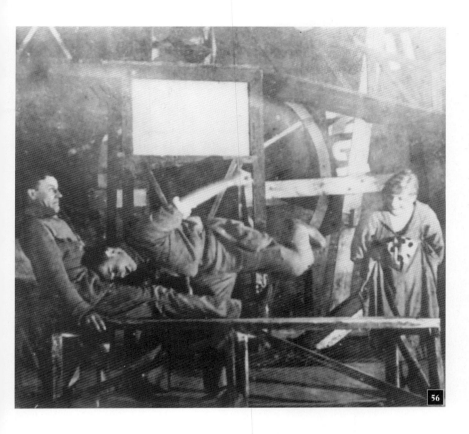

56 O Corno Magnífico, *um jogo físico e alegre*.

Do mesmo modo, o beijo de Stella no Vaqueiro, no fim do ato III, é traduzido cenicamente pelo salto ligeiro da atriz sobre o ombro do homem que a leva. Em Bruno, a montante de suspeitas se exprime na maneira como escala rapidamente a construção, escalada permeada de paradas, de olhares para a porta, seguida de descida e desaceleração do ritmo antes de ele sentar-se a cavalo sobre o banco, perdido em pensamentos obsessivos, com o olhar fixo em um ponto imóvel. Ou então, desenha lentamente sua perplexidade em forma de ponto de interrogação nas costas de Estrugo, e mostra que se encontra em plena reflexão dolorosa, apoiando-se sobre sua testa como sobre um botão. O ciúme de Bruno, que se nutre de si mesmo, em circuito fechado, fá-lo tratar o corpo de Estrugo como se fosse um bem de sua propriedade: ele o impede de responder, paralisando-o, torcendo-lhe os braços atrás das costas, prendendo-lhe as mãos que permanecem livres e que se agitam em uma vontade de afirmar sua independência, e imobilizando, enfim, o mindinho que se obstina desesperadamente... O papel de Estrugo fornece uma ajuda ao intérprete de Bruno, permite-lhe dinamizar seus longos e difíceis monólogos: Ilínski tira sua energia do tratamento do corpo-objeto desse parceiro mudo que ele mesmo reduz ao silêncio.

    A cena se define como um mundo de interrelações dinâmicas. Jogo coletivo, jogo com os objetos, criação de significações no processo do jogo de atuação: atrás da imagem do ateliê perfila-se a da sala de jogos

57 O Corno Magnífico, fim do ato III. Aplicação do exercício da Fig. 44, n. 1, para o beijo apaixonado ao vaqueiro, transposto à cena pelo salto de Stella (Babánova) sobre seu ombro.

CONSTRUTIVISMO
E BIOMECÂNICA

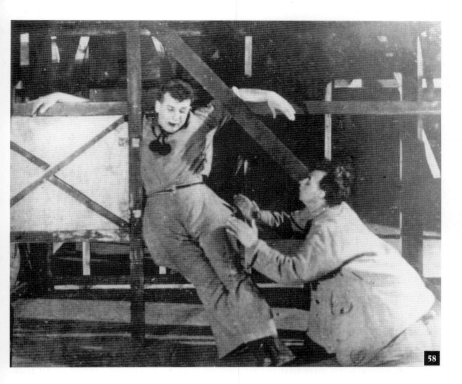

58 O Corno Magnífico:
*uma sequência entre I. Ilínski et
V. Zaítchikov.*

de crianças. O conjunto inanimado da construção participa do espetáculo. As rodas e as asas associam-se à concretização do ciúme; elas se põem em movimento, ao menos na estreia, segundo uma partitura precisa, codificada pelo sinal + ou – que afeta cada uma delas conforme ela gire ou não no sentido dos ponteiros de um relógio, para ressaltar e reforçar de modo cinético cada emoção, cada acesso ou apoplexia de Bruno. Assim, quando, ao surpreender o olhar de admiração que seu primo Petrus lança sobre sua mulher, ele o esbofeteia, as rodas se põem a girar e não se detêm senão quando Bruno retoma o controle de si próprio. É o movimento delas que completa a expressão do pensamento de Bruno, visualizando os mecanismos e as engrenagens complexas de suas dúvidas. Elas materializam a comédia jocosa do desejo dos jovens no momento da dança dos sapateados, quando se encontram em movimento ininterrupto. Elas dão a intensidade de todos os paroxismos, girando no mesmo sentido, em sentido inverso, em conjunto ou separadamente, ao mesmo tempo que os comentam ironicamente.

    Afora o papel desempenhado por suas partes móveis, asas, rodas e portas giratórias, os níveis da construção permitem distribuições expressivas das personagens pelos diálogos, duos, trios ou quartetos, acentuam aproximações e distanciamentos, enquanto sua estrutura de claraboia torna possível um tratamento original de cada corpo, virado para baixo, suspenso, pendurado, apoiado nos "espaldares" ou nas "barras" da máquina de atuar, até mesmo dividido em elementos expressivos por essa geometria. Os movimentos são, destarte, mantidos, reforçados, integrados na estrutura da construção. Alongado e inclinado na borda da plataforma superior, Bruno ameaça Stella que, de baixo, o olha afastando-se para trás. Com os antebraços presos nos transeptos da construção, Bruno representa a crucificação para expressar sua infelicidade: "Eu estou mais confuso do que dizem os pássaros"[171]. Nas cenas de loucura, construção toda se povoa e o jogo de atuação do coro, como o dos protagonistas, é largamente aberto, pernas afastadas, braços levantados. O jogo de atuação procura a unidade visual entre a construção e os corpos.

Ao final, Bruno bate nos montantes de madeira e sacode toda a "máquina", do mesmo modo que no ato I, quando ele chega, a cena inteira se enche com seu chamado, "Stellaon-onde" que ele lança desde as celas de onde vem correndo. Na reprise de 1928, quando serão armadas telas ou anteparos atrás da construção para esconder os elementos do cenário empilhados atrás do palco, por falta de lugar, o chamado de Ilínski sairá detrás dessa "cortina" e o efeito de 1922, desse grito que preenche totalmente o vazio do palco, se perderá. Todo um trabalho sobre o efeito sonoro e sobre a voz prolonga o de seu corpo, voz pura e artificial de Bruno para suas tiradas amorosas, gritos surdos e inarticulados de seus parceiros estapeados, distribuição de vozes de mulheres, mais psicológicas, em um leque de registros: soprano, meio-soprano, contralto.

O *Emploi*

Meierhold fornece um último instrumento de trabalho ao ator, o *emploi*. A partir de tipos consagrados da comédia e de um estudo do *emploi* no teatro shakespeariano, clássico e romântico, Meierhold, Bébutov e Aksiónov estabelecem em 1921-1922 um quadro em que realizam uma classificação de *emplois* teatrais. Eles atribuem, a cada um desses *emplois*, as características físicas necessárias aos atores pretendentes ao desempenho e sua função cênica, põem em estreita relação os dados físicos e vocais a serem trabalhados e flexibilizados pelo treinamento, e a função do papel no desenvolvimento da intriga. Em *O Corno Magnífico*, os papéis são classificados em *emplois* como segue:

Stella	Amorosa
O Burgomestre	Tutor (Pantaleão)
Florence	Amiga
O Vaqueiro	Criado fanfarrão
O Conde	Gordo
Bruno	Ingênuo
Estrugo	*Clown*
Petrus	Segundo herói[172].

171 Cf. F. Crommelynck, *Le Cocu magnifique*, op. cit., Ato III, p. 94.

172 RGALI, 963, 312. Os *emplois* em *O Corno Magnífico*.

Meierhold define o *emploi* como "o posto" que o ator ocupa "em função de certos dados físicos que a interpretação mais completa e mais precisa exige de uma determinada classe de papéis para funções cênicas bem estabelecidas". Essa lista de postos de trabalho estabelecida com objetivos de eficácia, de rentabilidade cênica, ancora-se assim ao mesmo tempo na teoria produtivista e na tradição teatral. Cada papel é definido segundo um plano dramatúrgico, em seu funcionamento teatral e sem referência à realidade, na linguagem dos dados físicos e da ação cênica, e não por causa de seu caráter psicológico ou moral. O *emploi* remete à mecânica da peça. A intriga é tomada como "entrelaçamento recíproco de uma sucessão de obstáculos exteriores e de meios acionados para superá-los, conscientemente introduzidos na ação do drama pelas personagens relacionadas com ele"[173].

O *emploi* fornece um esquema dinâmico para superar esses obstáculos segundo modos diferentes, egocêntricos, altruísticos ou antagonistas, tendo em vista a desaceleração, a aceleração da ação, a concentração, a complicação da intriga, seu deslocamento ou deslizamento para outro plano. As personagens do teatro são classificadas em categorias conforme sua função cênica no interior da dinâmica do espetáculo e das relações dessa função com sua aparência física.

O treinamento biomecânico, a construção cênica, a classificação em *emplois*, os esquemas da dinâmica dramatúrgica são outras tantas medidas destinadas a facilitar a construção do papel e a estabelecer uma nova comunicação teatral. Antes de insistir sobre as dificuldades físicas e sobre as tarefas de sincronização propostas aos atores, é preciso lembrar-se que Meierhold construiu rapidamente a partitura da encenação de *O Corno Magnífico*. Dividiu os tempos de esforço, de concentração física e os tempos de repouso de tal modo que Ilínski, por exemplo, reconhece que o encenador lhe facilita a tarefa ao submeter sua atividade cênica a um conjunto de obstáculos a serem ultrapassados, com pontos de apoio ou com pontos de referência. Escrever-se-á que Ilínski: "fala e se move como se sobrepujasse dificuldades verbais ou físicas. Ele vence barreiras. O triunfo ingênuo da vitória sobre um obstáculo superado, o sentimento de alegria se transmitem ao espectador que se regozija com o ator"[174].

O Corno Magnífico é "a festa da mais alta tecnicidade do ator", trata-se de "um autêntico academismo", assegura Blum, crítico comunista[175].

Grotesco e Taylorização

Na brochura "O *Emploi* do Ator", Meierhold afirma mais uma vez que o grotesco é a "característica fundamental do teatro". E explica: "O grotesco, para existir, exige uma reconstrução inevitável de todos os elementos exteriores introduzidos na esfera do teatro, inclusive o homem

[173] L'Emploi de l'acteur, op. cit., p. 85.

[174] P. Márkov, Sovremênie Akteri, op. cit., p. 256.

[175] Sadko, "Meierhold Akademik", *Izvestia*.

EM TORNO
DO OUTUBRO TEATRAL

59 O Corno Magnífico. *"Ilbazai"*. Mas esta foto data da reprise de 1928 e Zinaida Raikh substitui Babánova.

que lhe é necessário e do qual ele faz um comediante a partir de uma personalidade pequeno-burguesa".

O grotesco, combinação extranatural de objetos reputada impossível tanto na natureza como na experiência cotidiana, é reconstrução, até mesmo desfiguração do cotidiano "com uma grande insistência sobre o lado sensível, material, da forma assim criada", forma visual e rítmica que ancora a criação no real e lastreia o imaginário. Em 1921-1922, essa reconstrução dos dados da natureza, do cotidiano, do homem pelo teatro passa pela biomecânica, considerada como método de atuação para o ator, na medida em que ele se afirma como novo homem, mais do que como método para uma racionalização da gestualidade cotidiana, ainda que certos exercícios de marcha ou de equilíbrio sejam diretamente aplicáveis, segundo o testemunho de alunos, nas circunstâncias tão cotidianas quanto as da rua ou do ônibus: a mecanização não visa um esvaziamento progressivo do pensamento na execução do movimento taylorizado, mas busca, ao contrário, um grau maximal de consciência por ocasião de cada movimento, a eficácia do operário e a do ator, que são, com efeito, de natureza diferente. Os dados da base das combinações extranaturais desse grotesco teatral, da construção do homem como comediante, passam pela presença constante da consciência, pela percepção sempre mais desenvolvida de sua "imagem corporal espacializada" e pela "capacidade de transformar o instinto musical em direção musical de si mesmo"[176].

Tretiakov escreve: "É no grotesco que reside a força de O Corno Magnífico"[177]. Construção consciente cuja carpintaria é visível por toda parte no interior de um espetáculo que exala ainda o odor do ensaio, do trabalho. Composição paradoxal despojada de toda aura romântica, edificada sobre tensões entre trágico e cômico, presente e futuro, realidade

[176] L'Emploi de l'acteur, op. cit., p. 84-85 e 91.
[177] S. Tretiakov, Le Cocu magnifique, op. cit., p. 243.

e ficção, insólito e trivial, paixão e corpo dominado. Teatro da ação e da forma, marcado por uma abordagem racional, uma ciência da *assemblage* de pedaços heterogêneos que abre um vasto campo de associações fundamentais com a época industrial e operária. Jogo em que o ator combina, na extrema materialidade de seu trabalho, entonações, registros vocais, técnicas pertencentes a diferentes ofícios do espetáculo e, enfim, cria "sistemas de personagens". Gvozdev observa que, no centro do espetáculo, estão Ilínski, Babánova e Zaítchikov, "Ilbazai", formidável personagem com três corpos e jogo cruzado de atuação:

> Ilbazai [é] a fórmula do novo teatro do século xx que modifica totalmente a ideia que se tinha até aí de um jogo coletivo. Conservando ao mesmo tempo sua individualidade, cada um dos atores testemunha um sentimento sutil dos parceiros e sabe seus movimentos de acordo com o jogo deles: a impetuosidade e a agilidade de Ilínski encontram seu prolongamento na extraordinária musicalidade e "ritmicidade" de Babánova, e Zaítchikov cria-lhes um acompanhamento incomparável, cimentando toda a gestualidade de uma maneira absolutamente precisa. Como o coro da tragédia grega, ele acompanha e elucida através da pantomima tudo o que arrebata seus parceiros em uma fogosa sucessão de paixões[178].

A ária das claquetes e um *Arabesco* de Debussy para a serenata-patomima dedicada a Stella são tocados em um piano colocado à direita, atrás da construção. Na sequência, depois de *D. E.* (*Daesch Evropu!*), Meierhold fará intervir uma orquestra de jazz em *O Corno Magnífico*. Mas o ritmo é dado, de início, pela partitura do encenador que organiza as ações dos atores, pela maneira como o corpo deles utiliza os dados da construção. É, por exemplo, em um extraordinário *scherzo*, impossível de ser dado pelas palavras que, segundo Gvozdev, Babánova relata não sua biografia através da peça, como a Duse em *Casa de Bonecas*, porém sua maneira de ser ao mesmo tempo ingênua, ágil e esportiva: ela desliza sobre o plano inclinado, ergue-se, vai até a porta, com o pé brinca com ela, depois vira-se para o público e senta-se no chão com uma atitude radiante e infantil. Tudo isso é decomposto de maneira precisa – de tal sorte que o espectador se dá claramente conta de todas as fases do jogo de atuação – mas em um lapso de tempo muito curto. Na base do jogo de atuação da loira e fina Babánova-Stella, há, escreve a atriz Iureniêva, "ritmos secos e precisos como a construção. Não os ritmos do discurso, das palavras, do silêncios, não, mas o das escadas, das superfícies, do espaço. Há poucas palavras [...]. O papel se constrói sobre os movimentos, as palavras são jogadas ao público, sempre com a mesma força, como uma bola para um alvo". Babánova aparece como um novo tipo de atriz e de mulher cujas "pernas estão habituadas a séries vertiginosas de marchas, declives, pontes

CONSTRUTIVISMO
E BIOMECÂNICA

178 A. Gvozdev, Ilbazai, *Jizn Iskusstva*, n. 27, p. 9.

e subidas"[179]. É ela que, no treinamento, realiza as melhores performances esportivas, e consegue, por exemplo, saltar por cima de seis cadeiras alinhadas.

As tarefas físicas desenvolvidas na partitura de seu papel em um ritmo rápido impedem o público de "co-sentir" com Babánova, Ilínski ou Zaítchikov: eles são observados de "maneira colaboradora", escreve Tretiakov[180], como assistimos a uma altercação na rua, uma partida de futebol ou um concurso de tiro, estamos prontos a encorajar, a caçoar ou a criticar. Os espectadores, que a proximidade e o impacto físico do jogo de atuação tornam ativos, se interessam pelos atores-inventores de *O Corno Magnífico* mais do que pelo tema, convertido, nesta óptica, em canevás da ação cênica.

A Via do Grotesco: Solução para o Teatro Soviético?

Quando, no fim de 1921, Meierhold começa seu curso de "ciência da cena" no GVYRM, paralelamente ao curso de biomecânica, é ao seu grande projeto dos anos de 1910 que ele se liga, à mesma pesquisa das chaves perdidas e às mesmas dramaturgias, as dos românticos alemães, ao repertório espanhol, italiano[181]. *O Corno Magnífico* é submetido à reflexão ativa dos alunos do GVYRM, entre *Re cervo* (O Rei Cervo) de Gozzi e *Der gestiefelte Kater* (O Gato de Botas) de Tieck. Atento ao jogo das rupturas, Meierhold procura também ligações e remete os biomecânicos ao modelo dos atores japoneses.

O ator engajado, pensador, observador da vida, esportivo, homem de seu tempo que trava um combate político no interior de um teatro-ateliê, reivindica um papel na construção da nova sociedade, esse ator deve também trabalhar no silêncio branco e vazio de seu ateliê pessoal de artesão especialista, exercitar-se em manipular os objetos tirados de seu cesto de mágico: objetos da tradição teatral – aro, bola, bola de madeira, chapéu de feltro – objetos próprios a cada peça ou tecidos de textura diferente, finos, pesados, simples ou suntuosos, cuja manipulação lhe confere uma habilidade toda oriental[182].

Como nos Cursos de Mestria de Encenação, Meierhold irá precisar sua concepção de teatro grotesco expondo a seus alunos sua visão da história do teatro russo e o lugar que seu teatro se propõe a ocupar aí, as tradições que ele quer retomar por sua própria conta. Ele considera como exemplar a luta entre Gozzi e Goldoni, entre o teatro de máscaras e o teatro literário. Entretanto, essa luta não ocorreu na Rússia por causa da influência de um verdadeiro teatro de feira, elemento que, no fim do século XVIII, barrou a estrada à influência "nociva" de Goldoni. Meierhold julga que se estudou pouco a história do *balagan* russo e, em primeiro lugar, a da presença dos comediantes *dell'Arte* na

---

179 V. Iureniêva, *Aktrissi*, p. 47-49.

180 S. Tretiakov, Le Cocu magnifique, op. cit., p. 242.

181 No tocante a essa parte, cf. RGALI, 998, 732 e 737. Cursos de Meyerhold, 1921-1922.

182 RGALI, 998, 734. Meyerhold, curso n. 2 no GVYRM, estenograma, out./nov. 1921. Segunda parte "O Ateliê do Ator".

Corte Imperial e de suas representações na Rússia. Estas injetaram um "bacilo" no povo que, a partir delas, construirá em Moscou, em Petersburgo, seu *balagan*, até que a censura se impõe exigindo um exemplar prévio das peças. Como mais tarde o vaudevile, o *balagan* impede por algum tempo que uma corrente goldoniana se instale na Rússia e, por intermédio de Hoffmann, Gógol, Púschkin e Mikhail Lérmontov se impregne das ideias de Gozzi sobre a verdade da arte, oposta à da vida. Mas Meierhold repete: "O teatro de Lérmontov e de Púschkin não existe em cena. O de Gógol só é realizado pela metade, o de Ostróvski igualmente. No século XIX, Ivan Turguêniev faz literatura no teatro e segue a tradição goldoniana. Ao contrário, Sukhovó-Kobílin segue a tradição de Gógol".

E os "fiascos" sofridos com *A Morte de Tarelkin* lembram-lhe a ausência de um sistema cênico correspondente a essa dramaturgia, da qual exclui, desde 1911, Anton Tchékhov, não se distanciando com isso do desfavor geral em que este caiu após 1917.

Meierhold reafirma então a consciência de que há uma solução única para o teatro russo, aquela que ele preconizava em 1911[183]. É preciso montar a dramaturgia cujos autores souberam, através de seu amor por Hoffmann, concentrar tudo o que o teatro contemporâneo necessita; é preciso haurir as pesquisas dos anos de 1910 que puderam, por meio delas, fixar as primeiras estacas. Projeto total que alia a construção de uma linguagem teatral à de um teatro especificamente nacional, ao qual a Revolução forneceu o campo de realização. Se suas encenações dos anos de 1920 são respostas pontuais à urgência dos problemas políticos, sociais, econômicos, morais e artísticos, correspondem também à vontade de criar o "verdadeiro" teatro russo do qual ele se considera como um dos raros detentores: vontade de poder que reflete ao mesmo tempo a personalidade de Meierhold, a estabilidade de suas concepções teatrais e as ambições totalitárias inerentes à época.

Para Meierhold, o futuro do teatro russo está na pesquisa de um "realismo no sentido mais elevado do termo", o de Dostoiévski, embora este não tenha escrito uma só peça, um realismo "em que a realidade parece fantástica"[184]. Cumpre "reencontrar esse estilo grotesco sem o qual nós não poderemos nem ousaremos construir o único teatro que nos é próprio, nosso teatro autenticamente popular"[185]. E de *O Corno Magnífico* a *Revizor*, todo trabalho teatral de Meierhold visa pôr em tensão o real por meio da arte a fim de rebater os limites, impregná-lo de sonhos voltados para o porvir e o novo homem ou de pesadelos portadores da morte do homem. Na sua busca de um grotesco em que se afirmariam ao mesmo tempo as especificidades de um teatro russo, contemporâneo e universal, duas forças combinam-se em Meierhold. De um lado, a crescente obsessão pelo mundo gogoliano e o interesse por Hoffmann que permanece seu inspirador, conquanto ele não o monte mais do que antes de 1917, enquanto em Moscou, onde se festeja o

---

183 Cf. V. Meyerhold, *Les Auteurs dramatiques russes*, *Écrits*, 1, p. 162.

184 A primeira citação concernente a Dostoiévski figura nas notas de Meyerhold para o Kurmastsep, RGALI, 998, 728; a segunda no curso n. 2 do GVYRM, RGALI 998, 734.

185 A respeito dessa exposição sobre a história do teatro russo, cf. RGALI, 998, 734. Meyerhold, curso n. 2 no GVYRM, estenograma, out./ nov. 1921. Primeira parte.

EM TORNO
DO OUTUBRO TEATRAL

centenário de sua morte como aniversário de um contemporâneo, aparecem muitas adaptações teatrais de suas obras. De outro, uma vontade de codificar o discurso cênico em linguagem autêntica, em função do qual Meierhold se interessa tanto pela criação de um "abecedário" da cena quanto pelo estudo das "respostas" do público.

Em 1922, é através do problema do grotesco que se efetua um primeiro balanço do teatro pós-revolucionário. As cenas são inundadas por uma vaga de personagens-máscaras de rostos fortemente maquilados, máscaras de *Commedia dell'Arte* a prolongar a corrente anterior a 1917, caras de *clowns* ou máscaras sociais atuais, as do *agitprop* inauguradas em *O Mistério-Bufo*. Representam-se arlequinadas, carnavais trágicos ou cômicos, os teatros se entregam à paródia, o Goset sapateia o passado e o ritual judeu, o MASTFOR• caçoa da vida teatral contemporânea. Os críticos abusam do termo grotesco, empregado a torto e a direito, que abrange também tanto os trinados de uma cantora cigana quanto as caretas do menor ator. Em face desse fenômeno de vulgarização, as posições dos três "grandes", Meierhold, Stanislávski e Vakhtângov, sublinham a acuidade do problema.

Para nenhum dos três, por certo, o grotesco não tem nada de comum com a caricatura primitiva e o fácil exagero. Stanislávski o concebe como "o mais alto e o mais puro grau da caracterização, purificado de todo o supérfluo". E acrescenta: "O grotesco no cômico dá a caricatura. No drama, dá a máscara trágica"[186]. Ele não sente, portanto, sua necessária estrutura dupla e violentamente contrastada. Coisa que Vakhtângov, em compensação, sente quando escreve: "Todos aqueles que são capazes de ser atores de caráter devem sentir o trágico (mesmo os atores cômicos) não importa qual papel de caráter, e aprender a exprimir-se de maneira grotesca. O grotesco é trágico. O grotesco é cômico"[187]. Mais tarde, trabalhando sobre *Miórtvie Dúschi* (Almas Mortas) de Gógol, Stanislávski redige sobre esse tema um diálogo imaginário com seu discípulo então desaparecido e desconfia do grotesco como arte da forma: vê aí ou "os biombos do futurismo que dissimulam ignorância e falta de talento", ou então uma magnífica exceção no teatro, tão rara que de fato não existe[188].

Quanto a Vakhtângov, após a Revolução, evolui rapidamente, pressionado, seja pela história, seja pela doença que o corrói. Em 1921, fustiga em seu diário o realismo psicológico, censura Stanislávski por haver aburguesado o teatro e não ser um *metteur en scène*[189]. Ele lê *O Teatre* (Do Teatro) e sente-se transtornado ao deparar com seu próprio itinerário, seus próprios desejos. Em 1922, define o grotesco como "um dos conceitos mais complicados e mais magníficos da arte" e lhe dá a seguinte equivalência: "realismo fantástico" ou, tão simplesmente, "realismo teatral", ou seja, uma forma audaciosa, inteira criação à parte, capaz de resolver o problema da representação do *bit* no palco. O grotesco dá uma forma que não dilui o conteúdo, nem o descreve, mas

---

186 C. Stanislávski, Pervie Varianti Sistema: Natchalo 1920 Godov. Arquivos de C. Stanislávski. Museu do Teatro Artístico, apud C. Rudnítski, Kogda Stanislávski Razgovarival s Vakhtângovim o Groteske?, *Voprossi Teatra*, p. 233.

187 E. Vakhtângov, Notch 26 marta 1921, cf. supra nota 68, traduzido em *Travail théâtral*, n. 9, p. 71.

188 C. Stanislávski, Iz Poslednego Razgovora S. E. Vakhtangovim (1929 o 1930), *Sobrânie Sotchiniêni*, t. 6, p. 255-257.

189 E. Vakhtângov, Notch 26 marta 1921, *Teatr*, n. 12, p. 150. Cf. supra, nota 68.

o concentra, torna-o cintilante, esculpe o ator e o espaço como em *O Dibuk* que ele montou no Teatro Habima, em hebraico, segundo uma lenda hassídica. O grotesco não admite nenhum estado de alma, mas a alegria que o ator sente em criar, sua única medida é um público popular, o contato vivo que com ele a cena atual reencontra. Ele confere um estatuto móvel a todos os elementos escolhidos para serem introduzidos em cena. Na sua oposição ao Teatro Artístico, Vakhtângov percebe, enfim, ao contrário de Meierhold, a teatralidade e a atualidade de Tchékhov e desejaria montar *Svádba* (A Núpcia) como um festim durante a peste. Ele considera sua encenação de *A Princesa Turandot*, conto chinês, teatral e trágico, como um manifesto desse realismo fantástico e designa suas fontes: *A Barraca da Feira de Atrações* na *mise-en-scène* de Meierhold [190].

A confrontação de *A Princesa Turandot* com *O Corno Magnífico*, espetáculos lançados com dois meses de intervalo e em que, na aparência, tudo se opõe – *féerie* ítalo-oriental, de um lado, e fábrica, de outro –, faz emergir pontos comuns entre Vakhtângov e Meierhold, que a evolução desse último acentuará. Na atmosfera de destruição-reconstrução que caracteriza a época, ambos tratam os elementos do teatro como materiais desmistificados, um de maneira mais racional e radical, o outro de um modo mais intuitivo. Diante deles, a cena se abre como um vasto campo de experimentação, ao mesmo tempo solidamente arrimada em seu passado e projetada para o futuro. Por duas vias diferentes, Vakhtângov e Meierhold afirmam o valor da forma, o grotesco como verdade da cena em sua materialidade construída, em que se combinam o abstrato e o concreto no processo de montagem meierholdiano, o tempo e os lugares no espetáculo vakhtangoviano. Um e outro colocam o grotesco como um jogo consciente dos contrastes e das distâncias. Concebendo a ação teatral como um acontecimento extraordinário, extracotidiano, insistindo na criação rítmica, jocosa, sã, consciente do ator, eles reinstalam, enfim, o grotesco, estrutura de sua criação teatral, cuja atualidade se enxerta na pesquisa de uma linguagem cênica, na tradição do fantástico eslavo: limitando ainda, ao mesmo tempo, o papel da literatura para um roteiro, Meierhold quer, no período 1921-1922, inscrever-se nessa linha em que ele justapõe o teatro de Púschkin e o de Gógol, igualmente incompreendidos até então. Mas, de início, Meierhold prepara sua segunda variante de *A Morte de Tarelkin*, à qual Vakhtângov, antes de seu falecimento em maio de 1922, atira-se igualmente.

Tradução: Marcio Honorio de Godoy e J. Guinsburg

---

[190] E. Vakhtângov, Beseda so Studentami, 11 aprelia 1922, *Materiali i Stati*, p. 212, traduzido em *Travail théâtral*, n. 9, p. 68-69.

2.

A Cena na Cidade, entre a Arena de Circo, o Campo de Manobras e a Tela de Cinema

Meierhold é um descobridor de Américas teatrais.

V. Kamenski[1]

Os espetáculos que se sucedem entre 1922 e 1924 impelem o teatro em carne viva a se expor nos seus últimos redutos. Agressivos, dessemelhantes, eles utilizam sucessiva ou simultaneamente todas as artes do espetáculo em empréstimos pontuais ou em sua estrutura global e abrem largamente as portas do teatro à atualidade soviética. Meierhold transforma a cena em campo de feira, suspende aí uma porção de telas, instala uma banda de jazz, faz mesmo adentrar um caminhão. Procura o ponto limite onde o teatro, justo antes de cessar de ser teatro, não é mais do que teatro: um novo estatuto para a cena, ao mesmo tempo estilhaçado e dilatado ao extremo. Em um período de experimentação cênica intensa, é significativo que, dos três representantes da vanguarda teatral que ocupam demonstrativamente o palco no Jubileu de 25 anos de atividade de Meierhold em abril de 1923, só ele permanece no teatro: Foregger se voltará para o *music hall* e Eisenstein passará ao cinema.

As Metamorfoses de
A Morte de Tarelkin (Novembro de 1922)

Se, em 1917, a *mise-en-scène* construía-se sobre um movimento pendular, de dominante trágica, entre tragédia e comédia, o novo trabalho de produção nos Ateliês não se contenta em utilizar técnicas do teatro de feira como à época: transforma todo teatro em *balagan*•. A denúncia do tsarismo e da polícia como única força do Estado, junto com as especificidades da escritura de Aleksandr Sukhovó-Kobílin[2], fazem de *Smert Tarelkina* (A Morte de Tarelkin) um material privilegiado para a agitação revolucionária e o trabalho teatral[3]. Meierhold busca a farsa, um jogo de ritmo endiabrado, inteiramente distanciado, em que o ator representa Tarelkin torturado pela sede, que reclama berrando em um tom de voz superagudo "água", tira do bolso uma garrafa de vinho e bebe com uma piscada para o público. Mas por trás da palhaçada, em última instância, horror e dor: não se trata mais de balançar o público de um plano a outro, mas de revirar a percepção das cenas cômicas que tecem o espetáculo. Vassíli Sakhnóvski escreve:

[1] *Meierhold Sbórnik k 20-letiiu Rejisserskoi i 25-letiiu Akterskoi Deiatelnosti.*

[2] Cf. supra, p. 101. Para o resumo da peça, cf. supra, p. 102

[3] RGALI, 963, 1492. V. Fiódorov; S. Eisenstein, O Postanovke *Smerti Tarelkina*, artigo de 21 nov. 1922.

60 A Morte de Tarelkin. Os objetos da construção e seu funcionamento: um balagan construtivista. Desenho de I. Makhlis.

61 A Morte de Tarelkin de A. Sukhovó-Kobílin, segunda versão cênica, 1922. Fotografia sobre a cena do teatro, todos os objetos inventados por Stepánova para o jogo teatral.

62 A Morte de Tarelkin. O Cortador Construtivista, a prisão.

Mecânico ardiloso e combinador de todas as forças e todas as propriedades da cena, Meierhold não mostra somente o que cada um compreende de pronto ou lê nas inscrições e *slogans* em cena, mas precisamente o contrário: mostra sempre alguma coisa atrás do que se oculta outra coisa, completamente diferente e amiúde absolutamente inversa[4].

No decorrer dos ensaios, surgem discussões entre Meierhold e Eisenstein, um dos assistentes-laboratoristas, que resultarão na saída do aluno e em sua encenação, dedicada ao Mestre, *Ele não é Tão Sábio Quanto é Preciso* baseada em *O Sábio* de Aleksandr Ostróvski no Proletkult•, no ano seguinte. Livre do "circo terrível"[5] de *A Morte de Tarelkin*, *O Sábio* consegue desestruturar totalmente a peça de Ostróvski em uma montagem de atrações de circo e de *music hall*.

A utilização demasiado parcial da construção de *Le Cocu magnifique* (O Corno Magnífico), salvo para as cenas de massa e de culminação de ação[6], conduziu aqui ao estouro da "máquina-ferramenta de jogo" [de atuação] em diferentes peças, repartidas em uma estreita área de jogo muito próxima do espectador, delimitada por uma luz uniforme proveniente de projetores militares cruzados: o alvo é o de concentrar-se no jogo do ator com o objeto. Varvara Stepánova, a "construtora" do espetáculo, dá a esses objetos a forma de um mobiliário – mesa, biombo, tamborete – de novas linhas de fatura idêntica, em ripas de madeira pintadas. Mas, trucados com a ajuda de molas, recuam,

4 V. Sakhnóvski, "Meierhold", em *Vremênnik Russkogo Teatralnogo Obschtchestva*, 1, p. 224.

5 Idem, p. 236.

6 I. Axiónov, *Smert Tarelkina*, em TIM, Muzei, Catalog Vistavki Piát Let 1920-1925, p. 11.

61

62

saltam, achatam-se quando são tocados. Dinâmicos, são de início objetos inventados para um *balagan* construtivista, cadeira que se torna gangorra, estrado montado sobre molas que tem a função de ataúde. Para o ato III, Stepánova concebe uma máquina de interrogar, armada sobre rodinhas e dividida em três partes, um "funil" retangular em que o indiciado penetra por uma escada, para ser precipitado com a cabeça para a frente em um cilindro. Aí, uma roda acionada por uma manivela o faz aterrar em uma jaula quadrada. É uma "cutela construtivista" que traduz em imagem o arbitrário e os mecanismos do sistema policial tsarista. O conjunto dos objetos acentua o princípio da "portabilidade" do espetáculo enunciado em O Corno Magnífico: "O Ateliê é um bivaque", constata Samuel Margolin, "amanhã ele poderá levantar acampamento, sair a campo e lançar-se na errância"[7].

Stepánova desenha as indumentárias (*prozodiéjda*•). Em pano grosso bege cinzento, esses uniformes de produção orientam-se no sentido de certa individualização: aplicação de faixas mais escuras ao grafismo geométrico variado, porte de peças de vestimentas suplementares sobre uma combinação de base, elementos de disfarce, como os gorros de borracha que concedem ao ator um crânio liso, branco ou preto, conforme interprete Tarelkin ou Kopilov. Entretanto, a má qualidade do tecido duro, sua cor suja que fixa mal a luz incomodam seja o ator seja a percepção do espectador: este mal distingue os papéis em uma massa indiferenciada.

Meierhold converte seus atores em artistas de arena que trazem para o espetáculo seu material, cujo funcionamento evoca as brincadeiras dos *clowns* com objetos bufões: mala de tampa trucada, louça inquebrável, uma cadeira que solta traques e todo o mobiliário de Stepánova. A revolta dos objetos, que são armadilhas para as personagens, poupa os jocosos comediantes se eles os utilizam como obstáculos a vencer a fim de manifestar sua energia e a vitória do homem de hoje sobre o passado. Mas a manipulação desses objetos caprichosos, cuja realização técnica é mais do que imperfeita, é difícil, e a crítica fala de "máquinas cirúrgicas", e até mesmo de "cadeiras elétricas" para atores[8].

Se, para traduzir em imagens dinâmicas corporais violentas e grosseiras todas as situações, Meierhold se volta para o circo, ele trabalha também as fontes específicas russas de Sukhovó-Kobílin e, sobretudo, o *guignol* russo, *petrúschka*•. Para as cenas de bastonadas e fuzuês todo um arsenal é posto à disposição dos atores, porretes, quilhas, bexigas de porco cheias de água, pistolas. Os corpos têm um estatuto carnavalesco: papel de mulher representado por um homem, anel dentário que, à guisa de dentadura, Tarelkin encaixa na boca para mudar de identidade. No final, ele se atira na ponta de uma corda e desaparece, pronto a reviver alhures sob outras formas. Enfim, o espetáculo zomba de seus próprios métodos e os papéis de Tarelkin trazem em letras enormes as palavras "biomecânica", "acrobacia" ou "boxe". Nesse desnudamento

---

7 Cf. S. Margolin, Balagannoe Predstavlenie, *Teatr i iskusstvo*, n. 11, p. 230-232.

8 RGALI, 998, 3353, dossiê de imprensa sobre *A Morte de Tarelkin*, em particular Z. M., Teatr V. Meierholda, *Rabotchaia Moskvá*, n. 271.

da mecânica dos processos sociais, a cumplicidade ativa do público, às vezes agredido, é sem cessar requerida, mas as falhas técnicas a tornam aleatória. As representações serão menos numerosas que as de *O Corno Magnífico* ou de *Zemlía Dibom* (A Terra Encabritada).

A CENA NA CIDADE, ENTRE A ARENA DE CIRCO, O CAMPO DE MANOBRAS E A TELA DE CINEMA

A Terra Encabritada
(Março de 1923)

Montada para o quinto aniversário do Exército Vermelho, *A Terra Encabritada* lhe é dedicada, assim como ao seu chefe, Lev Trótski. Foi ele que deu a conhecer na Rússia a peça de Marcel Martinet, *La Nuit* (A Noite), drama sobre uma revolução malograda nascida da guerra, em que se exprimem os problemas do movimento revolucionário francês. O espetáculo de Meierhold constitui um remanejamento polêmico e crítico dessa peça e de sua encenação levada, em 1922, no Teatro da Revolução. O texto em versos livres é reestruturado por Serguêi Tretiakov, "montador do discurso"[9]. Dos cinco atos, faz oito quadros independentes, cada um dos quais é construído em torno de um alvo nos acontecimentos históricos e de caráter ideológico único, concentrado em um breve título de choque; embora reduzindo texto, cria novas situações de um cômico grosseiro; enfim, faz passar o estilo declamatório e lírico dos diálogos para a linguagem incisiva e concisa dos *slogans*. O trabalho de Tretiakov concerne também à escolha de textos escritos destinados a ser projetados, como os títulos dos episódios, sobre uma tela. Essas projeções – *slogans* da guerra civil, reprises de certas réplicas dos diálogos –, combinadas a

[63] A Morte de Tarelkin. *Uniforme dos credores, que traz o logotipo do GITIS*. Projeto de Stepánova.*

[64] A Morte de Tarelkin. *Madame Brandakhlistova na interpretação de Mikhail Jarov. Desenho de Schlepiánov.*

[65] A Morte de Tarelkin. *Uniforme de desempenho, o do porteiro Pakhomov. Projeto de Stepánova.*

[66] A Morte de Tarelkin. *O caixão de Tarelkin, que pode servir de mesa, e o uniforme de um dos agentes funerários. Projeto de Stepánova.*

9 Cf. V. Fiódorov, Masterskaia Meierholda, *LEF**, n. 2, p. 172.

67 A Terra Encabritada. TIM, 1923. Episódio 7. "Uma Faca nas Costas da Revolução". O dispositivo em 1923.

68 A Terra Encabritada. O dispositivo de L. Popova, versão mais leve de 1928. No alto do quadro de cena, o slogan "Dos combatentes do Outubro Teatral aos combatentes do Exército Vermelho".

fotografias da guerra e da Revolução, constituem um roteiro paralelo, contraponto didático, emocional ou irônico à ação cênica, que neutraliza o pessimismo de *La Nuit* e "liga" a peça ao circuito da vivência dos espectadores. Em torno da tela, painéis com textos de agitação cujo grafismo se inspira nas pesquisas de Aleksandr Ródtchenko e que reaparecem nos cartazes dos espetáculos de Meierhold exaltam o espírito da guerra civil e da construção de um mundo novo. Todas essas superfícies portadoras de textos e, em primeiro lugar, a tela, quebrando a continuidade da ação no interior dos quadros e entre eles, favorecem a atividade ininterrupta do espectador, que deve situar-se constantemente em relação à cena. Aqui, a introdução das projeções precede em pouco as soluções que, em 1924, Erwin Piscator aplica à la Volksbühne, em *Bandeiras* de A. Paquet e na *Revue rotter rummel*.

As soluções cenográficas de Liubov Popova transformam a cena em campo de manobras. Um passadiço é estabelecido na sala com um dispositivo em suave declive por onde entrarão soldados, baionetas caladas, motocicletas com *sidecars*, bicicletas e um caminhão. Em cena evoluirão uma cozinha móvel de campanha e uma ceifeira, intervirão telefones e máquinas de escrever. A presença desses numerosos objetos técnicos é o complemento no presente do programa de agitação complexa de *A Terra Encabritada*, em que se trata ao mesmo tempo de denunciar o inimigo, de reforçar as convicções do público e de visualizar os *slogans* do NEP[*] para o desenvolvimento do Exército Vermelho, da mecanização da agricultura, do progresso dos transportes, da aliança da cidade e do campo.

Em sua evolução, o construtivismo no palco meierholdiano continua a versar prioritariamente sobre a noção de objeto cênico, ao mesmo tempo que se aproxima de uma aplicação mais estrita do produtivismo[10]: não há aqui nenhuma abstração na pesquisa do instrumento de jogo de atuação, mas uma abertura do palco aos objetos técnicos da modernidade, utilizados antes nos desfiles e nas ações de massa. Nada de construção, cuja moda, rapidamente propagada, Meierhold condenará nos seguintes termos, em outubro de 1923: "É tempo de lançar uma nova palavra de ordem: 'Desiludam-se! É preciso aprender a atuar sem nenhuma construção'"[11]. Popova prevê, em seu projeto, unificar o espaço em vertical por uma grua metálica, tema plástico e industrial declinado por todos os construtivistas, cuja árvore móvel carregaria uma plataforma que asseguraria o deslocamento dos atores. Pesada demais para a cena, ela é substituída por um modelo reduzido em madeira — amiúde escamoteado nas representações ao ar livre — provido de uma tela e através de uma torrezinha com rodinhas de mesma estrutura. Muito alta, capaz de suportar o peso de três ou quatro oradores, ela é empurrada em cena por grupos de soldados, em uma atmosfera de comício com as cores da rua nos anos de 1920, cinzento perfurado pelo rubro das bandeiras.

A CENA NA CIDADE, ENTRE A ARENA DE CIRCO, O CAMPO DE MANOBRAS E A TELA DE CINEMA

10 Cf. C. Hamon, La Terre cabrée, em *Les Voies de la création théâtrale*, v. 7, p. 52.

11 Cursos mencionados nas notas de A. Fevrálski, *Zapíski Rovesnika Veka*, p. 273.

A autenticidade dos objetos exalta no ator o técnico comum e não o manipulador de teatro. É uma vontade de criar um teatro de massa[12], como prova sua transformação em jogo militarizado "diante de 25 mil espectadores em junho de 1924. Mas esses dados reais – objetos díspares extraídos de seu contexto habitual, rua, campo, escritório, cinema – são reunidos no espaço cênico despojado com o fim de provocar uma

69 *A Terra Encabritada.*
As personagens:
I *o cura (Kozikov).*
II *o cozinheiro (Gárin) e seu galo vivo.*
III *Bordier-Dupatois (N. Mologuín) e sua secretária (E. Kogan).*
Desenhos de Schlepiánov, 1923.

agitação máxima, como nas fotomontagens que Popova fabrica à guisa de trabalhos preparatórios do espetáculo.

Um princípio de montagem de elementos extraídos da vida e de elementos convencionais preside igualmente a elaboração dos figurinos. No jogo de atuação, o arranjo desses dados reais com fragmentos de ficção transforma os primeiros em efeitos de realidade, ainda mais porque as ações cênicas se sucedem em sequências violentamente contrastadas. À grosseria bufona de um intermédio típico do teatro de soldados do século XIX, sucede a simplicidade épica da tragédia: o ritmo seco das máquinas de escrever que datilografam ordens de execução, ou a marcha fúnebre pungente que a desaceleração do motor toca, enquanto o caixão de Ledrux, coberto de uma mortalha vermelha, é alçado para um caminhão sujo e resfolegante. Os efeitos de realidade constroem as emoções dos espectadores: efeitos de surpresa, agressividade de ruídos e odores de gasolina em um local fechado, efeito de improvisação quando um frango ainda vivo escapa ao mestre-cuca enlouquecido. Uma orquestra militar sustenta a ação, dá-lhe a chave heroica ou o contraponto irônico, distancia e ridiculariza, ou infla o entusiasmo. Forma limite do teatro de agitação? Para Emmanuil Beskin, esse espetáculo "encabrita literalmente o teatro [...]. É a destruição do teatro"[13], mas Vladímir Blum escreve: "o espetáculo é um verdadeiro jogo de teatro"[14]. De fato, a realidade soviética penetra o teatro e o encabrita sem destruí-lo. Recupera em seu favor a força dessa

12 S. Eisenstein, Dva Tcherepa Aleksandra Makedonskogo, *Ízbranie Proizvedênia*, t. 2, p. 281.
13 E. Beskin, Teatralnii LEF*, *Soviétskoie Iskusstvo*, n. 6, p. 53.
14 Sadko, (pseudônimo de V. Blum), Zemlia Dibom, *Pravda*, n. 66, p. 6.

modernidade deslocada para a área cênica. Depois desse espetáculo, Meierhold diversifica as soluções para representar em cena esses efeitos de realidade e atualidade. Em seu engajamento político e social, a cena meierholdiana não quer estar à margem da vida, porém em seu pleno centro, e ser o seu coração não significa diluir-se nela.

Um Teatro na Cidade

Alargando a ação de *La Nuit* no tempo e no espaço pelas projeções, *A Terra Encabritada* situa-se tanto na vanguarda artística como nos postos avançados das lutas políticas internacionais. O espetáculo deve ser compreendido como o fermento de trabalhos coletivos de estudantes dos Ateliês, concebidos conforme seu modelo, e de manifestações internacionalistas. Depois de ter representado nos jardins públicos das cidades da turnê de verão de 1923, Ekaterinoslav e Rostov, ou no Arsenal de Kiev sobre um fundo de armamentos e de veículos, *A Terra Encabritada* é apresentada em junho de 1924 no Monte dos Pardais, diante dos delegados do V Congresso do Komintern•, com 1,5 mil participantes, desfile de cavalaria, infantaria e material militar e uma grandiosa batalha, para o final, entre soldados vermelhos e tropas brancas. O espetáculo, encerrado por um discurso de E. Thaelmann e *A Internacional*, retomada em coro, é integrado a uma grande quermesse em que se sucedem uma partida de *baseball*, cantos e danças gímnicas. Por sua vez, no mês seguinte, *D. E.* (*Daesch Evropu!*) é representado diante dos delegados do Komintern e se transforma em uma manifestação de solidariedade internacional em que os representantes dos diferentes países participam (cantos, discursos). Outro exemplo para sustentar o MOPR•: Meierhold organiza, durante uma representação de *D. E.*, uma coleta e ele mesmo recolhe os donativos, sulcando a sala em uma motocicleta.

No início aberto ao internacionalismo operário, o teatro é uma presença na cidade de Moscou e no país. Quando, no fim de 1923, o estatuto do coletivo meierholdiano se estabiliza, quando os Ateliês se tornam Ateliês de Estado (Gektemas•) e quando o teatro assume o nome de Meierhold, sob a sigla TIM•, este realiza os sonhos do encenador acerca de um teatro nascido de um grupo unido por uma formação e uma prática idênticas. Mas a utopia de um teatro-ermitério de 1905[15] tornou-se na realidade um teatro-comuna que reivindica seu lugar em um mundo a transformar. É uma trupe solidária e combativa, cimentada por princípios sólidos e por uma luta travada desde 1920 contra "a saraivada dos ataques"[16] que atentaram contra sua existência a tal ponto que,

15 V. Meyerhold, *Projet d'une nouvelle troupe dramatique près le Théâtre Artistique de Moscou*, *Écrits*, 1, p. 73.

16 Expressão de Meierhold apud A. Fevrálski, op. cit., p. 275.

em 1922, Meierhold ameaça "cessar sua atividade na República que o julga tão nocivo e insuportável"[17]. É uma companhia organizada como coletivo de trabalho cooperativo, dir-se-á também *artel**, dirigida por um *soviet**, e os salários pagos sobre as receitas são aí iguais. Quando no Jubileu de 1923, Meierhold recebe o título de Artista do Povo, a eletricidade do teatro é cortada por causa de faturas não pagas...[18] Em sua pobreza e locais vetustos, a trupe continua, em 1924, a viver como em estado de emergência* revolucionária[19]. Cada um aprende a viver assim e, além de sua formação e de sua participação no trabalho de produção, assume uma atividade política na célula do partido ou do Komsomol* do TIM, e uma atividade social: responsabilidade por campanhas temáticas de agitação, animação de grupos autoativos em clubes de estudantes, operários e, sobretudo, de soldados do Exército Vermelho que tributara a Meierhold o título de Guarda Vermelho de honra. Esse trabalho é centralizado por um Laboratório de Metodologia de clube no TIM que empresta seus locais para certos espetáculos.

O TIM procura desenvolver e estruturar os laços com seu público, "seu colaborador real"[20]. Foi o primeiro teatro moscovita a servir sistematicamente o público proletário e estudantil (espetáculos gratuitos, tarifas reduzidas) e, a partir de 1923, desloca-se, apresenta-se nos centros industriais do Donbass e dos Montes Urais. A noção de serviço público duplica-se por uma atenção constante às reações da plateia, consignadas em princípio a cada noite a partir de 1925 em impressos ou folhas de controle. A vontade de registrar, para organizá-las mais racionalmente, as reações do público-material é completada por um cuidado de formação do espectador-parceiro em encontros para os quais membros do teatro vão aos locais de trabalho ou de lazer, e pela organização de visitas ao Museu do TIM aberto cada noite e onde são expostos os documentos concernentes às realizações meierholdianas.

Teatro de agitação política, o TIM faz agitação teatral no interior de seus espetáculos e fora do teatro. Em 1921, seus membros usam demonstrativamente a *prozodiéjda* fora da cena. A influência da prática meierholdiana é considerável, tanto no teatro autoativo como nos impulsos, nos temas e nos métodos que ele engendra, repercutidos, mas amiúde deformados, pelas turnês, pela imprensa ou pelos estudantes. Na Ucrânia, o Teatro Berezil e o Teatro do Proletkult de Kharkov desenvolvem, inspirados pelas turnês do TIM, uma obra importante e original. Enfim, o TIM se considera um laboratório de formas teatrais revolucionárias: incessantemente ligado ao porvir, deixa com frequência aos outros o cuidado de explorar os resultados de suas experiências e se empenha, embora nem sempre consiga, de dotar-se dos instrumentos necessários à sua pesquisa: laboratórios de biomecânica, de clube, logo mais de dramaturgia, casa editora, órgão de imprensa[21], questionários impressos para o público e quadros impressos a serem preenchidos por uma equipe a cada representação, destinados a fornecer a seu respeito

17 Carta aberta de Meierhold, Opiat Razgrom!, *Ermitaj*, n. 7, p. 4.

18 Cf. A. Fevrálski, op. cit., p. 247.

* État d'urgence, regime excepcional previsto por lei na França para enfrentar perturbações da ordem e outras situações de emergência (N. da T.).

19 V. Sakhnóvski, "Meierhold", op. cit., p. 223.

20 Iz Ustava Trudovogo Kollektiva Teatra Imeni V. Meierholda (1923), em *Russki Soviétski Teatr 1921-1926*, p. 204.

21 As edições Teatralnii Oktiabr, cf. infra, p. 258, n. 8, e a revista-brochura *Afischa TIM* (1926-1927).

70 *Cartaz de* A Morte de Tarelkin, *1922.*

uma descrição científica precisa. Essa perspectiva experimental aprofunda a inserção do teatro no presente soviético, testemunha de uma vontade de projeção no porvir do teatro.

O Lago Lull:
Teatro, Cinema, Cineficação

Vindo da indústria e do cinema, o termo montagem utilizado para *A Terra Encabritada* toma o sentido de organização dinâmica de fragmentos de natureza diferente que só se tornam significantes em uma operação que os põem em relação. Por meio do construtivismo e do engajamento da arte na vida, na política e na produção, o homem de teatro se define como organizador ou montador dos elementos constitutivos do espetáculo. Adquire um poder que lhe permite considerar-se como autor, não como intérprete. O estatuto do teatro transforma-se através desse modo de criação que sistematiza uma intervenção tecnológica e ideológica não camuflada, mas, ao contrário, destacada nos diferentes materiais cênicos. Ele torna o teatro independente da literatura, distancia-o da pintura e proporciona ao ator múltiplos pontos de apoio, que são ao mesmo tempo materiais e parceiros (a trupe e os objetos cênicos, inventados ou reais, funcionais, móveis) entre os quais se organizam relações, tendo em vista efeitos precisos e poderosos sobre o espectador (fazê-lo reagir, dinamizá-lo, informá-lo, interpelá-lo, transformá-lo).

"A gente olha *A Terra Encabritada* com o mesmo interesse que os filmes mais apaixonantes", escreve Vassíli Fiódorov[22]. De seu lado, Tretiakov evoca as metas de seu trabalho: obter o impacto do cartaz heroico e o interesse do filme de aventura[23]. A utilização da tela ratifica a abolição de toda coerção espaçotemporal, a multidão cinzenta e viva dos comícios e os objetos motorizados introduzem a modernidade urbana que somente o cinema parecia até então capaz de representar. Mas o teatro que Meierhold pratica, longe de imitar servilmente o cinema, abre caminho para o cinema soviético. A teoria do cinema, e em particular a da montagem conflitual que Eisenstein desenvolverá, nasce nesses anos alhures e não no cinema, entre os formalistas e na cena de vanguarda. Do estudo do *balagan*, Meierhold depreendeu, antes da Revolução, três ideias-força: a da cena considerada como um meio descontínuo (em oposição ao meio ambiente de vida do ator stanislavskiano); a do jogo do ator como uma combinação de técnicas diferentes; e a de uma dramaturgia cênica baseada em um jogo de contrastes exacerbados de maneira consciente, associação dos contrários em uma mesma personagem, em uma mesma cena ou em fragmentos que se sucedem em ondas

22 V. Fiódorov, Masterskaia Meierholda, op. cit., p. 172.

23 S. Tretiakov, Poiasnitelnaia Zapiska "Printsipi Tekstovoi Obrabotki Pessi *Notch* Martine Dlia Postanovki eió v Teatre V. Meierholda", em *Russki Soviétski Teatr 1921-1926*, p. 203.

71 O Lago Lull, *Teatro da Revolução*, 1923. Maquete da construção de V. Schestakov, adaptada para a apresentação ao ar livre, 1925. (Aperfeiçoado por S. Essênin).

opostas. Através do grotesco que o estado de espírito construtivista e o engajamento político reinterpretam, esse teatro faz emergir um tipo de *démarche* cinematográfica. E, ao mesmo tempo, utiliza diretamente essa nova arte em forma de projeções inseridas na estrutura do espetáculo, embora procurando, de outro lado, *transpor* para a cena procedimentos técnicos e plásticos que parecem pertencer em caráter próprio à tela de cinema. As influências são recíprocas e sutis.

Se o movimento teatral excêntrico com a FEX*, Foregger, Eisenstein, desfaz o tecido do teatro, substituindo mecânicas ao corpo do ator, galvanizando, pela busca da incongruência máxima, os textos do passado, Meierhold desconfia do excentrismo que nunca será para ele mais do que uma técnica. Suas realizações não exprimem uma vontade de destruir a cena, de lhe escapar, porém de confrontar-lhe depois de tê-la derrotado, desnudado, desmontado, de testá-la, de interrogar sua "força de resistência"[24].

Nesse jogo com a resistência da cena, há em Meierhold, grande erudito e louco por teatro, um desejo de promover um diálogo entre a memória da cena e a arte mais atual, o cinema, no qual utiliza as técnicas para cujo desenvolvimento seu método teatral contribui. Mas antes de convertê-la em um espaço cineficado com *Ozero Liul* (O Lago Lull), Meierhold parece marcar suas referências com *Dokhodnoe Mesto* (Um Lugar Lucrativo, maio de 1923), balanço escandalosamente ponderado do Outubro Teatral[25] que Meierhold teve a prudência de montar, não no TIM, porém no Teatro da Revolução, do qual é diretor artístico desde 1922.

187

A CENA NA CIDADE, ENTRE A ARENA DE CIRCO, O CAMPO DE MANOBRAS E A TELA DE CINEMA

24 Cf. G. Banu, *Le Théâtre, sorties de secours*, p. 94.

25 Cf. infra, p. 161-163.

72 O Lago Lull. *Foto de cena. A construção de V. Schestakov em funcionamento com suas escadas, seus andares, seus ascensores. Cartazes indicam o lugar: aqui "Hotel Atlante".*

A intriga de *O Lago Lull* de Aleksei Faikó (novembro de 1923) fornece, segundo Meierhold, tudo o que o Teatro da Revolução procurava, ao montar a dramaturgia expressionista alemã, sem ter necessidade agora de inverter seu sentido: um conflito à la Gustave Le Rouge entre dois bilionários, a irresistível ascensão ao poder de um desempregado, aos quais a revolução fomentada sobre o lago Lull põe fim. Trata-se de um melodrama em que gravita uma multidão cosmopolita de policiais, engenheiros, repórteres, agentes secretos, criminosos e cantoras de cabaré. A peça requer uma multiplicidade de lugares: no plano espacial, Meierhold retorna aí à construção em relação à qual já havia se afastado, mas aproveita as possibilidades técnicas do Teatro da Revolução, das quais o TIM está desprovido. Victor Schestakov ergue uma alta e fina carcaça de madeira com três andares ligados por escadas e servidos vertical e lateralmente por duas cabines móveis. O entrecruzamento de vigas desenha largas plataformas em que podem ter lugar perseguições. Transparentes brancos fixados na armação permitem um jogo de sombras, pura e simplesmente um jogo gráfico diante de uma tela. Os elevadores, associados à fragmentação da ação em cenas curtas e à mobilidade dos projetores, acentuam a dinâmica vertical, a rapidez do ritmo, e permitem uma "cinemontagem" de planos sucessivos em diferentes andares. Cartazes luminosos indicam os locais de ação. Protótipo bem-sucedido do urbanismo no teatro – movimento de cruzamento do construtivismo, do excentrismo e do expressionismo –, *O Lago Lull* engendra, por seu sucesso, toda uma corrente, o "lullismo". Sua construção propõe uma imagem dinâmica da cidade-Torre de Babel, abismo de perdição que se opõe à utopia da vida urbana de que *O Corno Magnífico* era portador. E sobre os três andares assim como sobre a cena o jogo de atuação desenvolve a representação ambígua de uma Europa degenerescente que funciona com base no frêmito de atração-repulsão do público. O entusiasmo da multidão é reforçado pelo acompanhamento de uma orquestra de cordas, ora distante, ora possante, pelo "Golliwogg's Cake-walk" de Debussy, por buzinas, toques de telefone e pelos *staccati* dos diálogos. O jogo de atuação apoia-se inteiramente em objetos, e para as curtas e concentradas aparições da atriz María Babánova, Meierhold construiu com ela toda uma coreografia de seu papel de cantora, princípio que ele desenvolve em *D. E.*

73 Uma dança do poeta V. Pamakh, organizador do jazz-band no espetáculo *D. E.* Desenho de B. Erdman.

D. E. (Junho de 1924).
Cinema, Jazz, Dança

A CENA NA CIDADE,
ENTRE A ARENA DE CIRCO, O
CAMPO DE MANOBRAS
E A TELA DE CINEMA

Apresentada depois de *Les* (A Floresta), *D. E.* é uma revista de agitação escrita coletivamente a partir de um texto de Iliá Ehrenburg e de um enredo de ficção científica política: em 1940, um aventureiro internacional organiza, com a ajuda de capitalistas americanos, o truste *D. E.*, cujo objetivo é a destruição da Europa. O proletariado europeu consegue chegar à URSS onde se prepara a grandiosa construção de um túnel Leningrado-Nova York que, ao final, o Exército Vermelho utilizará. O esquematismo da escritura é compensado por uma grande inventividade cênica que transforma a oposição entre capitalistas e comunistas em um confronto de dois modos de vida: de um lado, cultura física e esporte, e de outro, foxtrote e tango.

Dois princípios para esse espetáculo: simplicidade e transformação. Painéis de madeira laqueada vermelho escuro, montados sobre rodinhas e deslocados pelos atores, permitem, pelas diferentes combinações, uma metamorfose instantânea do espaço em diferentes lugares, especificados por objetos de mesma fatura (elementos de mobiliário) ou por cartazes: ruas, estádio, café berlinense ou Câmara dos Deputados em Paris. O dispositivo, que será retomado por dezenas de montagens de amadores, é, portanto, uma simples montagem de "paredes móveis", realizadas pelo jovem Iliá Schlepiánov, e de objetos deslocáveis. Seu dinamismo horizontal permite, nas cenas de corrida-perseguição, efeitos espantosos, quando o fugitivo desaparece entre dois painéis que, rodando um na direção do outro, se chocam para reabrir-se no mesmo instante sobre o vazio... Efeito de transposição cinematográfica que entusiasma o público, mas exige uma cronometragem rigorosa. Três telas recebem cento e dez projeções: títulos dos episódios, nomes dos locais, citações de textos políticos, mapa de deslocamentos que explica a marcha complexa dos acontecimentos, retratos dos chefes revolucionários, *slogans*, estatísticas. Esse abundante comentário projetado lastra com o peso da história a inverossimilhança da intriga, ao mesmo tempo que se distancia. Acima da cena, telas; sobre a cena, Harry Piel e Chaplin fazem parte dos noventa papéis interpretados.

Meierhold injeta no espetáculo fragmentos de "vida simples, não hipertrofiada"[26]: vida do TIM (exercícios de biomecânica), esporte (parada de marinheiros, partida de futebol), política (debate no Komintern). Enxerta também fragmentos cuja realidade é de ordem cultural: novidades artísticas, inéditas na URSS, jazz ou danças de cabaré, assinadas pelo coreógrafo Cassian Goleizovski, com perfume de escândalo. Em sua simplicidade de cena de clube, *D. E.* é um palco de confrontações entre todas as artes do espetáculo. A força do teatro afirma-se no princípio de transformação que rege o espaço, o jogo dos atores (Erást

26 C. Miklaschévski, *Malenkii Feleton: O Postanovke D. E.*, *Jizn Iskusstva*, n. 26, p. 7.

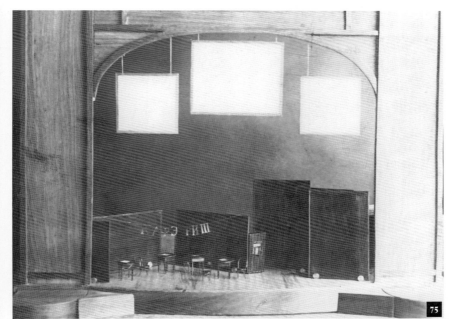

74 D. E., TIM, 1924. O número "Tchong", foxtrote excêntrico é composto a partir de um estudo biomecânico "O salto sobre as costas".

75 D. E. Dispositivo para o episódio 7, "A Europa que foxtrota". Os painéis são feitos de pranchas pintadas com laca vermelho escuro utilizada para os vagões de mercadorias.

76 D. E., episódio 10 "O Repasto dos Lordes ou o Anel na Sopa".

77 D. E. Cena do episódio 7: no centro, Babánova e D. Lipman, dançam "Tchong" diante dos clientes berlinenses do Café Rico, cujas letras de insígnias aparecem em um fio, acima dos comediantes.

Gárin desempenha sete papéis em alguns minutos), a temática e as relações dessas artes entre si. O espaço teatral torna-se, afora a tela e as projeções, produtor de impressões cinematográficas e, por meio da coreografia, a personagem alcança uma forte concentração. No café Rico, a fina Babánova, corifeia das danças de grupos, toca o público, "não suscitando associações ou estados de alma, mas por uma transmissão puramente musical, dinâmica e rítmica"[27]. Enfim, o poeta Valentin Parnakh que, tendo voltado da emigração em 1923, frequentou os círculos dadaístas parisienses, organiza para *D. E.* uma orquestra de jazz – uma das primeiras em Moscou – que Meierhold dispõe bem à vista do público, em um camarote. Parnakh interpreta *O Ídolo em Forma de Girafa*, uma dança pantomima de sua lavra, montagem enigmática de movimentos geométricos, tomados de empréstimo à máquina, à rua, aos animais ou aos afrescos egípcios, estruturados sobre contrastes, em que os lábios e as mãos têm sua parte. Para Parnakh, a dança, arte do grotesco, deve tornar-se ela sozinha a "tragédia-bufa da época" e o cinema é o seu futuro[28]. Estrela cadente da vanguarda, ele marca o caminho de Meierhold que o engaja ainda no *Bubus*. Por causa de sua prática dos ritmos americanos, de sua reflexão coreográfica e de sua cultura relativa às formas orientais – teatro, dança e literatura –contribui para aprofundar o jogo do ator biomecânico em ator plástico.

A cena meierholdiana pode então ser definida como um espaço ao mesmo tempo estreito e infinito, zona intermediária em que se interpenetram ficção e realidade, gêneros e artes do espetáculo, inclusive esporte. Meierhold cria aí um meio efervescente em que a tradição é vizinha da modernidade, em que as formas, as personagens e todas as artes que ele convoca estão prontas a se metamorfosear por um trabalho de montagem que toca os diferentes domínios da atividade teatral (dramaturgia, cenografia, jogo de atuação) e cuja função é ao mesmo tempo estruturante e desestabilizadora. *A Floresta* dará o melhor exemplo desse trabalho.

Tradução J. Guinsburg

A CENA NA CIDADE, ENTRE A ARENA DE CIRCO, O CAMPO DE MANOBRAS E A TELA DE CINEMA

78 D. E., *episódio 11. A borda dos painéis de rodinhas, paralelos entre si, é disposta de maneira a formar uma diagonal. Caça ao homem: as perseguições "desembocam" de diferentes "ruas", o refugiado está naquele instante sobre o painel no lado direito. Oposição do primeiro plano muito iluminado e do segundo, mais misterioso.*

79 D. E. *Desfile da juventude soviética, esportistas e marinheiros, no estádio "O Marujo Vermelho", por trás de uma rede estendida sobre estacas. Imagem que Eisenstein desenvolverá em A Greve, ao filmar a multidão atrás de uma rede de arame. No primeiro plano, Makarov, acordeonista popular. Quando o desfile sai de cena, toda a plateia canta com os atores.*

27 A. Gvozdev, O Ritm i Dvijênie Aktióra, *Jizn Iskusstva*, n. 15, p. 7.

28 Cf. RGALI, 963, 1563. V. Parnakh, O Novom Tantse, 1925.

3.
A Floresta:
Clássico Russo e
Burlesco Americano

A atualidade da versão meierholdiana de *A Floresta*, sua percepção pelo espectador como uma peça que se acreditaria escrita hoje, é obtida não pela transformação do texto, mas, sobretudo, pela maneira com que o encenador interpreta os papéis, por uma redistribuição do roteiro com decupagem de atos em episódios e deslocamento de certas cenas, pela introdução de momentos mímicos, pelas indumentárias e caracterização de personagens, enfim, pela extrema velocidade do tempo.

B. Alpers[1].

"Meierhold levou o teatro até aquele limite para além do qual imediatamente começa o cinema", escreve Vsévolod Pudóvkin[2]. A partir de 1923, na obra meierholdiana, complexas relações se estabelecem entre teatro e cinema que, longe de ter um sentido único, são estimulantes para as duas partes na medida em que se entregam à pesquisa, pois esse é o momento em que o cinema soviético se reorganiza economicamente e começa a se desenvolver em suas formas originais. O princípio de montagem que se destaca em todos os domínios artísticos da reflexão construtivista, produtivista, biomecânica e formalista torna-se ferramenta clara e eficaz de construção do espetáculo meierholdiano, cujos elementos constitutivos (gesto e movimento, para o jogo de atuação; material, forma, volume, para o cenário; palavra, sequência, episódio, para o texto) desnudados, reduzidos ao seu esqueleto, são reunidos para funcionar na cena. A ideia de "máquina-ferramenta de jogo de atuação", de "máquina de atuar", utilizada primeiramente para o cenário, pode ser aplicada ao funcionamento do corpo do comediante e será estendida ao do texto.

A montagem torna-se instrumento moderno, oriundo da civilização industrial, do grotesco meierholdiano. Mas aqui Meierhold se apoia tanto nas tradições teatrais, em que a cena lhe aparece como o reino da descontinuidade e da heterogeneidade, como no princípio de fabricação dessa primeira arte mecânica que é o cinema. E os filmes estrangeiros que, no fim de 1922, começam novamente a chegar a Moscou ou acerca dos quais os viajantes já haviam, a partir de Berlim, transmitido suas impressões e publicado críticas, excitam sua reflexão tanto quanto a dos jovens ou dos futuros cineastas russos.

As películas de filmes cômicos do pré-guerra continuam a circular e novas obras aparecem, portanto, pouco a pouco. *Intolerância*, de D. W. Griffith, é projetado em 1921, a série *Judex*, de Louis Feuillade, em 1922. No período 1923-1924, o cinema da rua Malaia Dmitrovka, especializado em produções estrangeiras, exibe *O Gabinete do Dr. Caligari*, *Dr. Mabuse*, filmes de Erich Von Stroheim (*Foolish Wives* [Loucuras de Mulher]), de Thomas Ince, as aventuras de Rio Jim, o cavaleiro sem medo e sem mancha das pradarias americanas, as de Pearl White, de Mary Pickford, de Douglas Fairbanks, e películas de Chaplin, que Eisenstein e Pudóvkin celebram desde 1922, um como a "oitava musa"[3],

1 Blestiaschaia Schutka, em *Ejenedelnik Akademítcheskikh Teatrov*, n. 15.

2 V. Pudóvkin, Meierholdu Schestdessiat, *Soviétskoie Iskusstvo*, n. 6, p. 2.

3 Cf. S. Iutkévitch; S. Eisenstein, Vosmoe Iskusstvo: Ob Ekspressionizme, Amerike, i Konetchno o Tchaplin, *Ekho*, n. 2, p. 20.

o outro como "nosso primeiro mestre"[4]. Os novos filmes de Chaplin são relativamente pouco projetados na URSS, mas ele é aí conhecido, reconhecido, reclamado e até mesmo publicado[5].

Se *Zemlía Dibom* (A Terra Encabritada) traz talvez a marca, em sua concepção, de filmes russos rodados a partir das grandes festas de massa de Leningrado, procura também, como depois dela *Lago Lull* ou *D. E.* (*Daesch Evropu!*), rivalizar com os filmes policiais, *The Exploits of Elaine* (As Façanhas de Elaine) de Louis Gasnier e outros filmes americanos de aventura em que as demonstrações esportivas são figuras da conquista do espaço pela câmera. Esses três espetáculos se apropriam de suas mudanças instantâneas de lugar, da dinâmica de suas ações. Mas em *Les* (A Floresta), Meierhold volta-se para Chaplin.

Os ecos são unânimes a propósito desse espetáculo. Um crítico de cinema, Nicolai Lébedev, dá o tom geral e escreve: "A *Floresta* de Meierhold não é totalmente teatro, mas um filme [...]. Meierhold corta e monta as cenas como no cinema; como no cinema, é preciso representar pelo gesto; como no cinema, ele coloca primeiros e segundos planos; como no cinema, a cada cena ele muda de lugar".

E vai concluir que esse espetáculo revela: "um brilhante *metteur en scène* de cinema (e nós não temos nenhum), Vsévolod Meierhold, e um admirável ator grotesco de cinema, Ilínski"[6].

O Goskino•, firma cinematográfica do Estado, pensará por um momento em rodar esse espetáculo. Mas, se reconhece que o princípio utilizado no espetáculo deve ao modelo cinematográfico, Meierhold restringe simultaneamente seu alcance ao indicar de imediato uma outra fonte: a estrutura das peças no teatro espanhol, em Aleksandr Púschkin e em Shakespeare. Um não deve, nesse modo de criação meierholdiano, ser compreendido sem o outro. Se em *A Floresta* Meierhold recorreu muito precisamente ao filme burlesco, a seus tipos de jogos de representação, a seus temas, a suas personagens, é porque esse cinema aí substitui o *balagan*•, quer em relação ao seu público, quer em sua relação com a cena meierholdiana. É no cinema cômico, curtas e longas metragens, que refugiaram e concentraram as tradições do *balagan*• por intermédio de atores provenientes do circo e do teatro de variedades. E Meierhold utiliza o burlesco para criar uma cumplicidade com a plateia e apagar, no espetáculo, as distâncias entre o tempo da peça e o do público, para desenvolver uma tripla e rica atividade no espectador, emocional, ideológica (reflexos sociais) e imaginativa (atividade associativa).

[80] Um Lugar Lucrativo, de A. Ostróvski, Teatro da Revolução, 1923. O ator D. Orlov no papel do burocrata Iússov. Croqui de V. Rudnev.

[4] L. Kuleschov, *Esli Teper...*, *Kino-Fot*, n. 3, Moscou, 1922, p. 4. Esse número é todo consagrado a Chaplin.

[5] A revista *Zrelischtcha*, n. 33, 34, e 35, traz uma série de artigos assinados por Chaplin, "Tchaplin o Sebe". Em 1925, aparece uma coletânea intitulada *Za Sórok Let*, sob a direção de V. Schklóvski.

[6] N. Lébedev, O *Lese* Meierholda: Vpetchatlenie Kinospetsa, *Kino-Gazeta*, n. 8.

Por que Ostróvski? A Sábia Variante: Um Lugar Lucrativo

A FLORESTA:
CLÁSSICO RUSSO E BURLESCO
AMERICANO

Mas *A Floresta*, cujo sucesso será imenso – 1.328 representações em treze anos, recorde que se dirá inigualável na cena soviética[7] –, é precedida de uma encenação que, embora muito mais discreta e sóbria, é uma etapa decisiva no trabalho que Meierhold realiza sobre os clássicos. O pretexto para a escolha de *Dokhodnoe Mesto* (Um Lugar Lucrativo), montado em abril de 1923 no Teatro da Revolução, é o centenário de nascimento de Aleksandr Ostróvski. Esse espetáculo precede o *slogan*, lançado por Anatol Lunatchárski, "Volta a Ostróvski", isto é, retorno à profundeza da sua observação, do seu realismo, ao seu sentido de teatralidade, que o Narkom• aconselha como paliativos ao esquematismo, ao anedotismo pobre das escrituras contemporâneas. Essa palavra de ordem cristaliza a problemática da herança clássica na cena revolucionária. Justamente em 1924, as atitudes extremistas começam a evoluir e um Vladímir Maiakóvski confiaria realmente agora tarefas de agitação a Púschkin. Mas o nome de Ostróvski, diferentemente do de Púschkin, permanece indissoluvelmente ligado ao teatro de costumes e, nesse período de NEP• e do jubileu ostrovskiano, ele figura no repertório das AKDRAMA• quando suas peças se arrastam em encenações históricas, inertes e passivas. Portanto, Meierhold procura como que dar outra vez vida aos clássicos empoeirados e realizar o tema russo que tanto lhe cativa, sem para isso cessar de desenvolver uma orientação internacional e de montar, então, ao contrário da maioria dos teatros, uma dramaturgia atual.

Com *Um Lugar Lucrativo*, dedicado à memória de Ostróvski, Meierhold pretende libertar o autor do teatro burguês, que anexou sem tocar em uma vírgula do texto da peça e, mais ainda, representando-o integralmente, o que jamais havia sido feito. Meierhold esvazia a cena da ganga descritiva do teatro de costumes e, com o construtor Victor Schestakov, reinterpreta os interiores ostrovskianos numa perspectiva útil ao jogo [teatral] sem nenhuma alusão à época. Uma longa parede – painel de madeira laqueada de negro, atravessado por portas – limita a cena e essa redução do espaço é compensada por uma extensão vertical: acima da "parede", duas plataformas cujo acesso é feito por duas escadas, à esquerda uma escadinha rígida, à direita uma escada de caracol. Esse dispositivo construído é complementado por um mobiliário rude, de formas toscas, de tábuas simplesmente pregadas. Mas nesse contexto depurado, Meierhold reintroduz a história por meio das indumentárias, dos toucados e de uma escolha de alguns objetos antigos. O contraste entre a sobriedade construtivista e o colorido histórico alicerça o espetáculo e se revela muito eficaz sobre dois planos: ele cria um lugar vivo entre presente e passado, "estranhifica" os objetos que,

7 A cifra corresponde a quatorze anos de representação, de 1924 a 1938. Por comparação, com o Teatro de Arte, *Ralé* foi levado (cifra de 1965) 1.500 vezes em 63 anos e *Almas Mortas*, 800 vezes em 33 anos.

EM TORNO
DO OUTUBRO TEATRAL

81 Um Lugar Lucrativo. A atriz Babánova exprime o comportamento de Paulina ao interpretar com precisão a partitura espacial e rítmica que Meierhold estabeleceu a partir de marchas da escada que a conduz: escorregadelas indecisas, passando através de novas ascensões bruscas, escandida pelos movimentos de sua capelina e de sua sombrinha, descensos brutais e meias-voltas.

como que colocados em itálico, participam ativamente do jogo teatral por sua simples presença.

Essa desestruturação do cotidiano politiza a peça e permite a Meierhold fazer emergir, sem distorcer o texto, a atualidade dos temas ostrovskianos: dinheiro e corrupção que são os refrões da NEP. Meierhold interroga a plateia por meio do ritmo plástico nervoso dos jogos de cena, os clarões vacilantes de velas acesas. O espetáculo dá ao jogo biomecânico suas cartas de nobreza e as fórmulas dinâmicas desenvolvidas nos dois tipos de escadas traduzem por si só a sucessão dos sentimentos ou das ideias.

Enfim, Meierhold enforma uma metáfora terrível da burocracia em uma composição complexa sustentada pelos temas musicais. Assim

Iússov, funcionário zeloso e servil, executa uma sombria paródia de dança popular, a do superior hierárquico que mostra a todos como dançar, apesar de sua embriaguez e um ritmo saltitante, sem arranhar sua dignidade. A sequência se desenrola no cabaré, entre os comilões, os discursos frenéticos, em uma luz azul, e se conclui ao som da *Lutchinuschka*• cuja melancolia tem uma dupla função: destacar a hediondez física e moral dos concussionários e transpassar o coração do espectador. À mestria plástica e ritmo dominado dessa encenação, que até 1936 conhecerá muitas reprises, sucede nove meses mais tarde a extremamente agressiva *A Floresta*, dessa vez no TIM•.

A *Floresta*:
A Crítica e o Público

Espetáculo hirsuto, desordenado, é qualificado pelo crítico Pável Márkov como "inspirado e bárbaro ao mesmo tempo"[8]. Manifestamente polêmico, dirigido contra os "Akpopi" ou popes do academismo, ele choca violentamente a crítica de direita: é um "escarro na cara da história cultural russa", escreverá Aleksandr Kúgel[9]. As acusações de traição chovem da parte da esquerda, dos construtivistas os quais consideram que mesmo se Meierhold dá as costas aqui a Ostróvski, trata-se sempre "da arte"[10], como daqueles que creem aí ver um retorno ao naturalismo. Lunatchárski critica a ausência de princípios diretores, "a caça aos efeitos", considera o espetáculo como "a cineficação do Teatro de Arte de Moscou"[11]. Dois anos mais tarde, ele voltará atrás com respeito a essas afirmações[12]. Para Maiakóvski, a encenação, repugnante, é "um passo para trás"[13].

Em geral, a crítica parece absolutamente desamparada diante das invenções desorientadoras de Meierhold, como as pombas vivas, os pés desnudos de Gurmijskaia a quem cortaram as unhas, diante da reorganização do texto em episódios e a total reescritura da peça em termos puramente cênicos. No entanto, de sua parte, Meierhold reclama uma atitude séria, responsável, profissional, para esse espetáculo cuja importância ele conhece. Ora, ouvem-se as opiniões as mais contraditórias, que oscilam desde o qualificativo de reacionário (retorno ao Teatro de Arte, e mesmo ao Mundo da Arte), até o de revolucionário. Meierhold não é senão um esteta, culpado das mesmas faltas que reprova em Aleksandr Taírov, zomba Vadim Scherschenévitch[14]. Ele é autor de uma encenação virtuosa, "mas de modo algum revolucionária", afirma Lunatchárski. Mikhail Zagórski aplaude o golpe de mestre desfechado por Meierhold ao academismo com suas próprias armas —

8 A. Gan, Vasche Mnenie o Premiere, *Zrelischtcha*, n. 72, p. 6.

9 A. Kúgel, Po Povodu Postanovki *Lesa*, *Rampa*, n. 5, p. 8-9, apud C. Rudnítski, *Rejisser Meierhold*, p. 317.

10 A. Gan, Vasche Mnenie o Premiere, op. cit., p. 5.

11 Lunatchárski o Meierholde, *Ejenedelnik Akademítcheskikh Teatrov*, n. 15, p. 8-9.

12 A. Lounatcharski, Toujours au sujet du Théâtre de Meyerhold, *Théâtre et révolution*, p. 54-56.

13 V. Maiakóvski, Vstuplenie na Diskussiia *D.E.*, 18 jul. 1924, *Pólnoie Sobrânie Sotchiniêni*, t. 12, p. 472.

14 Intervenção de V. Scherschenévitch, Iz Stenogrammi Disputa o Spektakle *Les*, 21 abr. 1924, em *Russki Soviétski Teatr 1921-1926*, p. 211-212.

EM TORNO
DO OUTUBRO TEATRAL

Ostróvski – e põe no seu lugar a acusação de naturalismo: tratar-se-ia apenas de paródia[15]. Enfim, Márkov que, com Aleksei Gvozdev, é um dos raros críticos lúcidos a não se deixar arrastar pelas paixões do *front* teatral, discerne a fecundidade do trabalho realizado com *A Floresta* e vê aí "um teatro shakespeariano da atualidade russa"[16].

O debate se faz particularmente tempestuoso quando chega ao texto. Fala-se de violação de Ostróvski, há quem proponha levar Meierhold a um tribunal, colocar limites ao poder absoluto do encenador! Muitas vezes, parece que o debate gira em torno da noção de limite à ingerência do encenador no texto, considerado como sagrado, ou inversamente, do direito do encenador a uma interpretação pessoal, nova. Enfim, alguns viam ali um brilhante "teatro do ator", enquanto outros assistem à destruição pura e simples desse mesmo ator[17].

Entretanto, é o maior sucesso da temporada de 1924. Boris Alpers descreve a plateia quatro meses depois da estreia, aplaudindo furiosamente, chamando os atores ou o encenador entre os episódios, bisando cenas; ele fala daqueles que, excitados pela polêmica circundante, chegam prontos para protestar, mas terminam por aclamar[18]. Nas salas superlotadas, resta, contudo, refratários que protestam energicamente.

O objetivo do TIM é de atualizar a peça de Ostróvski transformando-a em espetáculo épico[19] no centro do qual Meierhold instala a viagem dos comediantes, Arkaschka Stchastlivtsev e Gennádi Nestchastlivtsev (dito de outro modo, respectivamente, o Sortudo e o Azarado), viagem através da monstruosa floresta povoada de personagens ostrovskianas. Os comediantes estão do lado dos oprimidos e são eles que colocam o passado "de pernas para o ar"[20], que organizam o charivari no velho mundo dos proprietários de terra ao mesmo tempo que instauram a morte do teatro burguês e, dos seus farrapos, ali, sobre a própria cena, criam seu próprio teatro que é também toda sua vida. E além de uma visão crítica e politizada do passado, um tema ostrovskiano particularmente caro a Meierhold, o do triunfo do comediante livre sobre o cotidiano rotineiro é distinguida, amplificada pelo encenador, e torna-se o eixo vital do espetáculo.

Mediante o assalto que realiza sobre o teatro clássico, *A Floresta* de Meierhold reintroduz elementos banidos da cena desde o Outubro Teatral: os objetos reais, provenientes da vida privada ao contrário dos de *A Terra Encabritada*, as cores, a indumentária individualizada. Mas Meierhold reconsidera seu lugar: mínimo de valor ilustrativo, máximo de eficácia em seu funcionamento. Esses objetos domésticos estão aptos, agora, para construir o espaço, em vez de serem aí contidos. Sobretudo, eles são muito mais determinados pela sua função teatral que por seu uso primeiro. Deslocados, isolados, depois associados, combinados com outros objetos, com outras situações, com outras personagens, despojam-se do seu sentido para alcançar significações mais profundas e escrever a metáfora em cena.

---

15 M. Zagórski, *Vasche Vpetchatlenie o "Premiere"*, op. cit., p. 6.

16 Cf. supra, nota 7.

17 Essas são, respectivamente, as opiniões de V. Polonski, V. Scherschenévitch e G. Iákulov. Cf. *Stenogramnaia Zapis Diskussiia Lesa*, op. cit., p. 210-212, e *Vasche Vpetchatlenie o "Premiere"*, op. cit., p. 7.

18 B. Alpers, *Blestiaschaia Schutka*, op. cit., p. 10-11.

19 Cf. V. Boguschévski; G. Iákulov, *Stenogramnaia Zapis Diskussiia Lesa*, op. cit., p. 213-214.

20 A expressão se encontra no título de dois de 33 episódios.

Em *A Floresta*, Meierhold aprofunda sua pesquisa sobre a linguagem teatral. Os objetos parecem falar e jogar uns com os outros, tanto como os atores jogam com eles e entre eles. A atividade da cena é aí transbordante, contagiosa, ela cobre os mais variados registros e implica os espectadores, projetando no mundo hediondo do passado seus próprios representantes. Multiplicando as dissociações, as combinações e as distâncias, a *mise-en-scène* joga também com uma aproximação feliz e enérgica entre o público e seus delegados, aproximação em que em breves momentos pode representar a identificação.

82 *Capa do Programa de A Floresta para o 10º Aniversário da Estreia.*

O Trabalho Dramatúrgico:
Construção de uma Nova Máquina de Atuar

Afirmações contraditórias de Meierhold em torno de *A Floresta* mostram a complexidade do trabalho realizado e os dois movimentos que então o animam. De um lado, a peça não é senão um pretexto para expor o tema escolhido em uma perspectiva contemporânea. O teatro deve, então, defender não os interesses do autor, mas os do espectador, deve responder a uma necessidade, ao comando do público. É, aliás, considera Meierhold, a tarefa de todo comediante, de todo encenador efetuar essa luta para seu espectador, e os Salvini, ou os Rossi representavam cada noite seu *Hamlet* de maneira diferente, segundo a composição da sala, ora suprimindo, ora conservando os longos monólogos filosóficos[21].

Mas, por outro lado, Meierhold reapresenta sua antiga tese, tese de "defesa e ilustração" do autor contra seu tempo; ele quer tirar Ostróvski do campo literário, libertá-lo dos constrangimentos técnicos e estéticos de sua época, que impediam mudanças rápidas e frequentes de lugares, longas cenas de exposição explicativas, e aproximá-lo dos autores espanhóis nos quais se inspirou para *A Floresta*. "Em cada obra é o roteiro que retemos", teria dito Meierhold a propósito de *Les Aubes* (As Auroras)[22]. Há, para *A Floresta*, remontagem do texto acompanhada de numerosos pequenos cortes que modificam seu sentido e a criação de um verdadeiro roteiro de encenação que em uma linguagem espacial, visual e sonora, completa ou duplica constantemente o texto, o explicita, o contradiz ou o reforça. A encenação de *A Floresta* é o resultado dessas intenções contraditórias: defesa do espectador, defesa do autor, mas a fundação da construção cênica meierholdiana permanece, diferentemente do trabalho de Eisentein sobre *O Sábio*, a própria peça de Ostróvski.

RESUMO DA PEÇA

Em A Floresta, *Ostróvski descreve a aristocracia camponesa, egoísta e atrasada, e a sinopse permite apreciar sua crueldade: Gurmijskaia, rica viúva, avarenta e hipócrita, conduz com mão de ferro sua jovem parente Aksiúcha. Está apaixonada por Piótr, filho de um camponês rico e trapaceiro, mas a tia da jovem recusa prover-lhe o dote que o pai do rapaz exige. A tia faz vir à sua casa, em sua propriedade de Penki, apresentando como o noivo de Aksiúcha, Bulanov, um rapaz muito jovem, filho de uma amiga que empobreceu, e a quem Gurmijskaia quer transformar em seu próprio marido. Por outro lado, Nestchastlivtsev, ator e trágico, volta à casa de sua tia após quinze anos de ausência: ela o expulsara de casa sem um centavo e acredita que tenha se tornado oficial. No caminho, ele*

---

21 Cf. Meierhold o Svoem *Lese, Novi Zritel*, n. 7, p. 6; Meierhold, La Mise en scène des *Aubes* au Théâtre RSFSR 1er, em *Écrits*, 2, p. 46; Intervention au cours du débat sur *La Forêt*, 18 fev. 1924, em *Écrits*, 2, p. 114.

22 La Mise en scène des *Aubes* au Théâtre RSFSR 1er, op. cit., p. 46.

encontra Stchastlivtsev, ator cômico, tão pobre como ele, propondo-lhe que o acompanhe e se faça passar por seu criado. Incógnitos, portanto, os comediantes descobrem toda a mentira daquela sociedade que acreditavam ser honrada. Quando Gurmijskaia descobre, por uma traição de Stchastlivtsev, a verdadeira ocupação deles, ela expulsa novamente o sobrinho. Antes de retomar o caminho, o trágico renuncia ao dinheiro todo de uma dívida que conseguiu recuperar de sua tia aterrorizando-a, e o oferece a Aksiúcha para permitir-lhe casar com Piótr[23].

A primeira tarefa do teatro é a de descobrir as relações de classe que atuam na comédia de Ostróvski, de mostrá-las de um ponto de vista atual, o da Revolução concluída, e de aguçar os conflitos sociais. Tarefa que implica em uma reorganização do texto, uma escolha de técnicas e uma revisão política das personagens. Desde 1921, Meierhold pensa em *A Floresta* que ele concebe como um *agit-balagan*• ou teatro de feira de agitação. Para atacar os costumes dos proprietários e dos camponeses ricos, Ostróvski, escreve Meierhold, "não introduz na propriedade um agitador, um *raisonneur*, nem um estudante liberal, mas utiliza o poder do riso". As leis do teatro que não têm "segredo para ele", coloca em cena "dois palhaços [que] abalarão as bases dessas sólidas prosperidades". Ao rir das réplicas de Arkaschka,

> o espectador reencontra um velho conhecido: o velho gracejador, o *raióschnik*• do teatro de feira; e no outro ator, o trágico que brande um cacete, ele reconhece a si mesmo: outrora, quando se queria meter medo em velhos e em crianças, [o gracioso] enfiava pelo avesso uma peliça curta, enterrava uma carapuça de asno até os olhos e, emitindo uma voz de baixo (julgar-se-ia ouvir Rinaldo Rinaldini), os rugidos de costume, pequena audácia contra a vítima designada!

Meierhold, que não evoca aí nenhuma outra coisa senão suas próprias experiências teatrais, lembranças de infância, irá concluir: "Como é simples: não são os tipos positivos que decidem o destino de um drama, mas realmente os bufões e há aí um procedimento que nos apanha, nós espectadores, como a isca o peixe ou o apito o pássaro silvestre". Lá estão, diz Meierhold, "técnicas de agitação artísticas"[24].

Em 1924, Meierhold se exprime da mesma forma: "Como é fazer *A Floresta* em meu teatro? Muito simples. Eu lhe aplico as melhores técnicas de todas as épocas. É preciso estudar essas técnicas que, uma vez que estamos nos limites do teatro antigo, são insubstituíveis. Eu escolho unicamente o melhor anzol para fisgar o espectador"[25]. Interrogado sobre o segredo do "charme do espetáculo", Meierhold se entrega: nada de magia nem de segredo, somente as duas bases da arte do encenador, um profundo conhecimento das técnicas autênticas das melhores

23 Cf. o texto francês, em A. Ostrovski, *Théâtre*, t. 2, p. 190-317.

24 V. Meierhold, V. Bebutov, K. Derjavine, La Dramaturgie et la culture du théâtre; Feuillets théâtraux, *Écrits*, 2, p. 59.

25 Intervenção de Meierhold, Stenogramnaia Zapis Diskussiia *Lesa*, op. cit., p. 216.

EM TORNO
DO OUTUBRO TEATRAL

épocas, sua concentração na cena e um estudo atento da plateia atual, público "popular" composto de operários, de camponeses e de Soldados da Guarda Vermelha. Entretanto, novidade com relação à leitura da peça esboçada por Meierhold em 1921, o riso revolucionário irá se combinar com uma onda lírica.

Em função de especificidades da percepção desse espectador impaciente, que é preciso de pronto agarrar, interessar, o texto de *A Floresta*, que Meierhold considera como uma partitura dramatúrgica a ser decifrada, é *acelerado* por uma remontagem que corresponde a uma aplicação de técnicas shakespearianas ou puschikinianas (*Boris Godunov*), fontes que Meierhold reivindica em voz alta, levando em conta também o fato de que Ostróvski traduziu peças de Shakespeare. Portanto, ele irá transformar os cinco atos iniciais em trinta e três episódios distribuídos em três partes separadas por dois entreatos. Os títulos desses episódios serão projetados em uma grande tela localizada acima do palco.

A longuíssima cena 2 do ato II, duo de comediantes que se encontram em uma estrada de Kertch a Vólogda, é dividida em sete sequências curtas situadas cada uma entre as cenas de exposição dos atos 1 e 2[26]. Assim se compõe a primeira parte, em que a inércia dos dois primeiros atos da peça é curto-circuitado pela montagem. Quebrando toda continuidade, essa decupagem proíbe num mesmo golpe todo desenvolvimento psicológico, todo semitom. A peça recebe uma construção épica, remetendo ao *Dom Quixote* de Cervantes, cujos intermédios Ostróvski traduziu para o russo. Os dois comediantes, o Ator Cômico e o Ator Trágico, não são outra coisa senão avatares de Dom Quixote e Sancho Pança caminhando pelas profundezas da Rússia. Meierhold concretiza sua evocação dialogada da população provincial ao aumentar consideravelmente o número de personagens: ele acrescenta à propriedade de Gurmijskaia um cavalariço, um jardineiro, um pequeno criado turco (que já havia aparecido em *O Mistério-Bufo* de Petrogrado), um porteiro... A função dessas novas personagens, domésticos, vizinhas, alfaiate, mulher do pope, é dupla: tomar parte da construção do espetáculo e atuar como servidores do palco, preenchendo as funções dos *kurombo*•, deslocando os elementos de cenário ou tocando piano. Dupla justificação que sustenta sua presença no palco.

A *aceleração do ritmo* é obtida primeiramente pela supressão de um certo número de réplicas, supressões que, a cada ano, se tornarão mais importantes dado que Meierhold, a fim de recuperar o tempo usado no espetáculo, passará de trinta e três episódios a vinte e sete, depois a dezesseis. Mas, sobretudo, tal aceleração é criada pela montagem constrastante dos episódios, de seus lugares, de seus sujeitos, pela maneira de interrompê-los brutalmente por causa da entrada de alguém ou de uma frase, pela divisão de uma só e mesma cena em dois episódios bastante curtos (episódios 24 e 25)[27]. A montagem retoma o

26 Eu me apoiei para este estudo em V. Maksímova, 33 Epizoda *Lesa*, em *V Poiskakh Realistítcheskoi Obraznósti*, p. 318-358; no exemplar Stsenitcheskaia ob Rabotka Komedii A. Ostróvskogo *Lesa* Meierholdom..., RGALI, 963, 340; nos exemplares de trabalho de *A Floresta* (963, 339) e do texto do espetáculo (963, 336), assim como nas fotografias conservadas no Museu Bakhrúschin.

27 A descrição dos episódios aos quais remetemos a partir daqui é dada em infra, p. 219-231.

primeiro ato de exposição, tradicionalmente lento porque explicativo: ela o converte, graças ao princípio de descontinuidade, na parte mais rápida e enérgica do espetáculo. Desde o episódio 6 todos os fios da intriga já estão atados, e o desenvolvimento do espetáculo se efetuará pela acentuação progressiva dos conflitos.

A escritura do argumento de encenação toma emprestado da câmera sua flexibilidade para ir e vir de um lugar a outro, apresentar ações simultâneas, recuperar uma ação ou um tema interrompido pela introdução de um outro "plano", fazê-los prosseguir ou fragmentar o escoamento contínuo do tempo, como nos episódios 2, 4 e 12, em que Aksiúcha estende um primeiro cesto de roupas brancas, depois um segundo e finalmente desprega e arruma a roupa seca, ou nos episódios 30 e 32 nos quais a ação única de arrumar a mesa é perturbada por uma paródia de ópera, no episódio 31. A impressão de desenvolvimento rápido é ainda acentuada pela multiplicação das ações cênicas, pelas numerosas entradas e saídas, consequências da decupagem em que, ao fim de um episódio, ninguém permanece em cena. Esses movimentos e o dinamismo que os caracteriza – salto, pulo, corrida, descida, subida, entrada animada em grupo, saída atravancada – auxiliam os atores a tomar posse do palco como do seu espaço de jogo, fracionam o tempo cênico em fragmentos aos quais insuflam energia.

A montagem meierholdiana, cujo alvo é a projeção da obra clássica sobre a atualidade, traz à luz três temas que são também os de toda a obra de Ostróvski: crítica aos mercadores, defesa da mulher, apologia dos comediantes. Força panfletária, camuflada até então pelos teatros, por medo da censura[28], neutralizada, paralisada devido a invasão da cena pelo *bit*•, os detalhes do cotidiano reproduzido no cenário. Ao desarticular a continuidade do teatro de costumes, como a de um comportamento evolutivo psicológico, Meierhold recobra a força percuciente do diálogo teatral. Ademais, deslocando certas cenas, invertendo-as, ressalta outras que se tornam essenciais, em vez de permanecerem afogadas no fluxo do texto. Assim reconstruídos, os episódios se concentram em torno de um tema central, traduzido em ações, com um começo e um fim. Os mais notáveis a esse respeito são "Rapariga das Ruas e Dama do Mundo" (episódio 12), "Penki de Pernas para o Ar" (episódio 20) ou "Sonata ao Luar" (episódio 23), que formam verdadeiros números. Seja o caso do episódio 12, em que eles inflam uma única cena, fixando a atenção do público sobre o comportamento de uma personagem, a demonstração da insolente energia de Aksiúcha, a sobrinha-criada oprimida, seja quando reagrupam diversas cenas em que desenvolvem uma série de ações concretas a exprimir as indolências primaveris de Ulita, a governanta de Gurmijskaia ou o menosprezo dos atores pelo modo de vida dos proprietários e a afirmação do poder de seu teatro. Por meio do tema dos comediantes, Meierhold destaca sua própria concepção de teatro: não somente mundo do sonho, do

28 V. Meierhold, Ob Osnovnikh Printsipakh Postanovke Komedii A. Ostrovskogo *Les*, em *Russki Soviétski Teatr 1921-1926*, op. cit., p. 217.

jogo, mas mundo da ação em que os comediantes destruidores participam do advento de um outro sistema ao mesmo tempo social e teatral.

A montagem dramática é enriquecida pelo argumento da encenação e a escolha das ações executadas sem tempo morto [provocado] pelos comediantes é ditada pelo diálogo do qual Meierhold saberá extrair todas as possibilidades. Assim, quando, em Ostróvski, o mercador Vosmibratov diz: "Quando me provocam e eu me esquento, sou capaz de doar tudo"[29], em Meierhold, tudo de antemão voa pelos ares, carteira, cédulas de dinheiro aos punhados, *tchuba*• e botas (episódio 20). As coisas são feitas antes de serem ditas. Ou então, o jogo de cena obedece a uma lei de visualização imediata: no episódio 18, "Um Espírito Prático", a ação ginástica da personagem principal, Bulanov, entremesclada intimamente ao seu discurso, realiza a metáfora teatral de seu "espírito prático"[30], de sua capacidade de ziguezaguear, de caminhar sobre uma corda bamba (funambulismo), de ir de frente para trás (cambalhotas), de permanecer em equilíbrio nas situações as mais instáveis (equilíbrio sobre os espaldares de cadeiras empilhadas)...

Os episódios proporcionam, escreve Meierhold, "uma sucessão ininterrupta de contrastes variados"[31], que implicam para o público uma montagem de emoções particularmente diversificada. Ao colocar em relação novos trechos dramatúrgicos, cada episódio, prolongado e comentado por frases pantomímicas, forma um conjunto dotado de uma tonalidade dominante que procura suscitar uma reação precisa. A montagem de emoções dos espectadores resulta em primeiro lugar uma montagem de gêneros que o espetáculo converte em uma espécie de recenseamento magistral, opondo uns aos outros os episódios alternativamente em cômico, comovente, lírico, bufão, paródico, grosseiro ou terno. O tom é sucessivamente sarcástico, vulgar, estudado, espontâneo ou heroico. Sequências muito satíricas (episódios 8, 9) enquadram cenas líricas. A um episódio extremamente cômico, como "Sonata ao Luar", irão suceder o episódio 24, "Entre a Vida e a Morte", em que nenhum riso mais difundir-se-á pela sala, tensa ao extremo; depois o 25, em que a intervenção cômica de Arkaschka permite, ao fim, desviar o trágico para o cômico, não cair no sentimental. Ao romper todo estatismo, Meierhold procura criar uma espécie de melodrama popular, pleno de violência, de exagero, de cômico, de ódio, de aventuras e de amor. Essa composição em contraste deve ser percebida *globalmente* – na relação emocional entre as diferentes sequências que se sucedem, ou que, afastadas, associam-se na memória – sem o que se perde tudo, como é o caso de numerosas críticas da época. Ela não exclui o paralelismo, a reprise de certas sequências em um outro modo: assim, o episódio 14, com seu duo diurno, seu lirismo violento e viril, é completado pelo episódio 21 e sua serenidade noturna totalmente impregnada de uma frase musical tocada no acordeom, ao mesmo tempo insolente, zombeteira e delicada, melancólica.

29 Cf. A. Ostrovski, *La Forêt, Théâtre*, t. 2, p. 259.

30 Idem, p. 246.

31 Cf supra, nota 28.

Meierhold diversifica ainda essas emoções utilizando formas e técnicas emprestadas de todas as artes do espetáculo, de diferentes sistemas teatrais ou de distrações coletivas. Cada episódio remete a um ou vários tipos de espetáculos e, antes de tudo, seguramente, ao cinema, por meio da construção do espetáculo, os negros brutais, os ritmos ousados, a projeção de títulos na tela e ver-se-á a personagem Arkaschka, suas pantomimas mudas e seus números mímicos. Cada episódio se constrói sobre uma solução visual ou sonora central, tomada do teatro naturalista (episódios 2, 4, 12, 15), da charivari carnavalesca (episódio 20 ou 33), da demonstração ginástica (episódio 18), da declamação trágica (episódio 5), da virtuosidade do acordeonista (episódio 21), da farsa grosseira, com seus golpes, seus jogos de esconde-esconde (episódio 9 ou 22), da pantomima (episódio 26), das danças de salão (episódio 29), dos números de cantores e de dançarinos de *music hall* (episódio 17), dos romances russos (episódio 27), das distrações do campo de feira, de seus manejos primitivos (episódio 14 ou 23), do jogo de baralho (episódio 6), ou da mesa, com suas bebedeiras, brindes e cantos de beberrões (episódio 33). Todos esses modelos podem também figurar como elementos secundários no interior dos episódios, cuja solução principal eles complementam ou contradizem: matracas (episódio 25), apitos de brinquedo da arte popular russa (episódio 17). Eles podem também se combinar: gangorra e romances russos, em partes iguais (episódio 23). Enfim, a construção de certos episódios paroxísticos, em que os fios da intriga se enlaçam e se desenlaçam, recorre a uma montagem complexa de várias dessas soluções (episódio 20: prestidigitação, charivari, teatro de feira, tragédia declamatória, farsa). O final utiliza todos [esses recursos] na busca do impacto emocional poderoso que brota de suas relações.

Trata-se constantemente da questão do teatro no teatro e Meierhold põe ainda os comediantes a representar com fragmentos de grandes textos. Ao monólogo de Schiller, que Ostróvski coloca no fim de sua peça, Meierhold acrescenta textos tirados de *Hamlet*, de Sófocles, um monólogo em italiano, e intitula um episódio "Cena de *A Dama de Espadas*". Ele adiciona, ao jogo dos dois comediantes, referências de grandes atores que marcaram esses papéis. No contexto da montagem aparece, então, uma espécie de relato irônico e elevado acerca do teatro, da história de Meierhold encenador de si mesmo: os especialistas puderam reconhecer, por exemplo, no episódio 33, um trecho sapunoviano e, no encontro de Piótr e Aksiúcha, no episódio 21, uma alusão a *Groza* (A Tempestade) de 1915, a cena da ravina entre Catarina e Boris.

O princípio da montagem impregna totalmente todas as outras estruturas do espetáculo; a interpretação das personagens, as soluções espaciais. É o princípio diretor, unitário, de um espetáculo cuja estética é aquela da dissonância pretendida, gritante, mas nada tem a ver com o ecletismo que se lhe tem às vezes censurado. Essa estética da dissonância se exprime na distribuição do material dramatúrgico, em sua transcrição imediata em termos cênicos, visuais e sonoros. Ela deseja desconectar Ostróvski da literatura e das antigas classificações. A partir do choque amplificado dos dois mundos colocados em presença pelo autor, ponto de apoio de todo trabalho, a nova composição dramatúrgica e cênica engendra efeitos de surpresa constante e comunica ao público uma alegre energia: *A Floresta* é um teatro que sabe rir e chama à vida.

Será que a estética da dissonância chega a produzir a "harmoniosa beleza" que Meierhold prevê em "O Teatro de Feira"?[32] Como saber? Lendo os críticos, pode-se sentir que as dissonâncias se resolvem em fortíssimos acordes líricos, os dos episódios 14, 21 e do fim do episódio 33, em que Meierhold procura os meios para representar de uma maneira ativa, a relação nascida de um sentimento de amor compartilhado. O *leitmotiv* do Teatro, encarnado pelos dois comediantes de província, é percebido em todo o espetáculo, com variações acerca de sua mediocridade e de sua grandeza. Considerado em seu conjunto, o desenvolvimento de *A Floresta* está baseado em oposições de duração, particularmente na primeira parte, e a busca de contrastes e tensões que elas geram se duplica com a reprise de certos temas visuais que servem de acordes maiores (a viagem, a chegada e a partida dos comediantes, o amor de Piótr e de Aksiúcha). A montagem se apoia sobre uma estrutura musical (sucessão ininterrupta de episódios de longa duração, de ritmo e de tonalidades diferentes, reprises) em que se integra um material musical propriamente dito composto de cantos populares, de romanças, de árias de acordeom ou de valsas.

Se Meierhold procura liberar a força satírica da obra de Ostróvski, ele quer também, como tentou fazer em *A Tempestade* em 1915, sob a influência de um grande crítico do século XIX, Apollon Grigóriev[33], extrair a sua força poética. Ostróvski rejuvenesce? Mas, sobretudo, como Meierhold fará mais tarde com Gógol, Aleksandr Griboiêdov ou Púschkin, ele quer, por meio de toda essa destruição-reconstrução, captar o tema principal de Ostróvski, compreendido como um poeta nacional russo, e construir, a partir de sua obra escrita, uma síntese poético-teatral. Seu conhecimento de Ostróvski é grande e sua primeira experiência remonta a 1896, data de sua estreia em Penza quando representou Arkaschka. Ele já havia montado *A Floresta* em 1903, em Kherson, e *A Tempestade* em 1915, em São Petersburgo. Com *A Floresta* de 1924, ele quer não somente representar a peça, mas redescobrir um autor muito conhecido e, segundo ele, mal conhecido. Márkov constata: "Em cada um de seus trabalhos sobre os clássicos que sejam *Svadbá Kretchinskogo* (As Núpcias de Kretchinski), ou *A Floresta*, *Gore ot Uma* (A Desgraça de Ter Espírito), *Revizor*, Meierhold *não resolve tanto o problema da peça como desvela o tema fundamental do autor* [...]. *Não é tanto a peça que ele monta, mas seu autor*"[34].

---

32 Le Théâtre de foire, em *Écrits*, 1, p. 202.

33 *L'Orage*, em *Écrits*, 1, p. 253.

34 P. Márkov, Pismo o Meierholde (1934), *Teatr*, t. 2, p. 72.

Nesse espetáculo, existe a dinâmica de uma espécie de luta que Meierhold conduz, quer contra os exegetas de Ostróvski, quer contra o próprio texto, luta que leva a um contato autêntico com o autor que, embora maltratado, reencontra vida na cena revolucionária. Meierhold faz de Ostróvski um chantre da liberdade, da audácia, da esperança, o porta-voz daqueles que se debatem para sair do reino sombrio dos mercadores e dos proprietários, déspotas, exploradores e ladrões, zoológico de monstruosidades humanas.

O trabalho teatral realizado pela montagem sobre o texto, reunião de diferentes partes, gêneros, registros, ações, transforma-o em uma espécie de máquina de atuar, produtora de efeitos – portanto de emoções – determinados. O ator joga com o texto, com as fraturas da montagem, de um episódio a outro como em cada episódio. Se Meierhold renuncia em *A Floresta* a uma construção dos elementos dinâmicos, ou melhor dizendo, se a simplifica ao extremo, é talvez porque pode estender a ideia dela ao funcionamento do texto dramatúrgico.

A Interpretação das Personagens: Uma Comédia de Máscaras, Agitação e Tradição

A Floresta, um *agit-balagan*? Para fazer isso, Meierhold acentua a divisão ostrovskiana das personagens em dois campos opostos, reagrupa-os mais, ao mesmo tempo que desenvolve neles analogias com a sociedade contemporânea de maneira a expor essa divisão evidente. A interpretação das personagens é aqui mais politizada que em *Um Lugar Lucrativo* quando, em torno de problemas morais, o laço entre passado e presente se estabelece mais pela associação. Aqui, o ponto de vista de classe domina, inspirado no método sociológico do materialismo econômico da escola de Mikhail Pokróvski. Meierhold destaca primeiro quatro grupos de personagens: a nobreza decadente, os rudes camponeses, os revoltados e os grupos intermediários, compreendendo os domésticos e os atores que Meierhold identifica então como *déclassés*. Um pouco mais tarde, ele simplifica e não vê mais que duas classes, dois campos inimigos, o dos exploradores e o dos explorados. Nenhuma benevolência: os interesses de classe são acentuados e os conflitos aguçados, a encenação se funde sobre a oposição desses dois campos em que as personagens têm seu lugar e em relação aos quais os atores se tornam mui claramente advogados ou procuradores[35]. Nada de meias medidas nem de análises psicológicas. O sistema de personagens é aí o da máscara social originária do teatro de agitação, de *Misteria-Buff* (O Mistério-Bufo), que

[35] V. Meierhold, Projet de mise en scène du *Malheur d'avoir trop d'esprit*, 21 fev. 1924, *Écrits*, 2, p. 118.

[83] *Vosmibratov (B. Zakháva).*
Croqui de I. Schlepiánov, 1924.

Meierhold aplica em uma comédia clássica. Essas máscaras sociais, não mascaradas, mas emperucadas e borradas, vivem nos exclusivos limites do espetáculo. Essa interpretação não transforma somente a aparência das personagens, mas também as relações que elas mantêm entre elas e sua relação com o espectador: ao aumento dos seus traços corresponde uma redução da distância que as separa do público e, ao mesmo tempo, um relaxamento de seus liames de dependência. Aproximadas dos espectadores, as personagens são afastadas umas das outras e a linha de divisão que as separa é aquela da Revolução. Lançado por essa *Floresta*, esse método engendrará imediatamente muitas leituras de clássicos russos desse tipo.

Por meio das máscaras, a história joga com a atualidade, pois o campo dos exploradores já é o dos vencidos, e o dos explorados o dos vencedores: Gurmijskaia não é aquela perante a qual todo mundo treme. A reorganização das personagens que efetua Meierhold transforma-as todas em sujeitos ativos. O campo dos vencedores – isto é, os dois pares, os enamorados e os comediantes – tornam-se heróis coletivos do espetáculo. Enfim, a interpretação das personagens aproxima o passado do presente, de suas ressurgências na NEP, com as goelas nutridas, as cores escandalosas, a arrogância dos novos ricos. Todo o elã do espetáculo condena e rejeita esse passado ressuscitado.

As máscaras sociais são encarnadas por meio dos signos: uma indumentária, uma maquiagem, um penteado, uma barba, um gestual, uma voz e entonações, e atributos-objetos típicos. Nenhuma nuance nem *finesse* no jogo de atuação, sem que a simplificação, contudo, exclua a ambivalência. Como escreve Constantin Rudnítski, "a história se reflete e se deforma nos espelhos de hoje [...] em uma galeria de cristais deformantes, um palácio do riso"[36].

Simplificação das personagens, mas também insolente excesso de traços de classe escolhidos para cada um, distribuição clara e cruel de simpatias e antipatias. Gurmijskaia é rejuvenescida em dez anos, não é mais a dama do mundo fútil, a viúva um pouco tirânica: é uma exploradora ativa. Nada de verniz aristocrático: ávida de poder, é uma amazona de lornhão, chicote à mão, grosseira e perversa, cujas toaletes vistosas remetem ao mal gosto triunfante das esposas de Nepmen•. Seu contralto de peito desencadeia ao mesmo tempo um tom de comando para todos e de subentendido erótico para o jovem Bulanov. Com ar masculino, ela usa, no começo do espetáculo, botas de cavaleiro; gorda, desloca-se com um passo pesado. Sua lascívia se exprime na avidez com a qual suas mãos se agarram ao frágil Bulanov. Canta de modo desafinado, com sua voz grave, romanças sentimentais: ela deve inspirar repugnância...

Vosmibratov, todo de negro, anguloso, pesado e desajeitado, concentra a rapacidade do capitalismo russo nascente, ele é também o *kulák*• sugador de sangue que a propaganda e o teatro de agitação

[36] C. Rudnítski, *Les*, *Teatr*, n. 11, p. 107.

A FLORESTA:
CLÁSSICO RUSSO E BURLESCO
AMERICANO

denunciam. Ulita, a governanta-confidente de Gurmijskaia, tem um andar sinuoso e pode até arrastar-se. Penteado absurdamente realçado, voz muito aguda, paixão pelo canto (como sua patroa, canta de modo desafinado). Ela associa a concupiscência, a hipocrisia e a adulação da doméstica pervertida à máscara da espiã.

Meierhold não tem necessidade de três máscaras de proprietário: Gurmijskaia basta-lhe. Portanto, faz de Milonov um pope, o padre Eugênio, e o ridiculariza, no espírito da propaganda antirreligiosa do começo dos anos de 1920. Quanto a Bodaiev, tem ares de general branco, com seu sabre, sua *nagaika** e a força bestial dos seus apertos de mão que faz todos urrar de dor...

As personagens do campo dos vencedores percorrem a cena com segurança, são os enviados daqueles que estão situados na plateia, eles pertencem ao mesmo conjunto. Em Aksiúcha, Meierhold apagou toda fraqueza, toda submissão. Ele a faz passar do papel de ingênua ao de revoltada e desenvolve seu lado empreendedor, trabalhador, habituada que está, como Ostróvski a leva a dizer, a "penar" desde sua mais tenra infância. Sabe defender-se, despreza Gurmijskaia, denuncia seu caráter arbitrário, fora de toda verossimilhança histórica. Aquela dá de ombros quando esta a tortura em seu trabalho, e a desafia, atitude própria de numerosas criadas em relação ao seu patrão na época da NEP. Sua conduta maravilha o público e o faz rir, como as bofetadas que dá em Bulanov: seu vestido vermelho e seu lenço de seda amarrado lembram-lhe uma jovem do Komsomol*.

Se Bulanov não é percebido como uma vítima e pertence ao campo dos exploradores, Piótr, em contrapartida, está dissociado de

84 *A Floresta*, episódio 13 "Sem Documentos". O fim da viagem: Arkaschka porta sua trouxa no ombro, o ator trágico (M. Mukhin) está vestido com sua capa, sua valise está atada ao seu ventre por uma correia, ele se apoia sobre seu bastão de caminhar bifurcado. Entre eles, o peixe seco que não está entrando em sua bagagem e que, naquele instante, indica o letreiro da propriedade de Gurmijskaia, diante da qual eles são detidos.

85 Arkaschka (I. Ilínski). Croqui de I. Schlepiánov, 1924. Calça quadriculada, veste de toreador, gestual expressivo e desengonçado em que a linha do corpo se faz sinuosa.

seu pai Vosmibratov: seu longo cafetã, suas botas, seu penteado (ou chapéu) "tigela", e seu acordeom, as canções populares que interpreta, o convertem na máscara do moço corajoso, livre, altivo e alegre, pertencente ao mesmo tempo aos contos russos, às imagens do *lubok** e à atualidade dos subúrbios urbanos de Moscou: é um homem que será capaz de brigar. A russidade de Piótr encontra eco na do doméstico Karp, tanto em sua aparência como em seu jogo de atuação.

Agora, os comediantes. Com chapéu espanhol, capa longa e larga, camisa branca com manga entufada e gola aberta, Nestchastlivtsev com uma auréola de cabelos grisalhos que salientam uma grande testa e espessas sobrancelhas negras, apresenta um gestual solene: de gestos da tragédia romântica. É a máscara do ator trágico que deve representar no espetáculo de Meierhold tudo aquilo que ele não pode representar no palco dos teatros de província, e que declama com cólera os monólogos mais célebres. Arkaschka é o Sancho de Nestchastlivtsev. É ao mesmo tempo arlequim, histrião, vagabundo, ator de vaudevile, *clown* excêntrico de circo, cômico de cinema; é a melhor máscara de *A Floresta*, aquela na qual se realiza a montagem mais complexa e mais bem-sucedida.

Nada de individualização, nenhuma biografia para todas essas personagens. Reduzidas a uma presença cênica constituída de fragmentos plenos de enfrentamentos e de choques, as personagens-máscara dessa *Floresta* manterão solidamente o solo teatral pela continuidade das suas ações, seu jogo perito com os objetos. No encontro de Piótr e de Aksiúcha, os atores não representam unicamente o amor, mas, com ele, alguma coisa de mais vasto: o elã para a liberdade, a segurança da vitória, a fé no porvir, a superação de todos os obstáculos e uma grande alegria de viver. A cena se desinteressa da pequena anedota particular, do destino individual das personagens para ir além dos limites do espetáculo: ela fala do destino das classes sociais e da força do teatro.

86 *Galeria de personagens acrescentada pelo encenador:*
I *o Gendarme (N. Ekk),*
II *o Turco (V. Maslatsov),*
III *o Alfaiate (A. Kaplan),*
inseparáveis dos seus objetos.
Croquis de I. Schlepiánov, 1924.

A Organização Espacial

Para *A Floresta*, Meierhold recusa a maquete construída por um de seus colaboradores e conta-se que, apoderando-se de uma folha de papel, traça à esquerda, com um rabisco a lápis, uma curva ligeira e delgada, a parábola lacônica da célebre "ponte" do seu espetáculo, aprimorada, em seguida, por seu assistente Vassíli Fiódorov[37]. A reflexão espacial é profundamente integrada ao trabalho teatral e está totalmente ao seu serviço. O encenador tende a assumir sua responsabilidade.

A "ponte" será o único elemento fixo de *A Floresta*. Construção reduzida à sua mais simples expressão, esse dispositivo guarda do construtivismo um ascetismo extremo e sua fatura de materiais brutos, madeira e metal. Compõe-se de elementos espaciais já testados por sua eficácia teatral: plano inclinado, passarela, tribuna. Sua curva se abre de modo a fornecer múltiplos níveis. A "ponte" de *A Floresta* levanta a cena, verticaliza-a e combina duas estruturas que estimulam o pensamento plástico construtivista: a da ponte, cuja única beleza é ser funcional, e a da escada. Ela compõe como que um híbrido dessas formas; coração da organização espacial de *A Floresta*, ela renascerá, transformada, de espetáculo em espetáculo[38].

Eis aqui como Erást Gárin descreve o espaço de *A Floresta*: "A primeira impressão é a de uma vontade de respirar profundamente. Limpeza. O palco acabou de ser lavado, e ainda não teve tempo de secar... Espaço. A caixa cênica está aberta até os arcos"[39].

Ao lado direito do palco descentrado, a "ponte", suspensa por dois cabos de aço, é fixada em varas oblíquas. Começa alta, no fundo da cena, por uma espécie de plataforma (ou "patamar") que, limitada em dois lados por uma balaustrada, perpassa o vazio sobre o terceiro. Feita de tábuas ajustadas, desce em uma estreita inclinação, no início relativamente rígida, depois suave, descreve uma curva, desce para a plateia em que ela ultrapassa e se prolonga ao nível da cena para um plano inclinado paralelo à linha da rampa, que termina diante de quatro degraus. Por esses degraus, acessa-se a "lateral" direita da área de jogo, extensão da cena na sala da plateia. A ponte é guarnecida de uma leve balaustrada metálica no seu flanco esquerdo, e por aí se tem acesso a ela, do fundo da cena, por um declive que conduz ao "patamar". Em sua sobriedade e seu movimento, esse dispositivo é investido de um possante poder metafórico. Pois a linha rítmica composta por essa "ponte", o plano inclinado e os degraus, desemboca diante de um arco de madeira em que um letreiro indica, em letras talhadas, o nome "Penki, propriedade de madame Gurmijskaia". O ritmo plástico fará sentido antes mesmo do começo do jogo de atuação: descendo dela para entrar na casa de Gurmijskaia, sobem para

A FLORESTA:
CLÁSSICO RUSSO E BURLESCO
AMERICANO

[37] Cf. N. Guiliaróvskaia, *Dekorativnoe Iskusstvo za Dvenadtsati Let*, 1917-1929, *Iskusstvo*, n. 7-8, p. 25.

[38] Como em *O Comandante do Segundo Exército, A Dama de Espadas, A Dama das Camélias.*

[39] E. Gárin, *S Meierholdom: Vospominánia*, p. 75.

dela escapar. De repente, essa ponte é percebida como uma *estrada*, um caminho orientado.

Está aí o suporte da montagem paralela particularmente bem sucedido dos quatorze episódios da primeira parte em que, alternativamente e graças aos projetores, a ação passa instantaneamente da ponte à cena. Ela é ainda um verdadeiro aparelho de ginástica para o jogo, que os atores utilizam de múltiplas formas: eles aí sobem, descem dela, trepam pelas varas, suspendem-se, desabam de encontro à balaustrada, sentam ou se estendem. Mas ela é também portadora de uma carga simbólica: divide violentamente, e de modo assimétrico, a cena em dois espaços, um alto e um baixo. Ela dá a imagem plástica das contradições sociais ao organizar a área de atuação segundo a dualidade que estrutura o sistema dramatúrgico e o das personagens. Quando o espectador entra na sala, ele é preparado, de repente, para o confronto de dois mundos: essa linha dinâmica orienta sua grade de percepção.

Em um nível inferior, na cena imensa, desnudadas até suas paredes de tijolo, sobre os quais a partir dos arcos pendem panos ou tecidos azuis que intervêm apenas no final, estão espalhados objetos disparatados pertencentes a um cotidiano camponês e facilmente identificáveis. Primeiramente, o portão de entrada da propriedade, à qual se acessa por um torniquete, é situado ao nível do primeiro camarote, disposto de maneira que os atores possam ali entrar. Desde o começo do espetáculo, há em cena um pombal em que revoam pombas, um poste pintado de verde – um passo gigante – com suas cordas oscilantes, uma escada dupla. Contra a parede do fundo, uma latada semicircular, um banco. Quando eles intervirem diretamente num episódio, esses objetos serão deslocados pelos domésticos-servidores da cena, auxiliados pelos atores. Tornados inúteis, serão relegados ao fundo do palco e outros serão trazidos, grandes e pequenos, conforme a necessidade do momento.

Em torno desses objetos, o espaço está nu, vazio, cinzento. Aparentemente neutro, ele é rapidamente conotado desde os primeiros episódios. A ponte-estrada é o domínio exclusivo dos comediantes, depois dos revoltados. A cena é reservada à vida nesses domínios, com os objetos que demandam um certo tipo de atividade doméstica: cuidados com a roupa de cama, preparação de marinados, serviço de mesa, toalete. Mas a utilização do fragmento dramatúrgico, contrária à continuidade que o naturalismo requer, dá a essas sequências uma iluminação irônica, que amplifica ainda mais o emprego de utensílios que, extraídos do conjunto mais amplo de que fazem parte, são isolados no esquematismo ambiente. Meierhold procura a fecundação dos estilos, uns pelos outros, e desenvolve aí um jogo naturalista com os objetos do cotidiano doméstico que, no contexto global quase abstrato do espaço cênico e no projeto lúdico em que está inserido, é desviado, ao mesmo tempo reforçado e distanciado: os fragmentos de realidade mostrados em cena ultrapassam o naturalismo que se pode, então, censurar a Meierhold.

87 *Maquete do dispositivo e de objetos cênicos de* A Floresta. *Acima, a tela com o grafismo das projeções: aqui, o título e o autor da peça.*

Na percepção do público, esses dois lugares, o alto e o baixo, secretam dois modos de vida opostos que são também dois modos de trabalho teatral. Sobre o palco, os objetos reais e as ações cotidianas resplandecem tanto mais de realidade quanto, fragmentos que são, concentram em si a força do conjunto da qual estão desligados. As pombas são soltas em cena, como já fora o frango de *A Terra Encabritada*, enquanto sobre a ponte, que os comediantes cercam durante toda a primeira parte e que se tornam então mundo do teatro, criaturas imaginárias despertam para a vida pelo exclusivo poder de Arkaschka que caça a borboleta ou pesca o peixe. O drama plástico é representado na extensão da ponte-estrada que penetra a propriedade e se enriquece de uma metáfora: a do teatro que irrompe no mundo do cotidiano e que está pronto a fazê-lo explodir. Entre esses dois momentos decisivos que enquadram o espetáculo – a chegada dos comediantes, deslocada por Meierold, e a partida deles pelo mesmo caminho – ocorre a instauração progressiva de um charivari carnavalesco na casa de Gurmijskaia, em que os poderes do dinheiro, da polícia, da autoridade, serão ridicularizados.

Finalmente, terceiro e último espaço, de breve utilização, mas trinta e cinco vezes reiterado: a superfície branca de uma grande tela fixa, suspensa no alto do quadro da cena. Sem relações com os outros dois, ele os une, contudo, acentuando a qualidade cinematográfica do espetáculo, sua rapidez e sua variedade. Após o negro da tela que fecha cada episódio, é projetado aí, além da menção do começo e do fim do espetáculo, o título de cada episódio vindouro, equivalendo a um intertítulo em que seria concentrado um resumo da sequência, com um tratamento humorístico do texto, e até agressivo. Essas frases projetadas, quase sempre extraídas da peça, atraem o olhar do público para o alto, desprendem-no das personagens e materializam assim uma nova expansão do espaço cênico, depois do "transbordamento" do dispositivo na sala.

Os diferentes objetos, presentes ou trazidos para o palco, balizam o espaço, fornecem, quando são inutilizados, pontos de referência neutros, como o passo gigante, enquanto serve apenas de suporte ao varal em que Aksiúcha pendura a roupa de cama no episódio 2. Nesse caso, integrados ao jogo, eles estão na origem de uma total metamorfose do espaço, carcaça que "se enfeita" de repente, fazendo intervir, como fator de transformação espacial, o ritmo das manipulações e a cor em manchas vivas: os panos brancos, estendidos um a um em toda a largura da cena, e cuja brancura fica mais intensa com a luz viva que inunda o palco, o vestido vermelho de Aksiúcha, o revoar das pombas brancas estilhaçam o ambiente de grisalha acética do episódio 2. Do mesmo modo, no episódio 30, o espectador assiste à transformação do espaço que colore a longa mesa, recoberta de uma toalha imaculada sobre a qual se dispõe garfos, peças de vidro ou bandejas de frutas. As indumentárias e as tintas gritantes listram o espaço, fazendo-o "urrar" com sua miscelânea dinâmica e com sua cacofonia. A utilização dos objetos, sua ritmização e sua "colorização" pelas indumentárias das personagens que os manipulam marcam a evolução rápida do espaço cênico, a sucessão dos "episódios-quadros"[40] no próprio palco, em variados lugares da casa ou do jardim.

As metamorfoses da ponte-estrada se efetuam por outros meios: é seu dinamismo plástico combinado ao do jogo pantomímico dos atores que evoca, amiúde sem adjunção de objetos reais, uma ponte sobre o rio, um caminho na floresta, um canto coberto de ervas onde Arkaschka e seu companheiro adormecem sobre a mesma capa, ou ainda a cena de um teatro de província. Mas signos de natureza diferente podem também se corresponder, reforçar-se e se associar na memória do espectador que completa um espaço quebra-cabeça à medida do desenrolar dos episódios: Aksiúcha irá buscar água na ponte para dar banho em Piótr, que se balança no passo gigante (episódio 15), Arkaschka descerá ali para uma necessidade urgente (episódio 21). Em outros episódios, a parte de baixo da ponte não é senão o lugar onde os atores apanham e onde arrumam acessórios (episódio 17), e as outras conotações ficam então como que provisoriamente apagadas. Ao final, simétrico ao episódio 1, a estrada parece alongar-se na luz azulada que diminui de intensidade. Ao mesmo tempo, os panos que, durante todo o episódio 33 recobriam as paredes, estreitam o espaço todo tornando mais decorativas as luzes multicolores dos lampiões, e os diversos agrupamentos complexos compostos pelo encenador, se realçam salientando os tijolos em sua nudez. Ao lirismo vigoroso da partida dos comediantes seguidos por Piótr e Aksiúcha junta-se então uma dimensão utópica que toca

40 Cf. supra, nota 28.

profundamente o espectador: a estrada parece como que orientada para um futuro, mais distante no tempo que o presente do público que conduz toda a leitura da peça. É percebida, no espaço cênico novamente desnudado, como uma espécie de máquina de acelerar o tempo. Aí se desvela ainda a sutileza da organização espacial em que, apesar de a estrada avançar sobre a sala, ela desenha um circuito fechado, um lugar para nele se entrar e se fundir com ele. Sua linha ascendente convida o público à partida, é um derradeiro chamado dinâmico.

Toda a organização espacial funciona com base no princípio do conflito e interioriza, na divisão topográfica do espaço, a penetração dinâmica da linha da ponte, a passagem da neutralidade à atividade, a distribuição da monocromia do cinza, do vazio e dos coloridos. Essa montagem de dois espaços, de dois modos de vida, de dois modos de trabalho teatral é também montagem de temporalidades sobre a qual se prende o vaivém sensível das personagens entre passado, presente e futuro na percepção do público.

O dinamismo da organização espacial não se limita somente ao ritmo plástico da ponte. Se Meierhold renuncia aqui ao cinetismo de *Ozero Liul* (O Lago Lull), ele o substitui por uma *dinâmica popular russa*: em *A Floresta*, não há elevadores, mas um balanço e um passo gigante. Corolário: nenhum acompanhamento sonoro urbano, nenhuma buzina, apenas canções e o acordeom. Ainda que Meierhold pareça converter aquele buraco perdido na sombria floresta ostrovskiana em uma espécie de subúrbio de Moscou, não busca o laço com a atualidade em uma imagem cênica da cidade contemporânea. Ele quer situar esse espetáculo no "tapete do tradicionalismo", e essa limitação estimula a invenção do encenador e do comediante. Assim o episódio 14, entre Piótr e Aksiúcha, é representado sobre o passo gigante. Depois de tomar lugar no assento formado pela corda amarrada nela mesma, eles se lançam em perseguição de um ao outro, deixando o solo, elevando-se no ar para aí voltear por cima dos espectadores. A mancha vermelha, que é o vestido de Aksiúcha, destaca-se como uma chama sobre o fundo cinza da cena. Descrevem círculos e o dinamismo da solução cênica impregna o diálogo, materializa a relação deles e a transforma, pelo ultrapassamento das leis da gravidade, em um devaneio imenso e pulsante de liberdade. Primeiramente, sozinho no ar, Piótr evoca seu sonho de viagem em um barco de Kazan a Sâmara, de Sâmara a Sarátov, e suas palavras-movimentos tornam-se o equivalente da própria viagem[41]. Depois, os dois namorados volteiam "como pássaros"[42], metáfora do amor sem um grama de sentimentalismo. O tema do *voo*, rápido, ligeiro, alegre, que penetra toda a obra de Meierhold, em particular em *A Floresta*, recebe aí uma das mais fortes personificações. Pois Meierhold faz literalmente seus atores voar, melhor que Tarelkin na ponta de sua corda, ou como antes dele o Arlequim de *A Echarpe de Colombina*. Esse exercício exige deles uma verdadeira coragem. Por ter aceito essa

41 Cf. A. Ostrovski, *La Forêt*, op. cit., p. 220; e V. Schklóvski, *Ossoboe Mnênie o Lese*, *Jizn Iskusstva*, n. 26, p. 11.

42 A. Gvozdev, Teatralnaia Moskvá, *Jizn Iskusstva*, n. 7, p. 8.

prova, recusada pelos atores precedentemente convidados, Ivan Kovál-Sambórski, recém-chegado na companhia de Meierhold, foi mantido para o papel de Piótr. É verdade que sua formação anterior como artista de circo lhe facilitava as coisas. Nessa cena, na qual se estendem sem exceção todos os comentadores, Meierhold pode injetar no duo de amor tradicionalmente estático, um dinamismo que jamais havia alcançado no teatro[43]. O passo gigante transforma o espaço cênico, fazendo-o elevar-se a uma extensão ao mesmo tempo real (acima da sala) e simbólica, associando-o provisoriamente ao campo da feira, aos divertimentos populares e aos grandes espaços da viagem.

88 *A Floresta, episódio 2 "Uma Missiva Secreta", Aksiúscha (Z. Raikh) e Karp (N. Sibiriák). A manipulação dos lençóis e a introdução da cor (vestido vermelho, tecidos brancos) metamorfoseiam o espaço cênico.*

43 Chaplin em *O Circo* dará uma imagem desse tipo quando, empoleirado no alto de um poste onde trepou por medo de um asno, desce "esvoaçante" ao encontro de Merna, que o espera embaixo.

A Montagem Dramatúrgica e o Roteiro das Ações Cênicas

Damos aqui a sucessão dos episódios, suas relações com o texto de Ostróvski e para alguns deles, escolhidos segundo sua importância ou em função dos desenvolvimentos da análise, a descrição das principais ações em torno das quais se articula a encenação.

– Escuro. Na tela: A FLORESTA DE A. Ostróvski. 33 EPISÓDIOS. 3 PARTES (Os textos escritos em letras capitais são aqueles das projeções na tela). Luz na cena.

– Parada. Ao som dos sinos, uma procissão de Páscoa, desordenada, paródica em sua pressa, atravessa a cena cantando e, sob uma iluminação possante, descreve uma grande curva: estão presentes o jardineiro, o cavalariço, Bulanov, um policial que açoita o ar com seu chicote, dois nobres, duas vizinhas, Piótr, Vosmibratov, a mulher do pope e Bodaiev. Encabeçando, o padre Eugênio, que brilha com todos os seus ouros e asperge água benta nos atores e nos espectadores. Todos trazem objetos: estandartes na ponta de longas varas, ícones, aspersório, cruz. A procissão desaparece sob o arco de entrada.

– Escuro. A tela se ilumina e dá o número e o título do episódio. Essa técnica se repete entre cada episódio.

Primeira Parte

Tempo rápido, episódios relativamente curtos.

EPISÓDIO 1: AO LONGO DA ESTRADA DE FERRO

- *Ato II, Cena 2* (início... "onde queiras")
Encontro dos dois comediantes, Arkaschka e Nestchastlivtsev.
- A luz cai sobre a ponte-estrada na qual, bem no alto, envolto em sua capa, se eleva o majestoso Nestchastlivtsev, que declama uma estrofe de tragédia e depois chama de longe Arkaschka. Eles descem, Arkaschka atrás do trágico, até o meio da ponte, onde se instalam.

EPISÓDIO 2: UMA MISSIVA SECRETA

- *Ato I, Cena 1*
Aksiúcha pede a Karp que transmita sua carta a Piótr. Ulita vigia e espiona.
- Aksiúcha entra, com cestos de roupas de cama, cantando. Sobe pela escada dupla, estende os lençóis. Karp abre a porta da gaiola, enfia os dedos na boca e emite um enorme assovio, as pombas fogem, voam por cima dos espectadores. Karp agita uma vara com um trapo, fazendo-as voltar ao pombal.

EPISÓDIO 3: UMA CRIANÇA DA NATUREZA, CHOCADA PELA DESGRAÇA

- *Ato II, Cena 2* (sequência)
("O que é essa maleta ... que vem do Norte).
Exploração da bagagem dos dois atores.
- Os objetos da valise de Nestchastlivtsev são desembalados. Arkaschka brinca com sua pistola. Na pequena trouxa de Arkaschka, há livros, partituras, um guardanapo, um bule de metal, uma tulipa,

uma pedaço de pão, uma maçã, um caniço, um espelho, um volumoso peixe grande seco na ponta de um barbante.

EPISÓDIO 4: ALEXIS É UM RAPAZ FÚTIL

◻ *Ato I, Cena 2 e 3*

Bulanov corteja Aksiúcha, que o rechaça. Ulita os espiona. Karp a persegue. Karp aconselha Bulanov a prestar atenção.

◻ Aksiúcha entra descrevendo uma diagonal da direita para a esquerda, cantando, sobe a escada e continua a estender suas roupas de cama depois de ter esbofeteado Bulanov, que tentou abraçá-la. Bulanov sobe pelo outro lado da escada. Ulita chega na ponta dos pés, descrevendo zigue-zagues, o nariz apontado para o chão, quer se aproximar da escada onde estão empoleirados Aksiúcha e Bulanov para ouvir sua conversa. Karp sai do pombal para lhe barrar o caminho e repeli-la diversas vezes. Bulanov rapidamente vai atrás de Aksiúcha, que terminou seu trabalho. Ele reaparece com seu fuzil, aponta-o e, sem escutar os conselhos de prudência de Karp, atira na direção das pombas que se agitam.

EPISÓDIO 5: O PÃO E A ÁGUA, ALIMENTO DO ATOR

◻ *Ato II, Cena 2* (sequência)

("Então, quer dizer que você vai a Vólogda ... Eu vou arrasá-la).

EPISÓDIO 6: TRÊS BOAS AÇÕES DE UMA SÓ VEZ

◻ *Ato I, Cena 4*

EPISÓDIO 7: ARKASCHKA E O GOVERNADOR DE KURSK

◻ *Ato II, Cena 2* (sequência)

("Eu, meu velho irmão, só tive desgosto no sul ... Quatro verstas, é muito exagerado).

EPISÓDIO 8: O PADRE EUGÊNIO E SEU PROGRAMA *MAXIMUM*

◻ *Ato I, Cena 5*

EPISÓDIO 9: ELES TAMBÉM, ELES PRATICAM BIOMECÂNICA

◻ *Ato II, Cena 2* (sequência)

("Basta, Arkadi! ... quando estivermos mortos).
O ator trágico assusta o cômico, que conta como uma vez, em cena, foi defenestrado por outro ator.

◻ O punho de ferro do ator trágico sobre o ombro de Arkaschka dá lugar a uma sequência de ginástica em que o primeiro brutaliza o segundo. Nestchastlivtsev tenta bater em Arkaschka, que se esquiva dos golpes, depois ele o agarra pelo colarinho e o atira para debaixo da ponte. Arkaschka sobe novamente. Disputam a capa de Nestchastlivtsev para se proteger da umidade da noite e, enfim instalados, adormecem, visíveis durante todo o episódio 10.

EPISÓDIO 10: UM ESTUDO DE NOTÁRIO

■ *Ato I, Cena 6*

EPISÓDIO 11: ARKASCHKA CONTRA O PEQUENO-BURGUÊS

■ *Ato I, Cena 2* (sequência)
("Você tem fumo? ... Eu não lido com isso").

EPISÓDIO 12: RAPARIGA DAS RUAS E DAMA DO MUNDO

■ *Ato I, Cena 7*
Gurmijskaia manda sua pupila casar-se com Bulanov.
■ Aksiúcha desamarrota sua roupa de cama, depois a dobra. Ela golpeia muito forte sobre a mesa com seu batedor. Gurmijskaia está sentada bem longe atrás dela, no fundo do palco. No fim ela se aproxima, arranca o batedor de Aksiúcha e bate duas vezes na mesa. Ela quer impedir a saída de Aksiúcha, mas esta lhe ri na cara.

EPISÓDIO 13: SEM DOCUMENTOS

■ *Ato II, Cena 2* (fim) e *Ato III, Cena 3*
Nestchastlivtsev evoca suas lembranças de infância, anuncia que irá até à casa de sua tia e propõe a Arkaschka fazer-se passar por seu lacaio. A ameaça de mandá-lo de volta para sua casa como vagabundo, sem passaporte, acaba por convencer Arkaschka.
■ Lenta descida dos comediantes pela estrada, com suas bagagens. Chegam na entrada da propriedade. Arkaschka recusa fazer-se de lacaio. Jogo repetido: ele foge correndo cada vez mais para o alto sobre o caminho. A ameaça de Nestchastlivtsev o faz tropeçar, depois fica imóvel. Retoma tristemente sua cançãozinha favorita, que Nestchastlivtsev lhe lançou ironicamente, enterra o chapéu na cabeça e desce. Troca de bagagens. Entram pelo torniquete.

EPISÓDIO 14: A NOIVA NÃO TEM DOTE

■ *Ato II, Cena 2*
Encontro de Piótr e Aksiúcha no cair da noite. Sonhos e projetos.
■ Piótr chega pela estrada acompanhado do pequeno Turco, que permanece no alto, armado de um fuzil, para montar guarda. Aksiúcha

entra pela parte de baixo e se instala sobre o passo gigante que acabam de tirar do proscênio. Piótr desce, junta-se a ela nesse balanço primitivo e falam enquanto giram. Às observações "machistas" de Piótr, Aksiúcha desce do seu laço de corda e lho joga. Piótr então se balança sozinho – sonhando escapar do seu pai – cada vez mais alto, enquanto Aksiúcha vai buscar água sob a ponte, volta a regar, encontra uma bola, lança-lhe (breve troca) e o reconduz à realidade com questões práticas. Piótr lhe atira sua corda. Eles se lançam então em perseguição um do outro, em um amplo voo em torno do poste. Mas o Turco atira. Eles saltam e cada um vai para o seu lado.

Entreato

Segunda Parte

A mais longa: o roteiro das ações cênicas encompridam o texto de Ostróvski. A construção marca um paroxismo no episódio 20 e acaba em um falso desenlace que mantém o espectador sem fôlego.

EPISÓDIO 15: PEDICURE

◻ *Ato I, Cena 8*
Ulita e Gurmijskaia, a servente e a patroa, duas viúvas inconsoláveis. Ulita adula Gurmijskaia, lhe faz crer que Aksiúcha corteja Bulanov e que esse último desdenha a moça. Gurmijskaia então sonha alto com Bulanov.

◻ Aksiúcha atravessa a cena em diagonal com uma canga. Ela deixa seus dois baldes e sai. Ulita lava os pés da sua patroa em uma bacia, seca-os, corta-lhe as unhas, põe-lhe meias e calçados. Idas e vindas de Ulita em torno de Gurmijskaia, imóvel em sua poltrona. Dispensada, ela retorna às escondidas, durante o devaneio em voz alta de sua patroa, arrasta-se em direção à poltrona dela e a surpreende ao lhe beijar o pé. Gurmijskaia se levanta para buscar os vestidos que prometeu a ela.

EPISÓDIO 16: O SONHO TORNA-SE REALIDADE

◻ *Ato III, Cena 1 e 2*

EPISÓDIO 17: ARKASCHKA COMPÕE CANTIGAS

◻ *Ato III, Cena 3 e 4*
Nestchastlivtsev sai para tomar chá com Gurmijskaia e deixa Karp sozinho com Arkaschka, que não para de importuná-lo por causa do seu nome de peixe. Karp detém os Vosmibratov que querem ver Gurmijskaia.

---

89 A Floresta, *episódio 15 "Pedicure". Ulita (V. Remizova) lava os pés da amante.*

90 A Floresta, *episódio 19, "Manhas e Preces, Preces e Manhas". Dinamismo do jogo de cena: Vosmibratov (B. Zakháva) e Gurmijskaia (E. Tiápkina) disputam os bilhetes em torno da mesa. Sentado a seus pés, o pequeno Turco, o rosto caracterizado, roupas orientais, ao mesmo tempo doméstico de Gurmijskaia e servo da cena, é uma personagem estranha e muda, no cruzamento do real e da ficção.*

EM TORNO
DO OUTUBRO TEATRAL

◘ Arkaschka dá a Karp amostras de sua sabedoria: banca o importante, canta-lhe uma colagem de canções, executa um número de sapateado, depois de [executar] *entrechats* ao redor do banco em que Karp está sentado. Após uma última blague, desaparece correndo. Entrada dos Vosmibratov, Karp lhes barra o caminho, idas e vindas do trio em diagonal, jogo em uma série de investidas, de freagens, de escapadas, de "agarrações" pelas mãos ou pelas abas das roupas.

EPISÓDIO 18: UM ESPÍRITO PRÁTICO

◘ *Ato III, Cena 6 e 7*

EPISÓDIO 19: MANHAS E PRECES, PRECES E MANHAS

◘ *Ato III, Cena 8*

EPISÓDIO 20: PENKI DE PERNAS PARA O AR

◘ *Ato III, Cena 9, 10 e 11*
Nestchastlivtsev termina de apresentar truques de prestidigitação diante de Bulanov. Gurmijskaia conta-lhe como Vosmibratov acaba de extorqui-la em pleno dia. Nestchastlivtsev manda trazer Vosmibratov e, arvorando condecorações fajutas, arma um escândalo, berra, admira-se de vê-lo ainda vivo, censura-lhe, enfim, a falta de honra, e... o manda pastar! Picado em carne viva Vosmibratov saca sua carteira e devolve o dinheiro. Nestchastlivtsev o entrega a sua tia. Esta lhe propõe delicadamente que o guarde como reembolso de uma antiga dívida. Com grandeza, Nestchastlivtsev recusa. Ele parte, Gurmijskaia então oferece o dinheiro a Bulanov.

◘ Sessão de prestidigitação, o ator trágico executa um truque com a baixela inquebrável diante de todos os criados-domésticos que se agrupam em torno de uma poltrona. Arkaschka se mete debaixo de uma mesa que cobriu com uma toalha. Assim, escondido, assiste seu compadre com seus truques de baralho, acompanhados pelo Turco, que canta e bate címbalos.

Toque de campainhas. Os criados-domésticos se dispersam. Arkaschka corre com a mesa sobre as costas... As criadas que acorrem, tiram-na. Gurmijskaia entra, sustentada por Ulita e Karp. Esse último se precipita para trazer de volta o mercador por ordem de Nestchastlivtsev. Este mima diante de sua tia o tratamento que reserva a Vosmibratov. De medo, Gurmijskaia foge. Ouvem-se gritos em *off*. Arkaschka puxa a valise, os acessórios, disfarça Nestchastlivtsev, põe medalhas nele, envolve-o com sua capa. Agita uma folha de metal, instrumento que imita o trovão no teatro de feira. Karp leva de volta Vosmibratov e Piótr. Toque de címbalos. As luzes se acendem na sala:

o espetáculo vai começar, teatro no teatro. Arkaschka tira suas calças, está de *collant* negro, todo peludo, com uma longa cauda que se agita. Ele toma o bordão de caminhada de Neschastlivtsev, um pouco bifurcado, e ataca Vosmibratov pai.

Toque de címbalos. Piótr foge, Arkaschka agarra-o, salta-lhe sobre os ombros, derruba-o. Dá pulos para impedi-los de partir. Envolto em sua capa, Nestchastlivtsev monologa sobre a baixeza dos homens. Picado em carne viva nos seus sentimentos de honra tanto quanto exasperado por essa charivari, Vosmibratov saca-lhe sua carteira, o dinheiro que tem nos bolsos. Arranca sua *tchuba*, suas botas e tira as do seu filho. Bulanov e Arkaschka recolhem tudo, Arkaschka experimenta inclusive as botas. Mas Nestchastlivtsev alcança Bulanov e o força a devolver o dinheiro que escondeu embaixo de sua camisa. Em seguida, chama Arkaschka, que só volta se arrastando na terceira injunção. Vosmibratov se veste novamente.

O sobrinho entrega o dinheiro a Gurmijskaia, que o guarda em sua caixinha. Arkaschka se aproxima dele e, à guisa de censura, apoia sua cabeça nas costas do sobrinho. Nestchastlivtsev avança e... Arkaschka cai. Ele se ajoelha e beija as mãos de sua tia. Parodiando-o, Arkaschka também se coloca de joelhos, tira o chapéu, coloca-o no chão e une as mãos. Nestchastlivtsev levanta-se e saúda o público, Arkaschka o imita e sai em um pé só. As luzes se apagam na sala. Bulanov cai de joelhos diante da caixinha e suspira. Gurmijskaia lhe dá o dinheiro. Saem. Arkaschka volta, procurando se por acaso não leva consigo ainda alguma cédula.

EPISÓDIO 21: PESSOAS QUE ME IMPEDEM DISSO,
PESSOAS QUE TÊM O PODER

- *Ato IV, Cena 5*
Monólogo de Piótr que espera Aksiúcha. Chegada da bela. Ele a aconselha a pedir a seu tio Nestchastlivtsev o dinheiro do dote que seu pai reclama. Aksiúcha conta-lhe sua infância infeliz e seus vagos desejos de suicídio.
- Piótr escala a ladeira tocando uma polca em seu acordeom. Da parte debaixo da ponte, sai Arkaschka, que abotoa as calças sorrindo com um ar zombeteiro. Piótr para de tocar, assovia para Arkaschka, pede-lhe para ficar à espreita em troca de dinheiro. Tocando diferentes canções, sobe e desce, depois senta-se abaixo. Ainda uma polca: durante a música aparece, no alto, Aksiúcha, que avança docemente para surpreender Piótr. Todo o diálogo deles se desenvolve ao som da "Valsa de Dois Cachorrinhos". Sentado, Piótr cessa de tocar para interrogar Aksiúcha, que fala enquanto percorre a estrada. Ela se deixa cair contra a balaustrada. Piótr a segura e a levanta. Retoma a valsa. Ela tomba uma segunda vez. Piótr para de tocar. Eles descem juntos

e, com violência, o rapaz retoma o começo da valsa. A música insufla coragem na moça. Enfim Piótr enceta a polca desde o início. Quatro compassos e Arkaschka desce correndo, agitando um lenço, sinal de perigo. Separam-se. Arkaschka detém Piótr na estrada pedindo-lhe um suplemento, que obtém.

EPISÓDIO 22: PARA UM TRAPACEIRO, TRAPACEIRO E MEIO

- *Ato IV, Cena 1*

EPISÓDIO 23: SONATA AO LUAR

- *Ato IV, Cena 2, 3 e 4*

Ulita corteja Karp. Entra Arkaschka. Karp relata como o dinheiro de Gurmijskaia sumiu, depois sai. Ulita trouxe um licor para corromper o comediante. Mas Nestchastlivtsev passa ao longe. Arkaschka se esconde, agacha-se para escapar da sua cólera. Por despeito contra a "barbárie" do seu confrade, Arkaschka revela a Ulita horrorizada sua verdadeira profissão, e faz de Nestchastlivtsev um salteador: um verdadeiro Pugatchióv*.

- Karp, no banco, fuma. Ulita, com um longo vestido de flores, flores nos cabelos, buquê em punho, entra cantando (em tom desafinado) a romança "Eu me Lembro de um Instante Maravilhoso".

* *Figura histórica russa que liderou o levante cossaco em oposição a Catarina, a Grande, e que se fez passar pelo tsar Pedro II. Foi decapitado em Moscou (N. da T.).*

91 *A Floresta, episódio 23 "Sonata ao Luar". Para mandar Karp embora, Arkaschka lhe estende seu pé para apertar.*

Montagem de romanças e de latidos ensurdecedores. Arkaschka entra, fuma, também se põe a cantar, empurra Karp com o pé para lhe dar a entender que quer estar a sós com ela. Karp faz menção de ir embora, estende-lhe a mão, Arkaschka pega-lhe, examina-a, tira um lenço, limpa-se, sacode-o, agita a mão em sinal de adeus e estende-lhe... o pé. Duo de romanças Arkaschka / Ulita. Arkaschka a conduz até o balanço primitivo, uma espécie de "gangorra", cantando: "Eu Conheço um Cantinho Divino". Eles se balançam. Arkaschka detém o balanço. Ulita fica empoleirada no alto, a tábua entre as pernas e, sobre a injunção de Arkaschka, retoma a romança do início. Embaixo, Arkaschka cospe e acende um cigarro. Ao longe, Nestchastlivtsev passa. Ulita avisa. Arkaschka assustado salta e Ulita aterrissa abruptamente. Arkaschka se esconde debaixo de suas saias e tira a cabeça daí somente para ameaçar com o punho seu bárbaro compadre. Ergue-se e Ulita se encastela sobre seus ombros. Ela grita: "Ah! A paixão!". Mas fica rapidamente atordoada, depois intimidada com suas revelações. Arkaschka remata a sua ação apanhando uma máscara de diabo atrás do banco e, assim disfarçado, salta e grita. Ela foge, aterrorizada. Depois de uma tirada dirigida à plateia, Arkaschka vai embora, batendo bola.

EPISÓDIO 24: ENTRE A VIDA E A MORTE

▫ *Ato III, Cena 6*
Aksiúcha pede ao trágico para ajudá-la. Ele não tem dinheiro.
▫ Aksiúcha suplica a Nestchastlivtsev, que responde declamando. Ela foge através da ponte e ele a segue correndo.

EPISÓDIO 25: ENCONTRARAM UMA ATRIZ

▫ *Ato IV, Cena 6* (Fim)
Nestchastlivtsev persuade Aksiúcha a tornar-se atriz. Anuncia a boa nova a Arkaschka. Faltava-lhes apenas uma atriz para a turnê por todos os teatros da Rússia.
▫ Bem no alto reaparecem Nestchastlivtsev e Aksiúcha, que descem lentamente, depois, vêm e vão. Arkaschka avança às escondidas com sua trouxa e sua vara de pescar. À vista de seu compadre, Arkaschka desaparece sob a ponte. O ator trágico grita-lhe a novidade. Segue uma demonstração de alegria: Arkaschka dança e sapateia. Nestchastlivtsev aproxima-se dele. Pausa. Depois Nestchastlivtsev lança-lhe finalmente um "Palhaço"...

Entreato

Terceira Parte

A mais breve: os episódios são menos numerosos e menos longos, para não esgotar a atenção dos espectadores antes do último episódio, pleno de suspense, que se resolverá em dois finais sucessivos. A partida dos comediantes que encerra a peça de Ostróvski é reprisada em uma tonalidade maior pela dos amantes.

EPISÓDIO 26: COLHENDO FLORES

◘ *Ato IV, Cena 7*

EPISÓDIO 27: EM UMA GAIOLA DOURADA

◘ *Ato IV, Cena 8*

EPISÓDIO 28: UM FUTURO DIRETOR DE ZEMSTVO*

◘ *Ato V, Cena 3*
Bulanov e Gurmijskaia vão se casar. Discutem o destino de Aksiúcha.
◘ A cena se desenrola na presença de um alfaiate francês que experimenta em Bulanov uma indumentária que tira de uma grande caixa. Bulanov se admira em um espelho. O alfaiate lhe dá o nó na gravata e pontua o diálogo com exclamações em francês (o nome de diferentes peças da vestimenta).

EPISÓDIO 29: ALEXIS SE PREPARA PARA O BAILE

◘ *Ato V, Cena 2*

EPISÓDIO 30: "SE ISSO NÃO FOSSE LONGE, SERIA BASTANTE PERTO, E COMO ISSO NÃO É PERTO, ISSO QUER DIZER QUE É LONGE"

◘ *Ato V, Cena 4*
Gurmijskaia informa Aksiúcha que mudou de opinião sobre seu casamento com Bulanov e lhe ordena que deixe a casa. Depois de a tia havê-la obrigado a confessar que está com ciúmes dela, Aksiúcha anuncia sua partida.
◘ Aksiúcha e Ulita aprontam a mesa, a toalha, os pratos. Karp traz as cadeiras auxiliado por uma criada, depois uma bandeja de *couverts* e uma outra de copos. Enfim, Gurmijskaia entra. O diálogo entre Aksiúcha e Gurmijskaia é pontuado pelo ruído da baixela. Aksiúcha dispõe grosseiramente as facas sobre a toalha, enxuga os copos, atira o pano de cozinha longe.

EPISÓDIO 31: UMA CENA DE "A DAMA DE ESPADAS"

▫ *Ato V, Cena 5 e 6*

EPISÓDIO 32: O NOIVO DEBAIXO DA MESA

▫ *Ato V, Cena 7*

EPISÓDIO 33: DOM QUIXOTE OU PENKI DE PERNAS
PARA O AR MAIS UMA VEZ

▫ *Ato V, Cenas 8 e 9*

Gurmijskaia oferece uma recepção para anunciar seu casamento com
Bulanov. Todos a felicitam. Bebem champanhe. Mas ela recusa ao
sobrinho que lhe pede os mil rublos de dote. Vosmibratov, por sua vez,
nega-se a "efetuar uma redução". Nestchastlivtsev oferece então aos
noivos o dinheiro. Arkaschka se faz notar. Gurmijskaia fica com medo
e incita Bulanov a expulsá-los. Após um último monólogo tirado de
Die Räuber (Os Bandoleiros) de Schiller contra os homens, "raça de
crocodilos", os dois atores pedem solenemente licença para se retirar.

▫ Karp introduz o pope, os noivos, Bodaiev. Eles se posicionam em
torno da mesa preparada. Depois, uns após os outros, entram Ulita,
um policial, a mulher do pope, um representante do Estado, Piótr,
Vosmibratov, vizinhas e Nestchastlivtsev. Sentam-se. Quando Arkaschka chega, não há mais lugar, ele procura uma cadeira, que coloca
entre Ulita e a mulher do pope, amarra um guardanapo em torno do
pescoço e começa a se empanturrar. Karp e o Turco vertem champanhe. Levantam-se brindes. Fanfarras, "Hurra!". Os convidados levantam-se e voltam a sentar-se ruidosamente. Cantos, gritos, entrada
de Aksiúcha. Arkaschka sai, traz uma valise que enche de garrafas e
vitualhas. Nestchastlivtsev, com as mãos nos ombros de Piótr e de
Aksiúcha, pede a Gurmijskaia que os auxilie. Recusa engolfada na
animação geral. Bulanov dá a volta em torno da mesa com uma garrafa. Bodaiev grita "Isso é amargo" para que os noivos se abracem.
Fanfarra. O coro dos convidados repete "Isso é amar-go". Arkaschka
aproveita para abraçar a mulher do pope, que se refugia perto do seu
marido. Nestchastlivtsev se aproxima de Vosmibratov, sofre uma nova
recusa. "Mas, eu tenho o dinheiro": apalpa-o, e se precipita para onde
estão Piótr e Aksiúcha, depois como que reconsiderando, recua em
direção à estrada. Piótr e Aksiúcha levantam-se. Silêncio. Cessam de
comer, as cabeças voltam-se para ele. Arkaschka levanta-se e se reapro-
xima dele timidamente. Ele o intima a calar-se, ele dará os mil rublos.

Vosmibratov embriagado titubeia até o trágico. Arkaschka some
e depois volta a entrar com um carrinho de mão no qual deposita
sua valise e constata amargamente: "Eis aqui, a troica prometida".

EM TORNO
DO OUTUBRO TEATRAL

Aksiúcha abraça o trágico. Este enche os copos. Quer brindar com o pope, que recua. Ele o golpeia com sua capa. Piótr senta no proscênio e começa a tocar acordeom. Aksiúcha sai: vai se preparar para partir. Os dois comediantes sentam-se na extremidade da mesa, lado a lado.

A desordem instala-se. Bodaiev coloca-se entre eles, com a garrafa na mão. Ele derrama vinho sobre a cabeça de Arkaschka, que salta de seu lugar, enxuga-se com um lenço, sacode-o sobre Bodaiev. Ante a proposta de Bodaiev de trazê-los graciosos para sua casa, o trágico segura-o pela gola e o empurra rudemente. À interrogação de Bulanov, "Creio que vocês têm a intenção de partir", Arkaschka torna a sentar-se, coloca com grande estardalhaço seu pé sobre a mesa. Bulanov se dirige ao policial. Juntos aproximam-se dele, que põe seus dois pés sobre a mesa. A desordem se amplia pouco a pouco. Piótr toca mais forte.

Enquanto Nestchastlivtsev, de pé sobre a mesa, declama seu monólogo, "Comediantes? Não, nós somos artistas, [...] os comediantes, são vocês!"*, o policial persegue Arkaschka com seu chicote, que açoita o ar. Arkaschka enfia-se debaixo da mesa. Golpe de chicote do policial sobre a toalha: imediatamente, sai do outro lado, de quatro. Senta-se sobre a mesa, depois dá um pontapé no traseiro do policial. Nestchastlivtsev lhe atira um exemplar de *Os Bandoleiros* de Schiller e Arkaschka faz o ponto. Durante esse tempo, Bulanov galopa entre a mesa e Gurmijskaia. Esta desmaia em seus braços, ele a arrasta até sua poltrona. O enlouquecimento está em seu ápice, o representante do Estado cai de joelhos. Os pés de Gurmijskaia são dispostos sobre as costas dele para alongá-la. Ulita e as vizinhas tentam reanimá-la abanando guardanapo, leque, e aspergem água sobre ela.

Bodaiev ameaça o ator com as palavras que acaba de pronunciar. Nestchastlivtsev pede o texto a Arkaschka e o estende a Bodaiev e aos outros: "Aprovado pela censura". Bodaiev o percorre e despeitado o devolve, mas, de passagem, derruba Arkaschka da cadeira em que acaba de sentar-se e toma seu lugar. Arkaschka encontra outra da qual o policial o desaloja. Da terceira, é o padre Eugênio que o expulsa. Então, Arkaschka empilha as três cadeiras umas sobre as outras, sobe em cima delas e, faz, do alto, um gesto de mofa ao pope.

Finalmente, o trágico desce da mesa andando sobre as costas do policial, que está abaixado nesse exato momento. Ele apanha o chapéu e seu bordão das mãos de Karp. Arkaschka desce de cima das cadeiras para se empanturrar uma última vez e encher seus bolsos. Entra Aksiúcha, vestida para viagem, ela se coloca atrás de Piótr no proscênio. Nestchastlivtsev lhes dá adeus.

Arkaschka dirige-se sapateando para o seu carrinho de mão. Mas seu compadre o detém e o arrasta na direção da estrada: Karp se encarrega do carrinho de mão. Arkaschka sapateia no lugar, enquanto Nestchastlivtsev esvazia-lhe os bolsos, dá a ele sua trouxa, sua vara de pesca, e pede: "Tua mão, camarada", última réplica do texto de Ostróvski.

* Aqui, comediante designa quem interpreta a Comédie-Française, ou seja, um amador, um farsante (N. da T.).

Assim como chegaram, partem. Sobem pela estrada, enquanto o piano ataca a polonesa. Embaixo os casais dão uma volta, depois desaparecem. Ao pé da estrada permanecem Aksiúcha, Piótr, Karp e todos os criados-domésticos. O piano termina de tocar. Vosmibratov se alçou ao alto da ponte. Piótr toca a "Valsa de Dois Cachorrinhos", e saudando os criados-domésticos com um aperto de mão, o casal se afasta subindo lentamente pelo caminho, ao som do acordeom[44].

A Parte do Burlesco Americano

A cineficação da cena em *A Floresta* passa por uma aplicação do princípio da montagem paralela, que desloca o jogo da ponte ao palco e pela utilização da tela. Esses vaivéns oblíquos e verticais do olhar do espectador, essa amplitude visual, ao mesmo tempo que liberta a cena dos seus limites, aumenta a atividade do público ao qual a encenação oferece diferentes pontos de vista sobre as personagens que, quando o passo gigante é deslocado para a frente do palco, são no mesmo instante realmente aproximadas dele e vistas de debaixo.

O conjunto da composição cênica dá, como escreve Alpers, uma admirável impressão de ligeireza e improvisação[45]. É verdade que Meierhold jamais havia criado em tal estado de liberdade e otimismo como no caso deste *A Floresta*, salvo no tocante a *Le Cocu magnifique* (O Corno Magnífico) e mais tarde a *Mandat* (O Mandato). Ele está seguro do que faz, da acolhida do público, ao contrário de Ilínski, o intérprete de Arkaschka, morto de medo e que crê no fiasco. Em cena, joga-se com uma bola que parece aí tocar no chão (episódio 14 e 23). Uma mistura de estilos e épocas nas indumentárias, de perucas grosseiras, de cores que não combinam no conjunto, de móveis sem unidade, de cadeiras que parecem provir de não importa qual apartamento moscovita, uma sucessão de *gags* primitivas, mas bem encadeadas, uma atitude desenvolta em relação a todos os objetos em cena que são utilizados de múltiplas maneiras, tudo isso contribui para criar essa impressão. A cineficação que lhe permite apagar a distância entre a peça de ontem e o público de hoje retorna ao burlesco ao qual a cena empresta suas *gags*, seu frenesi de ação, citados no interior da montagem. A novidade da forma teatral de *A Floresta* é a de se apoiar sobre as tradições populares repensadas através do filme burlesco que ocupa, no início dos anos de 1920, o lugar vazio do *balagan*.

O público moscovita reencontra em *A Floresta*, como mais tarde em *D. E.*, as personagens que o divertem na tela. Nesses anos de

44 O argumento das ações cênicas foi estabelecido conforme C. Rudnítski, Les, *Teatr*, n. 11 e 12; A. Law, *La Forêt de Meyerhold: Collage et montage au théâtre et dans les autres arts durant les annés vingt*, p. 176-199; e V. Maksímova, 33 Epizoda Lesa, em op. cit.

45 Cf. supra, nota 18.

1922-1924, revê as velhas películas burlescas europeias do pré-guerra, Deed, Prince, Linder, cujo sucesso teria então gerado duplos na Rússia. Aplaude os Fatty, Larry Semon e, sobretudo, os Chaplin da época Keystone e Contrat Mutual. O embevecimento do público popular russo com Carlitos é inversamente proporcional ao dos responsáveis culturais, aqueles que Meierhold chama de *Kulturträger**, que conside-

92 A Floresta, episódio 14 "A Noiva não Tem Dote". Jogo de bola entre Aksiúscha e Piótr em torno do Passo Gigante.

ram suas caretas nocivas. Representativos desse debate, os operários de uma fábrica de Schiólkovo que, em resposta à enquete de uma revista de cinema, reclamam medidas para que se passem mais filmes como *Burlesque on Carmen* (Carmem às Avessas). "Nós chegamos à conclusão de que, fora os filmes de agitação, somente filmes semelhantes são acessíveis nos clubes operários. Um riso sadio é o melhor repouso da classe laboriosa [...]. Os operários do mundo inteiro adoram Charlie, deixem também, portanto, nossos operários rirem das habilidades deste ator inigualável"[46]. Vinte anos mais tarde, o burlesco será banido pelo stanilismo[47].

Com seus comediantes, *A Floresta* repercute *The Vagabond* (O Vagabundo), em que a jovem perseguida é defendida por um artista vagabundo. Como o filme, ela funciona em sucessivas ondas de emoções contrastadas[48]. Mas é sobretudo da ordem do acaso, exaltado pelo burlesco americano, que Meierhold se inspira, em particular nos

[46] Cf. *Rubrika Kino 1, Zrelischtcha*, n. 73, p. 14.

[47] Cf. P. Král, *Le Burlesque ou Morale de la tarte à la crème*, p. 263-264.

[48] Cf. P. Bogatirióv, Scharlô i Kid, em V. Schklóvski (org.), *Za Sórok Let*, p. 54 e s.

episódios 20 e 33, sequências de caos organizado com o auxílio de uma partitura complexa e controlada, sem a qual essa ordem não existiria no teatro. O choque de dois mundos: o dos comediantes e o dos proprietários conduz a encenação até a desordem final que se aparenta com as grandes catástrofes do burlesco. Esse choque se materializa ao longo do espetáculo em imagens insólitas: o peixe seco com o qual

não se sabe o que fazer, os pés de Gurmijskaia desfalecidos sobre os ombros do representante do Estado, que está de quatro, o carrinho de mão que Arkaschka vai buscar durante o festim para ali empilhar suas provisões de boca... Em *A Floresta*, as metáforas líricas, poéticas, constroem-se como as *gags* do burlesco, conforme o mesmo princípio de "telescopagem imprevista de coisas heterogêneas, em que a centelha jorra de sua expatriação"[49]: a corte que Bulanov faz a Aksiúcha, no alto da escada dupla, a bacia de barbear com a qual Nestchastlivtsev cobre a cabeça (episódio 18), a chicotada do policial sobre a mesa, que, como o de um prestidigitador, faz Arkaschka brotar do outro lado ou o encontro de amor no passo gigante plantado na floresta.

Entretanto, os acasos da rua, canteiro da civilização urbana, são aqui substituídos pelos da cena, grande canteiro aberto da produção teatral, que debulha seus segredos, suas técnicas e seus objetos, dos mais antigos aos mais modernos, da larga capa às calças quadriculadas,

A FLORESTA: CLÁSSICO RUSSO E BURLESCO AMERICANO

[93] A Floresta, *episódio 20 "Penki de Pernas para o Ar". A charivari destinada a assustar Vosmibratov: empoleirado em uma poltrona, o trágico acusa; Arkaschka agita seu rabo de diabo e o cutuca com o bordão bifurcado, Bulanov (I. Píriev) toca os címbalos.*

[49] P. Král, op. cit., p. 85.

EM TORNO
DO OUTUBRO TEATRAL

do fino gradeado à moda de Constantin Sómov à ponte construtivista, do buquê de flores ao cigarro, da folha de chapa de ferro produzindo o trovão à bacia de água, do teatro de feira ao teatro naturalista, das bandeiras de procissão religiosa ao porrete de *guignol*, passando pelos chicotes, bordão bifurcado, revólver, fuzil e leque, sem esquecer os objetos imaginários, puros produtos da arte do ator.

Em *A Floresta*, o materialismo biomecânico se enxerta no do filme burlesco em seu culto à ação tal como o professa a América empreendedora. Mestria e coragem físicas são necessárias para o ator da cena meierholdiana, cuja ação constitui a natureza e recusa a abordagem psicológica tanto quanto a do burlesco. Tanto lá como aqui, todo estado da alma se traduz por uma gestualidade, um movimento, um ato. "Nenhum lugar [...] para efusões vazias; cada emoção, sendo inteiramente do coração ou da alma não existe senão por meio das coisas sobre as quais eles se repercutem", ressalta P. Král a propósito do filme burlesco[50]. Os dois atores provincianos dizem até ao extremo aquilo que é apenas subentendido nos diálogos, eles "o atuam", e essa gestualidade ininterrupta introduz, desenvolve ou contradiz as réplicas da peça sem, no entanto, destruir a intriga. Fragmentada pelo tratamento do texto, a intriga é inflada pela montagem das ações e das *gags* que, em cada episódio, enxerta uma espécie de movimento interior circular – digressão, bifurcação, teatro no teatro. Embora certas cenas pantomímicas parasitárias não façam a intriga avançar, elas servem para definir as personagens ou simplesmente para agir sobre o público e transformar o espetáculo em um verdadeiro "vulcão" de variadas emoções[51]. Ou melhor, como nos episódios 20 ou 33, o argumento da ação em bola de neve deve levar à necessária desordem paroxística. A encenação de *A Floresta* visa a destruição do antigo mundo e do cotidiano pelos comediantes, aí reside sua semelhança com o filme burlesco, mas essa destruição tem um sentido, ela é orientada por uma partida para um mundo novo e aí está a diferença.

Ao longo de todo o espetáculo, reencontra-se a espécie de agitação universal do burlesco organizado pela encenação, entre os atores multiplicados pelo número de figurantes e uma torrente de objetos. A rapidez do ritmo cênico não remete mais ao filme policial, como em *O Lago Lull*: agora, é por meio do jogo com os objetos que devoram o tempo do espetáculo que Meierhold obtém sua velocidade a partir do cinema. O modelo do burlesco lhe permite, sem mecanizar a cena, sem cortar a coerência da intriga, mas, ao contrário, enriquecendo-a, responder às expectativas de um público que evoluiu. Este pode apreciar, aplaudindo-o, um episódio como "Penki de Pernas para o Ar", que o teria, no começo do século, mergulhado na perplexidade[52]. Através da cineficação da cena, há um inventário jocoso da teatralidade e de suas possibilidades ampliadas que são dados ao espectador assistir. O cinema não esmaga o teatro, ele se coloca ao seu serviço.

[50] Idem, p. 155.

[51] V. Blum, Ostróvski i Meierhold, *Novi Zritel*, n. 4, p. 6.

[52] Cf. V. Meierhold, Meierhold Govorit, em A. Gladkov, *Teatr: Vospominánia i Razmischlenia*, p. 292.

Enfim, é tomando posse da tela que o teatro de feira, as variedades, o circo, puderam se encarregar de uma realidade impossível no palco ou na pista e alcançar uma exaltação do concreto no filme burlesco em que um contexto real dá à incongruência das personagens como que um suplemento ambíguo de credibilidade, de densidade e de mistério. O verismo da câmera acentua o aspecto concreto do mundo. Da mesma maneira, a partitura cênica de *A Floresta* vai se construir, não mais a partir de objetos especialmente criados para ela, como em *O Corno Magnífico* ou em *Smert Tarelkina* (A Morte de Tarelkin), ainda que a ponte, utilizada como aparelho de ginástica do jogo de atuação pelos comediantes, pertença a essa categoria, mas tudo simplesmente a partir de uma série interminável de utensílios reais, associados em séries de dois tipos: seja uma série teatral bizarramente ordenada (o conteúdo da trouxa de Arkaschka no episódio 3), seja uma série de objetos agrupados em torno de um uso cotidiano, mas extraídos do seu contexto (balde de água, bacia, guardanapo, tesoura de unhas, em uma cena aliás vazia, como o episódio 15). O "naturalismo" da segunda série de objetos e de ações que eles geram parece ser então, além de um elemento da montagem conflitual de estilos, uma tentativa de transportar ao teatro o quadro concreto do filme burlesco, próprio para exaltar essa materialidade da vida, para destruí-la ou desviá-la. No episódio final, Meierhold assim dirige seus atores:

> É um festim, eles se empanturram de bolo, é nesse cotidiano que seus sentimentos se chafurdam. Atmosfera de grande ópera bufa. O vinho escorre nas bocas e nos colarinhos das camisas, canta--se o hino ao tsar. Glutonaria. Exagero. Lembremos-nos de Gógol e Balzac. Esses não são truques, mas o cotidiano em sua expressão poderosa[53].

É sobre esse fundo de autenticidade que o comportamento destrutor de Arkaschka, como o de um Chaplin, livra-se proporcionalmente do peso e do sentido, e que o "pânico na sala de jantar", tema comum em vários burlescos, pode tornar-se total na cena. A busca de uma certa veracidade por meio da influência do filme cômico reforça a exigência grotesca do concreto e engloba toda a materialidade psíquica das quedas, pontapés, bofetadas, a violência das relações entre Arkaschka e Nestchastlivtsev ou dos confrontos entre os dois campos.

Tanto quanto não teme a colagem bizarra, a acumulação bulímica de homens e de objetos curiosamente combinados (episódio 33), Meierhold não receia a alusão ou a imagem sexual audaz, as cena regadas de bebidas, a mistificação das forças da ordem, cujos modelos ele pôde encontrar em *O Vagabundo*, *A Night in the Show* (Carlitos no Teatro) ou em *The Adventurer* (Carlitos Presidiário). Há, no espetáculo, um elã que leva de baixo para o alto, depois do alto ao baixo, em

---

53 Estenograma de ensaios, citado por V. Maksímova, *Les Meierholda-Ostrovskogo*, em *Voprossi Teatra 1972*, p. 180-181.

um gigantesco movimento de pêndulo que desfecha enormes golpes no coração do espectador, à direita, à esquerda, do lado da sátira e do lado do lirismo, do lado do riso e do lado do sério, da grosseria e do refinamento, da indelicadeza e da graça, movimento que está presente em Ostróvski, mas que Meierhold intensifica.

A simplicidade e uma espécie de espontaneidade da relação que se cria entre *A Floresta* e seu público provêm de uma combinação complexa de técnicas verificadas, maduramente pesadas, em que as pesquisas meierholdianas sobre o teatro de feira reencontram a eficácia do cinema burlesco que, transferindo a arte do "cabotino" do tablado de feira ao espaço real da cidade, reanimou e amplificou sua popularidade, nas telas, para milhares de espectadores. O jogo biomecânico faz triunfar aí a corporeidade do ator de teatro, submetido à repetição daquilo que, no cinema, pode ser improvisado. Ele canaliza os excessos físicos em um domínio racional do corpo, cuja precisão é garantia da liberdade do ator e do nascimento no espectador de uma impressão de improvisação.

Ingenuidade[54] recomposta, reconstruída, reconquistada: basta evocar *Blokha* (A Pulga), em 1925, adaptada por Evguêni Zamiátin a partir de *Levscha* (Canhoto) de Nicolai Leskov, em cenários de Boris Kustódiev, encenada por Aleksei Diki no Teatro de Arte II. Nessa outra festa teatral, os motivos do *lubok* e do teatro popular russo são copiados, decalcados mesmo, em meio de uma pintura brilhante de cores e de graça, mas sem o magistral trabalho meierholdiano de transposição, de reaproximação e de distanciamento. Como *A Floresta*, *A Pulga* é um "jogo" desenvolvido pelas personagens de comediantes que devem, por seus achados, "inflamar" ao mesmo tempo os espectadores e os atores. À maneira de *A Floresta* e sua sequência, *A Pulga* joga com o papel emocional da música, confiando ao intérprete de *Levscha* uma pequena concertina. Mas aqui o laço com os gêneros "baixos" é afirmado para defender o teatro contra a ameaça do cinema[55]. A arte e a intuição de Meierhold consistem, ao contrário, em aproveitar esse liame por meio da riqueza reconhecida das conquistas cinematográficas.

O Jogo do Ator com os Objetos

54 O termo "ingenuidade de praça pública" é empregado por Meierhold, em *Stenogramnaia Zapis Diskussiia Lesa*, 21 abr. 1924, op. cit., p.216.

55 Cf. B. Eikhenbaum, Leskov i Narodnoe Dvijênie v Literature, em *"Blokha", Igra v 4 Akta Evguêni Zamiátina*, p.15.

"*A Floresta* assinala o fim da decadência teatral e do esnobismo, o retorno à simplicidade e à clareza. Ela abre uma nova via ao desenvolvimento das formas realistas no teatro", escreve Aleksandr Slonimski. Três critérios definem essa encenação em seu despojamento agressivo: simplicidade, dinamismo, funcionalismo. "Tudo no palco funciona sem cessar", prossegue Slonimski. "Graças a isso, tem-se uma impressão de força, a de uma mola que se distende bruscamente"[56]. O ritmo das manipulações tem um valor emocional, comunica ao espectador a alegria libertada pela mestria do ator: os objetos funcionam bem a maior parte do tempo, ao contrário do burlesco em que, amiúde, é seu desarranjo, seu funcionamento "de través" que é o motor da ação. Mas esse tipo de emprego a contrassenso está igualmente presente em *A Floresta*.

As relações sujeito-objeto se aprofundam e cada "instrumento de jogo" a partir do qual o ator desenvolve um gestual vivo e racional, acentua a expressão de um corpo forte e hábil: ele mesmo pode produzir do sentido ou dele ser o relé gritante. Como a indumentária que cobre o corpo eloquente do ator, o objeto é o prolongamento desse corpo, que se torna vivente por esse mesmo estatuto. A ação do ator, como no burlesco, dá a palavra aos objetos.

Ouçamos as testemunhas:

> A cena é transformada em um sistema movente de objetos e de coisas cujo centro é o próprio ator. Este corre no palco, representa pequenas cenas pantomímicas, farsas, esquetes, e os objetos em uma torrente ininterrupta mexem-se atrás dele, mudando de lugar, substituem-se sem fim um ao outro [...]. Por detrás da cena aparecem, depois desaparecem, frutas, potes, mesa, piano, espelho, balanço [...]. E tudo isso se mexe entre as mãos do ator, se faz ligeira, tornando-se uma espécie de acessório para malabarista. E esse papel, representado pelos objetos volumosos, também é efetuado pelos mais pequenos, vara de pesca, bule, lenço ou pistola. Esses últimos se inscrevem da mesma maneira nesse sistema [...] que se estende, do começo ao fim do espetáculo, como a fita encantada que o prestidigitador chinês manipula[57].

Os Objetos

É possível classificar esses numerosos objetos, heteróclitos, porém todos muito simples e portáteis, em três categorias:

– aqueles que pertencem à vida de todos dias, os mais escandalosos para o LEF• ou Frente Esquerda das Artes: pombas vivas, canga com baldes de água, toalha de mesa branca, prataria etc...

– os que vêm do campo da feira, dos seus picadeiros, do seu teatro e do circo: passo gigante, "gangorra", folha de ferro branca para imitar o trovão, indumentária de diabo com *collant* e rabo peludo, perucas de cores vivas, nariz postiço etc...

– enfim, os objetos imaginários, nascidos da improvisação pantomímica: o fio de funâmbulo de Bulanov (episódio 18) e, sobretudo, o bestiário de Arkaschka, peixe, borboleta, piolhos (episódios 7 e 11).

56 A. Slonimski, *Les, Jizn Iskusstva*, n. 24, texto extraído da brochura *TIM Muzei, Catalog Vistavki Piát Let 1920-1925*, p. 18-19.

57 B. Alpers, *Teatr Sotsialnoi Maski* (1931), *Teatralnie Otcherki v Dvukh Tomakh*, t. 1, p. 53-54.

A indumentária em *A Floresta* não pertence nem ao cotidiano do passado nem ao da fábrica. Meierhold renuncia aqui definitivamente ao uniforme, à *prozodiéjda*•. Ele deixa de ser esse invólucro cuja eficácia significava primeiramente comodidade e dissolução da marginalidade do ator em uma imagem de grupo que remete às coletividades trabalhadoras. A indumentária reencontra a teatralidade, o brilho, ao mesmo tempo que uma variabilidade de convenção para cada uma das personagens. Como cada objeto, participa do jogo de atuação. Para o espectador, clarifica sua relação com a personagem que a traz; para o ator, é fator do seu trabalho cênico. Ela pertence à segunda categoria citada.

O simples fato de se fazer montagem dos objetos do cotidiano com outros objetos profundamente teatrais, assim como que sua seleção rigorosa, o arranca do naturalismo. Os objetos presentes em cena são todos, sem exceção, uma incidência sobre o jogo de atuação do ator, são utilizados ao máximo e todos podem, em um dado momento, adquirir uma significação mais ampla: designação social ou valor metafórico. Nenhum gesto gerado pelo objeto imita o cotidiano; ele o *condensa*. O objeto não obedece a critérios de verossimilhança, mas de *uso teatral*. Em *A Floresta*, leva "o naturalismo até o grito"[58] e dá uma imagem sintética do cotidiano do qual é extraído.

Funcionamento dos Objetos

1. Em primeiro lugar as indumentárias, seus acessórios e os objetos nos quais se desenvolve a ação pessoal ou coletiva das personagens, definem seu caráter, sua situação social e suas características de classe, compõem sua máscara. A disparidade é a regra para o conjunto das roupagens que é uma montagem de vestuários passados, atuais, exóticos (o Turco), esportivos, estrangeiros (à moda ocidental) ou de fantasia de carnaval. Em cada personagem do campo dos vencidos, a montagem opõe a autenticidade dos figurinos aos *grime*• e às perucas exageradas. Em sua primeira aparição em cena, Gurmijskaia usa um traje de amazona e os golpes nervosos do seu chicote sobre suas botas envernizadas exprimem sua vontade de poder. Bulanov torna-se uma espécie de gigolô magricela que se ocupa do seu corpo, faz ginástica: os episódios 18 e 20 o mostram ironicamente de malha listrada e com um short de tênis. As vestimentas são também objetos de jogo móveis definindo os traços de caráter dominantes das personagens: coquete, a mulher do pope experimenta os presentes contidos na caixinha, as meias e as sapatilhas (episódio 6); Vosmibratov, em seu acesso de cólera, atira para o ar seus vestuários em cena (episódio 20).

Cada objeto trazido ao palco logo fornece um ponto de apoio ao jogo de atuação totalmente exteriorizado, constituído de elos biomecânicos de ações e de reações entre os atores, mas sobretudo entre

58 G. Krijitski, *Les Meierholda, em Teatr i Muzika*, n. 22, p. 6.

94 A Floresta, *episódio 12 "Rapariga das Ruas e Dama do Mundo"*. O alisamento da roupa de cama, os golpes enérgicos sobre a mesa exprimem a revolta da criada contra a senhora que acaba por lhe arrancar o bastão de bater roupas das mãos.

os atores e os objetos. A busca de cadeias de "processos de trabalho" sucessivas define o sistema de jogo no espetáculo, aí reside sua unidade e sua força. Aksiúcha exprime seu ser e sua revolta na atividade incessante que desenvolve em cena, na roupa de cama que ela estende, alisa, desdobra, nos baldes que carrega, no serviço da mesa que arruma. Em torno dela, a atividade dos criados-domésticos e ajudantes de cena reforça essa impressão de ocupação permanente. Sem descrever os hábitos da casa em que ela serve, as ações são efetuadas com uma tal precisão e uma tal energia que mostram antes de tudo uma aptidão ao trabalho racional. Nada de ações imitadas, contrafeitas, porém uma mestria técnica verdadeira que o ator exibe, servindo-se dela para ou contra a personagem que interpreta. De repente, nesse primeiro funcionamento, o objeto revela seu duplo caráter: engendra um jogo de atuação em que se exprimem, ao mesmo tempo, a definição social da personagem e a habilidade do seu intérprete. Limpando cuidadosamente seu fuzil, o ator exprime a ociosidade de Bulanov (episódio 16). Responsável pelas pombas, Karp reintegra-as à sua gaiola com a destreza do adestrador.

EM TORNO
DO OUTUBRO TEATRAL

2. O objeto tem ainda a função de exprimir a *emoção* e de liberar dela, assim, o ator. Desse modo tornou-se célebre o diálogo mantido entre Aksiúcha e Gurmijskaia no episódio 12, em que a moça pontua cada resposta com um vigoroso golpe do bastão de bater roupa do qual ela se serve para alisar sua roupa de cama e com o qual ela bate violentamente na mesa. Cada golpe exprime a cólera, reforça e carrega de um impulso raivoso cada réplica. Gurmijskaia irá mais longe, terminando o episódio com dois golpes imperativos desse mesmo batedor, que arranca das mãos de sua pupila.

3. É antes de mais nada no nível das ações que os objetos são os pivôs, ações frequentemente brutais e agressivas, e não ao nível do diálogo, que se desenham das *relações* pessoais ou sociais entre as personagens, sejam elas a do amor que une Piótr e Aksiúcha (passo gigante, jogo de bola, farsas), sejam as fisicamente repugnantes, do senhor e do escravo, no episódio 15 entre Ulita e Gurmijskaia.

4. Bastante corriqueiros, os objetos, como as mesas, tamboretes ou cadeiras "bistrô" de modelo corrente na época, podem abolir a todo momento o aspecto cotidiano e desempenha um *papel inesperado*. Em um funcionamento invertido, desviado, traficado, a mesa, de objeto prosaico em torno do qual se reúnem para jogar baralho, dispor o *couvert* ou tomar o chá, torna-se carapaça sob a qual Arkaschka se move comicamente, no epílogo da sessão da prestidigitação enganosa (episódio 20). A função pode então, como no burlesco, tornar-se imagem. Da mesma maneira, as cadeiras são manipuladas em um espírito puramente lúdico, todas sendo ao mesmo tempo utilizadas por outros atores em seu emprego normal. Bulanov faz sua entrada no episódio 18, das cadeiras em torno do pescoço, imagem que cita um plano de *Behind the Screen* (Carlitos Maquinista) em que Chaplin passeia, eriçado de cadeiras empilhadas em suas costas e que o fazem parecer com um porco-espinho. Bulanov as dispõe, em seguida, de maneira a compô-las como um aparelho de ginástica sobre o qual faz um número de equilíbrio. Do mesmo modo, no episódio 33, Bodaiev, o padre Eugênio e Bulanov erguem uma muralha de cadeiras entre eles e os comediantes. Arkaschka a derruba. Segue todo um jogo em que Arkaschka tenta conquistar o direito de se sentar em uma delas. Direito recusado: as cadeiras, em um processo de subversão reiterada, convertem-se então em aparelho de ginástica. Arkaschka as empilha para subir nelas e zombar dos seus adversários. Enfim, de objeto cotidiano, a cadeira se transforma em projétil destruidor que Arkaschka lança através do palco, meio de se libertar desse cotidiano, destruindo-o. Por meio dessa utilização-surpresa, dessas metamorfoses semânticas, Meierhold chega a exprimir a independência do homem-ator, do homem-criador em relação a esses objetos e a sua posse, sua ligeireza e seu poder. O encenador

joga com esse estatuto móbil que dá a impressão de uma produção de novos objetos. A multiplicação dessas funções, a passagem da função à imagem, o uso cotidiano e o contra-uso lúdico desses objetos – trabalho real e trabalho teatral – acabam por multiplicar, transformar sua presença pontual em um fluxo ininterrupto.

5. A encenação procura, portanto, fabricar sentido a partir dos objetos e das ações dos quais eles são o pivô, unidades básicas da linguagem teatral; ela os integra ao ritmo que a arte do comediante lhes insufla, correlaciona suas diferenças empregadas no conjunto do espetáculo e afina seus liames até a criação da metáfora ou ao jorro do simbólico.

Tomemos o caso dos dois balanços. Produtos da criatividade popular e não mais contrafações a exemplo da cadeira adulterada em balancinha em *A Morte de Tarelkin* são utilizados como atrações, o que corresponde à sua natureza. Como tais, eles excitam a atenção do espectador, duplicando o interesse da intriga com a ação cênica que secreta assim seu próprio suspense. No passo gigante, Piótr se arremessa bem alto e o público se entusiasma, aplaude, arrebatado pela sua habilidade e juventude, como no circo diante de um número de

A FLORESTA: CLÁSSICO RUSSO E BURLESCO AMERICANO

95 *A Floresta, episódio 18 "Um Espírito Prático". Diálogo e ação: as cadeiras tornam-se material de treinamento ginástico para Bulanov, o trágico se barbeia.*

trapezista. Mas a melhor forma do seu emprego, ligada à incongruência da sua presença em cena, amplifica ou distancia o conteúdo dos discursos pronunciados, em figuras espaciais bem legíveis. Assim, o passo gigante em ação, qual uma bota de sete léguas, provoca a sensação concreta de evasão, materializa o desejo de uma partida para um alhures sem limites, enquanto abaixo, Aksiúcha reconduz o sonho às questões mais práticas: cria a metáfora teatral, visível e dinâmica de um amor aberto ao mundo, ao mesmo tempo que, ao nível do espetáculo tomado em seu conjunto, esse voo simboliza a aspiração à liberdade e à audácia que esta requer, que inspiram toda a encenação. Mas em "Sonata ao Luar", o balanço, prancha fora de esquadro equilibrada sobre um grosseiro pedestal de madeira, distancia mais o diálogo do que o amplifica. Seu movimento alternado combina-se com o texto, com as caretas de Arkaschka, com as saias frementes e com os vocalizes de Ulita de pernas para o ar, projetadas pelo peso de Arkaschka, a prancha apertada entre as coxas: metáfora audaciosa e irônica de um coito sem a menor pornografia, que provoca o riso. Por meio desses dois jogos de cena impressionantes e salientados como tais pelos críticos, baseado na alternância do alto e do baixo, constroem-se duas metáforas antagônicas que conduzem o espectador a apreender a relação amorosa sobre dois planos: um elevado, lírico, o outro grosseiro, chão.

O objeto-balanço é essencial. Sua estrutura oscilante é aquela mesma que constrói o espetáculo e que é o filtro indispensável da percepção do espectador. É a concretização pontual desse movimento do conjunto. Ademais, as metáforas que engendra são ainda mais essenciais porque são integradas a uma rede global de imagens, pois ao lado desses dois mecanismos simples, Meierhold propõe outras figuras que geram idênticos impulsos: a linha ascendente do dispositivo, o revoar das pombas no episódio 2, a impressão do espaço, do ar puro que dá o palco recentemente lavado, Aksiúcha sobre a escada ou o voo da borboleta em uma pantomima de Arkaschka (episódio 7) são outros tantos elementos aéreos, vitórias sobre tudo que é pesado, retomados pelos exercícios de equilíbrio dos comediantes no espaldar das cadeiras, sobre as mesas etc. Essa rede bastante cerrada de metáforas espaciais é orquestrada pela partitura cênica que confia o trabalho de associação à memória do espectador, montagem última de onde nasce a poética grotesca de *A Floresta* que, para mesclar o grosseiro e o sublime, oscila entre a lama e o céu. E essa intensidade se confunde com o aspecto subversivo da leitura de Ostróvski, a ponto de arrastá-la para além da grade estritamente política.

6. Enfim, o objeto se insere no conjunto da encenação, não somente por sua manipulação, mas por sua feitura, sua forma e, sobretudo, por sua cor e os sons que é capaz de emitir.

A Cor

Depois das gamas frias e metálicas, de *As Auroras* até *A Terra Encabritada*, Meierhold reintroduz a cor conferindo-lhe um papel essencial. O espaço cênico desnudo é salpicado de manchas violentas que lançam um brilho máximo nesse vazio, compondo efeitos pictóricos inesperados e toda uma partitura de dissonâncias, como em certas imagens do *lubok* em que um espaço desenhado em negro e branco pode ser aqui e ali vivamente manchado de borrões, coloridos justamente com essas dominantes de vermelho, amarelo e verde. Ao fluxo de objetos heteróclitos correspondem essas cores insolentes cujo disfuncionamento pretendido apoia o impacto emocional do tema da revolta contra uma vida hedionda e absurda. Falou-se do furor de cores na cena de *A Floresta*, do efeito-choque produzido pela peruca vermelha de Gurmijskaia, os cabelos verde vivo de Bulanov, feitos com uma espécie de cerda brilhante, a barba ruiva e lanosa em tosão de carneiro tingido de Vosmibratov. Da mesma maneira, as indumentárias monocolores, vestido vermelho de Aksiúcha, amarelo vivo de Gurmijskaia, o banco do jardim pintado de amarelo, vermelho e verde, o fez vermelho e as calças azuis do Turco, tudo isso agride os olhos do espectador. As cores jogam com a insolência e com a feiúra do passado, ao mesmo tempo que seu turbilhão gritante comunica energia ao espetáculo.

A FLORESTA: CLÁSSICO RUSSO E BURLESCO AMERICANO

96 *A Floresta, episódio 23 "Sonata ao Luar". Duo de Ulita e Arkaschka: variante cômica, sensual e vulgar da cena de amor do episódio 14, mas não menos dinâmica do que aquela.*

EM TORNO
DO OUTUBRO TEATRAL

Nem ilustrativas, nem passivas, as cores têm um papel semântico e reatam com as buscas pré-revolucionárias de Meierhold, quando permitiam associar entre elas elementos dissemelhantes para dar a perceber ao espectador o ascenso progressivo do drama e lhe denotar laços entre as personagens. Aqui, as cores devem evocar um conteúdo social: seu emprego, quanto mais fragmentário torna-se mais lapidário e suscita no público atitudes imediatas, tomadas de posição com respeito às personagens. A grenha longa encaracolada, em passamanaria dourada, os cílios desmedidos de Milonov, associados a uma voz suave, evocam, ao mesmo tempo, uma gravura piedosa e seu apetite pelo ganho. O verde da peruca de Bulanov concretiza sua falta de maturidade, o vermelho agressivo da de Gurmijskaia, seu mau gosto e sua vulgaridade.

Os Sons

Numerosos, potentes e variados, funcionam como as cores conforme um sistema de repostadas emocionais. São os signos de pontuação, os pontos de exclamação da encenação. Estimulam seu movimento, sua progressão. Muitas vezes inesperados, entram na composição do espetáculo com tanto ilogismo aparente e graça exagerada quanto as perucas de cor: tilintar de sinos, assovio poderoso de Karp que, com quatro dedos na boca, incita os pássaros a sair do pombal (episódio 2), estalos, tiros de fuzil, pancadas do bastão de bater roupas, estrépitos, campainhas, ruído de vidro quebrando, gritos, estalos de chicote, estrondo da baixela atirada sobre a mesa, tilintar da chaleira metálica etc. A caracterização das vozes e das entonações entra nessa partitura sonora ao mesmo tempo que participa da montagem da personagem-máscara social: voz arranhada e grave de Gurmijskaia, declamação religiosa de Milonov, tom trágico ou ameaçador de Nestchastlivtsev, riso assustador de Bodaiev, urros de dor, chamados ou disputas...

Os números cantados são abundantes, sendo também compostos de fragmentos. O episódio 23 é inteiramente construído sobre os números vocais de Ulita, que fala com um tom rachado e gritado, mas canta, com um baixo sensual, trechos de romanças bem conhecidas nas quais destoa constantemente. As palavras de fragmentos cantados, lançadas no contexto do jogo de atuação com o balanço, são assim desviadas e servem para preparar a realização da metáfora sexual. Os números musicais de Arkaschka são paródicos: interpreta extratos de operetas ou de vaudevile, comentários irônicos ou digressões cômicas, ligadas ou não ao que se passa em cena. Uma orquestra de gaitas na qual tocam os criados-domésticos no começo do episódio 20 é uma piscadela maliciosa a *A Princesa Turandot* de Evguêni Vakhtângov. Enfim, um acompanhamento ao piano leva Bulanov a dançar, enquanto se prepara para o baile (episódio 29). É um piano de possibilidades sonoras imprevisíveis cuja tampa bate com estrondo na ocasião.

À cacofonia se opõe quer o silêncio total, cujo impacto se torna poderoso no momento das pantomimas de Arkaschka, quer uma música mais contínua, harmoniosa, dominada pelo motivo das valsas e polcas tocadas no acordeom (episódio 21 e 33) que dá o elã, a

continuidade do tema lírico, embora sua partitura seja uma montagem de muitos extratos musicais (episódio 21). O episódio final orquestra todos os temas plásticos e sonoros do espetáculo organizando as batidas pontuais e as massas musicais. A cena, cuja nudez é mascarada sob forros azuis, é então totalmente colorida. Está repleta de pessoas que brindam, embriagam-se e cambaleiam. Ouve-se o choque dos vidros, da baixela, o berreiro avinhado, os brindes reclamados, as fanfarras atrás do palco, os murros sobre a mesa e o estrépito das cadeiras se misturando ao tom declamatório de Nestchstlivtsev, que recita Schiller. Piótr toca docemente o acordeom, depois cada vez mais forte, sustentando ironicamente os vaivéns dos convidados. Um grande lustre piramidal aceso acima da mesa brilha com suas luzes multicolores: essa festa, o último grito lançado pelo passado, é virada do avesso. Enquanto Arkaschka sapateia embaixo da ponte, cai, depois põe-se em movimento enfim atrás do trágico, uma *polonese*,

A FLORESTA:
CLÁSSICO RUSSO E BURLESCO
AMERICANO

97 A Floresta, *episódio 21,*
"Pessoas que me Impedem Disso,
Pessoas que Têm o Poder".
O fluxo lírico de A Floresta:
uma polca ao acordeom que Piótr,
surpreendido por Aksiúscha,
interpreta sobre a ponte-estrada.

EM TORNO
DO OUTUBRO TEATRAL

tocada pelo pianista do TIM, Leo Arnschtam, retoma, de modo vigoroso e grandioso, todos esses motivos esparsos, um curto turbilhão de adeus faz dançar todo esse insolente passado, e a seguir envia-o para fora da cena, onde ele desaparece.

Silêncio. As luzes se apagam, os tecidos azuis se erguem. Uma iluminação azul lilás suaviza o ascetismo encontrado da cena vazia, iluminação de luar para a partida de Piótr e de Aksiúcha. A "Valsa de Dois Cachorrinhos", retomada do episódio 21, ocupa completamente o volume cênico, sem as interrupções do diálogo. O espetáculo termina nessa unidade reencontrada, calma depois da tempestade, com a melodia que, embora dominado-as, ainda mantém a vibração de sonoridades agora extintas, com as quais, ao longo do espetáculo, ela entrou em conflito. A velha "Valsa de Dois Cachorrinhos" se tornará "a" música do espetáculo e retornará à rua graças ao sucesso de *A Floresta*: com novas palavras sobre a reconstrução do país, resultará na "Canção dos Tijolinhos".

Todos esses "pontos de exclamação" atuam sobre a percepção do espectador por sua violência ou incongruência, seu efeito de surpresa. Eles o tornam mais atento, mais ativo. Cores e sons associam-se no sistema geral de montagem de *A Floresta* aos golpes desfechados dessa vez não pelos objetos, porém pelos atores: pontapés, quedas, socos, choques, bofetadas, bate-bocas, todos os *lazzi* cuja encenação não é escassa e em que o corpo, independentemente da voz, torna-se então produtor de sons. Esse sistema impregna o espetáculo de um espírito de derrisão popular, dá origem a um contratexto cômico, certamente não o subtexto do Teatro de Arte, os subentendidos a serem captados, porém um contratexto ativo, explosivo, que inverte o sentido das réplicas de Ostróvski ou lhes inculca uma amplitude hiperbólica, que evoca a presença de um "coro popular ridente"[59] diante do qual se desenrola o espetáculo.

Aqui, portanto, o jogo do ator meierholdiano, inteiramente exteriorizado, requer uma profusão de objetos selecionados que são ao mesmo tempo seus parceiros e relês de sentido. Ele engendra um funcionamento polissêmico de todos os objetos cênicos que, no entanto, aparentemente não possuem nenhuma ambiguidade. As significações se acumulam em cada um deles ou aí se sucedem, utilitários, sociais, emocionais, relacionais, desviados, lúdicos, metafóricos e até mesmo simbólicos. Entretanto, o objeto, lugar de metamorfoses sobrecarregado de concretude, só pode existir por meio da mestria do ator biomecânico, controlando, de maneira muito precisa, o tempo, o espaço e o seu corpo no interior de uma partitura em que o encadeamento exato das ações/reações é a condição imperativa da legibilidade e da organização do gigantesco caos a reconstruir cada anoitecer (episódio 33), rivalizando com as grandes desordens do burlesco.

[59] M. Bakhtine, *L'Oeuvre de François Rabelais et la culture populaire au Moyen Âge et sous la Renaissance*, p. 470.

Arkaschka-Ilínski:
Gênese e Montagem da Personagem

A FLORESTA:
CLÁSSICO RUSSO E BURLESCO
AMERICANO

Os atores garantem todo um trabalho de composição em que a *finesse* do jogo de atuação se combina à grosseria das aparências. Extremamente musical, Varvara Remizova é saudada como uma atriz grotesca que interpreta sem a menor caricatura o papel de Ulita, porque atua com registros contrastados de voz, busca um grafismo preciso e pleno de humor para o desenho cênico do corpo. Demoremo-nos em Arkaschka, de início, em sua silhueta: uma pequena veste justa de *torero* espanhol, de mangas muito curtas, com as ombreiras aparentes que assumem quase o ar de um remendo, toda amarrotada e bordada de passamanes, calças longas quadriculadas gastas e rasgadas, com bolsos largos, presas na cintura por um cinto ordinário, uma camisa de gosto duvidoso, uma gravata estreita espiralada, sapatos puídos, uma palheta negra, achatada, puxada para o lado em uma careca, uma barbicha rala é mesclada – ao menos na intenção do encenador – com algumas penas de frango, uma trouxa na ponta de uma vara de pesca em que bamboleia sua chaleira. A guisa de roupa de baixo, descobrir-se-á que usa um *collant* de diabo... Tantos elementos concorrem para fazer de Arkaschka uma personagem de aparência muito estranha.

No começo dos ensaios Meierhold imagina-o andando no campo "com um chapéu espanhol negro e achatado como os dos toureadores e que ele apanhou no vestuário de um teatro. Ele carrega nas costas uma trouxinha com suas roupas, sapatos e dois ou três textos de peças, caminha completamente desnudo, pés nus, traz uma bardana à guisa de folha de videira e agita uma ramagem para expulsar as moscas"[60]. Sobre esse esboço da personagem nua, livre, plena de uma vacância, de um vazio primeiro, o trabalho teatral irá construir uma rede de imagens contraditórias entre as quais o sentido oscilará, instável. A personagem interpretada por Ilínski é uma montagem complexa do Arlequim italiano, do *skomorókh*• russo, e do *gracioso*• espanhol. Meierhold remonta uma cadeia de tradições do jogo de atuação em torno desse papel, ligando Ilínski ao grande ator do Teatro Máli, Mikhail Sadóvski[61] que ele tomou para si como modelo quando interpretou o papel de Arkaschka em Penza. A ligeireza, a rapidez, a mobilidade e a despreocupação do Arkaschka de Ilínski são herdados da tradição sadovskiana, ela própria inspirada no teatro espanhol. Mas ele incorpora também em seu jogo de atuação citações de alguns outros célebres intérpretes do papel, por exemplo, as palavras que um grande improvisador do século XIX, Vassíli Andreev-Búrlak, acrescentava a certas réplicas.

Meierhold conduz o trabalho de Ilínski conforme múltiplas direções: Arkaschka é ao mesmo tempo um excêntrico de circo, acrobata e fantasista, e o cômico de algum palco miserável de antanho. Meierhold

60 I. Ilínski, *Sam o Sebe*, p. 223.

61 Cf. V. Meyerhold, Intervention au cours du débat sur La Forêt, op. cit., p. 115.

convida ao TIM um célebre excêntrico de Leningrado, Aleksei Matov, que transmite seus truques a Ilínski e lhe dá lições de dança. Ele também lhe aconselha a se inspirar em um fantasista francês em turnê, Milton[62]. *Chansonnier*, dançarino de sapateado, Arkaschka deve ser portador, ainda, de toda a vulgaridade de um teatro popular de má qualidade e atuar o texto de Ostróvski sem nenhuma entonação intimista, enquanto dialoga com Nestchastlivtsev, mas de um modo tal que ele se encontrasse nesses pobres tablados e se dirigisse diretamente ao público[63].

Guignol, bufão popular, *clown*, fantasista de *music hall*, excêntrico, ator de vaudevile, Arkaschka concentra nesses fragmentos a evolução do gênero cômico, passando de um a outro, e faz desabrochar sobre essas raízes populares um herói totalmente contemporâneo. É o mais longo trabalho de pesquisa efetuado por Meierhold, o aprofundamento do jogo de atuação por meio do estudo da *Commédia del'Arte*, dos Espanhóis, do circo que permite essa eclosão. Gvozdev é entusiasta: "Na bufonaria, espantosa pela rapidez de um extraordinário cômico moderno, Ilínski, renascem para uma nova vida todas as formas imemoriais da comédia popular"[64]. Enfim, enxerta-se aí o "chaplinismo" da personagem que dá o toque final à máscara de Arkaschka e que marcará as criações ulteriores do seu intérprete. No entanto, Arkaschka não é Carlitos, ele tem, dirá mais tarde Meierhold, traços "meierholdochaplinianos"[65]. Alguns falarão de chaplinismo em uma armação russa.

Com Nestchastlivtsev, Arkaschka forma o par carnavalesco que os burlescos já haviam retomado: o gigante sombrio e o pequeno cômico, um solene, romântico, lírico, o outro andrajoso e cheio de subversão jocosa. Mas Mukhin se sai mal no seu papel, realiza somente um décimo do que Meierhold lhe indica nos fascinantes *pokázi*• e aquilo que deveria ser interpretado através do par passa finalmente apenas por meio do esquema do par, alimentado pela presença ativa de Arkaschka.

Com Arkaschka, Meierhold joga com o familiar e o estranho, chama o público a reconhecer traços de Chaplin, de citações do seu jogo de atuação ou dos de outros burlescos como André Deed, bastante célebre na Rússia com seus *Boireau**. Um exemplo: a maneira como Arkaschka se comporta em torno da mesa no episódio 33 evoca diretamente *L'Extraordinaire Aventure de Boireau* (A Extraordinária Aventura de Boireau) em que Deed, ao entrar em uma casa burguesa, enche os bolsos de vitualhas. Ele cria momentos de conivência fortíssima entre o ator e o público na ocasião das pantomimas sobre a ponte. Arkaschka pesca: munido de sua exclusiva vara de pescar, torna presentes, pelo jogo do seu pescoço, dos seus ombros e de suas mãos, a linha, a boia e o peixe pulando. Essa pantomima precisa, sóbria, é tanto mais expressiva quando é realizada não somente de costas para o público, mas ainda sem uma palavra nem uma exclamação. Ela é percebida da parte de um ator, aliás tagarela, como uma sequência fílmica no interior

---

A FLORESTA:
CLÁSSICO RUSSO E BURLESCO
AMERICANO

98 A Floresta. *Arkaschka-Ilínski, o ator em andrajos, ao mesmo tempo semeador de desordem e de subversão jocosa na casa de Gurmijskaia. Grande comediante da cena meierholdiana.*

62 Cf. I. Ilínski, op. cit., p. 288.

63 Cf. estenograma de ensaios, apud V. Maksímova, Les Meierholda-Ostrovskogo, op. cit., p. 183.

64 A. Gvozdev, Les v Plane Narodnogo Teatre, *Zrelischtcha*, n. 74, p. 5.

65 V. Meyerhold, Chaplin et le chaplinisme, *Écrits*, 3, p. 224.

* Personagem protagonizada por André Deed, no começo do século XX, em comédias curtas. Boireau foi uma personagem que propiciava a destruição e o caos por todos os lados (N. da T.).

do teatro, enriquecida pela presença carnal do comediante que suscita comoção no público.

Arkaschka, como Carlitos, é um vagabundo. Como este, ele se apresenta antes de tudo por seu modo de andar e de proceder. Interpelado por Nestchastlivtsev no episódio 1, avança ao seu encontro, e de repente seu espaço é conotado como dinâmico e aberto. Mas o procedimento é diferente: enquanto Carlitos se dandina com passinhos mecânicos, animado como que pelas pulsões sincopadas do jazz, Ilínski tem um andar mais ágil e seu trotar desengonçado é mais ligado, mais deslizante, embora também apresente falhas e quedas. Se Carlitos traz um traje social, chapéu-coco e bengala, Arkaschka, por sua vez, está vestido de andrajos heteróclitos, roubados em vestuários de teatro e está sujo. A bengala é transmutada em vara de pesca, porém usam o mesmo tipo de calças demasiado largas e de jaleco excessivamente justo que torna seus corpos semelhantes ao de uma criança cujo crescimento estaria submetido a forças antagônicas.

No entanto, Arkaschka é menos criança do que Carlitos[66]. Combina traços infantis a uma ingenuidade de comportamento, um cinismo

66 Cf. a análise de Carlitos-criança feita por A. Nysenholc, *L'Age d'or du comique*, p. 11-28.

A FLORESTA:
CLÁSSICO RUSSO E BURLESCO
AMERICANO

99 A Floresta, *episódio 7 "Arkaschka e o Governador de Kursk". Sequência muda, Arkaschka pesca.*

e traços perversos e inquietantes. Sua calvície, sua barba rala, tornam-no mais homem que criança, mas seu chapéu lhe devolve a juventude. Não é, como Carlitos, um homem-criança, mas um velho criança. O dinheiro interessa-lhe, embriaga-se, exprime e satisfaz necessidades sexuais. Em suas relações com Nestchastlivtsev, passa facilmente do pavor ao riso: fácil de intimidar, é também fácil de divertir, e sua mobilidade psicológica corresponde à sua mobilidade física. Como Carlitos, se é às vezes espancado, outras vezes escapa ao chicote do policial. Ligeiro, é um homem do ar que parece ignorar a gravidade e escorrega entre os dedos. Sem ser proletário, infiltra, em sua ação, o equivalente de uma tomada de consciência política. Porém, tratante contestador, iconoclasta, Arkaschka não tem nenhuma mensagem didática a transmitir: destrói e abre brechas em que se engolfam apenas um vento de inquietude e a nova vida.

    Marginal, excluído, como seu compadre trágico, ele é o intruso, aquele que perturba. Arkaschka vive e age em um espaço "organizado ao seu redor como uma sala de jogo"[67], como os burlescos de cinema. Para ele, o mundo é "um jogo divertido em que homens vivos e objetos que

67 P. Král, op. cit., p. *91*.

se transformam em espécies de bolas que saltam no ar e efetuam todo tipo de movimentos"[68], escreve B. Alpers. Arkaschka não fica no lugar, canta, dança, salta, mima, executa ou sofre farsas, leva uma vida lúdica e instintiva. Brinca com cada objeto que lhe cai nas mãos. Enche seu carrinho de mão, salta com um pé só, joga a bola, parodia a seriedade do ator trágico, suas saudações oratórias (episódio 20), faz números de equilíbrio, esconde-se sob as mesas e embaixo das saias, brinca com as cadeiras, abraça a mulher do pope. *Clown* por vezes cruel (queima a mão de Ulita), inventivo, insolente, orquestra a onda de alegria destruidora que penetra *A Floresta*. Mescla a ingenuidade à astúcia.

Meierhold teria desejado introduzir uma nuance suplementar na personagem, indicando a Ilínski que Arkaschka poderia outrora ter desempenhado papéis de "jovem galã apaixonado", dimensão nostálgica e amarga que Ilínski diz obliterar completamente. A figura de Arkaschka não tem nada de lastimável e seu Chaplin não é ainda o de *The Kid* (O Garoto). O trágico é recalcado e Meierhold não o procura realmente: o tema ostrovskiano da compaixão pelos seres mutilados pela vida como Aksiúcha, Piótr ou os comediantes foi curto-circuitado e reconectado no registro agressivo da afirmação de si. Mas quando se olha as fotos, por detrás da cara espertalhona, o olhar manhoso, a insolência e o gracejo, alguma coisa aperta o coração, que remete à angústia que o burlesco infalivelmente chega a suscitar[69].

Sozinho, Arkaschka dá uma imagem ambivalente do ator, homem e pássaro, vítima e carrasco, hábil e desajeitado, elegante e vulgar, palhaço e diabo zombeteiro, entre o voo e a queda. Com Nestchastlivtsev, ocupa a estrada-ponte, conota-a durante toda a primeira parte como lugar teatral que, plantada entre o céu e a terra, entre o passado e o futuro, deve ser compreendida como uma passagem. Oferece ao teatro, mantido no interior de suas paredes, esse estatuto de lugar de passagem pelo qual a vida transita e se transforma. Advogado ou procurador de sua personagem, o ator permanece ligado à sua condição forânea. Em sua modernidade de biomecânico, mantém-se carregado de passado e se infla de futuro: não pode se contentar em habitar o presente.

À montagem dos estratos da personagem, a das técnicas de jogo de atuação correspondentes, junta-se a montagem do material corporal. A continuidade é banida do corpo do comediante. A voz combina as mais inesperadas e surpreendentes entonações. Fragmentado em planos para o trabalho biomecânico, o jogo de atuação de Ilínski concentra sua força em um olhar, em um dar de ombros que desencadeia por si só a hilaridade do espectador. As costas tornam-se loquazes, ou até o dedo mínimo. A montagem e a distribuição do material em fases alternadas de repouso e de imobilidade (ligadas à imobilidade ou ao repouso dos outros parceiros) terminam por produzir ao nível da concentração da atenção do público o equivalente do *close-up* cinematográfico[70]. Mas a inspiração é também oriental: "Tudo trabalha em ordem

---

68 B. Alpers, Ostróvski v Postanovkakh Meierholda, *Teatr*, n. *1*, p. *37*.

69 P. Král, op. cit., p. *120* e s.

70 Cf. I. Ilínski, op. cit., p. *223*.

de sucessão: quando os olhos atuam, o corpo todo se cala. É assim que trabalham os mestres japoneses. É assim que trabalha Ilínski"[71], escrevera Serguêi Iutkévitch.

O Poder do Teatro

O longo sucesso de *A Floresta* não poderia evidentemente se explicar apenas por seu aspecto de agitação política, passado o fim dos anos de 1920. Meierhold criou aqui uma comédia soviética de máscaras, toda "vivacor", porém ele a nutriu com suas reflexões práticas sobre o teatro e a aventura teatral. *A Floresta* não é apenas a plasmação em imagens de um cartaz de agitação sobre os inimigos da classe operária: ela é representada sobre uma tribuna em que se começa com os problemas sociais e se finaliza com os problemas teatrais.

Do texto de Ostróvski, Meierhold aproveita o motivo do teatro colocado acima dos mesquinhos interesses da vida cotidiana regida por relações de poder, de classe, do dinheiro, amplifica-o, transforma-o em tema do teatro capaz de metamorfosear a vida, do teatro como gigantesco espaço de liberdade conquistada no cotidiano sufocante, de um teatro que se aparenta a uma revolução. A montagem lhe permite promover, com mais frequência, a intervenção dos comediantes em cena, e de representar, no interior da composição, teatro no teatro, levando cada comediante a introduzir, em seu jogo de atuação, fragmentos de suas representações, de suas lembranças do teatro. A vida e o teatro mantêm na peça relações tanto mais densas quanto vários intérpretes das personagens do campo dos vencedores representam mais ou menos sua própria aventura teatral, sobretudo Zinaida Raikh, a esposa de Meierhold, que desempenha seu primeiro papel e tem seu primeiro sucesso. "Encontraram uma atriz" clama o título do episódio 25. É também o próprio grito de alegria de Meierhold para quem vida privada e vida pública se fundem agora em uma comunidade de interesses.

As personagens dos comediantes são ambivalentes: a nobreza pomposa de Nestchastlivtsev suscita a ironia do espectador, que pode estar comovido com Arkaschka, o vagabundo, tão mesquinho quanto o outro é generoso e que, espancado, ridicularizado, desprezado, espanca, ridiculariza e despreza, por sua vez, a ordem do Antigo Regime pegando-se com seu primeiro representante, o policial. A positividade do par complementar formado pelo trágico e pelo comediante é repisada ao longo de todo o espetáculo: eles mesmos expõem um ao outro ao ridículo. O espectador ri deles constantemente, eles são o veículo mais ativo da poética grotesca.

A FLORESTA:
CLÁSSICO RUSSO E BURLESCO
AMERICANO

71 S. Iutkévitch, *Igor Ilínski*, p. 12.

EM TORNO
DO OUTUBRO TEATRAL

A montagem permite a Meierhold um amálgama de estilos e de técnicas que a presença dos comediantes justifica plenamente. O jogo de espelhos deformantes em que, nas personagens, o passado se reflete no presente, completa-se por uma outra galeria de espelhos em que diferentes técnicas teatrais associadas produzem caretas, mandam a bola um ao outro, reforçam-se ou se contradizem, vendo, em todo caso, impacto de um sobre o outro e sua atividade intensificados. Como os estratos empilhados atualizados pelos formalistas na obra de Gógol, Meierhold põe em ação técnicas e estilos escolhidos, estudados, reunidos, dominados, levando-os a se corresponder, a entrar em crise, a se transformar ou a se engrandecer reciprocamente. A montagem de *A Floresta* é uma montagem irônica e lírica sobre o teatro como existe na vida, induzindo, em um caso como no outro, uma sensação de *alegria* intensa experimentada pelo público.

Foi, como vimos aqui, um erro de certos críticos de esquerda, dividir a cena em duas partes, ver no lado direito do palco um espaço teatral de origem construtivista, revolucionário, e do outro, o esquerdo, um espaço naturalista. Um não poderia, com efeito, funcionar sem o outro, sem esse movimento de pêndulo que é posto à luz. Por certo, o conteúdo desses dois espaços, os objetos, as personagens que os povoam, são marcados por sua oposição, os objetos cotidianos pertencem ao palco, e na ponte-estrada estão presentes apenas objetos teatrais: chapéu, bordão ou chaleira de Arkaschka marcada com o monograma de *A Floresta*. Da mesma maneira que os dois parasitas não sobem nela, seus objetos não têm permissão para aí figurar: a trouxa em que Arkaschka acumula provisões, por exemplo, ficará embaixo da ponte e só o acordeão ali penetrará, investido de uma enorme função simbólica. Mas o mundo livre dos comediantes se dissemina para todos os lados, teatro no teatro. Depois da ponte, conquista sucessivamente todos os lugares da casa, até a mesa sobre a qual Nestchastlivtsev declama. Circulação, invasão, destruição, o espaço do teatro no teatro permanecerá finalmente sozinho em cena.

Em *A Floresta*, Meierhold restitui à expressão russa "teatro popular" seu duplo sentido de popular e de nacional. Esse espetáculo testemunha um conhecimento da vida russa, dos rituais religiosos, sociais, "distrativos", que o encenador transpõe em cena extraindo-os do seu quadro de origem, mas com uma tal impressão de verdade que choca os partidários da pureza do Outubro Teatral. N. Zemakh, diretor da Habima, teatro judeu em língua hebraica em busca da sua identidade própria, percebe em *A Floresta* "um teatro de dimensão mundial, por meio de um prisma nacional"[72].

A montagem proporciona aos objetos domésticos e autênticos um estatuto que os dota de um acréscimo de densidade. Alpers falará de "surrealismo"[73] e Meierhold dirá prontamente "sobrenaturalismo", para designar o funcionamento dos objetos de *Revizor*. A máquina-ferramenta

72 Cf. supra nota 7.
73 B. Alpers, Sudba Teatralnikh Tetchêni, em *Teatr*, n. 5, p. 13.

do jogo construtivista é totalmente desacelerada: cada objeto e até mesmo cada uma das réplicas do texto constituem "bancadas do jogo de atuação", em cena. Ao se concentrar, com *Utchitel Bubus* (O Professor Bubus), no fim de 1924, no problema do teatro musical, será enfim o papel do elemento música, sistematicamente utilizado, que Meierhold irá estudar e transformar.

Tradução de Marcio Honorio de Godoy

4.

Uma Dramaturgia Grotesca Moderna: *O Mandato*

A imobilidade: petrificação, letargia. E uma rapidez frenética – não seria essa a fórmula da Rússia?

G. Kózintsev[1]

ntes de se deter nos novos jogos teatrais de *Utchitel Bubus* (O Professor Bubus), a análise, a despeito da cronologia, vai inicialmente se concentrar em *Mandat* (O Mandato). Construída como a peça de Aleksei Faikó em torno do tema da impostura e dos feitos que se seguem daí, *O Mandato* forneceu a Meierhold uma dramaturgia contemporânea exemplar e um material sociopolítico atual, concreto e próximo, enraizado na NEP• moscovita. Fato raro na biografia teatral do encenador, o espetáculo foi uma unanimidade: em abril de 1925, a peça de Nicolai Erdman restitui ao TIM• um verdadeiro triunfo. Ela é encenada depois em toda URSS, de Leningrado a Baku[2], e sua fama atingirá Berlim onde será encenada em 1927 no Renaissance-Theater. É preciso restituir o lugar de *O Mandato* e do seu autor, posteriormente ocultado no teatro soviético[3].

A Estranha Carreira de um Autor Cômico de Sucesso

Os passos iniciais de Erdman (1902-1970) aconteceram em pequenas cenas, cabarés e ateliês efêmeros, por exemplo, nos de Nicolai Foregger: paródias, esquetes satíricas, a maioria inéditas, permitindo compreender o êxito de sua primeira peça de verdade, escrita aos 23 anos, que, nem por ser devedora da matriz de Meierhold deve menos ao seu autor... O encenador conhece-o em 1924, por ocasião do primeiro espetáculo de Ruben Símonov, *Lev Guritch Sinitchkin*, célebre vaudevile russo do século XIX, no Terceiro Estúdio: Meierhold monta o intermédio reescrito por Erdman, paródia teatral picante do construtivismo, de *Ozero Liul* (O Lago Lull) e do urbanismo. O sucesso ultrapassa todas expectativas. Há ainda relatos de situações em que risos histéricos obrigaram a retirar certos espectadores![4] Do mesmo modo, *O Mandato* fez rir imediata e imensamente: "risos às lágrimas", "risos e aplausos", "cerca de quatro minutos de completa perda de controle do público"[5], pode-se ler nos relatórios. Uma das atrizes do TIM, Elena Tiápkina conta como o riso do público se transformava às vezes em

1 Gogóliada, *Vremia i Sovest*.

2 Em Leningrado, *O Mandato* é encenado no Akdrama•, com Ilínski no papel principal. Ilínski deixou então Meierhold e quer desse modo rivalizar com ele, mas com um *Mandato* muito acadêmico, ele não consegue fazer uma apresentação brilhante. Cf. infra, p. 276-277.

3 Cf. I. Liubimov, que foi muito amigo de Erdman nos anos de 1960, *Le Feu sacré*, escritos em colaboração de Marc Dondey, p. 27, 68, 80, 82. Erdman escreveu os intermédios do espetáculo *Pugatchióv* de S. Essênin, Teatro Taganka, 1967.

4 L. Schikhmatov, *Iz Studii k Teatru*, p. 151.

5 I. Aksiónov, *Mandat, Jizn iskusstva*, n. 18, p. 7-8.

EM TORNO
DO OUTUBRO TEATRAL

6 Entrevista de Elena Tiápkina que eu realizei na Casa de Veteranos do Cinema, Moscou, nov. 1981.

7 Cf. V. Fiódorov, *Opiti Izutchênia Publiki*, *Jizn Iskusstva*, n. 18, p. 14-15. Para *A Floresta*, ele dá as seguintes cifras: 201 risadas durante o espetáculo, ou seja 67, por hora, em *Bubus*, 143 (41), para *D.E.*, 90 (30), em *A Terra Encabritada*, 40 (27).

8 Entre os numerosos projetos dessas publicações, somente a antologia *Teatralnii Oktiabr* (Outubro Teatral) será editada. O livro de I. Aksiónov, *Piát Let Teatra Meierholda*, ficará em provas, mas não chegará a ser publicado por falta de dinheiro. Outros manuscritos (Sarah Bernhardt, *A Arte do Teatro*; O. Signorelli, *La Duse: Souvenirs*; A. Eikhengolts, *Bio i Bibliografia Rabot Meierholda*; S. Tretiakov, *A Terra Encabritada*, *Ruge, China!* ou *Eu Quero um Filho*) permanecerão nos arquivos do TIM.

9 A. Lounatcharski, *Le Revizor de Gogol-Meyerhold*, *Théâtre et révolution*, p. 70.

10 Cf. M. Mikulaschek, *Puti Razvítia Soviétskói Komedi 1925-1934 Godov*, p. 37.

11 *Samubiitsa*, *Sovremênnaia Dramaturgiia*, n. 2. Existe uma publicação em russo de *O Suicidado*, realizada por L. Miln, *Novii journal*, n. 112-114, Cambridge, 1973-1974. A peça foi traduzida em alemão, *Der Selbstmörder*, Neuwied am Rhein, Luchterhand Theaterverlag, 1970. E há duas traduções francesas, a de Maïa Minoustchkine com o título *Le Suicidaire*, Paris, Gallimard, 1972 e a de M. Vinaver, *Téâtre complet*, t. 2. Para *O Mandato*, cf. infra, nota 19.

gemidos de dor, e como as arquibancadas superlotadas ameaçavam desabar[6]. Nas páginas de controle de reações do público, registradas por uma equipe do TIM, a rubrica "risos" está sobrecarregada: o espectador ri em média 336 vezes durante o espetáculo, ou seja, 92 vezes por hora[7]. Desse modo, Erdman se apresenta bem rapidamente como um grande temperamento teatral: observador impiedoso, possui o senso da situação, da construção de uma intriga complicada, do ritmo na sucessão rápida e movimentada de cenas.

Apesar de seu sucesso, e ainda que conste do programa de Edições Teatralnii Oktiabr do TIM, *O Mandato* jamais será publicado[8]. Por que será que as editoras do Estado não retomaram o projeto quando Anatol Lunatchárski escreveu em 1925 que o texto de *O Mandato* era excepcional?[9] Seguramente, quanto mais a publicação fosse retardada e mais se ampliassem as vozes que, no final dos anos de 1920 e de 1930, organizavam a desgraça da peça, afirmando que o material da Revolução Russa estava monstruosamente refletido no psiquismo e nas palavras das personagens de *O Mandato*, "calúnia contra a realidade soviética"[10].

Fulgurante carreira, porém breve... A edição da primeira peça de Erdman não acontecerá senão em 1987, com a *perestroika*. Quanto a *Samubiitsa* (O Suicidado), sua segunda peça, escrita em 1928, somente será encenada em Moscou depois de mais de cinquenta anos, em 1981, em uma versão censurada. No mesmo ano, no Teatro Taganka, os ensaios serão interrompidos. Como *O Mandato*, o texto não surgirá senão em 1987[11]. Ou seja, deparamo-nos com uma obra incendiária! Pois em *O Suicidado*, Erdman substitui a impostura do poder, um dos temas de *O Mandato*, por uma impostura do suicídio, mais paradoxal. Amplia seu campo de observação e não se limita mais a uma conspiração derrisória, essa de pequeno-burgueses de *O Mandato* para restabelecer a monarquia e na camuflagem dessa restauração sob o manto protetor de uma pseudocarta do Partido. Em *O Suicidado*, Erdman convoca, para construir a impostura, todos os representantes da sociedade soviética do final dos anos de 1920, "ou, nos tempos que correm, aquilo que um ser vivo pode pensar, somente um morto pode dizer"[12]. Meierhold conduz a peça até o ensaio geral em outubro de 1932 que poucas pessoas têm a oportunidade de assistir: o TIM é então severamente controlado pela polícia, pois esse espetáculo foi decidido sem a concordância do Glavrepertkom•. A peça será proibida: ela é "politicamente falsa e totalmente reacionária"[13]. Com exceção de uma adaptação de *Matr* (A Mãe) de Górki, Erdman não escreverá mais para o palco depois do aborto forçado de *O Suicidado* que o Teatro Vakhtângov e Stanislávski também quiseram montar[14].

O fato de ter desejado montar *O Suicidado* está entre as causas do fechamento do TIM no decreto de 8 de janeiro de 1938. Uma brilhante carreira teatral iniciada com um riso enorme e unânime termina na poeira e no silêncio de arquivos públicos ou privados. Preso no final dos anos de 1930, deportado, depois colocado em prisão domiciliar, Erdman não aparecerá mais, a não ser como corroteirista de filmes. Por outro lado, o cinema o solicitou depois do sucesso de *O Mandato*[15].

O "Herói" na Obra de Erdman

No teatro ou no cinema, Erdman escolhe personagens que se assemelham todas por sua extravagância, sua inverossimilhança acentuada e, contudo, geradora de verdade na concentração que elas infligem ao espaço físico ou mental e ao tempo, como na conduta hábil do enredamento-desenredamento de fios de intrigas complexas que permite apreender as personagens em suas múltiplas facetas. Trata-se antes de tudo de uma excentricidade de situações que alimenta a obra de Erdman.

Mas em suas duas grandes peças, essa excentricidade está a serviço de um desvelamento dos acontecimentos, que não tem mais nada a ver com a anedota de partida, e é isso que aproxima Erdman dos grandes nomes da comédia russa. A intriga é considerada aí como um pretexto, um acontecimento incomum, dinamitando, "incitando" um mundinho de excluídos ou uma fração de sociedade fechada sobre si mesma. Isso se dá pela introdução ou pela entronização de um impostor, homem ou objeto, às vezes homem-objeto. A impostura pode ser voluntária ou involuntária, e o impostor tornar-se vítima por vários motivos. Trata-se de registrar as reações das personagens e de montá-las em conjunto, pois a impostura age como um catalisador e faz detonar um gigantesco escândalo, apogeu da construção dramatúrgica em que se revelam outras imposturas em cadeia: a bola de neve da anedota inicial toma o aspecto de uma avalanche. A escrita tem um caráter abertamente experimental e se duplica, por alusões ou citações, em um discurso sobre o teatro.

Em *O Mandato* e *O Suicidado*, as personagens erdmanianas se parecem com aquelas das quais Gógol foi o iniciador e se desdobram em um leque de pequenos promotores do mal, completamente medíocres, banais, tão inconsistentes que nem merecem ser presos pela polícia (*O Mandato*), pessoas cuja "vida começa trinta minutos antes da morte" (*O Suicidado*)[16]. "Estranho substituindo o verdadeiro herói" como dirá o teatrólogo Nicolai Volkov[17] sobre o Guliatchkin de *O Mandato*, a personagem erdmaniana se caracteriza, de um lado por sua inexistência, de outro, por uma situação de deslocada e marginal. Encontra-se fechada em um ambiente estagnado, sem ar, mas saturado de concreto, de matéria tão triunfante que aniquila o espiritual. Deslocada, fora desse micromundo, em um mundo mais vasto ou, mais especificamente, cega por seus reflexos, ela então vaga em ziguezague estranhamente através

12 Tradução de M. Vinaver, de *Le Suicidé* para a Comédie Française, encenação de Jean-Pierre Vincent, 1984, exemplar de trabalho da Comédie Française, p. 59. Essa tradução é a versão cênica da Comédie Française. Na edição de *Théâtre complet*, Vinaver retorna a sua variante original.

13 Cf. C. Rudnítski, *Rejisser Meierhold*, p. 140.

14 Stanislávski qualifica-a de "peça esplêndida". Ver Pismo V. Nemiróvitch-Dântchenko, mart 1934, *Sobrânie Sotchiniêni*, t. 8, p. 371-372.

15 Cf. a filmografia que mencionamos na biografia de Erdman, *Comédie Française*, n. 129-130.

16 *Le Suicidé*, exemplar de trabalho da Comédie Française, op. cit., p. 110. 1925.

17 RGALI, 998, 506. Debate sobre *O Mandato* na sessão teatral do RAKHN', 2 maio 1925. Intervenção de Nicolai Volkov, o futuro biógrafo de Meierhold. Acerca de Meierhold, quatro outros interventores, P. Márkov, N. Volkov, V. Sakhnóvski e G. Tchulkóv analisam o texto e o espetáculo. Voltaremos constantemente a esse debate indicando aí somente o número de referência dos RGALI.

da existência, com concepções delirantes, às vezes grandiosas e mesquinhas da vida, da atualidade ou da política.

Ela gravita freneticamente ao redor de objetos que levam à frente a intriga por sua presença, por sua ausência ou por sua circulação e com os quais ela é compelida a se identificar. Invólucro vazio, ser privado de peso – é isso que exclamará uma das personagens de *O Mandato* – busca a respeitabilidade, lastreia-se em um "mandato" ou em uma auréola de suicida para não estourar como uma bolha de sabão na superfície da vida e do espaço cênico. Essa personagem insignificante não tem consistência senão no olhar do outro, na ideia que seu meio social ainda faz dela. Entre esses dois modos de inconsistência, fora a caricatura, ela ainda secreta o humano, no nível zero da existência. Com eles, diz Pável Márkov, Erdman "escreve um ato de acusação contra a Rússia do passado e alerta a Rússia contemporânea"[18]. Alfinetando essas personagens nesses momentos em que a ordem de sua vidinha implode diante de fantasmas, de falsos semblantes aos quais seu espírito confere realidade, Erdman no final faz jorrar delas um minucioso filete lírico que lhes dá uma dimensão patética.

O Texto de *O Mandato*

As duas peças caíram no esquecimento até que em 1956 quando, depois da morte de Stálin, Erást Gárin, protagonista da montagem de Meierhold, retoma, no Teatro Estúdio do Ator de Cinema, *O Mandato* com a colaboração do cenógrafo Victor Schestakov e de outros atores da criação de 1925 (Serguêi Martinson, Aleksei Kelberer, Natalia Serebriannikova). Sessenta e duas representações com lotação esgotada. Esse *Mandato* é um espetáculo-reconstituição, cujo único interesse, na verdade, maior em tais circunstâncias, foi, para parafrasear Rabelais, o de ressuscitar "palavras congeladas" e de divulgar o texto percutindo a peça[19]. Na medida em que Gárin, com ajuda de sua mulher Khessía Lokschina, assistente de Meierhold em *O Mandato*, buscou a maior conformidade com a criação, apoiamos-nos no texto de 1956, conservado nos arquivos de Aleksandr Fevrálski, para uma sinopse detalhada da peça da qual não existe nenhuma tradução em francês[20].

SINOPSE DA PEÇA

Ato I

Ambiente pequeno-burguês desclassificado. Casa dos Guliatchkin (a mãe, o filho Pável, a filha Bárbara). Apartamento comunitário.

18 P. Márkov, Tretii Front, *Petchat i Revoliútsia*, n. 5-6.

19 A partir dessa data, nos anos de 1960, as peças de Erdman circulam em *samizdat*• e a *intelligentsia* russa descobre-o novamente, ao mesmo tempo que Ionesco e o teatro do absurdo soviético dos anos de 1920, como o de D. Kharms.

20 O texto de *O Mandato* foi publicado em *Teatr*, n. 10, segundo a redação dessa obra. Havia anteriormente um texto russo de *O Mandato* publicado em alemão em 1976, por W. Kasack em Munique, Verlag Otto Sagner in Kommission (Coleção Arbeiten und Texte zur Slavistik, 10). Há três traduções alemãs, a primeira delas é a de Verlag J. Ladischnikow, Berlin, 1926; e uma tradução italiana, Roma, Feltrinelli, 1977.

1. Pável Guliatchkin se prepara para pendurar um quadro de duas faces na parede: de um lado, uma cena religiosa, de outro, Marx. A mãe informa seu filho que Smetanitch (comissário de negócios) quer casar seu filho Valerian com Bárbara. Mas ele exige como dote a inscrição de Pável no Partido. "Para casar com Bárbara, ele pede como dote um comunista. Ele quer garantir suas retaguardas".

2-3. Disputa entre os Guliatchkin e seu vizinho Schironkin, outro locatário do apartamento, pois acha que eles fazem muito barulho. Ao martelar um prego para pendurar seu quadro, Pável derrubou, do outro lado da parede fina, na casa de Schironkin, uma caçarola de espaguete que caiu na cabeça desse último. Entrada violenta de Schironkin, com a caçarola na cabeça: "Querem me enterrar vivo nos macarrões". Ele vai se queixar à polícia com sua prova na cabeça. Pável tapa seu bico: "Silêncio! Eu sou do Partido!".

4-5. Agora que a frase está solta, Pável só tem uma questão: inscrever-se efetivamente no Partido. Decide então empreender os trâmites necessários "já que ali eles pegam todo mundo". Quer antes de tudo organizar um grande repasto, com "comidas proletárias" e "conversas proletárias". Ele convidará aí pessoas capazes de

UMA DRAMATURGIA GROTESCA MODERNA: *O MANDATO*

100 O Mandato. TIM, 1925. Ato 1, Cena 15. Rezas em domicílio: A Senhora Guliátchkin (N. Serebriannikova) instala um tapete para se ajoelhar, Nástia (E. Tiápkina) acende uma lamparina para os ícones. Ouro de ícones, do cone de gramofone ornado de velas, da toalha de lamê.

apoiá-lo. Mas infelizmente não possui nenhum parente na classe operária. É preciso, portanto, fazer passar simples conhecidos como parentes e, sobretudo, garantir a ajuda de Nástia*, a empregada, que, por causa de suas origens, deve ter essas garantias indispensáveis em suas relações.

6. Tiranozinho doméstico, Pável lança a Bárbara: "Eis meu ultimato: enquanto você não me encontrar parentes da classe operária, eu não te deixarei sair do estado de solteira".

7. Ele decide igualmente perseguir o vizinho irascível, Schironkin, fazendo sistematicamente aquilo que ele não suporta, ou seja, barulho, promovendo cantos e danças.

8. Senhora Guliatchkin: "Todos os verdadeiros crentes podem rezar" (sem obrigação de pagar imposto que, segundo ela, o poder comunista exige para cada reza). Ela reza em sua casa, com cânticos em seu gramofone.

9-14. Tamara Lischinéskaia, amiga da Senhora Guliatchkin, chega a sua casa para lhe deixar um baú, pois ela prevê uma perseguição. O baú contém o vestido de Anastassía, da família imperial, que caiu em suas mãos por uma série de acasos e de relações de parentesco. "Nesse baú se encontra tudo aquilo que, na Rússia, restou da Rússia". Tamara promete à Senhora Guliatchkin uma soma em dinheiro por ter contribuído para "salvação da Rússia" e lhe entrega uma pistola para cuidar do vestido.

15. A senhora Guliatchkin começa a rezar, mas Nástia se engana de disco...

Ato II
Na casa dos Guliatchkin.

1-6. Nástia devora um romance de amor entre um senhor e uma princesa russa: "E pensar que aquela vida tão bela foi liquidada!" Schironkin, depois de ter feito Nástia alisar seus bigodes a ferro quente, pede-lhe em casamento. Ele fica sabendo por ela que Pável não é do Partido, coloca novamente a caçarola na cabeça e exige dela o macarrão que ela acaba de limpar de seu jaleco para ir denunciar seu vizinho às autoridades.

7-9. Bárbara leva um tocador de realejo ao apartamento para evitar Schironkin. Ela não quer ficar solteirona. O músico se lembra oportunamente, quando lhe prometem vodca, que ele pertence à classe operária, o que mata dois coelhos com uma só cajadada. Convida-o para o banquete de seu irmão. Ele promete levar consigo outros proletários para Pável.

10. Bárbara avisa Pável: "Agora somos quase do Partido". Pável: "Eu já comprei uma pasta; não me falta mais nada, a não ser a carta do Partido". Bárbara: "Pável, com uma pasta, deixarão você passar em todos os lugares, mesmo sem a carta". O irmão e a irmã percebem

* Diminutivo de Anastassía (N. da T.).

o baú e decidem forçar a fechadura: todo mundo acusará Nástia, pois "todas as empregadas são ladras".

11. Surge a senhora Guliatchkin, que os toma por "bolcheviques ou bandidos" e dá um tiro de pistola, que não atinge ninguém. Ela os reconhece, mas ainda não quer soltar a pistola. Depois de explicações sobre o conteúdo do baú, os três decidem colocar o vestido em Nástia, que tem o mesmo tamanho da roupa.

12.Discussão política entre a mãe e o filho, em cujo final fica evidente que, por um lado, com o vestido da "Imperatriz" que ele possui e, por outro lado, com sua intenção de se inscrever no Partido, Pável é "um homem imortal em qualquer regime, não importa qual".

13-15. Nástia entra usando o vestido. Eles aclamam-na: "Exatamente como a verdadeira..." e instalam-na em uma cadeira-trono. Mas nota-se que ela está sentada sobre a pistola carregada. Impossível determinar a orientação do cano. Se ela tremer, o tiro estoura... Som de campainha. Nástia está aterrorizada, recusa se mexer: ela prefere "que a retirem por cima". Ela é coberta rapidamente com um tapete enquanto a mãe vai abrir a porta.

16.É Smetanitch, acompanhado de seu filho Valerian, noivo de Bárbara. Nástia começa a espirrar sob o tapete. Smetanitch é informado de que também foram convidados comunistas. Smetanitch ordena a seu filho que espete em seu paletó a insígnia de Amigos da Frota Aérea e que não exprima suas convicções.

17.Diálogo entre Bárbara e Valerian. Bárbara revela aí sua estupidez e faz cerimônias ao colocar a mão no (jogo de palavras com "pedir a mão") braço de Valerian para retornar à sala de jantar: "Ah, você vai direto ao objetivo, Valerian Olimpovitch, eu morro de vergonha, mas eu bem que quero".

18-25. Toque de campainha. Certamente são os comunistas. Voltam o quadro para o lado bom, escondem as garrafas e o kulebiaka*, tanto por ser signo de riqueza como porque não se quer dividi-lo. Entram "os parentes provenientes da classe operária": o homem do realejo que se faz passar pelo tio de Pável, o homem do tambor e a mulher do papagaio. Quiproquó: Smetanitch toma-os por comunistas, quando estes tomam os Smetanitch por esses mesmos comunistas que devem ser persuadidos sobre a origem proletária de Pável. Novo toque de campainha. Nástia grita, sob o tapete: "Não me toquem, senão eu atiro em todo mundo!". A campainha ainda está tocando. É Tamara. Bárbara faz os convidados saírem.

26-28. Mas Nástia, aterrorizada, recusa se mexer. Para tornar inofensiva a pólvora da pistola sobre a qual está sentada, regam abundantemente a empregada, depois a transportam até o baú onde a trancam à chave.

29.Entrada de Tamara a quem fizeram esperar. Para tranquilizá-la, mostram-lhe um pedaço de vestido que fica para fora do baú.

33-34. *Cenas de cacofonia carnavalesca, em que todos cantam e dançam para desmoralizar Schironkin e expulsá-lo do apartamento. Música e gritos de Schironkin que, ainda com sua caçarola na cabeça quer denunciar à polícia as manobras contrarrevolucionárias dos Guliatchkin. Enquanto isso, Tamara convence Valerian, que "crê em Deus em sua casa, mas não em seu local de trabalho", a tirar o baú desse apartamento, onde a polícia pode fazer uma batida.*

34.*Entrada de Pável que saiu para negócios desde a cena 20 e anuncia: "Sou do Partido". Schironkin: "Como você pode ser comunista se você sequer tem documento?" Pável agita então um papel gritando: "Eu tenho um mandato". Todo mundo foge rapidamente. Pável: "Mamãe, detenha-me, senão eu mando prender a Rússia inteira com esse papel".*

35.*Os Guliatchkin percebem o desaparecimento do baú. Pânico. "Prá que você precisa desse vestido, mamãe, se eu tenho um mandato?" e Pável lê para sua mãe ainda incrédula o texto de seu famoso documento: trata-se de um atestado de alojamento em seu nome, assinado por ele, na qualidade de Presidente do Comitê de Imóvel... Pável repete: "Detenham-me ou eu mando deter a Rússia inteira..."*[21].

Ato III

Na casa dos Smetanitch.

1.*O avô, Autônomo Sigismondóvitch, ex-general tsarista, lê todo dia o mesmo exemplar de um velho jornal de antes de 1917, a ponto de estar rasgado. Há também outro gênero de distração: recortar, para colar na cartolina, as fotos de personalidades do Antigo Regime.*

2-6. *Valerian, que chega com o baú, tenta explicar a seu avô o que aconteceu, mas de modo muito confuso, pois ele mesmo não entende direito. É uma verdadeira fantasmagoria. Interrogada através do baú que pinga, Nástia diz seu nome, prenome e patronímico. Daí se deduz a presença da princesa Anastassía.*

7.*Prepara-se o pão (francês) e o sal para lhe desejar boas vindas desde que se consiga abrir o cadeado. Nástia sai, toda molhada. Cada qual disputa a honra de despi-la. Valerian: "Permiti! Fui eu que salvei a Rússia. Porque seria outro qualquer a despi-la?".*

8.*Olímpio Smetanitch, o pai, aconselha um amigo por telefone a procurar créditos imperiais na bolsa de valores. Ele fala um alemão macarrônico, ou utiliza o russo com um forte sotaque estrangeiro para despistar os "comissários" à escuta.*

9-11. *Smetanitch decide apressar o casamento Valerian-Bárbara. Com uma princesa em sua casa é preciso ter "um comunista atrás de si". Madame Guliatchkin previne Smetanitch que Schironkin vai provavelmente tentar persuadi-lo de que Pável não é comunista, já que possui um mandato autêntico e que é "terrivelmente ideológico".*

---

21 Em um dos exemplares do texto de O Mandato, conservado nos RGALI*, em outra variante desse final consta: "Uma cópia desse mandato foi enviada ao camarada Stálin".

12.Schironkin veio denunciar a origem "parasita" de Pável aos Smetanitch, tropeça em Nástia, nua e enrolada em um pano. Ao descobrir ali e nessa situação a empregada dos Guliatchkin, que ele havia pedido em casamento, imediatamente considera a Senhora Guliatchkin "uma vendedora de mercadoria humana", que negociou Nástia a Smetanitch para fazê-la sua "favorita". Quanto a Nástia, não sabe ainda onde está e mistura a realidade com suas lembranças de leitura. Schironkin é categórico: "Em um Estado comunista não existe amor, mas exclusiva e unicamente problemas sexuais". Chegam. Para não se surpreender com uma mulher seminua, Schironkin se esconde.

13-14. Smetanitch e Autônomo trazem a roupa seca, e querem vestir "Sua Senhoria". Nástia os manda embora para que Schironkin possa fugir, mas não há tempo para isso e deve retornar ao baú.

15-16. O carro destinado ao casamento de Bárbara é anunciado. Mas agora Smetanitch acredita que encontrou para seu filho Valerian um partido melhor e deseja que ele se case com a princesa. Como avisar os Guliatchkin diplomaticamente?

17.Na espera, o avô Smetanitch ordena a Anatole, o irmão mais novo de Valerian, que passe cola no retrato que acaba de recortar, o do "pai-da-mulher-que-estava-no-baú", ou seja do tsar, para que ele possa colocá-lo em uma cartolina.

18.Chega Bárbara, vestida de noiva, acompanhada de sua família. Autônomo informa-lhes sobre um segredo impossível de revelar, mas que impede o casamento. Pável está furioso, ele se exalta cada vez mais, citando seus apoios políticos, terminando com um: "Silêncio! Eu sou do Partido!" sem apelação. Mas o avô manda que se cale. Surpreendido e com medo, Pável senta-se sobre o retrato cheio de cola...

19-21. Chegada sucessiva de convidados.

22.Narcisso Krantik, fotógrafo amador, escolhe o formato *13 x 18* cuja elegância é mais conveniente ao "renascimento da Rússia".

23.É preciso bloquear as questões: os comunistas ouviram esse segredo. Salve-se quem puder geral. "Estamos cercados". Krantik destaca que, em sua opinião, "esses comunistas não são mais de um. Tentemos cercá-los nós mesmos". Cercam Guliatchkin. Sua mãe se interpõe: "Ele é comunista apenas de um lado". "Mas do outro, não sou nada disso", acrescenta Pável, que se levanta e saúda o retrato de Nicolas colado ao traseiro de sua calça.

24.Anunciam a chegada de Sua Grandeza.

25.Aclamações gerais: "Urra!", mas decepção: são os pseudoparentes. De Pável, convidados para as núpcias por Smetanitch.

26. O hino imperial ecoa. Novos "Urras!". A princesa é introduzida. Pável se põe de joelhos: "Não me enforque, Vossa Alteza". Sua mãe: "Perdoe-lhe, foi burrice, somente burrice". Nástia faz com que se levantem. Reconhecimento, em meio aos "urras" desencontrados.

EM TORNO
DO OUTUBRO TEATRAL

Pequeno discurso de Smetanitch: "Sete anos de poder soviético, que passaram como sete séculos". Quando as aclamações se calam, ouve-se um barulho prolongado, é Schironkin, no baú, que grita de terror. Seu grito é tomado pelo grito do povo, que já está sabendo e proclamando sua alegria. "O povo está conosco". Recomeço da experiência, mas dessa vez os urras não têm eco. Pável então põe-se a desmontar o caso, primeiramente como ideólogo persuadido. Inicia com um discurso político endereçado "às mulheres, aos homens e até às crianças", que defende as conquistas da Revolução e que recusa solenemente servir o regime de generais, de papas e de proprietários. "Essa senhorinha subirá ao trono apenas se passar sobre o meu cadáver". "Vocês não chegarão a estrangular a Revolução, enquanto existirmos... eu e mamãe". Depois, ele denuncia Nástia.

27. Nástia Púpkina, interrogada, reconhece ter lavado os sapatos e preparado os bolinhos. É o "fim do renascimento". Pável triunfa: "Por ter chamado a herdeira do trono imperial de "filha do cão", serei recebido no Kremlin. Construiremos uma casa de repouso com o nome de Guliatchkin". Ele profere ameaças: "Vocês não sabem do que sou capaz... Agora eu quero casar Bárbara com a Rússia inteira". Mas Schironkin sai do baú, com a caçarola na cabeça. Ele grita "Urra! Eu ouvi tudo, eu sei de tudo". Fuga. "Salve-nos, Guliatchkin!" Por sua vez, Schironkin ameaça revelar à polícia que "nesse quarto vocês inverteram o poder político". "Mentira, temos testemunhas, eis um comunista". "Que comunista?" "Pável Guliatchkin não passa de um falso Dimitri e de um impostor, jamais um comunista". Pável: "Sou um tribuno popular e tenho calos nas mãos... e nos pés". Schironkin se apoia no mandato e sai correndo. Terror generalizado. Todos se voltam para Pável como à única tábua de salvação. Mas Pável confessa: "Vão me prender. Ortodoxos, cristãos, fui eu mesmo que escrevi esse mandato". Está tudo perdido. "Ninguém é verdadeiro", "ninguém é autêntico" e, ainda por cima, "até os mandatos são falsos".

28. Schironkin volta e anuncia chorando que recusam prendê-los. É o cúmulo. Pável geme: "Mamãe, mamãe, como viver, recusam-se até a nos prender?"

A Tradição Gogoliana
em *O Mandato*

22 Cf. P. Márkov, *Tretii Front*, op. cit., p. 286.

Na crítica de 1925, a peça é saudada como um acontecimento e o espetáculo surge como manifesto de "data histórica para o teatro russo"[22]. A atualidade e o vigor da dramaturgia atraem a atenção geral: *O Mandato* se distingue do conjunto de peças que, desde *Misteria-Buff* (Mistério-Bufo), compõem o repertório da primeira metade dos anos de 1920, comédias de agitação esquemáticas recheadas de popes, popezas, diáconos e cônegos, peças policiais urbanas nas quais a história revolucionária é apreendida pelo prisma de perseguições aventureiras, peças de bulevar melhoradas sobre o tema de uma nova abordagem do casamento e do amor. Com tudo isso, *O Mandato* também ocupa um lugar à parte no fluxo da dramaturgia "revisionista" que, sob a cobertura da NEP, comporta dezenas de títulos, cópias mecanicamente sovietizadas do original. Pois aqui, há dois fios condutores. De um lado, Guliatchkin, o falso comunista, livre variação de Khlestakóv de Gógol: munido de todos os signos da autoridade do momento – mandato, pasta, *slogans*, roupa de couro preto – assusta as outras personagens. De outro, o vestido, que engendra uma segunda intriga, também gogoliana, a de um casamento frustrado. As duas linhas não existem independentemente uma da outra, elas se enriquecem mutuamente, em situações de gaveta que, sem criar desvios, aprofundam o sentido da peça. Elas se entrecruzam para confluir no tema da falência tragicômica de uma conspiração contra o poder soviético e do restabelecimento do Império, do "renascimento da Mãe Rússia", através do ressurgimento de Anastassía, a filha mais jovem de Nicolau II, cujo rumor que corria há muito tempo era de que ela escapara do massacre da família imperial. É a primeira vez que esse tema, retomado depois, por exemplo, em *Dvenádtsa Stúlev* (As Doze Cadeiras) de Ilf e Petrov, é utilizado.

As personagens da NEP são igualmente os heróis de outra comédia de sucesso de 1925, *Vozduschnii Pirog* (O Bolo de Ar) de Boris Romaschov, montada em fevereiro de 1925 no Teatro da Revolução, do qual Meierhold deixou a direção artística, e à qual ele responde ao encenar *O Mandato* em seu próprio teatro, em abril. *O Bolo de Ar* parte de um acontecimento da NEP moscovita, na primavera de 1922, o processo sensacionalista de Aleksandr Krasnoschiókov, colocado pelo Partido na direção do Probank (Banco da Indústria), onde, depois de cercar-se de homens da NEP, entrega-se ao nepotismo e ao desvio de fundos. O bolo soviético siberiano que os ladrões querem dividir é um bolo de ar: não lhes restará senão o vento siberiano. Os fatos são tão graves que certos críticos se espantaram por que a peça não fora proibida... Apesar de seu tema, ela é muito esquemática e, como escreverá Lunatchárski "o aspecto soviético só aparece como açúcar rosado salpicado sobre o bolo de ar"[23]. Louvado por alguns, por ser muito contemporâneo, o espetáculo do Teatro da Revolução é denegrido por outros por ser muito "cronologicamente contemporâneo"[24]. Meierhold condena igualmente sua atualidade estreita, mas com isso enfraquece o que pretende defender, ou seja, a peça de Erdman. Pois ele cede pontos aos que, em 1925, querem enterrar a comicidade crítica em sua totali-

[23] A. Lunatchárski, Iz Predisloviia Sborniku *O Teatre, O Teatre i Dramaturgi*, v. 1, p. 280.

[24] S. Mokúlski, Gastroli Teatra Revoliútsii, *Jizn Iskusstva*, n. 17, p. 9.

dade, em um debate estendido a toda a imprensa teatral e orquestrado pelo crítico Vladímir Blum, recentemente adepto de primeira hora do Outubro Teatral e agora, adversário de Meierhold. Blum recusa o direito de cidadania ao riso satírico no novo Estado socialista, capaz somente, segundo ele, de um enfraquecimento das bases... Muito consciente de sua originalidade para se comprometer com esse que ele toma por medíocre, Meierhold forma, como já em 1922, um grupo à parte, quando seria o momento estratégico para constituir um *front*. Depois de ter qualificado *O Bolo de Ar* de "tentativa de brincar com a curiosidade malsã do público a respeito de grandes processos escandalosos", Meierhold afirma publicamente: "Eu acho que a linha fundamental da dramaturgia russa Gógol-Sukhovó-Kobílin encontra seu prolongamento brilhante na peça de Nicolai Erdman que abre uma via sólida e segura para a criação da comédia soviética"[25].

O Mandato pertence a que gênero? Sátira? Vaudevile? Bulevar? Esses termos chegam pela pena dos críticos, mas não circunscrevem a especificidade da peça. Diante da peça de Romaschov, *O Mandato* parece uma obra de escritor, não de jornalista: ali onde Romaschov designa culpados precisos, reais, e denuncia um fato de notícia que ele circunscreve desse modo, Erdman generaliza um mal latente que se aninha na nova sociedade, nessa Moscou pós-revolucionária onde a cada passo o futuro é ladeado por um passado incrustado. Apresenta-o em uma metáfora teatral grandiosa desenvolvida sobre uma estrutura grotesca de tipo gogoliano.

Esse parentesco mostra-se antes de tudo no método de dois autores. É a partir de um reajustamento de elementos do vaudevile francês em moda na sua época que Gógol compõe *Revizor* (O Inspetor Geral), que obedece às leis de um sistema teatral novo e autônomo. Daí os "reveses" sofridos por sua comédia quanto se teimava em montá-la como vaudevile. Quanto a Erdman, traduziu e adaptou *La Cagnotte* (A Loteria) de Eugène Labiche e concentra, em seu *Mandato*, toda a corrente cômica que brota a partir de 1918 no teatro soviético, tanto profissional como amador, como nos ateliês de vanguarda ou cabarés da NEP. Aí utiliza as situações, o ritmo, os duplos sentidos, a insolência, reorganizando-os em uma perspectiva ampliada, que pode ser paródica[26] e com uma construção que se revela de uma solidez a toda prova.

Os nomes das personagens de *O Mandato* são compostos com os de *Revizor*. Como para um Khlestakóv ou um Zemlianika, os nomes próprios de duas famílias, os Guliatchkin e os Smetanitch, são extraídos de nomes comuns; eles cheiram à cozinha. As consonantes de Tóssia e Siússia, dupla de crianças do ato III, remetem às de Bobtchinski e Dobtchinski. E o nome de Lischnévskaia simboliza todos esses *lischnie liudi*, ou "pessoas em excesso", abandonadas por uma história em curso.

Mas o parentesco é bem mais profundo. Aqui como ali, a intriga não passa da efervescência provocada por um acontecimento que não

---

25 Cf. V. Meierhold, Otvet na Vopros, *Vetchernaia Moskvá*, 23 março 1925 (traduzida em parte em *Écrits*, 2, p. 159).

26 Assim, *O Mandato* é, em parte, paródia de peças de bulevar ao gosto da NEP*, como *A Conspiração da Imperatriz*, onde essa última divide a vingança com Rasputin.

tem importância a não ser no espírito de personagens que o interpretam segundo suas preocupações do momento: a permanência de um jogador no albergue da cidade (*Revizor*), a chegada de um vestido que escapou de uma perseguição (*O Mandato*). O acontecimento rompe então o cotidiano de um mundo medíocre e apartado da realidade, a cidadezinha de província de *Revizor* e, em *O Mandato*, o apartamento comunitário (Atos I e II), do bairro de Blagucha, localidade de pequenos negócios, de tavernas e de casas de jogos, onde Leonid Leónov situará o cenário de seu *Vor* (Ladrão), em 1927. O apartamento comunitário corresponde aos critérios estabelecidos por Boris Eikhenbaum para definir o grotesco em Gógol: "A situação ou o acontecimento descrito [deve ser] fechado em um mundo de emoções artificiais, fantasticamente pequeno [...] e absolutamente isolado da vasta realidade"[27], e suscitar um estado de espírito incrivelmente encolhido nos limites dos quais o autor fica livre para aumentar os detalhes e destruir as proporções habituais do mundo. Nesse contexto reduzido, tanto espacial quanto mental, a chegada do baú abrigando o vestido imperial rompe o curso normal do cotidiano.

Em 1925, Erdman estreia o apartamento comunitário, novidade da NEP em matéria habitacional e consequência de destruições massivas da guerra civil. É ainda, naquele momento, algo exótico que fornece ao autor o contexto da coabitação forçada entre pessoas que absolutamente não conseguem conviver. A promiscuidade do apartamento comunitário, micro mundo voltado sobre si mesmo, atrofiado, permite uma concentração muito grande de ação, de colisões maximizadas entre as personagens. A denúncia do comportamento, do modo de vida "pequeno-burguês", é feita com ajuda de dois elementos. Em primeiro lugar, o poderoso esclarecimento da Revolução, a vida exterior, a rua, que aperta os olhos de Tamara Lischinéskaia e de seu marido: "Meu esposo me disse nessa manhã: 'Tamárotchka, olhe pela janela será que, por acaso o poder soviético não está morto?'" "'Não', eu lhe digo, 'parece que ele resiste'". "'Bom então', ele me responde, 'feche a cortina Tamarotchka, amanhã nós veremos'". Em segundo lugar, a estreiteza do cotidiano em que as personagens estão presas, agitadas, como a limalha de ferro em torno desse amante poderoso que é o baú, lançado no meio dessas criaturas pelo autor. Erdman, assim como Gógol, reconhece implicitamente todo o poder e a arbitrariedade do criador, constantemente presente diante de personagens das quais ele embaralha os hábitos e das quais estuda as reações. Os dados espaciais de *O Mandato* têm, pois, um volume reduzido, tanto físico quanto mental, em que se pressente as personagens, e sobre o qual as tempestades do "grande mundo" presentes na periferia repercutem de modo insólito. Esse espaço não é intimista, porém atrofiado, galvanizado, agitado por espasmos. Ele secreta como a tela de fundo gogoliana, um número considerável de personagens secundárias que, com o tempo, avança em um movimento que tende a se tornar asfixiante.

27 B. Eichenbaum, Comment est fait *Le Manteau de Gogol*, em *Théorie de la littérature*, p. 229-230.

EM TORNO
DO OUTUBRO TEATRAL

As personagens de Erdman não são caricaturas esquemáticas, máscaras sociais. Todas são pequeno-burgueses da NEP – doméstica, homem de negócios, militar – mas elas são também os elementos de um plasma comum que o russo designa com o termo *meschanstvo*• e que indica, tanto um pertencimento social, quanto um estado de espírito reduzido e redutor. Não é sobre a personagem que Erdman aponta uma lupa de observador impiedoso, mas é sua vida, seu comportamento que ele amplia. Ele apresenta cada fato de uma vida mesquinha como um fato capital: "Sem pretender fazer rir", destacará Meierhold, "as personagens falam por sentenças que têm uma ressonância cômica... Elas usam a essência de vinagre para cassar os percevejos, e fazem isso com muita seriedade, como se tudo isso fosse um acontecimento"[28].

A peça é rica de detalhes concretos que iluminam grotescamente suas personagens: na cena 1 do ato I, Pável e sua mãe se ocupam em pendurar o quadro de dupla face e em abrir um furo em sua porta para identificar cada visitante a fim de se apresentar, eles e o apartamento deles, tal como eles creem que deve ser a seus olhos. Cena simbólica que permitirá ao encenador concretizar a metáfora, já que é também por esse "furinho" que eles examinam a Revolução. Além do mais, esse cromo reversível dá de imediato o tom em que a peça inteira vai se desenrolar: a inautenticidade da vida dessas personagens de duas caras, nas quais se confundem atributos e essência.

Na metade do ato III, ninguém sabe a quem se dirige, nem mesmo quem se é na realidade: navega-se em uma atmosfera turva de confusão e incerteza. E a construção dramatúrgica se efetua a partir de uma multiplicação de personagens em que cada uma é tomada pelo que não é, a não ser que se passe por outra, (exceto Schironkin que, por sua vez, atém-se à ideia fixa de sicofanta). Em *O Mandato*, a primeira mentira de Guliatchkin ("Silêncio! Eu sou do Partido!") de um lado e, de outro, o jogo "como se fosse verdade" da cena 13 do ato I, em que Nástia, provando o vestido da Imperatriz, torna-se a Imperatriz, são duas situações que pressionam suas metástases em todas as direções de um mundinho formigante, em que o tempo não é mais orientado e estagna.

O Mandato é o reflexo cômico de *Boris Godunov* de Púschkin, que Erdman cita inúmeras vezes no coração da peça; é mesmo, paradoxo último, um mundo de "falsos impostores". Há aí dois na peça, Guliatchkin e sua empregada, um mais ativo e a outra passiva, que incham como bexigas a partir de um vestido de brocado e de um pedaço de papel timbrado, atributos derrisórios e simbólicos do poder do antigo e do novo regime. É Olímpio Smetanitch que tem razão, quando fala em uma réplica, bem no fim do ato III: "Pode ser que nós também não sejamos mais verdadeiros homens..." Ao estender o caso Guliatchkin-Nástia, em uma faísca de lucidez, a cada um deles. Sob o invólucro humano, *O Mandato* expõe à luz do dia os preconceitos, o caos de ideias e de sentimentos, do ódio, da monstruosidade, um peso

---

28 RGALI, 963, 454. Notas de Meierhold das sessões de trabalho de 26-27 de fevereiro de 1925 (notas de V. Fiódorov).

extraordinário do passado que interdita toda adaptação a um mundo diferente, a incapacidade de "velhas cabeças para resistir a um novo regime"[29], sua explosão.

O quiproquó é monumental. Quem é quem? Quem é comunista? Smetanitch ou o tocador de realejo? O que é um comunista? Aquele que possui um mandato, ou somente... um papel? A psicologia dos Guliatchkin e dos Smetanitch que a polícia se recusa a prender no final – que acusações se poderia sustentar contra eles? – pode nos iluminar o caminho da confusão de valores, da essência e de aparências que vai reger por muito tempo os regimes do Leste, sob a casca vazia da ideologia todo-poderosa e da língua de chavões. Apresentados como marginais de uma história grandiosa, se as personagens de O Mandato são cômicas, mas não ridículas, porque são ativas e cercadas por um séquito versátil e amedrontado que, por ser vira-casaca, marca a progressão da ação. Colocados por um tempo à margem do movimento da história, surgindo como seres incapazes de sair de seu mundo antediluviano, monstros pré-históricos, será que eles conseguem, por seu número e por sua vitalidade compulsiva, ao invadir os bancos da burocracia, esvaziar o sentido da Revolução? "Está na hora de se tornar um homem", diz no ato III o avô Autônomo Smetanitch a seu neto Anatole "Que homem?" "Um homem como aquele", responde Autônomo desenfaixando um manequim com uniforme de general. Nenhum comunista autêntico aparece na peça.

A Estrutura de O Mandato:
O "Riso Através das Lágrimas"

Não é preciso, destaca Meierhold, tomar a aparência de O Mandato por sua essência[30]. É uma peça que parece fácil, que, como as peças de Gógol, como Medved (O Urso) ou Predlojenie (Um Pedido de Casamento) de Tchékhov, poderia ser interpretado por amadores, em sua datcha• de verão. Tudo parece tão simples, porém a construção abre constantemente seus fundos duplos.

Portanto, duas fábulas entrecruzam-se: a de um fedelho ignorante, que não conhece sequer o sentido da sigla RKI•, mas se declara bruscamente comunista para conseguir casar sua filha ameaçada de ficar solteirona, e a de Nástia, a cozinheira que, por uma coincidência, é tomada por uma princesa e se torna o centro de uma conspiração bufa de pequeno-burgueses desvairados diante da encarnação de seus fantasmas tsaristas. No ato III, o castelo de cartas construído pelas personagens desmorona por si só: na base dessas grandes ambições, diametralmente

29 Expressão de Erdman, que cita I. Aksiónov, Mandat, op. cit., p. 7.

30 RGALI, 998, 506.

opostas uma à outra e que em boa lógica se destroem naturalmente, não há nada senão objetos. As situações de confusão, de mal-entendidos, de quiproquós, de disfarce, de desaparecimento, são rigorosamente dominadas pelo escritor que, pelo manejo do contraste, do plano duplo ou do eco, constrói a ossatura de cada réplica, cada cena, cada ato. Desse modo, Valerian Smetanitch se prepara no ato II para desposar a irmã de um pseudomembro do Partido, porém refaz sua promessa para desposar a "Rússia toda" na pessoa de Nástia (Ato III, Cena 16).

O texto de *O Mandato* é ação pura, que ele assume estritamente como no grande cinema mudo. Comporta poucas didascálias. A esse respeito dirá Meierhold: "De nosso ponto de vista, o melhor autor dramático é aquele que dispensa toda indicação de autor [...]. Não há razão alguma para contar por que, onde ou como, porque tudo isso deve estar no coração mesmo da construção da obra dramática"[31].

Em Erdman, toda mudança de lugar, todo deslocamento fica claro nos próprios diálogos que exprimem as reações das personagens em tais situações. As cenas são numerosas, geralmente curtas, a intriga é concentrada em um breve lapso de tempo. É o deslizamento contínuo de um plano a outro, a inversão brutal de situações, reveladora da psicologia das personagens, que dá um ritmo cênico sustentado em turbilhão. Se pudesse representá-la graficamente, a ação seria uma linha quebrada, de múltiplos ângulos e quinas, na qual as personagens são viradas e reviradas, pelo direito e pelo avesso. Somente os objetos são imutáveis, porém eles são afetados por um coeficiente de mobilidade que é o motor da intriga: o baú vai do apartamento de Tamara ao dos Guliatchkin, depois para casa dos Smetanitch, e o atestado, o mandato, circula com Pável, depois com Schironkin. Ao mesmo tempo, simples e misteriosos, os objetos, mandato, vestido, baú, acedem desse modo mesmo ao estatuto de símbolo e pesam com toda sua força sobre a insignificância dos homens.

Toda situação se transforma em seu inverso, segundo uma lei matemática, que no entanto não elimina no espectador um efeito de surpresa destrutivo, assemelhando-se às técnicas utilizadas pelos *clowns*. Um exemplo: no ato I, cenas 8 e 15, a Senhora Guliatchkin quer rezar em sua casa. Os discos tocados no gramofone, bem como uma toalha bordada a ouro e velas, ajudam a recriar o ambiente da igreja, onde é melhor não aparecer, por temor de ser notado, ou de ser taxado em cada reza. Tudo vai muito bem até o momento em que Nástia se engana de disco: no lugar do baixo do padre, ecoa uma canção ligeira, pontuada por uma praga expressiva da empregada. Essa pseudorreligiosidade é retomada como uma luva assim. É o efeito exato que procura Meierhold em 1913, quando descreve o desregramento do vento em um cortejo fúnebre[32].

Às vezes, esse retorno torna-se realização da metáfora em situações carnavalescas:

31 Idem.
32 Cf. Le Théâtre de foire, *Écrits*, I, p. 199.

SENHORA GULIATCHKIN: Brava gente, não causem a perda de um bom cristão. De um lado ele é comunista, é verdade, mas de outro...

PÁVEL: De outro, eu não tenho nada a ver com isso. (*Ele se levanta e se inclina. O retrato do Tsar Nicolau está colado ao traseiro*).

UM CONVIDADO: É preciso saber exatamente sua cara verdadeira.

SEU FILHO: Mas papai, aí tem duas!

O CONVIDADO: Como assim, duas?

SEU FILHO: Isso me incomoda muito, de verdade, papai, há somente uma espécie de cara, ali atrás.

TODOS: Onde?

O AVÔ SMETANITCH: Vamos, jovem, vire-se. Pelos deuses! Defendam-se!

PÁVEL: Mamãe, de quem é aquela cara, é a minha?

O AVÔ SMETANITCH: Não, é a nossa. (Ato III, Cena 23).

Esse mesmo princípio rege a relação entre objetos e pessoas. Assim, no ato II, cena 10, em que Smetanitch pai propõe aos Guliatchkin que morem em sua casa:

SMETANITCH: ele pode deixar seus negócios, que ele fique unicamente com seu mandato.

SENHORA GULIATCHKIN: Mas é que o nosso Pável não dá um passo sem seu mandato. Hoje de manhã, no banheiro, em sua mão direita, minha luva de crina, ele dizia aí, na esquerda, meu mandato. Eu me lavo com meu mandato, ele dizia aí. É preciso que me considerem um superior, mesmo quando eu esteja completamente nu.

O objeto dirige as personagens, que só valem pelo que possuem e das quais não devem se separar sob pena de serem reduzidas a nada. "Sem documento, não somos comunistas", afirma Schironkin (Ato II, Cena 34). Guliatchkin com seu mandato é o dote de sua irmã e se define como tal[33]. Smetanitch tem necessidade de um comunista em sua casa, de um "comunista doméstico", como nos referimos a um cão doméstico. Mesmo se rimos muito de *O Mandato*, o riso se congela diante dessa reviravolta última: a da reificação do homem. Trata-se geralmente de um "riso através das lágrimas", riso gogoliano que Meierhold buscará desencadear transformando a comédia em tragédia, de início, pontualmente nos dois primeiros atos, com uma atitude, um gesto, depois mais amplamente, em todo o ato III. "Ri-se até às lágrimas" destacava Ivan Aksiónov. Trata-se de um excesso de riso ou de outra coisa? "*O Mandato* acaba justamente de terminar", escreve o encenador e crítico Vassíli Sakhnóvski, e prossegue:

Quer dizer que eu não pude conter minhas lágrimas? Que horror e que força de verdade. Se o teatro o consegue, ele deve sacudir

33 Cf. *infra*, p. 276.

EM TORNO
DO OUTUBRO TEATRAL

e inflamar os corações. Há tudo isso nesse teatro, nesse notável espetáculo. Meierhold conseguiu esse esforço imprevisto, que consegue expor na Rússia tanto riso e tanto choro[34].

As ameaças cômicas proferidas por Guliatchkin podem com efeito aterrorizar pelo que elas subentendem de destruição profética da pessoa humana.

A Construção de Diálogos

Os diálogos de O Mandato são percucientes, plenos de expressões da época e de jogos de palavras lançados ao público. Erdman coloca na boca de suas personagens um vocabulário de origem francesa que parece totalmente deslocado, *siliants!* (para "silêncio!"), *reniessans* (para "negações"). Ele organiza quiproquós a partir de termos técnicos mal assimilados ou mesmo da palavra-chave "partido" (no sentido político e matrimonial). Ele as faz se deleitar com fórmulas burocráticas e vazias (todas as graças que precisam, certamente, de um trabalho de adaptação e não de tradução para torná-las francesas). Ele não recua diante dos traços escabrosos. Guliatchkin utiliza expressões, *slogans* tomados do vocabulário revolucionário, ou seja, de uma nova língua que a personagem distorce para servir aos seus interesses pessoais, às situações em que se encontra. Assim no ato III, pontuando as reviravoltas de sua sensibilidade política, os "mamãe, eu pereço cercado pela burguesia", ou "camaradas, com que finalidade nós vencemos? Por que derramamos nosso sangue?"

A força desses diálogos admirados por Meierhold e por Lunatchárski se organiza em torno de expressões-clichês combinando termos ou conceitos que se excluem mutuamente, no modelo da construção geral da peça, em torno do vestido, de O Mandato e das pressões de ações contrárias que esses objetos suscitam. "Que ele vá, pois, à polícia jurar sobre a cruz que ele é bom comunista", propõe perfidamente Schironkin (Ato II, Cena 32). Essas combinações são inúmeras e agem sobre o espectador, segundo Aksiónov, "como uma constante cócega"[35]. O diálogo opera passagens rápidas entre planos de ordens diferentes, cotidiano e histórico, por exemplo, ou mais simplesmente os vaivéns entre o pequeno e o grande, à imagem de personagens que procuram se valorizar apropriando-se de um fragmento de poder, qualquer que seja, mas que, sob o efeito do medo, recuam instintivamente, reconhecendo de modo obrigatório sua extrema fraqueza, que lhes serve também de defesa. "O povo se cala" anuncia solenemente o avô Autônomo

34 Observação de V. Sakhnóvski, Iz Knigi Otzivov Ptsétnich Posetitelei Teatra (23 abr./24 maio 1925), *Russki Soviétski Teatr 1921-1926*, p. 222.

35 I. Aksiónov, *Mandat*, op. cit.

(Ato III, Cena 26) parodiando o célebre final de *Boris Godunov* de Púschkin. "Que o céu faça com que ele não torne a gritar", responde Nástia, a única que sabe da presença de Schironkin no baú... O gesto mais trivial torna-se, no discurso deles, um ato pomposo e abrir o baú se transforma em "virar uma página da história".

Esse dinamismo superficial da linguagem é duplicado por um dinamismo em profundidade. Ao desacreditar completamente aquele que a pronuncia, a frase vive sua vida pessoal. Ela não é somente pronunciada por uma personagem, mas pelo autor-construtor, cuja presença constante é sentida. Além do mais, "as frases que estamos habituados a escutar há quase dez anos", diz o crítico Pável Márkov, "da parte de pessoas as mais variadas são aqui transformadas em aforismos. Erdman coloca essas frases na boca de suas personagens como se elas não as falassem somente por si mesmas, mas por um monte de gente atrás de si"[36]. Esse discurso sintético, do qual algumas réplicas correrão por Moscou em forma de provérbios, assemelha-se à máscara na definição que lhe deu Meierhold, na medida em que ele dá vida a uma infinidade de personagens que a ele recorreram[37]. Esse discurso acumula enfim os estratos de significação, oferecendo à percepção imediata um duplo ou triplo sentido. Desse modo, o programa, "Nós levantaremos uma nova insígnia, e sob essa insígnia faremos comércio de tudo que houver de caro(ável)* no mundo" remete tanto ao restabelecimento do comércio de luxo quanto aos sentimentos ou às convicções políticas.

Enfim, a palavra é o único domínio em que as personagens podem desdobrar sua criatividade, enclausurados que estão em um espaço interior à imagem de seu mundo fechado, embarricado e anacrônico. Isolados do mundo, eles vivem naquele de seus desejos e de seus fantasmas, e os diálogos retraçam frequentemente a progressão de seus delírios. Eis aí dois exemplos:

Ato I, Cena 12: ou como Pável Gouliatchkine traça seu futuro.

> PÁVEL: Mas a senhora esquece, mamãe, que o antigo regime pode me condenar a uma morte dolorosa por ter apoiado o novo.
>
> SENHORA GULIATCHKIN: Impossível, já que você tem o vestido.
>
> PÁVEL: Sim, mas com esse vestido, é o novo regime que pode me condenar a uma morte dolorosa por ter apoiado o antigo.
>
> SENHORA GULIATCHKIN: Impossível, já que você está no Partido.
>
> PÁVEL: Mamãe! Isso quer dizer então que eu sou um homem imortal em todos os regimes! Você pode imaginar, mamãe, o monumento que vou me tornar. Estrangeiros virão a Moscou e perguntarão: "Qual é o mais belo ornamento da cidade?" – Lhes dirão: "Eis aqui" – "Não é Pedro, o Grande?" – "Não", eles dirão, "considerem acima disso, é Pável Serguéiévitch Guliatchkin".

---

36 RGALI, 998, 506. Intervenção de P. Márkov.

37 Cf. o que diz Meierhold sobre a máscara de Arlequin, Le Théâtre de foire, op. cit., p. 192.

* Tradução aproximada de *cher(issable)*, carinhoso, afeiçoado, amável (N. da T.).

Ato III, Cena 27: depois de ter defendido o regime soviético em uma série de discursos inflamados, nos quais as expressões clichês da época, de estilo empolado, jornalístico ou burocrático contrastam no interior mesmo de uma mesma frase com expressões cotidianas, diminutivos idiotas, Pável Guliatchkin quer se vingar de quem lhe colocou no traseiro "uma galeria de quadros".

> PÁVEL: Silêncio! Vocês não sabem do que sou capaz. Quando eu chego a uma conclusão, sou capaz de tudo. Foi por uma causa que me tornei o dote de Bárbara. Agora, quero casar Bárbara com toda a Rússia. Bárbara vá escolher aquele que você quer.
> BÁRBARA: Eu quero aquele que tenha paixão e um lornhão.
> VOZES: Eu, eu, me escolha.
> UMA CONVIDADA: Meu marido! Escolha meu marido!
> SMETANITCH: Mas como é possível, Senhores? Eu mesmo vi com meus olhos. Aqui, nesse lugar. Nossa pátria apaixonadamente amada, nossa mãe Rússia se erguer tal como a fênix, fora desse baú.
> SCHIRONKIN (*Ele sai do baú, com a panela na cabeça*): Eu ouvi tudo, sei de tudo.

Exagero ou Verdade?

Erdman submete um material acumulado pela observação no contexto deformante de uma intriga que dobra as personagens segundo sua arbitrariedade. A fantasmagoria parece excluir todo realismo. Do vaudevile de que aparece como uma paródia, *O Mandato* utiliza todas as espécies de técnicas (enganos, cabalas, casamentos feitos e desfeitos, rivais em presença do observador escondido, golpes de teatro, golpes de campainha. Ele mantém seu sumo cômico, porém integra-os em uma temática política e social. Certos observadores[38] reconhecem – no âmbito de debates de especialistas – a coragem da peça, que tem o mérito de fazer sair do silêncio um certo número de problemas da sociedade que agitam na surdina a Rússia dos anos de 1923-1925: burocratização intensa (de 1910 a 1928, o número de funcionários passa de seiscentos mil a 4 milhões), nascimento da casta privilegiada dos *apparátchik*•, abertura massiva do Partido, na primavera de 1924, unicamente aos proletários, falta de alojamentos, moral do cidadão (denúncias), falta de cultura. É "Moscou viva, uma Moscou atual" e que os espectadores poderão ver no teatro: não seu "cotidiano em estado bruto", mas "uma ação no interior desse cotidiano, uma ação tal que, certamente, não existe na realidade, mas que poderia

38 RGALI, 998, 506. Intervenção de N. Volkov que faz referência a uma inspiração trotskista.

cem vezes, que diabo, acontecer nessa realidade"[39]. É Vladímir Piast que exprime desse modo a adequação da dramaturgia de Erdman à convenção do teatro praticado por Meierhold, à da fórmula puschkiniana, "a verossimilhança nas circunstâncias supostas". Encenado em outros sistemas de representação, *O Mandato* perderá sua profundidade e seu impacto, como na encenação do Teatro Acadêmico de Leningrado onde Ilínski foi um fiasco no papel de Guliatchkin. Com Meierhold, essa comédia grotesca surgirá como "o ponto culminante de aquisições realistas do teatro de esquerda" aos olhos de Lunatchárski, que destacará "a verdade extraordinária de certas personagens" tornadas "tipos inesquecíveis, pintados, no fundo, com tons estritamente realistas"[40].

Enfim, *O Mandato* ocupa um lugar central nesse repertório russo-soviético com o qual Meierhold trabalha desde 1910. Ele acredita que com a peça de Erdman cumpre-se uma "revolução no teatro" e que depois dele, destaque empreendido com sua habitual diplomacia, "os Romaschóv, como os Volkenstein, devem fazer suas malas"... Em "sua luta grandiosa" para afirmar o teatro russo, as posições mais revolucionárias são assumidas, do ponto de vista de Meierhold, por aqueles que compartilham "com Gógol e com Púschkin"[41].

A dramaturgia de *O Mandato* na transcrição meierholdiana terá ainda destaque intensificado, material grotesco para uma encenação grotesca. Aí encenador e autor trabalharão juntos. Meierhold reduz o texto escrito de Erdman que, por sua vez, concentra e reescreve durante os ensaios. As relações entre a peça e a TIM são estreitas e o espetáculo se inscreve organicamente no repertório específico do teatro que vai de *Smert Tarelkina* (A Morte de Tarelkin) até *Les* (A Floresta) depois a *Revizor*. É uma nova prática cênica fundada nas descobertas de *A Terra Encabritada*, de *A Floresta*, ou de *O Professor Bubus*, que suscita o nascimento de uma nova escrita dramatúrgica, pois Erdman considera que a versão "canônica" de sua peça é a encenada por Meierhold e não a que ele escreveu em 1923[42].

As Reações de Espectadores:
Uma Plateia em Ebulição

Ri-se imensamente, como foi visto, aplaude-se muito, mas o riso se congela: a plateia é sacudida por emoções contraditórias. Pois o Guliatchkin de Meierhold e de Gárin é ao mesmo tempo homem e simulacro de homem, outrem e si mesmo. Ao lado do riso, essa evidência, os críticos constatam a presença de uma espécie de inquietação. O espectador não fica tranquilo: "Uma

39 RGALI, 963, 289. V. Piast, artigo sobre *O Mandato* (inédito).

40 Cf. O Teatralnoi Politike NARKOMPROSA* [...], *Soviétskoie Iskusstvo*, n. 3, p. 5 e Kakoi Teatr Nam Nujen?, *Petchat i Revoliútsia*, p. 128.

41 RGALI, 998, 506.

42 Cf. S. Mokúlski, Pereotsenka Tradítsi, em *Teatralnii Oktiabr*, p. 21-22.

ampola venenosa, uma ampola de ironia se quebrou na plateia, e um gás inodoro se espalha como a peste"[43]. Como as personagens, ele é virado, depois revirado, de um lado, de outro, agitado sem remissão de um plano perceptivo a outro, mantido em estado de tensão constante. Assim o emprego, no terceiro ato, de uma composição triangular, em que uma das pontas se encontra na plateia, ali onde são instalados os "parentes provenientes da classe operária", provoca um vaivém do olhar segundo os lados dessa figura que materializam as linhas de deslocamento dos atores. O espectador aguarda o momento em que a ação, em onda potente, vai se erguer para vir se quebrar sobre ele, ele sente que essa construção triangular procura penetrá-lo. O golpe final ao espectador de *O Mandato* é trazido pelo famoso baú que um dos convidados joga, simbolicamente, do alto da cena (acima de um metro e meio) aos pés do público. Estrondo aterrorizante, medo: Será que Schironkin ainda está lá dentro? (Não, ele pode escapar por um dos lados trucados...). Em seguida, a supressão desse gesto por motivos de segurança deixará o final enfraquecido.

Assim, o dinamismo da dramaturgia se transcreve no palco por esse da construção de jogos de cena e, ver-se-á, pelo cenário e pelo acompanhamento musical. Dinamismo e tensão traduzem a inquietude que caracteriza a vida moscovita, e não mais a vida da grande cidade ocidental. Um diálogo verdadeiro vai se instaurar entre os atores e os espectadores, intenso no terceiro ato. Gárin-Guliatchkin, retornado como uma luva "entre suas duas visões" (Ato III, Cena 23), dirige-se diretamente ao espectador a quem ele toma como testemunha. "É de vocês que vocês riem", grita para o público o Governador em *Revizor*. Quatro anos depois, na mesma tradição gogoliana encarnado em *O Mandato*, pela encenação meierholdina e pela atuação de Gárin, o Prissipkine de Vladímir Maiakóvski pedirá por socorro aos seus irmãos na plateia... Trata-se aqui de colocar o dedo em um angustiante problema social, nas perversões psicobiológicas da Revolução, de fazer o público refletir sobre sua verdadeira visão, e não mais de lançá-lo ao assalto de um utópico homem novo.

Meierhold vai efetuar um profundo trabalho sobre a forma cômica do vaudevile que ele dinamita pela introdução, no decorrer incessante de cenas, de uma lentidão sincopada. Ele recorre a diferentes tipos de risos: riso-distração, riso-denunciador e riso-tomada de consciência, que deve perturbar e fazer refletir.

O Encenador, Herói do Espetáculo?

A inquietação do espectador de 1925 traduz-se por um estado de atenção: ele procura no palco alguém que, somente por sua presença, resolva a confusão que reina aí, coloque ordem nessa sarabanda. Ele

43 RGALI, 998, 506. Intervenção de V. Sakhnóvski.

espera pelo herói positivo: o Bom, aquele-que-tem-razão, o "Impuro" de *Misteria-Buff* (O Mistério-Bufo), os Guardas Vermelhos que irrompem em *D. E.* (*Daesch Evropu!*), ou os operários que desatam *in extremis*, em um incêndio púrpura, a confusão de *O Professor Bubus*. Esse herói não vem e, no entanto, o ar do apartamento dos Guliatchkin fica cada vez mais irrespirável. Sufoca-se. Se é preciso um herói, uma contraforça, esse papel seria aqui do teatro, do encenador de quem se percebe a dupla presença sobre o conjunto do espetáculo, presença feita ao mesmo tempo de emoção e razão: angústia e paixão diante da atualidade e da acuidade do problema que ele apresenta e sabedoria do mestre que controlou tudo, dominou tudo. A vontade de organização, em função de um impacto, a composição de jogos de cena grandiosos, tudo isso obedece às leis precisas, fixadas por um demiurgo que se afirma enquanto tal no coração do espetáculo e que não cessará de utilizar aí de uma dialética da vida e da morte. Entre homens e fantoches, os atores terão tarefas colossais para executar, para atuar no papel de criaturas desse demiurgo, porém eles mesmos jamais serão suas criaturas, suas marionetes: duas análises que a crítica da época confundiu muito frequentemente ou quis confundir.

Ao mesmo tempo que afirma seu poder absoluto no palco, ao passar do teatro de propaganda de *slogans* a um teatro político mais complexo, cujos jogos não são descobertos de modo tão imediato, Meierhold afirma ao mesmo tempo uma nova audácia, pois paralela e contraditória, a do inacabado. Inacabamento duplo: portanto, o primeiro, o da mensagem, da diretiva, do ponto final, não expressos, a serem descobertos, o de uma recusa ao maniqueísmo, seja colocando o espectador em causa, seja fora de causa; o segundo, o da própria forma. Meierhold afirma a propósito de *O Mandato*:

> A natureza do teatro é tal que ele deve ainda mostrar coisas inacabadas, porque o acabamento se produzirá nos processos de reencontros posteriores entre dois elementos, os atores com o público. Nossas cartas de controle nos mostram que o acabamento somente se produz em alguma parte entre a cinquentésima e centésima [...]. Se me dizem que alguém levou cinco anos para fazer um espetáculo, isso quer dizer que ele se aproximou do maior inacabamento, pois quando um encenador se detém em ensaios por muito tempo, ele cai em um período de novas gestações e destrói todo seu trabalho precedente. Depois de cada período nasce uma nova variante cuja preocupação é antes de tudo destruir a precedente [...]. O inacabamento é o segredo do teatro, é o que há de sedutor no teatro[44].

Todo poder e esfacelamento, perfeição e não acabamento, tais vão ser os dois polos da criação meierholdiana, claramente expressos no

44 RGALI, 998, 506.

Um Cenário Dinâmico

momento de *O Mandato*. Uma dialética idêntica funda o espetáculo. Blagucha, esse bairro de Moscou onde se passa a ação, existe verdadeiramente? "Os próprios moscovitas desconhecem-no. Mas tanto pior! Se ele não existe, deveria existir!"[45]. No TIM, os habitantes de Blagucha oscilam entre a precisão extrema do desenho, seu relevo, e o vazio monstruoso que ele encobre.

De acordo com os documentos iconográficos, os estenogramas de ensaios, os debates, as notas, os dossiês de arquivos[46] e certamente as numerosas críticas, as entrevistas, pode-se ter uma ideia relativamente precisa da encenação. Antes de tudo, qual foi a solução cenográfica? Sua primeira característica é sua dinâmica, para corresponder ao ritmo elevado de *O Mandato*, aprofundando os princípios cinéticos construtivistas descobertos no decorrer das pesquisas dos Ateliês meierholdianos em 1922-1923: projetos de plataforma móvel, combinada com elevadores e passarelas suspensos capazes de subir e descer, concebidos por Vassíli Fiódorov para *Tiara Vekov* (A Tiara de Séculos), adaptação de *O Pão Duro* de P. Claudel, passarelas rolantes previstas por Eisenstein para *A Casa dos Corações Partidos*. Cinetismo, mas também sobriedade, simplicidade para erigir um contexto rigoroso no térreo em que os Guliatchkin, Smetanitch e companhia são objeto de uma experiência extraordinária, e compensar o fantástico da ação teatral. Impossível desempenhar ação sob uma forma linear, duplicando assim a construção dramatúrgica a partir de uma tautologia cenográfica, sem cair em um ritmo de vaudevile. Também, para desfazer a ameaça de dispersão pela profusão de cenas que se sucedem rapidamente e atingir um objetivo de concentração, Meierhold concebe um dispositivo cênico giratório, realizado por Iliá Schlepiánov. No lugar da linha quebrada, o círculo, no lugar de perseguições, de idas e vindas oscilantes, irregulares, no lugar de entradas e saídas repetitivas, um movimento único, essencial, circular, o do chão do palco que, metaforicamente, vai desaparecer sob os pés das personagens.

Quatro círculos recortam o espaço cênico: um redondo central imóvel, depois duas bandas concêntricas móveis, circundadas de um último anel igualmente imóvel, cuja parte anterior forma a borda do proscênio, avançando intensamente sobre a plateia. Os dois anéis medianos, de cerca de um metro de largura cada um, podem girar, seja conjuntamente, seja separadamente, seja no mesmo sentido, seja em sentido inverso. A inversão possível do sentido de rotação, a

---

45 RGALI, 963, 289. V. Piast, artigo sobre *O Mandato*.

46 Para o estudo de *O Mandato* foram utilizados os seguintes dossiês ou microfilmes: RGALI, 998, 176 Fotografias; 963, 438. Exemplares de trabalho de *O Mandato* com as anotações de Fiódorov, Lokschina, Zubtsov, Meierhold (indicações e croquis); 963, 440 Exemplar de trabalho de *O Mandato*; 963, 441 Exemplar de montagem de encenação com as anotações de Meierhold, Fiódorov, Lokschina (Ato I). 963, 442 Exemplar da partitura cênica feita por Zubtsov (com croquis e planos de atuação); 963, 445-446-447 Textos de ponto; 963, 451 Divisão de papéis; 963, 452. Observações de Meierhold das sessões de trabalho de 25 de fevereiro; 963, 454 Observações Meierhold das sessões de trabalho de 26-27-28 de fevereiro de 1925; 963, 455 Partitura de luz; 963, 456 Lista de acessórios.

UMA DRAMATURGIA
GROTESCA MODERNA:
O MANDATO

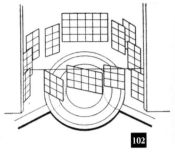

101 *O Mandato. Funcionamento de diversos painéis que podem se alinhar e fechar a área de atuação em semicírculo.*

102 *Croqui axonométrico de I. Schlepiánov, 1925.*

alternância de elementos estáticos e cinéticos transpõe cenograficamente as técnicas que o autor dramático utiliza para criar contrastes e reviravoltas.

"Nessa nova construção", resume Meierhold, "procuramos uma combinação entre passarelas rolantes e biombos móveis"[47]. Desse modo, o dinamismo cênico será multiplicado por dois. O diâmetro do círculo central é ocupado por um grande painel que gira em torno de seu eixo central, dois outros painéis de mesmo tamanho estão ligados ao primeiro e se movem sobre os três outros círculos concêntricos em torno de um eixo lateral. Esse primeiro conjunto permite compor um espaço cênico reduzido, semicircular de forma e de dimensões variáveis, construído sobre a metade anterior do palco giratório. Atrás, outros onze painéis, do mesmo material, de tábuas encaixadas – material de divisórias de apartamentos comunitários dos primeiros anos da Revolução – e de uma feitura idêntica, como um tabuleiro de damas, podendo igualmente ser deslocado. Mais altos e mais estreitos do que os do primeiro sistema (2,30 m x 1,45 m), eles permitem a criação de um espaço circular dessa vez, mas totalmente fechado, o do ato III, no qual os três painéis não intervirão mais.

É a mobilidade desses painéis que, ao permitir completas metamorfoses instantâneas do espaço cênico, vai paradoxalmente destacar o aprisionamento dos habitantes de Blagucha, sua separação do "grande mundo" (eles se separam para se fechar imediatamente, formando corredores, interstícios entre eles, ou uma parede compacta), ao mesmo tempo que a loucura compulsiva de sua vida fantasmática trombará com essas barreiras do real. Cenário abstrato, esses biombos são igualmente uma metáfora teatral.

[47] Iz Interviu V. Meierholda o Printsipakh Postanovki Pessi *Mandat* (1925), em *Russki Soviétski Teatr 1921-1926*, p. 222.

Mas eles são também a transposição de técnicas de cinema que, desde *A Terra Encabritada* excitam, como que desafiando, a reflexão de Meierhold a respeito da encenação teatral. Em *O Mandato*, os painéis vão permitir todo um trabalho de ampliação, diminuição ou aprofundamento do espaço, enquanto os movimentos dos círculos abrirão possibilidades para a ação ralentar. A rivalidade com o cinema se apoia aqui em uma organização espacial duplamente cinética (vertical e horizontalmente), que permite ainda um efeito de desaparecimento progressivo das personagens levadas pelo movimento de um círculo até a zona escura, a face oculta do palco giratório, espécie de "saída de cena".

Os círculos podem levar ou trazer os atores e os objetos. "Mostramos as personagens cercadas de objetos autênticos aos quais elas estão intensamente ligadas", avisa Meierhold[48]. A ligação das personagens com sua propriedade é imediatamente destacada. Elas podem entrar em cena agarradas ao baú, a uma cadeira, ou apertando em seus braços seu gramofone: eles são como esses objetos movimentados pelo mecanismo que aciona os círculos. Mas as coisas podem também entrar sozinhas em cena, girar, e materializar o curso dos acontecimentos. É em torno do giro de objetos que guarnecem o apartamento dos Guliatchkin no ato I e no ato II, em torno das travessias do baú que desliza lenta e silenciosamente, que se constrói o espetáculo. Esses objetos constantemente deslocados pela rotação lógica, regular dos círculos, ao fundo dos painéis geométricos, têm uma autenticidade de loja de antiguidades, todo um peso de realidade: do baú cinzento ao pavilhão do gramofone, passando pelos ícones e suas velas, os tapetes, a prateleira, o banquinho com um vaso de flores, ou o aparelho fotográfico, eles se opõem intensamente ao frenesi das personagens perdidas que se agarram a elas e servem de suporte ao jogo dos atores.

Enfim, um último elemento assinala que a atuação investirá na plateia: em um nível inferior ao palco, à direita baixa, um estrado onde será colocada uma mesa para os convidados da classe operária.

Os Princípios da Encenação

Para esse espetáculo, Meierhold não faz nenhuma declaração tonitruante. O cinetismo do cenário associa intimamente princípios já experimentados. As técnicas de atuação aprofundam as de *O Professor Bubus* e Meierhold prossegue o trabalho sobre aquilo que ele chama a "tempização", ou seja, a incidência da variação de tempos na atuação, sua expressividade, sua significação. E, como em *A Floresta*, os atores trabalham em um ambiente de objetos autênticos.

48 Cf. supra, nota 49.

Os Objetos e a Relação do Ator com o Objeto

UMA DRAMATURGIA
GROTESCA MODERNA:
O MANDATO

O reagrupamento de painéis giratórios em novas composições e a chegada de diferentes objetos criam, sem intervenções de atores, os diferentes locais da ação: entrada, sala de jantar dos Guliatchkin, quarto de Nástia, ou mostram Tamara sentada no baú, que continua com o vestido, fugindo de uma perquirição comunista. O público aplaude surpreso a novidade de efeitos, cuja função cenográfica duplica a função construtiva. Cada lugar está associado a uma ação principal, encaixe do quadro ou grande limpeza nas primeiras cenas.

O mobiliário, ainda que de estilo, é incompleto. Não chega a definir um contexto naturalista, porque a escolha rigorosa e a disposição de seus elementos jamais permite que se ofereça uma imagem total do lugar, mas dá, ao contrário, uma espécie de fragmentação. Desse modo, tem-se nas diferentes cenas reagrupadas em episódios dos atos 1 e 2 muitos ângulos de visão da sala dos Guliatchkin. Do apartamento comunitário, o dispositivo só conserva o princípio de divisórias reducionistas. Cada objeto, estritamente escolhido, é apresentado isoladamente em um espaço vazio como se tivesse escapado de um tremor de terra que os movimentos do chão conseguem sugerir. Uma passagem se opera constantemente na percepção do espectador, do real ao simbólico, do concreto ao geral.

Cada elemento escolhido é afetado por um coeficiente lúdico. Ele pode, mas essa não é sua destinação primeira, ser o local de uma *gag* no estilo do burlesco americano ou do teatro de feira: a instabilidade da dupla escada de cima da qual Pável Guliatchkin, no começo do espetáculo, por pouco não cai, quando fica sabendo que deve entrar para o Partido para que sua irmã se case, o baú no qual se pode ficar trancado por muito tempo (ele tem duas pequenas aberturas) e de onde se pode lançar, como um diabo de uma caixa, a pistola carregada, as mesinhas com assoalho dobradiço, o gramofone, ídolo dourado a bradar uma canção da moda. O objeto é, sobretudo, a todo instante, instrumento ou parceiro do jogo do ator. Todos os móveis no palco servem aos atores, tocados, manipulados, investidos com um objetivo de expressão maximalista: o divã em que se senta, onde se esconde, atrás, debaixo do piano (Ato II) em que Valerian toca, ponto de apoio para o retrato psicofísico de um fato. Três leques de papel instalados sobre o piano como monstruosos buquês congelados, associados aos vasos com as flores igualmente de papel e as duas velas acesas têm um impacto decorativo, acionam com sua textura a luz vacilante de candeeiros, encarnam a concepção da beleza que reina no lar dos Guliatchkin. E é ainda um leque que ajuda Zinaida Raikh expressar o gene de imbecilidade, o erotismo latente, os desejos insatisfeitos de Bárbara.

Enfim, Meierhold destaca a importância, no seio desse mobiliário antigo e heteróclito, elementos de figurinos que devem ser ultracontemporâneos: o que acontece no palco remete ao que acontece no momento, no próprio instante. Não é preciso, diz Meierhold, "nenhum cheiro de bons velhos tempos. Um modo completamente atual, esse da rua Petrovka às cinco horas da tarde, o estilo novo, moderno, um moderno até nas botas de feltro". Trata-se ali de um jogo de detalhes finamente observados, de uma mistura de estilos diferentes, "de antigo e de novo" tais que se associam estranhamente à vida moscovita"[49].

Uma Linguagem da Ação

"Não há pessoas inativas no palco... Todas as personagens devem manipular objetos. É preciso aplicar o sistema de *A Floresta*", diz Meierhold[50] desde o início dos ensaios. É o tratamento do mobiliário e dos acessórios que permite desenhar uma personalidade e as relações entre as personagens, que exprime sua emoção ao transmitir a incidência dessa emoção sobre o objeto, que escreve na cena a realização da metáfora.

Mas, sobretudo, se Guliatchkin e os outros não são discursadores que "perambulam" ociosamente, se eles se agitam sem parar, essas ações serão reveladoras na medida em que a quantidade de energia dispensada não corresponda ao objetivo do trabalho. A diferença perceptível para o espectador (não para a personagem) entre a força em jogo e seu ponto de aplicação, sua inadequação, constitui o código da linguagem da ação utilizada pelos atores de *O Mandato*. Hiperséries, hiperocupados, tais são os Guliatchkin, atarefados em pregar seu quadro de dupla face ou em faxinar sua sala. O olhar do teatro não é

[49] RGALI, 963, 454. Observações de Meierhold das sessões de trabalho de 26-27 de fevereiro (notas de V. Fiódorov).

[50] RGALI, 963, 454. Idem.

103 *O Mandato, Ato II, Cena 7. Sobre sua máquina de costura, Varvára (Z. Raikh) prepara seu enxoval, ajudada por duas dinâmicas costureiras. No centro, o tocador de realejo (A. Temerin) cujo aspecto lembra o de Arkaschka.*

depreciativo de imediato. Mas não são mais silhuetas teatrais de *agit- -prop*, as personagens não são retratos cênicos, óleo ou aquarela, como nos Teatros Acadêmicos onde se reconhece os olhares e os corpos de telas de Iliá Répin ou de Serov... Sakhnóvski compara todas as personagens de *O Mandato* a "bonecos de madeira pintada"; elas são, diz ele ainda, a obra "de um pintor *naïf*", e quanto a ele, também reconhece no espetáculo a presença de um "novo realismo", baseado na "extraordinária importância do fato"[51].

Realismo da ação, "primitivismo" da marionete, a estética da complexa interpretação do ator meierholdiano se constrói entre esses dois polos. Por sua vez, os círculos móveis, esses objetos cênicos pesados, manipularão os atores, eles pontuarão suas réplicas (movimento lento de um círculo depois da frase-chave de Guliatchkin: "Eu pertenço ao Partido", quando a interpretação se congela) ou as desarticularão: Valerian, perturbado pelo comportamento de Bárbara, fica perdido e se confunde, a cavalo sobre os dois círculos em movimento, em uma espécie de luta acrobática, embora ineficaz contra o turbilhão do apartamento dos Guliatchkin (Ato II, Cena 20).

O Trabalho com o Texto

E o texto nisso tudo? Meierhold não quer, de modo algum, repetir o erro da segunda variante de *A Morte de Tarelkin* (1922) na qual, sob a inflação de *gags*, a "cirquização" da cena, as cadeiras trucadas e os copos de água em detrimento do conjunto do espetáculo. Com *O Mandato*, o texto acabou submergindo como uma garantia de realidade.

Aqui Meierhold dá início a um novo processo de revalorização das palavras, essas palavras que "não dizem tudo" e são apenas "desenhos sobre a tela dos movimentos"[52]. Ao nível das "matemáticas superiores" do palco que indica *O Professor Bubus*, Meierhold dispõe de estruturas teatrais ritmo-plásticas, ele relacionou solidamente formas inanimadas (construções-objetuais) a formas vivas (jogo do ator) pelo ritmo que lhes estende como uma corda tenciona um arco, que lhes dá vida: ritmo musical interiorizado pelo ator, cálculo rigoroso do movimento decomposto ou música audível em cena. Essas estruturas são agora suficientemente sólidas para que se possa instaurar um verdadeiro trabalho com o texto. De *O Mandato* a *Revizor*, há todo um esforço para destacar o discurso, desenvolver uma cultura da palavra, uma arte da pronúncia inteligente e, ao mesmo tempo, saborosa.

Mas o momento em que o texto retoma seu valor poético recitativo, para Meierhold, coincide paradoxalmente com um fogo de artifício de imposturas: o ato III de *O Mandato* é um grande carnaval, com disfarces, vestido de imperatriz, vestido de noiva, uniforme de comunista, que camuflam uma empregada, uma solteirona e um secretário de comitê

---

[51] RGALI, 998, 506. Intervenção de V. Sakhnóvski.

[52] V. Meyerhold, Le Théâtre de foire, op. cit., p. 185.

de imóveis. Portanto, uma atenção particular com o texto vai ser levada em uma dramaturgia em que a palavra, como a pessoa, tem justamente duplo sentido. Depois de ter mantido a palavra sob suspeição no teatro, como incapaz de dar conta da complexidade de relações entre as personagens, depois de tê-la eliminado a favor do movimento, depois de tê-la reduzido à linguagem unívoca e esquemática da palavra de ordem, trata-se agora de sublinhar as ambiguidades de um discurso contaminado pela rotina verbal de uma propaganda simplista capaz de funcionar no vazio às pessoas totalmente desorientadas. A atualidade da primeira metade dos anos de 1920 é fértil em fatos diversos do tipo desses que fazem a fábula de O Mandato, multiplicação de descendentes da família imperial, ou produção de documentos falsos fornecendo supostos poderes.

Para ser colocado em seu lugar adequado, o texto grotesco de O Mandato necessita, pois, de um trabalho vocal completo. Imediatamente, o próprio Erdman lê duas ou três vezes seu texto aos atores do TIM; com dicção precisa, irônica, tom de relato destacado para dizer as falas das personagens, exatidão extrema que coloca em dúvida sua inteligência, tempo lento, sem exclamações. Meierhold vai pedir aos atores que se inspirem nesse modo de dicção. Somente Gárin (Guliatchkin) vai interpretar com uma semelhança vocal entre Erdman e ele. Em geral, é somente uma base de trabalho para os atores. A maneira de Erdman não deve ser copiada mecanicamente (não se deve reproduzir suas cesuras, suas pausas, mas adaptá-las, encontrar um sentido e uma expressão pessoais. "É preciso perceber" diz Meierhold em uma dessas primeiras leituras, "tudo isso organicamente, enquanto ator colocando aí toda uma variedade de detalhes". É preciso introduzir no texto, cuja fatura permite múltiplos traços da vida cênica das personagens. Há modos de fumar, de aspirar, em uma palavra, de dispor de seu corpo e de seu aparelho verbal (boca nariz), de inventar, para "encontrar entonações particulares que não podem vir a não ser que se perceba esses detalhes". Todo um trabalho de mesa antecede o trabalho de palco. Não muito longo, ele é, no entanto, importante à proporção que é "considerado um laboratório em que os atores tomam sua medida recíproca, colocam em marcha a máquina da criação". O texto será dito docemente, sem "golpes de pedais, exageros que garantem o fiasco tanto da peça quanto do ator". Porém, "na leitura é preciso acentuar os movimentos possíveis. Isso impulsiona o jogo... É preciso trazer à leitura toda espécie de acessórios. Fazer entrar o mundo de objetos no círculo de seu trabalho"[53].

Lê-se o texto, mas para escapar "do tom banal, cotidiano", atua-se nele ao mesmo tempo. E essas ações não devem acobertá-lo, mas destacá-lo, dar as cesuras originais cuja importância Meierhold destaca. Elas não devem tampouco fazer rir. As personagens devem pronunciar seus aforismos cômicos sem ter consciência de sua força cômica, calma e seriamente.

[53] RGALI, 963, 454. Notas de Meierhold das jornadas de trabalho de 28 de fevereiro (notas de V. Fiódorov).

A Multiplicação de Personagens

No decorrer dos ensaios e de um processo orgânico extraído da estrutura do próprio texto, Meierhold vai introduzir numerosos figurantes mudos ou coristas. Desse modo, um "lavador" e uma "lavadora de assoalho", no ato I, ajudam os Guliatchkin na arrumação, ao deslocar os móveis, arrastando, enfileirando, ao disputar continuamente; eles dão um contraponto irônico e distanciado das ocupações da família. Meierhold acrescenta duas costureiras para a preparação do enxoval de Bárbara; no ato III, aumenta a lista de personagens em cena indicadas por Erdman e introduz entre os convidados – além do grupo do tocador de realejo inflado por um cantor, um acordeonista, e por dois acrobatas – um porteiro de hotel, um cocheiro, um açougueiro, um "rapaz do ícone", quatro pajens de honra, quatro amigas da noiva, três damas, três camaradas do noivo, um "mestre de cerimônia" (que dirige as danças) e seis lacaios, ao todo umas *trinta* personagens suplementares.

Por que tal inchaço na densidade da população cênica? Primeiramente, Meierhold tem desde sempre uma paixão por essas personagens secundárias e geralmente mudas, cuja aparição em cena, curta, mas muito condensada e trabalhada, permite cinzelar o desenho de um papel: ali se introduz, no interior de um grande espetáculo, formas breves e concentradas – um papel pode até ser concebido como um número proveniente do teatro de variedades – que constituem pontos de fixação da atenção do público. "Esses figurantes", nos diz Meierhold "não têm nada a ver com os do Bolschói; em nossos espetáculos, são os elementos indispensáveis à realização dos truques secretos que introduzimos sutilmente para agir sobre a plateia de um lado ou de outro"[54]. Testemunhas mudas, sua presença, seu olhar, às vezes uma exclamação fazem com que a moldura intimista da cena de família ou do diálogo amoroso se quebre. Além do mais, o próprio Erdman povoa sua peça com um pulular de personagens secundárias e Meierhold não faz senão amplificar esse fluxo estrutural, dirigindo o ator de tal modo que, com uma única réplica, ele constrói todo um papel.

A multiplicação dessas personagens, no ato III, dará lugar a cenas de massa e de baile, dirigidas pelo "mestre de cerimônia", projeção grotesca do encenador no interior de sua obra. Pável Guliatchkin surgirá ainda mais derrisório e patético nesse espaço agora estável, preenchido de uma turba vibrante, cujos movimentos retomarão todos os temas plásticos e de pantomima dos dois primeiros atos para levá-los ao ponto máximo de tensão.

As Ênfases

A representação dura cerca de quatro horas e vinte minutos. Diapositivos projetados em uma tela anunciam o início, os dois entreatos e

---

UMA DRAMATURGIA
GROTESCA MODERNA:
O MANDATO

---

54 RGALI, 998, 506. Parte traduzida em V. Meyerhold, *Écrits*, 2, p. 161.

o final do espetáculo, e toques de gongo (dois em cada ato: um para a descida da luz da plateia, o outro para a iluminação da cena) dividem esse tempo cênico do mesmo modo que o espaço é dividido por movimentos mecânicos. Meierhold considera "perigoso" em *O Mandato*, tanto quanto os exageros ou um tom exclamativo, uma orientação direta do circo ou do *music hall*: aconselha "penetrar no sentido por vias tranquilas"[55]. Quanto à cenografia e à encenação, elas também procuram equivalentes às entonações frias, impassíveis, indiferentes de Erdman. Sem gritos, contrariamente ao sistema exclamativo de *A Morte de Tarelkin* ou de *A Floresta*. O grotesco cênico é abordado, por outro lado, pela seriedade extrema de relações desenvolvidas no espaço teatral. Em *O Mandato*, as únicas ênfases serão as da mecanização (movimentos de círculos e de biombos), as da iluminação ou do estalo de um objeto, corneta, dourado de gramofone, toalha branca.

Fora das luzes azul verde que, no ato II, acentuam as visões-mascaradas de Smetanitch na casa dos Guliatchkin, de Valerian e de Bárbara, e de reflexos vermelhos, no ato III, quando os convidados entoarão o hino ao tsar, a iluminação joga sobretudo com as alternâncias de luz branca e negrumes brutais que podem durar, por exemplo, o momento de os convidados erguerem Anastassía nos braços. Uma escuridão finaliza o espetáculo, depois da questão repetida de Pável a sua mãe, antes da projeção do letreiro "FIM". Diapositivos, gongos, ênfases mecânicas ou luminosas participam da mesma opção pelo distanciamento.

Estatuto da Personagem e do Ator

A Posição de Boris Alpers

O comportamento cênico de todas as personagens de *O Mandato* "era construído sobre uma alternância brutal de poses mortas, imóveis e mudas, e de fases de pantomimas em que eles se deslocavam e falavam. Era como se assistisse a uma ressurreição permanente e mecânica da personagem, depois retornavam ao nada, à imobilidade", escreve o crítico Boris Alpers[56]. A seu ver, aqui, as personagens são apenas "imagens de cera", símbolos que se animam para retornar depois ao silêncio do corpo e da palavra. Essa concepção da personagem para Meierhold, que Alpers generaliza estendendo-a ao conjunto de sua obra, dominou a teatrologia soviética até o início dos anos de 1970. Essa interpretação controversa permite, no entanto, que se compreenda melhor a personagem e a interpretação do ator meierholdiano, na medida em que as descrições de Alpers são geralmente muito precisas.

---

55 RGALI, 963, 454. Notas de Meierhod para as jornadas de trabalho de 28 de fevereiro (notas de V. Fiódorov).

56 B. Alpers, *Teatr Sotsialnoi Maski* (1931), *Teatralnie Otcherki v Dvukh Tomakh*, t. 1, p. 89.

Em *Teatr Sotsialnoi Maski* (O Teatro da Máscara Social), publicado em 1931, Alpers tenta resolver o enigma da obra meierholdiana. Segundo ele, todo seu teatro está construído, de 1905 a 1930, sobre o princípio imutável da personagem-máscara. Ele define esse último como congelado, privado de qualquer movimento interior. Ele considera como máscara toda a crítica realista socialista que se publica aqui, um elemento estático, imóvel, que remete sempre a um passado desaparecido que "fixa o último estado de um tipo social e o conduz até a morte", e que nunca é atingido, a não ser pelos acontecimentos exteriores a ele[57]. Daí em diante, máscara se identifica para ele com manequim. De fato, para Meierehold, a máscara teatral não é jamais disposta para a morte do vivente, porém se instala em um espaço intermediário entre a pessoa e o manequim, a marionete. Ele considera ainda a máscara uma personagem coletiva, advinda de uma longa experiência histórica e que, através desta, remete sempre ao presente. E sobretudo uma mesma personagem pode ser portadora de várias máscaras[58], daí, ao contrário, seu dinamismo.

Para Alpers, é a concepção apocalíptica do simbolismo russo, sua visão trágica do homem marionete do destino que está subentendida em *Balagántchik* (A Barraca da Feira de Atrações), como em *Maskarad* (O Baile de Máscaras) ou em *O Mandato*, todos mundos de cadáveres, cemitérios teatrais. Ora, se existe morte no funcionamento do teatro meierhodiano, é antes de tudo a da pessoa cotidiana, capaz ali de reviver então na máscara, concebida como modo de existência especificamente teatral, e cuja marionetização pode definir um comportamento limite.

Segundo Alpers, as personagens "semifantásticas" de *O Mandato* são "fantasmas sociais", monstros nas "vitrines de um museu". Não possuem "mais nenhuma ligação com a realidade", pertencem totalmente a um passado encerrado com 1917: em *O Mandato*, como no ano seguinte em *Revizor*, Meierhold "abre a cena com paisagens imóveis de planeta extinto". Na passagem constante da imobilidade ao movimento das personagens de *O Mandato*, ele vê "a paródia da ressurreição de uma pequeno-burguesia morta, não a pequeno-burguesia contemporânea vivendo no cotidiano soviético, mas uma pequeno-burguesia tipicamente pré-revolucionária"[59].

Opostamente, Pável Márkov que, por suas orientações, é no entanto mais próximo do Teatro Artístico, tem consciência, na dinâmica revolucionária, da permanência de gostos pequeno-burgueses, de modos de vida e de mentalidades estagnadas, escreve ele: "Em vão procuramos hipocritamente descartar os Guliatchkin a pretexto de serem fantasmas do passado. A verdade amarga da comédia de Erdman é que os Guliatchkin podem justamente existir em nossa Rússia atual". São eles que, com falsos mandatos e grandes palavras, "dizendo bem na cara dos tsares que eles são bandidos, perseveraram em uma nova

[57] Idem, p. 202-203.
[58] Cf. V. Meyerhold, Le Théâtre de foire, op. cit., p. 192.
[59] B. Alpers, *Teatr Sotsialnoi Maski*, op. cit., t. 1, p. 74 e 79.

insígnia atrás da qual eles se meteram a comerciar com tudo que há de 'caro(ável)' no mundo"[60].

De fato, se *O Mandato* levanta problemas sociais e políticos extremamente contundentes e contemporâneos, ele coloca também uma questão crucial e mais geral, a da mudança de mentalidade, na qual a Revolução aposta seu vale-tudo, o da permanência do *meschanstvo* devorador do humano no homem, o bernardo-eremita escondido no fundo de novas conchas ou renovadas cascas e para quem "a ideologia tem o mesmo efeito do álcool"[61]. A força de Meierhold será de mostrar esse estado de espírito com tamanha justeza e precisão, que no espetáculo cada um vai reconhecer seu vizinho e a si mesmo, de colocar em cena um processo de confisco progressivo do que vive na maré grudenta de um cotidiano pesado, limitado e compulsivo, de fazer sentir a lentidão inaudita, o atraso da vida e de mentalidades com relação à história, às teorias, à ciência e à imaginação. Atraso que a vanguarda impaciente ressente dolorosamente, mas que é tão poderoso que desnatura e esvazia de sentido as orientações do momento.

O Baile "de Máscaras"

Alpers isola o Outubro Teatral, com seu riso em cascata, como uma fase satírica entre dois períodos em que domina uma concepção de mundo trágica e apocalíptica. Ora, isso é desconsiderar o que *A Morte de Tarelkin* já deixava pressentir, como pôde adivinhar Sakhnóvski, através das farsas e trapaças do grotesco de feira, o pálido sorriso do grotesco trágico. A redução que ele faz das técnicas meierholdianas de 1925 a um método de esquematização, sua interpretação de personagens com máscaras congeladas, cadáveres com indumentária soviética, não dá conta nem dos modos de trabalho teatral, nem das escolhas de repertório, nem da concepção do grotesco meierholdiano, ele próprio evolutivo, de sua estrutura dupla, em que o trágico é sempre apreendido através de um antônimo, o cômico, o festivo, ou percebido atrás dele, e onde domina uma visão do mundo que é a de um baile de máscaras que seu engajamento político soube transformar e enriquecer.

Baile de máscaras cênico, cujo componente de diversão jamais é excluído, mas que, antes de tudo, é baile dessa "comédia humana" muito séria da qual Meierhold se quer o autor. Baile de máscaras no qual a máscara é às vezes a personagem teatral – construída a partir de uma montagem de tradições e de observações cotidianas, de empregos teatrais e de homens reais – e a aparência que deve ser desvelada nesse grande processo de desmascaramento que é a arte teatral, na qual palco e plateia estão intimamente associados. É essa fórmula, envolvendo ao mesmo tempo temas e técnicas, que caracteriza melhor o teatro de Meierhold, tragicomédia da vida *e* da morte, do erro e da

60 Cf. P. Márkov, Tretii Front, op. cit.

61 *O Mandato*, Ato III, Cena 2.

verdade, do fantástico e do real, onde a morte pode ser percebida através de uma quantidade excessiva de ações cênicas e a vida nos silêncios, nas pausas.

Baile de máscaras em torno do discurso do conciliador em *O Professor Bubus*, quando a revolução se manifesta ruidosamente na rua e quando se dança antes da troca final dos vestidos de noite pelas vestes domésticas. Baile de máscaras do ato III de *O Mandato*, no qual as personagens são envolvidas em suas roupas de noite, seu vestido de casamento, de imperatriz ou em seu uniforme de comunista, disfarces que carregam sua pulverização em fina poeira humana, na qual cada grão permanece bem individualizado, mas inversamente proporcional à imagem grandiosa que eles gostariam dar de si mesmos. Baile de máscaras, enfim, em que se percebe a presença de organizadores, autor, encenador ou atores, sua inventividade, sua angústia e seu riso. São reuniões de festa (repastos, casamentos e, sobretudo, sequências de dança, danças de grupo, danças de salão) que, por sua força de concentração espaçotemporal, através dos corpos e da música, fornecem à plateia, que ri e geme, encontrando aí insuportáveis cacos de espelho, recortados pelo traço preciso do escalpo do ator. Nessas fases coreográficas, a vitalidade de movimentos, a rapidez de um ritmo às vezes endiabrado se congela, ralentando-se, entorpecendo-se, mecanizando-se em momentos em que o teatro pode decapar a superfície festiva ondulante.

As personagens de *O Mandato* são trazidas e levadas de volta em um mecanismo circular, elas parecem surgir do passado ou ser engolidas pela marcha do tempo: trata-se aqui, assim como em *Klop* (O Percevejo) de Maiakóvski, que mostrará a realidade socialista de 1929 como um passado longínquo pelo olhar dos homens do futuro, de um trabalho sobre o próprio tempo da vocação do teatro. Trabalho que permite uma livre navegação entre passado, presente e futuro, em uma visão fantástica, e que se torna dominante em cena pelo movimento da história, porque o movimento real dessa última é lento e tortuoso. Como todo teatro, o de Meierhold coloca no presente o que é passado pela situação *hic et nunc* da representação[62], mas também coloca no passado o que está presente em um desejo utópico de distorção, de aceleração do tempo. Desse modo, vai-se da agitação fútil vista pela modelagem grandiosa do ato III. Na montagem de contrários, o grotesco cênico coloca em evidência, aprofunda essa promoção de temporalidades sempre presente no coração de um espetáculo.

O Ator

As personagens de *O Mandato* evoluem entre diferentes graus de existência ou de não existência. Quanto ao ator, a mobilidade de seu estatuto exclui sua redução à marionete. O modo de Tadeusz Kantor, esse

---

62 Cf. B. Dort, *Un Jeu du temps, Journal du Théâtre National de Chaillot*, n. 10, p. 4-5.

EM TORNO
DO OUTUBRO TEATRAL

mestre de um grotesco atual, dar conta da gradação de vida dos participantes em seus espetáculos pode ajudar a compreender o funcionamento do ator em *O Mandato*, sem todavia fornecer aí a chave: os manequins, mortos, os espectadores, vivos, os atores entre as duas condições, "como habitados pela morte" e "quase espectadores"[63], enfim o encenador presente entre eles, com estatuto terrivelmente enigmático. Em Meierhold, ao passarem por diferentes graus da vida real, artística, teatral, os atores fazem variar seu estatuto e o de sua personagem, ao qual eles se associam ou do qual eles se dissociam, oscilam entre dois polos extremos: da vida real do artista-criador presente enquanto tal – Makárov, um acordeonista muito popular, à mesa com pseudomembros da classe trabalhadora – até a morte de bonecos de papel machê – o manequim de Autônomo. Entre essas duas condições, nos relacionamos com a personagem portadora de muitas máscaras com as quais o ator interpreta sua dor, o terror ou a confusão nas fases demonstrativas da atuação ou até com o próprio ator, fixando o público com os olhos arregalados: Gárin interrogando o público através do olhar congelado de Guliatchkin. Vai-se ainda da "biologização" de certos corpos (sujeira e acesso de selvageria de Schironkin-Zaítchikov, desejo erótico de Bárbara) à marionetização de comportamentos pela imobilização, desarticulação ou repetição de frases, de fases de atuação ou até de personagens. É um dos sentidos que se pode dar à técnica de geminação meierholdiana, com a duplicação em pares de personagens cujo grau de semelhança pode ser, ali também, variável (duplas de domésticas, dupla de meninas com vestidos esvoaçantes, penteados e laços gigantes idênticos). Enfim, por meio do cômico e do monstruoso, Meierhold desvela na insignificância da personagem uma pulsão lírica, a que transforma a grossa Bárbara, perdida em sua procura de marido, em moça patética. É no terceiro ato, o mais musical, que Meierhold apreende o melhor, fazendo variar os pontos de vista, a atenção impiedosa, mas despojada de ódio, com que Erdman leva a suas personagens.

Alpers destaca uma diminuição do movimento em reação ao dinamismo de *Le Cocu magnifique* (O Corno Magnífico) ou de *A Morte de Tarelkin*, enquanto ao contrário, a cena se torna cada vez mais móvel. Ele observa que a partir de *O Mandato*, "todas as personagens praticamente perderam a capacidade de se movimentar. Elas ficam em pé, sentadas, deitadas no palco, e seu olhar, seus olhos, estão quase constantemente voltados para o público. Elas não agem, elas se mostram cada vez mais ao público em tal ou qual situação fixa"[64]. Alpers não percebe na atuação de Gárin senão esses momentos, espantosos na realidade, de interrupção do movimento, ele percebe apenas um dos elementos do espetáculo para concluir pela predominância, sobre a ação, de *tableaux vivants* destinados à contemplação do público. Ora, como falar de contemplação diante de uma plateia em ebulição, diante de um trabalho que dá conta das reações mais variadas do público?[65] A

---

63 T. Kantor, *O Teatro da Morte*, p. 35 e 222.

64 B. Alpers, *Teatr Sotsialnoi Maski*, op. cit., p. 75-77.

65 Em 1925, no Laboratório de Encenação do TIM, foi instituída a seguinte lista de reações de espectadores, publicada em *Jizn Iskusstva*, n. 18, p. 14-15: 1. Silêncio – 2. Ruído – 3. Ruído intenso – 4. Murmúrio coletivo – 5. Canto – 6. Tosse – 7. Sacudidas – 8. Barulhos de pés – 9. Exclamações – 10. Choros – 11. Risos – 12. Suspiros – 13. Ação – 14. Aplausos – 15. Assobios – 16. Vaias – 17. Deixar a sala – 18. Levantar da poltrona – 19. Jogar objetos no palco – 20. Precipitar-se sobre o palco.

parcialidade da visão unívoca de Alpers indica no entanto uma orientação geral de Meierhold, não de uma diminuição do movimento, mas em direção a sua contenção e à redução de superfícies em que ele se produz, ou seja, em direção a uma autolimitação do movimento cênico. Agora não há mais, no nível do espaço de atuação, vontade de sair da caixa cênica para se dirigir à praça pública, não há mais pesquisa da arena de circo. Essa última é aqui simbolicamente despedaçada, desarticulada pelos círculos concêntricos móveis. O teatro não somente reintegrou suas molduras, ele restringe seu espaço. Mais movimentos acrobáticos e amplos em que o ator domina a totalidade do espaço horizontal e verticalmente. Nada de deslizamento, de *salto mortal*, de parada de mão e cambalhota. Porém, a pesquisa de outro funcionamento de relações entre esses dois tipos de formas plásticas teatrais: o movimento do ator em um espaço reduzido, aqui de partes de círculo, o movimento do ator sobre uma superfície, ela própria em movimento.

Pausa e Marionetização

As dificuldades inerentes à pantomima em uma pequena superfície são tais que é preciso decupá-la, fragmentá-la, para calcular cada uma de suas fases com tanto cuidado quanto os de um movimento acrobático. A arte da pausa, característica do ator meierholdiano, atinge seu apogeu em 1925-1926. Meierhold sempre destacou o papel da pausa no discurso plástico do ator. Ele é primeiramente musical: "A pausa lembra ao ator de calcular o tempo, tão necessário para ele como para o poeta", dizia ele desde 1914[66]. Ela também é técnica, ou seja, não psicológica e destinada a deixar o ator consciente do desenho de seu corpo. O ator que idealmente deve "se ver" constantemente em pensamento pode, nesses momentos de pausa, concentrar mais sua atenção sobre o grafismo de seus movimentos, fixá-lo. A pausa decorativa, inspirada pelas técnicas do teatro oriental, está no mesmo nível de uma racionalização do jogo do ator, a intervenção do pensamento como controle da gestualidade. Com a biomecânica, a pausa é também necessidade ginástica devido à dificuldade de movimentos executados. Ela pode igualmente fazer sentido em *O Corno Magnífico*, indicar por si mesma a passagem do dia para a noite, impulsionando a mudança do ritmo de deslocamentos que, de rápidos, tornam-se ligeiros e prudentes. Aqui, do mesmo modo que as cesuras, cuja importância Meierhold destaca no diálogo erdmaniano, a pausa terá, além do mais, um valor de respiração da pantomima, um valor rítmico e semântico na poesia plástica do ator e assumirá diversas funções: expressão de uma crise na vida interior, manifestação de um olhar, um movimento, um gesto; de intenções que constroem a rede complexa de relações entre personagens, ponto de apoio na passagem de uma sequência a outra, ou ainda pausa do

66 Programa de trabalho do Estúdio da rua Borodin, *Liubov k Trem Apelsinam*, n. 4-5, p. 97.

104 O Mandato, Ato II, Cena 27. Um biombo indica um canto do salão. A evolução de Varvára (Z. Raikh): atuação de perfil, com o leque. O mau humor de Valerian (S. Martinson) e sua vontade de mandar na noiva: jogo com o cigarro. Para os dois atores, utilização de assentos e do solo.

105 O Mandato, Ato II, Cena 17. Varvára e Valerian: jogo de expressão ambivalente "pegar no braço" (pedir a mão, pedir em casamento).

106 O Mandato. Valerian encoraja-se com a presença de Varvára.

trabalho cênico de um grupo enquanto a atuação continua com outro em uma espécie de *solo* final das situações cênicas.

Então, o ator seria essa marionete que tem somente um papel secundário em uma encenação na qual a imagem é primordial e na qual ele só teria de se integrar? Estaria ele mais próximo da "supermarionete" no sentido craiguiano do termo[67]?. As descrições da atuação em *O Mandato* mostram-no como dono do movimento, consciente de seu corpo, escultor de linhas que desloca, rompendo-as no espaço. Ele maneja a pausa como um signo de pontuação, operando constantemente sobre o binômio inseparável dinamismo/imobilidade. A pausa é manifestação do controle constante que esse ator deve exercer sobre si mesmo, sem que ele seja ainda capaz de dominar prolongamentos inevitáveis: seis meses depois da estreia, Meierhold deverá reduzir o espetáculo.

Frequentemente ainda, para se ter acesso ao teatral, um movimento, uma ação, identificam-se no sistema meierholdiano com um *ritual*. O gesto passa então por uma "ritualização", portanto por uma defasagem rítmica em relação ao que espera a percepção normal (a desaceleração, parada, mas também aceleração, às vezes, por menos que um dado paródico entre em jogo) e por uma mecanização.

No entanto, a atuação desse ator participa de uma estética do hiato, da dissonância, da ruptura, bem diferente dessa vez da harmonia craiguiana, e que impregna as criações de Meierhold em todos os níveis. Como a pausa atravessa a continuidade do movimento, ela faz voar em pedaços a unidade da personagem, a decompõe em uma multiplicidade de facetas. Do mesmo modo, essa estética da ruptura faz variar o grau de participação do ator na vida ou na morte cênica, aproximando-o às vezes, em sequências perturbadoras do espectador que,

67 Cf. D. Bablet, *Edward Gordon Craig*, p. 133-143.

por um breve instante, pode reconhecer nele um ser de dor, seu irmão. Desse modo a distância entre o ator e a personagem varia constantemente e, por conseguinte, a qualidade da relação que liga o espectador ao ator. Essa modernidade extrema em que a personagem pode ser ao mesmo tempo um fantoche e uma alma despedaçada, em que o ator pode falar através dele, em que o cômico pode ser tão vivo que o sofrimento remete à arte da maturidade de Chaplin, da qual, no ano seguinte, a pequena revista editada no teatro, *Afischa TIM*, torna-se ardente zeladora[68]. Às vezes, a atuação de Gárin, com movimentos de pernas "de dobradiças", como se escreverá, fará pensar diretamente nisso.

A Biologia em "O Mandato"

Se existe "marionetização", tal como a delimitamos em um aspecto da atuação, há também paradoxalmente acentuação do aspecto biológico de personagens e de seus comportamentos. A marionetização no sistema meierholdiano não remete nunca a uma abstração mecânica: a propósito de experiências de Ferdinand Léger, em seu filme *Ballet mécanique* (Balé Mecânico), *Afischa TIM* destaca que essa arte totalmente abstrata, combinação de luzes, de sombras e mecanismos, não satisfaz ao espectador[69]. À marionetização se acopla uma "biologização" e na atuação intervirá o componente "baixo corporal" do grotesco popular.

Em face das assimilações de seu período simbolista, Meierhold reivindica "o cinismo e o ateísmo de *O Mandato*". Cinismo, diz ele, no sentido da cultura antiga, cinismo que se encontra em Dostoiévski: "A peça é o resultado da observação extraordinária de um biólogo, de um cínico,

[68] Novii Tchaplin, *Afischa TIM* 2, 1926, p. 8 s. Viu-se então em Moscou *A Opinião Pública* foi vista então em Moscou, mas *A Corrida do Ouro*, não. "Seus filmes chegam em Moscou com dez anos de atraso" queixa-se *Afischa TIM*.

[69] Cf. *Afischa TIM* 2, p. 20.

de um ateu que não teme dizê-lo: não é culpa nossa, trata-se de algo bem mais profundo. E quando é um biólogo que faz isso, reina a maior pureza"[70].

Meierhold aproxima essa visão "cínica" daquela de Nicolai Sapunov que, desde *A Barraca da Feira de Atrações* soube dar a crueza brutal do "movimento de máscaras nas festas de aldeias provinciais, quando na entrada se importunava um policial subalterno que esperava que o livrassem (encontramos, aliás, esse policial no final de *A Floresta*)"[71]. Essa pesquisa da animalidade que prende pesadamente as personagens à terra, própria da arte de Sapunov, se aproxima ao mesmo tempo de Erdman. É pensando no pintor e em suas "goelas" que Meierhold encena *O Mandato* e suas personagens.

Os jogos de cena em torno do cheiro, do comer e do beber, do desejo amoroso, estabelecem as relações entre as personagens. No segundo ato, Bárbara quer se perfumar inteiramente para que seu noivo pense que "é de nascença", e ela faz Nástia fungar seu traseiro. Há em todo o terceiro ato uma vontade de suscitar no público associações semiorgiásticas: "Uma noiva meio bêbada deixa repousar os avanços de noivos que lhe propõem seus serviços e que cai em seu pomos. Danças, abundância de pratos, *paskha*•, presuntos e vinhos ao fundo", evoca Meierhold[72]. Essa imagem de embriaguez e de "preenchimento" é a tela de fundo de acontecimentos tragicômicos do ato III.

No ato II, a cena entre Bárbara e Valerian é desempenhada de maneira muito psicológica: avanços de Bárbara, recuo de Valerian, desenho sinuoso do corpo grosseiramente erótico da noiva que se aproxima, embaraço do noivo. Essa luta entre desejo e perturbação é interpretada de maneira explícita, quase agressiva aos espectadores. Eis porque Meierhold pensa em outra variante que ele não conseguiu realizar por falta de tempo: no lugar de um duo, um trio. A presença constante de um estranho desfaria o excesso do discurso corporal, o aspecto intimista do duo fisiológico, o olhar frio do observador mudo conferindo às ações um aspecto quase científico. E ainda ali, Meierhold encontra a inspiração sapunoviana:

> Se houvesse tido aí um trio, teríamos tido a seguinte coisa: Valerian levou um amigo ao encontro, e esse amigo não fala nada, ele está somente presente. Esse traço muda então toda a orientação do episódio e o faz pender não para o lado de Blok, não para o lado de Tchékhov, mas justamente para o lado de Erdman. Eu penso ainda em Sapunov que jamais teria concebido uma cena semelhante sem uma terceira personagem. Jamais... E para mim é uma questão da biologia, e não uma isca estética qualquer[73].

À maneira com que o ator dispõe de seu corpo como um mecânico, acrescente-se esse modo de apresentar as personagens, através do "baixo corporal", como uma soma de instintos. Essa busca paciente, pesquisa

---

70 RGALI, 998, 506.

71 Idem, ibidem.

72 Idem, ibidem.

73 Idem, ibidem. Ele realizará essa ideia em *O Inspetor Geral*, episódio "Abraça-me".

do concreto cênico mais cru, para explicar o homem não a partir de seus estados de alma, nem de seus envoltórios metafísicos, mas de sua animalidade, da psicologia experimental, da teoria de reflexos, de componentes sensoriais, iniciadas na prática biomecânica, junta-se aqui e prosseguirá em *Revizor*: o caderno de ensaios do espetáculo gogoliano nos dará o testemunho e Meierhold o manterá justamente à disposição daqueles que o acusarão, depois da estreia, de simbolismo, e mesmo de misticismo. A escrita cênica de *O Mandato* utiliza essas duas técnicas antagonistas, a biologização e a marionetização de corpos, mas que permitem, ambas, a atuação em distâncias variáveis entre o ator e a personagem.

O Tragicômico no Ato III

Organização de Cenas de Multidão

No último ato, Meierhold coloca em cena a mesquinharia, a bufonaria da "conspiração", insuflando-a, colocando-a sob a lente de aumento de uma forma teatral grandiosa. Na primeira parte, a cena se preenche progressivamente a partir de entradas sucessivas de duas heroínas, Bárbara e Nástia, e de suas "sequências". Os diferentes objetos, cauda, ícone ou pincel de pó com o qual Pável esfumaça as luzes da testa de sua irmã, buquê de flores e inúmeras bagagens, organizam, no cortejo de Bárbara, que avança, as posturas ativas de cada personagem, conotando ao mesmo tempo o casamento e a mudança para casa da família do noivo. Eles esculpem as gravidades que tornam os corpos pesados. Meierhold trabalha aqui, sobretudo, com a linha reta, em que o jogo com o objeto destaca, isola cada personagem. A utilização posterior do conjunto do platô circular, a concentração, depois o estiramento dos jogos de cena em arco distinguirão a seguir fases consensuais (grupo concentrado em si mesmo) e de ruptura (grupo separado por um objeto exterior a ele).

Com a chegada de Nástia, a plataforma ferve de gente. Toda a segunda parte do ato se acelera, tornando-se a grande recepção de um "não casamento", com orquestra de instrumentos à venda, garçons com guardanapo branco ao braço e bandejas com copos. A essa multidão junta-se, no palco minúsculo abaixo, os sete "convidados da classe operária" sentados em frente à plateia, ao longo de uma mesa. Ao fundo da cena, contra os doze painéis dispostos de modo a formar um muro semicircular, duas mesas em diagonal cobertas por uma única toalha branca, cuja altura desigual coloca em destaque os objetos que estão dispostos aí, pratos, velas, bebidas. Meierhold constrói as cenas de multidão em um espaço vazio, entre o baú do lado direito do palco,

107 O Mandato, Ato III, Cena 18. A chegada dos Guliátchkin na casa dos Smetánitch é construída sobre o princípio da procissão: linha reta onde o jogo com os diferentes objetos "ressalta" as personagens. Aqui Pável empoa sua irmã.

algumas cadeiras e essas mesas geminadas, paralelas à mesa dos "operários", igualmente coberta com toalha branca. Essa última desequilibra a orientação frontal do palco em face do público: uma diagonal imaginária, e descendente-ascendente, reúne essas manchas brancas e luminosas, descentralizando o olhar do espectador. A multidão desenvolve tentáculos móveis, retráteis, como um polvo, enquanto a massa cinza do baú permanece agora imóvel, embora abra-se ainda duas vezes, antes de se fechar definitivamente sobre Schironkin.

A gestualidade da multidão é submetida a um tratamento idêntico ao dos indivíduos: movimento, agitação, turbilhão, depois fixação. Quando a confusão está no auge, Meierhold acentua a tensão desenvolvendo os jogos cênicos em torno do princípio de contraste, do efeito de surpresa, da alternância solo/atuação do conjunto:

> Eles estão todos congelados. Tensão geral. Silêncio. Mas se desconfia deles. Atenção profunda. Eles estão congelados, mas aguardando. E eis que Valerian tem um gesto de mão promissor... Enfim! Ele tem aí uma questão! Mas... ele apenas retira com importância o cigarro de seus lábios. Novamente, um movimento de mão, novo aguardo esperançoso, mas ele coloca novamente o cigarro em seus lábios[74].

E o gesto se repete várias vezes sobre um fundo musical com a precisão gráfica necessária ao desenho grotesco. Do mesmo modo, uma longa pausa geral acolhe a notícia de Schironkin sobre o Gepeú*, enquanto amassa o mandato, ele o usa para forrar a caçarola que leva novamente à cabeça, depois retorna ao baú. A pausa se estende ainda,

[74] V. Iureniêva, "Serguêi Martinson", Soviétski Teatr, n. 7-8, p. 31.

UMA DRAMATURGIA
GROTESCA MODERNA:
O MANDATO

108 *O Mandato*, Ato III, Cena 26. Em cima do baú, Smetánitch discursa sobre o renascimento da Rússia. Guliátchkin está enfiado aos pés de sua irmã.

antes da subida da queixa final de Pável, pronunciada atrás de sua mãe que ele puxou pela manga até a boca da cena.

A multidão, magma vivo, forma o fundo coreográfico que se agita, interrompe, congela, desaparece um instante, retorna, pressiona na periferia do espaço cênico, encolhe-se ou se estica, avança, recua. É sobre esse fundo que se destacam as personagens centrais, agrupadas ao redor do baú, às vezes debruçadas sobre ele. Quando Pável, em cima de uma cadeira, tribuna improvisada, interpela Nástia: "Vossa Alteza Imperial, vós sois... uma filha do cão" todos os convidados giram ainda em duplas, os braços amplamente estendidos e separados do corpo em uma dança que desenha ao mesmo tempo linhas (alinhadas em pares) e círculos (turbilhões dos próprios pares), antes de pararem para atacar esse inimigo audacioso que é então Pável. Fenômenos de atração ou repulsa orientam os movimentos dos convidados em volta de Nástia, de Pável ou de Bárbara. Assim que Pável injuriou "a imperatriz" com um "agarrem-na", a multidão agarra-o para linchá-lo, está prestes a cortá-lo em pedaços, leva-o ao fundo do palco, engole-o, depois, acalmada pela mamãe, leva-o para frente arrastando-o pelo braço. Pável então consegue se explicar. A imperatriz, uma cozinheira? Agora, a multidão recua diante de Pável suplicando-lhe que seja clemente, põe-se de joelhos, rastejando diante dele.

Quando Pável pronuncia seu monólogo vingador, um grupo de homens se apodera dele erguendo-o e levando-o, assim, em desfile, cortando a multidão de dançarinos. A mãe e Bárbara correm por trás e os outros dançando se enrolam na sequência. Há ali todo um trabalho de níveis e olhares, a verticalidade na composição de agrupamentos e, sobretudo, um cinzelamento tal que se poderá falar de um *Dibuk* à moda russa. Desaparecimento, ressurgimento, é também com essa alternância que se constrói a cena terrível dos noivados coletivos, "Bárbara, escolha aquele que queres": ao dizê-lo, Pável empurra-a violentamente por toda largura do palco até o grupo, ao lado esquerdo do palco, urrando e suplicando: "Eu, eu", de joelhos, em pé, curvado, até as daminhas que chamam seu pai cutucando seu peito. O grupo absorve-a, ela torna a sair para continuar a ronda dos noivos, lança gritos agudos, procura por "lornhão e paixão". Ela dá a volta, avança, executando uma espécie de dança no ritmo arrastado de uma *furlana*[75] tocada no acordeão à mesa dos músicos ambulantes, que estouram de rir. Ela se encontra cara a cara com Valerian, que recua em um movimento brusco. Toda a atenção dos convidados e dos espectadores está agora concentrada neles, depois somente em Valerian, em suas mãos e em sua testa. Aqui acontece o jogo de cena descrito anteriormente, em que Valerian fuma nervosamente, ao ritmo da dança italiana.

No interior da multidão, as personagens são todas trabalhadas em detalhe. São grandes atores do elenco que interpretam esses papéis episódicos: Babánova (Tóssia), Jarov (Agafângel), biomecanicistas como Mestetchkin (o papai das daminhas) ou Svérdlin (o acrobata), Bogoliúbov (o açougueiro). Esse último, por exemplo, é enorme, a boca vermelha, os olhos arregalados, capaz de trinchar qualquer carne, não importa qual, bovina ou humana. Quanto à Babánova, ela pipia e aprofunda um comportamento de galinha cega. Minuciosamente detalhado e organizado no conjunto, cada momento de conflito cênico, cada virada oposta da multidão, inspirada por uma paixão única, furor, explosão ou pânico, "empina" a cena de modo impressionante. A organização de ações e reações coreográficas, a disposição sobreposta de objetos, os rostos e os corpos, as oposições entre o indivíduo e a multidão que o incensa, absorve-o, eleva-o ou o rejeita, tudo isso vai destacar a solidão de personagens desmascaradas, o abandono de Bárbara, que parecerá ao espectador mais digna de piedade do que cômica. Se o riso domina nos dois primeiros atos, deixando a tragédia na sombra, acontece o contrário no último ato, em que o riso se esfumaça, diante desse baile de comédia humana que concerne a todos, aos homens do NEP ou não. Nas abjurações da multidão versátil, suas súplicas, seus flagelos, Meierhold apresenta a comédia do medo diante do poder, seus representantes ou seus atributos, que será uma das linhas condutoras de *Revizor* no ano seguinte, onde o terror se tornará o principal impulso da ação cênica.

Os "Proletários" e o Papel da Música

Enfim, na direita baixa, ao redor da mesa coberta de garrafas vazias, agitam-se os sete membros da classe operária. Curiosamente, a crítica da época fala pouco dessas personagens. Na peça, esses proletários de

75 *Furlana*, dança italiana antiga em dois tempos, vivaz e animado.

109 O Mandato, Ato II, Cena 27.
Os noivados coletivos: os
"proletários" também propõem...

ocasião são três artistas ambulantes, e Meierhold acentua intensamente a concepção de Erdman: ao tocador de realejo, juntam-se o acordeonista-virtuoso Makárov, cuja interpretação da "Valsa de Dois Cachorrinhos" em *A Floresta* tornou-se um sucesso popular, uma cigana (a mulher do periquito em Erdman), um ex-cantor de igreja já bêbado, de puddióvka• e com botas de feltro, um acrobata, o homem com tambor (ou segundo acrobata) e o porteiro.

É com eles, no final do ato II, que já é dada a tonalidade do ato III, que se concentram e se orientam por outro registro os fios dramatúrgicos. Entre os dois Smetanitch e a companhia do tocador de realejo, acontece de repente o quiproquó, cada um toma o outro pelos famosos "amigos comunistas" que devem examinar o caso Guliatchkin e a porcentagem proletária de suas origens antes de apadrinhá-lo no Partido. O tocador de realejo toma a insígnia-fantasia de Valerian por um signo de pertencimento ao Partido. Smetanitch acredita que eles tenham mesmo "vindo com uma orquestra e se apavora com as terríveis raspaduras de garganta do cantor"[76]. Esse quiproquó cômico se aprofunda, balança com uma velha canção russa que Meierhold

76 Cf. E. Gárin, S *Meierholdom: Vospominánia*, p. 109-110; e *O Mandate i o Drugoi...*, em *Vstretchi s Meierholdom*, p. 325-326.

302

EM TORNO
DO OUTUBRO TEATRAL

monta em contraponto: o elenco coloca-se então como se fosse para um espetáculo, em um corredor do imóvel, e o cantor ataca, acompanhado por Makárov, "Entre os Altos Trigais, Ele Se Perdeu". A cigana com seu tamborim começa a alardear as origens de Guliatchkin e seu amor apaixonado por fábricas, enquanto o cantor e o acordeonista prosseguem seu dueto. Há algo dos comediantes de *Hamlet* nesse número. A mascarada social interpretada por esses artistas é posta em perspectiva através de um ritmo novo, o espaço infinito aberto pela canção popular, o gemido do acordeão, enquanto ao lado, Nástia ainda está sentada trêmula sobre a pistola carregada. A confusão da identidade de cada um está no auge. A passagem do plano cômico ao lírico, depois sua superposição, leva o espectador ao mesmo sentimento de confusão que se traduz por uma inquietação latente. Inquietação que acolhe a entrada em cena de um Guliatchkin petulante, em roupa de couro, brandindo seu mandato que, ele lê para todos os assistentes. Esse mandato assinado por ele mesmo não é senão um atestado de moradia, mas agora ninguém está em condição de prestar atenção nisso, tanto que a aparência de Guliatchkin, seu tom, sua certeza de possuir um poder infinito, coincide com a de um *apparátchik**. O texto do documento não tem nesse instante nenhuma importância, a não ser para o espectador, que consegue retroceder e desenredar a situação pelo riso. As folhas de controle de reações da plateia[77] atestam essa construção racional de emoções, da perturbação de espectadores. As reações a essa cena estão presentes de um lado na rubrica "riso" (breves e sacudidos), e de outro lado na rubrica "silêncio" onde está definida "atenção suspensa".

Essas sete personagens têm um estatuto ambíguo. Mambembeiros*, emissários do teatro de feira, eles são portadores de toda a carga semântica que Meierhold lhe confere. No espetáculo, eles são esses marginais do teatro institucionalizado, esses jograis de que Meierhold, há não muito tempo, falava todo o bem que ele nutria em face de um tedioso orador de encontro público[78]. Mas, ao mesmo tempo, eles trocaram as vestes faustosas do teatro de feira pela roupa de proletários (boné, echarpe com nós) com as quais eles interpretam o papel mediante dinheiro e do qual eles não apresentam uma imagem positiva, mas a de bêbados em rega-bofes. É com esse duplo estatuto que eles vão participar do terceiro ato, espectadores da destruição de esperanças individuais e coletivas de Blagucha. Sentados de costas para a cena, eles se voltam para ela ou se levantam em poses que se tornam mais expressivas nessas rotações obrigatórias. Eles caçoam uns dos outros, atacam os convidados, tentam chamar a atenção de Bárbara sobre eles, como se fossem os noivos, comentam as ações, sempre bebendo. Ao mesmo tempo, teatro no teatro (eles atuam) e posto avançado da plateia na plateia (eles assistem), eles se encontram no limiar entre o teatro e a vida, unindo estreitamente ficção e realidade: eles não estão ali,

77 Cf. supra, nota 67.
* No original francês *gens de balle* (N. da T.).
78 Cf. V. Meierhold, Da Zdravstvuet Jongleur!, *Ekho Tchirka*, n. 3, traduzido em C. Amiard-Chevrel (org.), *Du cirque au théâtre*, p. 225-228.

mais do que o público, para julgar nem condenar Guliatchkin já que, tanto quanto ele, eles são duplos e, portanto, implicados.

Além dessa função essencial, a trupe ambulante tem um papel a assumir na montagem rítmica do espetáculo através do intermediário de melodias do acordeão. Meierhold utiliza muito esse instrumento plebeu que o Conservatório de Moscou despreza ainda e se recusa até a ensinar, e que os compositores esquecem em prol de instrumentos de sonoridades sinfônicas possante capazes "de exprimir a época". Por esses motivos, em 1926, ele o introduzirá como matéria de curso (fora do programa) no Gektemas•. Além de sua função social, no TIM considera-se que suas possibilidades musicais são enormes e o trio de acordeonistas do teatro trabalha na ampliação do repertório, na transcrição, para sua utilização, da partitura orquestral de *Carmen*, de rapsódias de Liszt, ou mesmo da abertura de *Die Meistersinger von Nürnberg* (Os Mestres Cantores de Nürnberg) de Wagner.

A encenação de *O Mandato* se constrói nas oposições rítmicas. Gárin destaca: "Meierhold sabia que o ritmo era a vida do homem isoladamente, tanto quanto a de uma cena tomada em seu conjunto, que a mínima mudança de ritmo transforma não somente a tensão da cena, mas todo seu sentido"[79].

Meierhold orquestra os ritmos de personagens nos diversos estágios de seu pertencimento na vida ou na morte cênica (rápida, desacelerada, mecânica, saltitante, nula), esses de discursos (palavras, gritos, barulho ensurdecedor coletivo, pausa ou silêncio), esses de fragmentos de cena que ele superpõe (lirismo da criação russa de grandes espaços/quiproquós de vaudevile, esses de imagens complexas desenhadas pela multidão de convidados na segunda parte do ato III. As mudanças de ritmo determinam aqui os percursos de personagens, as formas espaciais investidas pelos grupos: ritmo sacudido em dois tempos para a furlana e a pantomima da escolha no momento dos noivados coletivos, em três tempos para as valsas tocadas ao gramofone, dançadas pelos pares, roncado e solene para o hino ao tsar interpretado por uma orquestra de instrumentos de sopro, melodia final triste e repetitiva do acordeão. Respondendo ao poder dos instrumentos de sopro, esse fio de acordeão lamentoso e fino se insinua, ao término do espetáculo, um pouco parisiense e lânguido. As mudanças de ritmo, mas também de timbre fazem oscilar as sequências e o clima do acordeão final inverte a cerimônia de casamento em seu contrário, a do enterro, visualizado pelo retorno de Schironkin ao baú, que se fecha sobre ele, como em um círculo. Suporte rítmico de pantomimas psicológicas, a música é também, com essa melodia melancólica no acordeão que interrompe em um acorde, depois da última frase de Guliatchkin, voz do povo – voz do teatro? – ao mesmo tempo sensível e abstrata, que permite apreender a dimensão metafórica da ação teatral.

---

79 E. Gárin, op. cit., p. 110.

304

EM TORNO
DO OUTUBRO TEATRAL

Ⅲ *Três expressões de Pável Guliátchkin (E. Gárin), entre* **Ⅰ** *cautela,* **Ⅱ** *desespero e* **Ⅲ** *perplexidade.*

Princípios da Construção de Personagens

Marcado pela prática construtivista, o coletivo meierholdiano efetua uma montagem racional da personagem do teatro a partir de elementos antagonistas bem escolhidos. Desse modo, a intensa Nástia, com sua voz de baixo e com sua coqueteria, é inspirada na cozinheira de *Liubov k Trem Apelsinam* (O Amor das Três Laranjas), ópera de Prokófiev, e em camponesas recém-chegadas a Moscou para quem os costumes da capital são objeto de espanto constante, e que constituem uma legião na dramaturgia teatral e cinematográfica dos anos de 1920. Trata-se de uma montagem de ficção teatral e de realidade atual.

Com a força de detalhes, elementos de roupas tiradas da rua, e em que cada um tem sua "biografia", a personagem começa a nascer concretamente no decorrer das primeiras discussões. "Para construir o papel, é preciso partir de dados físicos apropriados a cada personagem", afirma Meierhod. Bárbara é desenhada de pronto como "velha", "apaixonada", "cabeça baixa", "pernas um pouco tortas", "um penteado como o das balconistas", "loira com um coque", "um defeito: o nariz e a boca", e "algo que não combina com o andar ou com o falar"[80]. Esse papel de solteirona ingênua se desenvolve a partir de um sorriso-careta, de um andar arrastado, e de uma *coloratura* de soprano que nela foi, segundo Erdman, "descoberto no coral". Raikh deve combinar desgraça com coqueteria. E Meierhold acrescenta que é preciso encontrar uma semelhança de família entre os três Guliatchkin, talvez no gesto. As silhuetas criadas evocam às vezes as séries de desenhos do artista gráfico Vladímir Lébedev intitulados *A Calçada da Revolução* (1922) e, sobretudo, *O Novo Cotidiano* (1924).

Guliatchkin

"Homem-dote", ardiloso, de uma insolência rara, ele não cessa de alardear suas relações, evoca "seu mestre preferido, Engels, que disse tantas coisas que não consegue se lembrar de todas". A sua relação com a Terceira Internacional é "de tu para tu" e bebeu "à *brüderschaft*, à fraternidade" com o próprio Lunatchárski". Ele se vangloria, enfim, de ser o presidente do Comitê de Imóveis, "um chefe, ora". Seu descaramento só se iguala à sua incultura e falta de convicções políticas, alusão aos trabalhadores que, então, entram em massa no Partido, ignorantes de tudo em geral e do marxismo em particular. Seu lema é o de um oportunista que manobra para tirar benefícios pessoais do poder soviético e melhorar a existência da família que sobrevive graças a alguns restos de fortuna e a parentes no campo. Mas suas ambições se esboroam sob o efeito do mínimo temor...

80 RGALI, 963, 454. Observações de Meierhold das jornadas de trabalho de 26-27 de fevereiro (notas de V. Fiódorov).

Gárin, seu intérprete até a época, não trabalhou no TIM, a não ser em papéis episódicos. Mas sua capacidade de se transformar (sete papéis depois em *D. E.*), sua finura e inteligência, guiam-no na articulação de sua interpretação das três facetas de Guliatchkin: homenzinho afetado, egoísta, poltrão que aterroriza sua própria audácia, *apparátchik* ameaçador e até ditador panrusso. Desarrumado, despenteado, ele coça a cabeça, cerra as sobrancelhas, procura entender. Usa uma calça reformada, sapatos gastos e sob seu casaco ornado com uma insígnia, um suéter duvidoso de gola esticada. Seus medos se traduzem por um jogo de mãos que ele esconde em seus bolsos, junto a seu peito, ou com as quais ele aperta as têmporas. Seus acessos de terror desencadeados por seu próprio grito: "Silêncio! Eu sou do Partido" são interpretados com uma gestualidade "em itálico", peito inclinado, boca aberta, pupilas dilatadas, que se repete e se desenvolve em *leitmotiv* cada vez que ele lança sua ameaça. Disfarçado de comunista, ele carrega agora uma boina atrás da cabeça, as mechas loucas escapando. Bigodes muito leves formam uma sombra sobre os lábios, sublinhando a expressão desdenhosa, dando-lhe um ar de segurança. Ele tem a barriga protuberante, acentuada pelas dobras de seu velho suéter, visíveis sob o paletó de couro preto aberto. Seu comportamento, como seu discurso, se constrói a partir de clichês contemporâneos, como o braço direito erguido bem alto à maneira dos oradores das manifestações.

111 *Nástia (E. Tiápkina), a cozinheira-imperatriz.*

Valerian

Ele tem a audácia, a insolência do "filho de família" e de quem tem uma "profissão liberal" nessa época de NEP. "Seu universo se limita à admiração extasiada das calças da moda e de seda"[81]. Na interpretação de Martinson, trata-se antes de uma cabeleira loira, espessa, com uma risca no meio e cachos sobre o rosto. Ele é massivo, não tem cara nem pescoço, sua cabeça está diretamente legada a seus ombros, seus olhos são fendas. Sua insignificância se esconde no "chic" de suas roupas (casaco listrado, echarpe, calçados envernizados) e em seu modo de fumar. Martinson desenvolve um gestual de gorila endomingado, mas, quando começa a falar, uma miserável notazinha estridente e sem modulação sai de sua garganta.

Nástia

Sua vida no palco passa "de uma imobilidade de mulher de pedra a uma dança de mastodonte em turbilhão"[82]. Bem constituída, usa uma saia bem engomada que acentua sua rigidez, mas vive constantemente nos sonhos engendrados pela leitura em voz alta de romances cor-de-rosa.

81 A. Gvozdev, Final i Pantomima, *Jizn Iskusstvo*, n. 35, p. 10.

82 I. Aksiónov, *Mandat*, op. cit.

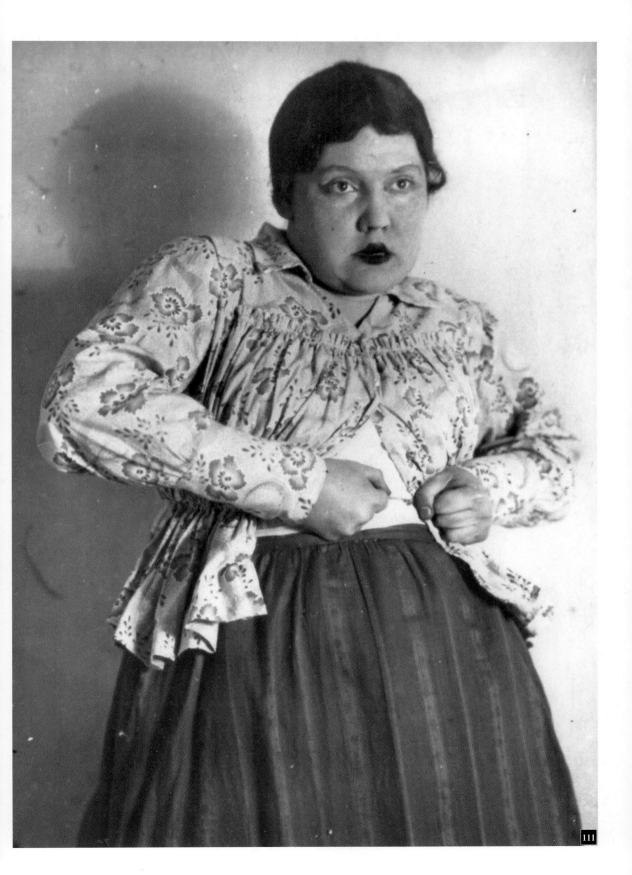

Ela parece sempre sonolenta, não entende nada do que se passa ao seu redor. Assim, no início do ato I, Bárbara e Pável se mostram muito interessados nas relações que mantém com Schironkin e que descreve desse modo: "Se ele me convidou ao seu quarto, foi exclusivamente para engrandecer meu busto" (trata-se, bem entendido, somente do *hobby* de Schironkin, a fotografia). Nesse diálogo todo, a atriz Tiápkina não para de tocar, de apertar, de examinar de perto as molduras de bronze de uma mesinha antiga, que ela parece descobrir com espanto[83]. Meierhold lhe indicou um comportamento desse tipo, que se tornará a chave do papel, já que produz nela um estado interior correspondente à gravidez do imaginário de Nástia e às dificuldades extremas da personagem para se adaptar ao real. Sua percepção do estranhamento desse real é transmitida com eficácia ao espectador por esse jogo do toque e do olhar. Do mesmo modo, quando o tocador de realejo entra, Nástia olha-o com muita atenção, aproxima-se dele, mas sem ousar tocá-lo. E o público rirá somente ao olhar de Nástia, em referência ao episódio da mesinha.

Tiápkina interpreta Nástia a partir do desacordo entre seu ritmo interior e o dos outros, o que lhe dá um ar embaçado, mole, pouco ágil, redondo e rígido ao mesmo tempo. Ela não atua nunca sobre os círculos moventes. Mas as potencialidades passionais de Nástia se expressarão na dança frenética que constitui o outro polo de sua personalidade cênica. Bárbara quer fazer dançar Nástia, mas esta se recusa. Aquela insiste. O tocador de realejo toca, Nástia não sabe o que fazer. Em pé no proscênio, ela se entrega docemente ao motivo. Seu rosto se anima com um sorriso e sua perna começa a mover-se, por si só, ao ritmo da música, inteiramente só e, comicamente, calçada com uma grosseira botina de passeio que Tiápkina encontrou para dar acabamento a sua personagem, para tornar mais pesada a figura de sua personagem. A própria Nástia se espanta com essa liberdade. Enfim, seu corpo todo segue o movimento e se lança em uma *kamarinskaia*• loucamente aplaudida.

A Evolução do Jogo Grotesco

Com *O Mandato*, todos os atores de Meierhold, os dos "grandes" papéis como os de papéis episódicos, obtêm um sucesso unânime. A interpretação aqui é um modo de conduzir "à análise de estados psicológicos da personagem"[84], não por uma análise de uma evolução cronológica, mas de um corte profundo do ser, espécie de biópsia espiritual. A fábula extravagante de Erdman, como já a de Crommelynck, é um instrumento para colocar

---

83 Cf. supra, nota . E. Tiápkina ingressou em 1923 ao teatro de Meierhold para interpretar Gurmijskaia em *A Floresta*.

84 G. Gauzner; E. Gabrilóvitch, *Mandat u Meierhold, Jizn iskusstva*, n. 19.

em crise a ou as personagens, para exprimir "a discrepância cômica ou tragi-cômica entre ações e emoções subjetivas e circunstâncias objetivas"[85].

O jogo grotesco, que chamaremos aqui grotesco psicológico, consiste nesse estádio de uma defasagem, de um desvio, no interior da ação, entre as situações e as soluções pretendidas. Meierhold aplica essa poética de desvio em todos os níveis e, antes de tudo, na direção de atores: defasagem entre a quantidade de energia dispensada pelo ator e o objetivo da tarefa pretendida, entre a força que ele coloca em jogo e seu ponto de aplicação, entre o que é dito e o tom do que é dito, todos os elementos que traduzem em termos de atuação a distância entre a insignificância da ação das personagens e sua seriedade. Do mesmo modo, a dramaturgia utilizada coloca as personagens em situações inacreditáveis, que não se poderia encontrar na vida, mas às quais elas reagem de uma maneira muito comum, do mesmo modo, o encenador colocará o ator em situações não realistas, nas quais ele deverá se safar efetivamente. Se Dostoiévski pôde atingir em sua obra as profundezas da alma humana, se ele "a sacode" com tanta verdade, é porque, de saída, ele colocou o homem cretino de cabeça para baixo e de pernas para o ar, afirmam dois discípulos de Meierhold, Gauzner e Gabrilóvitch. Do mesmo modo, Erdman coroa Schironkin com uma caçarola, e Meierhold instala os dois pés de Martinson em dois círculos diferentes do dispositivo, que se deslocam em sentido contrário: "Somente por essa abordagem excêntrica, colocando o homem em uma situação inesperada, revirando-o, é que se pode apreender os recantos de seu psiquismo até aqui sombrios"[86].

É desse modo que Meierhold analisa em *O Mandato* o que o medo pode fazer com os homens.

A prática biomecânica visa melhorar a independência expressiva de diferentes partes do corpo, o que não significa, como se viu, um trabalho autônomo: um dedinho erguido, ou um modo de fumar, não poderá ser percebido em "plano geral" a não ser pela mobilização de todo o resto do corpo nesse movimento ínfimo. O conhecimento do corpo no espaço autoriza a montagem de suas diferentes partes de modo não cotidiano[87]. Mas essas técnicas biomecânicas que permitiram, três anos antes, especular majoritariamente sobre a ascensão próxima de um homem novo, sadio, eficaz, utopia em que os trabalhadores e atores se confundiam na imagem ideal de um corpo bem treinado, essas técnicas servem agora para exprimir com precisão a desagregação do humano. Nenhum exercício será utilizado como tal em *O Mandato*, como pôde ser o caso de certas sequências de *O Corno Magnífico*. Ao mesmo tempo, esse treinamento não é mais obrigatório para todos os atores do teatro. Assim, Tiápkina afirma jamais ter praticado biomecânica na época de *O Mandato*, mas a ginástica de boxeador, praticada igualmente por Meierhold.

---

85 C. Rudnítski, op. cit., p. 337.

86 G. Gauzner; E. Gabrilóvitch, *Mandat u Meierhold*, op. cit.

87 Cf. P. Márkov, *Sovremênie Akteri, Vremênnik Russkogo Teatralnogo Obschtchestva 1*, p. 255.

Em compensação, certos intérpretes de papéis episódicos são excelentes técnicos monitores do Laboratório de biomecânica. Mais de três anos de estudos de princípios do movimento e da reflexologia nesse Laboratório conferem à direção de atores uma força espantosa e, consequentemente, uma grande expressividade aos próprios atores. Piast extasia-se com a composição de cada detalhe: "Cada linha de roupas que se partem, no momento em que os três transportam uma minúscula mesinha, ir e voltar ao mesmo lugar em que ela se encontrava, é concebida artisticamente"[88]. O conhecimento de relações entre corpos e pés, o jogo coletivo com o ou os parceiros, a ciência biomecânica do espaço, exprimem-se nesse detalhe apreendido do vivo em que, além disso, o corpo mecânico incorpora um estatuto carnavalesco, incrustando-se no objeto que ele desloca inutilmente.

Quando Smetanitch filho está sozinho com Bárbara e quando a conversa não chega a engrenar, senta-se ao piano de costas para o público: "Com um chique extraordinário, arranca os toques e produz os acordes de um romance cigano de fisgar o coração. Todo o seu corpo toca, ele está como que montado em dobradiças, tanto lançando seu corpo para longe do clavicórdio quanto se lançando sobre ele. Seus longos braços simiescos jorram para o alto no ar"[89]. Essa descrição da atuação de Martinson destaca os dois elementos essenciais da atuação grotesca, a animalidade (símio) e a marionetização (dobradiças). Mas o comportamento de Valerian, o chique obsceno de suas maneiras, não é outra coisa senão a transposição teatral da opinião elevada que esse filhinho de papai tem de si mesmo. Diante de Bárbara, ele conhece seu preço e o demonstra.

O corpo dos atores se desloca segundo as orientações que podem tomar suas diferentes partes: olhar virado para um lado, tronco para outro, pés ainda para outro. O corpo de Bárbara parece, mais do que os outros, submetido a essas diferentes atrações. Destaca-se ainda todo um trabalho das partes intermediárias e das articulações. Martinson fez desaparecer seu pescoço, Meierhold indicará igualmente nos ensaios que Olímpio Smetanitch deve ter uma gravata que lhe fecha muito a garganta. Ali está um desenho expressivo encontrado por Sapunov para seus rascunhos de 1910 de *A Echarpe de Colombina* ou as golas masculinas muito altas e fechadas, com função ortopédica. As articulações (cotovelos, joelhos, pulsos) têm uma função central tanto para a propagação do movimento quanto para o grafismo nítido e nervoso do corpo pelos ângulos, pelas quebras que elas determinam no espaço.

Sobre essa máquina de atuação que é soalho do palco se desenvolvem estudos plásticos psicológicos: o corpo que perde o equilíbrio, que se quebra em movimentos desordenados, mas na realidade sabiamente controlados, que luta contra a força de gravidade, exprime esse estado de desconforto da personagem que procura livrar a cara. E quando as personagens se acham imobilizadas, fulminadas pelo terrível "abre-te

[88] RGALI, 963, 289. V. Piast, artigo sobre *O Mandato*.

[89] V. Iureniêva, "Serguêi Martinson", op. cit., p. 39.

sésamo" lançado por Guliatchkin, a dinâmica circular permite aprofundar os efeitos paralisantes do medo, levando-os, lentamente, aí um grupo em pé congelado, para a escuridão que os devora.

Em *O Mandato*, o parentesco de pesquisas de Meierhold com as de "seu discípulo Vakhtângov" parece agora evidente aos observadores de 1925[90]. É através do grotesco, arte da forma como carne de todo pensamento teatral, que no teatro de Vakhtângov, admirador de *A Barraca da Feira de Atrações* e de *A Echarpe de Colombina*, encenou-se em 1921-1922 a oposição a Stanislávski e a reaproximação com Meierhold. Foi trabalhando em seu Estúdio órfão, que Meierhold aprofundou suas próprias técnicas. O "realismo fantástico" definido por Vakhtângov em 1922 como essência do teatro, cujo modelo ele encontra em Gógol[91], e o grotesco meierholdiano da maturidade se encontram e, não por acaso, com uma dramaturgia de tipo gogoliana: material que interpela o encenador duplamente, na medida em que ele propõe ao mesmo tempo problemas teatrais árduos e grandes questões próprias da sociedade russa. Alçadas às nuvens pela vanguarda teatral dos anos de 1920, as zombarias da "galáxia Gógol" às quais se pode alinhar Erdman e em parte Maiakóvski, que virá lhe pedir conselhos de escrita, serão no final do decênio voltadas ao desprezo pela política cultural. O caminho de Meierhold a Gógol é lógico e ele constata: "Antes de *Revizor*, eu montei vinte espetáculos que foram esboços de *Revizor*"[92]. *O Mandato* é a última etapa antes do encontro decisivo. Seu último ato parece mesmo ser "a chave para o percurso de *Revizor* que tanto torturou Gógol e cuja comédia bufa se transforma em espetáculo trágico, monumental"[93].

Tradução de Isa Kopelman

---

90 RGALI, 998, 506. Intervenção de N. Volkov.

91 E. Vakhtangov, Entretien du 11 avril 1922, *Travail théâtral*, n. 9, p. 68-69.

92 A. Gladkov, *Teatr: Vospominánia i Razmischlenia*, p. 283.

93 A. Piotróvski, Na Kanune *Revizora*, Jizn Iskusstva, n. 35, p. 5.

Teatro e Música

I.

O Professor Bubus e as Transformações do Teatro Político

> O espetáculo se regulava em uma partitura bem complexa em que objeto, luz, som, música, movimento, voz e palavra desempenhavam o papel de diferentes instrumentos de uma orquestra. Ele abria caminho à criação de uma sinfonia teatral.
>
> A. Gvozdev[1]

Em *O Mandato*, os princípios do Outubro Teatral modificam, portanto, seu alvo, aprimorando ao mesmo tempo as suas exigências. Mas é com *Utchitel Bubus* (O Professor Bubus) que Meierhold inaugurou esse novo estádio do teatro de agitação política, ao qual ele se propõe a dar um novo fôlego afastando-o do modelo demasiado simplista do cartaz para apoiá-lo com prioridade na música. Da mesma maneira que, em 1909, uma leitura atenta de Richard Wagner e a encenação de *Tristan und Isolde* (Tristão e Isolda) haviam sido fecundas para sua prática do teatro de convenção, desse mesmo modo, uma reflexão sobre o drama wagneriano e sobre as formas musicais contemporâneas concorre para transformar o teatro político. Totalmente construído sobre um material musical, *O Professor Bubus* elabora formas complexas: representa primeiramente um trabalho de laboratório e Meierhold o destaca quando opõe as "matemáticas superiores" dessa pesquisa cênica à "álgebra" de *Le Cocu magnifique* (O Corno Magnífico)[2]. Esse espetáculo, o mais enigmático de Meierhold, é arrasado pela crítica, que não o compreende, tampouco apreende sua importância no conjunto da obra. Ele se aborrece com o público porque é difícil e porque, depois da deserção inopinada de Ilínski, intérprete do papel-título, ele em parte fracassou. *O Professor Bubus* é apreciado somente por especialistas, teatrólogos, mais que por jornalistas. O que surpreende, após a alegria de viver e a simplicidade brutal de *Les* (A Floresta), é a lentidão de *O Professor Bubus*, seu refinamento, seu esteticismo. Meierhold se empenha em aprofundar as técnicas de encenação e de jogo do ator. 1924-1925 é para ele um período de passagem, como testemunham as tratativas conduzidas por Boris Zakháva, então ator do TIM[*] e "trânsfuga" do Terceiro Estúdio do Teatro Artístico, para obter uma colaboração de Stanislávski com Meierhold na base desse Estúdio[3]. A ideia não será levada a termo, mas Meierhold ensaia *Boris Godunov* com os alunos de Evguêni Vakhtângov no momento mesmo em que começa a trabalhar em *O Professor Bubus* com sua própria trupe.

Como *Ozero Liul* (O Lago Lull), a nova peça de Aleksei Faikó tem por tema a visão soviética do Ocidente. *O Professor Bubus* é uma farça que, da mesma maneira como ele complicou o melodrama de *O Lago Lull* com ritmos do cinema policial, Meierhold irá "ramificar-se" no gênero trágico. A intriga é rocambolesca e lhe oferece um campo

112 Revizor, *Gostim, 1926. Figurinos da cena muda (programa editado para as viagens do Gostim à Alemanha em 1930).*

1 *Le Professeur Boubous*, Écrits, 2, p. 126.

2 Meierhold Govorit, em A. Gladkov, *Teatr: Vospominánia i Razmischlenia*, p. 298.

3 Cf. RGALI, 998, 1413. Carta de Boris Zakháva a Meierhold, 22 ago. 1924.

de ação privilegiado para desenvolver o princípio teatral de "inverossi-milhança convencional" que ele denomina aqui "excentrismo realista" ou "inverossimilhança verossímil"[4]. Ela se desenvolve numa cidade anônima da Europa, em um meio cosmopolita que se defrontou com uma crise política e um levante revolucionário[5]. Além de uma crítica ao sistema capitalista, das setas de acusação aos intelectuais idealistas que fazem o jogo dos aventureiros ou dos reacionários e da afirmação de uma revolução mundial inelutável, Meirhold aí distingue o tema gogoliano da impostura: Bubus, o usurpador coagido, é levado pelo diabólico barão Feiervari a falsificar sua identidade. No final, soldados e operários liberarão a cena de todos os imbróglios bubusianos, tanto concretos como ideológicos.

Na escritura do encenador, essa peça-pretexto se aprofunda em tragicomédia: ela trata da agonia de um mundo condenado – a burgue-sia – e retoma a veia escatológica de *Maskarad* (O Baile de Máscaras) que concernia, portanto, à aristocracia. No grotesco meierholdiano, a relação cômico/trágico inverte-se de novo em proveito do trágico e as tonalidades maiores se esfumam sem que, no entanto, o riso desa-pareça. Ao mesmo tempo que emerge de forma dominante o tema histórico da agonia burguesa ampliado ao tema ontológico da morte do humano no homem, o mundo do teatro parece fechar-se sobre si mesmo: a cena é cingida por uma leve parede. Partitura não hermética que se reencontrará, em outra forma, no dispositivo de *Revizor*, uma imensa "cortina" de bambu delimita a área de atuação.

As Soluções Espaciais: Uma Construção Sonora

Escolhas cenográficas confirmam esse deslocamento temático. Elas remetem também a experiências da rua Borodin pela associação de três elementos então privilegiados: bam-bus, tapete, piano. Disparatados, sem relação direta com a peça, esses três elementos de base compõem um estranho dispositivo concebido, segundo os planos de Meierhold, por Iliá Schlepiánov, em que o con-junto das formas visuais e sonoras das quais eles são portadores consti-tui, sem que haja aí verdadeiramente construção, um espaço de jogo de atuação quase abstrato em que alguns raros objetos situarão esque-maticamente o lugar da ação e a posição social das personagens.

Dois princípios o organizam: de um lado a submissão à forma matricial da *elipse* que, substituída pelas coações angulares da cons-trução, determina a geometria cênica e induz aos jogos de cena em

4 Cf. V. Meyerhold, Le Théâtre de foire, *Du Théâtre, Écrits*, 1, p. 201. Trata-se de uma expressão de A. Púschkin (rascunho de carta a N. Raevskii, jul. 1925). Cf. também *Utchitel Bubus*, p. 3.

5 O texto da peça está publicado em russo em A. Faikó, *Teatr: Pessi, Vospominánia*.

arco; de outro, a prioridade absoluta concedida à música. *O Professor Bubus* é um "tempodrama", um novo gênero cênico que Meierhold se propõe a criar em lugar da ópera tornada obsoleta. É isso que se pode ler na brochura que excepcionalmente o TIM edita, a fim de precisar o trabalho realizado[6].

Enganchados no alto por argolas de cobre, os bambus oferecem um labirinto de portas de entrada e de saída, determinam uma espécie de pátio, conveniente, seja aos interiores, seja aos exteriores: uma cena-praça pública, segundo as experiências construtivistas. O piano de calda é locado em um estrado – concha suspensa nos arcos, salientada por lampiões elétricos. Constantemente em cena, o pianista ocupa uma posição ao mesmo tempo dominante e central. No chão, um grande tapete verde bordado de grená, cujos dois perímetros ovais dão aos atores referências espaciais, abafando ao mesmo tempo o ruído dos seus passos e assegurando um máximo de qualidade de escuta à partitura sonora. O papel da música deve ser claro: se, no conjunto do dispositivo, o piano é valorizado para o público por sua sobrelevação e pela incongruência de sua presença em meio aos reclames elétricos que se iluminam acima dos bambus e proporcionam uma imagem alusiva da grande cidade, o fato de que ele se avizinha dos cabos de suspensão e da aparelhagem de iluminação o associa ao dispositivo técnico e impede que a música seja tomada como simples fundo sonoro ou ilustração temporária. Ela é "coconstrução"[7]. Composta de fragmentos escolhidos da obra de Liszt e de Chopin, a partitura musical organiza um texto irônico que dialoga com as ações cênicas ou as contradiz e acentua a agitação dirigida contra personagens que morrem de medo ao ouvir uma música apaixonada ou forçam um cofre-forte ao som de *Após uma Leitura de Dante, Fantasia quase Sonata* de Liszt. Mas ela é também "estímulo para impulsionar a atenção tensa do espectador" e funciona "como a orquestra do antigo teatro chinês"[8]. Essa música romântica é completada pelo jazz, foxtrote, *shimmy*, tango, por todo um conjunto de golpes, choques, explosões, que marcam tempos fortes nessa construção musical e pelos *staccati*[9] de bambus, mais ou menos potentes segundo o número de entradas ou saídas.

Esse piano é "cinematográfico" diz Meierhold[10], que visa recriar no teatro a ambiência da sala de cinema, impensável à época sem música de acompanhamento. Ele procura *gags* dignas do burlesco. Mas, sobretudo, está interessado na atenção sustentada que reina na plateia durante a projeção e quer encontrar para o público de teatro um equivalente do suspense, não mais no aceleramento das ações, porém em sua desaceleração, antes de um desfecho[11]. Entretanto com *O Professor Bubus*, a relação teatro-cinema evolui, pois Meierhold apoia-se também em uma outra série de referências: a ópera, sua evolução histórica, sua crise, sua "revolta"[12] e o teatro oriental.

O PROFESSOR BUBUS E AS TRANSFORMAÇÕES DO TEATRO POLÍTICO

6 Cf. supra, nota 3.

7 *Utchitel Bubus*, p. 7.

8 Idem, p. 6.

9 RGALI, 963, 415. Exposição de Meierhold aos atores (notas de V. Fiódorov), 1º nov. 1924. Títulos de alguns trechos de jazz interpretados pela orquestra de V. Parnakh: "Rosa do Brasil", "Dardanella", "Choo-choo Blues".

10 RGALI, 963, 415. Idem, ibidem.

11 Cf. V. Meyerhold, *Le Professeur Boubous* et les problèmes posés par un spectacle sur une musique, *Écrits*, 2, p. 149.

12 Idem, p. 140.

A "Sociomecânica": A Construção do Papel

"Quanto mais o conteúdo de um espetáculo é forte [...], mais é necessário elevar seu aspecto formal", afirma aqui Meierhold[13] em face das acusações de formalismo. A construção de personagens deve refinar-se. Primeiro imperativo: mostrar aparências delicadas, elegantes, sobre as quais se destaca um detalhe vulgar ou hediondo. A percepção visual assim desdobrada é ainda complicada por "contraforças" sonoras[14]. Sem visar a caricatura e para romper com o charme venenoso que os espetáculos urbanistas conferiram ao Ocidente burguês, trata-se de desnudar as personagens por uma estratificação do jogo de atuação em camadas alternadas e contrastadas, produtoras de sentido por meio de sua montagem. Nenhum cartaz, nenhum traço grosso, nenhum descrédito de pronto: Meierhold busca "uma dinâmica revolucionária interna", um processo de desmascaramento, uma "efervescência" cênica[15]. A intriga de Faikó, com suas imposturas, seus deslocamentos de personagens em um meio que lhes é estranho, inclui essa proposição, que se torna o próprio método da *mise-en-scène* e do jogo de atuação. O espetáculo transforma a peça em "um caminhar através das almas mortas do mundo contemporâneo"[16] e o grotesco se converte em faca afiada, em que o jogo corporal, composto de segmentos mímicos, gestuais, vocais estritamente controlados e até cronometrados é o sismógrafo dos desequilíbrios psíquicos, da degradação de sentimentos, de emoções.

[13] Idem, p. 137.
[14] RGALI, 998, 171. Meierhold, estenograma de uma exposição aos atores, 18 nov. 1924.
[15] Cf. Idem, ibidem; e *Écrits*, 2, p. 138.
[16] Cf. RGALI, 963, 1547. E. Gabrilóvitch, *Miórtvie Dúschi v Teatre Komissarjévskaia: Bubus i Put Meierholda* (*Almas Mortas no Teatro Komissarjévskaia: Bubus e a Via de Meierhold*), 1925, artigo inédito.

113 Professor Bubus. *Desenho recapitulador da solução final. Acima da cortina de bambus, ao lado do piano Bechstein deslocado, reclames piscantes proporcionam uma conotação urbana europeia. Estirado em vertical, o espaço cênico avança, alargando-se na direção da plateia. À direita e à esquerda, no alto, duas pequenas telas alongadas.*

114 O Professor Bubus, Ato 1, Cena 2. *Um banco circular, inspirado em um projeto de Eisenstein para A Casa dos Corações Partidos de George Bernard Shaw (1922), indica o lugar: um jardim. O jogo de atuação de V. Iákhontov-Feiervari e Z. Raikh-Stefka apoia-se em dois objetos: a bengala e o lenço.*

O PROFESSOR BUBUS
E AS TRANSFORMAÇÕES DO
TEATRO POLÍTICO

114

115 *Valentin (M. Kiríllov), o criado da casa, dirige toda uma equipe de servidores-kurombo° que responde em coro ao sinal do seu lenço. Os bambus, como as vigotas da construção de O Corno Magnífico, as barretas do mobiliário de A Morte de Tarelkin, contribuem para a divisão expressiva do corpo do ator: perna, braço, cabeça, mãos ou pés adquirem uma espécie de autonomia ao mesmo tempo que são estritamente "enquadrados".*
116 *O Professor Bubus, Ato I, Cena 8. Van Kamperdaf (B. Zakháva) se encontra face a face com Bubus (B. Bélski), refugiado no jardim por medo das manifestações operárias muito próximas. O temor recíproco, aquele da rua, e a chegada de Feiervari provocam uma sucessão de cenas mímicas, gags de "mecânica humana".*
117 *Ato III, Cena 16. Bubus, no papel do conciliador, recita suas previsões de entendimento e de futuro radioso diante dos convidados, que interrompem seu foxtrote para aplaudi-lo.*

17 V. Meyerhold, Jeu et pré-jeu, Écrits, 2, p. 129.

18 Les Voies de Meyerhold, Théâtre et révolution, p. 49.

19 RGALI, 998, 171. Meierhold, estenograma de uma exposição aos atores, 18 nov. 1924.

Meierhold exige do cenógrafo e dos "atores tribunos" o maior rigor na concepção da indumentária, na seleção da gestualidade que, expressiva, é também acusadora, e uma grande riqueza do vocabulário plástico pelo qual cada um é a todo momento responsável. O "ator--tribuno" desempenha não mais a própria situação, mas aquilo que está escondido por detrás dela, aquilo que ela revela, sua "medula"[17]. Para caracterizar esse aprofundamento do jogo de atuação e da análise social, Anatol Lunatchárski propõe o termo "sociomecânica"[18], estádio de desenvolvimento da biomecânica a evoluir para a representação de um afresco social monumental que Meierhold não pode atingir ainda devido a um material dramatúrgico demasiadamente indigente.

Jogo Tragicômico e Pré-Jogo

Espetáculo pedagógico como O Corno Magnífico, O Professor Bubus deve conduzir a um tipo de jogo tragicômico a cujo respeito Meierhold diz no início dos ensaios que é preciso ainda inventá-lo, embora Vakhtângov tenha dado exemplos pontuais desse jogo em O Milagre de Santo Antônio e em O Dibuk[19]. Esse jogo complexo se define primeiramente como biomecânica: ciência do deslocamento, do movimento rigorosamente traçado sobre a superfície da elipse cênica, do gesto: jogo de atuação construído sobre a dependência recíproca dos parceiros, repartidos em ativos e passivos, distribuição cujo caráter às vezes paradoxal intensifica a expressividade das relações;

20 Cf. RGALI, 963, 416. Ensaio de 21 dez. 1924.

21 Cf. RGALI, 998, 171; e V. Meyerhold, *Le Revizor*, Conception générale du spectacle, 20 out. 1925, *Écrits*, 2, p.175.

118 O Professor Bubus, *Ato I, Cena 11. Jogo de bola (à esquerda) e música (Mephisto-walzer de Liszt) ajudando o ator-tribuno a colocar a nu sua personagem por meio de um gestual preciso.*

jogo de atuação sadio, preciso, nervoso sem neurastenia, baseado na psicologia objetiva, nos reflexos, na qualidade da atenção cênica, todos os elementos que o estudo de estenogramas de ensaio colocam em evidência. O ator cuida do trabalho minucioso, inventivo, que força a mais fina atenção do público[20] e o jogo com os objetos, que, mais raros e repetitivos que em *A Floresta*, não oferecem a mesma impressão de movimento perpétuo, mas cujas manipulações virtuosas enriquecem a linguagem das mãos. Esse trabalho alterna com planos de conjunto quase coreográficos, baseados no princípio de largos deslocamentos do balé clássico[21].

O jogo tragicômico deve apresentar-se com leveza, sem sobrecarga emotiva nem cômica, tiradas de Harold Lloyd, porém se caracteriza ao mesmo tempo por um embotamento, uma desaceleração do tempo. Aqui, Meierhold propõe aos comediantes o modelo do intérprete-músico, do pianista e, mais especialmente, do jogo corporal de Aleksandr Scriábin: ele descreve o modo com o qual, por uma "manipulação sábia dos pedais" e dos *ritenuti*, ante uma cascata extraordinária de rapidez, Scriábin complicava, aprofundava o conteúdo de

suas primeiras obras, retirando-lhes todo o sentimentalismo. Meierhold explica: "É preciso encontrar o prazer do jogo no manejo dos pedais [...]. A gente não deve se atirar sobre o jogo, mas permanecer muito mais tempo no limiar do jogo, encontrar as delícias no pré-jogo".

E uma outra referência surgirá logo: "A escola japonesa se interessa não pelo próprio jogo, mas por sua abordagem. Quando um ator japonês abre o ventre em cena, esse não é o momento que o interessa, mas aquele que precede e como preparar o público para isso [...]. Trata-se aqui de embotamento, de retenção, como em Scriábin"[22].

Esse momento de retenção nas pausas ativas é o "pré-jogo", quando tudo, inclusive o público, deve estar suspenso, momento do prazer do ator e da plateia, prazer da espera, da tensão que dura e só se resolverá no jogo, em ruptura. É uma introdução plástica e rítmica à réplica vindoura, retardo do curso normal da ação, em que toda intervenção do ator se reparte em dois tempos opostos, quer estático e depois dinâmico, quer pantomímico e depois verbal. Um contratexto precede a ação ditada pelo texto ou elucida o sentido das palavras, revela suas raízes. Essa experimentação sistemática sobre o pré-jogo, palavra nova que teoriza uma prática já antiga, alonga a peça: logo, Meierhold deverá reduzir o espetáculo em uma hora cortando largamente o texto do autor furioso...

Com *O Professor Bubus*, Meierhold penetra as lições do Oriente, o Oriente exótico dos bambus, cuja leveza e sonoridades o fascinam desde Petersburgo e um Oriente organizado, aquele do jogo de atuação detalhado, cinzelado, desacelerado e, como se verá, dançado.

A Partitura Musical
e o Jogo de Atuação com Base na Música

À medida que Leo Arnschtam – seu colaborador no trabalho de preparação e pianista do espetáculo – toca as obras de Chopin e de Liszt, Meierhold escolhe 46 trechos, sobre os quais improvisa, em seguida, as diferentes cenas do espetáculo, desempenhando todos os papéis e indicando suas próprias nuances, ênfases, reprises[23]. A partitura musical é, portanto, uma montagem de tempos muito variável em que, entre os movimentos rápidos, intercalam-se andantes. Assim, para o ato I, tem-se quinze obras escolhidas:

1. Chopin, *Estudo, opus 10, n. 12*
2. Chopin, *Estudo, opus 25, n. 5*
3. Liszt, *Canção de Amor*

---

22 RGALI, 998, 171. Meierhold, estenograma de uma exposição aos atores, 18 nov. 1924.

23 L. Arnschtam, *Muzika Geroítcheskogo*, p. 25-30.

4. Liszt, *Consolação n. 1*

5. Liszt, *Consolação n. 3*

6. Chopin, *Prelúdio n. 18*

7. Liszt, *Concerto n. 1*

8. Chopin, *Estudo, opus 10, n. 8*

9. Liszt, *No Lago de Wallenstadt*

10. Chopin, *Estudo, opus 25, n. 4*

11. Liszt, *Murmúrios da Floresta*

12. Liszt, *Mephisto-walzer*

13. Chopin, *Estudo, opus 25, n. 2*

14. Liszt, *Consolação n. 5*

15. Chopin, *Estudo, opus 25, n. 5*

Essas músicas proporcionam, em primeiro lugar, aos atores uma respiração larga e profunda. Pois assim como no exercício biomecânico, Meierhold não pede uma fusão dos seus movimentos com ela. Ninguém se deslocará, nem *sob* a música como Duncan, nem *com* a música como o quer Dalcroze, mas *sobre* a música, sem procurar realizá-la plasticamente, sem submissão às partes fortes e fracas do compasso.

A encenação de *O Professor Bubus* é nutrida pela reflexão teórica e prática que desde 1909 Meierhold faz sobre a ópera e que, em 1924, é reavivada pela reapresentação em Leningrado de seu *Orfeu* de 1911. Ela deve ser recolocada entre todas suas experiências de música no teatro, desde *A Midsummer Night's Dream* (Sonho de uma Noite de Verão) de Shakespeare, concebida em 1903 como uma "comédia sobre uma música" até *A Floresta*. Porém, ela marca uma nova etapa. A despeito do tratamento descontínuo a que a montagem musical submete as obras (interrupção do pianista, que, sobre o centésimo compasso de *Após uma Leitura de Dante*, passa a um estudo de Chopin), é uma verdadeira continuidade que a música, introduzida "em uma dose não moderada"[24], fornece agora ao ator e ao espectador graças às funções múltiplas que ela assume.

Acima de tudo, *O Professor Bubus* é portador de um grande projeto: "A revisão de todos os critérios do passado", tanto no que concerne ao teatro como à ópera. Meierhold quer "estender a mão a todos os *défroqués* da ópera"*, fornecer ao cantor um método de atuação e dar ao ator ocidental a formação completa do ator oriental. A originalidade de *O Professor Bubus* é a de se colocar a meio caminho entre a cena dramática e a cena lírica, em uma perspectiva de prospecção de um gênero sintético que levaria em conta pesquisas realizadas na escritura de óperas desde Gluck e Wagner, aquelas de Mussórgski em *Jenitvá* (O Casamento) e sobretudo aquelas de Prokófiev em *Igrok* (O Jogador), baseado em Dostoiévski, formas em que se desenvolvem recitativos sem ária. É como se com *O Professor Bubus* Meierhold procurasse responder aos problemas colocados por *O Jogador*, que ele quis

---

24 *Utchitel Bubus*, p. 6.

* *Écrits*, 2, p. 140. *Défroqué*, literalmente designa o religioso que deixou o hábito (N. da T.).

montar em 1922 no Bolschói sem que o projeto pudesse terminar[25]. O texto de *O Professor Bubus* é considerado como um livre recitativo e o discurso de Vladímir Iákhontov, intérprete do papel de Feiervari, que Meierhold contratou para o TIM pela sua mestria de entonações e sua voz de tenor, está no limite do canto.

As Funções da Música

A música é cenário, ela transforma em salão o espaço abstrato de bambus e do tapete. Ela é também o fator essencial do deslizamento da farsa escrita para a tragicomédia representada. Em cena, ela estrutura, sustenta a criação dos atores e estimula sua atenção ativa. Causando primeiramente incômodo, ela se torna prontamente necessária a eles. As pausas podem ser alongadas ou encurtadas pelo pianista segundo o estado da plateia ou da trupe. Esta atua com base na música, quadro temporal da ação e, com ela, sua parceira. Durante os ensaios, ela permite ao ator "dar livre curso à sua imaginação"[26]. Porém, ela cria simultaneamente a atmosfera de trabalho que Meierhold julga útil, aquela que engendra não os estados da alma do teatro psicológico, mas a consciência dos limites ou, antes, a "autolimitação", de onde procede o estrito respeito aos elos do jogo de atuação. As relações entre plano sonoro e plano visual são organizadas prioritariamente, não ao modo da coincidência ou do paralelismo, mas ao do contraste: jogo calmo, música angustiante – cena tensa, música monótona, repetitiva[27]. No ideal o suporte musical deve conduzir o gestual a esse grau de concentração em que o ator chega, como Sada Yacco e Ganako, a dançar o papel para exprimir a culminação de uma emoção.

A música alivia o jogo de atuação do ator produzindo sentido. Ela introduz uma personagem ou reveza o ator, fala em seu lugar: um *amoroso* de Liszt evita a Zinaida Raikh declarações apaixonadas. Nas interações de discursos, de comportamentos e do texto musical se desvela "a natureza interior da personagem em toda sua sinistra monstruosidade"[28]. A música remata seu desenho cênico. Ela permite desembaraçar o tempo do jogo de atuação como elemento significante.

No que concerne ao espectador, ela modifica a qualidade de sua percepção, sublinha o aspecto convencional do espetáculo ao mesmo tempo que sua seriedade. Mantém a sala em estado de tensão, sobre um constante "quem é", da mesma forma que o entrechoque de bambus a previne sempre das entradas, portanto dos acontecimentos teatrais por vir e fazem o papel da "matraca" na cena oriental[29]. Ela suscita no espectador uma percepção não cotidiana, mas criadora, associativa e generalizadora. "Coconstrução", a música é ainda um meio de criar uma adesão poderosa, sem de modo algum apagar as experiências da ruptura com o ilusionismo e o reviver, aqueles do jogo biomecânico e do

[25] Ele reincidirá em 1928, com uma nova redação de S. Prokófiev, reescrita a partir das indicações do encenador, e depois em 1932. A hostilidade da Associação de Músicos Proletários fará afundar a empreitada.

[26] RGALI, 963, 416. Ensaio de 23 dez. 1924.

[27] *Écrits*, 2, p. 149.

[28] Idem, p. 148.

[29] S. Mokúlski, Pereotsenka Traditsii, *Teatralnii Oktiabr 1*, p. 24.

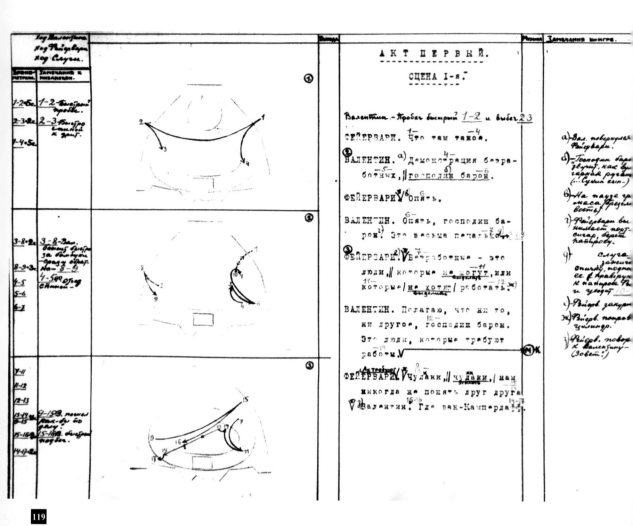

119 Primeira página do exemplar encadernado da partitura de encenação de *O Professor Bubus*, estabelecido por Tsétnerovitch (1926), destinada ao Museu do Gostim, porém inacabada. Nas colunas, tem-se sucessivamente da esquerda para a direita:

1. cronometragem: tempo estabelecido para cada percurso designado por duas cifras e redirecionado ao croqui 3;
2. observações sobre o jogo de cena. Exemplo: 1-2 = corridas rápidas;
3. croqui de deslocamentos, decupados e numerados;
4. texto da peça:
   · os números ① remetem ao croqui,
   · os números 1-2, a posições ou a deslocamentos,
   · as letras, à coluna 6, em que são feitas as observações sobre o jogo de atuação dos atores. O signo π indica uma pausa.
5. música, com uma correspondência ao interior das réplicas indicada pelo signo √;
6. notas sobre o jogo de atuação do ator:

Exemplo: a. Valentin se volta para Feiervari.
b. "Senhor Barão" soa como uma vulgaríssima blasfêmia.

ator-tribuno, distanciado pela relação com sua personagem, encenador de seu corpo organizado. A experimentação sobre as funções da música no teatro, a construção de um espaço cênico sonoro correspondem à busca de um impacto sobre o público tanto mais intenso quanto seria necessário para concorrer com uma época em que a vida é rica de acontecimentos dramáticos. Quando Meierhold instala a orquestra de jazz em *D. E. (Daesch Evropu!)* ou o pianista bem visível, ele comenta a ação cênica, mas procura também alguma coisa da façanha do músico no concerto, em sua imediatidade. Quando em *A Floresta* ele confia um acordeom a Piótr, depois ao famoso virtuose popular Makárov, o instrumento toca essas fibras da plateia que o jogo distanciado deixou intactas.

O Piano em *A Desgraça de Ter Espírito*

O Professor Bubus inaugura uma série de espetáculos profundamente musicais em que as relações jogo de atuação/música se refinam e se diversificam. Em *A Desgraça de Ter Espírito* (1928), a montagem do piano no dispositivo de *O Professor Bubus* torna-se uma ligação mais interiorizada: a personagem principal Tchátski confunde-se com o pianista e diz, ao teclado, de suas emoções e de sua solidão. A construção musical é aqui estabelecida pelo compositor Boris Assáfev. É uma montagem de numerosos e curtos estratos de obras de Beethoven (*Sonatas*),

O PROFESSOR BUBUS
E AS TRANSFORMAÇÕES DO
TEATRO POLÍTICO

120 *A Desgraça de Ter Espírito, Gostim*, primeira versão cênica, 1928. Episódio 14 "A Sala de Jantar". Os convivas falam mal de Tchátski. Ritmado pelas silhuetas verticais imóveis dos criados imóveis e pelo Noturno n. 5 de Field, a composição é elaborada sobre esse alinhamento de bustos, por trás da mesa de cavaletes que Tchátski ladeia, e sobre a propagação dos movimentos de cabeça, braço, guardanapos, lábios, maxilares, em vagas ondulantes.

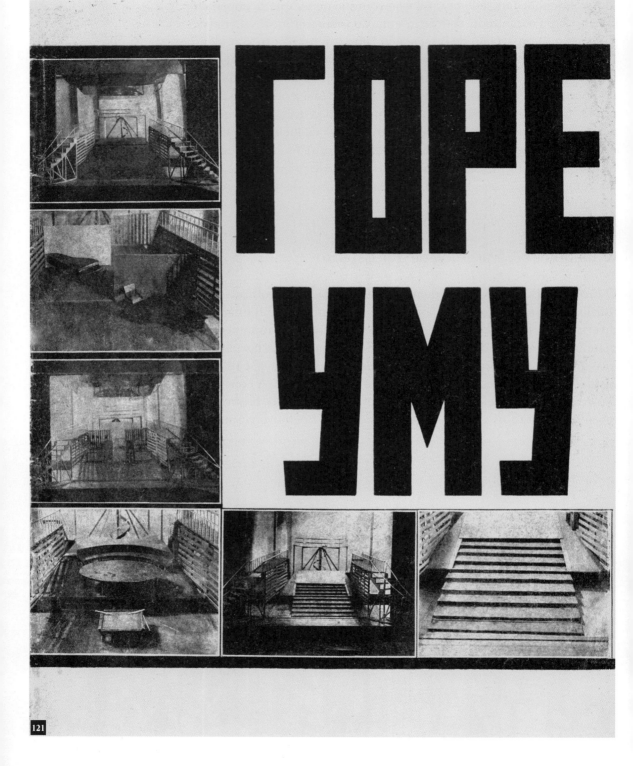

121 O programa de A Desgraça de Ter Espírito, com as variações do dispositivo.

Mozart, Schubert, Liszt, Gluck e Bach (*Fugas*), escolhidas para exprimir "o conflito dos mundos, das ideias e dos sentimentos"[30] de que a peça de Aleksandr Griboiêdov é palco. Muito fechado, ele transforma Tchátski, esse voluntarioso, porta-voz de ideias progressistas do autor e assimilado por Meierhold a um decabrista*, em um poeta-músico cujos monólogos se tornam diálogos entre as palavras e os sons. A música é aqui "a vida interior da personagem, seu tônus psíquico"[31]. O jogo do ator ao piano (na realidade o ator Erást Gárin contenta-se em imitar aquele que trabalha no bastidor, às vezes Lev Obórin, recém-laureado com o Grande Prêmio do primeiro concurso Chopin) dá ao mesmo tempo uma carga emocional (retrato sonoro contrastado) e a força organizadora do conflito que opõe Tchátski a seu meio, materializado ao som da orquestra por danças, *Valsas* de Schubert ou um *Noturno* de Field.

O espetáculo será então condenado pela crítica comunista, que lhe reprovará o retalhamento do texto em episódios, o tema dominante do criador solitário, único ser vivo em um mundo de mecânicos ávidos que o devoram, e a música decadente, ilustrativa, deslocada, sem compreender o caráter programático do trabalho músico-teatral. Mas a debandada da crítica de esquerda começa com *O Professor Bubus*, momento em que o construtivismo cênico sofre uma última transformação, em que a partitura musical se torna construção sonora, instrumento de representação que exige um ator cada vez mais qualificado.

No fim de contas, *O Professor Bubus* parece em primeiro lugar destinado a profissionais e sua riqueza alimenta as realizações de numerosos alunos de Meierhold, aprovados para a encenação. Em face da incompreensão, da surdez de uma crítica ideológica que se revela antes de tudo crítica de humor[32], Meierhold reclama para ele e para seus atores o apoio atento de uma crítica de ofício, científica. A recusa de suas pesquisas tecnológicas refinadas é engrossada em 1928 com aquilo que Assáfev chama "a tragédia contemporânea da música" soviética[33], que se exprime no boicote àqueles que são considerados emigrados, como Stravínski e Prokófiev[34]. Cercado de compositores com os quais ele trabalha, Meierhold defenderá a criação musical atual, cuja repressão o toma também por alvo uma vez que ele jamais conseguirá concretizar seus projetos de montar obras líricas de Prokófiev nem as de Schostakóvitch.

Tradução: Marcio Honorio de Godoy

---

30 RGALI, *963, 574*. B. Assáfev, *O Muzike v Gore Umu* (Sobre a Música em A Desgraça de Ter Espírito), artigo inédito em francês. Para o texto da peça, cf. tradução francesa, *Le Malheur d'avoir trop d'esprit*.

* Ou decembrista, referência ao grupo de oficiais que conspiraram contra Nicolau I. A Revolta dezembrista (ou Revolta decembrentista) teve lugar no Império Russo no dia *14* de dezembro de *1825*. Oficiais do exército russo chefiaram três mil soldados num protesto contra a coroação de Nicolau I, que assume o lugar do seu irmão mais velho, Constantino, depois de este abdicar do trono. Após alguns confrontos violentos, Nicolau I obteve vitória sobre os revoltosos e mandou executar ou prender a maioria dos principais conspiradores (N. da T.).

31 Cf. Carta de B. Assáfev a Meierhold, 27 mar. 1928, em *Perepiska (1896-1939)*, p. 280.

32 Cf. Pismo V. Meierholda A. Gvozdevu, 11 fev. 1925, em *Perepiska (1896-1939)*, p. 243-244. *Afischa TIM 1*, 1926, p. 9, designará esse tipo de crítica como "uma raça de parasitas que crescem sobre o corpo do artista".

33 Cf. supra, nota 31.

34 Cf. Pismo V. Meierholda Elena Malinovskaia, 1º set. 1930, em *Perepiska (1896-1939)*, p. 311-312.

2.

Revizor e o Processo de Trabalho Teatral em Meierhold

É quase um voo para a lua: é preciso descobrir um mundo particular e imenso, o planeta Gógol. Ele é muito menos estudado do que o planeta Shakespeare: lá, houve ao menos a trupe de Stratford, Peter Brook. Aqui, Meierhold está sozinho.

G. Kózintsev[1]

Ahistória do teatro russo e soviético pode ser lida como um vivo e prolongado debate entre os homens da cena para se apoderarem da cidadela do realismo, em que Stanislávski parece preservar a herança da pintura do século passado e de sua literatura, não reinterpretada, e para redefinir o conceito. Como se o próprio termo realismo fosse um viático, o parapeito da arte contra os assaltos de uma realidade imensa, inapreensível, contraditória, ela própria verdadeiramente fantástica. Já em "O Teatro de Feira", Meierhold vela para não separar o grotesco do realismo[2]. Em 1918, ele lhe atribui um parentesco com o "realismo superior" de Dostoiévski. Em 1922, após *Le Cocu magnifique* (O Corno Magnífico), ele sublinha que Vakhtângov forja o "neorrealismo" com tanta simplicidade, brilho, tão sadiamente quanto ele próprio[3], ao passo que deixa em pedaços aquilo que Aleksandr Taírov entende sob a mesma etiqueta. Em 1924, por ocasião de um debate sobre *Les* (A Floresta), ele precisa a diferença entre "seu" realismo e o do Teatro Artístico: enquanto esse último, ao mesmo tempo que se aparta do naturalismo, permanece contíguo a ele, o realismo meierholdiano é concebido como o antônimo do naturalismo; e ele acrescenta que, em um mundo que a Revolução transformou, o realismo deve responder a novos critérios[4]. Simultaneamente, Meierhold poderia retomar por sua própria conta a redefinição de realismo que, em 1923, o crítico de arte construtivista Nicolai Tarabukin o separa de todo objetivo mimético, ilusionista: "A consciência estética contemporânea arrancou a noção de realismo da categoria do sujeito para transportá-la para a forma da obra"[5].

Ora, em 1925, os críticos qualificam com insistência de "realista" a obra de Meierhold em *Mandat* (O Mandato). Mas um realismo em que entra necessariamente uma ideia de liberdade com respeito ao real e de jogo fantástico com ele, segundo Anatol Lunatchárski[6], um "novo realismo concentrado", na visão de Pável Márkov[7], montagem de um colossal sortimento de detalhes observados de maneira extremamente aguda. Enfim, esse espetáculo testemunha uma aproximação com Stanislávski, que exclama, depois de ter visto o ato III de *O Mandato*: "Meierhold alcança aí o que eu sonho fazer"[8].

No entanto, por ocasião de sua estreia, em dezembro de 1926, *Revizor* (O Inspetor Geral) vai desencadear uma gigantesca polêmica que atinge, na primavera de 1927, tal grau de agressividade que

1 Gógoliada, *Vremia i Sovest*.

2 Le Théâtre de foire, *Du théâtre, Écrits*, 1, p. 199.

3 A la mémoire d'un chef, *Écrits*, 2, p. 100.

4 Cf. Iz Stenogrammi Disputa o Spektakle *Les* (21 abr. 1924), em *Russki Soviétski Teatr 1921-1926*, p. 216-217.

5 N. Taraboukine, *Du chevalet à la machine, Le Dernier tableau*, p. 36.

6 A. Lunatchárski, *Revizor Gógolia-Meierholda, O Teatre i Dramaturgi*, t. 1, p. 394-395, traduzido em *Théâtre et révolution*, p. 70.

7 P. Márkov, Tretii Front, *Petchat i Revoliútsia*, n. 5-6, p. 291.

8 Cf. P. Márkov, O Stanislávskom, *Teatr*, n. 1, p. 135.

TEATRO E MÚSICA

Meierhold apresenta queixa contra a crítica, acusando-a de campanha premeditada contra seu teatro. *Revizor* de Gógol-Meierhold suscita pareceres os mais contraditórios. Aos olhos do RAPP[•] e daqueles que sustentaram os inícios do Outubro Teatral, Vladímir Blum, Emmanuil Beskin, Mikhail Zagórski, o espetáculo é místico, simbolista, estetizante, decadente e até reacionário. É contra essa encenação que o futurista Igor Terêntev monta, em 1927, na Casa da Imprensa em Leningrado, um *Revizor* inteiramente bufão, grosseiro, paródico, aprovado por Serguêi Tretiakov.

Para críticos conservadores como Aleksandr Kúgel, *Revizor* de Meierhold atinge os valores da arte eterna, fora de toda perspectiva marxista de classe. Segundo um terceiro grupo de espectadores que reúne gente tão diferente como os *rabkori*[•] da *Komsomolskaia Pravda*, Lunatchárski, Márkov, Maiakóvski, Andréi Béli ou Aleksei Gvozdev, o espetáculo é profundamente social, engajado, revolucionário e resolutamente contemporâneo. Diz-se também que Meierhold desfigurou Gógol, mas para um especialista tão autorizado na obra de Gógol quanto Béli, ele a compreendeu profundamente.

"Como foi que nós montamos esse espetáculo em bases novas?", pergunta Meierhold. "Antes de tudo por meio desse realismo ao qual até agora nós não soubemos retornar [...]. Há dois ou três anos, a palavra realismo era impronunciável, porque o realismo, não tendo passado pelos caminhos que havíamos percorrido, podia extraviar-se rumo a um naturalismo do tipo *peredvijniki*[•][9]. A virulência, a força corrosiva de *Revizor*, sem palavras de ordem, sem bandeiras, sem *Internacional*[10], não podem ser alcançadas senão por meio de uma série de novas negações e o realismo do *Revizor*, se realismo há, é o portador de uma carga explosiva. Trata-se de decapar definitivamente o próprio conceito de realismo. Não mais reflexos, porém fulgores, relâmpagos mesmo. Os partidários do espetáculo declinam o termo: realismo concreto, neorrealismo..., mas é Meierhold quem sugere as melhores fórmulas: realismo "adstringente"[11] e depois "realismo musical"[12].

E para começar, ele aborda a peça a contrapé de todas as tradições cênicas surgidas a despeito de Gógol e contra sua vontade. Totalmente ao inverso, na interpretação das personagens, nos ritmos! O período de preparação de *Revizor*, os ensaios, de outubro de 1925 a dezembro de 1926 no TIM[•], convertido desde 4 de setembro de 1926 em Teatro de Estado ou Gostim[•], permitem apreender o teor exato desse "realismo musical"[13]. Ou, antes, permitem acompanhar sua busca, desde uma recusa nítida e primeira de um grotesco desabusado, degradado por uma moda, enquanto algo dado e inteiramente acabado, até uma construção grotesca, montagem dosada de elementos amiúde contrários, cujo processo mesmo de criação deve ser sensível à percepção ativa do espectador. Essa análise será distribuída em dois capítulos, sendo o segundo especialmente dedicado ao papel da música.

9 Extrait du sténogramme d'un exposé, 24 jan. 1927, *Écrits*, 2, p. 204.

10 Idem, p. 210.

11 RGALI, 998, 188, Beseda O *Revizor*.

12 Cf. supra, nota 9.

13 Duas obras me ajudaram nesta pesquisa, primeiro o registro dos ensaios do *Revizor* pelo assistente de Meierhold, M. Koreniev (RGALI, 998, 192. Exemplar preparado para a publicação por M. Koreniev. Ensaios de 18 de outubro de 1925 a 21 de outubro de 1926); em seguida, a parte que A. Matskin, que trabalhou longamente no RGALI, consagrou à encenação de Meierhold, em seu livro *Na Temi Gógolia*.

A Riqueza do Espetáculo

O *Revizor* de Gógol-Meierhold apresenta-se desde logo como uma obra teatral de extrema complexidade, pois aquilo que Meierhold denomina de "realismo musical" tem por características primeiras não ser redutor e emitir incríveis exigências de perfeição de jogo e de imagem cênica autorizados por um ano e três meses de trabalho e de abandono de todo critério de rentabilidade apressada...

O projeto é, com efeito, imenso, como destaca o ator Mikhail Tchékhov:

> De Meierhold, esperava-se o *Revizor*, mas ele nos mostrou outra coisa: ele nos mostrou um mundo cuja plenitude de conteúdo é de tal amplitude que o *Revizor* é apenas uma parte, apenas um som da melodia toda. E nós fomos tomados de medo. Nós, os atores, nós compreendemos que V. Meierhold denunciava publicamente toda a impotência de nosso trabalho nos pequenos fragmentos[14].

À busca de uma autêntica verdade teatral, passo a passo acumulada, talhada, enxertada, Meierhold mescla em seu espetáculo uma busca da obra literária e de um autor, Gógol. Realismo/busca, realismo/luta, e não espelho. A riqueza desbordante do espetáculo era sem dúvida impossível de apreender em uma só visão. As múltiplas facetas de uma só personagem, os toques combinados, as estratificações visuais e sonoras ultrapassavam, sem dúvida por sua qualidade e sua quantidade, as capacidades e a velocidade da percepção do espectador ou do crítico médio de 1926. No entanto, a despeito do desancamento do *Revizor* após o ensaio geral, o público parece responder à expectativa do encenador, ele lota a sala e o espetáculo permanecerá em cartaz até o fechamento do teatro em 1938.

Amiúde, em certo número de resenhas críticas, é retido apenas um aspecto de uma personagem à qual elas se apegam. Pois o espetáculo dura quatro horas e tudo é importante: a atenção deve ser sustentada continuamente, para registrar e interpretar as informações textuais, visuais e musicais. Fatigado sem dúvida, o crítico Blum vê em Khlestakóv apenas um mágico hoffmanniano, representante de um outro mundo. A essas acusações de misticismo, os redatores da revista *Jizn Iskusstva* replicam: "É preciso ter uma imaginação doentia para ver diabrura e misticismo lá onde Khlestakóv bêbado soluça, escarra, se coça e se retira para os bastidores, se inflama ao beber a *tolstobri-úschka*• ou se gruda nas mulheres..."[15]. Mesmo ao nível do ritmo, as opiniões divergem. Se o encenador Serguêi Radlov fala de um ritmo desacelerado, M. Bronkov, relator das reações dos Guardas Vermelhos

REVIZOR E O PROCESSO DE TRABALHO TEATRAL EM MEIERHOLD

14 M. Tchékhov, Postanovka *Revizora v* TIME, em *Gógol i Meierhold*, p. 86.

15 V. Blum (membro do P. C. desde 1917), Disput o *Revizore*, *Jizn Iskusstva*, n. 4 e Itogui Disputa o *Revizore*, assinado A Redação, *Jizn Iskusstva*, n. 7.

presentes na plateia por ocasião do ensaio geral, evoca uma mudança rápida dos quadros, um ritmo intenso, carregado de cores, de luz e de movimentos, que têm o brilho do cinema[16].

Na realidade, os elementos contraditórios, o enigmático e o biológico dos mais crus, o desacelerar do jogo de atuação e a vivacidade do ritmo de conjunto, estão bem presentes e cruzam-se intimamente a fim de engendrar em cena essa verdade cadente, que fará desse espetáculo, no qual Meierhold não cessou de pensar desde 1908 e que ele, durante muito tempo, carregou e ensaiou, como *Maskarad* (O Baile de Máscaras), o espetáculo-chave de seu pensamento cênico. Para essa obra tecida de contradições, como o estudo da gênese do espetáculo trará à tona, cuja carnação teatral se expande a partir de uma incansável pesquisa do *concreto*, Meierhold constrói uma ambiência cênica tal que o ator possa representar facilmente, produto de um trabalho matemático e, ao mesmo tempo, inspirado.

Teatro e Literatura

Em meados dos anos de 1920, fala-se de crise no conjunto do teatro soviético. Os espetáculos de agitação, com seu entusiasmo destruidor, começam a perder velocidade, o malogro de *Okno v Derevniú* (Uma Janela para o Campo) no Gostim, em 1927, será prova disso. A vanguarda insolente e talentosa dos Foregger e Serguêi Eisenstein foi engolida pelo *music hall* ou passou para o campo do cinema. O tempo das festas de massa terminou. A retaguarda acordou: O Teatro Artístico e o Teatro Mali se renovaram e produziram, enfim, espetáculos marcantes como *Coração Ardente* ou *Liubov Iarovaia*. Mas a pobreza do repertório soviético, que Meierhold deplora incessantemente, caminha *pari passu* com uma queda do nível teatral; um desengajamento ou a submissão a considerações de rentabilidade financeira dominam certo número de teatros, que passaram a um sistema de economia própria.

As correntes majoritárias no teatro procuram preencher as velhas formas do século XIX com um conteúdo dramatúrgico de atualidade ou então desenvolvem, amenizando-os, os princípios lançados por Meierhold ou Taírov. O construtivismo, que se tornou moda, serve de para-vento decorativo a um jogo de atuação psicológico, e a fórmula do "realismo construtivo" faz aparecer, no Teatro da Revolução, combinações ecléticas. Uma dramaturgia urbanístico-policial desenvolve-se na esteira de *Ozero Liul* (O Lago Lull); e muitos teatros começam a montar a dramaturgia "generista" lançada por Boris Romaschov: crônicas

16 Cf. S. Radlov, *Revizor* u Meierholda, *Krasnaia Gazeta*, 14 set. 1927, p. 4; e M. Bronkov, Zritel Krasnoarmeec po Povodu *Revizora* Meierhold, *Komsomolskaia Pravda*, n. 293,.

anedóticas desenvolvidas em numerosos quadros espalhadas na encenação sobre os múltiplos níveis de uma construção.

Como Taírov, Meierhold recusa tanto essa dramaturgia generista – chamam-na de "teatro revolucionário de costumes"[17] – quanto as novas peças acerca da produção como *O Cimento* de Fiódor Gladkov ou *O Crescimento* de A. Glebov, montadas no mesmo ano que *Revizor*. Ele continua a suscitar ativamente para o seu teatro, por meio de seu próprio trabalho de dramaturgo sobre textos que ele põe em cena, outro tipo de escritura, em que o imaginário teria seu lugar, embora se limitando durante dois anos (1926-1928) a montar dois grandes textos clás-

sicos. Em 1927, o plano do repertório do Gostim compreende *Gore ot Uma* (A Desgraça de Ter Espírito) de Griboiêdov, *Khotchu Rebenka* (Eu Quero um Filho) de Tretiakov, a nova peça de Erdman (*Samubiitsa* [O Suicidado], que o autor ainda estava escrevendo), *Moscou* de Béli, *Istória Odnogo Goroda* (História de uma Cidade), de Mikhail Saltikov-Schedrin, adaptada por V. Kholmski e Evguêni Zamiátin, e a nova peça de Maiakóvski[18]. De fato, é desde março de 1926, em pleno curso dos ensaios de *Revizor*, que Meierhold espera a *Comédia com Assassinato* que Maiakóvski deve escrever para ele. E após *Revizor* e *A Desgraça de Ter Espírito*, em 1928, o encenador telegrafará ao poeta este apelo patético: "Apelo à tua razão pela última vez. O teatro agoniza. Não há peças. Obrigados a recusar os clássicos. Não quero abaixar o nível do repertório"[19].

122 Maquete de *Uma Janela para o Campo*. 1923. Recidiva pouco feliz dos espetáculos de agitação como *A Terra Encabritada*, com uma construção de V. Schestakov: paredes arredondadas, praticáveis, "declives" verdes, escada de mão, tela, plano inclinado para que um automóvel rode em cena.

17 Cf. B. Alpers, *Teatr Revoliútsi*, p. 67.
18 Cf. *Afischa TIM* 4, p. 1.
19 Telegrama de 4 de maio de 1928, *Écrits*, 2, p. 242.

É nesse contexto que se deve considerar *Revizor* de Gógol-Meierhold e a maneira como Meierhold agora desloca as tarefas de uma vanguarda em que ele continua a situar-se: elevar a qualidade da produção teatral por um trabalho em profundidade. A "luta pela qualidade" é um dos *slogans* que Meierhold desenvolve em março de 1926 em *Afischa TIM*[20]: ele coloca perante o teatro as exigências de uma arte engajada em que o engajamento revolucionário não significa, nem verniz, nem investidura ideológica, mas estrutura do método de trabalho. O enriquecimento das formas teatrais pelas técnicas de montagem acarretou a fragmentação do teatro, seu estilhaçamento nas "pequenas formas" de intervenção rápida, segundo o modelo de *D. E. (Daesch Evropu!)*. Essa dispersão já é, aliás, o pretexto em certos clubes para uma caça aos círculos teatrais autoativos suspeitos de *meierholdovschina*•[21]. Em 1926, se o TIM continua a sustentar o teatro autoativo, a apadrinhar e a animar grupos, sua própria perspectiva passou a um estádio de agitação superior. Pois o perigo real, para Meierhold, situa-se antes na queda do nível geral: encenadores analfabetos ou crise da crítica[22]. Mas, na medida em que o teatro quer preservar seu lugar de vanguarda em uma nova sociedade que, da fase da explosão, da desorganização, passa progressivamente à da organização, da coesão social, ele deve recompor-se, produzir formas monumentais[23]. E Meierhold, que já havia reorientado o teatro, o seu, centrando-o em um espaço delimitado, vai encontrar em *Revizor* um aliado na literatura para responder a essa nova urgência.

Meierhold declara-se aqui *autor do espetáculo*. A função não é nova; ele alargou, há muito, as tarefas do encenador para um tratamento dramatúrgico ativo da obra montada e interveio muitas vezes em todas as fases da elaboração do cenário. Em um programa do espetáculo de 1926, Meierhold detalha a amplitude acrescida de seu papel: ele é o autor do texto cênico, do projeto de arranjo material, da encenação, da biografia das personagens e da construção de novas personagens, do discurso, dos acentos e dos ritmos, da distribuição do material musical, da luz e, enfim, da cena muda. Por trás desse acúmulo orgulhoso, o novo é o alargamento do trabalho sobre o material, não para uma montagem de textos heterogêneos (*D. E.*) ou para uma montagem do texto escolhido com documentos de atualidade (*A Terra Encabritada*), porém para a obra inteira do autor em questão. Por meio da peça, é toda a obra de Gógol que Meierhold quer captar, é o Gógol de *Revizor* e o de *Miórtvie Dúschi* (Almas Mortas) que ele quer traduzir na cena, em uma nova decupagem em episódios que não valem tanto por seu brilho próprio quanto pelas facetas da escritura gogoliana que eles espelham. Nesse estádio do teatro teatral, Meierhold é reconhecido por grandes escritores-poetas tão diversos como Béli, Maiakóvski e Boris Pasternak. E esse último lhe escreverá: "Vindo à sua casa, é a primeira e única vez em minha vida em que estive verdadeiramente no

---

20 Cf. *Afischa TIM 1*, p. 14.

21 Cf. Idem, p. 22-23, em que é dado um exemplo desse clamor sobre um círculo dramático de um Clube Operário.

22 *Revizor*, *Afischa TIM 1*, p. 6. Meierhold convocará nesse ano um congresso sobre a crítica de teatro.

23 Cf. R. Pelche, *Novi Zritiel*, n. 51, traduzido em parte em B. Picon-Vallin, *Le Revizor de Gogol-Meyerhold*, em *Les Voies de la création théâtrale*, v. 7, p. 67.

teatro, em que compreendi o que ele significava e onde esta arte me pareceu concebível"[24].

Meierhold quer dar uma verdadeira *première* do *Revizor* a partir de um trabalho sobre o conjunto das variantes da peça, usando o estudo das supressões efetuadas por Gógol sob influência da censura ou de seus amigos, para que a peça possa ser representada. Em 1936, insiste ainda na autenticidade e na importância de tal procedimento: "É impossível atualmente montar Gógol, Griboiêdov ou Mikhail Lérmontov sem levar em conta as coações da censura que lhes atou as mãos, ou a rotina da encenação à época. Devemos, por obrigação para com a memória deles, estudar todas as suas variantes e estabelecer a melhor, guiados por um gosto nosso, que eles educaram"[25].

Cumpre libertar o autor, restituí-lo a si mesmo, permitir-lhe dizer, graças a um contexto sociopolítico diferente, o que ele queria, mas não pôde exprimir até o fim e encontrar a forma que a censura instituída, a autocensura que ela suscitou, o peso que uma tradição rotineira e técnicas cênicas limitadas não lhe permitiram abrir. E Béli reconhecerá: "O senhor se limitou a desembaraçar Gógol do algodão no qual ele precisou enrolar uma ação semelhante ao raio para que, na Rússia de Nicolau, seu discurso pudesse ser enunciável"[26].

Dois projetos aparentemente contraditórios, mas que se nutrem um do outro: primeiro uma leitura contemporânea da peça, que ao nível anedótico apresenta uma atualidade quase cômica. Do mesmo modo que Gógol não inventou a fábula da peça que lhe foi sugerida por *faits divers* de sua época, assim a imprensa dos anos de 1920 fala de aventureiros que na província se fazem passar por representantes dos órgãos centrais. E essa leitura será uma decapagem inspirada na insatisfação de Gógol em face das representações de sua peça. Em seguida e sobretudo, uma busca pelo "verdadeiro" Gógol. A aproximação do autor com a época presente não passa tanto por suas criaturas que, subitamente sovietizadas, transporiam os anos, mas pela evocação cênica concreta de sua personalidade, de sua voz inquieta, de sua palavra. Meierhold não procura impor uma leitura, mas, como em *A Floresta*, construir a partir dela um texto espetacular que virtualize o texto dramático, às vezes, a ponto de torná-lo importuno, de apagar o século de distância. A *mise-en-scène* será um poema sobre Gógol, em que o texto será soberano, com suas palavras estranhas, seus achados verbais originais que o ator deve saborear antes de bem pronunciá-los. Será um poema em que se tratará de apresentar, como escreve Bernard Dort em uma reflexão sobre a encenação dos clássicos hoje em dia, o "cerne do texto", mais do que sua transparência, sua evidência[27].

Recrutada como nova aliada de um teatro que se aprofunda, a literatura, longe de se restringir ao quadro de uma peça limitada em seu acabamento dramatúrgico, concentra as especificidades do mundo de seu autor. Do mesmo modo que no caso de *Balagántchik* (A Barraca

---

24 Pismo B. Pasternak Meierholdu, 26 mar. 1928, *Perepiska (1896-1939)*, p. 277.

25 A. Gladkov, *Teatr: Vospominánia i Razmischlenia*, p. 304.

26 Pismo A. Béli Meierholdu, 25 dez. 1926, *Perepiska (1896-1939)*, p. 256.

27 B. Dort, Du texte au spectacle: question de "lecture", *L'Annuel du théâtre 1982-1983*, p. 47.

TEATRO E MÚSICA

da Feira de Atrações) ou de *A Floresta*, não é o *Revizor* que Meierhold monta, porém o mundo espiritual (e não psicológico), heterogêneo, contraditório do autor. Ele procura, através de uma penetração na obra e no estilo de Gógol, manifestar, na acepção forte do termo, suas ideias e sua dolorosa insatisfação. Ele torna visível e audível o olhar, o grito de Gógol até a tempestade da loucura que sacode a cena no último episódio, loucura do Governador que uiva, salta, e que é metido em uma camisa de força, em meio de uma barulheira de sinos tangidos com toda a força. O último traço sonoro e gestual do espetáculo é essa imagem concreta da loucura, saída do *Zapíski Sumaschedschego* (Diário de um Louco), antes do silêncio da cena muda exigida por Gógol, com suas terríveis bonecas congeladas. Refletindo sobre a obra de seu mestre Meierhold, Grigóri Kózintsev, um dos FEX[•], escreve no fim de sua vida: "Em cena apareciam não somente as personagens de *Revizor*, mas Gógol, inapreensível pelo olhar, presente nos ritmos, nas entonações, nos sons"[28].

No trabalho sobre o texto, Meierhold-dramaturgo introduz em sua peça outras personagens e o mundo ampliado da criação gogoliana: ele dá "um *Revizor* comentado por Gógol inteiramente"[29]. Mas procura também construir um meio cênico que seja um meio vivo, capaz de secretar como de si mesmo o pensamento imagístico de Gógol. Ele põe em prática, enfim, sua concepção pessoal a respeito dos clássicos que situa em uma perspectiva essencialmente dinâmica: estudo dos limites em que o contexto sócio-histórico os encerra, abertura das obras em campo livre da cena pós-revolucionária.

A reescritura do texto literário pelo emprego de rascunhos, variantes e fragmentos de outros textos corresponde à lenta escritura do texto cênico em ensaios, retomada incessantemente, em camadas superpostas, rasuradas, corrigidas, contrastadas, acumuladas, estratificadas, como esses manuscritos em que se apreende um pouco do processo do trabalho criativo do escritor. Mas esse trabalho de precisão, de filigrana, em que tudo permanece em alguma parte na memória dos corpos dos atores no trabalho, não é sinônimo de amadurecimento. A atitude meierholdiana é sempre gravada de paixão, de arrebatamento, de recusa de tudo o que é conhecido, de busca do risco, da experimentação: *Revizor*, antes de ser polido, é primeiro "revolto". *Revolver* a peça ou a cena significa sempre, como no tempo do Outubro Teatral, de *A Morte de Tarelkin*, embasbacar, espantar, agredir, sendo o espanto concebido como um efeito necessário de estranhamento sobre a percepção do espectador, para libertá-lo de seus hábitos e de um texto que ele conhece demasiado bem. Mas essa provocação é também concebida como um método de jogo de atuação para despertar, para tirar "os atores de um ponto morto"[30] e fazer com que se mexam. Todas as personagens serão tomadas a contrapelo das tradições estabelecidas sobre bases errôneas e fossilizadas em clichês. "Revolver" significa, portanto,

---

28 G. Kózintsev, "V. Meierhold", *Sobrânie Sotchiniêni*, t. 2, p. 453.

29 A. Slonimski, Novaia Istolkovanie *Revizora*, em Revizor v *Teatre Imeni Meierholda*, p. 5.

30 RGALI, 998, 192. Ensaio de 29 de janeiro de 1926.

ainda, polemizar, no interior do espetáculo, com a pseudotradição, e lavrar profundamente as terras nutridoras do teatro, revolver os terrenos da tradição autêntica, esgotadas em sua superfície, a fim de fazer emergir sulcos fecundos e desbravar novas terras.

Trabalhos Preparatórios

É em junho de 1925 que o Laboratório Dramatúrgico do TIM decide abrir a próxima temporada com *Revizor*. Os ensaios começarão em 18 de outubro de 1925. Entrementes, em meados de junho, Meierhold empreende uma viagem ao exterior, para a Itália e a Alemanha. A essas estadas liga-se o amadurecimento da próxima encenação. Pois se a escolha de *Revizor*, que Meierhold considera como uma peça extremamente engajada[31], se relaciona à luta política que acaba de começar contra as falhas da administração soviética, implica também, para Meierhold, uma caminhada pessoal para a obra de Gógol e a realização de um encontro com ele, preparado desde longa data. O que ele procura na Itália, em Roma, são antes de tudo as pegadas de Gógol, as fontes de suas impressões romanas. A meta da viagem do encenador é Gógol: ele vai ao Café Gréco[32], via Condotti, que o escritor frequentava, vê os quadros que ele gostava. E nesse verão de 1925, Meierhold lê as cartas que Gógol escreveu da Itália, levanta a questão de Gógol colorista e a cor a ser utilizada para representar sua peça, dez anos antes que Béli aborde a questão, em uma obra capital sobre o escritor, publicada em 1934[33].

É em Roma, enfim, que Meierhold vê, no Palazzo Barberini, o quadro de Dürer, *Jesus em meio aos Doutores*. Pintadas em plano aproximado, as seis figuras dos Doutores da Lei, rostos e bustos, mascaram o espaço exíguo em que se apertam. No meio deles, Jesus se serve das mãos para argumentar, enquanto um dos velhos parece interrompê-lo com um gesto. Assim, para o centro do quadro convergem, de início, esses dois pares de mãos expressivas. Além disso, cada um dos velhos segura uma Bíblia antiga: postas em relevo por esses objetos, as mãos, nobres, deformadas ou crispadas, têm sua linguagem. O conjunto da tela fornece a Meierhold a revelação intuitiva da composição de certo número de episódios. Ele voltará ao quadro muitas vezes durante os ensaios, apresentando aos atores reproduções.

Meierhold está convencido de que não existe nem versão definitiva nem texto canônico "desta obra [que] desde o instante de sua concepção [foi] incessantemente transformada por Gógol, embora permanecendo a mesma em seu plano essencial"[34]. Já, nos Cursos de

31 Cf. La Solitude de Stanislavski, *Écrits*, 2, p. 65.

32 O Café Gréco é também o do mágico Celionati em *A Princesa Brambilla* de E. T. A. Hoffmann.

33 Cf. *Masterstvo Gógolia*, p. 71-72, 120-125 e 307-308.

34 *Écrits*, 2, p. 203.

[123] A. Dürer, Jesus em Meio aos Doutores, *1506*. É o leitmotiv plástico para a direção dos atores. Meierhold viu este quadro no Palazzo Barberini.

[124] Revizor, Gostim, *1926*. Desenho de Meierhold para os episódios *1* e *2*.

Mestria de Encenação de Petrogrado em 1919, ele havia organizado um plano de estudos pormenorizado sobre Revizor e uma comissão estava encarregada de estabelecer o seu texto cênico[35]. No verão de 1925, segundo as indicações de Meierhold, seu assistente Mikhail Koreniev começa a restabelecer todas as passagens suprimidas pela censura e trabalha, a partir de uma "composição das variantes" gogolianas, em uma versão do texto que responda ao mesmo tempo ao espírito do autor e às exigências de um teatro revolucionário.

Após a interpretação de Revizor no Teatro Aleksandrínski em abril de 1836, Gógol exprimiu claramente suas críticas em textos como "A Saída de um Teatro", "O Desenlace de Revizor", "Passagens Escolhidas de Minha Correspondência com Amigos" ou "Advertência para Aqueles Que Desejariam Representar Revizor como Convém" e "Extratos de uma Carta a um Escritor após a Primeira Representação de Revizor". Esses textos, que proporcionam um comentário detalhado de seus desígnios e suas críticas, constituem outros tantos anexos essenciais à peça. Mais ainda, se a primeira montagem de Revizor foi escrita rapidamente, a história da obra parece muito complexa, considerando-se os diferentes estados do texto, escalonados entre 1836 e 1842, data da terceira edição da peça no âmbito das obras completas do escritor. "A Saída de um Teatro" comporta, ela mesma, duas redações. Quanto a "O Desenlace de Revizor", Gógol pede de volta o texto a seu editor a fim de introduzir nele correções essenciais e sua publicação será póstuma. Se, às prévias tentativas dramatúrgicas de Gógol, acrescentarmos os

[35] *Vremennik TEO*, n. 2, p. 59.

diferentes estados do texto, teremos aí um *corpus* muito complexo em que se revela a atitude ambígua do autor em relação a essa peça que lhe escapa e que ele procura afinar. A primeira representação de *Revizor* o desapraz profundamente: os atores tornaram-na irreconhecível. Seu *Revizor* lhe parece ser então ao mesmo tempo mais que uma farsa, ainda mais acentuada pelo jogo de atuação caricatural, e menos do que uma sátira política. No período final de sua vida, Gógol pretenderá – mas voltará atrás nesse impulso – dar-lhe uma edificante interpretação alegórica, em que a cidade se transmuta em urbe imaginária da alma, Khlestakóv, no Anticristo, e Revizor, em Deus[36]. A rede de correções, de críticas e de conselhos aos atores que ele tece em torno da peça e as transformações do texto mostram com certeza que Gógol busca para o *Revizor* um teatro que não existe, capaz de evitar o vaudevile, permanecendo cômico, e de encontrar o equilíbrio entre o real e o simbólico.

Em face desse *corpus*, Meierhold quer reencontrar o movimento de conjunto de uma obra que se faz a partir de um projeto muito cômico, cada vez mais trágico até nas últimas exegeses gogolianas; quer libertá-la das camadas que a obscurecem ao nível do tema, ao nível do gênero, ao nível do estilo. Cumpre, nesses três níveis, tentar abordar o texto original de *Revizor* tal como esse podia existir na consciência criadora de Gógol, abrir um caminho até ele através das variantes, desembaraçar o palimpsesto das inscrições supérfluas e das torções[37].

A primeira máscara situa-se ao nível do tema e de sua amplitude. Gógol transformou a estrutura do vaudevile e do melodrama que reinam nos palcos de sua época, pervertendo-os. De um, ele guarda a intriga amorosa ou, antes, sua paródia, do outro, sua concepção catastrofista. A transformação efetua-se de início introduzindo paixões que Gógol designa como atuais (carreira, casamento, poder, ciúme, relações) e substituindo o homem do vaudevile no seio de um ambiente familiar por um homem social, em uma cidade organizada hierarquicamente. Em seguida, Gógol suprime ou minora os grandes efeitos do melodrama: em vez de crimes e venenos, mexericos, propinas miseráveis, castigos a chicote... O motor principal da ação é a paixão do superior hierárquico, mas todas as esperanças são enganadas: o herói é falso, a fábula é uma "intriga de miragem"[38], em que nenhuma das personagens não é boa nem realmente criminosa, e em que a personagem principal não controla nem padece verdadeiramente os acontecimentos. A peça não é, pois, uma farsa, ela não é tampouco apenas uma sátira social.

As cenas que representam *Revizor* durante a vida de Gógol não podem, devido à pregnância das correntes dominantes, destacar a novidade da peça. Elas não possuem nem os meios cênicos (jogo do ator), nem a liberdade necessária para fazer passar o alcance social, na verdade simbólico, de *Revizor*. Elas limitam a peça no tempo e no espaço, desnaturam-na entregando-a ao vaudevile, transformam as personagens

REVIZOR E O PROCESSO DE TRABALHO TEATRAL EM MEIERHOLD

36 N. Gogol, Le Dénouement du *Revizor*, *Oeuvres complètes*, p. 1104 s.

37 N. Tikhonrávov em Otcherk Istorii Teksta Komedii Gógolia *Revizor* (1886), mostra o quanto mutilaram o texto (Cf. A. Matskin, op. cit., p. 211). M. Koreniev denunciou o trabalho de Prokopóvitch, redator-censor de Gógol, ver *Revizor, Afischa TIM* 4, p. 5.

38 I. Mann, Dramaturgiia Gógolia, em N. Gógol, *Sobrânie Sotchiniêni*, t. 4, p. 467.

TEATRO E MÚSICA

em caricaturas e acentuam assim a inverossimilhança da fábula, uma das principais razões de queixa da crítica da época. No entanto, uma parte do público, com Nicolau II à testa, como pretende a lenda, pôde compreender que Gógol não denunciava somente o atraso de provincianos desonestos, porém uma realidade mais ampla e mais terrível.

Porque, por trás de *Revizor*, perfila-se a sombra de um imenso afresco sobre o grande mundo, a capital e a falsificação de documentos: *Vladímir Tretiei Stepeni* (A Cruz de São Vladímir), que Gógol começa antes de *Revizor*, mas não acaba, pois não entrevê nenhuma possibilidade de que uma peça desse tipo seja representada ("Quanto fel, riso e sal! Mas eu me detive ao ver que minha pena tropeçava em passagens tais que a censura não deixaria passar a preço nenhum"[39]). Meierhold terá em conta esse fato para alargar e aprofundar o quadro da peça, para justificar a passagem do buraco de província, que o Teatro Artístico na encenação de 1908 havia localizado com precisão, para a capital: ele realiza assim em seu *Revizor* o desígnio inicial de *A Cruz de São Vladímir* e capta em seus objetivos denunciadores toda a Rússia de Nicolau II. Uma dificuldade da tarefa aparece de pronto: como organizar o painel coerente desse mundo ampliado, guardando ao mesmo tempo o estado de espírito estreito que anima o micromundo da cidade gogoliana?

A segunda máscara é a do gênero. *Revizor* se intitula comédia, e a tradição atirou à condição de um risinho recreativo o Riso da comédia, esse riso que o próprio Gógol eleva ao grau de personagem da peça. Ora, é uma particularidade da comédia clássica russa a de se encontrar no limite da tragédia e, mesmo, de amiúde descair nela. Meierhold já havia adotado o ponto de vista de Púschkin, segundo o qual nada se aproxima mais de uma grande tragédia do que uma grande comédia. Ele se recusa, portanto, a fazer do riso o valor constante da comédia e procura um riso descontínuo, com, nas brechas, o horror. Riso e horror, dois polos da poética gogoliana que Meierhold encarna cenicamente, assim como busca manifestar em cena um Gógol "sintético". Ele se recusa a dividir sua obra em períodos distintos, à maneira dos novos críticos soviéticos – realismo progressista e mística reacionária – ou dos simbolistas, para os quais o único, o "verdadeiro Gógol" é o místico cujo riso esconde uma angústia de Apocalipse. Sem dúvida, Meierhold foi, nos anos de 1910, guiado pelos escritores simbolistas, que arrancaram ao século XIX seu Gógol realista para convertê-lo no escritor das figuras de cera (Vassíli Rózanov) ou da hipérbole (Béli), Valéri Briússov. Se em *Gógol e o Diabo*, Dmítri Merejkóvski considera Khlestakóv como a hipóstase do mal eterno e universal, o próprio Diabo, pai da mentira, e se, em uma "Carta Sobre o Teatro" de 1908, Meierhold propôs uma leitura do *Revizor* no espírito de Merejkóvski[40], é porque toda interpretação unívoca está agora, para ele, ultrapassada. Nenhum esquema estático convém a Gógol: Meierhold pretende apreender o escritor em seu devir, assim como apreende *Revizor* em uma perspectiva dinâmica.

39 Lettre de Gogol à Pogodine, 20 fevereiro 1833, cronologia, em Gogol, *Oeuvres complètes*, p. LI.

40 V. Meyerhold, *Du théâtre, Écrits*, I, p. 153.

Projeto tanto mais necessário quanto se trata de um tema muito pessoal, pois que a crítica divide a própria vida criativa do encenador em duas fases muito distintas, separadas pela brutal ruptura da Revolução. O espetáculo quer reconstituir a esfera global do escritor entregue à pesquisa e constrói, portanto, a personagem única de um Gógol em movimento, que escreve e recria sua comédia, que não hesita em utilizar cenas ou expressões grosseiras, vindas da rua, de um Gógol em quem o riso sadio, o da farsa, da *gag* e do trocadilho se une a este outro riso, que ressoa como se "dois bois, parados nariz contra nariz, se pusessem a mugir ao mesmo tempo"[41]. Um riso que se congela e que desemboca então no trágico.

A terceira máscara é a do estilo. O aspecto formal, muito acentuado, o de Gógol, não foi compreendido por sua época, que transforma a hipérbole em caricatura em cena, reduzindo o tema à anedota. Ademais, a censura se exerceu sobre a língua, cuja crítica denuncia às vezes o cinismo e a ambiguidade suja; correções devidas ao editor-redator de Gógol, em função das exigências da língua literária, a desfiguram. Meierhold quer, portanto, reencontrar o vocabulário gogoliano, as palavras cruas, raras, e sua textura sonora inabitual. Enfim, ele se coloca, de pronto, problemas tecnológicos, procura soluções cênicas capazes de corresponder à estrutura do escrito: problemas de espaço, de cores, de ritmo (contrastes) e mais geralmente problemas de composição e de dosagem de elementos históricos. No interior de tais quadros espaciais e temporais, ele pode fazer brilhar a vida das personagens gogolianas sem jamais reduzi-las a esquemas. Béli escreverá a Meierhold: "Toda minha vida, eu vivi de Gógol, eu o amo meditando-o; e o senhor me abre novos horizontes: acabo de ver *Revizor* pela primeira vez, e é provavelmente a primeira vez também que eu o li"[42].

Meierhold vai partir da cena muda, essa magistral hipérbole que era apresentada como um *tableau vivant*, porque não se compreendia o laço orgânico que a ligava ao conjunto da peça, porque a consideravam um apêndice acrescentado e até um erro de Gógol, embora esse último a defendesse com vigor, a ponto de reformá-la três vezes. É na interpretação dessa cena que Meierhold se apoia para hiperbolizar o espaço teatral, "revolvê-lo" enfim, e assim realizar a metáfora em vez de diluí-la na anedota e na descrição anêmica.

Meierhold busca *seu* realismo cênico através das encenações em peças sucessivas da concepção do realismo gogoliano estratificado pelo século XIX. Os trabalhos sobre Gógol realizados pelos formalistas Boris Eikhenbaum, Iúri Tiniânov e Aleksandr Slonimski, se não concernem diretamente ao teatro, fornecem a Meierhold um método de análise do material gogoliano. Além disso, Slonimski, que, em 1923, publicou *Tekhnika Komítcheskogo u Gógolia* (A Técnica do Cômico em Gógol), é uma das raras pessoas consultadas: ele vem expor aos atores os princípios da

41 N. Gogol, *Mirgorod, Oeuvres complètes*, p. 307.

42 Pismo A. Béli Meierholdu, 25 dez. 1926, op. cit., p. 257.

construção da peça. O espaço de *O Capote*, tal como foi estudado por Eikhenbaum, aclara a convenção do estreitamento espacial em *Revizor*, em que a cidade parece distante, encafuada, recolhida em si mesma. O objetivo dessa redução a um quadro estreito não é de início, segundo Eikhenbaum, nem didática, nem satírica, mas visa a criar um espaço "onde desenvolver um jogo com a realidade", em que "o autor está livre para exagerar os detalhes e destruir as proporções habituais do mundo"[43]. São também as especificidades da geometria cênica tais como Meierhold as expôs em 1914[44]. O grotesco gogoliano nasce dessa compressão espacial que permite "unir o que não é unificável, exagerar o pequeno e diminuir o grande"[45]. A análise de Eikhenbaum dá uma das fórmulas cenográficas do espetáculo, sendo a outra, a de um vasto espaço vazio, sugerido pelo estudo de Slonimski. A evidenciação na obra de Gógol – por Eikhenbaum e Tiniânov – do aspecto fônico e mímico do discurso gogoliano, de estratos estilísticos contraditórios e da alternância do trágico e do cômico correspondentes a dois registros de estilo, um elevado (neologismos, arcaísmos, vocabulário religioso) e outro baixo (barbarismos, onomatopeias, vocabulário da rua)[46], fornecem a Meierhold instrumentos de trabalho, quer para a composição das variantes, quer para a *mise-en-scène*.

Quanto a Victor Vinográdov, ele disseca o tratamento a que Gógol submete as diversas tradições populares e literárias que utiliza e manipula: farsa, conto ucraniano, romance histórico à la Walter Scott, romantismo fantástico alemão (Tieck, Hoffmann), romantismo francês sangrento à la Sue, Janin ou Hugo, romantismo sentimental. Trabalho que visa a uma síntese artística irônica em que o processo de "despsicologização" da escritura acarreta uma "fisiologização", como corolário, na descrição precisa e detalhada de fatos tirados de uma realidade que não é nem "horrífica", nem ideal, mas simplesmente cotidiana, às vezes, suja e vulgar. As análises de Vinográdov, embora publicadas em 1929, datam de fato de 1925-1926. Meierhold estava a par dessas pesquisas? Em todo caso, ele aborda a composição cênica dos indivíduos gogolianos por diferentes lados ao mesmo tempo, com remessas a diversas grandes tradições de personagens literárias ou teatrais, e orquestra em seu espetáculo uma multiplicidade de vozes que se alternam, como aquelas que Vinográdov detecta nos relatos de Gógol[47]. Não é uma narrativa linear, mas uma polifonia: o desvelamento dessa escritura gogoliana proporciona as bases do trabalho teatral.

Dois encenadores já haviam tentado romper com a tradição, um em 1925, e outro no começo de 1926. O primeiro, Valéri Bébutov, segue o exemplo de *A Floresta* para interpretar *Revizor* como "vaudevile social"; o segundo, Nicolai Petrov, renovando as situações bem conhecidas por meio de um cenário giratório. Mas ambos se deixam apanhar na armadilha dos elementos cômicos que não poderiam definir por si sós a especificidade da peça. É a interpretação de Khlestakóv por Mikhail Tchékhov que põe Meierhold no bom caminho. Na encenação

43 Comment est fait *Le Manteau de Gogol*, T. Todorov (org.), *Théorie de la littérature*, p. 229-230.

44 Cf. La Baraque de foire, *Écrits*, I, p. 249.

45 Comment est fait *Le Manteau de Gogol*, op. cit., p. 230.

46 Cf. Dostoiévski i Gógol (1921), *Arkhaisti i Novatori*, p. 422.

47 V. Vinográdov, *Evoliútsia Russkogo Naturalizma*, p. 4.

do Teatro Artístico em 1921, em que é lançado pela primeira vez o termo "revisão" de *Revizor*, Tchékhov é um Khlestakóv rápido e cambiante, leve como uma bolha de sabão, ao mesmo tempo real e fantástico, lamentável e mistificador, imprevisto a cada instante. A novidade do jogo de atuação assombra. Pois o que Tchékhov atinge aí é a "combinação, em sua personagem, de uma multiplicidade de movimentos heterogêneos, formando ao fim de contas os diferentes níveis contidos no conceito de *khlestakóvschina*"[48]. O trabalho de montagem que Tchékhov desenvolve, com o rosto branco de pó de arroz e as sobrancelhas em forma de foice, com o corpo móvel sobre saltos altos, sua relação constante com os objetos que transitam por suas mãos ágeis, todo esse jogo grotesco é saudado por Meierhold: "É um ator espantoso, um ator de hoje"[49]. Seus comediantes não deverão imitá-lo, porém "rivalizar com ele"[50].

Enfim, a longuíssima preparação-maturação de *Revizor* é em 1925-1926 um afã de todos os instantes: "Eu trabalho o tempo todo sobre *Revizor*", diz Meierhold. "Quando ando, no concerto, tenho *Revizor* na cabeça, no bonde, *Revizor* etc. É precisamente assim que o ator deve operar, pois cada um de seus papéis é um balanço de sua vida inteira e o ensaio não é senão um de seus momentos de trabalho". Longo labor, "em que cada detalhe se aprofunda infinitamente"[51]. Mas quando e onde se deter em um processo de criação tão sutil, que, além do mais, no teatro, pode desfazer-se ou aperfeiçoar-se incessantemente, em cada ensaio, assim como em cada representação?

A Construção do Texto

Gógol sabe que a censura é menos estrita em relação a um texto escrito do que a uma obra destinada à cena, que a amplifica, a torna mais percuciente, e o primeiro *Revizor*, publicado em 1836, é diferente de sua versão cênica, se bem que o preparo das duas tenha chegado a termo ao mesmo tempo. Quanto ao texto dito "canônico" de 1842, em que Gógol adicionou a famosa epígrafe "Não atribuas ao espelho se você tem a boca torta", ele é a resultante de dois remanejamentos sucessivos (relativos ao ato IV e à reformulação da cena muda), e só foi representado após 1870, com o audacioso: "Do que riem vocês? É de vocês que vocês riem". Com Koreniev, Meierhold estabelece o texto cênico a partir dos cinco estados da peça: com uma base fornecida pelo texto de 1842, aliviado de algumas páginas, eles acrescentam cenas extraídas das primeiras variantes de *Revizor* (daquelas que Gógol rejeitou na variante de 1836, porque elas retardam

48 A. Matskin, "Mikhail Tchékhov-Khlestakov", op. cit., p. 28.

49 Meierhold o Tchékhov, *Ekran*, n. 10. Em 1933, Meierhold quis fazer Tchékhov (emigrado) voltar à União Soviética e incluí-lo em sua trupe.

50 Conception générale du spectacle (20 out. 1925), *Écrits*, 2, p. 184.

51 RGALI, 998, 186. Encontro com os Encenadores-Laboratoristas, notas de M. Koreniev. Encontros de 15-16 de abril de 1926.

a ação, vão de encontro à sua unidade, como a cena entre Khlestakóv e Rastakóvski). Eles introduzem réplicas pertencentes a outras personagens gogolianas, a Sobakêvitch (*Almas Mortas*), a Kotchariev (*O Casamento*), para a cena das mentiras de Khlestakóv, quando este delira sobre seu encontro com uma misteriosa beldade e seu rosto de alabastro, a Sobatchkin (*Cenas da Vida Mundana*). Além disso, Meierhold utiliza, para ampliar o texto e dar mais profundidade às personagens, *Almas Mortas* e *Igróki* (Os Jogadores). *Almas Mortas* inspira o conjunto do espetáculo, pois Gógol aí trata, em outra dimensão, de um tema idêntico, o de uma sociedade de funcionários reunidos em torno de um recém-chegado (alguns tomam Tchítchikov por um funcionário do governo encarregado de um inquérito): o mesmo medo, a mesma azáfama de combate. Quanto a *Os Jogadores*, eles permitem desenvolver, como as primeiras variantes de *Revizor* em que o tema das cartas é mais utilizado, um traço essencial de Khlestakóv, apresentado como um jogador azarado; eles dão o tom da cena da estalagem. O texto do episódio "Depois de Penza" será enriquecido de termos tirados do jargão dos jogadores e até de uma alusão a um célebre trapaceiro dos anos de 1920. Sentir-se-á também o traço de *Névski Prospekt* (A Avenida Névski) no episódio suprimido após o ensaio geral, "O Licorne", que toma, aliás, seu título de um aforismo de Pirogov a quem Khlestakóv empresta algumas réplicas. Meierhold efetua sua montagem de *Revizor* apoiando-se sobre toda a obra de Gógol, que ele aconselha aos atores ler em seu conjunto. Eles encontrariam aí, além do mais, muitos detalhes concretos para construir suas personagens.

Dentro do texto de 1842, os cortes vão dizer respeito ao que Koreniev considera como didascálias pronunciadas pelas personagens, isto é, aqueles momentos do discurso em que elas designam ao público, de maneira redundante, sua própria ação cênica ou a de seu parceiro[52]. Os acréscimos são redistribuídos do ponto de vista da encenação para tornar *mais complexa* a dramaturgia de certas sequências, para buscar uma *multiplicidade de planos* na composição ou para caracterizar de modo mais preciso as personagens, proporcionando-lhes muitas facetas. Trata-se de reencontrar em cena *a espessura da vida gogoliana*. O trabalho sobre o texto tem lugar no interior de uma luta contra a abstração dos papéis e sua sujeição ao vaudevile francês.

---

52 M. Koreniev, *Revizor*, op. cit., p. 4-6.

DECUPAGEM DE *REVIZOR*

ESPETÁCULO DE MEIERHOLD	CORRESPONDÊNCIAS COM OS ATOS E AS CENAS DA VERSÃO DE 1842
Primeira Parte	
Episódio 1: "A Carta de Tchmikhov" "Eu vou ler a carta que recebi de A. Tchmikhov" (O Governador, Ato 1, Cena 1).	Ato 1, Cenas 1 e 2.
Episódio 2: "Um Caso nunca Visto" Todos: "O quê? O que se passa?" Dobtchinski: "Um caso nunca visto: chegamos à estalagem..." (Ato 1, Cena 3).	Ato 1, Cenas 3, 4, 5.
Episódio 3: "O Licorne" Aparição fantasmagórica dos jovens oficiais. Episódio inspirado em *Avenida Névski*.	Ato 1, Cena 6.
Episódio 4: "Depois de Penza" Khlestakóv e o oficial de passagem chegam de Penza, onde perderam no jogo todo o seu dinheiro.	Ato 11, Cenas 1 a 10.
Episódio 5: "Cheio de um Mui Terno Amor" "Minha alma, dizia ele, está cheia de um amor muito terno" (Anna Andrêievna. Variante do *Revizor*).	Ato 111, Cenas 1, 2, 3.
Segunda parte	
Episódio 6: "A Procissão"	Ato 111, Cena 5.
Episódio 7: "Ao Redor de uma Garrafa de Tolstobriúschka" "Veremos como isso será depois de um repasto e de uma garrafa de tolstobriúschka" (O Governador, Ato 11, Cena 10).	Ato 111, Cena 6.
Episódio 8: "O Elefante Abatido Desaba" "Nós conseguimos um pequeno madeira, aparentemente inofensivo, mas ele lhes abate um elefante" (O Governador, Ato 11, Cena 10).	
a) A ação ocorre no lado direito do palco.	Ato 111, Cena 7, Ato 1V, Cena 1.
b) A ação ocorre no lado esquerdo do palco.	Ato 111, Cenas 4, 8, 9, 10, 11.
c) A ação ocorre no centro do palco.	Ato 1V, Cena 2.
Episódio 9: "As Propinas". "Oh, não, não aceito propinas" (Khlestakóv, Ato 1V, Cena 10).	Ato 1V, Cenas 3 a 9.

Episódio 10: "Cavalheiro da Alta Finança" "À sua nobre e elevada pessoa, cavalheiro da alta finança, de parte do comerciante Abdulin" (Súplica de um comerciante, Ato IV, Cena 9).	Ato IV, Cenas 10 e 11.
Episódio 11: "Abraça-me" Palavras do romance que acompanha o episódio.	Ato IV, Cenas 12 a 14.

Terceira parte

Episódio 12: "A Bênção" "Vamos, abençoe-os" (Anna Andrêievna, Ato IV, Cena 15).	Ato IV, Cenas 15 e 16.
Episódio 13: "Sonhos de Petersburgo" "Então, Anna Andrêievna, hein? E onde então vamos viver? Aqui ou em Petersburgo?" (O Governador, Ato V, Cena 1).	Ato V, Cena 1.
Episódio 14: "Uma Festa é uma Festa" "Que gritem isso para todo o povo, que se faça soar os sinos, que diabo! Uma festa é uma festa!" (O Governador, Ato V, Cena 1).	Ato V, Cenas 3 a 8, até "Que dissabor inesperado" (Uma das damas).
Episódio 15: "Uma Confusão sem Precedentes" "É realmente uma confusão sem precedentes!" (A mulher de Korobkin, Ato V, Cena 8).	Ato V, Cena 8 (fim da cena) + cena muda.

Muitos problemas de ordem tecnológica colocam-se em face desse texto enriquecido. O primeiro é o da distribuição desse material: a peça, segundo um princípio já longamente experimentado, é apresentada, não em cinco atos, mas em vinte, depois em quinze, no fim, após o demasiado longo ensaio geral, em quatorze episódios reagrupados em três partes. A progressão e o encadeamento das cenas permanecem idênticos, com exceção do episódio "As Propinas", em que as cenas 3 a 9 do ato IV são reordenadas em uma só sequência, e do episódio final. Essa divisão em episódios, ao mesmo tempo que corresponde melhor ao modo de percepção do espectador moderno, recupera a técnica da escritura gogoliana, que visa não a um desenvolvimento lógico do assunto, mas a um jogo caprichoso com ele, "uma colagem de pedaços em mosaico"[53]. Cada episódio reagrupa certo número de cenas em torno de um mesmo tema com um título único, uma atmosfera e um estilo próprios.

O segundo problema é colocado por meio de repetições que, na própria estrutura de *Revizor*, entravam a marcha da peça. Por isso, Meierhold suprime uma das duas cenas com os mercadores que não virão mais ver o Governador, porém somente Khlestakóv. Enfim, os

53 V. Vinográdov, op. cit., p. 21.

monólogos são incômodos graças à sua duração, sua inadequação ao gosto do público moderno. Alguns serão divididos em muitos pedaços; mas, sobretudo, a fim de resolver esse problema, Meierhold introduz novas personagens, interlocutores que, embora mudos, têm uma presença muito densa: por exemplo, na estalagem, o Oficial de passagem e a Lavadora de assoalho. Essa última, espécie de réplica de Uteschitelnii em *Os Jogadores*, é cortejada por Óssip, o doméstico de Khlestakóv. Essas duas personagens servem sem dúvida para *adensar* o quadro cotidiano, para alargar com outras camadas sociais o mundo gogoliano – aqui o exército é um elemento urbano, com essa moça, "Carmem decorativa", como diz Meierhold[54]. Mas elas assumem também uma função cênica, permitindo que o texto de Khlestakóv ou de Óssip passe a uma forma dialógica por meio do jogo pantomímico da criada ou dos grunhidos do Oficial.

Procura da Polifonia Visual

Meierhold introduziu inclusive um pequeno "Capitão de Azul", em uniforme de hussardo brilhante e agaloado. Inteiramente mudo, suspirando por Anna Andrêievna, ele está quase sempre presente nos episódios que se desenrolam na casa do Governador. Amante titular que perdoa e aceita tudo, está sem cessar metido entre sua bela e todos aqueles que se aproximam dela, comentando assim mimicamente a ação. Meierhold confia esse papel a Vladímir Maslatsov, intérprete do Turco em *A Floresta*. Esse Capitão de Azul, apaixonado e desesperado, é notado por toda a crítica, ele obtém tal sucesso que, em seguida, Meierhold desejará fazer figurar seu nome e o de seu intérprete em grandes caracteres no cartaz do espetáculo. Meierhold cria-o por volta do mês de abril[55], durante os ensaios do episódio "Abraça-me", para quebrar o ritmo binário das personagens presentes na cena (Khlestakóv, o Oficial e as duas mulheres), a partir de um "quinteto" e senta-o ao piano a fim de pôr a dançar a companhia. Em seguida, ele estenderá sua participação ao conjunto dos episódios subsequentes.

Esse povoamento da peça pelo encenador não responde apenas a problemas técnicos. Ele é mais fundamental. Como procedeu em *A Floresta* e *O Mandato*, Meierhold multiplica as personagens, e não somente no episódio final, conforme indicação do próprio Gógol: convidados, comadres, policiais, músicos e até mesmo um Tártaro enchem o episódio 15. Nos outros episódios também, Meierhold introduz funcionários suplementares (correspondentes aos nomes metafóricos de

54 RGALI, 998, 191. Registro dos ensaios com correções e notas de V. Meierhold e M. Koreniev, 20 out. 1925 a 29 out. 1926. Ensaio 25 ago. 1926.

55 RGALI, 998, 186. Encontro 14 abr. 1926.

Knut, Pogoniaev e Matsapur), servidores e domésticos, militares, para o episódio 5 ou, ainda, em "O Licorne", um Cadete apaixonado por Maria Antonovna. Trata-se aí de figurantes expressivos que dão origem a novas situações e ações cênicas. Os oficiais apaixonados, que surgem de toda parte, e mesmo de debaixo dos móveis, atravancam o espaço cênico tanto quanto a estreita imaginação de Anna Andrêievna no episódio 5; eles justificam seu comportamento ulterior. A presença de todas essas personagens faz intervir uma multidão de *homunculi* que existem em Gógol, mas não aparecem e são amiúde mencionados apenas uma vez. Vladímir Nabokov fala de uma "orgia" de personagens secundárias que aparecem no fim do primeiro ato e destaca o fato de que "esse mundo secundário, atravessa à força, por assim dizer, o plano de fundo da peça, é o verdadeiro reino de Gógol"[56].

Meierhold realiza essa orgia de personagens: elas se tornam, em seu palco, como que a encarnação de criaturas existentes em outras obras de Gógol ou que poderiam realmente ter aí existido. Elas dão a impressão de haver sido "deduzidas" por Meierhold, como se este houvesse logicizado inteiramente Gógol. "Esta presença muda, omitida pelo escritor (e que é o atributo indispensável dos saraus oficiais de província), esse apaixonado azul olvidado está em seu lugar: é um presente feito a Gógol", escreve Béli[57].

Por meio da precisão cênica dessas múltiplas personagens, do apagamento das fronteiras entre personagens episódicas e papéis centrais, da responsabilidade repartida entre os intérpretes, Meierhold procura o *volume* da composição teatral: "Releiam Gógol e vocês compreenderão o realce de sua arte"[58], diz ele aos atores. Ele dá o exemplo de *Nóss* (O Nariz), em que a presença da multidão petersburguense reunida no Birô dos Pequenos Anúncios, quando o Major Kovaliev espera a sua vez para declarar a perda de seu apêndice nasal, proporciona um corte anatômico da população urbana, uma espécie de crônica das pequenas ocorrências da cidade. Do mesmo modo, as personagens suplementares irão contribuir para suprimir toda a linearidade, para criar essa multiplicidade de planos, de ações paralelas no tempo, que construirá a plenitude e a variedade de uma vida que pulsa com todo o vigor. Para recriar a polifonia gogoliana, Meierhold deve dar a entender e a ver em cena uma "partitura muito complexa" (10 de outubro de 1926). Essas personagens acrescentadas reforçam a impressão de realidade que daí deve se desprender. Sua existência satura o tecido cênico, tão rico, tão povoado como o mundo de Gógol. Dois temas se entremeiam aqui, através da riqueza concreta de vida, a multiplicidade de planos: nessa plenitude plástica, é o vazio espiritual que Meierhold procura cercar, atingir, desmascarar, e o pequeno Capitão de Azul, de presença viva, obstinada, aferrada, impressiona e perturba por sua ausência de ser.

Da mesma maneira, o texto dito, pronunciado, é submetido a uma instrumentação sonora complexa, inflada em uma partitura em

---

56 V. Nabokov, *Nicolas Gogol*, p. 60-69.

57 Pismo A. Béli Meierholdu, 25 dez. 1926, op. cit., p. 256-258.

58 RGALI, 998, 192. Ensaio 10 out. 1926. A partir daí, as datas de ensaios serão postas no texto entre parênteses quando remetem, nesse capítulo e no seguinte, a esse manuscrito de Koreniev, RGALI, 998, 192 (cf. supra, nota   ).

que voz, palavras, ruídos, réplicas retomadas segundo um princípio coral, entrecruzam-se. Meierhold estuda a escritura gogoliana em que "cada palavra, a estrutura de cada frase obriga o ator, além de uma economia racional dos escorços e dos movimentos, a uma precisão estritamente controlada e a uma grande flexibilidade nas modulações do discurso"[59]. Mas essa riqueza sonora em que os ruídos produzidos em cena e a música tomam o lugar de um texto tão ampliado, não será no fim de contas senão o meio de dar forma precisa a um vazio terrível, a uma opacidade silenciosa, revelada pela cena muda.

Portanto, esse *Revizor* é, primeiramente, um mundo de abundância no texto, nas fontes, nas imagens, nas personagens, nos detalhes, *abundância* e mesmo excesso que necessita de uma autodisciplina severa tanto de parte do encenador quanto de seus atores. Riqueza prévia a um esforço de desbaste e de supressão, necessário como material de base a um complexo trabalho de montagem, quer na construção dos jogos de cena, quer nos das personagens: dentre múltiplas abordagens, proposições, variantes, escolher-se-á entre mil gestos um só, o principal, o mais característico, e não o detalhe saboroso (24 de fevereiro de 1926).

REVIZOR E O PROCESSO
DE TRABALHO TEATRAL
EM MEIERHOLD

[125] *Revizor*, episódio 5. *Anna Andrêievna faz gestos afetados diante de oficiais que lhe fazem uma serenata coletiva.*

[59] *Revizor*, op. cit., p. 3.

A Gênese do Espetáculo

126 *Um dos esboços de I. Rabinovitch para Bóbtchinski e Dóbtchinski, Revizor, 1920 (encenação não realizada, Teatro da Comédia). Projeto que Meierhold conhece, mas no qual não quer se inspirar.*

60 Les Auteurs dramatiques russes, Écrits, 1, p. 162.

O primeiro princípio que Meierhold expõe a seus atores, por ocasião de seus ensaios, é a caça a um grotesco apreendido como caretas, palhaçadas, dados brutos de comicidade desmedida, que se aglomerou a partir das pesquisas do Estúdio da rua Borodin e ao qual cumpre "renunciar de uma vez por todas" (18 de outubro de 1925), assim como ele recusa esses *lazzi* provocantes, esses truques excêntricos com que as leituras dos clássicos atravancam as cenas, desde a revisão de *A Floresta*, mas que não devem, a seus olhos, servir senão para pôr em movimento a imaginação dos atores no curso dos ensaios. Não se trata tampouco de partir de Hoffmann ou de Tieck: "O que nos interessa", insiste Meierhold, "é um teatro autenticamente realista" (18 de outubro de 1925).

Quando rejeita de maneira polêmica as deformações, os exageros de um grotesco dado *a priori*, será que Meierhold recusa realmente aquilo de que falava em 1911, afirmando que o teatro de Gógol era o de um "grotesco que transfigura todo 'tipo' em uma careta tragicômica, no espírito de Leonardo da Vinci ou de Goya"?[60] Não, pois ele propõe aos atores não

somente um ponto de partida abarrotado de observações penetrantes da realidade, mas, por meio desses detalhes concretos, um encaminhamento em busca de um desvio. Bem depressa, a direção de atores de Meierhold se especifica em aforismos: "É preciso estudar a natureza, depois, sobre essa base, efetuar uma torção, um desvio". Procurar o real e a coerência histórica, depois corrigir introduzindo absurdos: um detalhe de indumentária, um gesto. Meierhold propõe aos atores e ao cenógrafo a referência aos quadros de Pável Fedótov, Aleksei Venetsiánov, Orest Kiprénski para encontrar modelos e esforçar-se, "nos limites de seu modelo, em obter certa bizarria nos escorços, nos trâmites". Ao mesmo tempo, sugere ao cenógrafo que procure "uma ligeira monstruosidade" (*kunstkamernost*)[61]. Em abril do ano seguinte, o tom é ainda mais nítido: "Tanto pior se a gente se afasta do cotidiano", brada ele, ao ensaiar a cena do noivado[62]. Deve haver aí, resume ele nesse mesmo mês, "uma grande verdade e absurdidade. Deve-se chegar a que esta cidade cause frio nas costas". O realismo de *Revizor* nasce de um meio concreto, denso, mas comporta um elemento de absurdo, de inverosimilhança, de alogismo, que jorra desse concreto de que ele faz uso.

Conquanto suprima de início o princípio de todo jogo excêntrico, a legitimação da cena realista que Meierhold procura não se encontra na psicologia da personagem: ela tem incialmente sua fonte no mundo de Gógol e nas especificidades do palco. O trabalho do ator esteia-se na biografia de todas as personagens, a fim de prestar a cada uma seu semblante humano, de lhe retirar a camada de caricatura atrás da qual se sobressaía com zelo o aspecto fictício, inverossímil e, por consequência, o caráter inofensivo de toda a composição. Cumpre, ao contrário, introduzir a dimensão do possível, portanto "deslocar o centro de gravidade da caricatura das pessoas para a denúncia de um modo de vida"[63]. É tornando muito reais as personagens – e Meierhold proíbe que se fale de máscaras – que o irreal do assunto se lastra de verdade, pode vir a ser verossímil, acertar em cheio e ainda mais forte.

O concreto, Meierhold o acossa em toda parte, nos detalhes mais crus ou mais prosaicos e até no frescor da estação[64]. Essa busca encarniçada do *bit*• e de sua transcrição cênica – jamais se tratará de reprodução nem de cópia, mesmo para as indumentárias – duplica-se com uma busca do sério. Os atores não devem procurar fazer rir o público. Meierhold precisa:

> É preciso desacreditar tais pessoas. Eu digo sempre que o ator deve ser advogado ou promotor. É um clima adequado, mesmo se a ação se passa em 1830. Tal concentração de cores não é ainda o grotesco. É uma via de concentração para o sério. O ator deve concentrar as cores, partir do realismo, da presença do cômico para ir a uma ironia profunda. O ator que ironiza rumina habilmente todos os dados (19 de novembro de 1925).

61 O termo é utilizado muitas vezes, cf. Entretiens avec les acteurs, 17 nov. 1925, *Écrits*, 2, p. 186. Cf. também RGALI, 998, 186. Encontro 13 dez. 1925, e RGALI, 998, 192. Ensaio 12 nov. 1925.

62 RGALI, 963, 186. Ensaios 15-16 abr. 1926.

63 RGALI, 998, 519. Rascunho de um artigo sobre *Revizor*. Cf. A. Matskin, op. cit., p. 83.

64 RGALI, 998, 519. Para Meierhold, o tempo da ação é determinado segundo referências dadas por Gógol, em torno do fim de setembro e da primeira quinzena de outubro.

Não há na comédia de Gógol "cômico do absurdo", mas "situação de absurdo"[65] afirma Meierhold. O riso e o sério se enxertam um no outro desde o início dos ensaios. "Nós abordaremos cada fato como um fato sério, o público ficará perplexo. E se rir (e rirá sem dúvida) não será do riso de Arkaschka que quer divertir o público" (9 de março de 1926). Meierhold repete incansavelmente, como já o faz em *O Mandato*, que a orientação principal do jogo de atuação é a séria. Assim, Bobtchinski e Dobtchinski, os velhos "gêmeos" apressados, bufões de fala rápida, serão completamente transformados. Desde outubro de 1925, Meierhold os vê imóveis, as mãos pousadas sobre a superfície lisa da mesa do episódio 1: "Eles não fazem nada, senão mexer as mãos. Eles quase não sorriem, são pessoas muito sérias, que não tem realmente nada de cômico [...]. Aproximar-se da porta, descobrir uma pequena fenda, olhar por essa fenda... tanto tempo quanto a porta não salte de suas dobradiças, tanto tempo quanto eles não fujam como palermas. É uma tarefa muito difícil". Esses papéis cômicos devem ser representados seriamente. As personagens têm um trabalho a executar, o que as distancia do vaudevile[66]. Como Liapkin-Tiapkin, elas são especialistas de seus negócios, conscientes de sua importância.

Com essa pesquisa do sério, Meierhold pode espessar a trama da peça sem tornar pesado o jogo de atuação que, levado pelo ritmo e pela música, visa a ligeireza e a rapidez. Não se representa a tragédia. As personagens devem, segundo as próprias indicações de Gógol, passar facilmente de um estado a outro e os atores possuir, mesmo nos momentos lentos, "uma grande vivacidade de reação, uma aptidão para as reações rápidas"[67]. A vontade de gravidade quebra o ritmo único do vaudevile em uma multiplicidade de ritmos, que vão do tempo rápido à pausa total, passando pela desaceleração.

Essas abordagens paradoxais da peça, do real para o bizarro, da verdade para a absurdidade, do sério para o cômico, dirigem um complexo trabalho de atores. Meierhold declara desde o começo que *Revizor* será um espetáculo do ator, não do encenador, e que este terá apenas um pequeno papel[68]. Mais tarde, diante dos problemas com que os atores se deparam, ele afirma (13 de abril de 1926) que, sem o virtuosismo do jogo com os objetos, com os parceiros, com o texto, "isto nada será senão um espetáculo banal com bons jogos de cena, bons e novos". Se o encenador traz em si mesmo a ordem e a harmonia do conjunto quando ensaia cada fragmento desse conjunto, "todo o peso do espetáculo pesa sobre o ator"[69], exigindo dele um grande trabalho do ponto de vista técnico e um longo preparo intelectual. As dificuldades são colossais, reconhece Meierhold: seriam efetivamente necessários cinco anos de ensaios (26 de março de 1926) e também "um país onde não haja regulamentação do trabalho, onde se possa ensaiar até sete horas da noite"...[70]

Os ensaios de *Revizor* são laboratórios de experimentação nos quais é possível rejeitar, na manhã seguinte, os achados da véspera. Em

---

65 Extraits d'un entretien avec les acteurs (15 mar. 1926), *Écrits*, 2, p. 195.

66 Conception générale du spectacle (20 out. 1925), op. cit., p. 180.

67 Idem, p. 184.

68 RGALI, 998, 185. Encontros com Dmítriev e Koreniev, 8-9 out. 1925.

69 *Revizor, Afischa TIM* 2, p. 3.

70 RGALI, 998, 191. Ensaio 15 out. 1926.

um primeiro tempo, Meierhold vê Khlestakóv e o Governador como calvos e quer de início objetos "terrivelmente pesados" (outubro de 1925). Mas a estranheza de Khlestakóv será finalmente expressa por outros traços além da calvície, e os objetos de *Revizor* terão formas refinadas: serão primeiro peças de antiguidade, a maior parte do tempo raras, autênticas, brilhantes. Meierhold utiliza, para o mobiliário, o estilo Império Russo cuja elegância ele sublinha para aí instalar, com tanto mais efeito, o "gado" que são essas personagens. Essas contradições refletem o afastamento constante entre o efeito procurado e os meios cênicos empregados para suscitá-lo. Trata-se de jamais expressar a uniformidade, nem o tema do tédio mediante uma atmosfera de enfado; o termo enfadonho soa como uma crítica severa. "Temam", brada ele, "a monotonia, tudo na mesma nota. O procedimento preferido de Gógol é três vezes, três palavras" (24 de fevereiro de 1926).

Nada é estratificado nem estável durante esses ensaios. As soluções cênicas evoluem conforme o trabalho do encenador com o ator, Meierhold às vezes suprime as contradições, outras vezes conserva-as, pois fazem igualmente parte dos pontos de tensão entre os quais o espetáculo vive e sua percepção é gerada nas incessantes circulações entre os afastamentos. Nos ensaios, Meierhold mostra muito. Esses *pokázi* lhe são necessários, pois ele rompeu jovem com seu ofício de ator. Ele propõe soluções que os atores devem adaptar, alimentar, e não copiar mecanicamente. O método dos *pokázi* de Meierhold implica um diálogo de gestos e de imagens teatrais, em que ele convoca o virtuosismo, mas também liberdade e audácia por parte do ator, afirmação de sua autonomia criadora no interior de um vasto plano de conjunto. Meierhold procura "abalar a máquina da criação" (28 de janeiro de 1926) e os atores devem inventar. Há necessidade de sua cooperação, de uma atmosfera de debate, de improvisação, em que, a partir dessas impulsões recíprocas, possa jorrar a vida da personagem e do espetáculo. Assim, Erást Gárin e Serguêi Martinson ensaiam juntos, no começo, o papel de Khlestakóv. Somente Gárin o desempenhará na estreia; Martinson o substituirá em seguida, quando ele tiver deixado o teatro, mas cada um deles dá, durante o trabalho, um Khlestakóv diferente, sem, no entanto, transformar a composição do conjunto, partindo, como o indica Meierhold, dos dados naturais de cada um[71], um mais estranho em sua pálida magreza e o outro *bon-vivant* em sua bochechuda redondeza.

Nessa lenta gênese do espetáculo, Meierhold trabalha sobre o *contraste* que embebe todas as camadas de sua criação. Do mesmo modo como Gógol escreve em *Arabescos* que um "efeito autêntico é suscitado por uma oposição violenta" e que nunca "a beleza é tão viva nem tão evidente quanto no contraste"[72], Meierhold diz aos atores, no fim do percurso: "A arte do teatro deve construir-se sobre o contraste, como as naturezas mortas flamengas" (29 de outubro de 1926).

71 Cf. *Écrits*, 2, p. 178.

72 N. Gógol, Ov Arkhitekture Nineschnego Vremeni, *Sobrânie Sotchiniêni*, t. 6, p. 83.

TEATRO E MÚSICA

O espetáculo é, portanto, na sua arquitetura, edificado sobre oposições violentas, visíveis, sensíveis ou subterrâneas.

Assim, Meierhold começa a ver na cidade gogoliana um aquário em que, em uma água poluída, deslocam-se personagens vestidas sombriamente, em "uma única gama de verde amarronzado". "É preciso dar o aspecto de imundice, de poeira provincial, de camada alvacenta de tinta, de depósito [...] de uma turvação que ninguém jamais limpará"[73]. As duas mulheres e seu guarda-roupa fariam então a "única mancha alegre" e o contraste de alguns pormenores coloridos (gravatas, coletes), assim como mãos pálidas e expressivas destacariam a monocromia do conjunto[74]. Portanto, Meierhold cogita inicialmente apresentar, através de personagens ternas em um cenário sombrio, essa asfixia total a que tende, em Gógol, todo movimento do ser vivo. Mas ele reconsidera: seu imaginário fica como que incomodado com a pobreza, a obscuridade provinciana e, ao mesmo tempo que procura produzir essa mesma impressão, diversifica as técnicas e, de início, utiliza um processo de composição inversa.

A cidade gogoliana, buraco perdido de província que ele molda durante mais de cinco meses, acaba por oferecer as dimensões e o brilho de uma capital, sem renunciar ao projeto inicial; ele mescla, portanto, o esplendor, o colorido, a elegância, com a hediondez, a vulgaridade dos "comilões" do *entourage* do Governador e dos comportamentos. Em março, ele descreve a cena muda com cristais, taças, cálices de diversas cores, bandejas, flores, frutas, velas e candelabros, uniformes e vestidos, como "uma natureza morta de uma extraordinária complexidade"[75]. O espetáculo impressionará o público por sua beleza: "O cristal faísca, transparente e azulado; a pesada seda brilha e cintila; [...] em uma travessa de prata estendem-se as fatias de uma melancia pesada e sumarenta"[76]. Pela escolha dos objetos, Meierhold quer introduzir uma sensação de autenticidade, pois "o autêntico produz uma impressão de nobreza" (29 de novembro de 1925) e pode acentuar de maneira gritante a grosseria da humanidade gogoliana. Mas ele não renuncia, ainda assim, a mostrar a asfixia do ser vivo pela matéria inerte, a semelhança entre o homem e as coisas. Recorre, para isso, a técnicas espaciais e, em primeiro lugar, à alternância dos planos na sucessão dos episódios, tanto quanto no interior destes: planos de conjunto em que o jogo coletivo põe em relação numerosas personagens, e que são perturbados por fases de jogo individual ou de planos de detalhe nos quais os objetos aparecem ligados aos seus proprietários e refletem em suas formas seu ser. Assim "Uma festa é uma festa", em que os presentes trazidos pelos convidados são pretextos para uma parada de objetos que, longe de ser uma série de puros *lazzi*, escancara o retrato interior de cada personagem. Em segundo lugar, Meierhold reduz periodicamente a área de jogo de atuação, procurando assim exprimir a compacidade dos grupos postos em cena. A exiguidade lhe permite mostrar

---

73 *Écrits*, 2, p. 185.

74 RGALI, 998, 186. Encontro 13 dez. 1925.

75 RGALI, 998, 186. Encontro 6 mar. 1926.

76 S. Radlov, *Revizor v Teatr Imeni Meierholda*, op. cit.

a incrustação das pessoas e das coisas – por exemplo, de suas mãos e das cadeiras que elas suspendem (episódio 14) – e das semelhanças das pessoas entre si, apesar das variações dos aspectos exteriores de cada um. Enfim, o processo de divisão ou de multiplicação das personagens ou dos objetos em duplo, triplo exemplar ou mais contribui para criar uma impressão de proliferação.

A encenação toma forma lentamente: ela se apoia também sobre os sons. O espaço do espetáculo se especifica em sua dualidade por meio da escolha progressiva e da organização contrastada do material musical: de um lado, árias e danças compostas por Mikhail Gnessin, que efetua então pesquisas sobre a música judaica, de outro, romanças de Aleksandr Dargomíjski. Meierhold descreve aos atores a maneira como a música refinada de Mikhail Kuzmin, escrita para *A Barraca da Feira de Atrações*, tornara-se estranhamente irreconhecível quando, em turnê em Minsk, em 1906, a trupe precisou recorrer aos préstimos de uma orquestra judaica local. É desse efeito de defasagem sonora que Meierhold necessita para representar o cotidiano, nos rangidos queixosos da música de um povo limitado a sua "zona de residência". Quanto às romanças, elas alargam esse espaço sonoro incomum, bizarro, e proporcionam a atmosfera da capital, permitindo transpor a anedota às dimensões da fantasmagoria universal vista por Gógol.

Portanto, contrastes na gênese do espetáculo, na maneira como Meierhold articula o espaço mental sobre a oposição província/capital. Do mesmo modo, as personagens são construídas em pares, grupos antagonistas, gordos e magros, Khlestakóv e o Oficial de passagem, Óssip e a criada (o campo e a cidade) ou ainda Anna Andrêievna e sua filha, entre quais se desenvolve o jogo de uma concorrência implacável para a conquista de Khlestakóv. "*Revizor* como comédia sobre as propinas é enfadonho... É pelo contraste e pela introdução de uma nova linha que Gógol faz entrar as mulheres no fim do ato I"[77]. Portanto, entrelaça as cenas dos funcionários, pesadas, lentas, com as cenas femininas, frufrutantes.

Ao lado do conceito de *contraste*, o de *ponte* é não menos operatório na gênese do espetáculo. Pode-se defini-lo como uma técnica de ensaio em variações, que determina uma ligação rítmico-plástica entre dois elementos do espetáculo, um sistema de ecos, de reprises ou de anúncios. Assim, o grande cerimonial da toalete do Governador no episódio I é concentrado em um breve clarão no episódio 3, em que Khlestakóv retoma um gesto do Governador, umedece em uma pequena bacia sua escova e a sacode. O silêncio prolongado da cena de introdução é uma "ponte", ou, como diz ainda Meierhold, "um equilíbrio para a cena muda" do epílogo (29 de janeiro de 1926). Essas "pontes" são como variações em música e suscitam na percepção do espectador livres associações, às vezes vagas, alhures precisas. Agem como um fermento na massa do espetáculo.

[77] RGALI, 998, 191. Ensaio 29 out. 1926.

Contrastes, repetições, associações, fermento. Ao mesmo tempo, a forma teatral busca o equilíbrio plástico. Mas a simetria que existe na organização espacial do conjunto, na simplicidade do dispositivo de certos episódios, como os 5, 7, 9 ou 14, não é senão um dos instrumentos da criação cênica. A forma de *Revizor* é o resultado de um trabalho sobre as proporções de uma dosagem. O equilíbrio é frágil, feito para desfazer-se, a linha quebrada perturba a linha reta e a simetria está sempre prestes a resolver-se em dissimetria, o movimento a imobilizar-se, o silêncio a eclodir. Entretanto, o caos posto em cena, em particular nos últimos episódios, nas sequências gestuais e pantomímicas de grupo é submetido a uma organização de tipo musical que confere uma ordem ao conjunto em movimento.

É permitido distinguir dois períodos nos ensaios. O primeiro, muito longo, concerne a cada um dos episódios, polidos como elementos autônomos – Meierhold pensa inclusive em apresentar ao público alguns episódios isolados, como "A Carta de Tchmikhov", caso não consiga levar a bom termo *Revizor* em sua íntegra. No segundo período, mais curto, o encenador se esforça em ligar as diferentes partes, em unificar o todo sem esfumar a especificidade de cada fragmento. Para encontrar a coesão do conjunto, é preciso, como o músico nas passagens difíceis, "ir lenta, lentamente, e depois acelerar". A propósito da entrada do Cadete no episódio "O Licorne", Meierhold dirá: "É como um *scherzo* de Mozart. Mas aprende-se a tocar um *scherzo* terrivelmente lento. Mais rápido deverá ser o tempo final, mais lentamente é preciso ensaiar. Caso se meça no metrônomo, levará trinta"[78].

Para cada diálogo, cada cena, Meierhold faz trabalhar o tempo, em muitos meses, com intervalos.

A Construção do Espaço

A redistribuição do texto em episódios quebra a unidade de lugar dos atos, permite situar cada um deles em um espaço diferente. Ademais, a multiplicação das personagens secundárias que invadem paralelamente o palco, cria "um novo sistema de jogo de atuação – um grande papel para cada ator" (26 de março de 1926). As personagens que não têm texto possuem onomatopeias, réplicas corais ou simplesmente uma parte pantomímica. Cada um por ordem de entrada – o Governador, o médico Gibner, o Capitão de Azul e muitos outros, episódicos ou mudos – assegura a *leadership* (liderança) do grupo, concentra provisoriamente as forças como sendo, em um momento dado, o ponto mais dinâmico do plasma comum. Ao número acrescido de personagens

78 Idem, ibidem.

corresponde, enfim, um estreitamento do espaço: a composição do quadro de Dürer fornece a Meierhold a solução formal para romper com as galopadas, as correrias e as palhaçadas do vaudevile que sobrecarregaram as encenações da peça; ela dá origem à imagem dos dois primeiros episódios. O princípio construtivo do espetáculo é o de um espaço reduzido em que se apinha um grupo de personagens comprimidas como "sardinhas na lata"[79]. Espaço reduzido, amontoamento – esses dois elementos em uma relação de reciprocidade – aí residirá o *leitmotiv* de sua direção de atores e de sua "direção de cenógrafos".

Drama com os Cenógrafos

A história da cenografia de *Revizor* é a das rupturas de Meierhold com quatro cenógrafos sucessivos. Meierhold consultou os esboços que Isaac Rabinovitch, primeiro que lhe serve de rebate, fez em 1920 para uma encenação que não foi levada a bom termo. Meierhold as recusa como arlequinadas de "todas as cores do arco-íris"[80], porque não pode partir dessas deformações e exageros cômicos e porque deve chegar a uma outra dimensão do grotesco, resultado de um longo trabalho de precisão e ajustamento em que se chocarão os contrários. Os projetos de Rabinovitch "magníficos em si mesmos" são válidos para uma *Commedia dell'Arte*, não para Gógol.

Segue, pois, inicialmente Vladímir Dmítriev. Desde *Les Aubes* (As Auroras), ele espera o chamado do mestre e, no começo de 1925, escreve-lhe sobre seu desgosto com o trabalho nos Teatros Acadêmicos de Leningrado e seu desejo de colaborar com ele. No verão de 1925, é contratado para a aventura de *Revizor*. Mas, em janeiro de 1926, o contrato é rompido, sendo a razão oficial a morosidade de sua produção. De fato, Meierhold critica a extrema simplicidade dos esboços de Dmítriev e, a esse momento, já trouxera para trabalhar o cenógrafo-construtor Iliá Schlepiánov. Este, empregado depois de Dmítriev, o pintor, estabelece o plano técnico do dispositivo e trabalha no mobiliário e nas indumentárias de *Revizor* até setembro de 1926, data em que deixa o Gostim para reunir-se a Vassíli Fiódorov, dissidente meierholdiano, que se instala no Teatro Operário de Baku. Ele materializou no papel as ideias de Meierhold no tocante ao espaço, às cores, às maquiagens, os figurinos. Dmítriev retorna então à cena e envia páginas cheias de esboços acompanhadas de um "ato de fé" em Meierhold. Ora, a orientação da *mise-en-scène* evoluíra e, em lugar das tonalidades de aquário convencionadas em 1925, trata-se agora de mostrar "a bestialidade em uma elegante fisionomia à la Briulóv"[81]. Dmítriev não tem tempo de fazer novos esboços. E nos primeiros dias de novembro, em fim de percurso, Meierhold recorre a Victor Kissilióv, colaborador de *Misteria-Buff* (O Mistério-Bufo), completamente estranho à gênese do espe-

---

79 *Écrits*, 2, p. 182.

80 RGALI, 998, 186. Encontro 13 dez. 1925. Cf. também *Écrits*, 2, p. 186.

81 V. Meierhold; N. Koreniev, Nekotorie Zametchaniia po Povodu *Revizora*, em *Gógol i Meierhold*, p. 79.

tóculo, e talvez por isso mesmo contratado. No programa, é a ele que são dados os créditos das roupas, das caracterizações, dos objetos e das cores. Ele realizará os planos definitivos das indumentárias e dos acessórios, mas Meierhold não restituirá jamais os esboços de Dmítriev, ligando-os assim indissoluvelmente à complexa gênese de seu espetáculo. Mais do que outros cenógrafos, Dmítriev compreendeu o projeto de Meierhold: sobriedade, excesso não gritante, sentimento da história sem cópia dos modelos.

Entrementes, Meierhold convocou também seu alter ego dos anos de 1910, Aleksandr Golovin, e seu assistente Mikhail Zandin, mas a colaboração é breve, pois a incompreensão parece total. De fato, a ideia da organização geral do espaço é bem a do próprio Meierhold. Desde o início dos ensaios (20 de outubro de 1925), ela é claramente formulada: prevê a construção em elipse da cena, os praticáveis móveis, mas será necessário o talento de construtor de Schlepiánov para realizar todos esses dados.

Por que tantas dificuldades com os cenógrafos? É preciso ver aí graves problemas relacionais? Sem dúvida. Mas há outra coisa. Se Meierhold é o autor do espetáculo, não pode de maneira nenhuma dispensar a competência dos cenógrafos-realizadores. Se os exclui, uns após outros, é para melhor reinar, sem dividir, como criador único. Mas não terá ele necessidade de todos eles por alguma outra razão? Ele recorre sucessivamente, na complexidade de tarefas que esse espetáculo-balanço suscita, a cenógrafos de diversas escolas, correspondentes aos diferentes estágios de sua própria evolução, Golovin, Dmítriev, Kissilióv, Schlepiánov. Como se o encontro com cada um deles lhe permitisse precisar sua própria caminhada através de toda a cultura russa do século XIX, para uma interpretação cênica de Gógol que estivesse na ponta da sensibilidade contemporânea.

Enfim, cumpre trazer à baila aquilo que Meierhold chama de método dialético dos quinze meses de trabalho sobre a peça: "Se me afasto daquilo que eu pude dizer antes, é que estou em um estágio de pesquisas, é o processo de trabalho, eu tenho uma abordagem dialética, o que era ontem verdade pode ser hoje mentira, e vice-versa", diz Meierhold após seis meses de ensaios[82]. Se o dispositivo sofre apenas ligeiras variações que são antes aperfeiçoamentos técnicos, a passagem de *Revizor* do buraco miserável de província ao esplendor da capital imperial efetua-se por meio da escolha dos objetos, dos tecidos, do mobiliário e dos figurinos.

Como pode o cenógrafo acompanhar essas reviravoltas sem abdicar de sua própria personalidade? Como pode se orientar nesse excesso de proposições, de soluções, entre as quais somente Meierhold deve escolher? E como pode também o encenador assumir todas essas contradições em face de um único cenógrafo? Como pode ele realizar esse cenário-soma? É preciso sem dúvida ler, nessa sucessão de cenógrafos que estiveram ou estão próximos dele, a tragédia vivida pelo encenador:

[82] RGALI, 998, 186. Encontro 6 mar. 1926.

127 Revizor, Gostim, 1926. Primeiro esboço de V. Dmítriev (verão de 1925). O painel perfurado de portas é castanho avermelhado, o assoalho, bege marrom e a parte superior é preta.

não poder jamais dispensar a presença de um cenarista para tornar-se esse artista total do teatro que Craig anunciava. Lembremo-nos de 1907 e desse brado: "Nenhum de meus projetos será completamente realizado enquanto eu não for, eu mesmo, cenógrafo. Até então, sou apenas o conselheiro do cenógrafo"[83]. Sob o título de "autor do espetáculo" que ele se atribui, será que Meierhold chega realmente a camuflar as próprias carências que ele sente sempre dolorosamente?

Os Princípios do Dispositivo: Contraste, Exiguidade, Dinamismo

Desde outubro de 1925, Meierhold submete o espaço à experiência da exiguidade. Ele impõe a ideia de um pequeno praticável que, por seu tamanho, criará grandes dificuldades aos atores: eles não poderão "nem erguer-se, nem sentar-se, nem virar-se". Daí seriedade, reflexão, ponderação, concentração no jogo de atuação, supressão de toda tentação vaudevilesca de corridas afobadas, evacuação de um riso fácil. Na ausência de deslocamento, essa escolha coloca a ênfase na mímica do ator, na expressividade de seus membros e no jogo com os objetos. Espaço e jogo de atuação ficam intimamente ligados: economia de espaço, economia de movimento. No que toca aos objetos, Meierhold

83 Meierhold, ensaio datado de 1907-1908, publicado in Teatr, n. 2, p. 29. Cf. também "E. G. Craig", Écrits, I, p. 150.

vê, no começo, um sistema de biombos de acaju, estilo anos de 1940, com grandes flores pintadas, à la Boris Kustódiev, completado por esteiras rolantes por onde chegariam os objetos, como em *O Mandato*, com luzes em azul e vermelho. O conceito de mobilidade permanecerá, mas tudo caminhará no sentido de uma grande depuração. Lança também muito cedo a ideia da combinação de objetos importantes (divã) que, salientando a exiguidade do espaço, farão com que os atores pareçam menores[84].

Essas ideias se organizam rapidamente em torno do princípio de contraste. Ponto por ponto, todos os elementos da encenação vão opor-se em pares de contrários, refletindo a colisão dos temas e, sobretudo, a de duas forças antagonistas: a energia, a vitalidade dos dois "aventureiros" que são Khlestakóv e Anna Andrêievna, em busca de seu prazer, e a força de morte, de destruição tanto em nível da vida individual quanto da vida social (mecanismo do poder, da hierarquia, da psicologia de massa), que progressivamente petrifica tudo o que é animado. Mobilidade vibrante vazada por pausas lentas... A luta dessas duas forças terminará no triunfo do imóvel sobre o móvel na cena muda. Cenograficamente, essa luta se encarna em dois pares de princípios plásticos antagonistas: exiguidade/amplidão, estatismo/dinamismo.

O dispositivo compreende dois elementos, uma em parte fixa, outra totalmente móvel.

1. Uma "parede" em semielipse, retomando a forma dos bambus em *Utchitel Bubus* (Professor Bubus), composta de muitos painéis e vazada por onze portas com dois batentes cada, reduz a superfície da cena. À direita e à esquerda, dois painéis simétricos (A e B), em duas partes, formam um ângulo fechado para a sala da plateia e nas quais se abrem em cada uma delas duas portas que invadem amplamente a moldura da cena de maneira a prolongar o dispositivo para a sala. Meierhold suprime assim a profundidade da cena e constrói o espaço-arena oval de que necessita: uma espécie de vasto "proscênio" aproximado dos espectadores. Esses painéis são concebidos em função de seu duplo impacto sobre a percepção do público: a madeira laqueada cria um fundo plácido, mas as onze portas afinam ao mesmo tempo o público na "clave espera"[85]. Essa espera, repetida nas duas portas avançadas (E) que invadem o espaço da plateia, será frustrada ao longo do espetáculo: as duas passagens cena-plateia servirão apenas no extremo do fim. Acima da parede, em semicírculo, uma cortina verde-oliva (F) mascara o fundo da cena. Um alinhamento de três grandes projetores fixos, independentes, aclara verticalmente a área de atuação, completada por outras, móveis e bem visíveis, acima dos painéis laterais (A e B).

Meierhold utiliza toda a largura dessa área cênica para quatro cenas "monumentais" (ou planos de conjunto): trata-se dos episódios "A Procissão", "As Propinas", "Cavalheiro da Alta Finança" e "Uma

---

84 RGALI, 998, 185. Encontro com Dmítriev e Koreniev, 8-9 out. 1925.

85 *Écrits*, 2, p. 177.

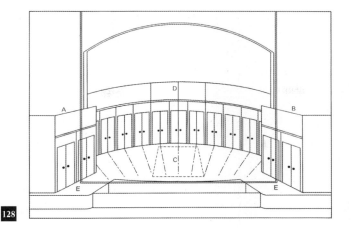

Confusão sem Precedentes", que desenvolvem o tema das relações entre o *revizor* (inspetor geral) e os funcionários. Ele utiliza igualmente as possibilidades do dispositivo oferecidas pela presença das portas que permitem um jogo interior/exterior, indo a ponto de provocar o estouro do espaço cênico, primeiro por efeitos "estereofônicos" (no momento da partida de Khlestakóv, em que as sinetas da troica se deslocam ao redor da plateia), depois, ao final, pelo investimento total do espaço *off*, *in*, e da sala da plateia.

2. Sobre o "proscênio" assim delimitado tomam lugar, pela ordem, dois pequenos praticáveis (C) móveis, intercambiáveis. Os dois elementos centrais do recinto semioval em que se abrem três portas centrais (D) podem deslizar juntos de modo a deixar passar um dos dois praticáveis; enquanto um avança com toda a carga de seu cenário e de suas personagens, o outro é preparado atrás das portas para outro episódio. Esses dois praticáveis têm uma forma trapezoidal (a base maior em face dos espectadores) e um tamanho idêntico (3,4 m × 4,3 m × 3,8 m de profundidade). A superfície deles é inclinada (45 cm de desnivelamento), como a área de jogo de atuação de

128. *Plano do dispositivo de conjunto.*
129. *Maquete final de I. Schlepiánov de Revizor.*

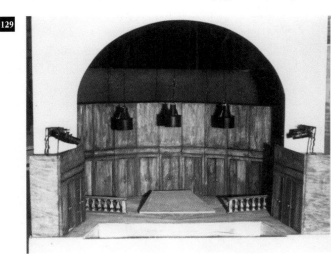

A Princesa Turandot[86]. Eles rodam sobre trilhos de madeira, movidos por um motor, e descrevem, de início, um movimento curvo, depois avançam em linha reta. Assim, primeiro de viés em relação ao público quando se encontram no fundo do palco, eles giram e se colocam de frente, à medida que se aproximam. Esses dois movimentos combinados produzem um movimento perceptivo interessante: os praticáveis

REVIZOR E O PROCESSO
DE TRABALHO TEATRAL
EM MEIERHOLD

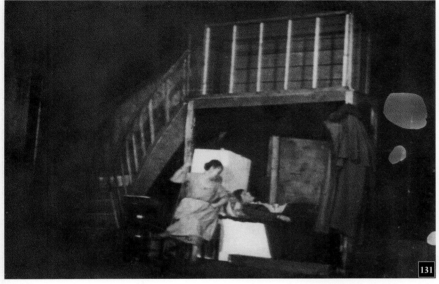

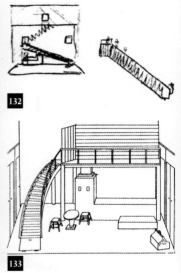

e seu carregamento parecem crescer e surpreendem o público. Além disso, sua inclinação e a visão de baixo para cima que ela implica permitem a Meierhold construir jogos de cena de maneira mais expressiva. Em posição idêntica, as personagens no segundo plano parecem maiores que as do primeiro plano e os movimentos, os deslocamentos dos atores, são postos em relevo, ao mesmo tempo que são contrariados, tornados mais difíceis pela topografia.

Enfim, um terceiro praticável, diferente dos dois precedentes, e que serve apenas para o longo episódio "Depois de Penza", desce do urdimento, carregado por sua vez de seus cenários e de suas personagens e se coloca diretamente entre os painéis laterais A e B, que se aproximam. O dispositivo compõe-se de dois níveis que determinam um lugar fechado: um patamar, passarela estreita entre uma parede de tábuas e uma balaustrada, paralela à borda da cena, e um assoalho, ligados por uma escada que Meierhold prevê, de início, no prolongamento do patamar. Ele será reinterpretado segundo uma direção perpendicular à rampa e uma linha ligeiramente curva. Essa solução permite um jogo de atuação ao mesmo tempo de frente e de perfil e multiplica os pontos de vista. Por fim, essa escada, por onde se efetuam as entradas e as saídas, está situada entre dois elementos móveis: uma porta no alto e um alçapão em baixo. Esse praticável único distingue

130 *Evolução das soluções cenográficas para o episódio 3, "Depois de Penza" (cf. Fig. 132-135). Esboço de V. Dmítriev, 1926.*

131 *Croquis de Meierhold.*

132 *Solução de I. Schlepiánov: a escada em seu desenho final, mas não o aquecedor-couchette em que está estirado Óssip, que discute com a lavadora de assoalho, personagem introduzida por Meierhold.*

133 *Revizor. Dispositivo do episódio 3 "Depois de Penza", tal como é utilizado no espetáculo. Desenho a traço de E. Kaplan.*

86 Pode-se também evocar esse "trampolim de plano inclinado sobre cavaletes" de Vuillard, utilizado por Lugné-Poe para *Solness, o Construtor* em 1899, no qual esse último já "vê o trampolim de *Revizor* de Meierhold". Cf. A.-M. Lugné-Poe, *La Parade-Acrobaties*, p. 74.

o quarto na estalagem de todos os outros locais – cômodos da casa do Governador – e valoriza a personagem de Khlestakóv, que fará aí sua primeira aparição.

Quando um dos dois praticáveis está em cena, o dispositivo descrito em 1 e o espaço que ele delimita são como que abolidos, o jogo de atuação se circunscreve exclusivamente à superfície restrita do praticável, exceto nos episódios 7 e 8, em que os funcionários convidados permanecem do lado de fora, recuados para trás; sua presença em nível inferior e seus movimentos no lugar acentuam o relevo da composição de conjunto. Ao termo de cada episódio, o praticável leva embora suas personagens realizando o trajeto inverso do da entrada. Ao final, na cena muda, os dois elementos do dispositivo coexistem, no que, na maior parte do tempo, eles se abolem um ao outro: no "proscênio, manequins serão dispostos em semicírculo sobre onze pequenos praticáveis planos.

Se, no "proscênio", Meierhold encena o tema do Império Russo, do poder, da burocracia e enfatiza a degradação da máquina do Estado por meio das relações de hierarquia e de corrupção, nos praticáveis móveis, ele desenvolve uma linha ao mesmo tempo social e individual, mostra o caos, a deterioração da sociedade (ódio, mexericos) e da família (depravação, hipocrisia da mulher e da filha do Governador), denuncia as relações entre os próprios burocratas, entre as mulheres e os burocratas, entre as mulheres e o *revizor*, põe à mostra uma moral egoísta, hipócrita.

Assim, no vazio do espaço limitado pela parede ovoide, opor-se-á uma impressão de abundância, do amontoamento próprio a cenas representadas sobre praticáveis, cuja *estreiteza*, princípio essencial da composição, com o *contraste*, obrigará atores e encenador a respeitar uma lei fundamental de autolimitação. O praticável nada perdoa, exige um jogo lacônico, jamais apoiado. Ele requer dos atores virtuosismo pessoal e um jogo em comum. Enfim, é um lugar-teste, um lugar de provas em que só pode deslocar-se um ator bem treinado, altamente qualificado, que conhece as leis da biomecânica do movimento em relação com a forma (trapézio, elipse), com a superfície (inclinação, equilíbrio, apoios), com o tamanho do espaço em que ele se efetua, e em relação com outrem. A tarefa pedagógica presente no espetáculo é a da aprendizagem do jogo de atuação em uma superfície reduzida.

Se Meierhold "mata" o espaço em sua extensão[87], ele o faz reviver, depois de tê-lo limitado, organizando-o em um sistema alternativo simples. A cena é verdadeiramente elástica, adensada ou estendida. E nos praticáveis, o espaço se anima de maneira convulsiva pela entrada de personagens múltiplas que aí se insinuam ou querem se mostrar, pelo uso da escada, do declive que permite escalonar objetos e personagens. Uma luta pelo espaço se instaura aí, cria enormes tensões que a utilização do "proscênio" poderá descarregar. A cenografia permite representar essa *luta pelo espaço* por meio da qual se revelam outros pares

87 RGALI, 998, 185. Encontro com Dmítriev e Koreniev, 8 out. 1925.

de antagonistas, essenciais à encenação: o caso particular e o sistema, o indivíduo e o coro.

O dispositivo é tratado segundo um eixo de simetria: a assimetria, necessária para suscitar no público um sentimento de desconforto e inquietude, será introduzida, de um lado pela linha do mobiliário e, de outro, pelo praticável do episódio "Depois de Penza", que faz oscilar a distribuição regular dos episódios e dos espaços. Enfim, a organização espacial pode ser desequilibrada pelo emprego de uma música *off* cujos *forte* e *piano* evocam a abertura e o fechamento das portas. O espaço *in* é violentado: o exterior aspirará ao interior, onde irromperá pontualmente, antes de revestir totalmente a cena e a sala no final do episódio 15, implodindo assim todo o sistema cenográfico, antes da cena muda.

Do Construtivismo à "Pictoricidade"

Em 1926, *Revizor* encontra-se em um cruzamento do modo de pensar plástico de Meierhold. A organização do espaço deve associar os princípios funcionais do construtivismo e uma busca pictórica: se Meierhold tem necessidade de Schlepiánov, o construtor de *D. E.* e de *O Mandato*, na qualidade de engenheiro da cena, ele nunca recorreu tanto como nos ensaios de *Revizor* aos pintores russos e europeus. Ele remete a Fedótov, considerado pela crítica como um êmulo de Hogarth, e a Venetsiánov, pelos documentos que eles podem oferecer sobre o século de Gógol; a Gavarni, a Khodovétski, pelo toque erótico; a Dürer, pela concepção do espaço; a Daumier, pelos figurinos; e, enfim, aos pintores do Mundo da Arte, Mstislav Dobujinski, Kustódiev, Evguêni Lanceray, graças a seu conhecimento e sua percepção da cultura russa do século XIX. Mas, diz Meierhold, é preciso repensar a atitude superficial do Mundo da Arte através da cólera de Gógol quando escreve a peça, e do engajamento do artista contemporâneo. Para encontrar o quadro plástico de *Revizor*, cumpre sobrepor três prismas: a pintura do século XIX, o encantamento nostálgico e estilizado do Mundo da Arte, e o olhar moderno, técnico e politizado.

Aqui, Meierhold recua diante de um jogo de cena que lembraria um quadro de Constantin Sómov, mas, em outra parte, ele se inspira diretamente em Kustódiev, e uma sequência do episódio 7 toma de empréstimo ao quadro *Kuptchikha za Tchaem* (A Mulher do Mercador Bebendo Chá), seus objetos, natureza morta sobre a mesa, samovar, melancia e até o decotado do vestido. Essa citação precisa do pintor é imediatamente distanciada pela presença, ao redor de Anna Andrêievna, de seus dois apaixonados, Khlestakóv e Capitão de Azul, que furam com raios dissonantes a plenitude da sensualidade tranquila, glutona e cheia de saúde que o quadro destaca.

134 B. Kustódiev, A Mulher do Mercador Bebendo Chá, *1918* (*Museu Russo, Leningrado*).

Quando Meierhold critica os primeiros esboços de Schlepiánov para "Depois de Penza", demasiado dobujinskianos para o seu gosto, ele insiste na exigência de construção: detalhes técnicos aparentes, feitura de painéis de madeira utilizados tais quais, tablado nu. A pesquisa acabará em uma construção de madeira, sóbria, solidamente fixada no solo. Debaixo dela, um aquecedor russo do tipo *couchette* com linhas geométricas, feito de dois blocos retangulares dispostos em ângulo reto. O aquecedor servirá de pilar para sustentar o conjunto dessa construção. Embaixo da escada, o alçapão em que Bobtchinski cai; no alto, a porta atrás da qual esperam os visitantes. Tem-se aí passarela, porta, escada, alçapão, todos os elementos de uma máquina para atuar que funciona como tal no episódio 3, assim como, no episódio 9 ("As Propinas"), as onze portas tornam-se bancada de atuação para os atores. Em outros lugares, o dispositivo se eclipsa, convertendo-se em fundo para um tratamento pictórico dos agrupamentos. Há em *Revizor* uma tomada em perspectiva de toda a recente "engenharia" teatral por intermédio de um olhar constante, mas distanciado, lançado sobre a cultura pictórica do século XIX e do começo do século XX.

Em uma carta de janeiro de 1927, Kazímir Malévitch, cuja recusa do construtivismo é conhecida, felicita Meierhold por seu *Revizor* e o encoraja a levar a termo, em suas obras ulteriores, a atrofia da herança construtivista, se ele não quiser ver a vitória teatral definitiva voltar a um Stanislávski...[88]. Por sua vez, o coletivo do Gostim reflete sobre o construtivismo e, em 1927, Ivan Aksiónov publica, em *Afischa TIM*, um artigo que faz o balanço do movimento e precisa posições tomadas em *Revizor*. Como movimento de vanguarda, construtivismo de combate, ele desempenhou seu papel. Considerado como arma de destruição do teatro burguês, aplicação cênica de motivos da nova arquitetura metálica, ele implicou no estranhamento do espectador e participou na educação de sua percepção: por meio de emoções estranhas ao teatro burguês, engendradas pela construção, este pôde aprender a olhar e ouvir a cena de outra maneira. Mas o construtivismo cênico torna-se caduco, se ele deve aplicar uma hipotética dimensão revolucionária sobre uma dramaturgia de gênero que não a contém e criar assim um quadro cênico para o renascimento do teatro burguês que ele pretendia dinamitar[89]. Duas saídas são portanto possíveis: ou renunciar totalmente à construção, ou procurar um neoconstrutivismo.

No *Revizor*, o dispositivo busca, portanto, a via do neoconstrutivismo, conservando princípios de estrita organização espacial, de sobriedade das linhas, de dinamismo integrado (portas, alçapão, plataformas móveis), de valorização da textura (madeira) e de espaço cênico-praça pública. Trata-se aí de uma abertura em duas direções, que à primeira vista parecem antagonistas. De início, a partir de *Revizor*, a construção começa a perder seu valor autônomo de objeto transportável para integrar-se em uma reflexão sobre a reconstrução do edifício-teatro. Nos praticáveis móveis, a crítica pôde ver um castelete de teatro de fantoche (quando, no episódio 12, uma dupla arcada estendida de pano verde é aí erguida). Ela os associa à torrezinha rolante empurrada pelos atores de *Zemlía Dibom* (A Terra Encabritada), às plataformas dos caminhões, de bondes em que se fazia teatro de agitação, ao *ekkyklema* (enciclema) grego ou, ainda, a "uma prima pobre dos ascensores do Teatro Pigalle ou ao palco giratório da Renascença"[90]. A crítica esqueceu, todavia, de fazer remontar o dispositivo de conjunto do *Revizor* àquele que Meierhold concebeu em 1913 para a sua adaptação de *Liubov k Trem Apelsinam* (O Amor das Três Laranjas): um alinhamento de portas e, atrás da abertura dos batentes centrais, um pequeno palco, não móvel ainda. Mas essa larga reflexão sobre a história do teatro, presente na organização espacial de *Revizor*, conduz agora a problemas arquitetônicos concernentes à reconstrução de todo o edifício. No interior da estrutura à italiana de seu velho teatro esvaziado, ele organiza um espaço que avança para a sala da plateia, de onde a imobilidade é banida (portas, praticáveis), um espaço liberado da caixa cênica, de suas coações espaciais e sonoras pelos ressoadores concebidos por Schlepiánov para melhorar a acústica. A organização desse espaço procede de uma reflexão tanto sobre o funcionamento da peça de Gógol quanto do teatro em geral.

88 RGALI, 998, 1933. Carta de Malévitch a Meierhold, datada de 1º jan. 1927.

89 Cf. I. Aksiónov, Konstruktivizm i Naturalistitcheskie Teatri, *Afischa TIM 4*, p. 17-20.

90 P. Bost, Le Théâtre Meyerhold au Théâtre Montparnasse, *Revue hebdomadaire*, p. 234.

TEATRO E MÚSICA

Depois de ter desnudado o palco, Meierhold empreendeu, espetáculo após espetáculo, o estudo dos elementos cênicos de base (escadas, portas e discos giratórios, paredes e elementos com rodinhas, painéis, assoalho inclinado), trabalho que já constitui uma reflexão prática sobre a arquitetura do lugar cênico e que leva, em 1930, a conceber uma cena onde, por exemplo, a disposição dos camarins dos atores em redor da área de jogo de atuação retomaria a semielipse das portas em *Revizor*[91]. Pois, nos anos de 1930, essa tendência se desenvolve com mais nitidez ainda: depois dos artistas plásticos construtivistas, depois dos cenógrafos-construtores formados na escola de seu próprio teatro, é com arquitetos que Meierhold monta seus espetáculos, e estes trabalham paralelamente nos planos de seu futuro teatro.

A segunda direção do neoconstrutivismo é a via da "pictoricidade". Com *Revizor*, Meierhold reintroduz, ao nível do cenário, a eficiência do conceito de composição, oposto ao de construção pela vanguarda russa desde 1912, debate que, em 1921, agita ainda os membros do Inkhuk•. Em 1923, Tarabukin, teórico das posições construtivistas, que Meierhold convida a ensinar nos Ateliês, distingue, a partir da prática da vanguarda russa, esses dois conceitos úteis à análise plástica: a construção, força de *assemblage* e de edificação; a composição, princípio de ligação. O primeiro organiza de maneira dinâmica e matemática os diferentes elementos: material, forma, cor, textura. O segundo rege a distribuição estática desses elementos, isto é, o equilíbrio, a harmonia, a arquitetônica ou sua ausência, assim como o ritmo. Mas Tarabukin introduz na pintura o conceito de "construção composicional", pois o que anima uma obra de arte é a conjunção dos dois conceitos: fora da composição, a construção se aproxima de uma pura construção técnica[92].

Em *Revizor*, Meierhold combina construção e composição. A partir de uma organização espacial que responde a princípios de mobilidade, de valorização do material (madeira polida, madeira bruta, tecidos), de economia de meios e de tridimensionalidade, Meierhold trabalha a imagem cênica. Ele compõe certos episódios (7 e 13, por exemplo) como quadros do início do século XIX russo, graças a uma análise proveniente da prática da vanguarda pictórica russa. Sobre um fundo escuro em que se aliam o verde-oliva da cortina que encima a parede circular, o acaju brilhante das portas apenas iluminado, a massa dos uniformes e das indumentárias masculinas, ele dispõe manchas de cor intensificadas pela luz: objetos, ricos tecidos, vestimentas femininas, baixela, frutas. Em mesinhas forradas de branco, ele compõe naturezas mortas que, por sua veemência hiperestética, por sua função de "mesa no quadro", integram-se ativamente na ação cênica. Em um manuscrito conservado nos RGALI•, Tarabukin analisa a repartição das cores e o trabalho das formas no espaço de *Revizor*. Para ele, o estudo das massas coloridas e das linhas de composição não revela de modo algum o arbitrário, porém estruturas repetitivas dominantes (triângulos,

91 Cf. Un Projet inachevé, *Écrits*, 2, p. 209 s.

92 N. Taraboukine, Pour une théorie de la peinture, *Le Dernier Tableau*, p. 124-127.

cones, círculos, elipses), quer ao nível da organização estática, quer ao dos jogos de cena, dos deslocamentos que ele procura notar sobre esquemas. E permitem Tarabukin concluir que essas estruturas integram, nos espetáculos, a escritura de Gógol à expressão pictórica de sua época, da qual elas são as constantes plásticas[93]. Mas, envoltório harmonioso, a organização pictórica não é nunca fim em si, ilustração, ela é constantemente desarranjada, fissurada por hiatos de comportamento. Com *Revizor*, o teatro meierholdiano reivindica de novo a presença ativa da pintura em cena, não como tal, porém transposta através do olhar, da cultura e dos recursos do encenador. Trata-se de atingir efeitos pictóricos por meios teatrais.

Os Objetos

O dispositivo é completado por elementos-objetos que participam todos no jogo do ator. Meierhold os seleciona conforme o seu grau de funcionamento e a sua potencialidade de vida própria. Se o "proscênio" fica amiúde vazio, os praticáveis dão, ao contrário, a impressão de um acúmulo de móveis, de resto pouco numerosos, mas que se tornam mais pesados e mais expressivos devido à exiguidade do espaço, pela forma que têm, pela multiplicação de atores.

De início, Meierhold pensa em objetos russos simples, provenientes da arte popular, biombos coloridos ou com flores, tapetes. Ele recusa progressivamente essa miscelânea para concentrar-se no estilo Império Russo, cuja beleza não é um fundo para a ação, mas seu contraponto permanente: ela deve produzir contraste com a bestialidade dos homens que têm a ver com esses objetos. Um crítico vai frisar que através da beleza do mobiliário e da música, a podridão aparece com mais força do que na mais violenta caricatura[94]. Encantamento do olhar, horror do espírito. O jogo de atuação em *Revizor* se construirá sobre a incompatibilidade entre os homens e as coisas, seu ódio recíproco.

De pronto, Meierhold retém um grande divã e uma mesa oval para o episódio 1, uma grade rendilhada para o episódio 7. Tais objetos são escolhidos na medida em que funcionam em relação aos atores: a superfície brilhante do tampo da mesa valoriza as mãos que aí pousarem e aí se refletirem, a grade dourada sublinha as "bocas" que daí hão de surgir. Mas tanto quanto à cenografia, eles pertencem à distribuição e são os parceiros dos atores.

No começo, Meierhold procura criá-los de alto a baixo, dar-lhes formas estranhas: ele reflete com Schlepiánov, por exemplo, acerca de um armário montado sobre longas patas. Em seguida, prefere um estudo minucioso do mobiliário de época e certos objetos serão extraordinárias peças de museu, encontradas em lojas de antiguidade de Moscou. Eles terão o brilho do cristal, o deslizamento viperino de uma

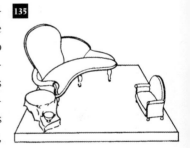

135 *Disposição do mobiliário para o episódio 7 "Ao Redor de uma Garrafa de Tolstobriúschka". Desenho a traço de E. Kaplan.*

93 RGALI, 963, 516. N. Tarabukin, Kompozitsiia Izobrazitelnoi Storoni Spektaklia Revizor (analiz), em *O V. E. Meierholde*, p. 18-52.

94 *Revizor v Postanovke Meierholda*, Molot, Rostovna-Donu, 1º jul. 1927. O dossiê completo, de imprensa, do *Revizor* está conservado nos RGALI 998, 3364.

TEATRO E MÚSICA

136 *Plano de* O Retrato de Dorian Gray, *filme de 1915, em que o trabalho de Meierhold, encenador e ator, já se ocupava das relações expressivas entre os objetos avolumados e os homens.*

137 *Revizor, episódio 5. Anna Andrêievna (Z. Raikh) faz dengo diante de Dóbtchinski (S. Kozikov). O tapete que recobre o praticável desaparecerá e a escolha do mobiliário ainda não é definitiva.*

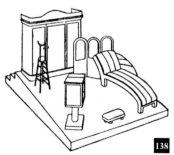

138 *Disposição definitiva do mobiliário para o episódio 5. A poltrona do lado esquerdo (cf. Fig. 138) é substituída por um estranho objeto, uma espécie de caixa de chapéu montada sobre um pé, com um dos lados dotado de um espelho. Desenho a traço de E. Kaplan.*

cobertura de seda que ele exige para o episódio 3 – pois a cobertura de lã é inerte –, a estranheza dos redondos de um bufê, o loiro calor da bétula da Carélia. Se, para *O Baile de Máscaras*, tudo, divãs com vasos, passando pelos espelhos, relógios, lareiras, apliques, tudo é reconstruído pela imaginação cênica de Golovin, que se apoia em um estudo atento dos documentos históricos, sem jamais copiá-los, para *Revizor*, somente certos objetos, como o armário e a espreguiçadeira do episódio 5, procedem dos Ateliês do Gostim, executados segundo os desenhos finais de Kissilióv. Assim combinam-se a verdade e o artifício nesses objetos cênicos que, dispostos sobre o praticável inclinado, veem suas linhas ligeiramente deformadas, suas horizontais tornaram-se oblíquas. Enfim, eles são ainda fatores de outras tensões. Pois não só a beleza dos objetos deve contrastar com a grosseria das personagens, mas seu aspecto vivo se opõe à petrificação progressiva, ao estado de manequim ao qual os homens serão reduzidos.

Suas formas caprichosas, suas curvas, convexidades ou inclinações, acabarão por modelar o espaço de jogo de atuação, introduzirão na estrutura e na geometria estrita da construção cênica sinuosidades, a partir das quais se organizará a composição pictórica dos agrupamentos e dos jogos de cena. Uma vez mais, estamos às voltas com um funcionamento ambivalente: se, por seu volume atravancador, reduzem um espaço já estreito, os objetos cênicos oferecem, ao mesmo tempo, superfícies suplementares para o jogo do ator, levam o espaço a "germinar".

Guardemo-nos, entretanto, de salientar a contradição demasiado evidente que ex-discípulos do Mestre, como Radlov[95], apontaram. Contradição entre as declarações do Doutor Dapertutto no Estúdio da rua Borodin, entusiasmando-se com os pobres objetos de teatro aptos às mais ricas metamorfoses, o anátema lançado contra o cenário na prática do Outubro Teatral e a presença desses preciosos objetos. Pois seu interesse visual não é nunca captado a não ser de maneira dinâmica, em uma relação com outros objetos ou com um princípio contrário. A contemplação possível duplica-se sempre com um distanciamento profundo e decisivo. O esteticismo combina-se, de um lado, com um laconismo, fruto não de uma imaginação fraca, porém do domínio de transbordamentos criadores e, de outro, de uma utilização contraditória: em pé sobre a longuíssima e estreitíssima mesa laqueada, a viúva do suboficial mostrará as nádegas e as marcas do *knut*, do chicote. E o elegante leque revelará a baixeza feminina (episódio 11) ou coroará Khlestakóv com uma estranha e perturbadora auréola (episódio 9).

A função decorativa de cada objeto é submetida a um tratamento que parte do excesso. É o caso da grade que Meierhold quer utilizar inicialmente em dois episódios, o 7 e o 14: ele a imagina, primeiro, com estilhaços de espelho incrustados; depois, indica a Schlepiánov

---

REVIZOR E O PROCESSO DE TRABALHO TEATRAL EM MEIERHOLD

---

95 S. Radlov, *Revizor u Meierholda*, op. cit., p. 4: "O teatro de Meierhold revolucionário abandonou sua motocicleta barulhenta por uma caleça de duas molas".

que ela deve ser como uma iconóstase ouro e azul, metáfora dos sonhos e miragens absurdos de Petersburgo, enfim, sugere a Golovin ouro, guirlandas, esmalte, branco, azul, vidro. A grade não terá finalmente nada além de complexas volutas douradas. Utilizada somente para o episódio 14[96], permitirá reduzir ainda mais a superfície do praticável, modificar sua forma que, de trapezoidal, torna-se triangular, e conotar um espaço de salão, quadro dourado em que se escalonam, graças à inclinação do palco, mais de quarenta cabeças, penteados, pescoços e bustos.

Os Sons

Uma "cenografia" sonora remata a organização espacial. Ela compreende romanças e valsas de Mikhail Glinka, Aleksandr Varlámov e Dargomíjski, a música judaica que Gnessin escreveu para uma orquestra judaica e uma montagem de ruídos: gritos, mugidos, golpes desferidos em diversos materiais, gorgolejos de água, exclamações corais e praias de silêncio. O espaço é assim quadriculado, dividido em parcelas por referentes musicais que facilitam a precisão matemática do jogo de atuação coletivo. Enfim, os sons colorem o espaço, ampliam-no, reduzem-no ou o fazem oscilar. Antes da escolha definitiva da partitura musical de *Revizor*, todos os ensaios se efetuam com música e o pianista Arnschtam deve fornecer, em cada ensaio, novas romanças, canções ou músicas de dança que datem do primeiro terço do século XIX: "É quando tivermos a cada vez uma nova música que encontraremos aquilo de que necessitamos", diz Meierhold[97]. Ele retém, logo no começo, a valsa lírica da ópera de Glinka, *Ivan Sussânin*, que ele já havia utilizado em *O Baile de Máscaras*, para acompanhar a cena das mentiras de Khlestakóv, culminação do espetáculo. A música encarna essa dualidade sobre a qual Meierhold articula sua *mise-en-scène* e designa aí simultaneamente e com precisão os dois espaços. Assim, a música judaica concerne à essência provinciana da comédia, enquanto a música de salão introduz na sociedade da capital.

96 Meierhold deixa de utilizá-las no episódio 7, pois essas volutas douradas dão uma metáfora demasiado evidente, e até tautológica, das talas em que o discurso mentiroso de Khlestakov se embaraça.

97 RGALI, 998, 186. Ensaio de 29 de dezembro de 1925.

98 *Écrits*, 2, p. 177-179.

Teatro e Cinema

Se Meierhold utiliza toda uma cultura pictórica para trabalhar a imagem cênica e a composição formal das linhas, das cores e das massas, ele remete desde o início e constantemente seus atores e seus cenógrafos ao cinema[98]. Com efeito, 1926

[139] Revizor, episódio 7. A família e os domésticos se agitam em torno de Khlestakóv.

constitui uma data-chave para o duelo teatro-cinema, que dinamiza a criação visual dos anos de 1920. Com *O Encouraçado Potiômkin*, Eisenstein deixa com estrépito o tablado pela tela, que ele considera como a etapa atual do teatro moribundo. *Afischa TIM* presta conta dessa polêmica, destacando ironicamente tudo o que há de teatral em Eisenstein ao contrário de Dziga Vertov[99].

É uma resposta prática que Meierhold dará a essa polêmica, com *Revizor*; ele efetua aqui um balanço da cineficação do teatro que havia empreendido, antes de encarar, no fim dos anos de 1920, a etapa longínqua em que o cinema, enfim reduzido pelo filme falado ao grau de elemento do espetáculo teatral, faria parte integrante do equipamento de um teatro reconstruído, entretanto, sem que a técnica jamais esmagasse o ator[100]. Etapa que marcaria então a vitória do teatro sobre seu adversário.

Em 1926, a brochura do TIM consagra várias colunas a resenhas de filmes: defende Vsévolod Pudóvkin, Vértov; critica *Predatel* (O Traidor) de Abram Room, tece elogio a Chaplin; aprecia *Escândalo em Sociedade* com Gloria Swanson; e fala do "triergon", aparelho que anuncia o advento do cinema falado. *Our Hospitality* (Nossa Hospitalidade), de Buster Keaton, é sacramentada como a melhor comédia americana: Meierhold destaca a precisão da execução, a acuidade do desenho cênico, a sobriedade extraordinária da atuação de Keaton, a eficácia do impacto cômico extraído da relação homem/máquina. Ademais, Meierhold que nada filmava há dez anos, prepara-se então, após uma intensa atividade no teatro, para retornar ao cinema. Ele concebe vários projetos: um filme sobre o TIM com um roteiro de Aksiónov, uma adaptação de *A Floresta* para o Goskino•. Enfim, em 1925, a direção do Proletkino• lhe propõe realizar *Stalnói Put* (A Via de Aço), filme-epopeia sobre os ferroviários russos, encomendado pelo sindicato deles. Toda a equipe

99 Cf. S. Eisenstein, *Dva Tcherepa Aleksandra Makedonskogo*, *Ízbranie Proizvedênia*, t. 2, p. 281; e I. Aksiónov, *Teatralnii Likvidazionizm*, *Afischa TIM* 3, p. 2-7.

100 Cf. A. Fevrálski, *Puti k Sintezu*, p. 143 s.

do Gostim se engaja. Mas o projeto, embora encetado (roteiro, marcação), malogrará devido a uma recusa sem explicações do sindicato. É nesse contexto que se deve ainda situar a gênese de *Revizor*: no âmago de um debate exacerbado entre teatro e cinema e de uma reflexão preparatória para uma prática fílmica.

Os projetos cinematográficos ulteriores de Meierhold não terão melhor sorte (*Pais e Filhos*, com base em Ivan Turguêniev, em 1929). Embora o método do encenador permita a um bom número de seus alunos decidirem-se e se tornarem cineastas (Eisenstein, Serguêi Iutkévitch, Nicolai Okhlópkov, Gárin, Grigóri Roschal, Ivan Píriev, Nicolai Ekk entre outros), conquanto seja considerado pai espiritual de toda a primeira geração de cineastas soviéticos, por fim, ele não mais ultrapassa o limite e permanece no terreno do teatro. Ele tem necessidade de trabalhar, de quase moldar, uma matéria complexa e concreta, de sentir uma relação direta com o público, esse "quarto criador" que transforma um espetáculo, jamais definitivamente acabado.

Uma das primeiras constatações do diretor de cinema Meierhold foi a da extrema sensibilidade da câmera[101]. Ao criar o espaço cênico – desde suas experiências do fim dos anos de 1910 até o construtivismo, depois desde a máquina de atuar espacial à máquina de atuar musical – visa, portanto, dotá-lo de uma "sensibilidade" ao menos parecida: espaço verticalizado, construído, em vários níveis, cinético, reduzido, variável, sonoro, em que nada é neutro. A rivalidade teatro-cinema entra em jogo, sem dúvida, por meio de empréstimos imediatos: emprego de uma ou várias telas, projeções de legendas, de fotografias, de textos, de *slogans*, depois, a partir de *Uma Janela para o Campo* (1927), de extratos de atualidades ou de filmes rodados especialmente para o espetáculo[102]. Essa cineficação exterior, que vai bem menos longe do que a empreendida por Piscator, tem, entretanto, importantes consequências: ela participa da ruptura do espetáculo, quebra a ilusão recheando a ficção cênica de retalhos do real sob a forma de documentos, cifras, gráficos, textos ou atualidades. A cena é aberta ao mundo político e social.

Mas, em Meierhold, a rivalidade teatro-cinema se processa mais no plano da cineficação interna da cena, ela se traduz por uma concentração do trabalho cênico no ator, que deve assumir novas tarefas, aumentar seu domínio do movimento, auxiliado por uma organização espácio-temporal muito precisa, obra combinada do encenador, do cenógrafo, do técnico da cena e do músico. Como um teatro, afundado no artesanato de uma cena não renovada, pode responder aos desafios técnicos que o cinema lhe lança – burlesco americano ou russo, filme policial ou de aventuras, filme psicológico –, que ameaça tirar-lhe seus espectadores? Uma vez que não dispõe do teatro moderno com que sonha, Meierhold procura polir *técnicas compensatórias*, desenvolver a inventividade no jogo do ator e a composição do jogo de cena e

101 Un Homme fort, *Écrits*, 1, p. 274.

102 Trechos de filmes são projetados em O *Comandante do Segundo Exército*, em *Le Coup de feu* [O Tiro] (o autor da "adaptação cinematográfica" é Boris Barnet) e em *A Luta Final*.

progressivamente lutar contra a concorrência do cinema, sem tela nem projeções, de um lado, sem elevadores nem tapetes rolantes, de outro, mas com um cinetismo menos urbanista e mais cênico (círculos móveis concêntricos de *O Mandato*, praticáveis sobre trilhos de *Revizor*). Em face de um cinema que afirma suas possibilidades, o teatro afina sua própria linguagem, busca equivalentes a essas inovações, transposições. Em *Revizor*, Meierhold abandona inclusive toda inserção de legenda: os títulos dos episódios figurarão apenas no programa.

Damos aqui a palavra a uma testemunha, Tretiakov, tanto mais pertinente por ter até então escrito para o teatro, pois ele sente-se muito tentado pelo cinema:

> O que é extremamente interessante em *Revizor* é que se trata do primeiro duelo sério, não falsificado, do teatro com o cinema. Quando vi o espetáculo pela primeira vez, aqueles quadros organizados, aquela formulação sóbria no interior de cada quadro e o jogo de atuação sobre os mais sutis movimentos de olhos, de dedos, de rugas, dado graças aos projetores e ao trabalho em filigrana dos atores, lembrei-me de uma conversa com Meierhold, quando eu lhe dissera que desejava trabalhar para o cinema. Ele me respondeu: "Por quê? Nós temos à nossa disposição as próprias técnicas do cinema, as técnicas de construção de quadro e as técnicas do 'primeiro plano'", e outras tantas coisas sobre as quais eu tentara lhe dizer que elas faziam falta no teatro. Desse ponto de vista, considero que esse espetáculo possui um enorme valor porque o teatro não tem o direito de se esconder sob uma falsificação do cinema; ele deve, ao contrário, bater-se em seu próprio terreno, seus próprios tablados[103].

Com *Revizor*, a cineficação não ocorre, portanto, somente no plano da montagem, com uma distribuição do texto em numerosos episódios e uma implosão corolária do lugar de ação, permanecendo *A Floresta* como o melhor exemplo de sucessão instantânea de imagens: quinze lugares no *Revizor*; dezessete em *A Desgraça de Ter Espírito*, em que a cena conduz o espectador a todos os cômodos da mansão Fámussov. Montagem sucessiva ou paralela que perfuram a narração permitindo ziguezagues na escala temporal. Montagem conflitual em que os fragmentos se associam entre eles por processos de oposição, de contrastes de gêneros, de temas suscetíveis de provocar a mais forte resposta do espectador. Tudo isso existe em *Revizor*, como já em *A Floresta* ou em *D. E.*, com esse complemento importante que é a montagem associativa abrindo a cena a um espaço totalmente onírico ou fantasmático: os oficiais sonhados por Anna Andrêievna.

Meierhold já procurava quebrar a frontalidade achatada do olhar do espectador, o constrangimento do teatro – um só ponto de vista

---

[103] RGALI, 963, 22. S. Tretiakov, *Vistuplenie* (disput o *Revizore*), 3 jan. 1927.

sobre a cena, a mudar para cada espectador conforme seu lugar na plateia. Entre esse ponto de vista único, idêntico durante todo o espetáculo, mas diferente para cada espectador, e a multiplicidade de pontos de vista — idêntica dessa vez para todos — que o cinema propõe, trata-se de reduzir o desvio radical. Isso equivale a querer arrancar a cena de seu estatismo, não a mecanizando para que a ação passe a se deslocar aí (*O Lago Lull*), mas promovendo um trabalho mais sutil sobre a *diversificação dos pontos de vista*, a variabilidade dos ângulos de visão obtida pela multiplicação dos níveis de jogo de atuação em uma cena verticalizada que rompe o achatamento de uma ima-

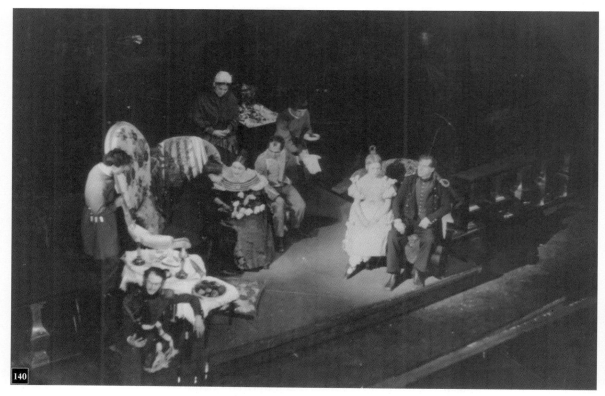

140 Revizor, episódio 7. Cada grupo de personagens, em pé ou sentadas, encontra-se em nível diferente em relação ao olhar dos espectadores. A curva do divã foi modificada (cf. Fig. 139).

gem teatral alongada, que Meierhold, aliás, não procura suprimir sistematicamente. Variações no plano inclinado e na escada, elaboração dos declives-parábolas que permitem combinações de jogo de atuação suscetíveis de partir a frontalidade, utilização do passo gigante (*A Floresta*), em que os atores volteiam acima das primeiras fileiras, de balanças. Portanto, para o espectador, alternância de ângulos de vista: de baixo, de frente, de viés.

O episódio 7 dispõe as personagens em diferentes locais da pequena superfície, em diversas posições, ou fora dela. No alto, em pé, dois servidores: embaixo, sentado no praticável, o oficial; no centro, a família e o conviva, instalados nas cadeiras, uns de frente, outros de perfil; atrás do divã, Mischa, inclinado, observando; enfim, fora do praticável, amontoados para baixo, contra seu rebordo mais alto, os funcionários de perfil ou de três quartos, nem de pé, nem sentados. Não há deformação, mas, no interior da imagem, montagem de diferentes pontos de vista sobre cada um dos grupos de personagens. O próprio ator, por sua ciência do *escorço* (atuação de perfil, de três quartos, de costas, jogo interpretativo sobre a relação com os objetos, no declive, trabalho sobre o alongamento, o recalque, a torção do corpo nas relações entre suas diferentes partes) reforça a diversidade desses pontos de vista. Na superfície do praticável, Gárin terá por incumbência a extrema mobilidade de jogo de atuação: ele deve se deslocar incessantemente, ser visto por todos os lados e ter o dorso tão expressivo como

REVIZOR E O PROCESSO DE TRABALHO TEATRAL EM MEIERHOLD

141 Revizor, episódio 7. Khlestakóv (E. Gárin) e o Governador (P. Starkóvski), lado a lado sobre a larga poltrona no primeiro plano, uma espécie de "minicena" sobre o pequeno praticável. Gárin cruza as pernas em um hábil jogo de atuação.

TEATRO E MÚSICA

o rosto. Na simultaneidade, pode, enfim, combinar as partes de seu corpo em repouso segundo uma montagem de muitos pontos de vista – os "polipontos de vista eisensteinianos"[104].

Mas, sem dúvida, o maior desafio que o cinema lança ao teatro é o da alternância dos planos, planos de conjunto, planos médios, primeiros planos. É a esse desafio que Meierhold se propõe a responder em *Revizor*. Certos encenadores ou cenógrafos, tais como Nicolai Akimov muito interessado pelo lado técnico da cineficação do teatro, darão outros tipos de respostas, aplicações diretas à cena das especificidades da sétima arte e conceberão um quadro de cena móvel, capaz de abrir-se e fechar-se como o diafragma de uma câmera. Em Meierhold, a redução da superfície de jogo de atuação, para onze dos quinze episódios, a um praticável de 15 m² corresponde à vontade de submeter-se a uma limitação espacial que aparenta a cena à pequena tela[105]. Meierhold limita a cena para arrancar-lhe, por meio da convenção de outra arte, novas possibilidades de expressão. Não se trata de fazer da cena uma tela, mas de obter um espaço hipersensível, reduzindo seu tamanho. O trabalho no primeiro plano provém do mesmo procedimento. "Graças às particularidades do arranjo material do espetáculo, nós tomamos as cenas principais em *primeiro plano*", diz Meierhold e retorna a essa expressão para explicá-la: "Isto dá uma interessante precisão das personagens e obriga o ator a uma atuação diferente da do velho teatro. Nós nos esforçaremos não só a levar em contar nossa experiência, mas também técnicas de atuação de grandes atores do cinema"[106]. No cinema, o primeiro plano tem três funções: distinguir, aproximar, engrandecer. Se as duas primeiras são mais ou menos realizáveis no teatro, a terceira é certamente impossível, salvo se se procurar somente o equivalente desse procedimento óptico no efeito produzido sobre o espectador. São a cenografia, a iluminação e, sobretudo, as técnicas de atuação que se encarregam das tarefas de enquadramento e de valorização dos detalhes, reservados à câmera.

A redução convencional da área cênica no próprio centro do palco cria um fenômeno óptico de concentração que se opõe à dispersão comum do olhar no teatro. Além disso, o declive produz efeitos de inversão da perspectiva, de deformação das horizontais, do relevo que as composições escalonadas proporcionam. Enfim, os objetos cênicos, como a mesa do episódio 1, cortam as personagens afundadas no divã, em face dos espectadores, dando-lhes, salvo o Governador, sentado em nível mais baixo do que eles, em plano americano, para empregar o termo exato. Há um estrito enquadramento de bustos, caras e mãos sob uma possante iluminação vertical. A direção de atores busca o jogo de atuação dos comediantes de James Cruze em *A Fighting Coward* (Um Covarde Lutador), ela se orienta para a ligeireza de Harold Lloyd, a inventividade de Fairbanks ou de Buster Keaton[107].

104 Cf. S. Eisenstein, "Ermolova", *Cinématisme*, p. 228-248.

105 *Écrits*, 2, p. 177.

106 Entrevista de Meierhold, *Vetchernaia Moskvá*, 27 nov. 1926.

107 Cf. *Écrits*, 2, sucessivamente p. 177, 179 e 205.

A esses episódios concentrados, sucedem planos ampliados (episódio 7) em que o praticável é aumentado para uma utilização maximal da superfície, e uma extensão para fora dela (os funcionários agrupados por detrás) e sobretudo planos de conjunto sobre o "proscênio" em que prossegue o trabalho de enquadramento. Meierhold reúne suas personagens em zonas limitadas por um objeto (uma mesa no episódio 10, a balaustrada do 6) ou reconstitui o grupo compacto dos funcionários comprimidos dessa vez entre as grandes portas centrais abertas (episódio 14).

Como é que essa *analogia* dinamiza o jogo do ator? A ideia do primeiro plano repousa, para começar, em uma base real: pois o sistema cenográfico de plataformas que avançam produz uma impressão de proximidade, acentuada pela sensação de afastamento quando o jogo de atuação se deslocou para o fundo, na periferia da parede (episódios 9, 15). Mas, acima de tudo, a aproximação ator/espectador é substituída pela aproximação dos atores entre si: corpos, rostos e mãos que, a uma distância ínfima, reagem uns aos outros tão mais vivamente. E têm-se como que planos aproximados sobre uma massa humana da qual se vê apenas a parte superior (episódios 1, 2, 14), sobre rostos empilhados, à la Daumier, planos em que o menor detalhe parece visível. Mas nada de jogo de atuação exagerado: todo *forte* gestual seria aí tão imperdoável, insuportável, quanto na tela[108]. O semblante retoma todos os seus direitos, em um trabalho sutil da mímica que se completa em uma escultura de traços pela luz (projetores, velas). Uma atuação de pormenor fixa a atenção do espectador, reduzindo seu campo de aplicação por sua finura combinada à sua duração, seu absurdo, seu aspecto paradoxal ou o contraste sobre o qual ele é construído. Assim, no episódio 7, Khlestakóv brinca com o mindinho de Anna Andrêievna, que ele prende sobre sua colherinha de chá, enquanto, em cena, todo o resto se imobiliza, de maneira que os olhares se concentram nesse ponto único. Mas é possível ainda se perguntar se o desafio cinematográfico dos planos múltiplos, afastados e aproximados, e o manejo real da distância que eles pressupõem, não incitaram também Meierhold a afinar seu trabalho teatral sobre as distâncias mentais, interiorizando-as no jogo de atuação. Pois a complexidade das relações que se tecem entre personagens, atores e espectadores, as facetas ou metamorfoses das primeiras, a aproximação ou o recuo dos segundos com respeito às primeiras (compaixão, julgamento) implicam consequências de proximidade ou de afastamento para os terceiros.

---

108 RGALI, 998, 191. Ensaios 26 ago. 1926 e 14 out. 1926: "É preciso ser muito econômico no movimento, como no cinema. Movimentos fortes demais se tornam insuportáveis".

Realismo ou "Supernaturalismo"?

TEATRO E MÚSICA

As duas espécies de jogo de atuação escolhidas por Meierhold permitem romper com a descrição naturalista do cotidiano sem, no entanto, privar o dispositivo da marca de um estilo. A parede curva de quinze portas, feita de compensado pintado e polido como o do acaju, em que se refletem os clarões das velas acesas sobre o pequeno praticável, as cortinas verde oliva, a predominância do acaju nos móveis, todos esses elementos remetem ao estilo Nicolau I; mas é uma forma teatral desse estilo, levada ao grau máximo de simplicidade, de laconismo, de discrição. Como no caso de *A Floresta*, críticos falaram de naturalismo porque, no episódio "Ao Redor de uma Garrafa de *Tolstobriúschka*", Anna Andrêievna corta uma melancia verdadeira importada da Ásia Central sobre uma mesa ricamente preparada. Mas trata-se aqui de um princípio de convenção que não seleciona senão os objetos mais representativos, que os coloca em um contexto de luz e cor capaz de valorizar sua essência ou sua textura, contexto de que necessitam para passar do estatuto de pormenor supérfluo ao de elemento necessário da representação. "Supernaturalismo", dirá Meierhold[109]. Como não se lembrar aqui da maneira como, em 1910, ele defendia a precisão do estilo histórico que havia escolhido para *Tristão e Isolda*: "O objeto não exclui o símbolo, muito ao contrário: o cotidiano, por pouco que seja aprofundado, dissolve a si próprio enquanto tal. Dito de outro modo, o cotidiano converte-se em símbolo tornando-se "supernatural"[110]. Todas as encenações anteriores de *Revizor* tinham passado ao lado da precisão cromática de que Gógol dá provas em sua prosa. Em vez de cenas insossas, insípidas, com roupagens de boa elegância, Meierhold pensa de início em inverter essa tendência para converter o palco em um aquário turvo. Depois, ao contrário, após haver organizado, segundo Béli, "um seminário de estudos sobre os epítetos em Gógol"[111], acaba por afirmar o brilho dos figurinos e dos objetos.

Enfim, a escolha e a organização do mobiliário, dos acessórios e do vestuário são submetidas, além do imperativo geral do *jogo de atuação*, a um ligeiro *desvio* com respeito ao estrito estilo Império Russo, desvio devido seja à reedição modificada desses objetos nos Ateliês do Gostim, seja à sua posição na declividade do praticável, seja às duas razões ao mesmo tempo. Esses desvios têm eco nos jogos de cena: assim, o encosto do divã de "Ao Redor de uma Garrafa de *Tolstobriúschka*", muito alto, arredondado e desequilibrado, reencontra-se nas linhas sinuosas de Khlestakóv bêbado, que tenta dançar. Pela percepção que o espectador deve ter disso (percepção diferida de uma anormalidade no começo imperceptível, depois subitamente manifesta), essas esquisitices correspondem plenamente a esse "mundo estranho do qual percebemos cantos furtivos pelas fissuras de frases na aparência inofensivas", como escreve Nabokov[112].

---

109 O termo é empregado por Meierhold a propósito de seu *Revizor*, a propósito de sua encenação do *Revizor*, em Germaniia, Beseda s Akterami (Alemanha, Encontro com Atores), 22 out. 1931, *Tvórtcheskoe Nasledie V. Meierholda*, p. 80.

110 V. Meyerhold, Après la mise en scène de *Tristan et Isolde* (1910), *Du théâtre, Écrits*, I, p. 174.

111 A. Béli, Gógol i Meierhold, em *Gógol i Meierhold*, p. 27.

112 V. Nabokov, op. cit., p. 177.

Para os figurinos, Meierhold pede a Schlepiánov que pesquise os seus croquis nos museus: é preciso, diz ele, "homens vivos desta época [...] uma terrível autenticidade na indumentária". Porém, não mais do que no caso da música, não se trata de restauração histórica. Meierhold remete, para os figurinos, às gravuras e litografias de Daumier. É o olhar político deste último que continua a dar vida à história e é disso que Meierhold tem necessidade para exprimir o sentido atual da obra de Gógol. Não de cópia, nem de paródia, nem de estilização. Em nenhum caso de caricatura, mas de um traje bem talhado. "Quanto mais simples for, mais críveis seremos", diz o encenador[113], é absolutamente necessário expulsar "a teatralidade" habitual que ridiculariza as personagens de Revizor. Na solução final, cada um dos cento e dez figurinos possui uma biografia. O Juiz está em traje de caçador, Liuliukov no de ucraniano, com uma *nagaika*• e uma camisa bordada, e todos os uniformes são diferentes. Meierhold quer transmitir pela indumentária as particularidades de cada um. Do figurino depende a primeira impressão proporcionada pela personagem. A que Khlestakóv produz deve ser sombria, trágica, de tal modo estranha que o público se arrepie. Khlestakóv não se apresenta, como no Teatro Aleksandrínski, e como o indica Gógol, em traje de última moda, bem arrumado, ele não se impõe por sua aparência mundana. Ele é, diz Meierhold, "uma personalidade duvidosa, misteriosa. Não se sabe quem ele é"[114]. E o estranho Khlestakóv do Gostim enverga, portanto, uma estranha vestimenta: toda em negro, um *plaid* axadrezado sobre os ombros, traz anacrônicos óculos retangulares sobre o nariz e uma bengala na mão.

Por meio de numerosos figurinos femininos, Meierhold desenvolve o tema de uma mascarada social, em que se imita os gostos da capital. Anna Andrêievna terá vinte toaletes, dentre as quais quinze vestidos costurados especialmente para uma cena de prova de roupa, interpretada como uma apresentação de moda em que ela se troca atrás de um biombo: ela deve atordoar o público pela rapidez do jogo de atuação, em um fogo de artifício de cores e de tecidos. É também por meio da troca de indumentária que Khlestakóv, disfarçando-se com as vestimentas de seu companheiro, o Oficial, pendurados em um cabide, torna-se o Revizor. A vestimenta revela as pretensões de Anna Andrêievna, o aventureirismo de Khlestakóv. Ela orienta o jogo do ator para a habilidade do transformador. Ela permite a Khlestakóv e a Anna Andrêievna abrir mais espaço do que outras personagens.

Quando no episódio I, "A Carta de Tchmikhov", o praticável se adianta na direção dos espectadores, parece, escreve Gvozdev, "que esta seja uma encenação do Teatro Artístico. Um pedaço da verdadeira vida dos anos de 1830. Mas trata-se apenas de uma impressão"[115].

O palco é mergulhado em uma penumbra total. As portas do fundo se abrem sem ruído, um praticável avança lentamente para o público, que o percebe como que vindo de longe, das trevas, do passado. Soa o

REVIZOR E O PROCESSO
DE TRABALHO TEATRAL
EM MEIERHOLD

113 *Écrits*, 2, p. 186.

114 RGALI, 998, 191. Ensaio 25 ago. 1926.

115 Revitsiia Revizora, em *Revizor v Teatre Imeni Meierholda*, p. 33.

gongo, e como um potente acorde, o praticável, detido, é bruscamente inundado de luz e vê-se, durante uma longa pausa, um grupo de nove funcionários amontoados sobre um divã atrás de uma longa mesa oval de superfície brilhante. De repente, eles se põem a falar, a acender e a fumar cachimbos de tubo comprido e a fumaça que sobe vai pouco a pouco espessar a atmosfera. Eles esperam e seus rostos são iluminados pelo clarão vacilante de algumas velas. Meierhold quis um "terrário": Gibner, o médico, azafama-se atrás do divã de Korobkin, que está com uma forte dor de dentes, ele lhe enfaixa a cabeça e sua atividade serve de pretexto para o deslocamento das velas que são aproximadas a fim de que o médico veja melhor. Ao fim da operação, que é concluída durante a leitura da carta, a cabeça enfaixada de Korobkin se ergue branca e alucinada acima das outras. Sobre a superfície polida da mesa brilhante, veem-se mãos em todas as posições. Têm-se então duas faixas de branco, mãos e rostos, esculpidos pela luz desnaturante das velas. Meierhold dá, assim, uma série de "primeiros planos" que matam a primeira impressão. A espera acaba. O Governador entra de chambre, e não em traje formal como era costume vê-lo chegar: senta-se numa poltrona, geme, com uma carta na mão. A área de atuação se alarga na poltrona que, situada na ponta do lado esquerdo do praticável, põe o Governador em uma relação inesperada com seus subordinados, obrigados a afundar, cada um em seu ritmo, no divã, para vê-lo melhor, antes de se imobilizarem aos seus gemidos. Silêncio.

Em vez de abrir a peça com a réplica bem conhecida ("Eu vos convoquei, Senhores..."), ele começa pela queixa: "Eu tenho como que grilos nas orelhas..." Em seguida, somente, vem o anúncio da chegada de um Revizor: com uma voz de baixo, lentamente, em uma só nota[116], o Governador pronuncia a longa frase de Gógol. No momento em que chega à última palavra, "um Revizor", reação brutal: os cachimbos saltam das bocas, as cabeças viram-se, os pescoços alongam-se, as mãos saltam. Os funcionários saem de sua aparente letargia. A palavra "revizor" é repetida – murmúrio, cochichos, coro – ela é decomposta, acentuada no *i*, no *o* ou no *r*. Após essa rajada, tudo se cala. Mischka, o pequeno doméstico, aproxima uma vela, senta-se aos pés do Governador. A leitura da carta começa. Acabrunhado, o Governador deixa tombar a mão que segura a carta e esta pega fogo. Breve pânico. Depois desse mini-incêndio, rapidamente dominado, o ritmo se acelera.

A linha fundamental do espetáculo está presente desde essa primeira sequência: uma composição musical em que o desenho rítmico dos sons, das palavras, das frases, corresponde ao desenho plástico e o desencadeia, em que paradas-pausas fixam o movimento e em que se sucedem rapidamente diferentes tempos que puderam ser sucessivamente identificados, embora não haja nenhuma música nesse episódio[117]: *pianissimo*, *sforzando* (clarão dos projetores), *subito piano* (espera), solo muito lento em uma nota (o Governador), coro em notas, tonalidades

---

[116] Identificado como um si bemol por E. Kaplan, *Rejisser i Muzika*, em *Vstretchi s Meierholdom*, p. 337.

[117] Idem, 336.

e forças diferentes, coro com *staccati* como fundo (os estranhos sons emitidos por Gibner segundo as indicações de Gógol), *fortissimo* (os estouros ulteriores do Governador). Os dados do trabalho teatral são os seguintes: historicidade, mas sobriedade; detalhes cotidianos, mas escolhidos; realismo dos objetos, mas amplificação ou deformação; figurino autêntico, mas anacronismo ou disfarce; pedaços da vida dos funcionários do século anterior, mas organizados musicalmente.

Os Ensaios de "A Carta de Tchmikhov": Jogo em Filigrana

Os estenogramas dos ensaios desse primeiro episódio[118] conduzidos por Meierhold permitem precisar a finura da direção de atores.

Jogo das Mãos e dos Membros

Em primeiro lugar, a expectativa das nove personagens sentadas e de Gibner que se azafama em redor delas é traduzida, nesse espaço restrito, por um jogo ininterrupto dos membros e, sobretudo, das "mãos organizadas" dos atores, atividade que subentende a poderosa letargia aparente dos funcionários. Assim, um deles dorme roncando ligeiramente, mas bate com o salto do calcanhar. "O alto dorme, mas o baixo age", comenta Meierhold. "Isto nunca acontece? Pois bem, isto acontecerá!" É um colossal trabalho de filigrana tal que seria preciso "filmar tudo". O jogo produzido, diz ele ainda, deve "assemelhar-se a esses objetos chineses em marfim rendilhado".

Para esse jogo de mãos, tarefa pedagógica essencial ao episódio 1, senão em todo *Revizor*, inspirado pelas mãos dos velhos de Dürer, o ator dispõe de objetos-pontos de apoio e, para começar, da mesa laqueada sobre a qual "as mãos estão pousadas como quando se lê a sorte. Não sorrir, não procurar fazer rir, seriamente"[119]. Essa primeira imagem-mãe vai animar-se a partir dos acessórios que Meierhold quer que sejam belos: cachimbos, velas de igreja, necessariamente de cera, jogo de damas, copos, bilhas contendo água ou *kvass** e a sua manipulação. Seria necessário, diz Meierhold a seus atores, "que vocês enfaixem as mãos como as patas dos melhores cavalos para que tomem consciência delas. Quando uma gravata, sapatos ou um colete nos apertam, a gente se comporta de outro modo"... É preciso "dar importância ao mais corriqueiro gesto", quando os atores se apoiam nos cotovelos, seguram a cabeça, passam

118 Utilizamos aqui os ensaios que Koreniev registrou, RGALI, 998, 192. Ensaios 5 mar. 1926, de 21 mar. 1926 (este muito longo, verdadeira aula de encenação, calorosamente aplaudida pelos comediantes), depois os de 2 e 3 de abr. 1926, sem remeter a eles em cada citação.

119 RGALI, 998, 185. Encontros de 8-9 out. 1926 com Dmítriev e Koreniev.

* *Kvass* é uma bebida fermentada, uma espécie de cerveja muito popular na Ucrânia e Rússia (N. da T.).

um ao outro a bilha, bebem, pegam um copo. O sistema biomecânico se aplica aqui à gestualidade das mãos, braços, cotovelos, pescoços e bustos. Tudo deve ser matematicamente preciso. Para apanhar uma bilha, "deve-se preparar a mão para pegá-la, pegar e depois verter".

Os atores hão de procurar a segmentação da ação que os capacita em seguida a calcular como agrupar-se a fim de produzir certo movimento de conjunto. Deve haver aí, no gesto, a presença dos pensamentos, como na casa daquela camponesa que Meierhold observara longamente enquanto ela tateava tecidos em uma loja, revirando-os, apalpando-os, exprimindo por meio do movimento de seus dedos e das palmas de suas mãos suas impressões sobre os tecidos.

"Cada movimento", repete Meierhold, "deve ser precedido de um *otkaz*•. Eu estou sentado, vou pegar um corpo. Quando estendo a mão, devo visar, não pego imediatamente, o *otkaz* me permite visar, sem o que isso será fortuito". Assim, em cena, em cada movimento, quando há jogo de atuação, há forçosamente *otkaz*. Antes de agir, tomar impulso, afastar-se do alvo, lançar o corpo para trás ou de lado, ou apenas recuar a cabeça, a mão. Destarte, três fases se sucedem: primeiro concentração/agrupamento, em seguida *otkaz*, enfim a atuação mesma. Jogo com os cachimbos que incomodam ou não, as velas em que os intérpretes acendem os cachimbos, os papéis nos quais eles põem fogo nas velas, que eles passam um ao outro para acender outros cachimbos e que extinguem em um copo d'água, jogo com os copos antes da chegada do Governador. "Será", continua Meierhold, "uma cerimônia chinesa muito complexa com os objetos, e ao mesmo tempo uma cena muito típica da vida". O jogo de atuação assim construído, filigrana individual e tessitura coletiva, transforma em ritual, em cerimonial, uma cena banal, cotidiana, e mergulha de pronto a comédia no contexto sério que Meierhold busca. A precisão deve ser absoluta para que o jogo seja coletivo: como "os orientais que nunca estão em atraso, cujo jogo de atuação é antecipadamente calculado em segundos e que trazem em si um terrível senso do tempo". Meierhold remete também aos Negros que ele viu dançar em Berlim, na *Comédia Musical Negra*, em 1925, e na *Opereta Negra*, apresentada no Circo de Moscou, em fevereiro de 1926, pelo conjunto de Sam Wooding, "The Chocolate Kiddies", que constitui o primeiro contato autêntico dos russos com o jazz. Ele descreve um número baseado em uma dança em que cada um aciona uma segunda após a outra e em que tudo é construído sobre as síncopes: "É preciso tomar aulas com eles... É monstruosamente difícil".

Fundamentados em um princípio de ação/reação, os movimentos devem ser justificados, ter uma causa externa – a ação do ator vizinho – para tomar seu sentido e verter-se em uma sequência ininterrupta. "Uma terrível continuidade", diz Meierhold, que exige também uma grande ligeireza de pantomimas em cadeia com os objetos.

Os funcionários agitam-se, empurram-se, batem de encontro uns aos outros de frente, na têmpora, acendem mutuamente seus cachimbos, cujos tubos mais ou menos longos não devem ficar em paralelo, porém entrecruzar-se.

Os Objetos-Percussões

Ao mesmo tempo, o jogo com os objetos deve produzir, tanto quanto os próprios atores, sons, "uma complexa cacofonia de sons, ponto para o último ato". Mas se trata de sons abafados. "Mais baixo", dirá Meierhold, "em surdina, jamais sons plenos. *Revizor* é uma espécie de jazz--band secreto em que o som sai não se sabe de onde, como um gorgolejo do ventre". Há "um milhão de sons" no espetáculo, orquestra humana de percussões: pancadas na mesa, batidas de saltos, peões que se misturam no tabuleiro, porque Zemlianika perdeu, roncos, mugidos do Juiz, que tem o cachimbo entre os dentes, ruídos de líquidos que correm, onomatopeias, exclamações e gemidos de todo gênero, até mesmo "golpes-gementes" a começar pelos do Governador que se considera importante e a quem os tratamentos de Gibnier fazem sofrer. Complexidade, mas ligeireza necessária dos sons: pancadas secas na madeira ou no metal, chiado do fogo, marulhos da água. Quanto aos que as personagens emitem, Meierhold indica sua animalidade, "como se não fossem de homens, porém de porcos ou ursos"...

O jogo mímico e sonoro se encadeia logicamente. As batidas dão o ritmo do jogo vindouro, fornecem os impulsos para as cadeias de jogo de atuação subsequente. O *otkaz* pode ser sonoro, e na cadeia ininterrupta de sons e de ações, a reação não deve ser imediata, porém sempre ligeiramente deslocada. A atuação em filigrana que Meierhold procura não concerne, entretanto, a uma gestualidade demasiado fina, invisível, e os golpes, os sons, estão lá para guiar a atenção do espectador, dar destaques: "Um jogo interpretativo muito minucioso deve ser suprimido", diz Meierhold. "As pessoas guardam apenas o jogo visível e, entre dez gestos, é preciso escolher um só. Efetuá-lo somente uma vez, depois recolher-se. Isso basta. Não mexer muitas vezes o cachimbo". Os atores devem fixar os momentos de sua ação, seu começo e seu fim entre golpes precisos. As percussões, os sons soprados. Gemidos articulados, justificados no fluxo pantomímico, longe de picar o jogo, imprimem-lhe seu ritmo.

A Cena Muda

"*Revizor* é a encenação mais difícil de nosso repertório pela única razão de que nós todos conhecemos a peça de cor", diz o encenador Nicolai Petrov[120]. O trabalho de Meierhold pretende convertê-la em uma obra capaz de espantar, estranha apesar de sua familiaridade, dada ao espectador como pela primeira vez a despeito de um canevás batido. A começar pela cena muda.

Apoteose tragicômica do espetáculo, ela realizará as vontades de Gógol, por seu caráter inopinado e seu efeito de duração[121]. É da construção dessa cena que Meierhold parte para conceber todo seu espetáculo. Considerando-a como a conclusão necessária de *Revizor*, pode reunir cômico e trágico, torná-los indissociáveis em composições paralelas, conflitantes ou entrecruzadas, em vez de dispô-las de maneira sucessiva. Ela constitui a chave do espetáculo e Meierhold exige dos atores segredo absoluto, recusa a presença de todo estranho nos ensaios. Ele terá tantos manequins paralisados sobre pequenos praticáveis quantas personagens em cena. Esses "títeres" são preparados conjuntamente pelo encenador, pelo cenógrafo e pelos atores. Esses últimos procuram a posição de sua personagem fulminada pela notícia da chegada do verdadeiro *revizor*. A partir de fotografias desse trabalho, Schlepiánov esboça a composição geral da cena reinterpretada então pelos atores que vão aprofundar sua mímica. Refotografada, essa segunda variante será o objeto da composição em indumentária e depois será, enfim, transmitida como modelo a um escultor, V. Petrov, que trabalha sobre carcaças de ferro com papel machê.

Um clichê largamente difundido mais tarde, com Meierhold e Gárin gesticulando sobre uma cadeira, não deve ser tido como representativo. Meierhold o recusa, considerando que ele simplesmente, pela primeira vez, "bancou o imbecil"[122]. Vê-se nas fotos de trabalho conservadas no Museu Bakhrúschin, grupos de atores agarrados uns aos outros ou a objetos (grande caixa, castiçal), bocas são abertas por um grito mudo, e o gestual reflete, quer uma força atrativa, quer uma força repulsiva. Alguns fazem a saudação militar, o Capitão de Azul, todo empertigado, a efetua de maneira imprecisa, como em um sonho. Mãos e cabeças se embaralham, corpos se estreitam. Em toda parte mãos, abertas, apartadas, pousadas sobre o coração ou enganchadas. Olhares dirigidos para a passagem central da plateia. Nada de palhaçadas, nem de exagero, exige Meierhold, que indica muitos motivos: terror de Revizor, temor estúpido diante dos superiores, todas as nuances do medo, mas também pérfida satisfação, zombaria. Cada ator é responsável pelo detalhe da mímica e do gestual de seu manequim. Uma vez realizados e plantados nos pequenos praticáveis autônomos, os manequins terão um tamanho ligeiramente superior ao humano,

---

120 *Rabotchi i Teatr*, n. 17.

121 Em Otrivok iz Pisma, Pissannogo Avtorom Vskore Posle Pervogo Predstavlenia *Revizora* k Odnomu Literatoru, *Sobrânie Sotchiniêni*, t. 4, p. 387, Gógol quer que se aguarde dois a três minutos antes de baixar a cortina. O máximo será um minuto no Teatro Artístico de Moscou.

122 RGALI, 998, 186. Encontro 6 mar. 1926.

como exigem as leis da cena. Tamboretes colocados atrás de cada um deles autorizarão o mesmo tipo de composição escalonada que a efetuada nos praticáveis móveis.

Meierhold concebe a cena muda como "uma magnífica natureza morta de extraordinária complexidade", cujos diversos pormenores produzem a impressão concentrada da vida que um instante antes pulsava ainda no auge. Ele imagina esboçar aí o luxo da recepção oferecida pelo Governador a fim de celebrar o noivado de sua filha por meio de traços concentrados, extraídos dessa noite: taças com sorvetes, maçãs crocantes, aqui um convidado degusta uma trufa, ali outro come um sanduíche. Um tem um guardanapo em torno do pescoço, o outro um copo na mão, uma dama segura um buquê, um oficial acaba de enlaçar seu par. Uniformes, flores, cristais, candelabros e, subitamente, qual uma erupção vulcânica, a catástrofe lhes cai em cima.

Nessa combinação de detalhes e gestos, o encenador procura "em face das figuras mortas, tornar vivos os objetos mortos, acessórios dessa composição, e dar-lhes um movimento"[123]. E Meierhold imagina um fio d'água a escorrer de um sifão, a espuma que ondeia a borda de

142 *Revizor. Pesquisa com os atores para os títeres da cena muda. Existem numerosos clichês de trabalho.*

123 RGALI, 998, 186. Encontro 18 mar. 1926.

uma taça de champanha ou um cachimbo ainda fumegante. Ele vê "um lacaio com uma bandeja e copos meio vazios apenas, talvez de cristais coloridos e de feituras diversas, que lançará cintilações variadas". A vida nessa cena morta é insuflada por uma luz tachista produzida no local pela chama das velas, pelo brilho dos cristais, pelas manchas de cor das indumentárias e pelos decotes valorizados por finos raios luminosos. Enfim, sugere ao técnico Sosté, responsável pelos mecanismos de *Revizor*, que encontre trucagens comparáveis aos de uma vitrina do Moselprom, um grande magazine de Moscou – onde um jato de café enche continuamente uma xícara fumegante – para que, nesses grupos inanimados, uma mão de repente trema, uma cabeça de bêbado comece a balançar. Mas Meierhold não terá finalmente necessidade de nenhuma trucagem, tampouco da pirotecnia, dos fogos de artifício com os quais sonhava no início do trabalho. O efeito mais poderoso irá jorrar da exclusiva montagem das sequências que se sucedem no final e dos contrastes emocionais, auditivos e visuais: um fragmento de baile, galopada ululante que o palco extravasa para a plateia, um cartaz que oculta o palco inteiro e sobre o qual o bem conhecido texto do gendarme, escrito preto sobre branco, assume uma nova força; enfim o movimento lento desse cartaz que destaca progressivamente personagens mudas, cujo silêncio e imobilidade não trazem, nem repouso, nem distensão, após o *forte* dos gritos e do barulho no último episódio, mas são, ao contrário, tão insuportáveis quanto eles. Os espectadores ficam perplexos e Meierhold faz muita questão desse momento de perturbação do público, que não compreende ainda do que se trata.

O aparecimento dos manequins é preparado desde longa data, por "pontes" a partir do episódio 1, e nesse sentido resolve os enigmas visuais propostos ao espectador: Korobkin e seu rosto enfaixado, imóvel acima do tampo da mesa, a rígida embriaguez do Diretor dos Correios, a imobilidade do Capitão de Azul adormecido no começo do "Abraça-me"[124]. Assim como o ritmo sonoro e espacial é criado pela alternância silêncio/sons, cheio/vazio, do mesmo modo é a partir dessas alternâncias mobilidade/imobilidade que a vida cênica das personagens gogolianas bate. Em *Revizor*, Meierhold desenvolve o tema do medo e de suas incidências em uma psicologia de grupo. O espetáculo se estrutura sobre uma luta entre dois movimentos, dois princípios fundamentais, em sua economia energética: de um lado, a vida apresenta-se no auge, tomada em momentos de reunião, de ebriedade erótica ou vestimentária, de festa; de outro, um processo de degradação lenta introduz uma freagem que quebra esse ritmo, desacelera as reações, leva a um estado de choque. Meierhold diz do Governador no episódio 1: "Com uma voz seca, ele estará sentado em sua poltrona, não como um ser vivo, mas como um manequim. Secura, mobilidade, mas sua silhueta se assemelhará àquela da cena muda [...]. Pálida – uma boneca, pura e simplesmente [...]. Vivo, mas com grandes interrupções,

---

124 RGALI, 998, 186. Encontro 14 abr. 1926. Meierhold diz: "Ele está sentado e o público pensa que se trata de um manequim".

suspensões" (24 de fevereiro de 1926). Essa luta entre movimento e imobilidade que subentende os quinze episódios desemboca na petrificação do final em que se faz ainda sentir, no entanto, como um plano de fundo, toda a energia do tecido humano, plasma transbordante de concreto. Além do sentido psicológico (o que o temor faz das personagens) e de seu lugar na estrutura do espetáculo, a cena muda tem um sentido metafórico. Ultrapassando as fronteiras da cidade gogoliana, ela fulmina toda uma época passada e serve de advertência para o dia de hoje. Alpers critica a inatualidade das múmias dessecadas desse reino morto do *Revizor*[125]. Mas outros, como Lunatchárski, sentiram de fato aí, na carne brutalmente congelada das personagens, uma advertência aos homens de 1926.

Personagens e Atores: Revisão e Interpretação

Meierhold, como se viu, parte dos dados físicos de cada um dos atores escolhidos para os papéis. Ao mesmo tempo, na medida em que põe a trabalhar sobre Khlestakóv alternativamente Gárin e Martinson, dois atores de físico antagônico, introduz no cerne de seu trabalho o contraste de que necessita para esculpir a vida cênica da personagem. Na fase inicial, considera como essencial, sobretudo para os papéis secundários, escolher, como no cinema americano, atores muito diferentes uns dos outros, bem tipificados[126]. Ele quer "carões", procura "uma galeria de monstros" (12 de novembro de 1925). Essa "tipificação" de partida, à qual Meierhold não reduzirá, sem dúvida, o trabalho de seus atores, será acentuada por uma repetição de personagens em duplas contrastadas no plano físico (gordo/magro, grande/pequeno) ou vocal (tenor/baixo). Mas na construção dos papéis principais em pares (Khlestakóv e o Oficial, Óssip e Avdotia, Bobtchinski e Dobtchinski), a direção de atores trabalhará não somente sobre o contraste, mas também sobre o parentesco, sobre as semelhanças e dessemelhanças.

As personagens de Gógol-Meierhold vão nascer de uma viva polêmica contra os clichês da tradição. A busca dessas personagens é alimentada por essa energia primeira, da força do *contre-emploi*. Khlestakóv não é mais esse fátuo indivíduo afetado e mentiroso descarado, ele é antes de tudo um jogador e um tipo esquisito. Bobtchinski e Dobtchinski são bons sujeitos lentos, não marionetes ofegantes que não cessam de cortar a palavra um do outro, ao dizer seu texto a toda velocidade com o único fim de divertir o público.

REVIZOR E O PROCESSO
DE TRABALHO TEATRAL
EM MEIERHOLD

125 Cf. B. Alpers, *Teatr Sotsialnoi Maski* (1931), *Teatralnie Otcherki v Dvukh Tomakh*, t. 1, p. 748.
126 *Écrits*, 2, p. 178.

Meierhold diz: "Era necessário restituir às personagens seus traços humanos, ligá-las à época, ao solo, para que haja em cena homens concretos com sua essência de classe e não uma demonstração de atrações internacionais com sua eterna bagagem de 'brincadeiras próprias ao teatro'"[127].

E claro: chega de máscara social, eliminação dessa caricatura contra a qual Gógol tanto se erguera, paixão pela russidade. Em vez de apresentá-las desde a primeira cena como um montão de canalhas, Meierhold quer mostrar em primeiro lugar o que liga humanamente essas personagens. Todas são tocadas por esse programa e sua vida cênica jorra desse duplo processo, das distâncias que o ator vai desencavando em relação à sua personagem e dos laços acrescidos das personagens entre elas, que a exiguidade do praticável, qual uma lente de aumento, não cessa de enfatizar.

Em ensaios, Meierhold evoca os grandes atores do passado, Sarah Bernhardt ou Aleksandr Lênski, por sua amplitude tragicômica. Além desse diapasão e das rupturas que ele implica, o jogo de atuação basear-se-á na surpresa: "Sempre mais elementos inesperados" (19 de novembro de 1926). Ele deverá intrigar o público como o grande Dalmatov[128]. A menor personagem enraíza sua realidade em certa estranheza. Meierhold recusa os clichês, procura complicar as personagens e nutri-las com suas próprias impressões sobre seres bizarros que marcaram sua infância provinciana. Se estes não passam diretamente ao palco, nem por isso habitarão menos o imaginário dos atores. A cena é um terreno de experiência para o corpo a corpo do comediante e de seu papel e o encenador, para evitar os lugares-comuns, suscita constantemente novas situações, das quais a primeira e a mais audaciosa, a mais agressiva de todas, consiste em trabalhar sobre as distâncias que separam os atores, amontoá-los no pequeno praticável que concentra paixão e ação.

De início, Meierhold vê as personagens gogolianas como seres biológicos: soma de caracterizações exteriores, mas também de necessidades, gostos, desejos, emoções, ligados, de um lado, a uma biografia individualizante, aos fatos e escolhas de cada um, e, de outra, a um regime comum, o do funcionamento da máquina humana e do grupo social em sua relação com o poder que o faz ir adiante, permanecer no lugar ou recuar sob o golpe do medo. Em nível do jogo de atuação isso se traduz por uma sucessão de ações/reações individuais ou corais que nunca definem a personagem em um "em-si", mas sempre em uma relação com o mundo e com outrem. Ele as constrói em seguida no ponto de junção de estruturas contrastadas, de imagens antagonistas, tanto em nível da intriga, do referente histórico, quanto dos modelos de jogo. Enfim, a personagem é tomada de maneira dinâmica pelo viés de seu funcionamento na ação cênica. Os atores distribuem entre si as tarefas de concentrar, acelerar, retardar a ação, de fazê-la passar de um plano a outro, enfim de superar os obstáculos criados por seus parceiros. Assim, a função do intérprete de Gibner é a de multiplicar os

---

127 RGALI, 998, 191. Ensaio 25 ago. 1926.

128 Célebre ator russo que fascina Meyerhold desde a infância em Penza, quando o viu em turnê no teatro local.

óbices a fim de facilitar o jogo dos outros, em particular de Piótr Star-kóvski (o Governador): os tratamentos intempestivos do doutor (gotas nos olhos, compressas) justificam seus gemidos. A relação ator/perso-nagem acaba de tecer a complexa relação do público com os seres cêni-cos e o espectador perceberá, durante o episódio 9, no intervalo que separa duas mentiras cínicas de Khlestakóv, um breve olhar de homem solitário e infeliz, embora se entusiasme, ao mesmo tempo, com o vir-tuosismo do jogo inventivo de Gárin.

Os exemplos a seguir tentam captar seja a gênese da personagem, à medida que se processam os ensaios – ponto de partida polêmico, reorientação radical do ponto de vista sobre a personagem, depois evo-lução, correção e escolha, com o concurso criativo do ator – seja sua presença tal como se revela no espaço do espetáculo. Para cada exem-plo, a análise trata de um princípio de construção que não é forçosa-mente o apanágio do exclusivo personagem estudado, mas pode dizer respeito a outros. Enfim, cabe lembrar que Meierhold preveniu seus atores sobre o novo sistema de jogo de atuação, "um grande papel para cada um" (26 de março de 1926). Toda personagem principal pode vir a ser, por seu turno, secundária, para sustentar o jogo das outras, mas cada personagem secundária é essencial, tem seu próprio "tema" para dar a entender aos espectadores.

O Duplo Contrastado: Óssip

Óssip não é mais um velho serviçal, Meierhold o vê jovem, variante grosseira de Khlestakóv (17 e 19 de novembro de 1925) e antítese de todas as personagens do espetáculo. Meierhold o converte em um cam-ponês louro de lábios vermelhos, "bom contraste para o pálido Khles-takóv", inspirado no *petrúschka*• de *Almas Mortas* e no Gavriucha de *Os Jogadores*, o cabelo em desordem, o olho vivo, cheio do bom senso da terra. Desembaraçado, ele só é ladrão, porque está sempre faminto. Mas, no curso do trabalho, Meierhold afina esse contraste inicial e Óssip não escapa ao objetivo crítico geral. Meierhold quer mostrar nesse "animal grosseiro", expressão que, ele o aponta, nada tem de metafórica, o desvio de uma natureza campônia. E ele escolhe para o papel o jovem Fedeiev, ator estreante: "É um pedaço da verdadeira vida transportado ao teatro, um rapaz do campo tão verdadeiro como certo número de acessórios", escreve Vladímir Solovióv[129].

O episódio "Depois de Penza" começa por uma nota cheia de ânimo, não era a sombria presença muda do Oficial: um duo entre Óssip e a criada que ele corteja rudemente. O longo monólogo de Óssip (Ato II, Cena 1) é cortado pelas reações da moça. Seu riso sonoro, em trina-dos, modulado, ressoa, seja ao mesmo tempo em que o texto do rapaz, seja no fim de uma frase, e esse riso, que passa do agudo ao grave, do

[129] V. Solovióv, Zametchania po Povodu *Revizora* v Postanovke Meierholda, Revizor v *Teatre Imeni Meierholda*, p. 63.

pequeno cacarejo a notas de peito é extremamente contagioso, ele arrasta Óssip e quase infalivelmente o público. Esse duo *a capella* (recitativo-riso vocalizado) é completado duas vezes por uma canção popular muito alegre cujo refrão a criada retoma[130]. São suas relações com Avdotia que ele acaba por estreitar, a cumplicidade de um riso compartilhado pela plateia, a dissonância entre sua animação espontânea e a presença silenciosa e misteriosa do Oficial, que apresentam Óssip ao público. Dissonância que se materializará pela chegada inopinada de Khlestakóv: no patamar, ele assobia a ária cantada por seu doméstico, antes de passar pela porta e descer a escada.

O Modelo Bizarro: O Diretor dos Correios

Meierhold recusa o enfatuado. Ele o torna um personagem sujo e salaz, procura defini-lo por um temperamento médico: melancólico ou fleugmático, por seu procedimento. Ele o vê como bêbado, amante de mulheres e de mexericos de todas as espécies. Mas é ao mesmo tempo o único homem na cidade a não tirar vantagens financeiras de seu trabalho; ele é senhor de todos os segredos da população, o que o coloca em permanente estado de exaltação. Meierhold precisa esta primeira evocação sugerindo ao ator Mikhail Mukhin o modelo do dentista-charlatão de Penza, pedicuro de ocasião, de olhar oculto atrás de óculos escuros, que promovia uma festa terrível, quando tinha dinheiro, mas que o tinha apenas raramente. Personalidade enigmática, discursador romântico, declamador de poesia, mas piolhento e mais relaxado que um pé-rapado, ele contava com cinismo as coisas mais horríveis, mas possuía maneiras nobres, assumia poses sonhadoras (19 de novembro de 1925).

O papel se constrói sobre essas duas correntes entrecruzadas: de um lado, esse largar-se físico, esta vulgaridade desenfreada e, de outro, uma surda nota romântica, à qual se ajunta um estado de expectativa permanente de novos acontecimentos e de mudança, liga difícil. E estranhos óculos alongados, como os de um aviador, presos por um elástico atrás da cabeça, dão ao personagem um olhar-aquário.

Construção da Personagem por um Trabalho sobre o Ritmo e o Tempo: Bobtchinski e Dobtchinski

Suspense: a entrada dos dois no episódio 2 é retardada. Pode-se ouvi-los, mas eles permanecem invisíveis: "Um acontecimento extraordinário!". Movimento de cabeça dos funcionários, paralisados ante a saída do Governador, que acaba de mimicar a chegada repentina do Revizor. O grito dos compadres introduz uma nova onda rítmica. Eles aparecem

---

130 Esta canção ressoará ainda no momento da partida da troica do falso *revizor* (episódio 12) com outra coloração emocional, a da imensidade russa em que ele desaparece.

esbaforidos e se imobilizam para retomar o fôlego. Eles se calam. Cena que dura: eles se persignam e seus interlocutores, terrificados, os acompanham. Após essa pausa, todos se põem a falar, mas eles continuam calados (2 de abril de 1926). Assim nasce a verdade de sua lentidão, baseada ao mesmo tempo no estado físico deles, na análise das relações entre indivíduos e um grupo e no desnudamento do mecanismo vital de homens assim, insignificantes, sérios e limpinhos, que devotam sua existência a coisas derrisórias, descobrir e divulgar novidades e mexericos: labor difícil e cansativo para eles, que correm por toda parte e galopam inclusive atrás das caleches...

Convidados a sentar-se, os compadres, sempre mudos, vasculham os bolsos, um deles tira um botão, a tabaqueira, e põe-se lentamente a aspirar, o outro manipula o lenço. Sentados, continuam sempre calados, as quatro mãos pousadas sobre o tampo da mesa e mexem docemente seus dedos curtos. Todos olham para eles. Primeiro plano. Um é um pouco ondulado, os cabelos são mais lisos. Os dois têm rosto pesado, as sobrancelhas espessas, boca plácida. Eles acabam de prestar conta de sua missão perante a comunidade. Estão no centro da atenção geral: não há por que se apressar, indica Meierhold.

Eles começam, portanto, a falar lentamente. Mas, cada vez mais impacientes, os funcionários vão crivá-los de perguntas, arrancar-lhes cada elemento de informação. Quando um deles se põe a falar (tonalidade de recitativo ortodoxo), o segundo o interrompe, cheio de subentendidos, repete a mesma coisa e se detém. As pausas esburacam esse duo: Bobtchinski abre a boca para falar, mas observa que Dobtchinski faz o mesmo e eles a fecham os dois. Silêncio. De conformidade com esse discurso flácido, eles mexem os braços curtos e batem com um ar sibilino seus dedos sobre a mesa a fim de ressaltar a importância daquilo que dizem e daquilo que não dizem. A impaciência rosna: os outros tentam apressá-los por gritos, cada vez mais frequentes e agressivos, que conseguem apenas confundi-los e criar um novo e pesado silêncio durante o qual os dois se olham interrogativamente. Por fim, extrai-se deles a informação necessária: o relato do encontro com Khlestakóv.

Nesse momento, o tempo vai mudar. Quando Bobtchinski insiste: "Mas fui eu quem disse isso", ele se torna enérgico, como para recuperar o tempo perdido, e acumula uma tensão colossal, que deve por si só sugerir aos outros que se trata de fato do Revizor (24 de abril de 1926). Constatação polifônica[131] em que a convicção se estabelece definitivamente por meio da mesma frase-conclusão repetida ainda em *forte* pelos dois compadres. Após a velocidade, uma pausa, uma parada, como em música. Quando tudo é dito e sabido, podre calmaria: missão cumprida, eles são senhores da situação. Sobretudo, recomenda Meierhold, nenhuma atividade febril. Todos os atores devem saber respirar bem e Kozikov, que faz o papel de Bobtchinski e executa, em "Depois de Penza", a cambalhota na escada quando a porta cede sob

131 Para uma descrição mais completa, cf. meu artigo *Le Revizor* de Gogol-Meyerhold, op. cit., p. 84.

seu peso e a queda que se segue no alçapão, é um bom biomecânico. Uma personagem lenta e canhestra, ator fisicamente em forma e bem treinado.

O Vivo e o Artificial: Rastakóvski

Meierhold apega-se a essa personagem que ele reintroduzirá na peça. Desde o início, pensa que deve produzir "uma impressão de monstruosidade"[132]. Ele o vê primeiro com um capote militar, um capacete, todo condecorado com ordens de pacotilha (17 de novembro de 1925), depois como "um monstro com mãos de madeira" (2 de abril de 1926). Muito velho, mas todo ereto, sem corcova, o rosto enrugado como um mapa de geografia ou um velho cogumelo seco, mas de olhos claros, brilhantes, enérgicos, muito jovens (9 de março de 1926). Em uniforme que deve dar uma impressão azul, ele tem o ar de um "homem que se ergue de seu túmulo. Sempre se põem as pessoas nos seus ataúdes com seus uniformes de parada" (9 de março de 1926). Medalhas por todo lado, talvez misturar as verdadeiras e as falsas (25 de agosto de 1926), mas não se trata de uma personagem de ópera, ela é bem real. Meierhold imagina outras "surpresas" para Rastakóvski; por exemplo, utilizar a ortopedia, uma perna artificial ou de mola: "É preciso agir de maneira que haja aqui um pedaço vivo, ali uma prótese, partes diferentes". No curso de outro ensaio, Meierhold quer torná-la uma "peça" única, antiguidade viva, e rodeá-la de crianças curiosas que a atazanam. Ele vai conservar pouca coisa dessas proposições que nutrirão, entretanto, a presença da personagem. Rastakóvski terá simplesmente uma muleta, muitas medalhas, os cabelos e a barba em batalha.

Construção da Personagem a Partir de Princípios Opostos

Interpretada por Vassíli Zaítchikov, a personagem de Zemlianika toma corpo a partir das observações de Gógol sobre sua astúcia e do nome com que o autor a vestiu de ridículo; ele nasce da combinação entre o velhaco

[132] Écrits, 2, p. 190.

perigoso e a espessura xaroposa evocada pela palavra *zemlianika* ou "morango" em russo. Zemlianika, recorda-se Aleksandr Matskin, ou "o sorriso repulsivo de uma hiena"[133]. É, com Khlestakóv e Anna Andrêievna, um dos três pivôs desse espetáculo, mas o encenador, nos ensaios, não lhe consagra senão algumas poucas observações, como se deixasse a Zaítchikov toda a iniciativa, enquanto erigia tratados inteiros sobre Rastakóvski. Zemlianika é o primeiro propagador dos mexericos da cidade, variante negra do tema introduzido por Bobtchinski e Dobtchinski. No episódio "As Propinas", ele tem como papel central dirigir seus colegas funcionários. Corifeu ou conferencista-apresentador, como em um espetáculo de cabaré, diz Meierhold. Zemlianika é, portanto, uma combinação de temor e de desenvoltura, de insolência e de obsequiosidade que ferem Khlestakóv: seus cochichos denunciadores e nojentos suscitam sua hostilidade.

A Montagem da Personagem de Khlestakóv

Gógol queixava-se de que haviam feito do "pobre Khlestakóv" "um mentiroso comum", "um engraçadinho", "sem nenhuma fisionomia", um boa-vida ingênuo, um preguiçoso e um parasita[134]. Máscara tradicional na comédia ocidental, mescla de fanfarrão, de enfatuado manhoso e de dândi (por seu traje, seus acessórios, seu jargão), Khlestakóv se distancia, entretanto, por novos traços psicológicos que situam de fato, para Meierhold, a modernidade inaugurada pela dramaturgia de Gógol. Esses traços residem na sua ligeireza de pensamento, seu alogismo, sua ausência de ideias concatenadas, suas reações inesperadas, o fato de que ele "fala e age a torto

143 *Zemlianika interpretado por Zaítchikov.*

144 *Fases do jogo de atuação: Khlestakóv-Gárin sobre o divã do episódio 7. Montagem de croquis de I. Bezin, realizados durante vários espetáculos (1936-37).*

[133] Cf. A. Matskin, op. cit., p. 189.
[134] N. Gógol, Pismo k Odnomu Pissatelu Posle Pervogo Pokaza Revizora, op. cit., p. 383.

e a direito"[135]. Khlestakóv se constrói progressivamente no espírito de Meierhold, que resolverá o problema dessa personagem equívoca, limítrofe, especificando que não se deve representá-lo como o fátuo, esta espécie de nulidade, "um mocinho de bengala, sem biografia", nem como o herói de vaudevile, nem como o colegial ingênuo com voz de tenor, nem como o neurastênico histérico (5 de março de 1926), mas como um adulto de biografia carregada, um homem enérgico de cerca de trinta anos, com uma voz puxando para o baixo.

Em Khlestakóv, "nada de dandismo, mas cultura física. Tudo na energia. Ele é terrivelmente pleno de vitalidade" (5 de março de 1926). Meierhold insiste na energia: para representar esse mundo átono, ele parte da vontade de viver de cada um, a do Governador, a de sua esposa na sensualidade agressiva, e a de cada líder que emerge nas sequências sucessivas. A energia que Khlestakóv despende para satisfazer seus desejos, suas necessidades biológicas, é também a de sua função cênica. Pois, no centro do espetáculo em que o encenador, acompanhando o autor, faz se agitar toda uma sociedade em um tubo de ensaio, Khlestakóv tem uma função carnavalizante. Personagem ambígua, móvel, ao mesmo tempo real e imaginada, central e marginal, ela anuncia um carnaval social, mascarando e desmascarando os membros da sociedade local, rebaixando uns e elevando outros, durante um breve lapso de tempo, a uma posição superior à deles, para destituí-los por seu desaparecimento. A falsa coroação/descoroação de Khlestakóv duplica-se com o mesmo processo para o Governador que, de "quase general", vê-se convertido em motivo de risada de seus subalternos.

No episódio 3, a insolência de um Khlestakóv esfomeado faz o Governador passar da timidez ao pavor. Quando fala da mulher do suboficial, Khlestakóv tira sua bengala de sob a coberta e declara: "A mim, vocês não se atreverão a mandar me bater". O Governador olha a bengala, petrificado, como se ele próprio esperasse ser batido. Instante decisivo: Khlestakóv salta da cama e, enquanto o Governador escreve um bilhete para avisar sua mulher, enverga a túnica de oficial da guarda de seu companheiro de quarto. "Debaixo de nossos olhos, um funcionário de quatro vinténs, um peralvilho, transforma-se em uma pessoa fantástica, um usurpador"[136]. Quando o Governador se volta, está diante de uma personagem alta, em uniforme. Então, o comportamento de Khlestakóv firma-se ainda mais, sua plástica muda, ele mede o palco com um passo decidido, sob o olhar fixo e aterrorizado do Governador. E seu passo soa, suas frases ressoam de uma maneira militar. Enfim, ele enfia a peliça de gola de castor do oficial pendurada debaixo da escada e põe sobre a cabeça a barretinha que tronava sobre a estufa. A transformação está concluída. Sob os olhos do Governador e do público, ele se tornou o Poder. À estupefação do Governador, apavorado diante desse Revizor militar, responde o riso de Óssip, do

---

135 N. Gogol, *Le Revizor, Oeuvres complètes*, p. 947.

136 A. Lounatcharski, *Le Revizor de Gogol-Meyerhold, Théâtre et révolution*, p. 78.

Oficial, da piscada de Khlestakóv. Ora militar, ora civil, a vestimenta materializará a ambiguidade desse "Revizor".

À sua função carnavalizante está ligada a natureza de Khlestakóv: camaleão de múltiplos semblantes, ele está ladeado de um estranho companheiro, o Oficial, seu duplo cênico, consequência lógica da destruição de sua integridade em uma óptica carnavalesca[137]. A personagem explode em duas metades e o Oficial aprofunda os traços de caráter de Khlestakóv, que ele complica e dramatiza por seu mutismo e por seus excessos: sombrio, sujo, o cabelo comprido, beberrão sem-vergonha, carece totalmente de recato e, no fim do episódio 7, quando Khlestakóv desaba na poltrona do Governador, derrubado pela *tolstobriúschka*, ele

145 *Erast Gárin, enigmático Khlestakóv, episódio 7.*

137 Cf. M. Bakhtine, *Problèmes de la poétique de Dostoievski*, p. 137.

de há muito já havia soçobrado, estatelado em todo o seu comprimento à beira do pequeno praticável.

Meierhold o viu, de início, como um funcionário espertalhão (20 de outubro – 17 de novembro de 1925), um pequeno jogador somente. Depois o tema do jogo irá impor-se e tornar-se essencial. Khlestakóv será um aventureiro, um buscador de prazeres, um jogador de baralho, um trapaceiro. Sua segunda especialidade será o "donjuanismo", mas essa é menos determinante do que a primeira: ele é mais forte nas cartas do que com as mulheres. Sobretudo "não fazer dele alguém de quem o público pode sentir piedade. Ele é malvado, fala com malvadez", diz Meierhold (5 de março de 1926). Sua primeira entrada em cena é retardada pela entrada do Oficial, que o precede, e que o público pode tomar por alguns instantes como sendo ele. Suspense que teatraliza a personagem vindoura e prepara os espectadores para que Khlestakóv seja percebido, de início, como o parceiro desse Oficial, que é apresentado como um jogador inveterado: sentado à mesinha redonda, joga baralho sozinho e o público o ouvirá pronunciar claramente "a dama está liquidada". Em seguida, ele não dirá mais do que "m-da" (m-sim), com todas as nuances possíveis... De súbito, por seu procedimento, sua presença, seu porte, Khlestakóv deve exprimir "um grande drama interior: insucesso no amor, insucesso nas cartas, e forçaram-no a assinar uma falsa nota promissória". Mas "não se trata de um assaltante de melodrama, porém, simplesmente, de um homem muito sério" (11 de abril de 1926). Após sua entrada, ele se planta perto da mesa e permanece em pé para jogar com o Oficial: "Tu não te abaixas para sentar-se", diz Meierhold para Gárin, "e jogas com a mão esquerda, então isso será chique" (18 de fevereiro de 1926). Khlestakóv deve apresentar um pouco de brilho romântico e sombrio de jogador. Mas ele é vivo e rápido, compreende e reage depressa. Sua paixão pelo jogo o define e quando joga falando, ele está mais no jogo do que em seu texto: "É preciso que a técnica do jogo de cartas seja mais notável em ti do que o discurso" (13 de abril de 1926). Gárin deve, portanto, encontrar uma gestualidade ofuscante de jogador de cartas de baralho, técnicas da manipulação, dar mostra de uma grande habilidade manual. Meierhold aconselha Gárin e Kelberer (o Oficial) a tomarem lições no cassino que fica ao lado do Gostim e fala mesmo em mandar vir "um instrutor no jogo de cartas"[138].

Em seguida, Meierhold quer um Khlestakóv "vivo, natural, porém muito *estranho*" (19 de novembro de 1925). Estranheza, como vimos, por seu porte geral. Sua silhueta frágil, adelgaçada pelo corte de sua indumentária – paletó preto de mangas estreitas, calças justas de polainas, colete cinza malva de botões vermelhos circulados de branco – é ainda alongada por uma cartola. A maquilagem põe em relevo os olhos e as sobrancelhas e redesenha delicadamente a boca. Às luvas e à bengala, Meierhold acrescenta o traço bizarro, a hipérbole cênica: óculos retangulares de armação escura e um *búblik*• que pende, na ponta de

---

138 Para este episódio, cf. meu artigo *Le Revizor* de Gogol-Meyerhold, op. cit., p. 91-92.

um velho cordão, de sua botoeira. Khlestakóv tem um comportamento enigmático, é misterioso, cambiante, imprevisível: de repente, no meio do episódio 11, começará a arrastar os pés sem qualquer motivo, "de tal modo que o público ficará atordoado com isso"[139]. Ele é ao mesmo tempo calculista e muito primário, curioso, espontâneo, soma de necessidades fisiológicas elementares, cuja satisfação não poderia ser retar-

146 Revizor, episódio 7. Khlestakóv acaba de chegar pela escada. Ele se apresta a juntar-se ao Gendarme (A. Kelberer), que joga cartas.

dada e que o levam a desenvolver suas próprias intrigas ao rés de uma existência primitiva (fome, sexualidade). Trapaceiro, é um homem forte, capaz de bater e lutar (13 de abril de 1926). Paradoxalmente, Meierhold quer criar esta impressão de força, a "de um homem adulto, firme em suas pernas"[140], a partir da delgada silhueta de Gárin, eterno jovem, ator extremamente musical, que se caracteriza pela fina elegância de seu jogo de atuação, mesmo nas cenas mais grosseiras.

Meierhold insiste no procedimento: Khlestakóv está sempre em movimento, mas sua ligeireza não é a de um Arlequim saltador. Se há, em diferentes fases do jogo de atuação, um procedimento dançante, a de um ébrio ou de um prestidigitador, ele deve ser sempre solidamente ligado ao solo. No episódio "As Propinas", Meierhold dirige o ator indicando-lhe a maneira de fazer de um hipnotizador da época: Feldman[141]. Ele lhe mostra como, de olhos vendados, esse último "constrói" a tensão do público por sua pose, suas mãos, seu modo de exprimir o transe, controlando cada um de seus músculos, em uma saída brusca e um

139 RGALI, 998, 191. Ensaio 14 out. 1926.
140 Idem. Ensaio 28 abr. 1926.
141 Idem, ibidem. Meierhold pede que lhe vendem os olhos para mostrar a Gárin o jogo de atuação de Feldman.

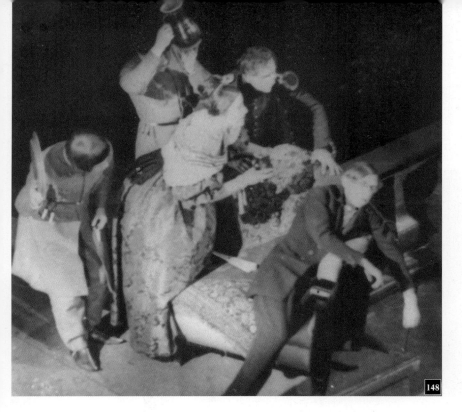

REVIZOR E O PROCESSO
DE TRABALHO TEATRAL
EM MEIERHOLD

andar rápido, resoluto, até o objeto escondido por seu assistente. O jogo de pernas de Gárin, que se desloca para pegar os envelopes estendidos pelos funcionários, será o do mágico de *music hall*: ele deverá hipnotizar seus parceiros, reduzidos a uma atuação no próprio lugar. Hábil e rápido, Khlestakóv continua sendo fundamentalmente, nesse episódio, um jogador que Meierhold concebe também como uma partida simultânea de xadrez disputada por um grande mestre, o impostor contra todos os funcionários.

Na atuação de Gárin, as entonações nasaladas estão sempre no limite da interrogação, o gestual é uma mistura de grosseria e elegância, de cinismo e ingenuidade, de reações inesperadas, espontâneas e calculadas. Nas linhas plásticas, é o grafismo que domina: desenho corporal anguloso, tudo em linhas retas (chapéu, pernas magras, *plaid*, óculos) ou oblíquas (sua bengala, que ele traz em diagonal à sua frente). Mas sua mobilidade é atordoante. Foi possível escrever que Gárin não andava, porém nadava sobre o palco e, por ocasião de sua turnê parisiense, Martinson, que substitui Gárin, impressionará a crítica francesa: "Suas longas pernas elásticas se enlaçam, se desenlaçam, se amolecem e se endireitam. Ele faz passes de cartas como um irmão Isola e produz efeitos de bengala e chapéu de que Carlitos sentiria inveja"[142].

Khlestakóv é uma personagem de muitas facetas. "Aventureiro e mistificador por sistema"[143], é também um parasita sem-cerimônia, beberrão e linguarudo. É ainda um homem muito comum, amargo e cansado. Essas notas são sensíveis desde o episódio 3, no qual, quando Khlestakóv diz: "Penso que ninguém no mundo ainda jantou uma sopa

[147] *O jogo interpretativo de Khlestakóv-Gárin no episódio 3, "Depois de Penza". Croquis de I. Bezin.*

[148] *Revizor, episódio 7. Atordoado pelo álcool e pela valsa, Khlestakóv adormeceu na poltrona do Governador.*

142 Cf. Robert Kemp, artigo sem título, in *Bravo*, Paris, jul. 1930 (cf. o dossiê de imprensa reunido na Bbliothéque de l'Arsenal, Paris, Re. 17988, 2, p. 46).

143 *Écrits*, 2, p. 209.

assim", ele se vira para o público com um rosto "triste, triste" (8 de abril de 1926). E, "Ao Redor de uma Garrafa de *Tolstobriúschka*•", o jogo interpretativo de Khlestakóv-Gárin se colore por um breve instante de dúvida sonhadora. Sob o impostor descobre-se então um homenzinho solitário e esses finos lampejos instilam na personagem elementos de uma verdade social mais intensa.

149 Revizor, *episódio 7*. Como um ator de kabuki, Khlestakóv-Gárin joga com o leque de Anna Andrêievna. O Capitão de Azul (V. Maslatsov) é empurrado para a borda extrema do divã. A presença dos funcionários, de pé em nível inferior, multiplica os ângulos de visão dos espectadores sobre as personagens.

144 É uma das últimas interpretações que Gógol deu de sua comédia, que ele desmentirá. Cf. infra, nota 145.

145 Para tudo isso, cf. V. Meyerhold, Extrait du sténogramme d'un exposé (24 jan. 1927), *Écrits*, 2, p. 202, e N. Gógol, carta a Schtchépkin, 10 jul. 1847, *Sobrânie Sotchiniêni*, t. 7, p. 346.

O caráter enigmático de Khlestakóv o tornam, como se lê em certas resenhas críticas soviéticas, um "símbolo do aventureiro degenerado", "uma figura de ave de rapina" ou uma espécie de *Nedotikomka*, ser sobrenatural que obseda *Melkii Bess* (O Diabo Mesquinho) do escritor simbolista Fiódor Sologúb e que horroriza os habitantes de uma pequena cidade provincial. Meierhold terá substituído as personagens de uma comédia de costumes e uma cidade real, cuja vida os atores reproduziriam de forma mimética por alegorias das paixões humanas e uma cidade interior, mundo da alma?[144] É claro que Meierhold não quis transformar a peça em alegoria, não mais do que Gógol que, quando o ator Mikhail Schtchépkin protestava contra a interpretação moralista e redutora que o escritor parece dar em "O Desenlace de Revizor", respondia que se tratava de "tornar Bobtchinski ainda mais Bobtchinski e Khlestakóv ainda mais Khlestakóv"[145]. Para Meierhold, Khlestakóv não é uma personagem diabólica, um enviado sobrenatural ou um fantasma absurdo, é um concentrado da personagem, moldada com a massa da realidade, cujo fantástico, que ele define "como um esforço do cérebro humano para fazer recuar os limites do cotidiano"[146], se enraíza na espessura do concreto, e é aí que intervém o modelo hoffmanniano.

O problema que se coloca para a crítica soviética é ao nível da metaforização e da simbolização que Meierhold põe a funcionar. Aliás,

[150] Revizor, episódio 6. *As personagens seguem obsequiosamente Khlestakóv*

a coerência poética do espetáculo é reconhecida em sua especificidade por poetas tão opostos como Vladímir Maiakóvski, Andréi Béli ou Pasternak, que se espanta: "Eu não pensei que a metáfora fosse realizável no teatro"[147]. A metáfora, transferência de sentido por ligação analógica de dois termos e substituição de um termo por outro, pode existir na linguagem teatral a partir do momento em que cada um de seus elementos-signos é liberado dos elos que o encadeiam à lógica do verossímil. É a consequência da visão grotesca, da experiência da montagem, do estudo da estrutura do texto gogoliano em relação ao qual Béli mostrara mais tarde a influência que este já havia exercido sobre os futuristas russos em seu projeto de libertação da palavra. Cada objeto cênico, cada parte do corpo pode, no processo de atuação e de encenação, tornar-se autônomo, associar-se a outro objeto por contiguidade, substituição ou multiplicação, ser desviado da série cotidiana à qual pertence para ser percebido no interior de outra série: *búblik* em

[146] Écrits, 2, p. 206.
[147] Pismo B. Pasternak Meierholdu, op. cit., p. 279.

lugar de flor ou de cenário, leque manipulado por Khlestakóv, o dedo mínimo pronto a ser levado à boca em uma colher.

A personagem tira sua vida e sua dimensão cênicas não só da energia que se desprende das relações entre os signos contraditórios que o ator emite – Khlestakóv, jogador romântico, é cruzamento de sedutor vulgar e presa de suas baixas funções corporais (soluços, escarros, pruridos) –, mas também do triplo código que induz a dramaturgia Meierhold-gogoliana (código da personagem, código de sua percepção pelas outras personagens, código do jogo do ator) e, enfim, da criação de novos campos semânticos pontuais, consequência do efeito metafórico ao qual não se trata, entretanto, de reduzi-lo. Assim é Khlestakóv-concussionário e prestidigitador, cuja habilidade aureola de uma espécie de magia malévola; assim é Khlestakóv-rapinante, ao mesmo tempo aéreo na facilidade de seus deslocamentos, geométrico no grafismo de suas vestimentas e acessórios, e à espreita atrás de seus óculos anacrônicos. Ao traçado em duas dimensões de um retrato ou de uma sucessão de retratos, a metáfora substitui a possibilidade de dar a volta pela personagem.

Em sua direção de atores, o procedimento de Meierhold é materialista: biografia, biomecânica, análise psicomotora da ação individual e coletiva, montagem de temas e de técnicas, trabalho sobre o ritmo, pôr em evidência forças e funções. Mas o encenador e o ator trabalham a partir desses dados, sobre a variação, a aproximação, o afastamento, a falha, a substituição. Ao cabo dessa longa pesquisa pode manifestar-se a força do símbolo, com uma rara intensidade, à proporção que a riqueza da rede de signos concretos são emitidos pelos atores e pelo teatro em seu conjunto. Em uma carta a Meierhold, Pasternak nota que os costumes, comportamentos, estados de alma, todos esses detalhes vivos servem de base ao trabalho do ator. Mas não ao teatro... Pois lhe parece que "o modelo que o teatro deve seguir em sua concepção só pode ser o imaginário"[148].

A força de *Revizor* reside em sua estreita imbricação entre real e imaginário. "Nenhuma corrente exige tanta prudência quanto o realismo"[149], diz Meierhold. Seu realismo é uma arma polêmica contra o esquematismo ambiente, mesmo se ele enraíza em um meio cênico cuja convenção é sublinhada. Na esteira das filosofias políticas e das descobertas das ciências humanas, marxismo ou pavlovismo, a personagem não é mais considerada como a pessoa da psicologia idealista, mas se encontra ligada a um corpo, a um grupo social e a uma época, define-se por inteiro nas relações que mantém com o mundo e com o outro, isto é, em um interjogo constante entre signos múltiplos que devem ser percebidos em sua combinatória, de maneira a dar conta dos complexos liames que tecem toda a realidade. É ao preço da morte da personagem isolada, de sua *explosão* na composição em episódios e de sua *fusão* concomitante em outros grupos de personagens, de intérpre-

---

148 Pismo B. Pasternak Meierholdu, op. cit., p. 277.

149 *Écrits*, 2, p. 205.

tes ou de signos que a realidade pode colocar em cena, por fragmentos, mas em espessura, com sua pluralidade de vozes. E é esse preço que a crítica comunista se recusa a pagar quando passa a intimar Meierhold a lhe dar seres vivos. Daí as acusações de retorno ao simbolismo confundido com a função simbólica da linguagem teatral meierholdiana, e de misticismo ligado ao movimento simbolista russo.

Com seus atores, Meierhold procura captar um homem cuja existência cênica é em primeiro lugar material, audível, visível e até tangível, não decalcado do interior, mas reconstruído do exterior, com uma escolha parcimoniosa de traços destinados a *surpreender* a vida com mais justeza, usando mesmo signos do mecânico ou do inerte: em arte como em ciência, a ausência de vida não seria ela o lugar mesmo onde captar o vivo? O corpo, veículo de expressão organizado pelo pensamento, esposa todos os estatutos: do quase-cadáver (Rastakóvski) ao manequim, passando, iremos vê-lo, pelo corpo animal, pelo robô (homem-marionete, homem-máquina), pelo corpo erotizado da mulher (Anna Andrêievna), pelo corpo adolescente (Maria Antonovna), pelo corpo doente (o Governador) ou ébrio (Khlestakóv, episódio 7). Mas cada um desses estatutos permanece fundamentalmente ambíguo: o cadáver vive, o manequim pode ser confundido com seu modelo. O tratamento do corpo remete ao campo do real tomado em sua mais ampla acepção de experiências humanas: os sonhos e fantasias têm igualmente direito de cidadania no palco meierholdiano (oficiais imaginários no episódio "Cheio de um Mui Terno Amor", e as coisas adquirem "nervos, coluna vertebral, carne e sangue"[150], de tal modo que o ator deve aceitar o desafio que lhe lança a concorrência audaciosa desses objetos "vivos".

Espetáculo pedagógico, encenação de puro virtuosismo e que como tal se basta a si mesmo como o afirma Radlov?[151] Não, por certo, e os debates encarniçados em torno do espetáculo mostram que se trata de uma coisa bem diferente. Em *Revizor* afirma-se – e é paralelamente contestado por seus detratores – o triplo poder do homem de teatro engajado sobre o texto escrito, sobre as pseudotradições e sobre os homens, cujas molas mecânicas, emocionais e biológicas são impiedosamente desmontadas. As facetas da personagem combinam-se de tal modo que cada um possa reconhecer nela ao mesmo tempo o seu vizinho e a si mesmo. É realmente o que Gógol desejava, quando afirmava: "Cada um, ainda que seja por um minuto ou mesmo por vários, foi ou é Khlestakóv, mas naturalmente não quer confessá-lo. Ele gosta de rir disso, mas somente, por certo, se esse fato é mostrado na pele de outrem e não na sua própria"[152].

A denunciação de uma família, de uma sociedade, de um regime e da instituição burocrática encarna-se em imagens teatrais, fulgores concentrados e pungentes de uma humanidade ao mesmo tempo passada e atual, nos turbilhões de uma estranha dança do ser e da aparência, de um balé do poder e do temor.

150 Idem, p. 204.

151 S. Radlov, *Revizor u Meierholda*, op. cit.

152 N. Gógol, Pismo k Odnomu Pissatelu Posle Pervogo Pokaza *Revizora*, op. cit., p. 385.

O Burlesco, o Biológico

Todas as personagens, com Khlestakóv à testa, são captadas por meio de uma montagem muito concreta de manifestações de instintos e de necessidades físicas. Khlestakóv, sob seu aspecto misterioso, até sinistro, é uma personagem burlesca, se quisermos de fato definir o burlesco, na esteira de Aleksandr Slonimski, como "um grosseiro cômico fisiológico"[153]. Como em Prosper Merimée, tradutor do *Revizor* para o francês[154], que liga Gógol a Aristófanes, trata-se de mostrar com crueza, verdor e até um excesso de naturalismo os comportamentos provocados pelo *bas corporel*, os baixos efeitos corporais, das personagens.

No episódio "Depois de Penza", o contexto cênico oferece informações suplementares que a percepção do espectador combina com o mistério da personagem vestida de preto: a sujeira do local em que pedaços de papel estão espalhados pelo chão e em que figura a criada porcalhona, prostituta barata; a fome, expressa primeiro pelo *búblik* que Khlestakóv estende a Óssip com um gesto majestoso após sua entrada, depois pela boca de uma grande mala aberta que boceja no meio do palco, enfim pela cena do magro repasto encomendado e consumido. Meierhold indica: "Khlestakóv está todo inteiro na cozinha, o cérebro na cozinha". Quando come, Óssip e o Oficial "fixam de tal modo seu prato que, no fundo, é a três que eles comem o seu conteúdo"[155]. A concentração de seus rostos deve fazer sentir que o processo de absorção da comida pode saciá-los – com as migalhas que eles apanham sobre a mesa – e a maneira de Khlestakóv mastigar exprime sua natureza "carniceira". No correr dos episódios, Khlestakóv manifesta "o erotismo elementar de Pirogov, os sonhos ávidos de boa vida de Tchítchikov e a rapacidade de Ikhariev"[156]. Em "Ao Redor de uma Garrafa de *Tolstobriúschka*", ele exprime por pantomimas seu entusiasmo, sua felicidade grosseira ante "as flores do prazer": charutos, vinhos, música, mulheres. Às vezes, a encenação traduz esse aspecto fisiológico por uma ruptura brutal, resolução irônica de uma elevação pomposa ou lírica. Em "A Procissão", por exemplo, o discurso do Governador é interrompido pelo brusco desaparecimento, atrás de uma porta, de Khlestakóv, que já deu sinais da mais violenta ânsia de vômito[157]. Mesmo se a crítica se ergue contra a vulgaridade desses excessos alimentares, Meierhold não cede uma polegada: o burlesco de Gárin é um dos elementos do contraste na composição da personagem.

Onipresença do corpo, portanto. O homem gogoliano é apreendido pelo ator meierholdiano por meio dos comportamentos animais. Goelas de urso, mugidos do episódio 1, em que o ator Maslatsov, o Capitão de Azul, deve coçar a cabeça com uma mão tão "viva como a pata de um cão" com o pelame irritado (26 de março de 1926). No episódio

---

153 A. Slonimski, Novaia Istolkovanie *Revizora*, op. cit., p. 9.

154 P. Mérimée, *Carmen, La Dame de pique, Le Hussard...*, p. 300: "*Revizor* é uma sátira amarga e violenta disfarçada sob uma alegria um pouco superficial ou, antes, sob uma rude bufonaria que lembra em certos aspectos a maneira de Aristófanes". *Afischa TIM 3*, 1926, p. 32, faz referência a isso.

155 Cf. A. Matskin, op. cit., p. 84.

156 A. Slonimski, Novaia Istolkovanie *Revizora*, op. cit., p. 9. Pirogov é uma personagem de *A Avenida Névski*, Ikhariev de *Os Jogadores*.

157 No tocante a essa sequência, cf. meu artigo, *Le Revizor de Gogol-Meyerhold*, op. cit., p. 95.

final, o Governador geme "como um animal de matadouro que respira com dificuldade"¹⁵⁸. A imbricação do homem e do animal em uma mesma corrente cênica que inclui também o objeto traduz a poética do grotesco gogoliano, a de um mundo em que se misturam os diversos reinos da natureza segundo o modelo das ornamentações antigas. Deslizamentos de um reino a outro se operam constantemente na percepção do espectador: um bel objeto projeta sua luz, como essa garrafa do episódio 7 que cintila enquanto o companheiro de Khlestakóv, cada vez mais chumbado e bêbado, cai e depois desaba à beira do praticável. Alhures, no episódio 15, por exemplo, as cadeiras, passadas de mão em mão por cima das cabeças, dão vida, no pequeno espaço de súbito verticalizado, a um estranho balé de mãos e de objetos movediços, uma "floresta de cadeiras" acima das cabeças.

Nesse mesmo episódio, Meierhold pede à atriz que desempenha o papel de mulher de Khlopov que seja muito nervosa, que "atue constantemente com seu nariz". "É preciso representar uma gansa. Em cena, cumpre representar sempre este ou aquele animal ou pássaro, então isso dá bom resultado. Como gansa, você deve mergulhar debaixo da barriga de Korobkin para dar bicadas. A sua tarefa é a de mergulhar para dar bicadas em Anna Andrêievna. Você não deve virar-se. Precisamos de seu perfil dando bicadas em Anna Andrêievna"¹⁵⁹. A agressividade de gansa encolerizada, plumas dos penteados das mulheres, cujas cabeças se mexem sem parar: toda uma *imagerie* (imaginária) volátil feminina combina-se por ondas a imagens masculinas mais pesadas (porcos, ursos, gado).

158 RGALI, 998, 191. Ensaio 22 abr. 1926.

159 Idem, ibidem.

151 Revizor, episódio 5. Dóbtchinski às voltas com as mulheres.

152 *Mária Antônovna interpretada por M. Babánova.*

160 Cf. N. Tchuschkin, *Vstretchi s Meierholdom*, p. 420.

161 No estenograma do ensaio 25 ago. 1926, lê-se o nome de Doverno, pintor que não pude encontrar. Julguei poder restabelecer o nome de Achille Devéria (1800-1857), litógrafo de talento e conhecido por seus temas brincalhões do gênero *Mousquetaire et soubrette, La Courtisane, La Petite Coquette*.

162 RGALI, 998, 191. Ensaio 29 out. 1926.

163 Idem, ibidem.

Essa linha biológica de interpretação subentende a interpretação das personagens, fungadas de Bobtchinski no segundo episódio, até os olhares de *voyeur* que, em "Cheio de um Mui Terno Amor", Dobtchinski atira-se sobre Anna Andrêievna, que está se trocando. Para Meierhold, os encenadores que montam a peça de Gógol não devem temer as indecências, os pormenores crus, para arrancar dessas damas, encantadoras sob todos os aspectos, seus ornamentos de pacotilha e desvelar toda sua pobreza espiritual[160]. Ele desenvolve o papel das mulheres que só aparecem em seu espetáculo no episódio 5 (no fim do ato 1 em Gógol), últimas protagonistas da ação, mas não as menores. A inspeção de Khlestakóv acarreta a necessidade de desenvolver, de preferência à intriga com a filha, aquela outra, mais escabrosa, com a mãe, ideia que se encontra, a propósito de Tchítchikov, em *Almas Mortas*.

Mas é com a criada de costumes ligeiros do episódio 3 que o encenador solta as amarras da comédia do desejo, uma das pás propulsoras de seu *Revizor*. Embora negue isso depois, Meierhold dá em ensaios muitas referências que ele designa como pornográficas, ele remete às *Suítes* de Paul Gavarni, as mulheres, em particular as coquetes, e às gravuras de Khodovétski e acrescenta que é possível utilizar os quadros de um artista francês dos anos de 1930, Devéria[161], que ele pôde ver na Biblioteca Pública de Leningrado. A criada da estalagem veste uma saia picante, está com um ombro descoberto, o peito desnudo sob um corpete colorido, as faces carminadas, os pés nus.

Na composição inicial da montagem, o episódio 4, "O Licorne" especificava essa nota para dar, segundo Meierhold, "um desvelamento rápido do plano erótico da peça. Conosco, Khlestakóv é amável, e Óssip também. Procuro esse aguçamento para denunciar mais totalmente as personagens femininas de Gógol e dar a sentir fortemente essa componente erótica"[162]. Nesse episódio, Meierhold havia introduzido duas personagens: um Cadete, um jovem brilhante recém-chegado da capital, que faz a corte a Maria Antonovna, e seu companheiro, "galanteador obsceno", que conhece apenas uma só história engraçada e tenta também fazer sua corte. Ele construía a cena na volta de um passeio de troica, no frio, sobre o contraste das temperaturas, um jogo com a mão da moça, nuanças nos risos, a excitação e a doçura[163]. Entretanto, essa componente erótica não liga de modo nenhum Meierhold à arte dos pintores dos anos de 1910, aos Sómov, Nicolai Kálmakov ou Nicolai Feofilaktov. A presença constante de terceiros concentra uma qualidade de observação clínica, em todo caso coloca uma distância bem marcada.

Meierhold mostra de súbito Anna Andrêievna e Maria Antonovna, a mãe e a filha, em sua ocupação principal, a toalete: durante o episódio "Cheio de um Mui Terno Amor", tão vibrante de cores e de expectativa de alegrias sensuais quanto os episódios precedentes são pesados e tensos, elas lustram suas armas antes do encontro com o Revizor. O episódio é representado no toucador da mãe, "Cleópatra de província". No cimo do praticável, trona um enorme armário, monstro de acaju em que estão dispostos os vestidos que Anna Andrêievna vai desfilar, com muitos enfeites de ombro, diante de seu espelho, debulhando ao mesmo tempo as lembranças de seus sucessos masculinos. Meierhold desenvolve três variações sobre o tema do amor: o ciúme, a sedução erótica e a fantasia. Ele mostra de início as relações entre a mãe despótica e invasiva e a filha adolescente, que ela obriga a vestir-se como criança para realçar-se por contraste. Esta recusa o vestido que lhe é imposto, arremessando-o raivosamente, e a mãe a rebate como uma peteca. Em seguida domina a concupiscência sombria de Dobtchinski que, tendo entrado a fim de transmitir um bilhete do Governador, deixa-se ficar junto às mulheres. Anna Andrêievna o perturba, com seus vestidos de baile amplamente decotados e por sua alegre excitação que contrasta com a extenuante lentidão com a qual ele se exprime e repete o final das frases que ela pronuncia. O frufru dos vestidos, sua manipulação, as provas... Tanto e tão bem que Dobtchinski, pedindo licença, sai pela porta do armário. Maria Antonovna chama sua atenção. Confuso, ele refaz o caminho de saída, acompanhado pelo riso das mulheres. Terceiro e último tema: a materialização de fantasias demasiado repetidas por Anna Andrêievna. Meierhold põe em cena uma serenata de grupo, em que dez belos oficiais muito vivos invadem o pequeno praticável, surgidos do interior do armário, de sob a espreguiçadeira, e mesmo da estranha caixa de chapéus montada em pé de onde brota o último deles, com um grande buquê. Eles cantam uma romança de Varlámov, com a mão sobre o coração e se inclinam diante de Anna Andrêievna, que os devora com os olhos. Depois, há um tiro de pistola, eles caem a seus pés: suicídio coletivo...[164]

A crítica associa às vezes Anna Andrêievna às mulheres de Félicien Rops, qualificando-a de "Messalina de província", ou lhe confere um "caráter demoníaco". Mas o que Meierhold procura imprimir-lhe é uma sensualidade agressiva. Fêmea, ela é também uma aventureira, caracterizada pela energia que aplica à sua toalete. O seu coquetismo está ligado ao prestígio social do Governador e de sua família. Sensualidade e desejo de sedução dinamizam o espaço que ela ocupa: conquistadora, ela ultrapassa o pequeno praticável na sequência onírica em que surgem seus oficiais ou então o invade totalmente pela multiplicidade de suas toaletes.

REVIZOR E O PROCESSO
DE TRABALHO TEATRAL
EM MEIERHOLD

164 Cf. meu artigo, *Le Revizor* de Gogol-Meyerhold, op. cit., p. 98.

A Personagem,
entre Biologia e Mecânica

Como em *O Mandato*, a abordagem fisiológica das personagens não basta para Meierhold: o homem biológico também é uma soma de montagens repetitivas que coloca em evidência a mecânica das relações humanas, sociais e amorosas. Quando Meierhold fica enfim satisfeito com o trabalho de seus atores no episódio 1, esse difícil conjunto de contatos, de manipulações, de ruídos emitidos, de sons cadenciados, ele exclama: "Gestos agudos enfim apareceram, e um aspecto de marionete"[165].

A imagem global do episódio "As Propinas" é de uma máquina em que os homens e as portas funcionam em conjunto: alguns aparecem, outros desaparecem, enquanto as portas se abrem e se fecham. É a "máquina" de uma administração concussionária. Em vez de serem recebidos em audiência privada, os funcionários são apresentados todos em conjunto atrás das diferentes portas. A reorganização dramatúrgica do texto e a enformação cênica coletiva podem assim concentrar os sainetes sucessivos para projetá-los sobre um lugar público: a arena vazia. As portas de dois batentes abrem-se suavemente e, pela fresta, vê-se primeiro onze mãos que estendem onze "pacotes" brancos. Depois os corpos aparecem ao mesmo tempo que se abrem as portas. Elas se fecham timidamente: percebeu-se Khlestakóv sentado no centro, rodeado por Óssip e pelo Oficial, que ronca, estatelado sobre uma poltrona. "Entrem", diz ele. As portas se abrem de novo e cada um a seu turno se inclina para apresentar-se. Depois, Khlestakóv se dirige para o Diretor dos Correios. As outras portas se fecham, por discrição. "À vossa pequena cidade não falta encanto", ataca Khlestakóv[166]. O batente vizinho deixa então passar Zemlianika que sai, com o ar misterioso, e vem postar-se ao seu lado, acompanha-o diante de cada porta e lhe cochicha denúncias em tom confidencial, aproveitando pausas da conversação. Após esses encontros, o ritmo muda: nova sequência. A impressão de "máquina de propinas", gigantesca metáfora da burocracia corrompida, proporcionada pelas portas que se abrem simultaneamente no início é desenvolvida na segunda parte do episódio. O giro pelas portas recomeça e Khlestakóv recolhe o dinheiro em um ritmo tão rápido e mecânico que, bloqueado por um momento entre dois batentes abertos, ele sequer tenta livrar-se e aguarda, imobilizado, que o liberem para terminar sua marcha[167].

No episódio "Abraça-me", ao mesmo tempo extremamente cômico e o mais sombrio do espetáculo, trata-se da mecânica do discurso e do comportamento amoroso que uma absurda quadrilha em plena tarde vai desvelar progressivamente, ao compasso de uma música-ritornelo. Meierhold põe a ridículo todos os elementos do jogo amoroso burguês, música, dança, ciúme, virtude ofendida, coquetismo feminino, versatilidade das

165 RGALI, 998, 191. Ensaio 4 mar. 1926.

166 N. Gogol, *Oeuvres complètes*, p. 1004.

167 Para a descrição do fim desse episódio, cf. meu artigo *Le Revizor de Gogol-Meyerhold*, op. cit., p. 94.

paixões masculinas, traduzindo as palavras e as emoções em uma linguagem espácio-rítmica próxima da do balé. No praticável: a sala de música da casa do Governador. No primeiro plano, duas cadeiras, no fundo, um piano em que trona um buquê de rosas entre duas velas. À esquerda, um bufê bojudo, no centro, um elemento de arquitetura interior, branco, geométrico e majestoso, onde, entre duas pilastras, está disposta uma graciosa ânfora. Distribuídos no contorno do praticável, esses objetos delimitam um novo espaço, quase triangular e ainda reduzido.

O episódio abre-se em uma cena de "assalto": Khlestakóv e o Oficial entram na ponta dos pés, um atrás do outro, o segundo repetindo os movimentos do primeiro. "Um *pas de deux*, gênero Bolschói", indica Meierhold[168]. Diante do bufê, o Oficial, no alto, vasculha entre as garrafas, enquanto Khlestakóv, no plano inferior, apanha os copos. Os dois compadres servem-se da bebida. Ao lado, o Capitão, a terceira personagem, *a ímpar*, introduzida com uma dupla função, observar e desequilibrar, dorme ainda, caída sobre uma cadeira perto do piano. Entrada de Maria Antonovna: "Ah!" Ela avança timidamente. Eles dois, insolentes, imitam-na: "Ah!", e continuam a beber. O início da cena 12 do ato IV desenrola-se como um estranho duo entre Khlestakóv e a moça, em presença do Oficial: antes de deixá-los por um instante, ele assume a função do terceiro que, por um gesto, um olhar, oferece um comentário irônico sobre o que se diz ali.

O episódio é constituído de numerosos e breves fragmentos, montagem das réplicas das cenas 12 a 14 e das variantes, ritmadas pelas incessantes entradas e saídas, assim como por três ações sucessivas: bebedeira, canto e, enfim, quadrilha com três figuras. No momento em que a moça sai para ir buscar seu álbum e mostrá-lo a Khlestakóv, o Oficial entra fazendo a corte a Anna Andrêievna em vestido de noite. Khlestakóv saúda e sai, por sua vez. "É a técnica mais primitiva de fazer a corte", diz Meierhold[169]. Mas sua partida inesperada cria uma tensão que é preciso resolver: o Oficial propõe a Anna Andrêievna cantar. Ele acorda o Capitão, que ataca imediatamente um acorde possante. Pantomima de Anna Andrêievna, de costas, que procura entre as partituras uma composição, mostra-a ao Capitão: é uma romança de Glinka, "Em Meu Sangue Arde o Fogo do Desejo". Anna Andrêievna canta, com uma rosa do buquê na mão e o mindinho no ar. Durante a romança, Khlestakóv volta a entrar com Maria Antonovna, e é a ele que a mãe dirige seu canto. Ela lhe lança olhares insistentes, desviando ao mesmo tempo seu rosto do Oficial, que gravita ao redor dela. O pequeno Capitão toca langorosamente, atirando-lhe, de viés, olhares molhados. Quanto a Maria Antonovna, ela tenta atrair Khlestakóv, que, apoiado em uma pilastra branca, olha para a mãe dela. Ele acaba por vir e "em seus passos, a ironia deve ser imensa", comenta Meierhold. Khlestakóv escreve no álbum, declamando seu texto. A jovem lhe faz a reverência e se afasta soprando sobre a página, a fim de secar a tinta.

168 RGALI, 998, 191. Ensaio 14 out. 1926.
169 Idem, ibidem.

REVIZOR E O PROCESSO
DE TRABALHO TEATRAL
EM MEIERHOLD

153 Revizor, episódio 9.
"As Propinas".

154 Revizor, episódio 11. Preciso e móvel, Khlestakóv faz a corte às duas mulheres alternativamente.

Anna Andrêievna detém-se bem no meio da romança e senta-se. O Capitão de Azul continua a jogar e se põe a cantar a sequência. O Oficial quer silenciá-lo com um gesto da mão, mas ele se obstina. Anna Andrêievna está enervada, decepcionada, morde sua rosa. Quando ela a joga no chão, isso será o sinal para uma nova sequência.

Meierhold multiplica as ações, mas busca o tédio, que deve transparecer sob o interesse desses incessantes jogos de cena. Maria Antonovna pede à sua mãe uma quadrilha; esta aquiesce e inclina-se para o Capitão, que se põe a dedilhar o piano melancolicamente. O Oficial convida Anna Andrêievna. Primeira figura da quadrilha: com passos muito pequenos, precisão absoluta, nada de grandes movimentos, extrema concentração, economia de espaço e de movimentos sem palavras. Pausa. Sentam-se. Segunda figura: disposição em cruz, e "tanto pior", diz Meierhold, "se isto não existe". Mesmo tempo, mas agora o texto se inscreve nos movimentos. Khlestakóv endereça seu discurso, ora à mãe, ora à filha, que ele corteja sucessivamente ao ritmo dos pares que se fazem e desfazem na mecânica da dança. "Primeiro plano" sobre Khlestakóv e sua dama do momento, depois plano de conjunto quando o diálogo e a ação se ampliam. A mãe e a filha se escondem atrás de seus leques ao falar com Khlestakóv e evitam assim uma à outra. A atuação de Anna Andrêievna se caracteriza, seja por opulentos movimentos de ombros e de braços, seja pela manipulação acelerada do leque, suporte da emoção ou da perplexidade. Antes de cada avanço, um pequeno recuo é necessário, para que o público tenha tempo de perceber bem as diferentes posições. Todos os jogos de cena, as atitudes e as reações são ditados pelas figuras da quadrilha. Um exemplo: "Madame, vedes, ardo de amor". Estupefata, Anna Andrêievna volta-se para Khlestakóv como o exige a figura da dança: "Fazeis uma declaração à minha filha?" "Não, estou apaixonado por vós."

Mas esse duo perturba a sequência lógica da quadrilha e o Oficial intervém rudemente. Interlúdio: todos se sentam, mas Anna Andrêievna sai rapidamente. O Oficial serve-se de bebida. Quando ela retorna, Khlestakóv a interroga com insolência: "Onde estivestes, Madame?" O leque marca e dissimula, ao mesmo tempo, a confusão dela, enquanto o Oficial saboreia seu vinho em pequeno goles".

Para a figura seguinte, os dançarinos se dão as mãos e formam uma linha "sensível como uma corda", diz Meierhold[170]. Khlestakóv se anima, a ação se acelera, ele abraça a filha, que foge, depois a mãe, enquanto o Capitão retomou a romança que ele toca no piano de maneira primitiva e grosseira. O episódio termina em noivado, sempre ao som da romança de Glinka, em que o comportamento cênico do trio materializa a ambiguidade de suas relações. De frente, Khlestakóv dá o braço a Maria Antonovna e beija a mão de sua futura sogra, de costas, no momento da saída, ele enlaça a cintura de Anna Andrêievna.

Para construir suas guirlandas de quatro dançarinos, cujas mudanças de lugar e de pares são comandadas pelos dois cavalheiros que desempenham, cada uma por sua vez, o papel de mestre de cerimônia, Meierhold toma como modelo os balés de A. Messerer. Ele desenvolve difíceis figuras coreográficas sobre o estreito triângulo em declive em que os deslocamentos jamais serão simples e diretos, porém sempre complicados por causa dos passos e viradas. A música é uma montagem composta de muitas melodias extraídas de antigas quadrilhas: "quadrilha-mistura" que estrutura uma amarga comédia da sedução, desmascarada pelas convenções da dança. A encenação liga as mudanças de destinatário do discurso amoroso de Khlestakóv às regras da quadrilha. Mecânica e desejo. Quando Anna Andrêievna enlaça poderosamente o delgado Khlestakóv, metáfora que realiza a declaração desse último: "Minha vida está por um fio", o riso do público mescla-se de embaraço. A denúncia do cinismo e do absurdo dos automatismos do amor cria uma forte tensão, uma atmosfera elétrica.

Coro ou Rebanho?
Revizor, uma Comédia do Poder e do Medo

O espetáculo é construído com base em vários planos temáticos que se imbricam todos uns nos outros. À comédia do amor, combina-se a do poder, de suas mistificações e do medo. Mas o medo é, sem dúvida, antes do desejo, a mola principal da ação cênica, medo capaz de manifestar no homem ao mesmo tempo o animal e a marionete e de juntar os indivíduos em rebanho, em massa. Já

---

170 RGALI, 998, 191. Ensaio 14 out. 1926.

em *O Mandato*, Meierhold captava a maneira como o temor metamorfoseia o indivíduo – Guliatchkin designava aí Karl Marx como "o chefe supremo" e escondia-se atrás de seu retrato – e a multidão. Em *Revizor*, Meierhold mostra o processo gerador da personagem do usurpador, movido pelo duplo movimento de seu topete e das angústias da sociedade que o rodeia. Ele mostra como Khlestakóv, tão pequeno e delgado no divã de encosto alto do episódio 9, pode se inflar, em espíritos desorganizados pelo respeito, pelo temor e pela culpabilidade, para atingir as dimensões ameaçadoras de um Inspetor todo-poderoso. E é quando Khlestakóv está afundado na poltrona do Governador, vencido pela *tolstobriúschka*, que a gente da cidade, desfilando perante ele, o reconhece unanimemente como um "generalíssimo": eles elevam o ser adormecido diante deles, embrutecido por suas libações, ao mais alto grau da hierarquia. O poder, o medo, a usurpação do poder, esse tema que obseda a arte russa e que Meierhold acaba de tratar ensaiando *Boris Godunov* com os atores de Vakhtângov, e trabalhando *O Mandato*, encarna-se no Khlestakóv-camaleão de um *Revizor*, cujas apostas ultrapassam a denúncia da corrupção burocrática, seja ela imperial, seja ela soviética.

A *mise-en-scène* apoia-se aqui em um princípio coral. Mas esse princípio, caro ao Meierhold do teatro de agitação, de *As Auroras* e de *A Terra Encabritada*, evoluiu. Não se trata mais de fusão entre o grupo em cena e a plateia, em um elã geral: o coro não liga mais plateia e palco e, de coro heroico, torna-se coro cômico, aquele que Gógol dá a entender em *Povest o Tom, Kak Possorilssia Ivan Ivanóvitch s Ivanom Nikiforóvitchem* (A História de como Ivan Ivanóvitch Brigou com Ivan Nikiforóvitch), ou melhor, coro tragicômico. Meierhold inspira-se na análise apresentada por Viatchesláv Ivanov em um artigo intitulado "*Revizor* de Gógol e as Comédias de Aristófanes", publicado pelo Gostim nesse mesmo ano de 1926 na coletânea *O Outubro Teatral*. Em vez de uma glorificação da massa, trata-se aqui de um estudo da psicologia de massas. O grupo é ao mesmo tempo entidade e soma de indivíduos, e a declamação coral faz-se aqui tão sutil e composta como uma música sinfônica.

O episódio 1 põe em cena um coro burocrático em que, no entanto, cada funcionário conserva sua individualidade, inscrevendo-se ao mesmo tempo no fluxo das reações comuns. É uma espécie de formigueiro que se agita, apressa-se e depois se imobiliza brutalmente. Um corifeu se destaca dele, o Governador no episódio 1, em outro Zemlianika. À imagem visual, combina-se a imagem sonora: mugidos, toques do episódio 1, sobre os quais se faz ouvir o coro das réplicas que forma um fundo em que vozes individuais se destacam não tanto por sua força quanto por sua precisão cortante. Pois, "no interior, atrás das palavras", especifica Meierhold, "deve fazer-se sentir a presença de um pensamento muito nítido, no caso, o medo, o pensamento de um medo mortal" (24 de fevereiro de 1926) que conduz esse episódio introdutório e o conjunto do espetáculo até a cena muda. No começo do episódio 2, os funcionários se exprimem em um coral de perguntas impacientes e inquietas, depois eles se fazem coro-eco que retoma, em diversas tonalidades exclamativas, as instruções dadas pelo Governador ao Comissário e amplifica cada tema assim lançado, para se quebrar bruscamente e repetir em seguida a próxima ordem.

Sobre o pequeno praticável, Meierhold procura o amontoado, a compacidade, impressão que recria de outra maneira sobre a elipse vazia. Ele agrupa todos os funcionários em um mesmo espaço restrito, exterior ao praticável, embaixo (episódio 7), ou então os dispõem segundo uma linha sacolejante (episódio 6) atrás de uma longa balaustrada, parapeito de patamar de escada tão convencionalmente prolongada quanto os diversos quartos são reduzidos. Simultaneamente, Meierhold esculpe as bocas e, sobretudo, as mãos que se destacam da massa dos corpos para exprimir nuances individuais de emoção e de caráter (episódios 1, 2, 6, 14). O princípio coral se exprime com força no espaço ampliado quando o grupo, em vez de aglutinar-se como massa no lugar (episódios 1, 2), desdobra-se e se desloca (episódios 6, 9) segundo um movimento paralelo ou perpendicular à rampa, de reptação ou de intrusão, conduzido por um corifeu. Enfim, a maior parte do tempo, estático ou dinâmico, o coro burocrático é dado em plano americano, cabeça e busto cortados ou sob a cintura, como no quadro de Dürer que inspira Meierhold. Os procedimentos são simples: emprego de uma mesa (episódio 1), de uma balaustrada (6), de fileiras de cadeiras (14). Esse tipo de composição permite concentrar melhor quer o jogo dos atores quer a atenção dos espectadores nos pontos de detalhe pelos quais a massa se diversifica.

155 Revizor. Episódio 7, Khlestakóv faz a corte para Anna Andréievna tomando-lhe o pequeno dedo sobre sua colher de chá e levando-o duas vezes à boca

Em "A Procissão", o curto episódio 6, que sugerirá a certos críticos comparações com certas gravuras de William Hogarth, Khlestakóv retorna à casa do Governador após o giro pelas principais repartições burocráticas da cidade e de um repasto bem regado. O palco se apresenta nu pela primeira vez, cortado em todo o seu comprimento pela balaustrada de madeira clara que brilha sob o efeito da iluminação. Dois policiais excitados chegam correndo. O caminho está livre, eles se colocam em posição de sentido para atender "os superiores", cada um de um lado da balaustrada. Ouve-se o grupo chegar. Khlestakóv é o primeiro a aparecer, pelo lado direito, ele avança com um andar incerto, mas rápido, detém-se bruscamente no meio do palco, titubeia e busca às apalpadelas o corrimão para apoiar-se nele. Está em uniforme militar e traz, sobre os ombros, uma enorme capa que engorda sua silhueta e que o atrapalha escorregando sem cessar. Depois dele, entra o Oficial de passagem, meio triscado, em tricórnio. Ele para imediatamente e, de costas para o público, olha para Khlestakóv. Então, curvados, marcando passo para não ultrapassá-lo, chegam como rebanho, retido pela balaustrada-barreira, os funcionários, em uniforme ou a paisano, com cartola ou casquete, eles também mais ou menos embriagados. Eles avançam, qual uma gigantesca centopeia e suas mãos enluvadas de branco rastejam sobre o corrimão. Do rebanho, destaca-se o Governador para aproximar-se do Revizor e fazer-se notar por ele. Do inseto gigante, jorram patas que alcançam a capa sem a qual Khlestakóv parece minúsculo. Enfim, Meierhold organiza um coro vocal que, a fim de responder a Khlestakóv, escande o nome do peixe servido no repasto, primeiro em conjunto desafinado, depois docemente em um tom choramingas. O solista, Zemlianika, cochicha-o em tom confidencial. Khlestakóv, que por fim compreendeu, repete-o em uma nota muito alta que o coro retoma em conclusão. Todos os jogos de cena realizam metáforas de servilismo, de obsequiosidade, e multiplicam em eco os menores movimentos de Khlestakóv, até seus arrastamentos de pés, sob a mirada cínica de seu companheiro, o Oficial.

À medida que passam os episódios, o coro principal da burocracia é substituído pelo de outras categorias sociais: o coro dos mercadores peticionários que agitam seus envelopes, o dos onze oficiais apaixonados por Anna Andrêievna ou ainda o coro variegado de convidados que felicitam a família do Governador, dispostos em fileiras cerradas entre as grades douradas, quase como um grupo de cantores pronto a executar alguma polifonia laudatória. Há em *Revizor* coros sem palavras, pantomímicos, coros com acompanhamento musical, um coro petrificado ao final, mas há, sobretudo, muitos coros falados. O texto de Gógol é manipulado, perfurado de pausas, aumentado através de repetições, vazado por ritmos variados: o encenador quer "uma terrível continuidade, uma corda que se enrola, na qual, sem intermitências, os elementos engendram-se uns aos outros" (2 de maio de 1926).

Meierhold estrutura a massa de seus coros pela clareza gráfica das linhas, pelo caráter arquitetural da composição dos grupos. O episódio 14, "Uma Festa é uma Festa", recorre às diagonais para fazer estremecer as cabeças e os bustos empilhados dos cerca de trinta convidados. Essa massa em que se agitaram, sobre as cabeças, cadeiras e presentes, e em que tremem ainda leques e penachos, converge pelo lado direito para duas poltronas onde estão instalados o Governador e sua esposa, opulenta em um vestido de brocado framboesa que se estende sobre as listras do xale de seda com franjas que cobre seu assento. A seus pés, o Capitão de Azul, sentado na beira do praticável, tem um buquê na mão. Essa intensidade azul concentra o feixe de diagonais animadas. Acima desse azul, o olhar do espectador é atraído pela mancha branca do vestido de Maria Antonovna, em pé atrás de seus pais. Esse branco, único em toda composição, jorrará por um instante, fenderá verticalmente a multidão fervilhante em seu meio, o tempo necessário para que a jovem, em pé

156 Revizor, *episódio 14, "Uma Festa é uma Festa"*. A leitura da carta.

157 Revizor, *episódio 15, "Uma Confusão sem Precedentes"*. O desvanecimento de Anna Andreivena.

sobre uma cadeira, cante uma romança de Dargomíjski, "Meus Dezesseis Anos Passaram", curto e poderoso momento lírico logo eclipsado por seu desaparecimento sem retorno no seio da massa que o absorve. Ao fim do episódio, esta se reorganiza segundo diagonais invertidas, dirigidas para o lado esquerdo, lá onde o Diretor dos Correios abriu passagem para si e onde, sentado, ele decifra a carta de Khlestakóv. É em torno dele, agora, que o grupo se estrutura e se aperta. Surgem velas que, transmitidas de mão em mão em sua direção, vão materializar essas diagonais, fazer tremer a luz que baixou e colocar o acento sobre as mãos, pousadas sobre os candelabros, sobre o ombro do vizinho, sobre os joelhos, ou estendidas em um gesto acusador. E depois, pela ordem, agora cada um vai, apoderando-se da carta, dirigir o coro que caçoa e cacareja. Na massa, criam-se agitações devidas àqueles que desejam impedir a leitura das passagens que lhes dizem respeito pessoalmente. À direita, o casal, fulminado, se entreolha, enquanto o Capitão, que mantém seu buquê de cabeça para baixo, concretiza a solidão deles estirando infinitamente a composição que ele distende: desviado do grupo agitado, com o olhar no chão, silencioso, o semblante vazio, sem pensamento, sem expressão, em seu estado ordinário de semitorpor, ele é um charco azul de vazio e tédio, contraponto de pesadelo a todo esse rebuliço[171].

Os grupos são animados por movimentos de atração e repulsão, de concentração e depois de expansão. Pares de contrários dão forma às massas corais em que o drama representa de maneira plástica e, como se verá, sonora: o um e o múltiplo, o detalhe e o amontoado, o solo e o ensaio, o coro e o rebanho, a beleza e a careta, o homem e o animal, o homem e o objeto, a vitalidade e a petrificação, o barulho e o silêncio. Em ensaio, Meierhold parece misturar uma espécie de *matéria cênica* que compõe as formas plásticas postas em jogo, seus referentes pictóricos, a música e a presença de um coro de atores. Ele parece tratá-la sem separar esses diversos elementos. Ele procura o monólito, mas sem uniformidade: nenhuma mancha de cor que seja idêntica a outra, dirá ele, mas toques múltiplos superpostos para compor uma pasta, como sobre uma tela. Nada de declamação coletiva, estilizada, mas cada um com sua nota, sua entonação própria (indagação, espanto, exclamação). Nos coros, cada personagem é cinzelado e nenhuma de suas intervenções é verdadeiramente idêntica à precedente.

Por meio do tratamento coral, Meierhold leva o texto de Gógol a seu ponto de ebulição. Sem dissociá-las, ele impele a seus limites as situações cômicas e trágicas. Ele introduz no espetáculo a farsa popular, seja sob forma de *gags* (a incrível queda de Dobtchinski na escada de "Depois de Penza"), seja em forma de episódios inteiros como "Cavalheiro da Alta Finança", em que ele dá, na sequência do episódio 9, uma variação sobre o tema da concussão, rápida, móvel, grosseira como um *fabliau*, uma fábula satírica, depois da qual Khlestakóv, sozinho em cena, todo de preto, cartola e bengala, anda ao longo da mesa sobre a qual a mulher

171 Cf. J. Sazónova, "L'ennui soviétique", in *Poslednie novosti*, Paris, 25 jun. 1930, artigo escrito por ocasião da turnê do GOSTIM a Paris.

do suboficial acaba levantando as saias, depois senta-se em cima e, com o olhar perdido na direção da plateia, assobia longamente.

Riso e horror estão intimamente cruzados em uma textura híbrida. Certos críticos, como Gvozdev, viram na marcha sacolejante de "A Procissão" a terrível imagem de um coletivismo em que o indivíduo se afoga. Riso no detalhe, o gesto que o olho destaca, horror da impressão de conjunto, ou ao contrário riso à vista, à audição do gado pesado e dos agrupamentos do episódio 1 ou a galinha cacarejante e voejante do episódio 14, trágico na seriedade das ocupações aplicadas de cada uma das personagens, a lama terrível dos pequenos nadas do cotidiano. Em Moscou, as primeiras críticas afirmaram que o riso gogoliano havia desaparecido. Perplexo em face desse decreto e aos risos que ele ouve, no entanto, na plateia, um dos colaboradores de Meierhold, o compositor Gnessin, decide então contá-los durante uma representação e, sobretudo, comparar o resultado obtido com o que ele obteve no Teatro Máli, durante uma representação da mesma peça em uma matinê para crianças. Ele constata então que o público de adultos ri muito na de Meierhold, que ri mesmo mais do que as crianças no Máli, embora esses risos sejam breves e amiúde sufocados pela música[172]. É interessante citar a esse propósito algumas reações de críticos franceses às representações de *Revizor* pelo Gostim em 1930, no Teatro Montparnasse-Gaston Baty. O espetáculo é então reduzido a dez episódios[173] e essa concentração não é, sem dúvida, estranha à percepção francesa. Edmond Sée fala de uma "série de intermédios guignolescos, trepidantes, frenéticos [...] em que o texto, o espírito da peça cede lugar a uma espécie de palhaçada alucinante"[174]. *L'Humanité* capta aí "uma alegria transbordante, uma alegria vingadora"[175]. Mas outros, sem entretanto compreender a língua, penetram com finura a originalidade desse grotesco meierholdiano, em que imagens e personagens têm muitas facetas e em que as emoções se interpenetram. Assim, Maurice Brillant diz: "Sobre o cômico mais desenfreado paira não sei que melancolia e esse teatro, quer se trate do jogo dos atores, quer dos figurinos, com sua vulgaridade ou mesmo sua 'canalhice' sapiente [...], esse teatro oferece sempre não sei o que de inquietante e deixa uma vaga amargura"[176].

O Grotesco

Privado de seu teatro em 1938, Meierhold desejará escrever um livro sobre *Hamlet*, nutrido por todos os seus sonhos e projetos abortados, e intitulado, *Hamlet, Romance de um Encenador*. Do mesmo modo, poder-se-ia tentar escrever um sobre

[172] Documentos de arquivos consultados por A. Matskin, op. cit., p. 173 (RGALI, fundos 2954). O testemunho de Gnessin é digno de fé, na medida em que ele sempre deu provas de integridade e de espírito de independência em relação a Meierhold.

[173] Os episódios 2, 4, 5, 6, 7, 10, 11, 14, 15, e a cena muda. É Martinson quem desempenha o papel de Khlestakov.

[174] E. Sée, *Le Revizor* de Gogol, em *L'Oeuvre*, 18 jun. 1930. Em relação a essa visita, cf. G. Abensour, Art et politique, *Cahiers du monde russe et soviétique*, n. 2-3.

[175] G. Pitard, Le Théâtre d'Etat Meyerhold de Moscou joue actuellement à Paris, *L'Humanité*, 19 jun. 1930.

[176] Images de Paris, *Vie intellectuelle*, n. 9.

158 Revizor, episódio 15 "Uma Confusão sem Precedentes". A loucura do Governador.

Revizor, espetáculo-síntese, espetáculo-monstro, espetáculo-mito, em que Meierhold põe tudo o que ele detestava na vida e tudo o que ele amava na arte. Durante mais de dez anos, o espetáculo se manteve em cartaz. Ele foi "encolhido" para se apresentar no palco do pequeno Teatro Ermolova, atribuído em 1932 ao Gostim, o tempo – infinitamente alongado – para reabilitar seu teatro. As quinze portas tornaram-se sete e os belos objetos desgastaram-se.

Entretanto, mesmo reduzido no espaço e no tempo, como já o era em Paris, para além das vivas polêmicas que as orientações comunistas da trupe moscovita levanta, *Revizor* assombra os franceses, realizadores e críticos. Jouvet crê sentir aí "um espetáculo comum, um espetáculo popular a reunir em si gêneros diferentes" e pode afirmar: "Meierhold é um dos homens que, na Europa, melhor encarnam a ideia que é permitido formar do *metteur en scène*"[177].

Para Dullin, Meierhold: "é um criador de formas, um poeta da cena [que] escreve com gestos, ritmos, com toda uma língua teatral que ele inventa para as necessidades de sua causa e que fala aos olhos tanto quanto o texto se dirige ao ouvido"[178].

Robert Kemp escreve: "Não há uma fraqueza nessa trupe. A vontade do chefe mantém a disciplina e esquenta as energias". Pierre Bost sublinha: "É esportivo, industrial e quase religioso" e interroga: "Por que

177 L. Jouvet, Défense de Meyerhold, *Paris-Soir*, 12 jul. 1930.

178 C. Dullin, Rencontres avec Meyerhold, *Souvenirs et notes de travail d'un acteur*, p. 45.

nenhum encenador entre nós jamais obteve semelhante segurança nos movimentos de uma trupe?"[179] Aqueles franceses que saúdam o espetáculo ficam impressionados com o fato de que o elenco "com um pulo do teatro ao *music hall*, reúne todos os gêneros em uma *soirée* e mesmo em um só instante"[180]. Além do cuidado com o ritmo, a prioridade do conjunto e da mestria gestual, trindade cuja perfeição percebem, eles reconhecem as diferentes artes populares que estão incorporadas ao espetáculo, imagens d'Épinal*, parada, variedades, acrobacia, prestidigitação.

Revizor de Gógol-Meierhold integra essas "bases autênticas, tradicionais"[181] em uma partitura complexa. O encenador organiza as relações entre os elementos principais de seu teatro, a saber, o ator, a luz, o movimento e o objeto[182] em uma orquestração tanto visual quanto sonora, em que o tratamento que ele dispensa a cada um desses elementos em uma composição ao mesmo tempo decorativa e explosiva confere a cada um deles uma mobilidade essencial, um caráter intercambiável. A substituição, a transformação, a metamorfose, princípios depreendidos da reflexão sobre o teatro de feira, aparecem então como as características de uma linguagem teatral levada a bom termo. A desconfiança que Meierhold impõe a seus atores em relação a um grotesco vulgarizado é ao mesmo tempo uma estratégia e uma convicção. Ela vai *pari passu* com sua reivindicação de um realismo fantástico e musical em que os traços de grotesco de 1912 são refinados pelas técnicas da montagem, da convocação de todas as artes sob o magistério do modelo musical. É em *Revizor*, sobre pequenos praticáveis que encarnam a imagem do mundo gogoliano, proporcionando ao mesmo tempo a metáfora do espaço teatral, capaz em sua redução de transformar as proporções do mundo comum, que Meierhold faz, com brilho e em três níveis, a demonstração de um grotesco "Alma da cena"[183].

Em um primeiro nível, o grotesco é aqui o resultado da carnavalização da peça por meio de: reintrodução do vocabulário de rua; atenção dispensada às artes populares; multiplicação dos coros; intensificação da linha da mascarada; processo de coroação/descoroação; estouro das personagens em pares contrastados ou complementares; geminação que preside a construção dos papéis; enfim, com a valorização das cenas de escândalo, das saídas incongruentes, indecentes. Meierhold tira Gógol de seus interiores provincianos e o leva ao *grand monde* da capital, com o qual esse último sonhava se atracar. Paralelamente, ele faz passar a ação dos praticáveis reduzidos a toda a superfície do palco que, no episódio 14, identifica-se totalmente com um espaço de carnaval: destruição de todas as relações de hierarquia, de toda lógica cotidiana, cacofonia, charivari, travestimento com a camisa de força que Gibner quer meter no Governador, que se debate, com a cabeça para baixo, enfim irrupção de uma farândola em cena. A carnavalização marca o trabalho dramatúrgico e o sistema espaçotemporal de *Revizor* de Gógol-Meierhold. A montagem

REVIZOR E O PROCESSO
DE TRABALHO TEATRAL
EM MEIERHOLD

179 R. Kemp, Au Théâtre Montparnasse: *Le Revizor de Gogol*, *La Liberté*, 19 jun. 1930, e P. Bost, "Le Théâtre Meyerhold au Théâtre Montparnasse", in *Revue hebdomadaire*, 12 jul. 1930, p. 235.

180 R. Wisner, Le Théâtre Montparnasse, *Carnets*, 29 jun. 1930.

* No original, *image d'Épinal*, expressão muito utilizada em francês em referência a algo que transmite uma visão ingênua e simplória de mundo, próxima do *kitsch*. Teve origem nas publicações criadas e difundidas pelo editor Jean-Charles Pellerin, a partir de 1800, na cidade de Épinal, ilustradas por imagens de temática ligada à cultura popular e tradicional (N. da T.).

181 *Écrits*, 2, p. 199.

182 Idem, p. 204.

183 Le Théâtre de foire, op. cit., p. 202.

do texto corresponde a uma concentração da ação em pontos sucessivos de crise, de ruptura, em que a ação cênica progride por salto, quiproquó, impostura ou desmascaramento. A cenografia situa a ação em um espaço reduzido, arrancado ao da vida corrente, cujas forças ele concentra e que se aparenta ao mesmo tempo a um limiar e a uma praça[184]. O limiar que induz uma estética do limite em que tudo pode oscilar e, nesse sentido, o espaço de *Revizor* é um gigantesco limiar de portas múltiplas: a praça em que comparece tudo quanto está na ordem do íntimo, do privado. Enfim, ao mesmo tempo metá-

159 *Revizor. A cena muda.*

fora e técnica, o jogo, cuja natureza carnavalesca Mikhail Bakhtin destacou[185], caracteriza Khlestakóv, e a mesinha em que ele joga cartas, no episódio 3, é a redução última de um tal espaço teatral, outro "limiar" capaz de engendrar mudanças rápidas. Nesse sentido, ela é inseparável dos objetos cênicos de *Revizor*, como, antes dele, os de *O Baile de Máscaras* e, mais tarde, os de *A Dama das Camélias* e de *Pikovaia Dama* (A Dama de Espadas). Meierhold impõe aos atores a submissão à lei dos contrastes, e o burlesco, essa comicidade fisiológica grosseira, é o elemento do contraste fundador de *Revizor* que balança a personagem entre um "supernaturalismo" concentrado

---

184 Cf. M. Bakhtine, op. cit., p. 176, 197 e 203.

185 Idem, p. 201.

de naturalismo – o da manipulação do objeto real e até alimentar, mas estranho e decorativo (a melancia) – e a convenção – a do estatuto mudo. O jogo de dependência entre o corpo e a alma, o sórdido e o espiritual, o mecânico e o bestial, a vida e a morte caracteriza o jogo de todos os atores e, particularmente, o de Gárin-Khlestakóv. Enfim, o sistema de jogo interpretativo de *Revizor* se constrói sobre a alternância entre o jogo individual do corifeu, do condutor, e um jogo coletivo tal que o coro compõe figuras metafóricas em que os agrupamentos humanos – inseto rastejante (episódio 9), pirâmide de corpos de trinta faces (episódio 14) – têm "uma vida de conjunto tão sólida que se acreditaria ver não mais do que um só ser vivendo em muitos corpos"[186].

Essa estética tragicômica, em que se tecem laços com o mundo carnavalesco, revela em seguida um teatro poético que extrai da obra sua quintessência, a "gogoliana", como escreverá Béli. *Revizor* deita raízes em um terrível concentrado de concreto e nas relações mantidas pela realidade e a ficção em um espaço cênico que esses dois conceitos manipulam e distendem. Nada mais de linearidade, de espelho nem de reflexo, mas uma polifonia, um volume inflado por múltiplas camadas. Um espaço em ebulição, submetido a oscilações, a impulsões, a choques, a jorros e desaparições, que participa da criação de um mundo teatral autônomo, cuja beleza é instável e está prestes a se desfazer, em que se joga constantemente em um estado de inquietude a desenvolver no espectador e em sua capacidade de admiração. Releiamos as reações de críticos franceses a esse espetáculo, para o qual nada os preparava: eles sublinham "o rigor, a precisão", o acerto, a "*pointe* extraordinária" do jogo dos atores, e "isso lota a sala, isso penetra até as fontes do riso"[187]. E outros, talvez mais familiarizados com o trabalho de Meierhold, como Stéphane Priacel, exclamam: "No interior dessas caricaturas enormes e desproporcionadas aos olhos do observador apressado, que dosagem, que conhecimento das proporções, que medida na desmedida!"[188] Grosseiramente produzido pelo pequeno praticável, bombardeado pelos projetores, que exerce a função de lupa, mas dosagem na montagem, ponta acerada da percepção.

Meierhold carrega esse espetáculo durante muito tempo em um processo de apropriação da obra. Se todos os seus espetáculos levam a *Revizor*, amiúde, no palco, em um sem-número de improvisações, seus planos vão se ver frustrados. Logicização de Gógol e, ao mesmo tempo, intuição fulgurante: é o caso da cena das mentiras no episódio 7, que encontra sua versão definitiva em uma noite, a oito dias do ensaio geral. Esse espetáculo é construído em todos os níveis e construção é para Meierhold sinônimo de clareza, de sobriedade. Montagem do texto e dos episódios, montagem das personagens em facetas de onde jorra, para cada uma, um desenho preciso, montagem das emoções por meio da qual se realiza na percepção do espectador a última

---

186 P. Bost, Le Théâtre Meyerhold au Théâtre Montparnasse, op. cit.

187 R. Kemp, Au Théâtre Montparnasse..., op. cit.

188 S. Priacel, Le Second spectacle de Meyerhold, *Le Monde*, 26 jun. 1930.

síntese teatral. O método de criação encontra seu *pendant* no modo de percepção que ele implica. O espectador vai, como no episódio 14, do asco (diante daqueles que Meierhold denomina "focinhos de porco" à exaltação lírica (quando Maria Antonovna canta). No episódio 7, o cômico é levado até o horror:

> Martinson mente de um modo fantástico, conservando uma serie-dade imóvel sobre o semblante e uma fé profunda na verdade de sua mensagem. Seus movimentos e comportamentos são impre-vistos e não coordenados. Não se sabe o que ele faz: se ele abraça ou se ele viola. Se ele vai chorar ou... não, ele não ri [...]. A amar-gura do riso gogoliano o envenenou. Ele é cômico sem sorrir, até o horror, até o frêmito[189].

Aqui, a surpresa é fundamental, princípio que se aparenta, mais do que ao futurismo, talvez ao dandismo teorizado por Barbey d'Aurevilly, a quem Meierhold remete ainda em seus Ateliês do período 1922-1923. Dandismo, cuja característica é a de "produzir sempre o imprevisto, aquilo que o espírito acostumado ao jugo das regras não poderia espe-rar em boa lógica". Não a surpresa louca da excentricidade, revolução individual, selvagem, desenfreada, diz ainda Barbey, mas "aquela que faz pouco da regra e, no entanto, ainda a respeita"[190]. O jogo com a regra como com a tradição teatral autêntica, e não o rompimento das regras, eis o que marca o quadro do grotesco meierholdiano. À montagem das emoções, cumpre acrescentar ainda a montagem das reações no inte-rior do espetáculo – os risos da plateia que fazem eco aos do palco (epi-sódio 3) – ou aos acontecimentos exteriores: por exemplo, as próprias intervenções do encenador que vem saudar entre os quadros e que, saindo, como em Paris, do armário do episódio 5[191], ressalta diante de seu público a presença atenta e necessária do criador.

Enfim, atraindo as outras artes ao teatro, Meierhold as submete em *Revizor* à lei geral da cena grotesca, a da metamorfose. Entre elas, a música desempenhará um papel essencial, assegurando a continui-dade da estrutura narrativa despedaçada pela montagem. Meierhold diz a seus alunos: "A música é a arte mais perfeita. Ao ouvir uma sinfonia, não esqueçam o teatro. A alternância dos contrastes, dos ritmos, dos tempos, a união do tema principal com temas secundários, tudo isso também é tão necessário no teatro quanto na música"[192].

Presente, a música não ilustra a ação cênica, mas colabora inti-mamente com sua montagem. Ela assegura também a enformação de um episódio como "Abraça-me". Ausente, contamina a esfera sonora do espetáculo pela musicalização do texto e da gestualidade. Ela orga-niza todo o espetáculo, só ela pode fazer entender ao mesmo tempo o conjunto, obra do encenador, e cada voz que aí tem sua parte. Aos laços lógicos da continuidade da intriga, ela substitui laços associativos,

---

189 RGALI, 998, 3364. Dossiê de imprensa. V. Schagovets, *Verschini Iskusstva* (Os Cumes da Arte), revista não identificada, Kiev, 23 abr. 1929.

190 Cf. J. Barbey d'Aurevilly, *Du dandysme et de G. Brummel, Oeuvres romanesques complètes*, t. 2, p.675 e 681.

191 Cf. G. Stuart, Un Soir chez Meyerhold, *Ce soir*, 16 jun. 1930.

192 "Encontro com Estudantes", jun. 1938, *Stati, Pisma, Retchi, Besedi*, t. 2, p.506.

cobre os choques, mas sem apagá-los, cria outros a partir deles, acerta as ênfases. Isso constituirá o objeto do último capítulo.

A linguagem teatral de Meierhold, criador na fronteira de duas épocas, entre dois mundos socioculturais, elabora-se a partir de uma reapropriação das tradições teatrais europeias e orientais e dos códigos de diferentes linguagens artísticas em mutação. Homem do século XIX, ao qual sua cultura o vincula, ele se projeta com paixão para um futuro do teatro que constitui seu ponto de mira. No solo dessa cultura, Meierhold planta sua visão muito aguda de homem do século XX, ávido de saber científico e de conhecimentos tecnológicos. Seu *Revizor* não é uma leitura da obra, mas uma multiplicação de pontos de vista a seu respeito. Se ele se prende à dramaturgia russa do século passado, que pretende revelar, irradiar e substituir no centro de um movimento de criação atual, ele coloca no coração de suas realizações cênicas um herói oculto, o autor, no caso Gógol, depois Griboiêdov ou, logo, Púschkin, com os quais se identifica sucessivamente. E aí está, em filigrana, uma saga sobre o artista russo e as liberdades que é possível também descobrir. Mas, de início, como não ver nessa tragicomédia do poder e do medo, nos manequins petrificados, no desígnio de Gógol realizado pela primeira vez sobre um palco russo, um anúncio quase profético da impostura maior do século que será o stalinismo?

Tradução de J. Guinsburg

3.
Um Teatro Musical

Do ponto de vista da forma, o arquétipo de todas as artes é a arte do músico.
Oscar Wilde[1]

Em um artigo consagrado a *Revizor* (O Inspetor Geral), o compositor e crítico soviético Boris Assáfev analisa o aspecto musical da encenação de Meierhold, que o impressiona ainda mais porque não se encontra praticamente ninguém para prestar atenção a esse aspecto da criação meierholdiana:

> A força da impressão que se desprende de *Revizor*, na interpretação de Meierhold, repousa em grande parte na aplicação de princípios da composição musical e na utilização da música, não somente como elemento que concede ao espetáculo uma chave espiritual precisa, mas uma base construtiva[2].

Antes de aprofundar a análise musical do espetáculo, retornaremos ao conceito de "matéria cênica" utilizado no capítulo precedente. Pois, com *Revizor*, a obra teatral não é mais, como na *Gesamtkunstwerk* (obra de arte total) wagneriana, resultado da aliança, da "união de todos os ramos da Arte sob a forma mais elevada, a mais completa"[3], mas de relações que se instauram entre eles, na medida em que, no interior da esfera teatral – reino da metamorfose – eles se transformam. Essas artes-materiais não permanecem autônomas em uma associação na qual elas conservariam a pureza de seus meios de expressão e que tenderia a um efeito globalizante poderoso, a uma utópica totalização na percepção do público: não se trata mais de um fenômeno de encantamento, em que efeitos paralelos se juntariam, reforçariam na mesma direção[4]. Aqui, cada material artístico é caracterizado por sua mobilidade, sua "transformabilidade" e pelo diálogo que ele é capaz de manter com os outros: no interior da matéria cênica assim formada, a função pictórica pode ser assumida pelo jogo de cena ou pela música e vice-versa, mas a música pode contradizer aquilo que parece afirmar a composição pictórica. Essa matéria cênica é regida por um conceito pictórico, o de *sdvig*, exposta por Kazímir Malévitch e pelos poetas futuristas, outro modo de dizer deslocamento, desvio, derrapagem produzida por um choque de elementos antagônicos ou sem relação entre eles e, sobretudo, por um conceito musical, este, fundamental, de *contraponto*. Enfim, o encenador toma emprestado do vocabulário técnico da eletricidade ou da comunicação telefônica o termo *perekliutchenie* ou ramificação,

1 Prefácio de *The Picture of Dorian Gray*.

2 I. Glebov (pseudônimo de B. Assáfev), Muzika v Drame, *Krasnaia Gazeta*, 30 jan. 1027.

3 R. Wagner, *L'Art et la révolution*, p. 34.

4 Cf. R. Wagner, *Opéra et drame*, t. 1, p. 203-204 (também nas *Oeuvres en prose*, t. 4).

TEATRO E MÚSICA

comutação: ramificação de um elemento sobre outro sem que o fluxo, a corrente seja interrompida.

Música e Pintura

Em *Revizor*, a composição musical, por mais decisiva que seja, não pode ser separada da atmosfera pictórica na qual mergulha toda a gênese do espetáculo. Durante o longuíssimo trabalho de maturação da encenação, como vimos, Meierhold combina o texto da peça com painéis inteiros da cultura plástica russa da época, ou ilumina sua projeção espacial com a intervenção de indicações pictóricas ou gráficas tomadas de culturas estrangeiras. Estas intervêm ativamente na escolha e na disposição de objetos, na divisão das cores, outras na direção de atores, na organização de jogos de cena.

Música e pintura são intimamente ligadas, como o são, em uma primeira fase da criação teatral, o visual e o sonoro. Se Meierhold recusa frequentemente o trabalho de mesa, é porque lhe é impossível considerar separadamente o domínio do movimento e o da palavra. Ambos devem ser considerados juntos na situação de um espaço dado. Na segunda fase, a ligação se opera entre visual e sonoro, em um plano pedagógico-metafórico, primeiramente, já que a todo momento Meierhold assimila a função de elementos visuais à de elementos musicais, de modo paralelo como indicado por Nicolai Tarabukin, em *Para uma Teoria da Pintura*, entre elementos pictóricos e elementos musicais[5]. Assim, para Meierhold, o trabalho de interpretação corresponde à harmonização da melodia, em música, segundo tal ou tal compositor[6]. Essa ligação do visual com o sonoro se traduz, em um plano prático, por um conhecimento perfeito, tanto do encenador como do ator, de cada centímetro quadrado da cena e de cada segundo do tempo cênico. União indissolúvel que engendra a categoria espaçotemporal essencial do *ritmo*, forma do movimento que se constitui a partir da medida simultânea do tempo e do espaço[7]. O conhecimento das artes espaciais e temporais, pintura, escultura, arquitetura e música, propõem ao teatro soluções para os problemas da organização do espaço e do tempo, a partir dos quais se trata de inventar.

Percebe-se o liame na evolução de Meierhold. Num primeiro momento, a pintura permite-lhe esvaziar o naturalismo: sob a forma de planos impressionistas em que atuam a luz e a sombra da iluminação, ela quase exclui o ator. Primeiramente, o painel pintado limita a cena e ajuda o encenador a expulsar do palco a realidade não organizada, desgrenhada, o cotidiano e a psicologia, que o ator de carne não

5 Pour une théorie de la peinture, *Le Dernier* tableau, p. 112 e s., depois 128 e s.

6 V. Meierhold, Entrevista com os encenadores de teatros da periferia (11 fev. 1935), *Tvórtcheskoe Nasledie V. Meierholda*, p. 94.

7 Definição de N. Taraboukine, Pour une théorie de la peinture, op. cit., p. 131.

é ainda capaz de dominar. O colaborador de confiança é aqui o pintor – Serguêi Sudéikin, Nicolai Sapunov, Vassíli Denissov, Boris Anisfeld, Victor Kolenda – aquele que fornece uma base fixa, estável. O teatro estático fala a linguagem emocional das cores arbitrariamente escolhidas por seu efeito, esfumaçadas ou berrantes: o azul esverdeado dominante em *La Mort de Tintagiles* (A Morte de Tintagiles), os cinzas e os ouros apagados de Sudéikin da capela em *Soeur Béatrice* (Irmã Beatriz), ainda mais suavizados pelos "azuis menores" dos figurinos, segundo uma fórmula de Nicolai Evreinov, a mobília branca de *Hedda Gabler* ou as cores berrantes em *Die Hochzeit der Sobeide* (O Casamento de Zobeida), árvores cinzentas, flores vermelhas, peça totalmente vermelha. Se for preciso dar às cenas as cores do sonho, o trabalho do pintor pode também influenciar o do encenador na tira estreita do palco delimitada pelo painel pintado. E para *Irmã Beatriz*, as direções de movimentação que Sudéikin desenha aí, da esquerda para a direita e de baixo para cima, determinam a orientação do gestual coletivo das religiosas em uma harmonia que Meierhold procura respeitar. Essa colaboração se enriquece de um apelo a uma vasta cultura pictórica. Os pintores de Meierhold inspiram-se na pintura do passado que estilizam. O referente da gestualidade e das cores de *Irmã Beatriz* não é a vida, mas a arte dos Giotto, Botticelli, Memling.

O palco torna-se alternadamente um quadro animado no qual o ator é considerado uma mancha de cor, uma base dos baixos-relevos de agrupamentos, em seguida uma cena em relevo inspirada em Georg Fuchs e destinada aos utópicos atores-Maillol. Servindo-se aí completamente, Meierhold interroga-se: é preciso "repensar o lugar da pintura cenográfica no teatro"[8], e o papel que lhe compete intervém, em progressão lógica, nas outras artes plásticas, escultura, arquitetura. Esse questionamento ativo do papel da pintura convocada, posteriormente distanciada, é duplicado pela intervenção necessária da música no teatro e do ritmo todo-poderoso capaz de imprimir à cena uma vida radicalmente diferente da cotidiana, de fazer germinar a verdade teatral. Mas com o corpo do ator, muito cotidiano, a música geralmente faz um hiato no momento seguinte: a de Iliá Sats, em *A Morte de Tintagiles*, mantém sua independência sem interferir na economia do espetáculo; a de Anatoli Liádov, em *Irmã Beatriz*, parece frequentemente banal. Experimental e sinuoso, esse é o caminho de Meierhold pela pintura e pela música, na direção de uma consciência clara de uma teatralidade complexa, participando dessas artes sem transgredir a arte do ator, em três dimensões e em movimento. Meierhold crê que o movimento no teatro pode ser sugerido por técnicas extraídas da pintura, pelas linhas, pela divisão das cores e por suas vibrações[9]. Em sua pesquisa por uma veracidade teatral, a cena da convenção funda-se na relação estreita que ela mantém não com o real, mas primeiramente com as outras artes. No entanto, a desarmonia entre os criadores atormenta Meierhold, e em

8 Histoire et technique du théâtre, *Écrits*, I, p. 118.

9 Idem, p. 123.

434

TEATRO E MÚSICA

1907, em sua teoria do "teatro da linha reta", ele afasta provisoriamente pintor e músico, na medida em que sua formação e seu interesse não são teatrais, para dar lugar ao trio autor/ator/encenador[10].

Com Aleksandr Golovin, pintor vindo do Mundo da Arte, o palco torna-se hiperpictórico. Mas aqui o pintor, que também é arquiteto, no entendimento que o liga ao encenador, amplia suas funções. A busca pictórica que jamais é "ilustrativa", porém cênica e festiva, é acompanhada em *Maskarad* (O Baile de Máscaras), por exemplo, de uma valorização das três dimensões do espaço teatral, com múltiplos planos bem estruturados e transformáveis por meio dos famosos biombos. Com Golovin, colaborador ideal por onze anos, Meierhold consegue redistribuir as especialidades. Se o encenador deve se tornar plástico para sentir o desenho de linhas e de ângulos, o cenógrafo deverá exprimir o ritmo musical da ação cênica. Eis aí o primeiro avatar do pintor teatral em Meierhold: arquiteto-cenógrafo, ele também é pintor-músico, deve traduzir a linguagem de sons na de cores.

Em 1917, Meierhold trabalha sempre com Golovin, enquanto Aleksandr Taírov já recorrera aos pintores de vanguarda, e primeiramente à Aleksandra Ekster. Essa última estreia no teatro, mas fora de cena, pintando a entrada do teatro e o painel do palco ao modo "cubo futurista" para um espetáculo cuja estética do cenário mantém, portanto, uma situação ambígua com sua própria produção[11]. O palco tairoviano fica, em um primeiro momento, com ares de sala de exposição de pintura vanguardista, enquanto o último cenário de Golovin para Meierhold é parte integrante da concepção de *O Baile de Máscaras*, como "ópera sem música", segundo expressão do musicólogo Ivan Sollertinski[12].

Segundo avatar do pintor teatral: no começo dos anos de 1920, ele se torna construtor. Não se fala mais de pintura nem de cenário, mas de arranjo material. Meierhold trabalha com artistas plásticos construtivistas com os quais ele organiza um espaço teatral funcional. Depois seus construtores serão jovens alunos vindos de seus Ateliês, com uma formação teatral. Essa mudança do cenógrafo produz resultados paradoxais. Se em 1926, um pintor como Vladímir Dmítriev é afastado pelo construtor, seu papel, secreto, sutil, na gênese do espetáculo, aprofunda-se. Porque, é depois de, com o construtivismo, abandonar toda pintura em cena em favor de elementos construídos, que Meierhold reatará de outro modo com ela. Do mesmo modo que a estrutura musical da obra teatral é, no limite, independente da presença ou da ausência da música em cena, a pictoriedade do espetáculo brotará de uma espécie de interiorização da pintura. A cultura plástica de natureza histórica não é somente considerada referência, modelo para o teatro, mas também documento iconográfico de uma época e de seu estilo – figurinos, objetos, modelos de comportamento, situações –, inspirando a composição de conjuntos em que nada, nenhum gesto,

10 Idem, p. 109-112.

11 Trata-se de *As Alegres Comadres de Windsor*, de Shakespeare com encenação de Aleksandr Taírov, cenografia de Aristarkh Lentulov, 1916.

12 I. Sollertínski, V. Meierhold i Russki Operni Impressionizm, *Istória Sovetskogo Teatra 1917-1921*, I, p. 308-322.

até "o ângulo de um cotovelo, não seja deixado ao acaso"[13]. Ela tende a se tornar um objeto a ser tratado teatralmente, transposto, traduzido. Do mesmo modo que Hoffmann escreveu relatos à maneira de Callot, trata-se em 1934, com *A Dama das Camélias* de Alexandre Dumas, não de fazer a animação a partir dos quadros de Manet ou de Renoir, mas de traduzi-los para a linguagem cênica.

O lugar das gravuras, desenhos e quadros no processo de criação de Meierhold é imenso[14], alimentado por visitas aos museus, às exposições, às coleções privadas, aos arquivos e por sua coleção pessoal de gravuras, águas-fortes, reproduções e livros de arte. Meierhold, aliás, sente inveja apenas da coleção de Eisenstein, estupendamente rica. São numerosos os artistas plásticos que ele procura, sem que se possa, no entanto, falar de ecletismo. Em cada um deles, encontra material para alimentar uma reflexão particular a respeito do espaço de uma encenação, das cores, da composição de uma sequência ou um tema de reflexão sobre um problema teatral mais geral. Observemo-los: Callot por certo; Pietro Longhi, o misterioso; Il Perugino em quem estuda a composição assimétrica; Holbein e sua ciência do detalhe preciso; Dürer, tão apreciado por Hoffmannn e no qual Meierhold procura penetrar o caráter ao mesmo tempo enigmático e extremamente contemporâneo; os flamengos, Rembrandt, El Greco, enfim, que lhe faz compreender como interpretar Tirso de Molina. Para compor a encenação do inferno de *Orfeu*, ele parte de ilustrações de Doré da *Divina Comédia* de Dante, e para a encenação dos Campos Elíseos, de *A Primavera* de Botticelli. Giotto permite-lhe corrigir as cenas chinesas de *Ritchi, Kitai!* (Ruge, China!), as telas de Louis David, de Velázquez (*A Rendição de Breda*) e as de Kuzmá Petrov-Vódkin (*A Morte do Comissário*) fornecem-lhe as soluções das cenas de massa para *O Comandante do Segundo Exército*. Os quadros de Pieter Bruegel, enfim, com seus planos múltiplos, sustentam a gênese de *Boris Godunov*. Ele procura um "efeito Vallotton" na iluminação dos rostos dos atores quando, em 1931, ensaia *A Alemanha* de Vsévolod Vischnévski.

É a arte da natureza morta que permite a Meierhold revelar a beleza dos objetos e fazer transudar, por contraste, toda a pobreza humana quando, em *Revizor*, ele distribui no espaço do praticável as três manchas brancas de mesinhas cobertas com uma toalha, onde copos, cristais, castiçais, prataria, pratos de frutas irão adquirir, por esse tratamento cenográfico, pela luz que seu material engata e por seus deslocamentos, uma presença veemente, viva, que lhes tira toda função de citação. Mesmo se, no episódio 13, frutas, garrafas e carnes de caça evocam a abundância das naturezas mortas flamengas e se ele utiliza em outros lugares os efeitos de tecidos (chitões, sedas), drapejados inspirados na pintura clássica.

O número importante de referências da cultura pictórica passada que se pode extrair do *Revizor* não significa, no entanto, que, nesse

---

13 O crítico francês N. Gosset, "Meyerhold": apôtre d'un art en mouvement, *Comoedia*, 19 jul. 1930.

14 Cf. A. Gladkov, *Teatr: Vospominánia i Razmischlenia*, p. 120. Retornaremos muitas vezes a esse livro. A maior parte do livro é composta de memórias sobre Meierhold, intituladas "Piát Let s Meierholdom", e de notas feitas pelo autor durante entrevistas com o encenador no período de 1934-1939. Por sua precisão, porque Meierhold tinha conhecimento dessas anotações, que ele leu e confirmou uma parte, convém utilizar esses documentos. Cf. também S. Eisenstein, *Oeuvres*, t. 4: *Mémoires*, 3, p. 141-147, em que o cineasta menciona como suas fontes os pintores que inspiram igualmente Meierhold, como Goya, Daumier, Callot, Longhi.

TEATRO E MÚSICA

ambiente dos anos de 1920, Meierhold não se interesse mais pelas pesquisas da pintura contemporânea: em 1928, está em Paris e visita o ateliê de Picasso, a quem considera – e isso é revelador – "a ele, como toda a história da pintura"[15]. Ele pedirá ao pintor que seja o cenógrafo de *Hamlet*, que finalmente pretende montar.

Mas em 1938, como em *Revizor*, é para Dürer que Meierhold encaminha os jovens encenadores que vêm lhe pedir conselhos, e às suas composições ao redor das mãos, como uma chave teatral essencial. Mais geralmente, ele lhes revela:

> Se vocês exercerem sua imaginação nas obras dos grandes pintores e músicos, então, o problema que vocês terão a resolver será o de descobrir uma solução cênica capaz de dar conta da composição e do ritmo ao mesmo tempo, sua imaginação lhes indicará o bom caminho. Música, pintura e teatro estão indissoluvelmente ligados. As leis da pintura e as da música passam ao teatro pela imaginação do encenador[16].

Os ensaios dos anos de 1930 evidenciam particularmente essa ligação pintura-música que Aleksandr Gladkov chamará de "pintura musical da visão do encenador"[17], em que palavra, gesto, movimento, cor, ritmo interior e melodia musical brotam simultaneamente nas indicações do encenador em um todo indissociável. Meierhold, ver-se-á, somente conseguirá ensaiar com música, e sua colaboração como os músicos será ainda mais estreita.

A partir de *Revizor*, a pintura encontra-se, portanto, em um palco não pictórico, reinterpretado como tal em cores, linhas, volumes, até texturas, a ser reconstituída no palco com a iluminação; seu emprego evoca talvez um tipo de cinema que se apoia na pintura para se destacar do teatro, do mesmo modo que esse último aí se abastece para melhor separar-se da literatura. Pode-se pensar aqui em *Fausto* de Murnau, filmado nesse mesmo ano de 1926. Figurativa, ela inspira o jogo do ator que se enriquece, por meio de suas lições, com uma ciência do gesto expressivo, oferecendo de uma vez a culminância de um sentimento, a essência de um homem ou de um movimento. Meio entre a vida e a visão do encenador, ela lhe fornece uma realidade liberada do acaso sem privá-lo da rica experiência da observação direta da vida. Depois da intervenção dos construtivistas na cena meierholdiana, posteriormente, de construtores formados em seus ateliês e enfim, de jovens arquitetos, notar-se-á, nos créditos de espetáculos dos anos de 1930, em geral, um apagamento progressivo da intervenção do cenógrafo: essa retração é devida a um papel do encenador, que assume a função do idealizador do plano plástico e recorre aos cenógrafos menores (Ivan Leistikov, Leonid Tchupiátov), compensando suas faltas com paradigmas extraídos da iconografia clássica.

---

15 A. Gladkov, op. cit., p. 121.

16 Entrevista com estudantes, jun. 1938, *Stati, Pisma, Retchi, Besedi*, t. 2, p. 506.

17 A. Gladkov, op. cit., p. 198.

Paralelamente a esse desaparecimento relativo do cenógrafo, Meierhold apelará aos maiores compositores de seu tempo.

Nessa matéria cênica tal como modelado e ajustado por Meierhold, a música tomará a dianteira porque, devido a sua educação, ele é mais músico do que plástico, mas sobretudo porque, afinal de contas, considera que a música engloba todas as artes. Em 1927, ele interroga: "Na faculdade de encenação da futura universidade do teatro, qual a principal matéria que deve ser incluída no programa?" Sua resposta: "A música, certamente"[18]. Mas no palco, a música deve dobrar-se às exigências teatrais específicas: assim, o desempenho do pianista no teatro se diferencia de seu desempenho no concerto e a orquestra teatral é composta de modo a se destacar de uma orquestra de concerto. Meierhold pede geralmente aos compositores que escrevam seus textos a partir de fragmentos existentes, utilizados em ensaios, de modo que forneçam soluções muito precisas aos problemas cênicos. Assim, as sete valsas de *A Dama das Camélias*, sobre as quais são construídas as peripécias do drama, são todas reescritas por Vissarión Schebalín a partir de composições de Maurice Ravel, Claude Debussy e Benjamin Godard.

O construtivismo desnuda a cena para estimular a atividade da área de atuação, ele suprime bastidores, maquinaria, cenário pintado e cortinas para dar lugar nítido a uma máquina funcional anti-ilusionista. As etapas posteriores da criação meierholdiana procuram desenvolver um novo tipo de "organismo" teatral que afirma claramente, com *Revizor*, sua essência músico-pictórica, paradoxalmente sem pintura e às vezes sem música (audível). Música, pintura e seu prisma, a imaginação teatral. Mas, nessa rica matéria cênica, qual o lugar do texto em *Revizor*?

Música e Texto: Instrumentação do Texto de *Revizor*

Sigamos novamente Meierhold nos ensaios: ele pede a seus atores que façam retinir o colorido russo das palavras. A ação tem lugar na Rússia e "para encontrar o caráter nacional, os desenhos de Pável Fedótov me parecem mais convenientes" (9 de fevereiro 1926). Em abril, ele pede aos atores que pautem suas técnicas de atuação não no teatro de Molière, mas nos quadros de Fedótov e de Venetsiánov. De um lado, portanto, Dürer para as relações espaciais e a arte de restituir a essência da personagem em um gesto, visível, preciso; de outro, Fedótov, de quem ele aprecia o refinamento de observação e o humor, pela russidade do som: é na observação da concretude da

[18] L'Art du metteur en scène, exposta em 14 nov. 1927, *Écrits*, t. 2, p. 224.

vida russa, dos comerciantes, dos funcionários, dos oficiais fedotovianos dos anos de 1830-1840 que o ator apreenderá a natureza da língua gogoliana. Orientação ao mesmo tempo nacional e universal em suas fontes pictóricas. Entre essa arte visual e os sons, deve-se estabelecer correspondências: Meierhold vai procurar, em sua direção de ator, fornecer retratos sonoros de indivíduos gogolianos[19].

O trabalho com o texto de Gógol não se limita à montagem e à decupagem da peça, à ressurreição de cenas ou de falas sacrificadas, ao deslocamento de outras réplicas valorizadas desse modo. Sobrenomes são reconstruídos ou reinventados ao espírito de Gógol. Às vezes, e cada vez mais raramente, frases são reunidas pelos atores para sustentar a expressão concreta de suas reações. Porém a maior parte do trabalho com o texto concerne ao seu tratamento sonoro. Nenhuma frase, nenhuma palavra pronunciada no espetáculo escapa à intervenção cênica de Meierhold.

Antes de tudo, Meierhold busca uma clareza, uma transparência puschkiniana para o conjunto da estrutura do texto gogoliano, remetendo mesmo tão frequentemente a Púschkin, mestre de Gógol, que essa quase monomania parece ter às vezes desconcertado seus assistentes. Transparência e ligeireza do texto a ser dito, independentes das emoções que o motivam, do impulso que o envolve ou da inquietude em que está mergulhado. No decorrer dos ensaios, Meierhold experimenta continuamente, dando uma atenção imensa à interpretação vocal que a crítica soviética curiosamente destaca muito pouco. Dificuldades dos atores para realizar as tarefas indicadas por Meierhold? Sem dúvida, e o encenador as reconhece, lamentando em abril não ter conseguido "uma manipulação virtuosística do texto, uma instrumentação virtuosística". Ele quer dar clareza a cada palavra do texto gogoliano, limpá-lo de sentidos acumulados, concentrá-lo em explosões sonoras como se ele o polisse, colocando, ao mesmo tempo, cada uma delas em cada fala, em cada mudança, no interior de um conjunto que ele constrói como uma totalidade fluida, airada pelas entonações, pelos ritmos, pelas pausas.

E primeiramente, ele reinstrumenta o texto diversificando o estilo. Com o vigor da estética maiakovskiana, ele reintroduz todo o vocabulário censurado por Gógol ou por seus redatores nas variantes sucessivas e guiado geralmente por um procedimento pouco destacado que, destinado a fazer rir o espectador ou um leitor inculto, corresponderia a um estado primário de sua evolução. Os trocadilhos recuperam, portanto, o direito de cidadania, amplificados pela paixão de Meierhold pelas palavras de sonoridades bizarras, de origem estrangeira (o alemão de Gibner) ou dialetal, para as expressões de ambientes que se desviam das normas da língua literária (em particular a linguagem dos jogadores), para as "palavras-monstros", como a *tolstobriúschka*• introduzida até no título de um episódio, ou para as "palavras-fragmentos". Todos

19 Para este estudo, apoiamo-nos em parte em A. Matskin, *Na Temi Gógolia*, p. 115-142.

esses destaques ásperos, vulgares ou estranhos, grosseiros ou empola-
dos alimentam a rugosidade do espetáculo.

Meierhold procura igualmente tecer no coração do texto o contraste
fundador, gerador da tensão, da energia do espetáculo. Ele quer "a solda"
(*spaika*), termo que para ele significa a ligação de elementos heterogêneos, palavras de sentido ou origem diversas, registros de discursos opostos. Desse modo, Zemlianika deve, em suas felicitações ao Governador,
passar da unção religiosa em eslavo antigo à injúria, colocá-las em fusão,
sem demarcar sua separação com uma pausa, em uma espécie de concordância que refinariam simultaneamente bajulação e desprezo, sem
que haja tempo para apagar de seu rosto uma careta adocicada.

Meierhold fala do tecido do papel ou da frase, como se fala de
tecido musical. Ele insiste: "O tecido do papel não deve se romper
um único minuto". Uma pausa imprevista rompe o tecido e o ator se
perde: "É importante que ele mantenha todo o tempo a solda entre os
elementos, que eles se fundam um no outro. É preciso saber urdir os
pontos de um ao outro, é preciso saber modular" (22 de abril 1926). O
jogo vocal é marcado por todo um trabalho de modulação, ou seja, uma
pesquisa de transições, passagens, deslizamentos de um tom a outro
que compõem, tanto ao nível individual quanto ao nível coletivo, uma
cadeia ininterrupta, um fluxo textual e sonoro contínuo. Continuidade
que não exclui, no entanto, a ruptura. Desse modo, a perturbação do
Governador no albergue deve se traduzir por uma mudança de tom
capaz de arrebentar o tecido semântico da frase. Essa perturbação psíquica possui manifestações vocais que transformam seu texto: "Não
são mais frases, mas absurdos" (10 de maio 1926).

O texto falado é, pois, tratado como um material musical em que
Meierhold trabalha as pausas, as ligações, as transições, as modulações, os acentos, o fraseado. Ele aumenta primeiramente brincando
com as repetições de palavras do próprio texto de Gógol, orquestrando
as repetições de cores das falas, introduzindo séries de algarismos ao
episódio 15 no qual, como na Bolsa, as personagens depenadas – e
mesmo aqueles que não se relacionam com ele – gritam as somas que
o impostor lhes "pediu emprestado". Meierhold chega a fazer aí a interpretação do drama por meio de formas sonoras quase puras, quando
palavras comuns repetidas, declinadas como essas séries de algarismos
enormes, exprimem o furor e a confusão da cidade. Outro exemplo: a
articulação e a vocalização de palavras da família "ver", "olhar", possibi-
litam a interpretação do nervosismo, da rivalidade feminina entre mãe
e filha, destacar seu combate "dente por dente", como indica Meierhold, tanto quanto a imagem visual e dinâmica do vestido, aquele que
Maria Antonovna se recusa a usar e que, repelido ou imposto, passa
como um volante de uma a outra.

A percepção sonora vai às vezes aprimorar a compreensão intelectual do texto no diálogo entre o Governador e o Gendarme (Ato 1,

Cena 5, episódio 2) que se constrói no palco a partir de aliterações em l e r: rugidos do Gendarme, que dissimula suas faltas rolando os r em que exprime todo o seu zelo potencial, e os do Governador, que não se deixa enganar com essa camuflagem e quadruplica o volume de seus próprios erres... Essa instrumentação sonora – a transposição oral de um texto escrito pela repetição de palavras, sua retomada, sua explosão, seu polimento, sua combinação (contraste-soldagem), seu entrelaçamento com os ruídos, gemidos, onomatopeias ou risadas – é paralela a uma valoração das virtualidades corporais da língua, e a pontuação do texto, que lhe dá uma estrutura rítmica, é inteiramente revista. Meierhold afirma que, para Gógol, "ninguém inventou ainda os bons sinais de pontuação. É preciso que nós mesmos os coloquemos. Senão, será incrivelmente absurdo. Ele gostaria muito mais de publicar as peças sem nenhum sinal de pontuação" (29 de janeiro 1926). Se a pontuação gogoliana original é difícil de estabelecer, esse tipo de restauração não teria de todo modo nenhum sentido para um teatro que fez passar seu material verbal a ferro e fogo de *Misteria-Buff* (O Mistério-Bufo) ao trabalho com os *slogans* e às pesquisas de S. Tretiakov.

Meierhold quer um texto transparente, ligeiro, pode-se dizer musculoso, de acordo com o jogo biomecânico. Ele descarta, portanto, todos os pontos de suspensão: sem delicadeza, sem vagueza, porém com paradas e pausas precisas. O diálogo, à maneira do Gostim•, acentua o caráter falado de *Revizor*, frases curtas, falas breves, pontos e não ponto-e-vírgulas. Esse tipo de pontuação conserva uma energia nas palavras que jamais é alimentada pelo patético da exclamação: ou bem ela é cômica, ou então exprime um estado de choque.

Enfim, em toda parte, a ênfase dos que dinamizam o texto. Acentos nos verbos primeiramente, os verbos dos quais Gógol é tão pródigo e que na cena entre o governador e os negociantes, para se ater a esse exemplo, jorram em cascata, são os pontos de explosão de um monólogo eufórico do Governador, que gargareja de insolência, de cinismo jocoso, falando como se ele saltasse a cavalo. "Os verbos, acentue somente os verbos" recomenda aqui Meierhold (21 de outubro 1926). O destaque sonoro deve valorizar o humor de seu duplo sentido ou o conflito cômico que nasce de sua vizinhança.

Acentos ainda no texto através dos juramentos, apelos a Deus ou ao Diabo, injúrias. Eles existem em Gógol, porém o teatro os reúne e, pronunciados com todas as entonações, fazem sobressair o aspecto falado da língua e combatem todo vestígio literário. As interjeições, enfim, a começar pelas bem famosas "eh", trocadas por Bóbtchinski e Dóbtchinski (Ato 1, Cena 3). Meierhold multiplica essas interjeições monossilábicas, expressões convencionais de uma emoção ou de uma ideia. Ele distribui mesmo às personagens mudas. Assim, os "m-da" (m-sim) do Oficial, "sombrio, tenebroso e que se cala, se cala", e de repente começa a mugir (13 de abril 1926). Seu silêncio então se faz mais veemente ainda. As reações de cores utilizam a língua de interjeições, e nos "ah" dos convidados do episódio 14 no anúncio do noivado, Meierhold orquestra as vozes, ele quer que se ouçam distintamente as vozes das mulheres que aliviarão o conjunto. Ouvir-se-á também "tsc" acompanhados de reflexões abafadas, convidando ao silêncio quando da chegada do Diretor dos Correios (episódio 14). Aqui, Meierhold busca um fundo sonoro deduzido do princípio de cores, ou seja, uma matéria vocal fixando as reações do conjunto imaginadas pelo encenador, do qual se destacarão as falas da personagem momentaneamente principal.

Todo esse trabalho areja o texto, proporciona-lhe centros irradiantes, ou cria pelo contrário um fundo do qual ele se destaca. Meierhold utiliza geralmente a expressão metafórica "fender", "perfurar": certas falas devem "fender" a massa sonora do conjunto. As frases claras serão pronunciadas como se em *itálico* e darão a dominante do sentido que o espectador, em um momento dado da ação, deverá apreender. Desse modo, no episódio 2, a réplica – "As toucas, talvez se possa colocar-lhes as apropriadas" – pronunciada entre os dentes, um pouco preguiçosamente, emerge do contexto ambiente, como o símbolo da administração do hospício de Artêmi Filippóvitch Zemlianika. Meierhold experimenta aqui "o cinzelamento de itálicos"[20]. No episódio 1, certas falas do Governador terão um ataque cerrado, fustigante, mordaz, conferindo ligeireza e precisão ao seu texto, que os gemidos do outro lado tornam pesado. Outro exemplo: no episódio 15, quando Maria Antonovna canta sua romança, os convidados pronunciam frases-comentários que devem se destacar e formar um contraste com o lirismo do canto. Tratado desse modo, o fluxo verbal é ininterrupto e os silêncios – vazios de personagens mudos, retardamentos de uma fala, pausas – são calculados para fazer organicamente parte do tecido musical em que se alternam coro e solos, fundo sonoro e "itálicos", em que ressoam múltiplos acentos e desabrocham muitas nuances. As vozes gemem, riem, repetem, gritam, espocam "como metralhadoras"[21] – e distribuem-se enfim sobre e com a música. Assim a fala do Governador (Ato v, Cena 8) – "Quem falou primeiro que era *revizor*?" – no final do episódio 15, inscreve-se no ritmo desencadeado de um galope.

Enfim, Meierhold distribui as vozes: o Governador e Zemlianika serão os baixos, o Juiz, um baixo de estentor, Bóbtchinski e *Dóbtchinski*, tenores. Khlestakóv é mais um baixo do que um tenor: sua voz, bem como seu aspecto encontram-se em ruptura com os Khlestakóv precedentes. Do mesmo modo que o espetáculo é polêmico ao nível de registros de língua, em que cada camada atua no plano sonoro uma com relação à outra, ele é igualmente ao nível da escolha vocal. Meierhold quer vozes jovens. Submetendo-se à tradição, o grande ator Davidov envelhecera sua voz para interpretar o Governador: Starkóvski, ao contrário, deveria ter uma voz clara, uma dicção ligeira, ainda uma casca de sotaque polonês para aliviar.

20 Ensaio 4 mar. 1926, citado por A. Matskin, op. cit., p. 120.

21 Idem, ibidem.

Assim, o encenador suprime os esquemas de língua, os clichês. O tratamento musical do texto, levando a uma polifonia em que cada voz, corista ou solista, faz-se ouvir sem trair a harmonia do conjunto, responde às duas exigências opostas: buscar as raízes concretas da língua, conectá-la ao seu solo, motivar as reações das personagens, exaltar o russismo do texto de um lado e, de outro, submeter-se às convenções da abstração musical, dar por meio dela uma forma sonora nova a um texto familiar. Trata-se, como desejava Gógol, ao aconselhar o ator Mikhail Schtchépkin, de encontrar um língua simples, mas que tenha efeito, que "penetre" no espectador[22].

A Partitura e a Construção Musical: Música Audível e Inaudível

Pode-se considerar a composição musical de *Revizor* pertencente a essa tradição russa que resultou em uma transcrição musical da obra de Gógol, de Modest Mussórgski, com *Jenitvá* (O Casamento), a Schostakóvitch com *Nóss* (O Nariz) em 1930. A partitura propriamente dita comporta peças para piano, para orquestra e para canto: uma "quadrilha-misturada", colagem de árias de dança do século precedente para os episódios 5 e 10, cantos populares (episódios 5, 7, 11, 13, 14), a "Valsa-Fantasia" de Glinka extraída da ópera *Ivan Sussânin* (episódios 7 e 15) e enfim fragmentos compostos por Mikhail Gnessin a partir de seu trabalho de pesquisa sobre a música judaica, para os episódios 13, 14 e 15. Trata-se de peças interpretadas por um conjunto judeu para as bodas de província: uma "Recepção Solene" e seis figuras de uma quadrilha. Pouca música afinal para um espetáculo tão longo, que nos ensaios de novembro a cronometragem se força, aliás, a recorrer sem cessar, cortando e concentrando[23]. Como compreender então que *Revizor* parecesse saturado de música a certos especialistas como Emmanuil Kaplan[24], Assáfev, ou ao fino crítico de teatro que é Aleksei Gvozdev?

A Música é Extremamente Ativa no Palco

Jamais concebida nem sentida como um simples fundo, ela funciona em múltiplos níveis. Deixemos o compositor Assáfev enumerá-los:

Dizer ou exprimir pela música o essencial, aquilo que não se pode traduzir unicamente pelo discurso, atrair e encantar pela música,

---

22 Carta de Gógol a Schtchépkin, 24 out. 1846, citada em V. Meyerhold, Extrait du sténogramme de l'exposé du 24 janvier 1927, *Écrits*, 2, p. 207.

23 Cf. RGALI, 998, 193. Plano de ensaios, Cronometragens, 24 de novembro 1926 – 22 de setembro 1927.

24 Arquiteto, músico de formação e encenador de ópera.

utilizá-la como sinal, como apelo à concentração da atenção, tal é o diapasão da música no drama. Tudo isso se percebia em outras encenações de Meierhold, a mais sinfônica de todas sendo *A Floresta*. Contudo, em *Revizor*, ficamos espantados simultaneamente com a amplitude, a maestria, as formas e a penetração do uso de propriedades do elemento música: prevenir ("sinalização"), apelar, atrair e hipnotizar, elevar ou baixar a corrente emocional, aprofundar a atmosfera e a ação, transformar o cômico em horrivelmente bizarro, colorir não importa que anedota do cotidiano em fato psicológico importante[25].

Alguns exemplos. O episódio 7, "Em Torno de uma Garrafa de *Tolstobriúschka*", é inteiramente acompanhado por motivos da romança de Glinka "Em Meu Sangue Arde o Fogo do Desejo" e por extratos da "Valsa-Fantasia". A romança é primeiramente dada em surdina pelos violinos que atacam, a uma ordem do leque de Anna Andrêievna. É ela que diverte Khlestakóv enquanto se ocupa de lhe preparar o chá, depois de bebê-lo e fazer trejeitos para a mulher do Governador, depositando um beijo em seu dedinho. A romança termina. Vem a valsa, rica matéria sonora para Meierhold com as inúmeras repetições

160 *Primeira página da partitura de M. Gnessin, intitulada Turnê da Orquestra Judaica no Baile do Governador. Grotesco, opus 41, abr.-oct. 1926. Trata-se de "A Chegada Solene".*

25 Cf. I. Glebov, Muzika v Drame, op. cit.

e variações do tema, suas retomadas nos diferentes timbres de instrumentais, suas acelerações e seus retardamentos. Ela mantém a escalada nos patamares da embriaguez de Khlestakóv e de seu delírio, de suas mentiras. Ligeira e um pouco fora de moda, ela dá forma à cerimônia da divisão da melancia, sua absorção por Khlestakóv, que fala gesticulando com o garfo espetado nas partes vermelhas, depois pelo Oficial, em contrabaixo, que a termina. O ritmo muda, faz-se mais agitado, passa para dois tempos, e Khlestakóv relata suas aventuras pantomimando o sacolejar da carroça que o conduz. Retomando sua estrutura ternária, ela amplia o escândalo quando Khles-

[161] Revizor: *Disposição da mobília no praticável do episódio 13. Foto de ateliê.*

takóv, consumido pela absorção da *tolstobriúschka*, agita pés e mãos, aterroriza os funcionários, apodera-se do sabre de um soldado, salta sobre um sofá, desembainha num gesto grandioso que faz surgir um toco de lâmina e tomba nos braços do Governador. A valsa coincide enfim com sua destinação, quando a opulenta Anna Andrêievna se apossa avidamente do pequeno Khlestakóv, que a convida para dançar e rodopia com ela. Exaurido pelo esforço, com efeitos de retardamento em que seu corpo pesado pelo álcool opõe-se ao movimento da valsa, na desorganização controlada de seus membros, ele finalmente afunda-se na poltrona do Governador e, embalado pelo leque de Anna Andrêievna, nas notas finais da valsa que compõe o fundo lírico de um retorno ao real sórdido que a assistência não está preparada para compreender, lunetas caídas, braços pendentes, ele se lembra docemente de sua criada Mavrúshka. Ele termina por adormecer com gestos infantis, cada um de seus dedos deslizando sobre seus joelhos amolecidos. A partitura musical cria aqui as condições do apogeu do escândalo ou as da culminação psicológica enquanto revela, no final do episódio, sob o tagarela, um impostor, um homenzinho solitário digno de piedade. No episódio 15, a "Valsa-Fantasia" intervém ainda um instante antes da loucura do Governador, *tema-recordação* da falsa vitória alcançada por Khlestakóv no episódio 7.

O episódio 13, "Sonhos de Petersburgo", apresenta os dois esposos saciados, bêbados de felicidade, cercados por tudo aquilo que se pode inventar para o ventre: mesas carregadas de mantimentos e garrafas de cores diferentes. Anna Andrêievna, em um vestido framboesa, anima sobre um divã essa natureza morta flamenga. Perto dela, seu marido que, de uniforme desabotoado, degusta o vinho e, de satisfação, lhe estapeia as nádegas... Nas entonações, risadas espessas, Meierhold faz entrever, além da beleza sensual dos objetos que a crítica se lembra de destacar, a feiúra de um ideal de vida no qual se trata de escalar a hierarquia do poder, lambendo as botas dos superiores para melhor encher a pança e melhor sapatear sobre seus vizinhos. Aqui ainda, é a música que possibilita essa "radioscopia". O Governador em sua alegria canta uma romança de Aleksandr Varlámov, sua mulher acompanha-o, mas ele canta em falsete. E, sobretudo, durante toda a cena, escuta-se em *off* a orquestra dos músicos judeus ambulantes de quem, até o início do século, se alugava os serviços para as bodas em todas as casas burguesas de província e que Meierhold imaginou contratar para o Governador. Ele repete no baile o longo trecho da "Recepção solene aos hóspedes venerados". As sonoridades alegres de canções de dança extraídas de diferentes culturas (cigana, russa) e transpostas no tom menor que caracteriza a música judaica eslava, nas vibrações e gemidos de cordas[26], ora recheiam o diálogo da cena, ora são ouvidos em surdina, de muito longe, como se portas se abrissem e depois se fechassem. Elas dão um contraponto irônico à ação visível. O mesmo tipo de música será tocado no episódio seguinte e dessa vez também servirá de comentário à ação, fazendo-se ouvir através dos ruídos da festa (vozes, risos, arrastar de cadeiras).

Porém, mais ainda: material organizado para certos efeitos, a música é o princípio organizador de toda a ação cênica. Inicialmente em um primeiro nível: os dois tipos de música conservados por Meierhold, as romanças e as danças do século passado, e a música da orquestra judaica que manipula suas sonoridades, faz com que passem por um tratamento grotesco[27], são os dois polos – ele dirá as duas "asas" – entre os quais se desdobra o espetáculo. Depois em um segundo nível: Meierhold se utiliza de formas musicais para encenar *Revizor*.

[26] Composição da orquestra: quatro violinos, dois altos, dois violoncelos, um contrabaixo, dois clarinetes, uma flauta, um trompete, címbalos.

[27] Cf. M. Gnessin, *O Iumore v Muzike*, Stati, *Vospominánia, Materiali*, p. 197.

A Música, Base da Construção do Espetáculo: A Polifonia

A direção de atores, para Meierhold, assemelha-se à direção de orquestra. "É preciso tocar como em uma orquestra, cada um sua parte [...]. Aqui uma flauta, ali um coro" (6 de abril 1926). Ele luta para aplanar "o grande conflito entre as partes do conjunto: o cisne, o lúcio, o lagostim. O segredo da ação está na coesão do conjunto" (29 de outubro 1926). O modo com que cada ator deve entrar na atuação, como um instrumento na execução de uma peça musical, será destacado por Meierhold um pouco depois, em 1931, no momento em que ele termina *A Luta Final* de Vischnévski, mas pode ser remetido ao trabalho de *Revizor*. Pois a definição que Meierhold dá então para cada uma de suas encenações, como "espetáculo em movimento, em estado de constante movimento para adiante", é capital. Ninguém mais senão o ator e, sobretudo, nenhum diretor pode garantir a fluidez do tecido cênico. Ele deve, pois, escutar e ver o espetáculo constantemente, e para isso estar ainda presente no palco ou em uma galeria do palco. É com esse objetivo que o projeto teatral concebido por Meierhold nos anos de 1930 preverá um acesso direto dos camarins ao palco. "Para não destruir o movimento musical ao penetrar na área cênica, mas ao contrário, para integrar-se aí e prolongá-la, o ator deve saber qual o nível de tensão de seus parceiros no palco antes mesmo de ele entrar aí."[28]. Eis uma concepção do espetáculo como corrente contínua em que é preciso "saber interpretar (*jouer*) as modulações", ou seja, a passagem evolutiva de uma parte a outra. O espetáculo meierholdiano jamais é situado em um presente estático, mas bem no intervalo, na modulação. "Interpretar as modulações", diz Meierhold, "é concentrar sua atenção no passado, no que acaba de ser interpretado, e no futuro, no que eu vou interpretar"[29].

A escritura musical polifônica confere ao espetáculo sua estrutura matemática ao mesmo tempo que sua construção emocional. As leis do contraponto, na composição de linhas sonoras e plásticas, parecem reger certas sequências. Meierhold pesquisa uma combinação, uma superposição de melodias, de trechos, de vozes entre si sem que elas percam sua autonomia, sua individualidade, sem que elas se fundam, mas de modo que cada uma se desenvolva a partir de uma linha principal dada, por meio de relações de intervalos, segundo movimentos contrários, paralelos ou oblíquos[30], em formas que terão parentesco, às vezes, com o cânone ou a fuga, composições de estilo contrapontístico às regras estritas. Todos os episódios, mesmo aqueles que não têm música, podem ser decompostos para análise em diferentes momentos, com a ajuda da taxionomia musical que designa seu movimento e/ou expressão de nuances. Assim, Kaplan divide as sequências do episódio 2 segundo seu tempo: chegada do Diretor dos Correios, de uma

---

28 *"A Luta Final*, entrevista com os participantes do espetáculo" (31 jan. 1931), *Tvórtcheskoe Nasledie V.* Meierholda, p. 70-71.

29 Idem, p. 70. Em harmonia clássica, a modulação é "a evolução que sofre a harmonia quando ela passa de um tom determinado a outro tom, por exemplo, do dó maior ao sol maior. Seu caráter varia segundo a afinidade ou a distância entre dois tons sucessivos. A passagem se realiza graças a certos elementos característicos da tonalidade que virá", *Encyclopédie de la musique*, 1959.

30 Movimento paralelo: as duas linhas mantêm a distância constante de um intervalo dado. Movimento oblíquo: a linha principal permanece imóvel, enquanto o contraponto segue em outra direção.

vivacidade contida, *allegro sostenuto*, depois o duo com o Governador, ritmado pelo retinir de copos, que se amplia em um conjunto quando os funcionários sacam as cartas que o Diretor dos correios tirou de seus bolsos, troçando, depois calando-se, pendurados em algum detalhe picante. Nesse tempo, o duo continua sonoro, claro. O conjunto é acelerado antes da chegada em largo de Bóbtchinski e Dóbtchinski, que Kaplan compara, graças a seu desenho rítmico e entonativo, à entrada do conde Almaviva disfarçado em aluno de Basílio, em *O Barbeiro de Sevilha* de Rossini[31]. Os dois solistas executam então, imperturbavelmente, um longo cânone[32] apesar das interrupções impacientes do Governador e do coro de funcionários, que progressivamente se põem a gritar, a vociferar. "Mas em toda essa desordem, há uma ordem: ritmo, polifonia, *crescendo*, síncopes, acordes. Sobre o fundo desse conjunto selvagem, ouvem-se os "i" e os "e" pipilados do doutor, já marcados na introdução, e os novos "eh" de Bóbtchinski e Dóbtchinski. O Diretor dos Correios faz ainda tinir sua garrafa e seu copo para interromper o ruído: em breve, é um conjunto musical com coro" escreve Kaplan[33].

No episódio 14, a composição visual muito arquitetônica apoia-se do mesmo modo em uma composição musical. O ritmo a ser visto (diagonais orientadas e perturbações locais, mãos expressivas afinadas com os objetos, pousadas no vizinho ou afastando-o) é indissociável do ritmo que se escuta: exclamações corais (interjeições, risos, "ah" entusiasmados), pausas, em que se manifesta mais distintamente a música da orquestra judaica que mantém o episódio. A romança cantada pela voz cristalina de Babánova-Maria Antonovna, trepada em uma cadeira no auge da composição plástica, destaca a estupidez do noivado provinciano, servindo completamente de contraponto lírico à multidão-manada. Ela funciona, no decorrer do episódio, como *intermezzo* da tela dramatúrgica da ópera. Retardando a ação, freando-a, ela igualmente ressalta a rapidez de seu movimento ulterior.

O anúncio da impostura pelo Diretor dos Correios (Ato v, Cena 8) é um novo material musical introduzido pelo coro: ritmo visual titubeante, quando ele abre caminho através da massa, fez à época a anotação sobre o texto de sua primeira fala: "Um caso extraordinário, Senhores!" Esse anúncio é seguido de uma pausa depois da qual as reações se exprimem em um curto *fugato*[34], sobre as palavras "Como, não é o *revizor*?": primeiro movimento de fuga *pianissimo*, cada um separadamente, em sua própria nota, depois *crescendo* até o grito de cólera comum. No episódio 15, outro momento polifônico desenvolve o tema das gratificações (episódio 9), verdadeira fuga em que cada um, mesmo aqueles que não são apresentados a Khlestakóv, deplora suas perdas financeiras[35]. Entra cada uma das vozes, lança sua fala, uma cifra que repete muitas vezes do *forte* ao sussurrado. Porém, a introdução de novas vozes não cessa de engrossar a fuga, de ampliá-la até um *subito piano*, ponte para a cena muda.

31 E. Kaplan, Rejisser i Muzika, em Vstretchi s *Meierholdom*, p. 338.

32 Cânone: "procedimento de escritura polifônica em que duas ou mais vozes entram sucessivamente retomando o mesmo tema melódico e mantendo até o final a mesma distância no tempo". *Histoire de la musique occidentale*, p. 86.

33 E. Kaplan, Rejisser i Muzika, op. cit. p. 339.

34 *Fugato*: "passagem de estilo de fuga inserida em uma sonata, uma sinfonia, um concerto [...]. Esse episódio geralmente muito curto não obedece às regras estritas da fuga, já que é um intermédio em uma peça cujo rigor da fuga propriamente dita está excluído", *Encyclopédie de la musique*.

35 E. Kaplan, Rejisser i Muzika, op. cit., p. 340-341, diz que ele pôde anotar essa partitura de fuga sobre os efeitos.

A música – cantos populares, romanças, peças para piano, para orquestra – alçada ao texto da peça situa-se no mesmo plano daquela em que Meierhold *extrai desse texto* por todo um trabalho de distribuição, divisão, repetição de falas, modulação, tratamento coral, trabalho com o tempo. Essa música secreta resulta das relações entre os papéis, das ligações entre palavras e da plasticidade. Um tema *leitmotiv*, em torno do qual Meierhold constrói variações, pode ser uma fala, uma entonação, uma atuação ou certamente um extrato musical. Assáfev destaca que na composição de *Revizor* alternam-se formas camerísticas variáveis – duo, trio, quinteto (episódio 11) – e formas mais poderosamente sinfônicas (episódio 14). Os finais episódicos são geralmente organizados pela progressão que rege os finais de óperas. O espetáculo combina o procedimento da variação e o princípio da forma-sonata. O primeiro concerne à apresentação, à valoração e ao desenvolvimento de cada tema dramatúrgico – réplica, situação, entonação, jogo de cena – modelo de base que é preciso transformar, deformar, em torno do qual se trata de construir uma esfera sonora e visual específica, ao mesmo tempo repetitiva e diferente, condicionando a percepção do espectador, suscitando associações que reconectam as partes rompidas da montagem (leitura da carta em 1, a da carta de Khlestakóv em 15, toalete do Governador em 2, toalete de Khlestakóv em 3, a das mulheres em 5). O segundo concerne ao agenciamento de temas entre si, sua relação conflituosa, criadora de tensões, cada tema opondo-se constantemente aos outros elementos visuais, rítmicos ou de entonação. Repetição, variação, conflito.

Meierhold suscita um problema fundamental: o do tempo, problema musicológico por excelência e ainda afinado com nossa atualidade no que concerne à interpretação de obras antigas. O tempo, excessivamente rápido do vigor de Gógol, estoura a precisão da estrutura, apaga a profundidade, o volume, os ecos. Porém um tempo muito lento desagregaria igualmente a forma. Qual a rapidez para atuação de *Revizor*? O tempo corresponde a um grau preciso da escala temporal metronômica, ele baliza o tempo como a régua o espaço. Sua escolha e suas modificações estabelecem e desestabelecem uma obra, metamorfoseiam-na subvertendo suas relações internas. Ele é, por outro lado, expressivo em si mesmo. À investigação psicológica, Meierhold substitui um trabalho musical do ator. A questão "Qual o tempo da peça?" induz ao tempo de diferentes episódios, de suas sequências e de cada um dos papéis. Assim, Meierhold pesquisa longamente, para a leitura da carta de Khlestakóv pelo Diretor dos Correios, um tempo que, capaz de exprimir ao mesmo tempo o triunfo e o medo, permita interpretar toda a sequência[36]. Ao jogo biomecânico combinam-se, portanto, técnicas de interpretação musical, igualmente suscetíveis de eliminar o trabalho introspectivo: dupla disciplina, a do treinamento físico (ação, reação, sensibilidade com relação ao outro, ao grupo, ao espaço) e a do saber musical.

36 Somente o deciframento real de uma escritura manuscrita desconhecida e difícil dará ao ator o tempo preciso.

Godunov, a ópera e sua capacidade de comover profundamente, a peça e sua carga política, obra de um Púschkin revoltado, de um Púschkin decembrista[54]. Os projetos de ópera não se realizam, mas o convite de Prokófiev não somente como compositor, porém como "consultor do aspecto musical e sonoro" do espetáculo[55], situa bem a amplitude de intenções. Encenador e músico querem atravessar o mistério de um grande texto e dar um fim aos sucessivos fracassos das encenações anteriores. Para interpretar essa peça, escrita com sangue, que ele recorre ao teatro chinês e no qual ele quer restituir o furor elisabetano, Meierhold concebe três "motores": o próprio Prokófiev – cercado de seu "grupo de encenação" – finalmente o poeta Vladímir Piast, que elabora uma partitura para a dicção dos versos de Púschkin. Iniciados no começo de 1936, os ensaios tornam-se regulares até o final daquele ano, mas desaparecerão aos poucos, tristemente, no clima de 1937, impossibilitado de continuar a trabalhar com os clássicos sem levar em conta a dramaturgia atual do realismo socialista, incapacidade do lugar teatral em que está relegado a receber *Boris Godunov*.

Meierhold recorre às variantes e aos rascunhos do poeta segundo o método de *Revizor*, porém em um grau menor, para constituir ou interpretar um quadro da peça[56]. No entanto, recusa no trabalho toda intermediação: ele quer da poesia uma escuta intensa da história, mas sem arqueologia. Não haverá senhores ricos, enormes em seus casacos de pele. Meierhold rejuvenesce-os, torna-os guerreiros, cavaleiros musculosos. Tampouco grandes cenas de massa. Aos seus olhos, *Boris Godunov* classifica-se estilisticamente entre as "pequenas tragédias" de Púschkin. E a música, quando intervier, será para concentrar a forma operística, para negar seu aspecto de grande espetáculo.

Meierhold define a tragédia puschkiniana como uma "luta de paixões humanas sobre um fundo marinho borbulhante". Ela deve "se desenrolar sem cessar tendo ao fundo um vento contrário com força 10"[57]. Esses elementos naturais dão a imagem do povo; diante dele, os protagonistas, indivíduos que professam um mesmo desprezo ao seu olhar e uma mesma paixão pelo poder. Tais são as forças em presença nessa "comédia da infelicidade presente no reino moscovita", primeiro título dado por Púschkin ao seu *Boris Godunov*. Esse terrível confronto exposto, destaca Meierhold, é o que confere, segundo ele, originalidade à peça, escrita em versos e em 24 quadros, cujo virtuosismo da técnica dramatúrgica domina as paixões. Trata-se de uma "suíte trágica em 24 partes"[58], em que cada uma delas, com valor independente e autônomo, representa por seu conteúdo, suas sonoridades e seus ritmos próprios um fragmento da obra musical que a passagem ao palco deve realizar.

Meierhold ouve de início a *Suite Cita* de Prokófiev[59]. Desde julho de 1934, ele apreende o verso transparente de Púschkin através de timbres espantosos – sem violinos, mas uma orquestra cita com cornos, tambores, percussões. A *démarche* posterior é a seguinte: em agosto de

---

54 Ver nota (*) supra, p. 329.

55 A. Fevrálski, *Prokófiev i Meierhold*, S. *Prokófiev: Stati i Materiali*, p. 108.

56 Por exemplo, o quadro 7 (que será abordado depois) é interpretado a partir de uma réplica da peça, confirmada pelo título de uma cena encontrada no rascunho de um plano da peça: "Boris e os Feiticeiros". O quadro "O Cerco ao Monastério" é retomado, cf. A. Púschkin, *Boris Godunov*, *Pessi*, t. 3, p. 494-495. Para o texto francês, cf. A. Pouchkine, *Oeuvres complètes*, 1.

57 RGALI, 998, 226. Ensaios de *Boris Godunov* de 3 e 4 ago. 1936.

58 Cf. A. Gladkov, op. cit., p. 199.

59 Cf. V. Grómov, *Zamissel Postanovki*, *Tvórtcheskoe Nasledie V. Meierholda*, p. 354.

162 *Revizor*, episódio 15, *A confusão dos convidados invade a cena*.

Quando Gvozdev destaca a estrutura musical do espetáculo, deploram que os teatrólogos não possuam os conceitos e o léxico necessários para sua análise[41]. E que eles desenvolvam então impressões fugidias, porém intensas, de parentesco entre a sequência em que intervêm, por exemplo, a mulher do sub-Oficial e a do serralheiro (episódio 14); e as frases musicais de *Pulcinella* de Igor Stravínski, em que o trombone mantém um cômico diálogo com o contrabaixo. Aqui, ouvimos a música ausente, porque a vemos. Em outro lugar, ela será ouvida, presente, ainda mais porque ela será visível, valorizada nas pantomimas. Mas, mesmo sem música, as pantomimas de Erást Gárin se constroem sobre o modelo da frase musical: elas comportam geralmente um tema visual e rítmico em que o ator introduz as dissonâncias, ele cria uma tensão que resolve num "acorde" final[42]. Acompanhadas de música, elas se desenvolvem então como uma espécie de balé: é o caso da cena das mentiras do episódio 7, em que Gárin é ao mesmo tempo o homem bêbado e o acrobata que ocupa virtuosisticamente o minúsculo espaço. A precisão do grafismo apoia-se na da estrutura musical e o ator pode "aliar palavra, gesto, música e dança em um conjunto unificado"[43].

Cada ator, graças à sua maneira de combinar o verbo, o som, o ritmo, os objetos e os parceiros em sua atuação é, a cada momento, seu próprio encenador. Jogo biomecânico e musical que, na época da turnê pela França, será quase unanimemente destacado pelos críticos em sua novidade e perfeição plástica. Esses últimos observam que "ele chega a uma tão grande precisão, a um caminho de conjunto tão sólido que na verdade geralmente se acredita ver somente um único ser vivo em muitos corpos"; eles afirmam que "é uma maneira

[41] A. Gvozdev, Revitsiia Revizora, em *Revizor v Teatre Imeni Meierholda*, p. 37.

[42] Cf. Descrição de uma sequência desse tipo em meu artigo *Le Revizor* de Gogol-Meyerhold, *Les Voies de la création ghéâtrale*, v. 7, p. 114-115.

[43] Cf. A. Gvozdev, Revitsiia Revizora, op. cit., p. 32.

de balé", mas que "pode-se considerar também um coro ou uma orquestra"[44]. A trupe cuja união íntima é assim acentuada parece ser "uma maravilhosa mecânica de precisão", "sem a menor rigidez, muito ao contrário, espantosamente flexível" e a pantomima com ligações seguindo com desencadeamento instantâneo parece inteiramente submetida ao ritmo e à dança[45].

Além dessas funções construtivas, semânticas, emocionais, a música encadeia o espetáculo para adiante, ao grande silêncio final que concentra todos os silêncios ou pausas distribuídas em sua partitura cênica. Brancos verbais de personagens mudas, cuja ausência sonora é quase anulada pela expressividade da mímica (Meierhold falará da abundância de seu "texto" pessoal) ou então silêncio de imobilizações de grupo, aliás, sentido diferentemente segundo os críticos, segundo o que eles mostram de uma leitura pontual e analítica ou de uma percepção global: uns falam de uma aceleração frenética da ação, outros de seu retardamento estirado. Como a coda final, todos esses silêncios não são mais repetidos, interrompidos, repousados, imobilização enfim, eles têm uma função rítmica, eles são a respiração do espetáculo. Integrados ao tecido musical, eles são ainda portadores de seu dinamismo.

Análise da Composição Musical e Plástica no *Revizor*

O último episódio e a cena muda são constituídos de uma montagem de microssequências ligadas à quadrilha que toca na orquestra judaica, música que é por si mesma montagem de ritmos. Ouve-se sucessivamente, e às vezes repetidamente, polca, valsa, romança, gavota, pezinhos, galope[46]. Essa orquestra, que executa a ordem do Governador para o baile de noivado de sua filha e cuja partitura parodia involuntariamente as melodias ouvidas no decorrer do espetáculo, realiza de modo muito concreto o distanciamento de sonhos absurdos. Surda aos acontecimentos cênicos e sempre em *off*, a música de dança assume uma dupla função: comentário irônico e cruel, ela manipula também as personagens e faz brotar em cena o horror da realidade descoberta. O episódio 15 é curto, ele dura quatro minutos e meio nos seis trechos de dança. Depois da tensão do episódio 14, a necessidade de um espaço mais vasto, para transpô-la de outro modo e amplificá-la, justifica a decupagem entre os episódios 14 e 15 no meio da cena 8 do ato V tal como Gógol a escreveu[47].

44 P. Bost, Le Théâtre Meyerhold au Théâtre Montparnasse, *Revue Hebdomadaire*, 12 jul. 1930.

45 L. Treich, Meyerhold au Théâtre Montparnasse, op. cit.

46 A tentativa que segue, na ausência de partitura musical, não visa uma reconstituição integral. Foi impossível encontrar, nos documentos consultados, a inserção exata de todos os movimentos tocados pela orquestra judaica.

47 O episódio quatorze para depois da frase: "Que desagregação inesperada".

FORMAS PLÁSTICAS *Espaço*	FORMAS SONORAS *Música*
◘ Escuro. Saída do praticável no escuro. ◘ Vazio. ◘ Luz: ampliação do espaço, a ação vai contaminar toda a cena. Mudança da relação espectadores/personagens: horizontalidade (≠ oblíqua, inclinação), distância (≠ aproximação) e troca física de personagens ou grupos de personagens entre si (distância ≠ acumulação).	◘ Saída do praticável: rangido. ◘ A orquestra judaica ataca a primeira figura da quadrilha, uma *polca* lenta (em 2 tempos). O som continua em *off*.
Liquidação da anedota e de personagens	
◘ O olho do espectador apreende agora as entradas sucessivas de personagens pelas portas atrás das quais eles acabam de desaparecer juntos. Pelo ruído, adivinha-se que certos convidados permanecem ali para dançar, animando um caminho agora agitando o espaço *off* atrás das portas, onde já se encontra a orquestra, localizada no episódio 14. ◘ O palco anima-se em *diferentes pontos* destacados por uma potente iluminação vertical. ◘ À direita, um jato de luz impiedoso focaliza Anna Andrêievna, apoiada em um grupo que a sustenta: duas mulheres, um Oficial, e o eterno Capitão de Azul, o grupo avança pelo lado direito com os penachos despenteados, os leques, as flores do Capitão, esse grupo cerrado que reage ao menor movimento de Anna Andrêievna é como uma *variação reduzida da compacidade monstruosa* do episódio 15, a exposição dos leques é ao mesmo tempo funcional (abanar Anna), e decorativa (variação da sequência em que Khlestakóv brinca com o leque no episódio 7). ◘ Através das portas centrais, entra o Governador seguido de funcionários, que se imobilizam *em tropa* entre os grandes batentes abertos (variação compacta da explosão do coro do episódio 9). O Governador apoia-se em uma cadeira ao centro esquerdo do palco. ◘ A atenção concentra-se no coro que se agita ao centro, entre os batentes, determinando uma terceira área de atuação,	◘ A música: "Era preciso uma música para as figuras de uma quadrilha chamando a 'quadrilha-misturada' de 'Abraça-me', mas revista através da criação pessoal desses músicos judeus ambulantes que a parodiassem"[48]. Duplo desvio sonoro: o som em *off* remete aos episódios precedentes. ◘ A polca torna-se valsa. O festejo prossegue em *off* como se viesse do nada. ◘ *Leitmotiv* trágico de Anna Andrêievna sobre o discurso do Governador: "É impossível, Antocha" (ressoará 3 vezes). Já se escutou esse grito no final do 14, encoberto pelas exclamações gerais. Sobre essa única frase e suas variações, Anna Andrêievna vai indicar todos os estados psicológicos pelos quais ela passa e que Meierhold quer poder designar através de termos médicos, da histeria à prostração total. ◘ O Governador: "Não vejo mais nada. No lugar de rostos, vejo somente goelas de porco e nada mais". "Que o carregam". ◘ A transposição da valsa de Glinka destaca o esvanecimento da impostura. A valsa termina. A orquestra ataca a romança. ◘ O coro enceta uma *fuga* sobre o montante das gratificações, que vai do *pianissimo* ao *forte*, depois acaba em

48 Muzika Revizora, Beseda s M. Gnessinam, *Programma Akteatrov*, n. 65-66, 1931.

FORMAS PLÁSTICAS *Espaço*	FORMAS SONORAS *Música*
espaço reduzido comparável ao do 14. Mas os dois temas, o dos funcionários, o das mulheres, são bem separados novamente, espacial e plasticamente.	em *subito piano*, construída como a polifonia dos episódios 9 e 14.
◘ Cascata de gestos tranquilizadores no grupo de Anna Andrêievna.	◘ *Leitmotiv* de Anna Andrêievna.
◘ Os dois companheiros são tirados do coro, colocados diante dela.	◘ Acusação de Bóbtchinski e Dóbtchinski (sequência deslocada do texto de Gógol). As falas soam como os trompetes do último Julgamento ou como metralhadoras. Coda da cena: a correção branda de Bóbtchinski, que impõe sua última palavra – "Não sou eu, é Piótr Ivanóvitch".
◘ Pausa. Os funcionários entreolham-se.	◘ Artêmi Filippóvitch conclui: "É como uma bruma que nos envolveu, é por causa do diabo" e a romança termina; a valsa-paródia ressoa novamente.
	◘ Última variação de: "É impossível, Antocha".
◘ Anna Andrêievna desfalece. Novo agrupamento. Alguns oficiais, os do episódio 3, acorrem como se surgissem da terra, tirando-a de cena, erguida em seus braços. A fantasmagoria cômica do 3 junta-se aqui à tragédia. Cada uma das personagens principais desaparece do palco de um modo estranho e específico: Khlestakóv, num piscar de olhos, em uma troica imaginária, Maria Antonovna submerge na multidão do 15, e é um cortejo solene, ordenado, que faz desaparecer do palco Anna Andrêievna.	◘ Início do monólogo do Governador.
◘ Enfim, por sua vez, o Governador desaparecerá, depois de uma barafunda violenta, caótica, cômica. Ele corre atrás de sua mulher, seu furor atinge o auge, ele vira a única cadeira, põe-se a rastejar. O Gendarme procura segurá-lo. Gibner desenrola uma camisa de força, último objeto cênico que apoia a atuação, ele o veste pela metade, estranha figura de Pierrot de lunetas. O espaço, cujo vazio faz aparecer a divisão semielíptica do palco em ranhuras de onze raios que convergem na direção da plateia, parece citar, ao menos pelas fotos, o asilo de *O Gabinete do Dr. Caligari* e torna-se metáfora de um mundo asilar. Procuram subjugar o Governador que se debate. Luta.	◘ A valsa acaba. ◘ Risada do público provocada pelo comportamento do Governador. "Estão rindo de quê?" ◘ Mas a música continua ainda. Início da gavota (em 2 tempos). O Gendarme assobia para pedir ajuda. Assobios em *off*. Irrupção ruidosa de policiais.

FORMAS PLÁSTICAS *Espaço*	FORMAS SONORAS *Música*
Um novo agrupamento desenha uma figura monstruosa em movimento. Gibner agita a camisa de longas mangas, enquanto, em uma junção precisa de corpo, dois policiais mantêm o Governador com a cabeça baixa, e dentre suas pernas vestidas irrompe um terceiro agente.	Fim da gavota.
Neutralização do acesso clínico de loucura. O Governador se acalma	Silêncio no qual o Governador pergunta delicadamente: "O que se assemelhava a um *revizor* nesse pequeno estouvado?"
	Mas não há aí nenhuma espera: nesse exato momento, a orquestra ataca a última figura da quadrilha: o galope, dança de origem húngara com movimento muito vivo.

Passagem, por saltos, ao simbólico: explosão espacial, abolição da fala, desaparição de personagens, intervenção em dois tempos de manequins

▫ Propagação do som em *off* que se verte sobre o palco, preenchimento do espaço cênico.	▫ "Com um riso enorme, uma imensa guirlanda de dançarinos, ao ritmo endiabrado do galope, preenche todo o palco"[49].
Então, como que atraído pelo chamado da ária criado pelo fim da algazarra, em resposta à questão do Governador, o galope em fúria atravessa o palco em uma enorme guirlanda de dançarinos. O palco está cheio, mudança brusca de humor e sarcasmo, os convidados, rosto congelado em careta, cabriolam e gesticulam mecanicamente.	A dança abafa o último grito do Governador: "Quem foi o primeiro que disse que era o *revizor*?" e cobre sua saída, absorvido pela multidão, como antes dele sua filha (no episódio 14). Às estranhas sonoridades do galope judaico misturam-se assobios de policiais, rufos de tambores e sons de sinos.
É a primeira ocupação máxima do palco. Tensão extrema. Segundo a lei espacial que rege o espetáculo, deve haver uma descarga. Aonde, dessa vez, descarga essa tensão? Na plateia.	Elas (as sonoridades) são a realização da ordem do Governador: dobrar todos os sinos da cidade para o noivado de sua filha. Como a orquestra, esses sons ensurdecedores destacam a diferença entre o desenrolar previsto e o curso embalado dos acontecimentos, a escavação de sua duração insuportável. Seu sentido torna-se imediatamente metafórico.
▫ *Nova ampliação espacial, intensa, mas bem curta. Cavalgada.* Todo esse mundo ululante, até aí mantido à distância, *franqueia o limite palco-plateia.* Agressão ao público. A farândola degringola com gritos e guinchos, as passarelas são finalmente utilizadas, e se espalha	▫ No palco vazio, deserto, chegam ainda os ritmos do galope em *off*, misturados aos rufares de tambor, aos assobios.

49 E. Gárin, *S Meierholdom: Vospominánia*, p. 175.

FORMAS PLÁSTICAS *Espaço*	FORMAS SONORAS *Música*
pelas aleias laterais. Aproximação ator- -espectador, em bando, não individuali- zado: são títeres em movimento.	Os chocalhos ensurdecedores transfor- mam-se em dobres.
◘ *Soluções paradoxais.* A bomba que é a chegada do *revizor* é expressa pelo silêncio de uma cortina-tela de cinema. Sobre o palco vazio, sobe, em toda a extensão do quadro de cena uma cortina de tela branca em que o público irá ler as palavras que Gógol e todos os teatros depois dele, puseram na boca do Gendarme. Meierhold liquida esse Gendarme, ele que não obstante intro- duziu tantos personagens suplementa- res. Nesse ponto do espetáculo, qualquer personagem é agora inútil. O anúncio da chegada do verdadeiro *revizor*, transcrita em *palavras impressas* em uma *tela* de lona, momento único no espetáculo, tornando-se completamente estranho pela escritura e pelo recurso mudo, carrega-se paralelamente do efeito real dos intertí- tulos cinematográficos. A leitura do texto pelo público a quem ele se dirige e que está agora como que repelido no espaço novo de uma plateia privada de palco, pela superfície branca erguida tal qual uma barreira, equivale à própria chegada desse *revizor*, e a subida da cortina é inexorável, silenciosa:	◘ Dobre. Galope ◘ Deslizamento da cortina que sobe. ◘ Instalação de uma zona de silêncio para o espectador, preso entre dois fogos sonoros: o *off* e os dançarinos na plateia.
◘ A guirlanda de dançarinos desaparece através das saídas laterais da sala. A cortina, depois de ter obstruído totalmente o palco, retoma sua subida e ergue-se aos urdimentos. ◘ A cortina, que sobe progressivamente, descobre os personagens do espetáculo, identificáveis, mas imóveis. Alinhados segundo uma curva semioval materializada por onze pequenos praticáveis, eles estão agrupados e dispostos em dois ou três, em atitudes de terror ou de incredulidade muda. Imobilidade. ◘ Angústia. Perplexidade da plateia. Pode ser outra cena: não seria a introdução de um novo episódio, sobre esses pequenos	esse silêncio envolve a cacofonia e dá a dimensão do acontecimento incrível desejado por Gógol. ◘ Defasagem entre o *visível* e o *sonoro*: paralelismo jamais. O acorde final do galope tomba na imobilidade dos manequins. Silêncio. Duração... Silêncio.

FORMAS PLÁSTICAS *Espaço*	FORMAS SONORAS *Música*
praticáveis, grupo congelado um instante sob a luz antes de se animar: No entanto, isso dura. ▫ A luz sobe lentamente na plateia: ela une agora o grupo imóvel no palco e o público, diante dele. Será que se deve aplaudir? Os atores se colocam finalmente atrás de sua efígie. São fantoches mesmo.	

Vê-se aqui que a cena muda só adquire sentido através do trabalho de montagem alternada que conduz: seu imobilismo só é significante quando relacionado ao dinamismo precedente que contaminou tudo sobre o palco. Montagem do texto, de sons, de espaços do episódio 15, sucessão de muitos finais (cortejo, cortina, títeres). Quando a cena é muito exasperada, retesada pelo trabalho plástico e sonoro, as palavras cotidianas não conseguem mais existir, nem ser faladas, nem cantadas: elas devem ser escritas. E, sobretudo, estão em xeque forças puras, independentes do sujeito: arrebatamento espacial, intrusão física, explosão sonora, violação do espaço do espectador, fechamento, encerramento, abertura, todas as forças que, pelos choques que provocam, constroem o estado receptivo ao qual o encenar quer levar seu espectador ao silêncio opressivo da cena final, espaço de perturbação, de interrogação, idêntico, em sua função, aquele em que Púschkin encerra seu *Boris Godunov*.

Em um curto lapso de tempo, essa conclusão concentra sensações físicas plurais que conduzem o espectador, por meio de uma montagem sonora conjunta, a uma desconstrução do espaço, de uma vida em turbilhão até a petrificação. Enquanto todos os episódios são introduzidos pela passagem da escuridão à luz, instantânea e precisa, como uma batida de gongo, a escolha e a utilização da cortina-telão, sua subida, sua parada e seu desaparecimento são significativos. Seu movimento lento transmite ao público uma sensação de duração e prepara-o para perceber mais finamente o último sinal vertical de suspensão. A transformação do vivo em inerte se produz por meio da mecânica imperturbável da música e da sensação de seu avanço implacável e absurdo: as danças da orquestra judaica, os sinos, signos sonoros da festa, acompanham aqui uma morte. Esses sons, sua mistura cacofônica no momento da bacanal furiosa, o agudo de gritos e assobios, o grave profundo de toques, submetem o espectador à rude prova. Eles participam desse entusiasmo dos anos de 1920 pelo timbre de instrumentos. E os ritmos, sua superposição e sua transformação (gavota/galope, conjunto de sinos alegres/dobre) estruturam o impacto de timbres.

Através dessa montagem sonora, o final de *Revizor* é totalmente dirigido à sensibilidade do público. Pois "estimular" a sensibilidade do espectador não é senão um dos aspectos do teatro meierholdiano, o outro é o jogo de forças emocionais. Para Meierhold, a única ação direta sobre o intelecto permanece teórica e não pertence ao domínio da arte teatral, na qual o espectador deve "percorrer um labirinto de emoções"[50].

À montagem de sons junta-se a de técnicas (teatro, dança, cinema, museu de cera). A plasticidade da cena faz pensar na imagem de um mímico que, com a mão, apaga seu riso e o transforma em rito. A composição meierholdiana funda-se aqui não somente na descontinuidade, mas na continuidade, a da música de dança imperturbável e a de dois movimentos cruzados, um horizontal e outro vertical, que estruturam o epílogo e cobrem a montagem de plenitude e de vácuo, de ruídos e de silêncio para modelar os três espaços: *off*, palco, plateia. Os dois trabalham para dissolver os respectivos limites, depois para estabelecer outros, para enfim ampliar o volume de área de atuação pelo desvelamento, pela expansão para o alto e para a última unificação.

Púschkin, Prokófiev e *Boris Godunov*

Revizor é um evento na história das relações entre o teatro e a música. E a ideia de um teatro musical, distinto das formas existentes, não vai mais parar de preocupar Meierhold, que projeta paralelamente encenações de ópera e sonha nesse mesmo ano de 1926 em montar *Carmen* de Bizet reinstrumentada por acordeões: vontade de simplificar a ópera e injetar aí os poderosos efeitos emocionais desse instrumento, que ele já havia utilizado no teatro e que, próprio dos festejos populares russos, é ao mesmo tempo primitivo e refinado[51]. Agora, Meierhold designa suas encenações como *opus*. E em 1928, *Gore ot Uma* (A Desgraça de Ter Espírito), sua *opus 101*, será, no programa, dedicada ao pianista Lev Obórin.

Para se compreender o alcance, o trabalho de *Revizor* deve ser colocado em perspectiva. Será preciso deter-se, dez anos depois, em *Boris Godunov*, e na colaboração entre Meierhold e Prokófiev. Aquele é um momento importante, pois se o recurso a Púschkin, poeta, autor dramático e teórico do teatro, baliza a obra de Meierhold, é somente em meados dos anos de 1930 que ele enfrenta verdadeiramente sua dramaturgia: em 1935, ele encena a ópera de Tchaikóvski, *Pikovaia Dama* (A Dama de Espadas), onde usa de liberdades com a partitura e reescreve

50 Cf. La Reconstruction du théâtre, *Écrits*, 3, p. 46-47.

51 Cf. G. Stuart, Meyerhold à Paris, *Paris-Soir*, 10 jun. 1930. Cf. também N. Gosset, "Meyerhold"... op. cit., observando que, em *A Floresta*, o emprego do acordeom dá "uma nota sensual, dilacerante de emoção, ao ambiente dessa arte voluntariamente despojada".

458

TEATRO E MÚSICA

o libreto medíocre do irmão do compositor para ficar mais próximo da novela de Púschkin. Com seus atores, ele dirige para o rádio *Kamenni Gôst* (O Convidado de Pedra, abril de 1935)[52] e começa a pensar com Prokófiev, entusiasmado pela audição dessa criação, na radiodifusão de *Pir vo Vremia Tchumi* (Um Festim Durante a Peste). Em 1937, ele publica no Gostim a emissão de *O Convidado de Pedra* e produz *A Russalka* para o rádio. Quanto a *Boris Godunov*, que ele quer apresentar no centenário da morte de Púschkin, ele já o havia colocado, em 1919, no programa dos Cursos de Instrutores, e, em 1924-1925, havia ensaiado a peça com os atores de Vakhtângov. Para dizer do interesse que ele concede a essa peça.

Por que esta orientação obstinada voltada a Púschkin? A obra do poeta tem para Meierhold a simplicidade que caracteriza a grande arte, na qual se chega, objetivo a ser alcançado e não dado inicial. Seu teatro é um teatro-festa, teatro da não verossimilhança convencional e da concentração de paixões. Porém, a opção que Meierhold faz por Púschkin como centro irradiador da criação nos últimos anos de sua vida, em pleno período stalinista, desmente a historiografia soviética, que apresenta Meierhold nos anos de 1930 como um líder desacreditado, amargo, ultrapassado pelo sucesso de outros, que perdeu o contato com seu tempo, com o público, e que hesita em suas opções dramatúrgicas.

Na realidade, Meierhold encontra-se então privado de seus autores (suicídio de Maiakóvski, interdições de Erdman e de Tretiakov) e de seu teatro, cuja reconstrução arrasta-se interminavelmente e que, ironia do destino, será transformado, depois de seu trágico desaparecimento, em sala de concerto. Quando Meierhold começa a preparar *Boris Godunov* ou projeta um ciclo de tragédias shakespearianas, é o fruto de uma decisão amadurecida e não uma tentativa de fuga. A escolha é tão mais pertinente quanto a fábula de *Boris Godunov* é carregada de uma atualidade tal que Meierhold sempre a imaginou, que corresponde à percepção das grandes correntes que percorrem a nação e não a fatos pontuais: essa peça histórica trata do poder, do crime e da impostura. O trabalho em *Boris Godunov* será apaixonante e apaixonado[53] porque está em conformidade com a tragédia que vive a época e porque Meierhold chega bem preparado para esse encontro com Púschkin.

Pois essa terceira tentativa de dirigir *Boris Godunov* em 1936 acontece não somente depois da encenação de *O Convidado de Pedra*, mas também depois de duas realizações maiores no domínio das relações entre o teatro e a música: em 1934, *A Dama das Camélias*, em que são aprofundados os princípios de *Revizor* em uma colaboração com o compositor Schebalín e, em 1935, *A Dama de Espadas*. Em 1936, a ideia inicial de Meierhold consiste em dirigir, ao mesmo tempo que o texto de Púschkin, a ópera de Mussórgski no Malegot•, o Pequeno Teatro de Ópera de Leningrado. Ele quer oferecer duas variantes de *Boris*

---

52 Música de Vissarión Schebalín.

53 A. Gladkov, op. cit., p.189, fala da "festa" que foram esses ensaios no Gostim para Meierhold e seus atores.

Godunov, a ópera e sua capacidade de comover profundamente, a peça e sua carga política, obra de um Púschkin revoltado, de um Púschkin decembrista[54]. Os projetos de ópera não se realizam, mas o convite de Prokófiev não somente como compositor, porém como "consultor do aspecto musical e sonoro" do espetáculo[55], situa bem a amplitude de intenções. Encenador e músico querem atravessar o mistério de um grande texto e dar um fim aos sucessivos fracassos das encenações anteriores. Para interpretar essa peça, escrita com sangue, que ele recorre ao teatro chinês e no qual ele quer restituir o furor elisabetano, Meierhold concebe três "motores": o próprio Prokófiev – cercado de seu "grupo de encenação" – finalmente o poeta Vladímir Piast, que elabora uma partitura para a dicção dos versos de Púschkin. Iniciados no começo de 1936, os ensaios tornam-se regulares até o final daquele ano, mas desaparecerão aos poucos, tristemente, no clima de 1937, impossibilitado de continuar a trabalhar com os clássicos sem levar em conta a dramaturgia atual do realismo socialista, incapacidade do lugar teatral em que está relegado a receber *Boris Godunov*.

Meierhold recorre às variantes e aos rascunhos do poeta segundo o método de *Revizor*, porém em um grau menor, para constituir ou interpretar um quadro da peça[56]. No entanto, recusa no trabalho toda intermediação: ele quer da poesia uma escuta intensa da história, mas sem arqueologia. Não haverá senhores ricos, enormes em seus casacos de pele. Meierhold rejuvenesce-os, torna-os guerreiros, cavaleiros musculosos. Tampouco grandes cenas de massa. Aos seus olhos, *Boris Godunov* classifica-se estilisticamente entre as "pequenas tragédias" de Púschkin. E a música, quando intervier, será para concentrar a forma operística, para negar seu aspecto de grande espetáculo.

Meierhold define a tragédia puschkiniana como uma "luta de paixões humanas sobre um fundo marinho borbulhante". Ela deve "se desenrolar sem cessar tendo ao fundo um vento contrário com força 10"[57]. Esses elementos naturais dão a imagem do povo; diante dele, os protagonistas, indivíduos que professam um mesmo desprezo ao seu olhar e uma mesma paixão pelo poder. Tais são as forças em presença nessa "comédia da infelicidade presente no reino moscovita", primeiro título dado por Púschkin ao seu *Boris Godunov*. Esse terrível confronto exposto, destaca Meierhold, é o que confere, segundo ele, originalidade à peça, escrita em versos e em 24 quadros, cujo virtuosismo da técnica dramatúrgica domina as paixões. Trata-se de uma "suíte trágica em 24 partes"[58], em que cada uma delas, com valor independente e autônomo, representa por seu conteúdo, suas sonoridades e seus ritmos próprios um fragmento da obra musical que a passagem ao palco deve realizar.

Meierhold ouve de início a *Suite Cita* de Prokófiev[59]. Desde julho de 1934, ele apreende o verso transparente de Púschkin através de timbres espantosos – sem violinos, mas uma orquestra cita com cornos, tambores, percussões. A *démarche* posterior é a seguinte: em agosto de

---

54 Ver nota (*) supra, p. 329.

55 A. Fevrálski, *Prokófiev i Meierhold*, S. *Prokófiev: Stati i Materiali*, p. 108.

56 Por exemplo, o quadro 7 (que será abordado depois) é interpretado a partir de uma réplica da peça, confirmada pelo título de uma cena encontrada no rascunho de um plano da peça: "Boris e os Feiticeiros". O quadro "O Cerco ao Monastério" é retomado, cf. A. Púschkin, *Boris Godunov, Pessi*, t. 3, p. 494-495. Para o texto francês, cf. A. Pouchkine, *Oeuvres complètes*, 1.

57 RGALI, 998, 226. Ensaios de *Boris Godunov* de 3 e 4 ago. 1936.

58 Cf. A. Gladkov, op. cit., p. 199.

59 Cf. V. Grómov, *Zamissel Postanovki, Tvórtcheskoe Nasledie V. Meierholda*, p. 354.

1936, em uma das leituras da peça, Meierhold evoca visões plásticas, *stimuli* de seu trabalho de encenador, sem se separar do som que, para realizá-lo, ele espera a ajuda de Prokófiev. A música que lhe pede deve fornecer chaves para a interpretação de certas personagens e soluções cênicas para os quadros difíceis, aqueles em que intervém a presença popular, aqueles em que se desenrolam as batalhas.

Desse modo, é à música que Meierhold confia o papel do povo, o jogo da luta entre um usurpador criminoso asiático e um impostor europeu. Ele imagina esse povo como um coro que, pertencendo ao mesmo tempo à tragédia e à ópera, não deve, no entanto, tornar pesado o desenrolar da ação. Ele suprime-o do plano visual, para intensificar seu papel em um tratamento puramente musical. Essa solução, que dá ao povo uma presença surda, movente, participa ao mesmo tempo da ordem concreta e da ordem simbólica. Meierhold não quer o povo em farrapos, que Boris Suschkévitch coloca em cena de seu *Boris Godunov* no Teatro Púschkin em Leningrado em 1934, nem o povo de joelhos, humilhado sob os golpes de *knut* (chicote), que ele mesmo teve a audácia de colocar no palco na ópera de Mussórgski em 1911, escandalizando a crítica reacionária da época. Nesse *Boris Godunov* de 1936, o povo está ali através de uma dialética musical da presença/ausência.

O três primeiros episódios são, pois, unidos pelo zum-zum-zum da multidão, sustentada por um conjunto de contrabaixos e violoncelos. Ali se encontram três paisagens sonoras monumentais com o coro e a orquestra. O palco é dividido em dois: no primeiro plano, as personagens principais destacam-se sobre um telão que, determinando um segundo plano invisível, tem três funções. Fundo neutro, ele destaca a interpretação precisa dos atores, evita que o olhar do espectador se distraia ao mesmo tempo que o intriga intensamente, pois dissimula o povo. Finalmente, combinado com um sistema de véus especiais dos estúdios de rádio, para tornar o som mais distante sem perder as nuances, ele "encobre" esses coros sem palavras[60]. Portanto, a música fornece ao mesmo tempo uma solução dramatúrgica para o povo, protagonista invisível, mas onipresente do drama, e uma solução espacial que possibilita "planos de conjunto" sonoros e "planos gerais" visuais. Pois Meierhold considera aqui o primeiro plano, desprovido de cenário e muito próximo do público, como uma lente de aumento: intensamente iluminado, ele autoriza uma atuação muito fina, de mímicas detalhadas e composições à la Bruegel.

Meierhold indica a Prokófiev a potência sonora do quadro 1 ao 3, que deve progredir por saltos, com a introdução de vozes novas (vozes femininas que entram no coro, inicialmente masculino) e de sons novos (lamentações, choros, gritos). A partir dessas indicações, Prokófiev escreve um oratório sem palavras intitulado "O Ruído do Povo". Para o quadro 1, Meierhold procura a união contraponteada do

60 Cf. V. Meyerhold, Pouchkine metteur en scène, *Zviezda*, n. 9, Leningrado, 1936, p. 205-211.

coro com o diálogo sombrio dos príncipes Schuíski e Vorotínskie. Para o 3, em que o povo aclama Boris, que enfim aceitou o trono, quadro que o Gostim não repete, Meierhold indica as grandes linhas de sua visão:

> Nesta união feliz de dois planos, o visível e o invisível, em que brota o clamor extraordinário da multidão, não abandonamos uma única linha do texto, nós mobilizamos a imaginação do espectador, conservamos todas as personagens que tomam a palavra nessa cena e que são os corifeus da multidão, e finalmente nos entregamos à imensa ironia do poeta[61].

O ambiente musical que o encenador e o compositor criam em torno de Boris Godunov renova totalmente a personagem do tsar que, desde sua primeira aparição, é apresentado, não como um nobre rei vestido de ouro e de seda, mas como um homem que ama o poder, um guerreiro jovem e sujo, um caçador meio selvagem[62]. Uma das primeiras falas do quadro 7 indica Boris encerrado com uma espécie de feiticeiro. Meierhold transforma essa alusão em didascália para modelar o quadro inteiro – "Os apartamentos do tsar" – em uma polifonia visual e musical complexa em que o longo e célebre monólogo de Boris terá um destaque inesperado. Em Púschkin, o tsar entra em cena sozinho. Meierhold aumenta sua solidão cercando-o de pessoas estranhas que se dedicam às práticas de adivinhação, amontoadas umas contra as outras. Ele enxerga em

> uma peça baixa uma velha com um galo na gaiola, um oriental com uma serpente em um saco, um Cristo louco, cegos, velhas que leem a sorte. Boris está sentado no meio deles [...]. Faz muito calor [...]. Ele respira com dificuldade. De vez em quando, ele bebe de uma bilha. Escuta-se o jazz do século XVI. Batidas impressionantes, estampidos, uivos, assobios. Um bramido pagão eslavo-asiático[63].

Em outro ensaio, Meierhold apela para instrumentos de percussão e múltiplos efeitos de sonoplastia: canto do galo, chilreio da cera queimando na água, chiado do ferro aquecido mergulhado em um líquido, tamborins. Desse conjunto sonoro inquietante surge uma melodia oriental lamentosa, a de um *baschkir** que, em um canto escuro do palco, toca uma espécie de flautim embalando-se docemente. Ele ataca em seguida uma canção melancólica e penetrante que atravessa a massa sonora. Essa música deve exprimir a solidão de Boris, toda a sua alma, é "sua música interior", diz Meierhold. Enfim as palavras do tsar combinam-se com esse tecido polifônico, do mesmo modo que sua figura é cercada de personagens que parecem surgir das águas-fortes de Goya. Os estratos contrastados dessa composição visual e sonora informam o espectador a respeito de Boris, que Meierhold percebe

61 V. Meierhold, *Púschkin e o Drama*, conferência feita em Leningrado em 24 out. 1935, *Stati, Pisma, Retchi, Besedi*, t. 2, p 571.

62 RGALI, 998, 226. Ensaios de *Boris Godunov* de 3 e 4 ago. 1936.

63 Cf. L. Bubennikova, *Dvijenie Zamisla*, *Teatr*, n. 6. Cf. também Ensaio 4 ago. 1936, em *Stati, Pisma, Retchi, Besedi*, t. 2, p. 380.

* Os *baschkir* são uma etnia turca que vive em países como a Rússia, o Casaquistão e o Uzbequistão (N. da T.).

como uma personagem dostoievskiana, em sua solidão homicida, seu medo da vida e dos outros e sua percepção doentia do mundo. Boris é "tartarizado"[64], asiatizado, estrangeirizado e despojado de todo clichê. É *através* de tudo isso, dessa atmosfera sufocante, as mãos sujas de mulheres das quais ele tenta se livrar, dessa horda de charlatões e de seu jazz do século XVI, que se faz ouvir então, espantando e subvertendo, o monólogo trágico do tsar.

Outra composição plástico-sonora grotesca: no quadro 9, "A Casa de Schuíski", Meierhold busca formas e cores à la Rubens. Ele imagina corpos estendidos em uma sala baixa e escura: homens comem, bebem e deglutem líquidos diversos. É o final do festim. Dos peixes, só restam as espinhas. Embaixo, no entanto, um prato ficou intacto, natureza morta flamenga milagrosamente preservada. O encenador encomenda a Prokófiev coros para os boiardos bêbados: canções populares mal entoadas, incoerentes. Depois, segundo o princípio utilizado no episódio 14 de *Revizor*, erguer-se-á uma voz clara e pura, a do adolescente pronuncia a reza de saudação ao tsar exigida por Boris em toda reunião de boiardos. O efeito produzido pelo adolescente deve ser o mesmo do "tsarevitch assassinado" do quadro de Mikhail Nésterov. Uma voz não muito intensa, transparente como uma fonte, uma reza melódica, em uma única nota, que dá a ilusão de uma espécie de canto, penetra no peso do bando bêbado e sorrateiramente ergue-se acima dos miasmas da bebedeira: aos poucos, todos se calam. A música faz surgir a imagem obsedante, a presença viva de Dimitri, o menino assassinado, do qual este adolescente loiro e Grigóri, o monge impostor, são dois duplos antagonistas.

A música cria não somente a visão, mas também o espaço. No quadro 8, "Um Albergue na Fronteira Lituana", Prokófiev compõe duas canções: a primeira, de inspiração religiosa, destinada à uma breve entrada-intermediária de monges cegos que pedem a caridade e, em contraste brutal exigido por Meierhold, a segunda, truculenta, é entoada por Misail e Varlaam, dois vagabundos disfarçados de monges, comparsas bêbados e alegres. O cômico dessa canção é acentuado pela disparidade de vozes, um baixo e um tenor ligeiro, dupla vocal carnavalesca. Essa sequência bufa termina no silêncio que, depois do salto barulhento de Grigóri pela janela, estende-se no palco, de onde brota uma longa "canção-paisagem" que dá a perceber a errância de um viajante solitário e o infinito da estepe russa. Transparência sonora em que se dissolvem os limites do teatro: muitas canções desse tipo intervirão no espetáculo.

Prokófiev escreverá 24 números para esse *Boris Godunov*, designados como sendo seu *opus 70 bis* para orquestra sinfônica[65]. São cânticos de dança para as cenas polonesas, o baile no castelo do voivoda Mnichek. Para acompanhar as lágrimas de Ksênia por seu noivo morto, uma lamentação ritual sobre os versos de Púschkin, sustentada

64 Ensaio 4 dez. 1936 em *Stati, Pisma, Retchi, Besedi*, t. 2, p. 404-405.

65 Parte dela foi tocada em maio de 1957 em *Boris Godunov* no Teatro Central para crianças e nas *Pequenas Tragédias* de Púschkin encenadas por Anatoli Efros para televisão em 1971.

por três altos. A música traça um retrato psicológico concentrado de uma personagem, aproximando-a repentinamente do espectador, desvelando-a, como a objetiva da câmera apreende um ator em primeiro plano. É o caso de Grigóri: os temas musicais que o acompanham e os tempos exprimem seu caráter instável e ciclotímico. E no encontro com Marina (quadro 14, "A Noite, o Jardim, a Fonte"), Prokófiev proporciona, em uma frase musical, a ambiguidade de seu estado de espírito, sua coragem viril, sua timidez de criança e a dúvida que ele extravasa[66].

A música permite a Meierhold interpretar o quadro "O Cerco ao Monastério" – geralmente negligenciado pelos encenadores porque escrito em um verso diferente do resto da tragédia – como um intermédio, o sonho fervoroso de Grigóri. Meierhold imagina uma "música pulsante", capaz de engendrar uma atmosfera fantástica, semionírica, semirreal: em primeiro plano, uma chuva outonal, uma rota deserta e uma pedra sobre a qual, como nos melodramas, Grigóri, que fugiu de seu monastério, distante do velho monge memorialista Pimene, desaba, adormece e delira, enquanto no segundo plano, atrás de uma cortina transparente, materializa-se o sonho, o encontro de Grigóri com o Monge malvado. Meierhold quer que os diálogos se tornem recitativos, com um verso cantado, às vezes. Ele propõe a Prokófiev uma montagem de fragmentos de outros lugares, reconhecíveis, uma acumulação de imagens musicais: extratos da canção de Varlaam e Misail, do lamento desolado do viajante, do baile, fragmentos que se recompõem de modo novo, "fusões encadeadas", sonoridades que se chocam para produzir um efeito alucinatório. Ele considera o vaivém entre essa parte musical no segundo plano, o baixo profundo do monge e o barítono de Grigóri que desperta, se interroga, volta a dormir, até a decisão da revelação final: "Eu sou o tsarevitch".

Quanto à batalha (quadro 17, "Uma Planície Próxima de Novgorod") entre Boris e o falso Dimitri, Grigóri, o impostor, é anunciada desde o quadro 15, em que a música deve dar a imagem sonora de cascos de cavalos galopando ao longe. Ela se desenrola como uma luta entre duas orquestras, solução inspirada na "inocência puschkiniana". Meierhold parte da cacofonia de três línguas que Púschkin faz ouvir no palco, ao misturar as personagens russas com alemães e franceses, para imaginar uma polifonia complexa que penetraria nas entranhas da terra. As duas orquestras devem se confrontar em breves fragmentos, uma, de dominante asiática, é a tropa de Boris, a outra, europeia, é a de Dimitri. A música asiática é ensurdecedora, ela incita ao combate, há trompetes, tambores, galopes, estalidos, vozes enrouquecidas. A do exército europeu é mais sóbria, mas igualmente agressiva. É depois desses choques musicais que surgem os encontros verbais dos protagonistas[67]. Percebe-se, pelo triunfo de seus timbres específicos, a vitória do exército europeu. Música solene na aparição de Dimitri. A entrada do batalhão alemão é cômica: traduz-se por um conjunto de flautins,

66 Cf. Carta de Meyerhold a Prokófiev (ago./set. 1936), em *Tvórtcheskoe Nasledie V. Meierholda*, p. 397. *Écrits*, 4, p. 106-112.

67 Cf. Carta de Meierhold a Prokófiev, em op. cit., p. 398.

464

TEATRO E MÚSICA

tambor intenso e coro. No final, Prokófiev orquestra gritos de vitória, falas, trompetes e tambores, ele combina, no interior da alegria geral, diversos tempos: a marcha de cada um.

Agora, o final. No quadro 18, "Diante da Catedral de Moscou", o silêncio é retomado. Prokófiev compõe o canto do *iuródivi*•, ele mistura um gemido doce, o dos cegos, e um som de sino a distância. Desenvolve o tema da Rússia sofredora. No quadro 21, a música exprime a desordem que reina ao redor de Boris, que morre: gritos, sinos, estrondos de multidão, timbres de vozes diversas. No quadro 22, que Meierhold imagina ao estilo de Velázquez ou de Van Dyck, é preciso trompetes. Finalmente, nos quadros 23 e 24, "A Praça da Greve" e "O Kremlin", encontram-se novamente os coros dos primeiros episódios. Mas a história deixou seus rastros e deve-se ouvir notas que não existiam nas primeiras cenas. No quadro 23, Meierhold pede um coro-rumor eletrizado, pleno de excitação, que se torna na segunda metade do quadro o estrondo de uma avalanche capaz de reverter todos os obstáculos. No quadro 24, o rumor deve ser mais ameaçador. Deve-se perceber que "cedo ou tarde, essa multidão desorganizada se tornará coerente e unida e combaterá seus opressores, quaisquer que sejam eles"[68]. O coro permanece ao longo de toda essa última cena, imagem sonora de forças que se acumulam, bloqueadas no labirinto de uma passividade forçada prestes a estourar em ondas de cólera. Mas, com a notícia de que a mulher e o filho de Boris são envenenados, "o povo se cala", como indica Púschkin. Brusco silêncio aumentado por uma lenta escuridão. O silêncio como ponto culminante e como enigma. Meierhold quer uma pausa morta aqui, como em *Revizor*, em que o espectador terá de elucidar o sentido da tragédia.

Assim, Meierhold lança as bases de uma dramaturgia musical que Prokófiev concretiza. Às cenas tumultuadas, sucede um silêncio agudo, à colagem musical fantasmagórica seguem duos cômicos, à canção melancólica, coros bêbados, à melodia ritual, cânticos de dança. A música dá o tom da "não verossimilhança convencional cara a Púschkin, em que o fantástico e a ingenuidade mantêm laços sutis, ela possibilita a compreensão simultânea das múltiplas vozes dessa crônica dos Tempos Sombrios. Ela fornece a amplitude da perspectiva histórica estratificada que anima a interpretação meierholdiana: a Rússia do século XVI, a do século XX e a da revolta dos decembristas, cujos ecos se fazem ouvir, através da visão púschkiniana da história, na época stalinista. Meierhold transforma a peça em um palimpsesto sonoro e visual em que será preciso atravessar as sucessivas camadas. Por trás das reflexões das personagens que dissimulam o pensamento de Púschkin à censura tsarista, Meierhold deseja que se perceba a presença total do poeta. Mas atrás de si, por sua vez, será que Meierhold não se esconde das censuras contemporâneas? E as canções-paisagens que ele encomenda – reservadamente – muitos exemplares a Prokófiev, introduzem

68 Cf. Idem, p. 399, e Ensaio 4 dez. 1936, op. cit., p. 404.

momentos líricos que parecem se desenvolver, dessa vez, em torno de Púschkin e, depois, os espetáculos construídos em torno de Mikhail Lérmontov, Gógol, Aleksandr Griboiêdov, o tema meierholdiano da solidão do artista russo diante do poder.

A colaboração efetiva de Meierhold com Prokófiev é tardia, mas lógica. A música de Prokófiev, nesse período, corresponde ao que Meierhold busca para organizar e enriquecer seu espetáculo. Ela é, como formulará Eisenstein, "incrivelmente plástica. Sem jamais tornar-se ilustrativa, mas cintilando em toda parte de uma profusão de imagens triunfantes, revela prodigiosamente o curso interno assim como o dinamismo da estrutura de um fenômeno"[69]. Ela é, diz ainda Eisenstein, de um "rigor inflexível", mistura o vigor de tradições antigas aos jogos de "rupturas ultramodernas"[70]. Ela nunca oblitera a melodia, procura a simplicidade e revela-se profundamente nacional. Meierhold precisa desses suportes, é por isso que ele não introduzirá jamais a música atonal em seu teatro, tanto que não reconhece a abstração do *Balé Mecânico* de Ferdinand Léger[71]. Ao aguçar o trabalho no ritmo e no timbre, Meierhold jamais sacrifica a melodia, ampliando, ao contrário, esse conceito – em um plano metafórico – à interpretação do ator.

Mesmo quando não se concretiza em um espetáculo efetivamente interpretado, o trabalho de *Boris Godunov* alimenta as pesquisas ulteriores de Prokófiev sobre a música de cinema. Pois é justamente ele que colabora, em 1938, com o primeiro filme sonoro de Eisenstein, *Aleksandr Névski*, do qual ele extrairá uma *Cantata para mezzo-soprano, coro e orquestra*, depois, em *Ivan, o Terrível*, cuja primeira parte estreia em 1944. A obra operística de Prokófiev situa-se entre o teatro e o cinema, e mais precisamente entre Meierhold e Eisenstein. Aliás, quando Meierhold é preso, é para Eisenstein que ele se volta como o único encenador possível de sua ópera *Semion Kotko*, na qual Meierhold já havia começado a trabalhar. O processo de criação da relação entre imagem e música de Prokófiev difere quando se trata do teatro de Meierhold ou do cinema de Eisenstein. Ali, a visão de Meierhold engendra os dados de uma música que, uma vez composta, estimula ainda a proposta de encenação e de interpretação. Nos filmes de Eisenstein, as imagens podem ser cortadas, montadas para corresponder a uma banda sonora preestabelecida. Mas a relação imagem/música é, em um ou outro caso, deduzida dessa ideia de contraponto audiovisual, desde muito praticada por Meierhold e definida em 1928 por Eisenstein para o cinema como "uma violenta não concordância de sons e de imagens visuais"[72]. Contraponto expressivo realizado, por exemplo, na batalha do lago gelado em *Aleksandr Névski* ou na marcha sobre Kazan em *Ivan, o Terrível*. Os ensaios de *Boris Godunov* preparam as grandes realizações de Eisenstein e de Prokófiev, anunciam as imagens sonoras do povo onipresente em *Ivan, o Terrível*. No filme, essa presença popular se materializa visualmente em momentos

---

69 S. Eisenstein, PRKFV, *Mouvement de l'art*, p. 163.

70 Idem, p. 165-166.

71 Cf. *Afischa TIM* 2, Moscou, 1926, p. 19-20, onde esse filme é definido como "uma combinação de luz, sombras e mecanismos, arte abstrata que não satisfaz o espectador".

72 S. Eisenstein; V. Pudóvkin; G. Aleksandróv, Buduschtchee Zvukovoi Filmi (1928), *Pessi*, t. 2, p. 316.

culminantes, mas os numerosos coros escritos por Prokófiev, todos em *off*, exprimem seu olhar, sua dependência ou sua atividade. Coro religioso de casamento, coro de cisnes, de artilheiros, de soldados, coros à boca fechada, rumor do povo que vem procurar o tsar exilado: ela mergulha em prece possante no momento em que se abre a janela diante do longo e sinuoso cortejo que ele desenha na neve. O "apagamento" desse *Boris Godunov*, jamais terminado, jamais surgido, é um dos motivos pelos quais o papel das pesquisas meierholdianas sobre a música no teatro, sua influência sobre o cinema sonoro, ficaram na maior parte do tempo ocultas. Como a ação dessas pesquisas ao nível da elaboração da escritura de uma nova ópera (Schostakóvitch-Prokófiev) que, por sua vez, o inspira. O estudo da obra teatral meierholdiana exige abordagens interdisciplinares, um desdobramento de pesquisas sobre o teatro, o cinema e a música.

Meierhold e a Música de Seu Tempo

A música no teatro meierholdiano? Seu papel é fundamental. É ela que na orla de sua carreira de encenador, lhe fornece uma nova grade para interpretar *Vischnióvii Sad* (O Jardim das Cerejeiras), de Tchékhov, como uma sinfonia de Tchaikóvski. Partindo de Schopenhauer, que leu os simbolistas russos, Meierhold sabe que a música, por si só, não exprime jamais o fenômeno, mas sua essência íntima, que ela faz, em um teatro do desvelamento, sentir o invisível, ouvir o indizível (*A Morte de Tintagiles*). Se a função da música se transforma radicalmente no teatro materialista que ele constrói, Meierhold ainda vê aí um meio de revelar o mundo interior das personagens sem interiorizar o jogo interpretativo dos atores, e de tocar o espectador infalivelmente ao manipular cantigas de dança como *leitmotiv*, muito especialmente as valsas de *O Baile de Máscaras*, do *Revizor* ou de *A Dama das Camélias*. Outros encenadores, como O. Kreiča ou Tadeusz Kantor, irão retomar, em sistemas mais ou menos diferentes, o impacto subversivo do ritmo ternário rodopiante, arrebatado pela valsa e sua melodia simples, seu valor combinado de apoio técnico rítmico e de metáfora da vida.

Meierhold, sabe-se, não conseguiu empreender uma carreira musical e Schostakóvitch, em suas memórias, fala dos arrependimentos do encenador que, nos momentos mais sombrios do final dos anos de 1930, imaginava-se violinista de categoria, tocando despreocupado no meio de uma orquestra[73]. Com uma grande cultura musical, ele

73 Cf. D. Chostakovitch, *Mémoires*, p. 138.

163 *Revizor. A cena muda, vista à direita.*

bem podia ler uma partitura como substituir o maestro do seu grupo. Não menos que de escritores, de poetas, Meierhold procurou cercar seu teatro de um ambiente vivo de compositores. Eu os evoquei no decorrer das análises, pois é impossível falar de Meierhold sem citar seus colaboradores compositores, Aleksandr Glazunov, Aleksandr Scriábin, Gnessin, Prokófiev, D. Schostakóvitch, Schebalín, ou os grandes intérpretes, Scriábin e Schostakóvitch ainda, Obórin, Vladímir Sofronítski. Essa entourage não implicou apenas na inserção desses criadores na gênese do espetáculo, mas, em um plano mais geral, em uma mudança: uma reflexão sobre as pesquisas musicais e sobre as obras contemporâneas da parte de Meierhold; uma influência da música de cena escrita por Meierhold e de sua concepção do espetáculo na produção pessoal dos compositores.

Assim, desde 1908, Meierhold convida Gnessin para realizar em seu primeiro Estúdio suas experiências da "leitura musical" de versos no teatro a partir de um estudo da versificação russa e de uma notação que libera a dicção do acaso. A técnica de Gnessin não visa nem o recitativo de tipo mussórgskiano que, imitando o discurso, permanece no canto, nem a declamação melodramática, combinação arbitrária entre a voz e o acompanhamento. Ele cria para o ator partituras anotadas, onde cada texto tem sua medida, cada sílaba corresponde a um valor de nota e onde a linha melódica reproduz somente as modificações da altura do som nas sílabas acentuadas, reconstrói as entonações da voz falada, dando assim a possibilidade de uma verdadeira combinação com um acompanhamento[74]. Essa notação confere ao coro falado uma coerência tão potente que Scriábin, testemunha dessas experiências associadas a um trabalho plástico em um fragmento da *Antígona* de Sófocles, projeta utilizá-la na escrita de um *Mysterium* (Mistério) a ser executado às margens do Ganges.

Scriábin abre a Meierhold um campo de pesquisas sobre o timbre (gongos, sinos), sobre a coloratura do som e marca-o por seu modo de tocar ao piano suas próprias obras. No final de *A Luta Final* (1931), soará a *Sonata n. 3*, metáfora sonora da Rússia, diante de uma canção de Maurice Chevalier. Meierhold passa a encomendar textos originais a Sats, Liádov (*Na Cidade, Irmã Beatriz*), a Reingold Glier (*Schluck e Iau*), à Mikhail Kuzmin (*A Barraca da Feira de Atrações*) e a Glazunov em *Salomé*, de Oscar Wilde, e *O Baile de Máscaras*. Mas ele utiliza os "Prelúdios", de Debussy, em *Os Amantes* ou em *Hipólito e Arícia, Índias Galantes*, de Rameau, reorquestradas para cordas, em seu *Dom Juan*. Igualmente desde 1917, em *Utchitel Bubus* (O Professor Bubus), ele toca Chopin e Liszt, no mesmo ano em que o jovem Schostakóvitch consagra a esse último todo o seu segundo grande concerto. A música clássica europeia é submetida à montagem em *A Desgraça de Ter Espírito*. Em *Revizor*, escolhe as romanças e as músicas russas do século XIX e particularmente as de Glinka, o iniciador da música nacional, porque busca aprofundar o caráter russo de sua obra teatral.

As transformações da música que, como as outras artes no início do século XX, abrem-se às correntes ditas menores e aos ritmos do outro lado do Atlântico – música de feira, jazz – ecoam no TIM*. Mas as escolhas musicais, apesar de parecerem ecléticas à primeira vista, estão sempre estreitamente relacionadas a um projeto teatral específico. Meierhold abre o palco à sonoplastia da qual Arthur Lourié foi um dos difusores em Petersburgo. Ele introduz efeitos de assobios, de sirene e de sons metálicos em *Les Aubes* (As Auroras) e em *A Tiara de Séculos*, ele estuda o princípio de uma construção sonora que complete a construção cinética: uma orquestra de copos empilhados, de fileira de garrafas e de folhas de zinco deve destacar os pontos de culminância, exprimir o nervo rítmico da ação. De um púlpito especial, está previsto que o próprio Meierhold dirija essa execução sonora, bem como a intervenção de efeitos luminosos. Esse projeto não tem seguimento. Mas ele introduz o jazz no palco soviético – somente Foregger o precedeu nessa via – em *D. E.* (*Daesch Evropu!*), em *Le Cocu magnifique* (O Corno Magnífico) e em *O Professor Bubus*, e a contribuição do jazz não se limita a uma aparição excitante porque duplamente novo no teatro e em Moscou, ele modifica a concepção do conjunto teatral. Meierhold

74 Cf. M. Gnessin, *Stati, Vospominánia, Materiali*, p. 84 e s.

busca "o jazz" em *Revizor* (1º episódio), o jazz do século XVI no monólogo de Boris. Ele introduz nesses espetáculos uma espécie de "sessão rítmica" necessária a uma percepção moderna e que, quando não está na orquestra ou no piano, é produzida pelos atores em cena. O francês Léon Treich, em 1930, na saída de *Revizor* escreve:

> Irresistivelmente, é nesses mestres clássicos interpretados por Paul Whiteman [...], deformados, sim, deformados eles também por esse grande maestro americano (deformados, quer dizer recriados), é nesses mestres que nos faz pensar *Revizor* adaptado por Meierhold [...]. Tudo aí é sacrificado pelo ritmo, ou mais ainda tudo aí é valorizado pelo ritmo. E será que não são esses os verdadeiros cantores de jazz, esse bufão Martinson tão extraordinário e Mme Z. Raikh, cuja voz brinca, do grave ao agudo, na mais espantosa clave que ainda ouvimos?[75]

Mas se Meierhold faz Babánova dançar com o jazz em *D. E.*, ele utiliza figuras de danças antigas de outros lugares e faz do palco um lugar privilegiado de árias populares ao acordeom.

Sua colaboração direta com os compositores soviéticos começa no final dos anos de 1920, quando ele encomenda a música de *Klop* (O Percevejo) a Schostakóvitch que o Gostim utilizou em *Ruge, China!* o *Trote Tahitiano*, arranjo de *Tea for Two* (Chá para Dois). Ele escolhe, para a peça de Maiakóvski, um músico, cujas preocupações musicais se relacionam acima de tudo com os temas atuais. E ele precisa da ironia chiada de Schostakóvitch, enquanto em *Boris Godunov* ele se voltará para a veia épica, cheia de vitalidade, de Prokófiev. Mas a troca com esses dois criadores da linha neoclássica aconteceu antes dessas colaborações efetivas: é Meierhold que incita Prokófiev a escrever *Liubov k Trem Apelsinam* (O Amor das Três Laranjas), é ele que assegura a promoção e a defesa de suas óperas contra os ataques da Associação dos Músicos Proletários. O trabalho de Prokófiev na exploração de possibilidades expressivas dos instrumentos, o brio de suas orquestrações, suas pesquisas no domínio da declamação vocal, seu "sonho em escrever uma ópera para o teatro dramático"[76], tudo isso alimenta o trabalho de *Revizor*. Por sua vez, a orquestração de vozes com os ruídos, as onomatopeias e a música, abre um caminho para as pesquisas de Schostakóvitch que, contratado em 1928 por Meierhold para a orquestra do Gostim, substitui Arnschtam ao piano e em breve escreverá *O Nariz*. Nessa mesma linha neoclássica, encontra-se Gavriil Popov, considerado o defensor do contraponto nos anos de 1920, que escreve a música de *A Lista de Benfeitorias* e do último espetáculo do Gostim, *Uma Vida*, de Nicolai Ostróvski. É finalmente Schebalín quem dá assistência a Meierhold em *Kommandarm 2* (O Comandante do Segundo Exército), *A Grande Limpeza, A Luta Final, A Adesão, A Dama das Camélias,*

75 L. Treich, Meyerhold au Théâtre Montparnasse, op. cit.

76 RGALI, 998, 195. Enunciado de Meierhold no Teatro Bolschói, 1929.

TEATRO E MÚSICA

os espetáculos radiofônicos realizados a partir de peças de Púschkin, e *Natáscha* de Lidia Seifullina. Enriquecido por essa longa prática cênica, ele mesmo escreverá óperas cômicas e comédias musicais.

Schostakóvitch escreve para a primeira parte de *O Percevejo*, em 1929, números sucessivos: marcha, galope de Baian, foxtrote em contratempo para a aula de dança, ao mesmo tempo trágica e vulgar, canção lasciva; depois para "Noivado Vermelho", tango, foxtrote e valsa; e, finalmente, um quadro sinfônico com violinos, metais e bateria para o incêndio, para as rixas e para a chegada dos bombeiros. Ele escreve também um interlúdio para o entreato que adquire assim uma autêntica função dramatúrgica e garante a transição musical entre as duas partes do espetáculo. Se os contemporâneos consideram aí a maior parte do tempo uma cacofonia de sons industriais, na realidade trata-se de uma composição em que se reagrupam em caleidoscópio fragmentos encadeados aos episódios precedentes, atravessados por solos de trompete ou de sax. Sem dúvida alguma que esse trabalho em *O Percevejo* ecoa na escritura da segunda e última ópera que Schostakóvitch termina em 1932, *Katerina Ismailova*, ou *Ledi Makbet Mtsenskogo Uezda* (Lady Macbeth do Distrito de Mtsensk), a partir de um libreto de Leskov.

A Evolução de Meierhold na Direção de uma Teoria do Contraponto

A atividade de Meierhold na cena lírica conta, além de suas realizações – *Tristão e Isolda*, *Orfeu*, *Boris Godunov*, *Elektra*, de Richard Strauss, *O Segredo de Suzanne*, de E. Wolf-Ferrari, *O Convidado de Pedra*, de Dargomíjski, *O Casamento*, de Mussórgski, *O Rouxinol*, de Stravínski – com numerosos projetos importantes. Em 1918, ele estreia *Guilherme Tell*, de Rossini. Em 1921, ele não chega a realizar *Rienzi*, de Wagner, e se ele pretende em 1922, 1928 e 1932 no Teatro Bolschói e no ex-Teatro Marínski encenar *O Jogador*, de Prokófiev, sem jamais conseguir, ou se ele prepara o projeto de encenação de *Notícias do Dia*, de Paul Hindemith (1931-1932), é somente em 1935 em Leningrado que Meierhold volta à ópera. E sua escolha tem como objeto *A Dama de Espadas*, de Tchaikóvski, encenação da qual Schostakóvitch será um admirador incondicional e que constituirá seu maior sucesso no domínio operístico, em total aliança com o maestro Samuel Samossud. Ele termina sua vida trabalhando em 1939 no *Rigoletto* e no projeto de *Semion Kotko* para o Teatro de Ópera de Stanislávski, onde esse último o acolheu depois de sua brutal desgraça[77].

77 Ao convidar Meierhold ao seu Teatro de Ópera, Stanislávski pretende encenar com ele as pequenas óperas de Mozart. No final das contas, Meierhold apenas termina *Rigoletto* depois da morte de Stanislávski, que iniciou essa encenação.

[164] *Leitura musical do verso no teatro. Partitura de M. Gnessin da última fala do coro de Antígona de Sófocles, 1908-1909.*

Entre os espetáculos de ópera pré-revolucionários, todos, exceto *Orfeu*, retomado em 1924, têm uma breve existência cênica. Mas Meierhold conduz através deles a importante reforma idealista da ópera impressionista russa e busca, com *Tristão e Isolda* em 1909, depois com *Orfeu* em 1911, uma aproximação da síntese wagneriana das artes na qual caminham os círculos simbolistas russos e os pintores do Mundo da Arte, e que ele tentou em vão conseguir em seu período de teatro estático. Na cena lírica, Meierhold encontra um novo impulso para realizar essa união entre artes: ela passa por uma reflexão sobre o movimento do ator e sobre as condições espaciais da valorização desse movimento. Ela concerne tanto ao ator de ópera como ao da cena dramática. É a partir da realização do drama musical wagneriano e, depois, de uma radicalização crítica que evoluem função e papel da música no teatro. Dessa confrontação ao mesmo tempo teórica e prática com a ópera, a teatralidade meierholdiana sai consolidada, e é notável que depois de *Tristão e Isolda*, de Wagner, ele monta *Tantris der Narr* (Tantris, o Bufão), de Ernst Hardt, com música de Kuzmin, do mesmo modo que nos anos de 1930 ele projeta encenar sucessivamente dois *Boris Godunov*, a ópera e o drama. Quanto à gênese de *A Dama das Camélias*, quem poderia imaginar que ela se deve a uma confrontação interior com *La Traviata*?

Na encenação de *Tristão e Isolda*, Meierhold, como foi visto, inspira-se em Appia: a música é a substância da ação, é ela que, irracional, fala aos sentidos e à alma, não ao intelecto, e a ação, bem mais profunda. O encenador deve partir não do libreto, mas da partitura que fornece as soluções cênicas e de onde se desdobram os jogos de cena. A gestualidade do ator de ópera pode então ser assimilada a uma pantomima próxima da dança. Meierhold escreve: "Ali onde a palavra perde sua força expressiva começa a linguagem da dança"[78]. Ele busca a fusão do ritmo plástico com o ritmo musical, ele indica os graus de colorações. Esses elementos correspondem, na percepção do público, a sensações de origem diversa, mas todas orientadas para um impacto idêntico e intensificadas por sua combinação harmônica.

Nesse espetáculo de ópera, que tende a uma ação sintética em que se unem música, texto, dança, pintura, o cantor deve recusar tanto o gesto naturalista quanto o maneirismo e encontrar uma gestualidade artificial e rítmica, submetida ao desenho da partitura com uma precisão matemática. Ele precisa ter aulas com um mestre de balé para traçar com seu corpo desenhos plásticos capazes de destacar a música e de rematar um traço delineado pela orquestra, que vai no mesmo sentido que ele. "Como o cenário que lhe é coarmônico, como a música que lhe é corrítmica, o homem torna-se ele mesmo obra de arte", escreve Meierhold[79]. Em *Orfeu*, a pantomima dos atores-dançarinos é sincrônica com a música e a homogeneidade plástica passa pelo desaparecimento dos coros cantados, invisíveis nas coxias: o palco inteiro se movimenta sem o hiato plástico, a desarmonia imposta por um grupo de cantores estáticos. Desse modo, nos Infernos, as Fúrias parecem antes de tudo blocos de pedras animados que ocupam todo o palco, suas longas mãos pendentes movimentam-se serpenteando os corpos de seu séquito. Depois, como chamas violetas, elas surgem bruscamente aos acordes acentuados da orquestra para se dispersar em finas tiras nas notas picadas[80]. Em *Orfeu*, o cenógrafo, submetido à partitura que deve transcrever para a linguagem das cores, dirige o encenador e o coreógrafo na medida em que ele concebe no palco todos os itinerários – organização extremamente detalhada do espaço, divisão de praticáveis segundo as diferentes alturas. Assim os deslocamentos e movimentos acontecem sem que ninguém venha perturbar as harmonias concebidas, a "sinfonia de cores" e a estreita concordância dos arrebatamentos coletivos ou individuais com os da partitura. Organização precisa de "locais planejados", entendimento estrito entre os criadores[81]: *Orfeu* tende a uma síntese do som, da cor e do movimento, a uma concordância de tipo dalcroziano entre música e gesto, e o público é arrastado por essa beleza harmoniosa ao interior de uma celebração fascinante. Mas se o wagnerismo é uma fonte, Meierhold evolui com relação a ele.

Pois a celebração do mito vai se tornar denúncia e o ator cabotino emergirá no centro do palco. Quando Meierhold redige "O Teatro de Feira", no final de 1912, ele separa radicalmente teatro e mistério "onde comungam, em uma única harmonia, a música, a dança, a luz e o odor inebriante da erva e das flores campestres", como em *Mistério* projetado por Scriábin[82]. Desde as primeiras experiências do Doutor Dapertutto, sempre acompanhadas de música – como *A Echarpe de Colombina* – Meierhold procura destruir a ideia de obra teatral como

---

[78] La Mise en scène de Tristan et Isolde au Théâtre Mariinski, *Écrits*, I, p. 130.

[79] Idem, ibidem.

[80] Cf. N. Volkov, *Meierhold*, t. 2: *1908-1917*, p. 211.

[81] O Planakh Khudójnica A. Golovina i Rejissera V. Meierholda v *Orfee* Gliuka, em A. Golovin, *Vstretchi i Vpetchatlenia*, p. 162-163.

[82] Le Théâtre de foire, *Du théâtre*, *Écrits*, I, p. 182.

165 A Dama de Espadas, *Malegot, Leningrado, 1935.* Esboço de L. Tchupiátov para "O Quarto da Condessa".

harmonia em que o espectador se deixaria absorver; ele desestabiliza essa união e caminha para uma estética do afastamento, da dissonância entre as cores, entre o visual e o sonoro. Em sua aula de técnica do movimento cênico no Studio da rua Borodin, Meierhold estuda as relações música/movimento a partir de uma reflexão prática dos roteiros de *Commedia dell'Arte* e do estudo do papel da música nas obras dos criadores contemporâneos: em Dalcroze, Duncan, Fuller, no circo e nos teatros orientais. É ali, em 1914-1915, que Meierhold formula seu primeiro esboço da teoria do contraponto, que deve reger essas relações.

Se entendemos por contraponto "a arte de fazer cantar em completa e aparente independência linhas melódicas superpostas de tal maneira que sua audição simultânea deixe perceber de modo claro, no interior de um conjunto coerente, a beleza linear e a significação plástica de cada uma delas, trazendo nessa totalidade uma dimensão suplementar nascida de sua combinação com as outras"[83], pode-se compreender que Meierhold expulsasse em princípio toda identidade de forma e sentido entre os diversos meios de expressão, entre gesto – ou mais amplamente interpretação – e música, até mesmo entre cenário e música. Ele começa, a partir daí, um processo experimental de dissociação no qual imperam gesto e música, cada um em seu plano, sem coincidir, no qual pintura e texto podem ser abolidos e no qual, como em *O Rouxinol*, ele separa convencionalmente canto e movimento, que ele divide entre os cantores estáticos e os atores mímicos. Depois de 1917, Meierhold recusa categoricamente diante de seus estudantes do Gektemas•, a aplicação das teorias de Dalcroze no teatro e, sobretudo, no teatro musical (o que não o impede de utilizá-las no treinamento), teorias amplamente difundidas na Rússia desde sua turnê-demonstração em 1912.

83 *Encyclopedia Universalis*, t. 5, p. 441.

TEATRO E MÚSICA

Depois de 1919, Meierhold não encena mais óperas, mas "musicaliza" o teatro de modo progressivo, sistematicamente a partir de 1925. Os resultados dessa pesquisa teatral repercutem por sua vez na ópera, e em *A Dama de Espadas*, de Púschkin-Tchaikóvski, encenada em 1935, no Malegot, a crítica exalta a interpretação de um

> ator autenticamente musical, conservando exteriormente a liberdade de seu comportamento teatral, mas na realidade ligado à música o tempo todo por um complexo contraponto rítmico. Seus movimentos podem ser invertidos na relação com o maestro, acelerados ou retardados; no entanto, mesmo sua pausa estática ao fundo de um movimento rápido da orquestra e, por exemplo, um gesto rápido ao fundo de uma pausa geral na música, devem estar estritamente amparados na partitura da encenação, concebida como o contraponto cênico da partitura do compositor[84].

Tais são exatamente as intenções de Meierhold, que afirma: "Nós nos esforçamos em evitar a coincidência do tecido musical com o tecido cênico na base do metro. Nós aspiramos à união contrapontística dos dois tecidos, musical e cênico". O encenador considera o corpo do cantor-ator como uma das vozes que ele inscreve de modo polifônico na partitura do compositor. Ele quer

> uma liberdade rítmica do ator no interior de uma grande frase musical [de modo que] a personagem interpretada pelo ator, se desenvolvendo a partir da música, se encontre com ela, não numa coincidência metricamente precisa, porém em correspondência contrapontística, às vezes até em contraste com ela, em variação, distanciando-a ou ficando atrás, sem jamais segui-la em uníssono[85].

A Dama de Espadas, opus *110*, dos seus trabalhos de encenação, é dedicado a Sofronítski. A música de Tchaikóvski e a ação cênica aprofundam-se mutuamente, a música desnuda as emoções silenciosas das personagens. Ela desvela, por exemplo, cada um dos passos de Lise que desce a escadaria do dispositivo, enquanto sua amiga Pauline canta, à plena voz, no salão de música, as diversas emoções sentidas pela jovem. Alhures, "o movimento da música exprime o estado interior de Herman, sua emoção e não o seu desenrolar", escreve Meierhold[86]. Ela dá a entender aos espectadores os batimentos do coração de Herman, o ruído de sua própria respiração no início do terceiro ato ao subir e depois descer, pé ante pé, com sua longa capa, que se arrasta com ele, a escada cujo oval caprichoso ritmado pelas rupturas de dois patamares ocupa o palco todo e enquadra o quarto da velha condessa, abaixo. Pois para esse quadro, "O Aposento da Condessa",

---

166 *Exemplo de trabalho musical para A Dama das Camélias de A. Dumas Filho, Gostim*, 1934. Ato I, segunda parte. Trata-se do acompanhamento de Varville ao piano para um monólogo de Adèle, extraído do Anfitrião de Molière, "Meu medo cresce a cada passo", recitado em um tom trágico.*

I *G. Bizet, Djamleh, extrato rejeitado por Meyerhold.*

II *Improvisação humorística do pianista que se torna música de repetição.*

III *Música escrita por V. Schebalín.*

84 I. Sollertinski, Meierhold i Muzikalnii Teatr, *Pikovaia Dama*, p. 41.

85 La Dame de pique, *Écrits*, 3, p. 180 e 196.

86 Idem, p. 183.

Meierhold constrói primeiramente uma cena muda sobre a música da introdução que o precede em Tchaikóvski, normalmente tocada com a cortina fechada: é a entrada de Herman em casa e sua progressão até o aposento. Silêncio em cena, depois entrada de Herman. Ele pega a rampa da escadaria: a orquestra ataca nesse exato momento. Mas ele então congela durante dois compassos sobre o movimento impetuoso das colcheias duplas até a entrada dos violinos (colcheias). Ele se precipita então nas marchas, depois nova imobilização quando as colcheias duplas se fazem ouvir[87]. O ator-cantor submete-se à música de Tchaikóvski e opõe-se a ela ao mesmo tempo, como se Meierhold inscrevesse na partitura do compositor as notas inaudíveis do movimento. Assim, a queda da velha condessa, aterrada em sua cadeira, não deve acontecer no acorde final do quadro, mas em um silêncio anterior a ele.

Uma Dramaturgia Musical

A partir do trabalho com o texto e do tratamento das peças clássicas, Meierhold propõe, nos anos de 1920, os modelos de um novo sistema dramatúrgico em que, paralelamente à ampliação do conteúdo da peça para um vasto afresco no cruzamento do histórico, do atual e do imaginário, a continuidade da intriga é amenizada pela montagem que faz igualmente irromper a personagem. Composto de facetas, e mesmo desdobrado, este último é apresentado no interior de um conjunto em que cada um surge em volta do papel como líder, como ponto focal provisório. O herói dissolve-se no grupo de personagens e, em termos absolutos, todos os papéis tendem a igualar-se. Esta dramaturgia, concebida em função de uma concretização cênica imediata, e cujo encenador pode se dizer autor, comporta elementos do que Brecht chamará de teatro épico, mas desenvolve aí outros que se enraízam em uma releitura da teatralidade romântica alemã e da tradição gogoliana. A objetivação da representação em que o público, o observador, não deve jamais esquecer que está no teatro, a escritura em ruptura em que tudo se desenvolve por saltos e cada episódio tem um valor independente, até mesmo destacável, são momentos que relacionam a dramaturgia meierholdiana ao teatro épico. Porém, diferença essencial, está fundada primeiramente na interpretação e não

[87] Cf. L. Varpakhóvski, O Teatralnosti Muziki i o Muzikalnosti Teatra, *Tvórtcheskoe Nasledie V. Meierholda*, p. 338.

TEATRO E MÚSICA

no relato, na sucessão de "emoções ativas"[88] e intensas, associações a serem produzidas e não na argumentação didática. Esta dramaturgia que pertence à categoria tragicômica substitui o poder do destino, no centro das encenações dos anos de 1910, por um determinismo biológico e social, do qual somente emergem o artista, o criador-autor, o poeta, o encenador ou o ator segundo o caso: torna-se o herói oculto da representação, cujo objetivo é o estudo do homem reificado, inautêntico, duplo, dividido, aquele que se mascara e que é desmascarado.

O processo de escrita do roteiro dramatúrgico passa pelas seguintes questões: divisão em elementos, estabelecimentos de relações de planos em oposição, condução polifônica das ações dos personagens. Esta escritura em que o estabelecimento do texto já é rico de imagens, sons, ritmos, é inseparável da atividade do espectador que é preciso suscitar e que será uma sequência de reações aos choques, às surpresas ou aos desequilíbrios, ao desconforto, à inquietação, à fissura de um encantamento temporário. A acuidade em dar forma aos contrastes no espetáculo está relacionada a uma prática social destinada a interrogar, a fazer ver e a dar elãs, "dar charges" ao público[89].

A música tem seu lugar no interior desta elaboração dramatúrgica complexa: comentário irônico ou lírico, uma voz na polifonia do espetáculo, ela é também seu arcabouço construtivo. Liberada de uma abordagem idealista, ela completa e arremata a revolução operada pelo construtivismo teatral. Em seu "esquematismo concreto", sua capacidade de suspender "o tempo amorfo", "desleixado, prosaico e tumultuado do cotidiano"[90], a música consegue organizar o tempo e o espaço segundo os critérios exigidos pela construção. Seu regime de variações e metamorfoses coloca-a em uma dimensão dinâmica que permite rivalizar com a construção espacial em que o cinetismo não é a essência, em todo caso, nas condições técnicas da época: ele conquistou unicamente pelo esforço e pela engenhosidade. No palco-laboratório de *O Professor Bubus*, a música, presente quase ininterruptamente, é destinada a desacreditar as personagens, arrancar sua máscara e suscitar no espectador o máximo de associações, ou seja, estimular uma percepção não cotidiana, mas artística, criativa. Por outro lado, ela organiza e coordena a interpretação do ator, seus percursos, seus gestos, sua voz, suas falas. O ritmo, esse "tempo encantado", segundo a expressão de Scriábin, torna-se grade do tempo cênico, extracotidiano, em que os vazios não são admitidos a menos que sejam significantes.

A música afina sua presa sobre o espetáculo quando suas formas e suas técnicas tornam-se ferramentas dramatúrgicas afiadas e eficazes na gênese dos episódios de *Revizor*, para a composição de *A Dama das Camélias* (1934) e quando a interpretação do ator remete à do pianista. Nestes dois casos, ator e pianista, Meierhold dá a imagem de um fluxo de energia que para se tornar expressivo deve se encontrar alterado, travado. Do mesmo modo, uma primeira análise dramatúrgica do texto se

---

88 Conférence au séminaire théâtral Intourist (21 maio 1934), *Écrits*, 3, p. 168.

89 La Reconstruction du théâtre, op. cit., p. 63.

90 Cf. V. Jankelévitch, op. cit., p. 77 e 151.

fará a partir do conceito musical de *ritenuto* e *rallentando*, traduzido em linguagem mecânica pelo *tormoz* (frenagem): trata-se ali do retardamento completo da ação antes de uma explosão, suscitada ou não por um obstáculo exterior que surge no traçado de um fluxo ou de um movimento orientado. É por meio desses retardamentos no interior da interpretação que este último pode se fortalecer, ao mesmo tempo em que o *rallentando* cria tensões no conjunto da composição cênica ou na microestrutura de cada cena ou da interpretação no palco.

Encontramos em Meierhold uma dramaturgia musical que se liga à poética do grotesco. Ele procura no material textual valorizar conflitos sonoros, melódicos, rítmicos ou relativos ao tempo. Esta dramaturgia é, pois, caracterizada por uma periodicidade precisa de combinações tempo-rítmicas, indo da aceleração em turbilhão ao retardamento progressivo ou instantâneo. *A Dama das Camélias* oferece o modelo mais acabado desse tipo de trabalho: o espetáculo torna-se uma obra musical inteiramente à parte, Meierhold não recorre a uma divisão em episódios, mas em partes. No interior de cada uma delas, ele não designa as sequências, a não ser por seu tempo e pela nuance de sua execução, expressão, indicadas no programa. Esse tratamento musical expulsa todo sentimentalismo e faz oscilar o melodrama no grotesco trágico. O choque de paixões, os sentimentos, são levados ao público sem gritos nem lágrimas, mas mais por um murmúrio e por meio de alternâncias rítmicas, sem esquecer do tratamento do espaço dominado pela linha de uma escadaria, espécie de local de Greve erguida no meio do palco, onde desabará Margarida. Assim, teremos no primeiro ato:

167 *Escadaria de* A Dama das Camélias. *Projeto de I. Leistikov.*

478

TEATRO E MÚSICA

Primeira parte, "Depois de uma Noite na Ópera":
Andante
Allegro gracioso
Grave

Segunda parte, "Uma das Noites":
Capriccioso
Lento
Scherzando
Largo e maestro

Terceira parte, "O Encontro":
Adagio
Coda. Strepitoso[91].

Esse espetáculo conta com 47 trechos, cuja gênese é complexa. Meierhold busca primeiramente, nos ensaios com os atores, os parâmetros exatos de que necessita: número de tempos, metro, tonalidade, tempo, acentos, instrumentos, estilo, cronometragem, e isso na presença de dois, até mesmo três pianistas. Ele exige deles uma colaboração inventiva na busca de trechos ou de fragmentos de peças musicais contemporâneas ao texto – Lecocq, Offenbach, Godard, Gabriel –, na improvisação, na transposição. A partir dali, ele indica por escrito seu pedido ao compositor[92]. Schebalín interpreta a encomenda e geralmente não consegue corresponder, senão depois de ter se impregnado com o trabalho dos ensaios. Depois disso, ocorre a segunda fase do trabalho de encenação, às vezes, com importantes correções sugeridas pelo novo texto musical. Desse modo, a criação teatral apoia-se em parâmetros precisos, números ou terminologia sem equívoco.

No ato IV, a composição cênica parte de números coreográficos. É no meio da multidão cruel dos salões que se representa a tragédia. Um galope-cancã primeiramente, em que Meierhold deseja uma alternância regular, quebrada uma única vez, de oito tempos *forte* e dezesseis tempos *piano*[93] distribuídos entre a pantomima coreográfica e o diálogo: as nuances da música passarão assim ao espectador de um plano de conjunto aos atores principais agrupados ao redor da mesa de jogo. Com a mazurca *brillante* a seguir, passamos de um ritmo binário a um ritmo ternário, oposição em que se articula todo o trabalho de encenação. Quanto ao ato III, em Bougival, é quase sem música, pausa no interior do conjunto, mas é marcado pela personagem de um músico ambulante, o "comediante", que toca um estranho instrumento popular, e sua estrutura é anotada do mesmo modo que os outros atos:

Bougival: *Gracioso*
                             Freddo

91 Cf. Varpakhóvski, O Teatralnosti Muziki i o Muzikalnosti Teatra, op. cit., p. 341-342.

92 Naquele momento, V. Schebalín não se encontra em Moscou, daí uma troca de cartas (cf. *Écrits*, 3, p. 160-165). Depois, ele segue de perto os ensaios do Gostim.

93 Lettre de Meyerhold à Chebaline (16 juill. 1933), *Écrits*, 3, p. 163.

A moral burguesa:	*Dolce*
	Impetuoso
	Lacrimoso
O sonhos desfeitos:	*Lento com dolore*
	Inquieto

A cada um dos movimentos, corresponde um só ou vários trechos. Assim, no ato I, o *andante* da primeira parte se desenvolve a partir de uma cançoneta licenciosa que Varville toca ao piano, no palco. O *allegro gracioso* é um galope tocado igualmente ao piano, depois retomado pela orquestra: ele mantém a entrada ruidosa de Margarida, cercada por seus cavaleiros. Enfim, o *grave* é uma marcha lenta e solene que Varville interpreta no momento em que Armando é apresentado a Margarida. Ela garante a passagem à segunda parte, que começa com um *capriccioso* que compreende sucessivamente valsa, romança sem palavras, cancã, copla e galope. O adágio da terceira parte, o primeiro *tête-à-tête* dos amantes, é construído em torno de uma valsa. Na coda, a valsa se cala e dá lugar a um cancã. Dissonância entre o contexto sonoro e a intimidade da cena: a declaração de Armando ata-se aos gritos e aos cantos de uma multidão bêbada que se disfarça e se prepara para uma festa mascarada.

Essa dramaturgia musical concerne tanto às micro quanto às macroestruturas do espetáculo: introdução (e cada personagem terá sua própria introdução), exposição do tema principal (assim, a cançoneta do *andante* apresenta a atitude geral da sociedade com relação às mulheres), surgimento dos temas secundários, desenvolvimento, *leitmotiv*, culminância, final, polirritmia. Um princípio de retardamento gerador de tensões rege a estrutura do conjunto como a interpretação dos atores. A encenação modela-se na escrita musical e Meierhold escreve:

> Em música há a acumulação de acordes, sétimas que o compositor introduz conscientemente e que, por muito tempo, muito tempo, não se resolvem na tônica [...]. Há alternância de momentos estáticos e momentos dinâmicos, seguida de equilíbrios e desequilíbrios [...]. Estou prestes a solucionar uma cena, mas conscientemente, não a soluciono, coloco até obstáculos a essa resolução, depois, no final, eu a consinto[94].

Finalmente, o problema do entreato toma um lugar importante na reflexão meierholdiana dessa dramaturgia musical. Na medida em que não é justificada pelas exigências técnicas de uma mudança de cenário, ele pertence ao tempo cênico e surge como um dos elementos construtivos do espetáculo. Tem o papel de uma cadeia musical na sequência dos episódios ou das partes.

[94] RGALI, 963, 1341. Curso de Meierhold na faculdade de atores do Gektemas* (18 jan. 1929), notas de A. Fevrálski.

A Interpretação do Ator e a Música:
Do Acrobata ao Ator Chinês

No final dos anos de 1930, Meierhold resume:

> Eu trabalho dez vezes mais facilmente com um ator que gosta da música. É preciso habituar os atores à música desde a escola. Eles gostam de tudo quando se utiliza uma música "para atmosfera", mas raros são aqueles que compreendem que a música é o melhor organizador do tempo em um espetáculo. A interpretação do ator é, para falar de modo imagético, seu duelo com o tempo. E aqui, a música é seu melhor aliado. Ela pode até não ser ouvida absolutamente, mas deve ser sentida. Eu sonho com um espetáculo ensaiado com uma música e interpretado sem música. Sem ela e com ela: pois o espetáculo, seus ritmos serão organizados segundo suas leis e cada intérprete a carregará dentro de si[95].

Encenador, ator-músico, até mesmo ator-compositor. Desde 1922, Meierhold utiliza uma terminologia semipavloviana, semimusical para a biomecânica. O treinamento biomecânico é assimilado às séries destinadas a exercitar o intérprete e o seu instrumento. Mas ainda ali, se a relação pode funcionar de modo metafórico, o modelo musical que concerne à encenação ou à interpretação é o de um saber técnico ideal, de um treinamento modelizado e progressivo, apoiado em leis e em um vocabulário unívoco. É uma realidade da interpretação. Encenador de si mesmo, o ator apoia-se na música determinada por Meierhold que lhe fornece referências e uma tela para a montagem de sua interpretação. Meierhold explica: "Uma personagem pronuncia uma frase que marca o final de certo fragmento de interpretação e nesse momento uma música começa a ser ouvida. Esse trecho musical define o início de outro fragmento e desse modo, sobre esse fundo musical, vocês constroem outro fragmento interpretativo que não se parece ao precedente"[96].

Ele faz com que os atores trabalhem com música, tanto no treinamento biomecânico quanto na cena, para acostumá-los a um rígido controle do tempo, definido não somente pela medida, mas também pelo ritmo. Meierhold compara esse trabalho musical ao do acrobata de circo. A música dá ao seu número perigoso o suporte de um cálculo fino e preciso na decupagem da execução de movimentos, cálculo que não segue a divisão de tempos fortes e tempos fracos. E o menor desvio dele ou uma mudança musical levaria o acrobata à catástrofe. O trabalho com música impregna o ator da consciência do tempo do teatro, e ajuda-o a memorizar seu texto verbal e sua partitura espacial. Para balizar esse trabalho com a música, a menção ao acrobata circense

95 A. Gladkov, *Teatr: Vospominánia i Razmischlenia*, p. 282.

96 RGALI, 963, 1341. Curso de Meyerhold na faculdade de atores do Gektemas (18 jan. 1929), notas de A. Fevrálski.

duplica-se, no modo de pensar meierholdiano, com referências mais sábias: o cantor de ópera – Schaliápin, que ele viu trabalhando de perto na reprise de *Boris Godunov* em 1911 – e o ator de teatro oriental – Sada Yacco, Ganako e, posteriormente, Mei Lan Fang, em excursão por Moscou em 1935. Diante do sentido de ritmo que esse último exibe, Meierhold constatará: "Nós não possuímos o sentido do tempo. Não sabemos o que quer dizer economia de tempo. Mei Lan Fang conta em quartos de segundo, e nós, nós contamos em minutos, sem nem contar os segundos"[97].

A importância que Meierhold confere ao ritmo na interpretação do ator remete sem dúvida alguma a todo o início do século. A leitura de Fuchs em 1906 lhe forneceu uma primeira teorização do que ele experimentou às cegas no Teatro-Estúdio. Nos anos de 1930, vão censurar-lhe posteriormente por causa de seu interesse pelo ritmo, ligando-o ao simbolismo. Mas, em vez de desenvolver a essência espiritual da matriz rítmica, Meierhold percebe aí uma força viva que luta contra a monotonia do metro[98], ou para falar como Tarabukin, de um movimento orgânico que se opõe a um movimento mecânico caracterizado pela medida[99]. Ao introduzir o jazz no teatro, Meierhold apropria-se de uma nova experiência plástico-musical "cujos mínimos detalhes", como escreve André Coeuroy em um estudo sobre o jazz publicado em 1926, "traduzem todas as correspondências sutis e todos os desvios entre a rigidez do tempo e o serpentear do próprio ritmo"[100]. Visto que pertence à música, o ritmo em Meierhold remete também mais amplamente à noção de conflito que caracteriza a relação entre todos os elementos de seu teatro, e através da qual a interpretação visa sempre uma extrema acuidade de expressão.

Meierhold considera que a música deve fazer parte da educação do ator porque é capaz de formar seu gosto e de organizar seu corpo. Recomenda que seu grupo vá constantemente a concertos, bem como frequente bibliotecas, museus, exposições. Nos diferentes estúdios meierholdianos, a música é uma das matérias de estudo. Em 1908, um projeto prevê uma escola em que o curso do primeiro ano, comum aos músicos e atores, contenha solfejo, piano, canto e dicção para todos[101]. Em 1921-23, no GVYTM[•], a música ocupa um lugar igualmente importante no programa (solfejo, harmonia, teoria da forma, contraponto). No final dos anos de 1920, os cursos de solfejo, de história da música no Gektemas, o trabalho de ensaios de música, o treinamento de atores acompanhados pelos pianistas do teatro, tudo isso permite desenvolver a musicalidade da interpretação e faz com que Meierhold entreveja, em 1931, um teatro com uma nova arquitetura e se inspire na perfeita construção de um barco, onde somente intervirão "o ator, a luz e a música"[102].

Certas fases do jogo de atuação são construídas como *leitmotiven*: repetição de um fragmento interpretativo ou de uma atitude que, em diferentes contextos, jamais é, como na música, simples repetição, mas

[97] V. Meierhold, Sur la tournée de Mei Lan Fang (14 abr. 1935), *Tvórtcheskoe Nasledie V. Meierholda*, p. 96.

[98] Antrakt i Vremia na Scene, curso de Meierhold no GVYRM (19 nov. 1921), *Tvórtcheskoe Nasledie V. Meierholda*,. Trecho traduzido em meu artigo, La Musique dans le jeu de l'acteur meyerholdien, *Le Jeu de l'acteur chez Meyerhold et Vakhtangov*, p.42-43.

[99] Cf. N. Taraboukine, Pour une théorie de la peinture, op. cit., p. 129.

[100] A. Coeuroy; A. Schaeffner, *Le Jazz*, p. 31-32.

[101] RGALI, 998, 2855. Projeto de escola.

[102] RGALI, 998, 674. Enunciado de Meyerhold no Narkompros[•] (13 jun. 1931).

aprofundamento, ao mesmo tempo que ela assume a função de signo para uma associação. O ator-músico dialoga com a música produzida em cena, responde-lhe com sua interpretação e, no limite, ele mesmo toca um instrumento em cena. Ele deve saber intervir no momento preciso que o movimento do conjunto requeira. Finalmente, sem música, pode construir sua atuação com fragmentos temporais de comprimento diverso e sua combinação: independentemente do gestual que se torna então material secundário da atuação, é a relação das durações, calculadas em segundos, e de tempos contrastantes, que produz o sentido.

O ator meierholdiano é, idealmente, como Martinson, "aquele que dança seus papéis"[103]. Seguindo o modelo do teatro oriental, todos os espetáculos meierholdianos contam com esses momentos em que a dança teatralizada exprime emoções ou estados fisiológicos e psicológicos complexos, sem que as palavras intervenham, em que ela concentra o tragicômico em explosões violentas: sapateados (*O Corno Magnífico*), dança clássica (*O Professor Bubus*), dança abstrata do poeta V. Parnakh (*D. E.*), dança espanhola da prostituta (*A Luta Final*), dança de desespero do engenheiro (*A Adesão*). Tampouco um espetáculo em que Meierhold não apele às danças sociais, danças de bailes ou de bares, para os quais ele pode ter recorrido às coreografias. Estas são as de ritmo binário, ternário ou quaternário – valsa, galope, forlana, gavota, polca, polonaise, *kamarinskaia*•, cancã, foxtrote – que dão uma forma plástico-rítmica precisa às situações cotidianas ou às relações psicológicas e permitem elevar a anedota da peça a uma visão simbólica, ritualizando essas relações.

Enfim, a distribuição tem a função de uma orquestração. Durante os ensaios de *Boris Godunov*, Meierhold diz ao elenco: "Agora, na nova escola teatral, surgirão tarefas orquestrais: a quem confiar o primeiro violino, o contrabaixo, o coro? É um problema que cabe somente a nós". E o discurso do ator tende a uma espécie de recitativo livre em que as vozes, como os corpos, harmonizam-se, opõem-se, respondem-se ou se alternam em solos, duos, trios, quintetos e coros.

Entre a Improvisação e o Rigor Científico

Se as técnicas de interpretação se transformam, as constantes permanecem. Para Meierhold, o ator é, por natureza, um improvisador. Ele repete isso sem parar de 1914 a 1939. É isso que funda a especificidade do teatro e do ofício do ator. A improvisação – no sentido de combinação livre de fragmentos de interpretação preparados antecipadamente e reservados – somente pode acontecer

103 B. Alpers, *Teatr Revoliútsi*, p. 42.

na alegria, equivalente físico da energia, alegria de criar, de ultrapassar os obstáculos do jogo. Mas o ator deve respeitar a estrutura do espetáculo sem desequilibrá-la nem explodi-la estendendo-se em suas intervenções. Meierhold falava geralmente do estiramento progressivo de *A Floresta* em que ele não conseguiu reduzir o número de episódios. Assim se justificam o controle cronometrado e a intervenção frequente

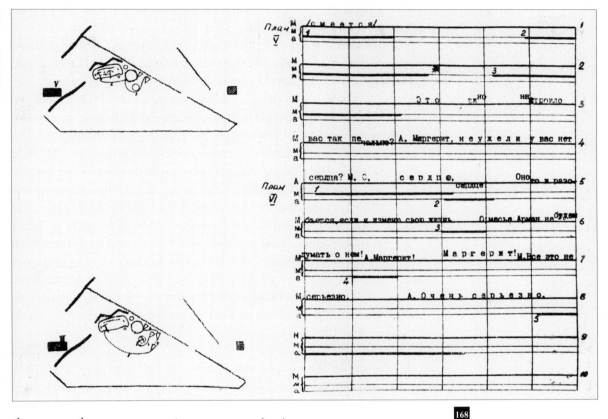

168 *Página do exemplar que registra a partitura de encenação d'A Dama das Camélias, fragmento do ato I, terceira parte, "O Encontro", realizado no NIL', 1934.*

do encenador que remaneja certas sequências.

Como o regente contemporâneo, o encenador sabe que não são apenas as notas que fazem a música, mas as pausas quase imperceptíveis que se encontram entre as notas. Do mesmo modo, no teatro existe o *intertexto*, diz Meierhold. De um regente a outro, "o fragmento temporal é o mesmo, mas a estrutura é outra: ele imprime outro ritmo no interior do compasso. O ritmo é isso que domina o compasso, o que entra em conflito com ele. O ritmo é saber sair do compasso e retornar a ele. Há na arte [do bom maestro] uma liberdade rítmica no interior de um fragmento métrico"[104]. No teatro meierholdiano, o intertexto é o silêncio entre as palavras, os brancos em função plástica entre as ações e os movimentos, os vazios entre as plenitudes que condicionam o fluxo rítmico do discurso teatral e que por isso não devem ser considerados nem percebidos como independentes.

Através de seu trabalho, em seu roteiro de encenação, Meierhold extrai as estruturas espaçotemporais do texto do autor, molduras do

104 A. Gladkov, *Teatr: Vospominánia i Razmischlenia,* p. 298.

roteiro pessoal do ator. "O encenador pode limitar o ator no tempo, no espaço, depois o ator pode fazer tudo que quiser com a condição de não demolir o desenho do conjunto", diz Meierhold[105]. Essa liberdade proclamada é real, já que, sem destruir *Revizor*, Martinson retomará alguns anos depois de Gárin, o papel de Khlestakóv transformando o roteiro da personagem, seu aspecto, seu comportamento, mas sem destruir o tecido da composição cênica na qual ela se introduz, e isso sob os aplausos calorosos do mestre.

"O ator tem uma grande liberdade nos limites do desenho fixado pelo encenador", sustentava Meierhold em 1921[106]. No final dos anos de 1930, ele explica a Gladkov:

> Tome um episódio em que se sucedem um diálogo de 12 minutos, um monólogo de um minuto, um trio de 6 minutos um conjunto *tutti* de 5 minutos etc. Temos as seguintes proporções: 12/1/6/5, e são elas que determinam a composição da cena. É preciso que essas proporções sejam estritamente observadas, mas isso não limita o momento de improvisação no trabalho do ator. É justamente uma estabilidade temporal precisa que dá aos bons atores a possibilidade de fruir daquilo que é a natureza de sua arte. Nos limites de 12 minutos, eles têm a possibilidade de fazer variações e nuances em cena, de tentar novas técnicas de interpretação, de buscar novos detalhes. Proporções no interior da composição do conjunto e interpretação *all'improviso*, tal é a nova fórmula de espetáculos de nossa escola[107].

E Meierhold afirma que será possível deixar à disposição do ator do futuro, idealmente musical, paragens vazias, no interior do espetáculo, por uma interpretação diferente em cada apresentação...

No palco, em cena, diante de seus atores nos ensaios, Meierhold é um improvisador brilhante, mas sempre no contexto de um trabalho preparatório longo, pesquisado, minucioso, ele sozinho ou com o cenógrafo, o pianista, o compositor. É no trabalho sobre o palco que ele procede à instrumentação de sua encenação. Ele explica em 1936: "A função do encenador é aqui completamente análoga a do compositor. Se eu venho aos ensaios com um plano rigorosamente preparado, eu só posso, no entanto, instrumentar minha partitura com os atores, com os instrumentos vivos de minha obra"[108].

Improvisação, mas sempre a vontade de rigor científico. O que anima Meierhold é uma vontade de fundar uma ciência do teatro capaz de pôr um termo ao diletantismo.

Umas das tarefas do NIL•, Laboratório de Pesquisas Científicas do Gostim, é a de criar partituras de encenação no modelo de partituras musicais, elaborar um princípio de notação teatral que dê conta do visual e sonoro, do espaço e tempo cênicos. Com métodos

169 *A orquestra (ou instrumento) fica tanto visível quanto invisível, como no teatro kabuki. Mas o ator pode chegar quase a se confundir com o músico e ao produzir ele mesmo a música, revelar sua psicologia. Assim em* O Mandato *S. Martinson (Smetánitch) diante de Z. Raikh (Varvára) (Cf. supra, p. 246).*

105 Idem.

106 Interval i Vremia na Scene, op. cit., p.56.

107 A. Gladkov, *Teatr: Vospominánia i Razmischlenia*, p. 298-299.

108 V. Meierhold, Vistuplenie 29 noiabria 1936, em *Puti Razvítia i Vzaimosviazi Russkogo i Tchekhoslovatskogo Iskusstva*, p. 139.

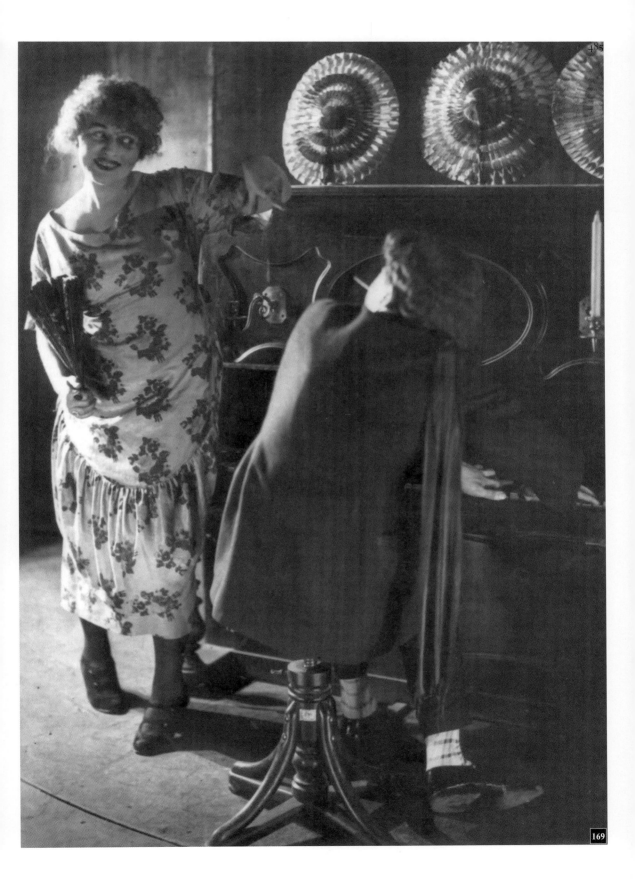

completamente artesanais, esse laboratório chega, com *A Dama das Camélias*, ao princípio do livre-cronômetro onde, na página direita, é impresso o texto, sobre linhas que medem cada seis segundos do tempo do espetáculo. Cada página comporta dez linhas, representando, portanto, um minuto. Linhas verticais dividem esse minuto em segundos. Nessas linhas, traços mais ou menos longos correspondem aos deslocamentos de cada personagem e levam números que remetem aos esquemas dos jogos de cena, dos gráficos relatados na página esquerda. À esquerda, a direção do movimento, sua forma, sua relação com o espaço: à direita, sua duração, sua rapidez, sua relação com o tempo e com o texto. A página à esquerda deve comportar também todos os materiais complementares: fotografias ou explicações necessárias. Ao mesmo tempo, a tipografia do texto, abaixo ou acima da linha que lhe é atribuída, o caractere da impressão, a separação das letras, os brancos, devem remeter às entonações, às pausas e à força da interpretação vocal[109]. Leonid Varpakhóvski, um dos principais incentivadores desse laboratório, acredita que os resultados do NIL, insuficiência de suportes técnicos, são muito insatisfatórios, mas que, no entanto, propôs os princípios fundamentais da fixação de uma encenação sem, todavia, conseguir incluir a própria partitura musical em uma total correspondência com o texto e o grafismo dos deslocamentos.

Desde os anos de 1910, na procura pelas leis do teatro, Meierhold quer, como muitos criadores de vanguarda do início do século, unir arte e ciência. Acumulando um saber técnico, ele retoma essa questão a cada espetáculo. Acompanha de perto as descobertas das ciências humanas de seu tempo: análises de textos do formalismo, psicologia objetiva, reflexologia. Nos anos de 1920, faz do palco uma arena publicitária a serviço das tecnologias modernas, abre seus espetáculos às utopias tecnicistas, à ficção científica. Ao mesmo tempo, na medida do possível, transforma a tecnologia da cena e, sobretudo, procura inventariar as leis gerais do teatro e as regras particulares em cada encenação, leis do movimento e do comportamento expressivos, regras espaciais e temporais, cujo conhecimento é indispensável a quem quer infringi-las eficazmente, ou seja, no plano da expressão.

É na música que Meierhold identificará a base científica que é o objeto de sua busca em nome do teatro, a música que associa leis objetivas – regras de composição, formas musicais, técnicas de interpretação, notação gráfica – a um impacto múltiplo e potente. A música, modelo último para o teatro. Ele reencontra, transformadas em sua pesquisa, passadas pela ideologia construtivista e pela prática da montagem, ideias comuns com os estetas e artistas do início do século, de Walter Pater a Wilde, de Craig a Appia, de Béli a Kandínski, essa concepção quase platônica da forma musical como arquétipo de todas as artes. Mas a música é também um dos temas meierholdianos por excelência. Nos anos de 1910, Meierhold, disfarçado em Doutor Dapertutto,

---

109 I. Varpakhóvski, *Partitura Spektaklia, Teatr*, n. 11, p. 88 e s.

divide, como Hoffmann, o mundo em duas categorias: os músicos e os outros. Mais tarde, em *A Desgraça de Ter Espírito*, faz de seu Tchatski, que encarna os ideais dos decembristas, um músico sonhador interpretando no palco Mozart e Bach...

Por fim, nessa busca de um teatro musical, polifônico, em que o *Revizor* marca o seu primeiro grande êxito, a vontade de Meierhold é a de efetivar a matematização do teatro pela música, mas também a de realizar uma autolimitação. Do mesmo modo que os praticáveis reduzem o espaço, a música, no *Revizor*, é uma moldura restritiva que limita o ator e o encenador no tempo. É a despeito desse princípio fundamental de não liberdade, ou antes, graças a ele, que, elevando-se contra a resistência do obstáculo, podem desabrochar a imaginação do encenador e a dos atores. Às vezes, a música pode aliviar o ator, ser um dos substitutos de sua expressividade, mas ela obriga-o sem cessar a um controle severo, a ajustamentos precisos, a uma virtuosidade de instrumentista, ela exige dele flexibilidade física, ligeireza, rapidez nas mudanças de ritmo e, amiúde, ela o transforma em dançarino. Mas, sobretudo, ao conceito de autolimitação, prende-se, através da música, o de improvisação, que forma com ele um par indissociável. E Meierhold enuncia, no final dos anos de 1930, o que considera como o axioma de sua direção de atores: "Autolimitação e improvisação, essas são as duas condições principais do trabalho do ator no palco. Quanto mais complexa sua associação, mais perfeita será a arte do ator"[110].

Tradução de Isa Kopelman

[110] A. Gladkov, *Teatr: Vospominánia i Razmischlenia*, p. 317.

Conclusão

Balanço teatral, sem dúvida, o *Revizor* (O Inspetor Geral), mas não remate: é, ao contrário, um ponto de partida para um trabalho projetado desde longa data sobre o patrimônio teatral russo, trabalho dramatúrgico e cênico que tem em vista a emergência de escrituras contemporâneas ligadas a esse patrimônio. Esse projeto será mantido sem interrupção, senão contrariado, ao menos perturbado, freado, pela evolução política, pela agressividade acrescida de uma crítica de formação literária e ideológica, e pelo acúmulo de dificuldades materiais, técnicas e financeiras. A partir de 1927, ano da Conferência sobre Questões Teatrais da Seção de Propaganda junto ao Comitê Central do Partido, o difícil percurso de Meierhold, até então livre, graças à sua obstinação nas suas escolhas de repertório, choca-se com diretivas, interdições veladas e depois claramente expressas. Enfim, de 1932 a 1938, a trupe "acampa" em um pequeno teatro, à espera do fim dos trabalhos empreendidos em seu local.

Os Anos Trinta

Mas antes de tudo, em 1928, uma grave crise sacudiu o Gostim•, crise de funcionamento e de repertório que está igualmente ligada à transformação progressiva do regime, cujas etapas são a exclusão de Lev Trótski do Birô Político (outubro de 1926), depois do Partido (1927) e, enfim, seu exílio em Alma Ata (maio de 1928), prelúdio de sua expulsão para a Turquia no começo de 1929. Meierhold sustentou certas ideias trotskistas: internacionalismo e internacionalização da Revolução, oposição à burocracia, militarização e predominância de um modelo militar completados pelo fato de o TIM• manter relações privilegiadas com o Exército Vermelho. A estada de Meierhold na França, por motivos de saúde, durante o verão e o outono de 1928, é bem curta e nesse contexto, mal interpretada. Rumores de emigração correm a seu respeito, alimentados, de uma parte pela recente "deserção" de Mikhail Tchékhov e de Aleksandr Granóvski, o diretor do Goset• e, de outra, pela complicada situação do Gostim, ao qual se reprova seu embevecimento com os clássicos e seu menosprezo pelas peças contemporâneas. A frequência de público começa a baixar, indicam os levantamentos desses espetáculos e isso já veio a afetar o montante, para seu funcionamento, das subvenções concedidas pelo Estado para as reformas urgentes do edifício do teatro, que ameaça ruir.

Ora, de Paris, Meierhold reclama ao Glaviskusstvo• a realização de trabalhos importantes e definitivos em seu teatro e, porque sente a oportunidade em tal contexto, de preparar, enfim, uma turnê europeia, ele pede que se proceda a sua organização. Sua carta tem ares de ultimato. Ele é então convocado com urgência para discutir o projeto, mas se recusa a obedecer. Doente, trata-se em Vichy e prolonga a permanência na França. A imprensa anuncia que as subvenções ao Gostim, cujo déficit constante a direção do Glaviskusstvo, que se sobrepõe agora ao Narkompros•, destaca de propósito, não serão renovadas. Uma campanha hostil se desencadeia nos jornais. Lunatchárski anuncia, em setembro de 1928, que o acordo coletivo com a trupe do Gostim não será renovado e que esta será dissolvida. Mas o *Komsomolskaia Pravda*, jornal do Komsomol•, sustenta com força Meierhold e seu teatro. Quanto à trupe, leva o caso ao Comitê Central do Partido, alerta a opinião pública e organiza debates. Essa mobilização ativa desemaranha a situação: o Gostim abre a temporada após o desbloqueio de uma subvenção[1]. Em 2 de dezembro, Meierhold retorna a Moscou. Ele recusa várias propostas, entre as quais a de uma temporada em Paris com Diághilev[2]. No entanto, para alguns a dúvida perdura. Mas Meierhold terá tido por um instante a intenção de emigrar, ele que, ao contrário, contribuíra para fazer voltar certos amigos, como Georgi Krol, um antigo membro do Estúdio petersburguense, e que tentará convencer Mikhail Tchékhov a regressar a Moscou?

Uma carta endereçada à trupe, de Vichy, por Zinaida Raikh e Vsévolod Meierhold, em outubro de 1928, tira importantes conclusões desta crise e da vitória, visto que, superada como as de 1922 e de 1924, é, entretanto, muito mais grave. Ela mostra que Meierhold recusa e desafia as orientações de abril de 1927 sobre o teatro, seja a prioridade da dramaturgia sobre a encenação, seja a escolha preferencial de peças úteis e atuais no plano de sua significação sociopolítica, o reforço da vigilância da censura do Partido:

> É inteiramente evidente [pode-se ler nessa carta] que devemos nos auto-organizar como um pequeno Estado. Pois é um estado de guerra ou, antes, de defesa que nós vivemos de maneira "permanente" (oh! que palavra perigosa!). Por isso nos é absolutamente necessário ter o nosso próprio Comitê Central executivo, nosso próprio Conselho Artístico, nossa própria representação diplomática, nosso Gosplan•, nossa própria Seção de Propaganda etc., toda uma cadeia de organizações que, exatamente como uma equipe

---

1 Cf. A. Fevrálski, *Zapíski Rovesnika Veka*, p. 276-281.

2 Já em 1926, Iákulov propôs a Meierhold montar um balé na Ópera de Paris, proposição que Meierhold já havia declinado. Cf. Cartas a S. Diághilev, Fundo Iákulov, Biblioteca da Ópera de Paris.

de bombeiros, estaria sempre pronta a intervir, mobilizando-se em cinco ou dez minutos. O círculo de inimigos vela, é preciso trabalhar, trabalhar, trabalhar. É terrivelmente regozijante [o fato de] que forças mobilizadas a toque de caixa tenham, no entanto, rechaçado o inimigo por certo tempo[3].

Toda essa carta não fala senão de luta e assimila os membros da trupe a "combatentes sérios e firmes". As apostas ulteriores desta luta estão claramente definidas: manter a linha teatral defendida até então.

> É preciso desenvolver o trabalho de agitação, mas não devemos abandonar nossas posições artísticas [...]. Nós não cederemos a ninguém nosso direito e nosso desejo, enquanto artistas, de trabalhar sobre os clássicos! [...] Nós devemos demonstrar a todos que temos razão em nosso trabalho sobre os clássicos. Nós temos o direito, deve-se crer em nós, nós ganhamos esse direito, de trabalhar, como soviéticos, sobre não importa que material que corresponda aos nossos gostos[4].

Meierhold, no entanto, só voltará aos clássicos em 1933: pois em seu regresso um presente o espera, *Klop* (O Percevejo) tão reclamado que Maiakóvski terminara. Não se trata no caso de um compromisso, visto que Meierhold tem necessidade da dramaturgia de "autores-experimentadores" que seu teatro procura engendrar: "Nosso trabalho sobre *Revizor* e *Gore ot Uma* (A Desgraça de Ter Espírito) limpou o terreno, de modo que é em nosso teatro e somente nele que Maiakóvski, Erdman, Iliá Selvínski e Tretiakov propuseram suas novas obras", afirma o encenador, ressaltando a complementaridade dessas duas linhas e a lógica de seu repertório[5].

Meierhold monta, pois, *O Percevejo*, que ele projeta como uma fantasmagoria teatral na linhagem de Gógol, em um tempo recorde: seis semanas de ensaios. Rapidez que o levará, entre outras razões, a tentar uma volta a essa peça em 1936. Com *O Percevejo*, Meierhold denuncia enfermidades sociais e propõe questões ao público. Ele envolve também, de maneira muito polêmica, problemas teatrais que retoma no ano seguinte em *Baniá* (Os Banhos), nos quais Maiakóvski lança a sua célebre fórmula: "O teatro não é um espelho, mas uma lente de aumento". No palco, Meierhold ataca ou parodia toda forma de teatro envelhecida, indiferente ou estetizante. Em *O Percevejo* e, sobretudo, no intermédio do teatro no teatro introduzido em *Os Banhos*, que reconduz ao tempo do de N. Erdman no tocante a *Lev Guritch Sinitchkin*, Meierhold se mostra implacável com Isadora Duncan que dançou a *Internacional*, com os Balés Bolschói, o Teatro Artístico, as contrafações do teatro de agitação, Bulgakov, Aleksandr Taírov e muitos outros ainda; ele multiplica, fazendo isso, o número de seus inimigos...

3 RGALI, 963, 97. Carta de Z. Raikh e V. Meierhold à trupe do Gostim, 17 out. 1928.

4 Idem.

5 Interventions à la Maison Centrale du Komsomol (12 jan. 1929), *Écrits*, 2, p. 244.

492

TEATRO E MÚSICA

A colaboração de Aleksandr Ródtchenko para os últimos quadros de *O Percevejo*, os *slogans* que cobrem a esbelta construção de *Os Banhos* – realização do filho de Vakhtângov, arquiteto – progressivamente desnudada no processo do espetáculo, são significativos. Na ilusão da vitória conquistada após a crise de 1928, o Gostim ressuscita a época do Outubro Teatral e reafirma os princípios básicos do teatro revolucionário. Os membros do RAPP•, críticos e escritores proletários, atiram com balas vermelhas contra *Os Banhos*, em que a máquina do tempo desempenha o mesmo papel que o verdadeiro *revizor*. Eles reclamam homens vivos, fustigam a inutilidade do traço largo e metafórico de Maiakóvski, de sua denúncia vigorosa da NEP• moral e burocrática; exigem, segundo os critérios do século XIX burguês, um teatro sério para tratar de problemas sérios e não atrações do teatro de feira.

Após Maiakóvski, Meierhold montará outras peças de autores contemporâneos, dos quais alguns pertencem à ala esquerda do RAPP. Selvínski primeiro, em quem ele crê por um momento pressentir um grande poeta, Aleksandr Beziménski, Vsévolod Vischnévski, Iúri Oléscha, Iúri Guérman. O trabalho cênico transforma as peças, mas se limita a destacar sequências perturbadoras sobre seus temas: a guerra civil, a burocratização da produção, o ascenso do fascismo na Alemanha ou a emigração.

O suicídio de Maiakóvski, a amputação que inflige ao repertório do encenador a retirada do *Samubiitsa* (Suicidado) e de *Khotchu Rebenka* (Eu Quero um Filho), sua ruptura tempestuosa com Vischnévski, constituem as sucessivas etapas da solidão de Meierhold, ele que foi tão sensível à de Stanislávski. A reprise quase inalterada de *Dom Juan* em dezembro de 1932 assinala o retorno aos clássicos e seguem-se grandes obras, em que Meierhold se divide entre Moscou e Leningrado: reprises – *Maskarad* (O Baile de Máscaras), *A Desgraça de Ter Espírito* – ou novidades – *A Dama das Camélias*, *Pikovaia Dama* (A Dama de Espadas) e a promessa de *Boris Godunov*, ensaiado em 1936 durante as discussões sobre o formalismo, nas quais é assimilada a *meierholdovschina*• de que o encenador procura se defender[6]. Se Meierhold não consegue tirar nada da *Natáscha* de Lidia Seifullina, apaixona-se por *Uma Vida*, adaptada do romance *E o Aço Foi Temperado* de Nicolai Ostróvski. Mas, em novembro de 1937, o espetáculo é proibido após o ensaio geral em que o herói de Ostróvski, Pável Kortchaguin, velho e cego, sobe à tribuna diante do público e interroga-o sobre o sentido e futuro da Revolução. O Gostim é fechado em 7 de janeiro de 1938. Sabe-se da corajosa determinação de Stanislávski, que acolherá Meierhold em seu Teatro de Ópera. Mas este não pretende permanecer aí, tanto mais que Stanislávski morre em agosto de 1938. Ele termina *Rigoletto* preparado por seu velho mestre (março de 1939) e tem vários projetos: *Hamlet* ainda e sempre, *Boris Godunov* no Teatro Púschkin de Leningrado, o ex-Teatro Aleksandrínski, que lhe solicita e no qual, após a terceira versão de *O*

6 Cf. O discurso de Meierhold, "Meierhold contra a *Meierholdovschina*" que, proferido em 14 de março de 1936 em Leningrado, é uma resposta aos artigos contra Schostakóvitch publicados na *Pravda*, nos dias 28 de janeiro e 6 de fevereiro, e aos debates que eles desencadearam sobre o formalismo e o naturalismo. *Stati, Pisma, Retchi, Besedi*, t. 2, p. 330-347. Cf. *Écrits*, 4.

Baile de Máscaras, em dezembro de 1938, ele conta retomar *Groza* (A Tempestade), de 1916 nos cenários de Golovin. Ele pensa escrever um libreto com base em *Gueroi Naschego Vremeni* (Um Herói de Nosso Tempo) de Mikhail Lérmontov, para Schostakóvitch[7].

Em 15 de junho de 1939, na Conferência Panrussa de Encenadores em Moscou, Meierhold assume seus pecados: "Nós, os artistas, nós estamos enganados". Em um momento de degelo muito relativo, correspondente ao fim do reinado de Ejóv destituído e do início do de Béria, Meierhold é aclamado por seus confrades, que o levam a intervir, embora seu nome não figure na lista dos oradores, esperando dele tomadas de posição decisivas sobre as questões da forma e dos direitos dos artistas, sobre a instauração do sistema de Stanislávski como método único do realismo socialista no teatro. Meierhold vai decepcioná-los. Encurralado entre as constantes ovações da plateia que exprime assim seu desejo de vê-lo restabelecido no seu teatro e o olhar de A. Vischínski, o encenador dos bem recentes "processos de Moscou" que preside agora a conferência na qualidade de vice-ministro do Sovnarkom•, Meierhold tem medo e faz desastradamente sua autocrítica, glorifica Stálin e aponta seus próprios "erros": o interesse pela forma, o construtivismo, seu método de remanejamento dos clássicos, o fato de haver mostrado ao público *Les*

493

CONCLUSÃO

7 Cf. A. Fevrálski, op. cit., p. 300.

170 *Fotos antropométricas de Meierhold detido e inculpado.*

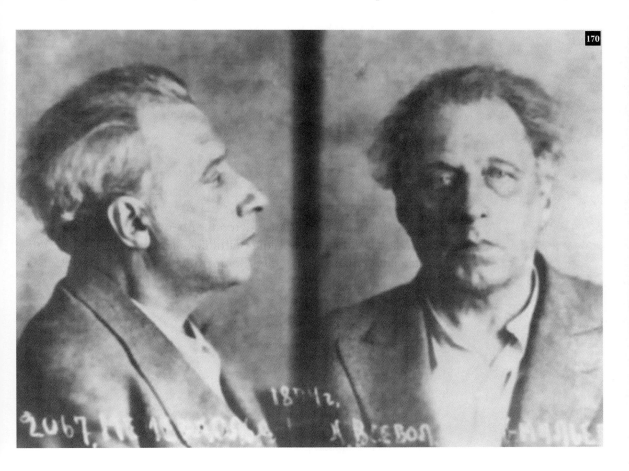

TEATRO E MÚSICA

(A Floresta) e *Revizor* quando esses espetáculos deveriam ter permanecido no estádio de experiências de laboratório, destinados somente aos especialistas. Mas fustiga simultaneamente a falta de elã, de espírito coletivo, a incompetência, a tagarelice, a falta de cultura e de imaginação que reinam no teatro soviético, realiza o elogio da cultura física e do último filme de Aleksandr Dovjenko. Mostra também a importância da função de encenador, sua responsabilidade em todos os níveis[8]. Em 20 de junho, Meierhold é detido em Leningrado. Em 6 de julho, o Instituto de Cultura Física dessa cidade participa da parada pan-unionista de ginástica em uma "teatralização" assinada por Meierhold, com uma música de Serguêi Prokófiev: é seu último espetáculo, na Praça do Palácio de Inverno. Então, ele é preso, submetido a interrogatórios sobre os pretensos complôs antissoviéticos e logo será torturado[9].

A Dimensão Utópica:
Teatro Engajado, Nacional, Polêmico

Nenhuma conclusão sobre o trabalho teatral de Meierhold durante os anos de 1920 pode contornar tal epílogo: o fim de um teatro vivaz, riscado por decreto do mapa de uma cidade e da história do teatro, o desaparecimento de seu diretor, fuzilado, cuja prisão apagou até o seu nome durante dezesseis anos. Basta ressaltar o caráter perturbador de sua busca. Mostra a continuidade ao mesmo tempo obstinada e em marcha lenta da obra meierholdiana em meio a dificuldades de toda ordem, que fazem da vida do Gostim no decorrer dos anos de 1930 uma longa crise, cuja história permanece por ser escrita. Evoca enfim as múltiplas facetas da produção meierholdiana: o *balagan*• feérico de *O Percevejo*, em que se mesclam presente e futuro, em uma forma inspirada no circo e no *music hall* e, ensaiada no mesmo momento, a epopeia sóbria e simplificada ao extremo de *Kommandarm 2* (O Comandante do Segundo Exército), oratório heroico em verso, em que o traçado das personagens tem a severidade da pintura de ícones e em que certas imagens evocam a composição plástica dos quadros do *Bronenosets Potiômkim* (O Encouraçado Potiômkim). Em *Vistrel* (O Tiro) de Beziménski, que utiliza as projeções de filmes rodados especialmente para o espetáculo e estende a ação à plateia, a biomecânica está a serviço do heroísmo do trabalho de fábrica. Construtivismo de *Os Banhos*, suíte musical devorada pelo *páthos* épico do último movimento de *A Luta Final*, para a qual ele convidou o coreógrafo Assaf Messerer, depois leitura dos clássicos em que se aprofundou o realismo musical.

---

8 Cf. Estenograma do discurso de Meierhold, na Conferência Panrussa de Encenadores (15 jun. 1939). Cf. *Écrits*, 4.

9 Meierhold é acusado de ser espião a soldo dos ingleses e dos japoneses, de ser trotskista desde 1923, de dirigir em 1930 uma "Frente de Esquerda" que reagrupa todos os elementos antissoviéticos no domínio da arte, de conduzir, em 1933, no teatro, uma ação subversiva em ligação com Rikov, Bukhárin e Radek (cf. *Literaturnaia Gazeta*, n. 18, 4 maio 1988, e B. Picon-Vallin, La *Glasnost* et le procès de Meyerhold, *L'Art du théâtre*, n. 9, 1988).

Quando Meierhold, o experimentador puro de 1906-1907, abriu progressivamente seu "laboratório teatral" à época, à história, à política, permaneceu fundamentalmente um pesquisador à procura de novas formas teatrais. Sua primeira moral foi artística: arrancar o teatro do cotidiano, transformar o estatuto ancilar da *mise-en-scène* em relação ao texto. Seu primeiro engajamento terá sido o de assumir um máximo de riscos para tentar conferir a esse cotidiano formas teatrais capazes de libertar o espectador de sua passividade, de "agitar" em todos os sentidos do termo, de interpelar, de interrogar e de dinamizar o público de uma época em plena mutação. Uma tal arte em pesquisa não poderá reduzir-se a uma fórmula única que explicaria toda a obra, visto que, para Meierhold, a experimentação no teatro, como nas ciências, baseia-se em um importante coeficiente de erro. "É à custa dos fracassos, não dos sucessos, que devemos chegar ao bom êxito no *front* teatral", diz Meierhold em 1929[10].

Desde antes de 1917, representa na cena os grandes movimentos da história russa dos quais é contemporâneo: apresenta aí uma história catastrofista, depois uma história utópica e depois uma história real a partir de *Mandat* (O Mandato). "Nós mudamos constantemente", diz Meierhold em 1935, "porque a vida muda constantemente, mas nós não mudamos nossa posição básica"[11]. Meierhold escreve essa história, que converte na dele por seu engajamento desde 1918 no Partido Comunista, com fragmentos de realidade, lados de ficção e até de ficção científica, com o apoio de diferentes tradições teatrais e uma busca de reequilíbrio sempre renovada das relações entre as artes que ele convoca para a cena, todos eles elementos que combina, a cada encenação, segundo o contexto histórico e a rápida evolução do público, de maneira diferente. A tensão ficção/realidade que estrutura suas encenações corresponde à tensão autores clássicos/autores atuais, que articula o repertório, e à parelha passado/futuro, que orienta toda a sua pesquisa presente.

O percurso de Meierhold é, à imagem de seus espetáculos, feito de saltos e rupturas: percurso de descobridor, de inventor, de proponente de hipóteses, verificadas ou não na prática do espetáculo. Por essa razão é difícil, no seu caso, falar de sistema: jamais fechada nem assegurante, a teoria meierholdiana, conjunto de princípios contraditórios reunidos por um pensamento ativo que se preocupa em levá-los à materialização tendo em vista uma síntese, ela não é totalizada senão em momentos em que se encarna em um espetáculo para abrir-se, explodir e reconstruir-se em uma nova aventura teatral que reorganiza seus numerosos elementos. A constante: um encenador que procura e encontra seu estatuto de autor do espetáculo, artista por inteiro. Meierhold pretende esse título que Stanislávski, antes de tudo diretor de atores, não reivindica. Tal é o sentido que se deve dar à observação stanislávskiana dos anos de 1936-1937: "O único *metteur en scène* que eu conheço é Meierhold"[12].

10 Exposé au Théâtre Bolchoi, 8 out. 1929, *Écrits*, 3, p. 41.

11 RGALI, 998, 693, "Colóquio com Encenadores da Periferia" (11 fev. 1935), citado por A. Fevrálski, op. cit., p. 216.

12 Cf. G. Kristi, "Stanislávski i Meierhold", *Oktiabr*, n. 3, p. 183, e *Vozvraschenie k Stanislávskomu*, em *Vstretchi s Meierholdom*, p. 580.

Tentar compreender essa obra é ver-se confrontado com uma busca de uma essencialidade ao mesmo tempo trans-histórica e ligada à história. Meierhold colheu todos os ventos, dos alísios às tempestades, com frequência modificou sua direção, mas nunca mudou seu escopo, encorajado por duas certezas, desde cedo ancoradas nele: o teatro, cuja identidade é preciso encontrar tem suas leis e é ele, Meierhold, quem está apto a encontrá-las, a manifestá-las, seguro de suas escolhas sucessivas, mesmo que elas pareçam contradizer-se. Certezas do homem de teatro e do homem de poder, aquele que representou Ivan, o Terrível, no teatro de Stanislávski, e em quem, talvez, seu aluno Eisenstein pensou quando levou a personagem à tela.

Na efervescência do primeiro quarto do século xx, em que a Rússia, enfim, dota-se de um teatro de dimensões europeias, a pesquisa de Meierhold desenvolve no repertório, coração do teatro, assim como na encenação, a linha de um realismo fantástico russo, à qual, em 1935, ele tentará enfim vincular Tchékhov. A obra toda de Meierhold não se reduz a isso, mas é a corrente dominante que a atravessa de ponta a ponta, de *Balagántchik* (A Barraca da Feira de Atrações) até *A Dama de Espadas*, passando por *A Echarpe de Colombina*, *O Mandato*, *Revizor*. Mais tarde, Grigóri Kózintsev falará da essência da arte russa, da linha "Gógol-Dostoiévski-Meierhold-Schostakóvitch"[13]. No caso de Meierhold, cumpre acrescentar a luminosa presença púschkiniana, lá onde, no teatro, ela se une a essa linha, na clareza das intenções, na ligeireza do verbo e das estruturas.

Ao mesmo tempo, o percurso meierholdiano, largamente aberto no começo do século às influências estrangeiras, é uma procura para além de sua própria cultura. Procura no espaço: é, primeiramente, a dramaturgia europeia que questiona uma prática herdada de Stanislávski, e sua formação de encenador repete a história do teatro russo, edificada sobre influências estrangeiras combinadas, bizantinas, alemãs, francesas e italianas. Procura de modelos técnicos no tempo: o grande mito do teatro antigo, que contribui para criar o simbolismo russo, incita a transformar as relações palco/plateia, mas é a *Commedia dell'Arte*, de que o teatro de feira russo está impregnado, que Meierhold distingue como a fonte mais fecunda, o ponto de partida mais sólido para uma nova arte do ator, para uma nova concepção do espetáculo e para uma valorização do patrimônio artístico russo, até então mal explorado e ou inexplorado.

Como o de Craig, o olhar que Meierhold lança sobre esse passado escolhido é um olhar de pesquisador sem nostalgia. Primeiro, porque esse teatro de feira, esse teatro de tablados, cujo estudo implica novas relações entre os membros do grupo teatral, é enriquecido por uma confrontação com outras tradições, codificadas, coreográficas e orientais, que o Ocidente considera mais sofisticadas, mas que têm, para começar, o mérito de ainda viver. Em seguida e, sobretudo, porque é

13 G. Kózintsev, Gogoliada, *Vremia i Sovest*, p. 239.

projetado para o porvir. O teatro meierholdiano não pode se desenrolar sem um futuro imensamente aberto diante de si, e seu porvir não existe a não ser na medida em que tem uma memória. O presente da criação situa-se sempre entre um passado em que ela mergulha suas raízes e um futuro ao mesmo tempo próximo – é o que explica a longevidade das grandes encenações meierholdianas, *O Baile de Máscaras*, *A Floresta* ou *Revizor* – e longínquo – sua finalidade global. Toda *mise-en-scène* é uma busca, ela é considerada como uma pedra trazida à edificação do Teatro do Futuro. A obra teatral meierholdiana nunca é acabada – aí se encontra a criação do público –, e ela participa de um grande movimento rumo a um teatro utópico cujo suporte é, nos anos de 1930, o próprio teatro de Meierhold em construção. Essa constante projeção para o futuro, que torna a criação independente da moda ou do sucesso comercial, é um dos fatores da vitalidade do teatro meierholdiano. Essa dimensão utópica dá amplitude à vontade de criar um teatro especificamente russo e nacional, evita que ele seja limitado, reduzido, atrofiado.

Tendo compreendido com Appia que lutar por Wagner é em primeiro lugar lutar contra ele, Meierhold procura de diferentes maneiras essa fidelidade polêmica aos autores clássicos russos que ele liberta da etiqueta "teatro de costumes"; ele os ilumina com um olhar político que distingue, em suas dramaturgias, grupos sociais mais do que indivíduos, e um olhar teatral que não separa, no trabalho, a obra escrita da obra representada. Ele recria a obra escolhida espacializando as estruturas que destaca da peça para torná-las eficazes em uma cena e para um público moderno. Ele leva em conta as coações técnicas e ideológicas da época, do estudo das tradições às quais ela se liga e da apreensão da obra do escritor em sua totalidade. Em um triplo movimento de retorno às fontes, de projeção no tempo e da ampliação da peça ao conjunto do "mundo" de seu autor, Meierhold revela a vida dos textos. Nessa hermenêutica, nessa busca de um contato polêmico e caloroso com Lérmontov, Ostróvski, Sukhovó-Kobílin, Gógol, Griboiêdov e Púschkin, ele conduz um trabalho dramatúrgico aprofundado que visa a engendrar sua posteridade contra os epígonos de todos os costados. Nos anos de 1920, quer favorecer a produção de textos que, concebidos para o seu teatro, em função de seus métodos e de seus objetivos, e até adaptados durante os ensaios, tratem de temas atuais. No processo de elaboração dos espetáculos sobre os clássicos, trava-se uma luta contra a censura do passado em que se pode ler a tragédia repetida dos escritores russos, aos quais o palco se apresenta como arena e quer dar a palavra. Após 1920, Meierhold, autor do espetáculo e adaptador, tem necessidade dos escritores de seu tempo: Tretiakov, Erdman, Maiakóvski, em torno dos quais o teatro conduz novas lutas contra uma nova censura que os condena finalmente ao silêncio.

O Grotesco, Estrutura
da Obra Teatral

A interrogação constante de Meierhold, experimentador acerca do estatuto do teatro, da identidade deste em relação às outras artes e de sua função de comunicação com o público, é uma interrogação – prática – sobre a teatralidade. Ela versa sobre o problema da síntese a partir das formulações wagnerianas. Passa por respostas utópicas, moldadas sobre o teatro antigo (união dos gêneros no repertório, teatro reunificador) e soluções restritivas e precisas, as que o teatro de convenção proporciona (união reduzida dos criadores – autor, encenador e ator –, união coral de personagens, síntese visual e sonora no jogo de atuação).

Mas intuitivamente com *A Barraca da Feira de Atrações*, de Aleksandr Blok, e conscientemente em "O Teatro de Feira", Meierhold curto-circuita de algum modo Wagner. Ao reencontrar o *balagan*, as máscaras da *Commedia dell'Arte*, remonta ao romantismo alemão em que privilegia Hoffmann, cuja influência sobre os escritores russos do século XIX ele conhece. Hoffmann e sua maneira de conceber, praticando-as todas as três, as relações entre música, literatura e pintura, Hoffmann que o orienta para Gozzi e o estudo da comédia italiana. Nos anos de 1930, Meierhold empenhar-se-á em salientar que seu "Hoffmann era um mistificador de gênio, sem a menor sombra de patologia"[14], essa patologia que a crítica vai caçar em sua obra atribuindo-a à nefasta influência do "maestro". O lado sombrio da visão meierholdiana dos anos de 1910 não exclui tal abordagem de Hoffmann, na qual Meierhold encontra não só um modelo de artista completo, mas também um *alter ego* mistificador, como ele, amante de improvisações e de jogos na vida. Mas descobre nele, sobretudo, um método de ação, de impacto sobre o interlocutor, leitor ou espectador, destinado a efetuar o último ato de criação. Método em que o fantástico, como a ironia romântica, serve em primeiro lugar para apartar a situação e o objeto descritos, de modo que sejam então apreendidos assim separados, distanciados, destacados. Meierhold descobre que a arte teatral deve, como Hoffmann ou Callot souberam fazer, destacar nas personagens que ele põe em cena ou nas imagens que ele faz nascer uma impressão de algo estranho e familiar ao mesmo tempo, que ele deve criar um novo olhar sobre o cotidiano. Não certamente para ilustrar, nem mesmo para sugerir como a dramaturgia de Maeterlinck lhe abrira o caminho, porém para *fazer ver*: visão brutal, aos borbotões, e copiosa, não dada, mas criada em cena. A associação do fantástico e do real, do sonho e da realidade, é para Meierhold um caso particular não tanto de união como de entrada em relação dos contrários, método que lhe permite organizar teatralmente suas próprias contradições e as de sua época.

---

14 Entrevista com Meierhold por Aleksandr Matskin, citado pelo autor, in *Protreti i Nabliúdenia*, p. 193-194.

A teatralização da cena meierholdiana passa por sua ruptura com a *mímesis*, com o modo analógico e depois pela tomada de consciência de uma descontinuidade, que não é somente consciência da heterogeneidade das diferentes artes que colaboram no ato teatral, mas consciência de um modo de existência ou de presença cênica específica, expressiva, porque não inerte, não cotidiana. É essa descontinuidade que permite fornecer uma nova resposta à interrogação sobre a síntese, ao procurar a densidade no hiato, na rasgadura ou na compressão, não o reflexo ou a amplificação na coerência e no contínuo desenrolar.

A nova e escandalosa ordem do grotesco teatral, dominado pelo ator, pelo corpo e pelo jogo de atuação, não se define pelo exagero satírico, mas por um movimento entre polos opostos. A concepção meierholdiana do grotesco é regida por dois pares principais, fantástico (ficção)/realidade e cômico/trágico. Essas oposições serão, de início, postas em ação na personagem, no jogo do ator, na construção dramatúrgica e na sucessão dos gêneros. Depois, a partir dessa estrutura de base, todos os elementos do teatro hão de ser progressivamente aplainados, assimilados a materiais e associados aos pares ou grupos antagonistas nos domínios temático, estilístico e, depois, verbal, gestual, plástico, espacial e rítmico. Tal organização transforma o lugar cênico, priva-o de toda neutralidade, converte-o em uma espécie de campo de forças e permite a combinação de diferentes termos ou materiais, no interior desses domínios, assim como entre cada um deles. Ela suscita operações de ligação por justaposição (choque dos contrários), repetição com variações, dissonância, interpretação e, sobretudo, substituição e deslocamento, que sublinham, completam, viram ou transformam o sentido e fazem da cena um espaço de troca, de metamorfose constante e consciente de que o *Revizor* fornece o exemplo mais bem-sucedido. Nos anos de 1910, esses tipos de operação conduzem a alusões misteriosas, a significações ocultas segundo o vocabulário hoffmaniano ou esotérico retomado então por Meierhold. Nos anos de 1920, eles levam à elaboração de uma linguagem teatral plástica e sonora, por meio da radicalização da prática da montagem como instrumento de trabalho. Meierhold fala em 1922, como em 1912, em combinar elementos impossíveis de unir na vida[15]. O conflito, a tensão entre os contrários, permanece no modo de ligação prioritário, no processo de construção, que caracteriza seu trabalho teatral. Dramaturgia, gestualidade, espaço, são concebidos com base nesse princípio: montagens de episódios contrastados, biomecânica em que o *otkaz*•, que Eisenstein considera como a lei de todo movimento expressivo[16], organiza a gestualidade e o jogo de cena, fazendo preceder um desenvolvimento orientado por um fragmento de direção oposta. Quanto ao espaço cênico, ele oferece sempre à percepção uma imagem plástica estruturada e portadora de tensões: seja a divisão horizontal cena/proscênio em que se dá o jogo de aproximação e afastamento dos atores e do público, seja a divisão vertical palco cênico/escada, cujos primeiros exemplos foram influenciados

15 L'Emploi et l'acteur, *Écrits*, 2, p. 84.

16 Cf. S. Eisenstein, Vozvraschenie Soldata s Fronta, *Ízbranie Proizvedênia*, t. 4, p. 81-82.

TEATRO E MÚSICA

talvez pelos *Steps* de Craig e que, a partir do construtivismo, levantam a cena, dividem-na e a orientam.

Carregado do potencial expressivo desse contexto cênico e capaz de metamorfoses polissêmicas permitidas pelas diferentes operações de ligação, todo sujeito (ator) pode objetivar-se (ator material, corpo, parte do corpo), mas todo objeto é capaz, por seu turno, de tornar-se sujeito. Corpos e objetos em relações constantes desenham em cena figuras – hipérbole, metonímia, metáfora ou símbolo – que concretizam as relações entre as personagens, exprimindo ao mesmo tempo o ponto de vista do ator e do encenador a respeito delas e dos fatos representados. Meierhold é, como reconhece Boris Pasternak quando assiste *Revizor* e como escreve Pável Márkov em 1934, um poeta da cena[17]. Seu teatro é o da expressão elíptica e imagética.

O funcionamento relacional entre os elementos cênicos se efetua de múltiplos modos que tornam a plateia ativa e a fazem "trabalhar" no sentido que a apreensão do espetáculo exige do público uma atenção e um esforço que fazem eco àqueles que acompanharam a criação teatral. Mas Meierhold não visa de início a um andamento intelectual, ele procura a surpresa, o inesperado, o espanto. A ginástica emocional à qual convida o espectador é essencial. A emoção é aqui o modo de conhecimento teatral por excelência. "Não se pode fazer nada de bom atendo-se a uma simples ação sobre o cérebro do espectador", escreve em "A Reconstrução do Teatro"[18], o que evidentemente não quer dizer que ele a economize. A poesia concreta da cena, em que os pensamentos se transformam, encarnam-se em imagens visuais e sonoras, não é demonstrativa. Evidente, deve impressionar; complicada, deve intrigar. Procede por simplificação e por complicação. Mas busca, sempre, no contexto do pós-revolução, um elã, um impulso a comunicar ao espectador considerado, em primeiro lugar, como um homem de ação que deve agir em um mundo onde a luta é possível, onde a reconstrução da vida e da economia é urgente, onde o "inimigo" é, antes de tudo, esse *meschanstvo*• que Meierhold ataca como estado de espírito nos anos de 1910, como ideologia de classe após 1920.

Essa estrutura está ligada aos modelos e às imagens carnavalescas que Hoffmann transmite, que Gozzi, o teatro de feira e a *Commedia dell'Arte* veiculam. Meierhold encarna em cena e adapta em numerosos espetáculos, sua própria visão das duas dimensões do carnaval. De uma parte, a mascarada em seu duplo avatar: baile tragicômico de máscaras populares da comédia italiana em sua variante russa, provinciana, não decadente, vulgar, mundo em que o cenógrafo Nicolai Sapunov o fez penetrar, e o baile de máscaras em sua variante aristocrática, petersburguense e veneziana, jogo trágico da vida e da morte em um quadro de festa grandiosa, de que Aleksandr Golovin lhe dá as chaves plásticas. De outra parte, regozijos do carnaval popular em que se representam a metamorfose e o reviramento, o jogo cômico da

17 P. Márkov, Pismo o Meierholde (1934), *O Teatre*, t. 2, p. 63.
18 La Reconstruction du théâtre, *Écrits*, 3, p. 47.

vida e da morte, com a franqueza, a rudeza, a grosseria e a liberdade da praça pública às quais ele aspira no Estúdio da rua Borodin, mas que só encontrará verdadeiramente com *Misteria-Buff* (O Mistério-Bufo). Carnaval e mascarada com suas alterações em diversos tipos de rituais sociais, cujos ritmos ele modernizará, constituem formas básicas que permitem condensar, concentrar o cotidiano e sua banalidade antes de fazê-los explodir. Meierhold os utiliza separadamente, ou então os reflete um no outro, e a crítica social que aí se efetua com uma vigorosa precisão serve-se da amplificação e do desvelamento. Trata-se aí de instrumentos, mas que correspondem a um tema profundo da obra de Meierhold: em pleno coração do construtivismo, o carnaval está presente em *Le Cocu magnifique* (O Corno Magnífico), a mascarada em *Soiuz Molodeji* (A União dos Jovens).

O encontro do *balagan*, sua teorização progressiva e a reflexão sobre Wagner permitem a Meierhold destacar o corpo do comediante em sua ambivalência, de um lado a materialidade e o dinamismo do cabotino e, de outro, a obra de arte plástica e harmoniosa do cantor-comediante. A partir daí, Meierhold faz do ator a chave de abóbada do espetáculo que ele despoja de tudo o que não ajuda o intérprete no jogo da atuação. Pois o teatro meierholdiano se constrói, não sobre a personagem, mas sobre as ações do ator e sobre a relação descontínua e variável que este mantém com a personagem e com o público. O ator meierholdiano é um artista polivalente que se define progressivamente de 1910 a 1926 através de uma qualificação, de um ofício, de uma perícia, de um trabalho, de uma responsabilidade na sociedade. Suas competências de ginasta, mímico, dançarino, músico, cantor, acrobata, *clown*, sem o assimilar a um artista de circo ou de balé, fundamentam o jogo de atuação sobre o domínio do corpo considerado como uma matéria a organizar, sobre as relações que esse ator, mestre de seu corpo, mantém com o espaço, com o tempo, os parceiros e os objetos cênicos. Procurador ou advogado de seu papel, esse novo homem que é, no ideal, o "tragicomediante" meierholdiano dos anos de 1920 deve pensar com seu corpo, e seu jogo de atuação pode ser assimilado a um pensamento plástico.

Rumo a uma Organização das Relações entre as Artes e Seus Materiais

Considerado por Meierhold, em 1909, como fator essencial da realização da síntese das artes, na medida em que pode lhe criar obstáculo, o cantor-comediante deve, em *Tristão e Isolda*, procurar a fusão do desenho plástico de seu corpo com o desenho tônico da partitura. Em 1911, com a primeira abordagem do grotesco, esse corpo se torna, no pensamento meierholdiano, o lugar em que podem associar-se técnicas tomadas de empréstimo à arte da dança, como no caso do ator japonês, e à arte do circo. É com o construtivismo que se destaca claramente o princípio dos novos laços capazes de gerar as relações entre todas as artes que a prática cênica convoca. A fórmula materialista e mecanicista que divide o ator biomecânico, desnuda sua dupla natureza de organizador e de material organizado, propõe um esquema de funcionamento tal que, como ele, cada arte parceira da ação teatral possa dirigir as outras fazendo funcionar a cena segundo seu próprio modo organizador, estando tudo, sob a forma de seus materiais separados, organizado por eles.

A concepção que Meierhold tem da síntese das artes é evolutiva. Por meio da descontinuidade da poética grotesca, as relações entre as artes do teatro que Meierhold considera na cena lírica, em um primeiro tempo, ao modo da união harmoniosa, são perturbadas. A introdução das artes ditas menores, com sua materialidade grosseira, na ronda wagneriana das "artes irmãs" – música, poema, dança, em que se enxertam pintura e arquitetura – eleva o número de parceiros, acentua a heterogeneidade da cena, faz explodir toda a aparência de unidade. Mas, ao mesmo tempo, ela fornece um esboço de solução nova: em vez do entrelaçamento íntimo em uma "ronda alternada das artes" que tendem, adicionando seus efeitos, para uma mesma meta, um efeito total, uma excitação poderosa[19], instaura entre eles relações de diálogo, cuja alternância evocada por Wagner aparece então como um modo de existência particular. A dissonância entre os materiais de uma mesma arte (as cores) ou a relação contrapontística entre os de duas artes diferentes (gestual-música), que Meierhold experimenta desde o Estúdio da rua Borodin, visa a suprimir redundância, a repetição, a fusão na expressão, a dissociar a emoção da personagem (texto) e a do público (efeito) pelo jogo de atuação do ator e pelas relações entre as artes organizadas pela encenação. Mas, embora buscando esse diálogo e essa não coincidência, Meierhold segue Craig em seu desejo de se aproximar do "artista do teatro do porvir" capaz de tomar a seu cargo o espetáculo em sua totalidade: os cenógrafos que ele escolhe são parceiros com quem o entendimento é profundo, quando não tenta ser ele mesmo o próprio cenarista de certos espetáculos, de assumir o conjunto do espetáculo. É a partir dessas duas orientações que o construtivismo vai operar, transformando o princípio do diálogo, do debate entre as artes, pelos conceitos de construção e de montagem.

A obra teatral torna-se assim produção, resultado da organização do trabalho dos artistas, de seu ofício relacionado ao mundo industrial[20], mas estranha a imperativos comerciais: o produtivismo e o construtivismo teorizam essa assimilação do teatro e das artes em geral ao social e à competência profissional; eles objetivam a criação artística com o tra-

---

19 Cf. R. Wagner, *L'Oeuvre d'art de l'avenir*, p. 226. Cf. também *Opéra et drame*, t. 2, p. 196-203.

20 Cf. R. Wagner, *L'Art et la révolution*, p. 41, em que ele opõe artista e operário, e p. 60 s.

tamento do material. Cada arte, na cena meierholdiana, é dissociada em materiais que, isolados, são inúteis e só funcionam através da montagem quando, colocados em uma situação de relação mecânica, comportam-se em conjunto como uma máquina produtora de sentido. Em certas experiências já em 1914, depois em 1921 e, sobretudo, após 1922, paralelamente à supressão do trabalho de cavalete entre os artistas plásticos de vanguarda, Meierhold suprime a pintura da cena e o *décor* torna-se construção, *assemblage* funcional de volumes em uma máquina de jogo apurada, dinâmica. Mas o movimento cênico é de há muito objeto de interesse; seguem a literatura e a música que, como as artes plásticas, adquirem por meio da montagem esse mesmo estatuto de "máquina de atuação", elemento ao mesmo tempo organizador do discurso teatral e material organizado: corpo, forma, cor, palavra, som, ritmo. Esse duplo estatuto define relações efetuadas de dominação e de submissão, estando cada uma submetida às outras como material e submetendo-as, por sua vez, em um projeto global de organização do espaço e do tempo. A introdução do cinema se faz segundo o mesmo esquema, em um palco cênico que é assim capaz de multiplicar o número de seus parceiros. Destarte, em Meierhold, o emprego do filme permanece um meio e não um fim.

Após haver divisado as artes parceiras em materiais e tê-los montado em conjunto insistindo sobre o lado técnico, a fabricação, o trabalho de *assemblage*, Meierhold procura, a partir de 1924 mais ou menos (*A Floresta*), ligar mais estreitamente e depois "modular" os elementos das diferentes artes. Confia então um papel preponderante, no funcionamento dessa "mecânica" teatral, à música, enquanto estrutura e enquanto material, aproximando com isso a cena dramática e a ópera. Ele busca para ambos um funcionamento comum – outra manifestação de seu objetivo de síntese. Mas, embora aproximando o teatro da ópera, empenha-se em pensar a reforma da ópera. A música torna-se meio de organizar a descontinuidade e a independência de diferentes materiais que uma estrutura contrastada e o jogo das combinações transformaram em signos, dissociando-os de sua significação ordinária, cotidiana. Ela torna-se meio de reger, de gerir, de controlar seus laços de diálogo, de aproximação e afastamento e de dar de novo uma vida orgânica à montagem mecânica, sem apagar, no entanto, essa aquisição da montagem: a transformação do espetáculo, de objeto de contemplação passiva, objeto para agradar, em acumulador e dispensador de energia. A música, base construtiva, converte-se em um modelo ao mesmo tempo rigoroso e infinitamente sensível, flexível, que permite aumentar simultaneamente a precisão da escritura do espetáculo e o impacto emocional sobre o público.

Em "O Pequeno Organon", Bertolt Brecht sublinha a independência que devem guardar todas as artes na empreitada comum do teatro e ele acrescenta mesmo que "todas as relações consistirão em

TEATRO E MÚSICA

se distanciar umas das outras"[21]. Ao contrário de Brecht, Meierhold não é um autor de textos dramáticos, apesar de uma experiência na tradução, nas adaptações, nas tentativas de escritura de peças e todo um trabalho dramatúrgico sobre os clássicos: é claro, em 1926, que, em cena, ele trata daquilo que chamamos "matéria cênica", na qual a palavra é apenas um elemento. Cada signo que ele aí molda tem múltiplas facetas – sonora, visual, rítmica –, as quais concentram nelas as relações complexas e múltiplas que as artes devem manter em cena, pintura, música, literatura, arte do movimento, cinema, mesmo se não estão presentes no palco em sua forma primeira. Ausentes, a pintura e o cinema são materiais de observação para a criação teatral, relés entre a vida e o palco: contribuem assim para concentrar a expressão. Expulsa do teatro, a pintura retorna a ele: cultura pictórica de épocas variadas, transposta nas composições plásticas do encenador. Do mesmo modo, sem tela nem filme, a cena torna-se um meio produtor de impressões cinematográficas. Para Meierhold, ela constitui o lugar onde as outras artes se transformam. Em 1926, não há arte "pura" no teatro de Meierhold[22], assim como tampouco há separação ou fusão das artes. Cada uma delas, convocada à cena, submete-se ao regime teatral do movimento, da transformação. Quanto à música, ela tende a vir a ser, em suma, a sintaxe de uma linguagem que se torna cada vez mais complexa. Sua presença como material, no espetáculo, é descontínua, montagem de trechos, extratos de obras diferentes. Mas a composição musical (formas e gêneros musicais, arranjo de ritmos, de tonalidades, de tempos) tende a organizar as relações entre a gestualidade, o espaço, a cor, o som, a palavra, a luz que ela une, permitindo ao mesmo tempo a cada um dos meios de expressão artística, a cada material, a cada objeto, assim como a cada ator, fazer ouvir sua voz, harmonizada ou desarmonizada no conjunto organizado. Enquanto arte submetida a regras estritas em que a multiplicidade de vozes pode exprimir-se, ela proporciona ao teatro os meios de criar uma polifonia cênica e permite ao mesmo tempo ao encenador identificar-se ao regente de orquestra e ao seu papel unificador.

Em 1929-1930, em "A Reconstrução do Teatro", inflamado pela polêmica de uma rivalidade exacerbada com o cinema, Meierhold escreve, evocando Wagner, que "é preciso recorrer a todos os meios que as outras artes encerram, a todos os seus meios, a fim de agir sobre a plateia graças à síntese orgânica deles"[23]. Chega portanto a esta concepção de "obra de arte total" que Brecht fustiga pelo encantamento de que é portadora e pela passividade que produz no espectador?[24] Meierhold visa de fato, a partir de *Revizor*, anunciar a montagem vertical, polifônica, que Eisenstein concebe em 1928[25] e que realizará mais tarde no cinema com *Aleksandr Névski*, montagem vertical, cujo efeito sobre todos os sentidos é acompanhado de uma ação sobre a clara consciência, a inteligência, a razão do espectador. Para se aproximar da

21 B. Brecht, Le Petit organon pour le théâtre, *Écrits sur le théâtre*, p. 204 e 206.

22 Quanto às posições de R. Wagner sobre a pureza das diferentes artes, cf. *Opéra et drame*, t. 1, p. 201.

23 La Reconstruction du théâtre, op. cit., p. 47.

24 B. Brecht, Remarques sur l'opéra *Grandeur et décadence de la ville de Mahagonny* (1930), *Écrits sur le théâtre*, p. 41.

25 Vertikalnii Montaj (1940), *Ízbranie Proizvedênia*, t. 2, p. 192, em que ele define a montagem polifônica.

ópera, o teatro permanece ligado à feira e deve sacudir o público como um percurso sobre montanhas russas[26], é um jogo de distâncias e de despertar. Que orientação teria tomado a obra de Meierhold no teatro com a arquitetura totalmente reestruturada que ele projeta nos anos de 1930, em que a cena penetra profundamente na sala em degraus, numa sala equipada com possantes meios técnicos de iluminação e de aparelhos de projeção? Em 1928, Meierhold critica sem amenidade os espetáculos de Piscator, cujas invenções técnicas não são compensadas, a seu ver, por nenhum trabalho sobre o jogo do ator e nada fazem senão mascarar o naturalismo[27]. Em todo caso, é certo que esta nova síntese dos meios de expressão artística sob a direção da música, que é criação de uma linguagem do teatro, Meierhold a procura e a alcança nos limites – mas não é essa uma condição para a sua criação? – de um velho teatro à italiana, voluntariamente eviscerado, mas deteriorado e tecnicamente ultrapassado.

A questão das relações entre as artes no espetáculo separa, como se viu, em Meierhold e Brecht, apesar dos parentescos, que será preciso analisar um dia, entre a prática de um e as teorias do outro. Se ambos partilham, no ponto de partida, da experiência de um distanciamento crítico de seu respectivo meio sociocultural de origem, assim como o de uma classe média e abastada alemã, as especificidades da recepção da literatura alemã pelos intelectuais e pelos artistas de Petersburgo fazem emergir ainda outra diferença.

Walter Benjamin ressalta, para caracterizar a distância que constitui a essência do jogo do ator brechtiano: "É errôneo que nós nos julguemos remetidos à ironia romântica, tal como Tieck a pôs em ação em *O Gato de Botas*"[28]. Pois a ironia romântica não tem nenhum alvo didático e parte da ideia de que é possível que o mundo também não seja senão um teatro. Em Meierhold, ao contrário, a distância introduzida pelo grotesco na cena, a vontade de fazer surgir um novo olhar sobre o cotidiano, sobre fenômenos sociais ou sobre textos demasiado conhecidos, o jogo do estranho e do familiar, infinitamente produtivo, guardam laços com suas origens românticas. E Meierhold conserva ainda algo da "magia" que Brecht denunciará no ator chinês, quando, em *A Compra do Cobre*, ele pede que antes este se interrogue muito sobre os efeitos da distanciação ligada à análise social.

"Não foi a rampa que ele suprimiu nem a cortina que ele arrancou", escreve Kózintsev, "Meierhold esforçou-se em abater o limite que separa o teatro da vida"[29]. Mas a constante tensão entre o mundo e o teatro que dinamiza a obra meierholdiana se alimenta desta convicção de que o mundo é um teatro e que o teatro é superior à vida, em todo caso, ele deve dar mais do que ela. Mesmo grandemente aberta ao mundo como é de 1918 a 1924, mesmo quando ela faz estourar a "caixa" à italiana e que ela abocanha o alento da rua, a cena meierholdiana parece considerá-lo em filigrana como um jogo, uma mascarada.

---

26 rgali, 963, 1341. Curso de Meierhold na Faculdade de Atores do Gektemas* (18 jan. 1929). Notas de A. Fevrálski.

27 Cf. S. Priacel, "Meyerhold à Paris", *Le Monde*, Paris, 7 jul. 1928.

28 W. Benjamin, Qu'est-ce que le théâtre épique?, traduzido por M. Regnaut, em *Théâtre populaire*, n. 26, Paris, 1957, p. 10.

29 G. Kózintsev, "V. Meierhold", *Sobrânie Sotchiniêni*, t. 2, p. 442.

Nos anos de 1910, esse tema se exprime no baile de máscaras – festim durante a peste – que se torna a metáfora cênica do desmoronamento de um mundo que apodrece sob as douraduras. A partir de 1925, Meierhold põe em cena, sob os ouropéis, fábulas fantasmagóricas, o baile de uma Comédia Humana do poder e do medo, em variantes em que situações e, sobretudo, personagens, de *Utchitel Bubus* (O Professor Bubus) a *Boris Godunov* retornam, cada vez diferentes a despeito de empregos semelhantes: impostores, noivas mais ou menos duvidosas, comediantes ou músicos ambulantes, jogadores de baralho, personagens desdobradas. Em primeira instância, vê-se aí apenas a condenação de uma classe rejeitada pela história; na segunda, o relato cênico de uma impostura, denunciada, desmascarada, impostura acompanhada de um delírio sobre o poder, ou impostura no poder. O teatro político, que Meierhold amiúde quis dissociar de uma atualidade, (événementielle), dos eventos, se embebe da lama do fundo que agita a história russa e soviética durante três decênios e que sua viva sensibilidade soube perceber. Nisso ainda, até agora não se acabou de redescobrir sua atualidade.

Tradução de J. Guinsburg

Anexos

Glossário

Nomes Russos e Estrangeiros

Apparátchik(i): Membro(s) do aparelho do Partido.

Artel: Tipo de organização comunitária, comuna de trabalho e de produção que funciona com base na coletivização dos meios de produção.

Balagan(i): Teatro(s) de feira cf. p. 45-47

Bit: Conceito russo que é a síntese das seguintes expressões: uso, emprego, ordem das coisas, hábito, vida cotidiana, rotina, modo de vida comum, mundo de necessidades materiais.

Búblik: Doce que tem a forma de um anel, pasta espessa, dura e seca.

Datcha: Casa de campo.

Fiabe: Contos para o teatro escritos por Carlo Gozzi. Trata-se de uma dezena de peças "fantásticas", escritas de 1761 à 1765 em oposição à reforma teatral promovida por C. Goldoni.

Gracioso: Personagem cômica, bufão, palhaço do teatro espanhol do Século de Ouro.

Grime: Denominação de velhos ridículos no teatro francês, ator que desempenha esse papel.

Guepeú: Nome comum tirado da sigla GPU: Direção Política de Estado, criada em 1922 no quadro do Comissariado dos Negócios Interiores – Polícia Política.

Hanamichi: No teatro kabuki, caminho das flores, longo prolongamento cênico que conduz os comediantes, os atores, para o meio do público.

Iuródivi: Literalmente "louco por amor a Cristo", *iuródivi* designa um tipo de visionários que, entre os séculos XIV e XVI percorriam a Rússia frequentemente nus, proclamando o Evangelho e atacando a imoralidade da sociedade e dos homens. Considerados príncipes santos, foi-lhes atribuído o dom da profecia

Kamarinskaia: Canção popular, cujo som se dança em ritmo arrebatado.

Kulák(i): Camponês rico.

Kulebiaka: Pasta de forma alongada, feita de carne ou de peixe.

Kulturträger (Alemão): Mestre, detentor da cultura. Expressão utilizada de maneira pejorativa por Meierhold.

Kurombo (Koken): Personagem do teatro kabuki, "O Sombra". Vestido de negro, com o rosto mascarado, ele desempenha o papel de servidor da cena.

Lubok: Imagens populares russas do tipo das imagens d'Epinal francesas. De origem chinesa, geralmente é um desenho bem colorido, caracterizado por sua fácil compreensão. Na Rússia, os primeiros *lubok* foram feitos por alemães do século XVI com utilizacao da técnica de xilogravura e mais tarde de gravura sobre cobre e litografia. No século XIX muitos artistas plásticos russos imitavam o *lubok*. Mais tarde V. Maiakóvski utilizou esse procedimento para a criação de cartazes de propaganda.

Lutchinuschka: Pequena tocha feita de lascas de madeira que iluminava as isbás. Título de uma canção popular que fala da tristeza e do desânimo de viver.

Master: Mestre e artesão, designa ao mesmo tempo aquele que dirige uma oficina, um ateliê, um operário qualificado e um especialista em seu campo.

Matrióschka: Boneca russa de maneira, pintada em cores vivas.

Meierholdovschina: "Meierholdismo", termo forjado com base em Meierhold, que designa pejorativamente seu estilo e dos encenadores que o copiam tomando-lhe de empréstimo diferentes técnicas, sem compreender seus princípios, esse termo encontra-se na crítica desde 1907. Nos anos de 1930, a designação conhece particular difusão, tornando-se sinônima de formalismo e dizendo respeito tanto aos alunos e aos imitadores quanto ao próprio Meierhold.

Meschanstvo: Designa em primeiro lugar uma categoria social, constituída pelos mercadores e artesãos. A pequena burguesia, depois, por extensão, um estado de espírito pequeno-burguês, estreito e tacanho, devorador do humano no homem.

Mujique: Camponês.

Nagaika: Chicote curto de couro.

Nepman: Neologismo suscitado pela instauração da NEP*. Encarnação do novo rico, negocista, aproveitador.

Otkaz: Termo da biomecânica; cf. p. 139-140.

Paskha: Espécie de doce de páscoa feito de ovos, queijo branco e creme fresco.

Peredvijniki: Pintores errantes. Movimento surgido em 1863 que, em revolta contra a Academia e o Neoclassicismo, descobre a herança cultural nacional russa. Principais representantes Iliá Répin, Vassíli Súrikov.

Petrúschka: *Guignol* russo, que surgiu no século XVIII. Figura principal de um teatro de marionetes, fantoches "de luva", com duas personagens (suas parceiras: o cigano, o sargento recrutador, o judeu, o gendarme, o Pope, o diabo ou um cão) acompanhadas por flauta e mais tarde por realejo.

Pokáz(i): Demonstração(ões) de jogo de atuação: maneira que Meierhold elabora para dirigir os atores, interpretando de modo indicativo todos os papéis do espetáculo.

Prozodiéjda: Abreviatura para a roupa de produção, roupa de operário e por analogia macacão azul cinzento usado pelos atores de *O Corno Magnífico*, por membros dos ateliês de Meierhold e pelos construtivistas.

Puddióvka: Casaco muito acinturado.

Raióschnik (Raiók): No teatro de feira russo, que faz girar, comentando-as em forma versificada, as imagens do *Raiók*, espécie de caixa atravessada por aberturas dotadas de lentes pelas quais os espectadores observavam uma sucessão de imagens populares de caráter religioso e mais tarde fotografias. Nos séculos XVIII e XIX, animador do teatro de feira, um "tagarela" que, em um monólogo satírico a preceder um espetáculo, atrai o público por meio de coplas humorísticas formuladas em versos livres.

Samizdat: Edição clandestina.

Skomorókh(i): bufão(ões), farsista(s). No século XVII, espécie de ator ambulante, cantor e músico, que se desloca em grupo e organiza espetáculos de rua.

Soviet: Conselho.

Spets: Abreviatura soviética para especialista. Nos tempos da NEP*, técnico ou engenheiro de origem burguesa que pode transmitir um grande saber. A serviço da Rússia, bolchevique sem ser comunista. Vigiam-no e orientam-no.

Tchastúschka: Gênero de poesia popular breve, muitas vezes de quatro estrofes, que assume a forma de uma cançoneta rimada. Gênero ligado à improvisação e às variações sobre um tema.

Tchuba: Mantô, casaco de inverno, de pele ou acolchoado.

Tolstobriúschka: Licor muito forte, cujo nome está ligado à garrafa barriguda que a contém.

Überbrettl (Alemão): O termo significa, literalmente, "em cima do tablado", e designa cabarés literários, que apresentavam também variedades. Ernst von Wolzogen, fundou o primeiro na Alemanha, no início do século XX. O termo aparece no manifesto que ele publicou a respeito, em 1902, em Berlim. O termo alemão ("supercabaré") remete a "Übermensch" de Nietzsche.

Zemstvo: Assembleia local eleita pela nobreza e pelos proprietários de terra na província.

Siglas Russas e Estrangeiras

Agitteatr (Agit-balagan): Teatro de agitação.

AK: Abreviatura mais ou menos pejorativa, para Akdrama, Teatro Acadêmico Dedicado ao Drama.

FEX: Fábrica do Ator Excêntrico; designa por extensão os membros desse grupo.

GAKHN: Academia do Estado das Ciências da Arte, Moscou (1921-1931). Sua sessão teatral reúne críticos e historiadores do teatro. Ela desenvolve formas coletivas de trabalho científico que tendem a romper o enclausuramento dos pesquisadores: debates, discussões a partir de exposições, conferências ou espetáculos. Em Leningrado, a seção teatral do Instituto de Estado de História da Arte dispõe os pesquisadores desse domínio de forma mais organizada, com o programa preciso de pesquisas.

Gektemas: Ateliês Estatais de Teatro Experimental, criados em 1923 por Meierhold, que compreendiam uma faculdade de encenadores e outra, de atores.

Gitis: Instituto de Estado da Arte Teatral (1922), do qual fazem parte à época os Ateliês Meierholdianos.

Glaviskusstvo: Direção Geral das Artes (1928).

Glavlit: Direção Central dos negócios de literatura e de edição. É a organização que dá o imprimátur a tudo que é publicado. Formado em 1922 pelo Sovnarkom*.

Glavrepertkom: Comitê Central para o controle do repertório do Narkompros*, fundado em 1923.

Goset: Teatro judeu de Estado em língua iídiche. Moscou.

Goskino: Direção de Estado do Cinema e da Fotografia do Narkompros, fundado em 1922.

Goslitizdát: Edições de Estado da RSFSR*.

Gosplan: Comitê de Estado para o Planejamento.

Gostim: Teatro de Estado Meierhold. O TIM* torna-se Teatro de Estado em setembro de 1925.

GPU: Cf. Guepeú.

Gubpolitprosvet: Direção Regional de Educação Política (por exemplo, da região de Moscou).

GVYRM: Ateliês Superiores do Estado de Encenação, dirigidos por Meierhold em 1921.

GVYTM: Ateliês Superiores de Teatro do Estado, dirigidos por Meierhold, resultantes da fusão do Laboratório da Técnica do Ator (denominado a seguir Ateliê Livre de Meierhold) e dos GVYRM* no início de 1922.

Inkhuk: Instituto de Cultura Artística, dominado pelos construtivistas, dirigido a partir de novembro de 1921 por Boris Arvátov, Óssip Brik, Nicolai Tarabukin, em que se praticam experiências sobre a percepção e se elaboram novas teorias sobre as artes plásticas. Fechado em 1924.

IZO: Departamento das Artes Plásticas do Narkompros.

Komintern: Internacional comunista. Terceira Internacional (1919-1943).

Komsomol: União Panrussa Comunista, Leninista da Juventude.

Kurmastsep: Cursos de Mestria de Encenação, dirigidos por Meierhold, em Petrogrado, no período 1918-1919.

LEF: Frente de Esquerda das Artes, que publica a revista do mesmo nome. Movimento que reúne futuristas e formalistas em torno de V. Maiakóvski, de 1922-1929. A revista do mesmo nome apareceu em 1923-1925.

Lenfilm: Estudos de Cinema Leningrado.

LGITMIK: Instituto de Estado de Pesquisas Científicas sobre o Teatro, a Música e o Cinema (Leningrado), herdeiro do Instituto de Estado de História das Artes, submetido durante os anos 30 do século XX a muitas reorganizações.

Lito: Departamento da Narkompros que se ocupa de literatura.

Malegot: Diminutivo para designar o Pequeno Teatro de Ópera e de Balé Acadêmico de Estado de Leningrado. Fundado em 1918, no Teatro Imperial Mikhailóvski.

Mastfor: Sigla do Ateliê de Nicolai Foregger.

MOPR: Organização Internacional de Ajuda aos Combatentes da Revolução.

Muzo: Departamento do Narkompros que se ocupa da música.

Narkom: Comissário do povo.

Narkompros: Comissariado do Povo para a Instrução Pública.

NEP: Nova Política Econômica (1921-1929), recuo estratégico após o comunismo de guerra, retorno parcial a formas capitalistas de produção.

NIL: Laboratório de Pesquisas Científicas do Gostim• (1935-1936).

NKVD: Comissariado do Povo dos Negócios Interiores designa, em 1934, a Polícia Política que sucede a Tchéka e a Guepeú.

Opoiaz: Sociedade de Estudo da Língua Poética, Petrogrado (1917-1923). Reúne os formalistas russos cuja primeira manifestação é o arquivo de V. Schklóvski "A Ressurreição da palavra" em 1914. Brik, Schklóvski, B. Eikhenbaum, V. Jirmunski, Iakubinski e I. Tiniânov fazem parte do Opoiaz.

Proletkino: Organização cinematográfica de produção e de locação, fundada em 1923 e encarregada de distribuir filmes a organizações operárias e sindicais.

Proletkult: Comitê Central Panrusso das organizações proletárias para a instrução e a cultura (1917-1932). Organização cultural de massa que parte das posições de A. Bogdánov e considera a arte uma força de organização social independente do Partido. Ela recusa enfeudar a cultura operária ao controle do Narkompros. Poder no interior do Partido, o Proletkult será submetido por ele à sua autoridade em dezembro de 1920.

Rabis: União dos trabalhadores das artes. Organização sindical criada em 1919.

Rabkor(i): Correspondente(s), Operários(s).

RAKHN: Academia Russa da Ciência da Arte. (Cf. GAKHN).

RAPP: Associação Russa dos Escritores Proletários, formada em dezembro de 1922, à qual o Partido concede amparo de 1929 a 1932. Seus quadros compreendem, entre outros, escritores como Afinoguénov, Kirschón.

RGALI: Arquivo Estatal Russo de Literatura e Arte.

RKI (ou Rabkrin): Inspeção Operária e Camponesa.

Rosta: Agência Telegráfica Russa, as "Janelas" Rosta são cartazes de propaganda desenhados por esta agência (em particular por Maiakóvski).

RSFSR: República Soviética Federativa Socialista da Rússia.

Sovnarkom: Conselho dos Comissários do Povo.

Stinf: Birô de Informação Estudantil.

Tefizkult: Cultura Física Teatralizada, ligado ao Vsevobutch•.

TEO: Departamento Teatral do Narkompros, Direção dos Teatros.

Terevsat: Teatro da Sátira Revolucionária.

TIM: Teatro Meierhold (1923).

VGIK: Instituto Pansoviético de Estado para o Cinema.

Vkhutemas: Ateliês Superiores de Estado de Arte e de Técnicas, Moscou. Reorganizados em seguida como VKHOUTEIN (Instituto Superior de Arte e de Técnicas) em 1924. Aí são ensinadas as novas formas de arte produtivistas e construtivistas (fotomontagem, cartaz, diagramação tipográfica, arquitetura).

Vsevobutch: Instrução Militar Geral.

Cronologia 1874-1940

Na cronologia, os números colocados ao lado dos títulos das peças indicam suas diferentes variantes cênicas. Quando as cidades não são especificadas, trata-se sempre, antes de 1919, de Petersburgo e, após 1920, de Moscou.

1874

- Karl-Teodor-Kazimir Meyergold nasce em Penza no seio de uma família de origem alemã.

1892

- Desempenha seu primeiro papel em um círculo de amadores locais, o de Repetilov em *A Desgraça de Ter Espírito* (Gore ot Uma), de A. Griboiêdov.

1895

- Muda de prenome e russifica o sobrenome: torna-se Vsévolod Meierhold. Inscreve-se na Faculdade de Direito de Moscou.

1896

- Casamento com Olga Munt.
- Participa da criação do Teatro Popular de Penza em que desempenha, durante dois verões, numerosos papéis do repertório russo.
- Entra no Instituto Filarmônico de Moscou na Classe de Arte Dramática dirigida por V. Nemiróvitch-Dântchenko.

1898

- Para a abertura do Teatro Artístico de Moscou, representa Schuíski em *O Tsar Fiódor Ioannóvitch* de A. Tolstói; depois sucessivamente Príncipe de Aragão em *O Mercador de Veneza*, de Shakespeare; Dvoretski em *Os Homens da Arbitrariedade* (Samupravtsi), de Aleksei Píssemski; Forlipopoli em *La locandiera*, de C. Goldoni; Treplev em *A Gaivota* (Tchaika), de A. Tchékhov.

1899

- Ainda no Teatro Artístico, representa Tirésias em *Antígona*, de Sófocles; O Anjo da morte em *A Ascensão de Hannele* (proibido pela censura), de G. Hauptmann; Malvólio em *Noite de Reis*, de Shakespeare; Johannès em as *Almas Solitárias*, de Hauptmann.
- Substitui C. Stanislávski no papel de Ivan, o Terrível em *A Morte de Ivan, o Terrível* (Smerti Ioanna Groznogo), de A. Tolstói.

1900

- Desempenha o papel de Vik em *O Inimigo do Povo*, de H. Ibsen.
- Traduz *Antes do Levantar do Sol*, de Hauptmann (publicada em 1904).

1901

- Representa Tuzenbakh em *As Três Irmãs* (Tri Sestri), de Tchékhov e Flore em *O Pato Selvagem*, de Ibsen.
- Traduz, com A. Rémizov, *Hauptmann e Nietzsche*, de A. Rohde (publicado em 1902).

1902

- Interpretou Piótr em *Os Pequeno-Burgueses* (Meschane), de M. Górki.
- Deixou o Teatro Artístico para fundar na província sua própria Trupe dos Artistas Dramáticos Russos.
- Em Kherson, encena 56 espetáculos (e atua na maioria deles): peças de Tchékhov, A. Ostróvski, Górki, A. Tolstói, Hauptmann. Monta *Hedda Gabler* (1), de Ibsen, com cenários de M. Mikhailov.

1903

- Ainda em Kherson, encena 73 espetáculos entre os quais *Os Acrobatas* (Akrobat), de F. Von Schönthan; *O Intruso*, de M. Maeterlinck; *A Floresta* (Les) (1), de Ostróvski; bem como peças de A. Schnitzler, A. Dumas, E. Labiche, N. Gógol e Shakespeare.
- Em 1903, a trupe assume o nome de Confraria do Drama Novo e representa *Antes do Levantar do Sol*, *Sonho de uma Noite de Verão*, de Shakespeare, *Casa de Bonecas* (Nora) (1), de Ibsen e *A Neve*, de (1) S. Przybyszevski, cenário de M. Mikhailov.

1904

- Monta 24 espetáculos: em Kherson, *O Galo Vermelho* (Krasnii petukh), de G. Hauptmann; *O Caso* (Delo) (1), de A. Sukhovó-Kobílin; *Os Espectros* (1), de Ibsen; *Monna Vanna*, de Maeterlinck. Em Tbilisi, *O Diretor do Teatro de Marionetes*, de Schnitzler; *A Mulher à Janela*, de G. Von Hofmannsthal; *Schluck e Iau* (1), de Hauptmann; cenários de M. Mikhailov.

1905

- Primeira Revolução Russa.
- 9 de janeiro. Domingo vermelho, o tsar manda avançar sobre os operários, praça do Palácio de Inverno, Petersburgo.
- Maio. Desastre da guerra russo-japonesa.
- Dezembro. Greve geral em Moscou e Petersburgo reprimida com derramamento de sangue.

- Em Tbilisi, monta 18 espetáculos, dentre eles *O Pai*, de A. Strindberg, *O Solista da Corte*, de F. Wedekind, cenários de M. Mikhailov; *A Liturgia da Beleza* (Litirguía Krassoti), de C. Balmont, cenário de K. Kostin.
- No verão, abre com Stanislávski o Teatro-Estúdio em Moscou.
- Monta *A Morte de Tintagiles* (1), de Maeterlinck, cenário de S. Sudéikin e N. Sapunov, música de I. Sats, Teatro-Estúdio.

- Trabalha na montagem de *Schluck e Iau* (2), cenário de N. Uliânov, música de R. Glier; *A Neve* (2), cenário de V. Denissov; *A Comédia do Amor* (1), de Ibsen, cenário de Denissov; Teatro-Estúdio.
- Fechamento do Teatro-Estúdio.

1906

☑ Eleição e posterior dissolução da primeira Duma, Parlamento Nacional da Rússia.

- Restabelece a Confraria do Drama Novo. Monta 23 espetáculos entre os quais, em Tbilisi, *A Comédia do Amor* (2), *Cirurgia* (Khirurgía), baseado em Tchékhov, *Os Judeus* (Evrei), de E. Tchírikov, *Filhos do Sol* (Deti Solnítsa) de Górki, *A Caminho de Sion*, de Scholem Asch, *A Morte de Tintagiles* (2), *Senhorita Julia*, de Strindberg; em Rostov-na-Donu, *O Papagaio Verde* e *O Grito da Vida*, de Schnitzler; em Poltava, *Os Espectros* (2), *O Milagre de Santo Antônio* (1), de Maeterlinck, *Caim* (Kain), de O. Dimov, *Os Bárbaros* (Varvári), de Górki, cenários de K. Kostin.
- Convidado para Petersburgo por V. Komissarjévskaia, encena *Hedda Gabler* (2), cenário de Sapunov, figurinos de V. Milioti; *Irmã Beatriz* (1), de Maeterlinck, cenário de S. Sudéikin, música de A. Liádov; *Conto Eterno*, de Przybyszevski, cenário de Denissov; *Casa de Bonecas* (2); *A Barraca da Feira de Atrações* (Balagántchik) (1), de A. Blok, cenário de Sapunov, música de M. Kuzmin; *O Milagre de Santo Antônio* (2), cenário de V. Kolenda.

1907-1912

☑ Sucessão de Dumas. Frustrações das esperanças parlamentares.

1907

- Ainda no Teatro V. Komissarjévskaia, encena *A Tragédia do Amor*, de J. Heiberg, cenário de V. Surênianc; *A Comédia do Amor* (3), cenário de Denissov; *O Casamento de Zobeida*, de Hofmannsthal, cenário de B. Anisfeld; *A Vida do Homem* (Jizn Tcheloveka) (1), de L. Andreev, projeto do cenário de V. Meierhold, realização de Kolenda.
- Viagem à Alemanha, onde assiste aos espetáculos de M. Reinhardt.
- Monta, no verão, na Finlândia, em Terioki, atual Zelenogórski, *Rumo às Estrelas* (K Zviózdam), de Andreev; depois, em Ollila, *Salomé*, de R. Strauss (excertos), cenário de N. Saven e *Noite da Nova Arte* (participações dos poetas A. Blok, S. Gorodétski, V. Piast e com a teatralização de romances de P. Tchaikóvski), cenário também de N. Saven.
- Turnês em Moscou com *Irmã Beatriz*, *A Barraca da Feira de Atrações*, *O Conto Eterno*, *O Milagre de Santo Antônio*.
- No Teatro V. Komissarjévskaia, monta *O Despertar da Primavera*, de Wedekind, cenário de Denissov; *Pelléas et Mélisande*, de Maeterlinck, cenário de Denissov, música de V. Spiess von

Eckenbruck; *A Vitória da Morte* (1), de F. Sologúb, projeto do cenário de Meierhold, realização de Popov.

1908

- Recusado para o Komissarjévskaia, organiza uma trupe que excursiona por Vitsiébsk, Minsk, Kherson, Poltava, Kiev, Kharkov. Encena *Irmã Beatriz* (2); *A Barraca da Feira de Atrações* (2); *O Espiríto da Terra* (Vampir), de Wedekind, em sua própria tradução; *Elektra*, de Hofmannsthal; *Hedda Gabler* (3), *A Vitória da Morte* (2), *A Vida do Homem* (2), *Solness, O Construtor*, de Ibsen; e *No Limiar do Reino* (1), de K. Hamsun, cenários de K. Kostin.
- Permanece por muito tempo em Petersburgo como encenador dos teatros imperiais Aleksandrínski e Marínski. Encena *No Limiar do Reino* (2), peça em que interpreta o papel de Kareno, com cenário de A. Golovin, depois atua em *Salomé*, de O. Wilde, cenário de L. Bakst, música de A. Glazunov, coreografia de M. Fokin, mas o espetáculo é proibido.
- *Petrúschka*, de P. Potiómkin, cenário de M. Dobujinski, música de V. Nuvel, *A Queda da Casa de Usher*, de E. A. Poe, cenário de M. Dobujinski, música de V. Karatiguin; *A Honra e a Vingança* (Tchest i Mest), de Sologúb, cenário de I. Bilíbin, Teatro da Baía (Lukomorie).
- Organiza um primeiro Estúdio na sua casa na rua Jukóvski.
- Publica *História e Técnica de Teatro*, que ele começou a escrever em 1906.

1909

- *O Processo* (Tiájba), de Gógol, cenário de A. Schervaschídze, Teatro Aleksandrínski.
- *Tristão e Isolda*, de R. Wagner, cenário de Schervaschídze, direção da orquestra E. Napravnik, Teatro Marínski.
- Publica a tradução de dois artigos de E. G. Craig. Adapta e publica *Os Reis do Ar* e *A Dama do Camarote* a partir de *Os Quatro Diabos*, de H. Bang.

1910

- Viagem à Suécia, Alemanha, França, Grécia e Itália. Visita a Arena Goldoni sem ver Craig, encontra Wedekind.
- Em casas particulares, monta duas cenas de *Paulo I* (Pavel 1), de D. Merejkóvski.
- *Tantris, o Bufão*, de E. Hardt, cenário de Schervaschídze, música de Kuzmin, Teatro Aleksandrínski.
- No Teatro da Torre e no apartamento de V. Ivanov, *A Devoção à Cruz*, de Calderón de la Barca, cenário de Sudéikin.
- Organização da Casa dos Intermédios, onde encena *A Echarpe de Colombina* (1), adaptada por ele a partir de Schnitzler, cenário de Sapunov, música de E. Dohnányi. Assume o pseudônimo de Doutor Dapertutto.
- *Dom Juan*, de Molière, cenário de Golovin, música de J. P. Rameau, arranjos de Karatiguin, Teatro Aleksandrínski.

■ *Príncipe Transformado* (Obrascenii Prince),
de E. Znosko-Boróvski, cenário de Sudéikin, Casa dos Intermédios.

1911

☐ Assassinato de Stolipin.

■ *Boris Godunov*, de M. Mussórgski, cenário de Golovin, direção de
orquestra de A. Kouts, Teatro Marínski.

■ *O Cabaré Vermelho* (Krasnyj kabocok), de I. Béliaev, cenário de
Golovin, música de Kuzmin; *O Cadáver Vivo* (Jivoi Trup), de L.
Tolstói, cenário de K. Korovin, Teatro Aleksandrínski.

■ Primeira colaboração de V. Solovióv para uma pantomima, *Arlequim
Alcoviteiro* (Arlekin, Kodatai Svadeb) (1), cenário de K. Evsseiév,
música de V. Spiess von Eckenbruck, Assembleia dos Nobres.

■ *Orfeu*, de C. Gluck, cenário de Golovin, coreografia de M. Fokin,
direção de orquestra de Napravnik, Teatro Marínski.

■ Primeiros projetos para *O Baile de Máscaras* (Maskarad),
de M. Lérmontov, Teatro Aleksandrínski.

1912

☐ Guerra dos Bálcãs. Criação do *Pravda*.

■ Escreve e monta *Os Amantes* (Vliubliêniei) (1), uma pantomima em
que também atua, cenário de V. Schuhaev e de A. Iákovlev sob a
direção de Golovin, música de C. Debussy nos Karabtchévski.

■ *Três Desabrochamentos* (Tri Rastzvet), de Balmont, música de E.
Grieg, Instituto Tenischév.

■ Forma A Confraria dos Atores, dos Pintores, dos Escritores e dos
Músicos, com a qual monta, na Finlândia, *Os Amantes* (2), cenário
de Kulbin, música de Debussy; *Arlequim Alcoviteiro* (2), cenário de
Kulbin, música de I. de Bur; *Os Dois Tagarelas*, de M. de Cervantes;
Uma Mulher Sem Importância, de O. Wilde; *Crime e Crime*, de
Strindberg, cenário de I. Bondi; *A Devoção à Cruz* (2), cenário de
Bondi; *Nunca Se Sabe*, de G. B. Shaw, adaptação de Meierhold,
cenário de Bondi, no Kursaal de Terioki.

■ *Os Reféns da Vida* (Zalojniki Jizni), de Sologúb, cenário de Golovin,
Teatro Aleksandrínski.

■ Adapta *O Amor das Três Laranjas*, de C. Gozzi.

■ Publica *Do Teatro* (O Teatre).

1913

■ *Elektra*, de R. Strauss, no Teatro Marínski, cenário de Golovin,
direção de orquestra de A. Kuts.

■ Abre em Petersburgo um Estúdio que assume no ano seguinte o
nome de Estúdio da rua Borodin (1913-1917).

■ *O Cabaré de Sevilha*, de F. Nozière e G. Muller, cenário de
K. Veschilov, música de M. Vladimírov, Teatro Suvorínski.

■ Projeta *A Rainha do Mal*, de Gluck, cenário de Golovin, Teatro Marínski.

ANEXOS

1914

▫ Agosto. Início da Primeira Guerra Mundial.

▪ Primeira edição de sua revista *O Amor das Três Laranjas* (Liúbov k trem Apelssinam).

▪ *A Meio Caminho*, de A. Pinero, cenário de Golovin, Teatro Aleksandrínski.

▪ Com seu Estúdio, encena *A Barraca da Feira de Atrações* (3) e *A Desconhecida* (Neznakomka), de A. Blok, cenário de Bondi, música de Kuzmin, Instituto Tenischév.

▪ *Mademoiselle Fifi*, a partir de G. de Maupassant, cenário de Sudéikin, Teatro Suvorínski.

▪ *O Segredo de Suzanne*, de E. Wolf-Ferrari, cenário de Sudéikin, direção de orquestra de M. Bihter, Teatro Marínski. Desempenha o papel do Criado Negro.

▪ *O Triunfo das Potências* (Torjestvo Derjav), de A. Musin-Púschkin, cenário de Sudéikin, Teatro Marínski.

1914-1915

▫ Desastre das campanhas russas na Primeira Guerra Mundial e debandada das tropas.

1915

▪ *Os Dois Irmãos* (Dva Brata), de M. Lérmontov, cenário de Golovin, Teatro Aleksandrínski.

▪ *Soirée* pública de pantomimas e estudos, cenário de A. Rikov, Estúdio da rua Borodin.

▪ *O Anel Verde* (Zeliónoe Koltzo), de Z. Gippius; *O Príncipe Constante*, de Calderón de la Barca, cenários de Golovin, músicas de Karatiguin; e *Pigmalião*, de G. B. Shaw, cenário de P. Lambin, Teatro Aleksandrínski.

▪ Roda o filme *O Retrato de Dorian Gray* (The Picture of Dorian Gray), baseado em O. Wilde, roteiro de V. Meierhold, cenário de V. Egorov, operador A. Leviski, Moscou.

1916

▫ Dezembro. Assassinato de Rasputin.

▪ *A Tempestade* (Groza), de Ostróvski, cenário de Golovin, Teatro Aleksandrínski.

▪ *A Rota Aragonesa*, roteiro de Fokin, cenário de Golovin, música de M. Glinka, coreografia de Fokin, direção de orquestra N. Malko, Teatro Marínski.

▪ *A Echarpe de Colombina* (2), cenário de Sudéikin, no cabaré Parada de Comediantes (Prival Komediantov).

▪ *Os Românticos* (Romantiki), de Merejkóvski, cenário de Golovin, Teatro de Aleksandrínski.

1917

- □ Fevereiro. Agitação operária, greves, queda da monarquia, formação do governo provisório em Petrogrado.
- □ Outubro. Tomada do poder pelos bolcheviques.
- □ Fundação do Proletkult*.

- As *Núpcias de Kretchinski* (Svadbá Kretchinskogo) (1), de A. Sukhovó-Kobílin, cenário de B. Almedingen, Teatro Aleksandrínski.
- *O Convidado de Pedra* (Kamenni Gôst), de A. Dargomíjski, cenário de Golovin, Teatro Marínski.
- *O Casamento* (Jenitvá) (versão do concerto), de M. Mussórgski, direção da orquestra de A. Gauk, Instituto Petróvski.
- *O Baile de Máscaras* (1), de M. Lérmontov, cenário de Golovin, música de A. Glazunov, Teatro Aleksandrínski.
- *Um Marido Ideal*, de O. Wilde, cenário de Golovin, Escola de Arte Cênica.
- *O Caso* (Delo) (2), cenário de Almedingen, Teatro Aleksandrínski.
- Fim da filmagem iniciada em 1916 e exibição do filme *Um Homem Forte* (Silni Tchelovek), baseado em Przybyszevski, roteiro de V. Ahramóvitch, cenário de V. Egorov, operador S. Benderski, Moscou.
- Início de filmagem de *Os Sortilégios dos Mortos* (Návi Schari), baseado em Sologúb, roteiro de Meierhold e V. Inkijinov, cenário de V. Tátlin, Moscou, inacabado.
- *A Morte de Tarelkin* sob o título de *Veselie Raspliuevskie Dni* (Os Alegres Dias de Raspliuiev), de A. Sukhovó-Kobílin (1), cenário de Almedingen. Teatro Aleksandrínski.
- *A Donzela das Neves* (Sneguroschka), de N. Rimski-Korsakov, cenário de K. Korovin, direção de orquestra de A. Kuts, Teatro Marínski.
- *A Dama do Mar*, de Ibsen, cenário de Golovin, Teatro Aleksandrínski.

1918

- □ Março. Assinatura do tratado de Brest-Litovsk.
- □ Abril-Maio. Trótski nomeado Comissário do Povo para a Guerra, começa a organizar o Exército Vermelho.
- □ Início da Guerra Civil Russa.
- □ Verão. Comunismo de guerra (requisições no campo, nacionalização da economia).
- □ Julho. Adoção da constituição da RSFSR*.
- □ Agosto. Atentado contra Uritzki em Petrogrado.
- □ Atentado contra Lênin em Moscou. Detenções e execuções organizadas pela Tchéka.

- Colabora com A. Taírov no plano de encenação de *L'Echange*, de P. Claudel, cenário de G. Iákulov, Teatro Kamerni, Moscou.
- *Pedro, o Padeiro* (Piótr Khlébnik), de L. Tolstói, cenário de Golovin, música de R. Mervolf, Teatro Aleksandrínski.
- *O Rouxinol* (Solovei), de I. Stravínski, cenário de Golovin, direção de orquestra de A. Kuts, Teatro Marínski.

- É vice-presidente do TEO* em Petrogrado.
- Organiza os Cursos de Mestria de Encenação ou Cursos de Instrutores, e ministra aulas ali.
- *Die Weber* (Os Tecelões), de Hauptmann, e *Casa de Bonecas* (Nora) (3), cenário de Meierhold e V. Dmítriev, Teatro da Casa dos Operários, Petrogrado. Projeta *As Nuvens*, de E. Verhaeren, cenário de V. Dmítriev.
- Publica *Alinour*, baseado em *O Menino-Estrela*, de O. Wilde.
- Filia-se ao Partido Bolchevique.
- Abandona o trabalho iniciado sobre *A Muda de Portici* (Fenella), de D. Auber, no Teatro Marínski, para montar *O Mistério-Bufo* (Misteria Buff), de V. Maiakóvski, que atua como assistente, cenário de K. Malévitch, Teatro Musical do Drama, Petrogrado.

1919

- Março. Criação da Terceira Internacional.
- Outono. O Exército Vermelho começa a dominar.
- Ensina nos cursos de mestria de encenação.
- Detido em fim de junho por ocasião do avanço dos Brancos na Crimeia, quando ele se encontrava no sanatório de Ialta. Prisioneiro em Novorossísk.

1920

- Novembro. Fim da guerra civil com o esmagamento das tropas de Wrangel na Crimeia.
- Dezembro. Decreto do Comitê Central do Partido, "Sobre os Proletkult", que suprime a autonomia dessas organizações.
- Oitavo Congresso Panrusso dos Sovietes: Lênin enfatiza a necessidade da eletrificação na Rússia.
- Guerra Camponesa.
- Quando a cidade é retomada pelo Exército Vermelho, em março, dirige a sub-sessão das Artes e da Instrução Pública de Novorossísk.
- *Casa de Bonecas* (Nora) (4), Teatro de Novorossísk.
- Vai em setembro para Moscou a fim de dirigir o TEO*. Proclama o Outubro Teatral.
- *As Auroras* (Zori), de E. Verhaeren, para o terceiro aniversário da Revolução, adaptação de Meierhold e V. Bébutov, cenário de V. Dmítriev, Teatro RSFSR 1º, Moscou.

1921

- Fevereiro. Violenta agitação nas fábricas de Petrogrado. Levante de Kronstadt.
- Março. Décimo Congresso do Partido. Adoção da NEP*.
- Verão. Fome.
- Processo da "Organização Militar" de Petrogrado.

◻ Assinatura de acordos com a ARA, organização filantrópica americana.

◼ Rebaixado para a posição de vice-diretor, demite-se do TEO˙.

◼ *O Mistério-Bufo* (2), em sua segunda redação, é montada para os festejos de 1º de maio, cenário de V. Kissilióv, A. Lavinski e V. Khrakóvski,Teatro de RSFSR 1º.

◼ Zinaida Raikh torna-se sua segunda esposa.

◼ *A Luta e a Vitória* (Borba i Pobeda), ação de massa ao ar livre, roteiro de I. Aksiónov, construção de A. Vesnin, L. Popova. Não realizado.

◼ Dirige o trabalho sobre *Rienzi*, de R. Wagner, adaptação do libreto por Bébutov e V. Scherschenévitch, encenação de Bébutov, cenário de G. Iákulov, Teatro RSFSR 1º. Não realizado.

◼ *A União dos Jovens* (Soiuz Molodeji) (1), baseado em Ibsen, adaptação, *mise-en-scène* e cenário de Meierhold, Bébutov e O. Jdanova, Teatro RSFSR 1º.

◼ Fechamento do Teatro RSFSR 1º. Organização do GVYRM˙ e do Laboratório das Técnicas do Ator.

1922

◻ Abril. XI Congresso do Partido: Stálin é eleito Secretario Geral.

◻ Junho. Instauração do GLAVLIT˙, do GPU˙ que organiza os processos dos socialistas revolucionários.

◻ Estadas de longa duração de russos no estrangeiro, sobretudo, em Berlin.

◼ Fusão dos dois grupos em GVYTM˙.

◼ *A Casa dos Corações Partidos*, de G. B. Shaw, colaboração para a *mise-en-scène* e o cenário de S. Eisenstein, GVYTM˙. Espetáculo não realizado.

◼ Dirige a encenação coletiva de *A Comuna de Paris* (Parijkaia Kommuna), escrita e realizada pelos alunos do GVYTM˙, Clube da Manufatura de Três Montanhas, Moscou.

◼ *Nora, A Tragédia de Nora Helmer ou Como uma Mulher Saída de uma Família Burguesa Prefere a Independência e o Trabalho* (Tragedija o Nore Gelmer ili o tom kak Jenschtchina iz Burjuazoi Semi Predposchla Nezavisimosti Trud) (5), cenário de Meierhold, Teatro do Ator, Moscou.

◼ *O Corno Magnifico* (1), de F. Crommelynck, construção de L. Popova, música N. Popov, Teatro do Ator.

◼ *A Aventura de Stensgaard* (Avantiura Stensgora) (2), segunda variante de *A União dos Jovens*, Teatro do Ator.

◼ Remanejamento da encenação de P. Repnin para *Os Destruidores de Máquinas*, de E. Toller, cenário de V. Komardenkov, Teatro da Revolução, Moscou.

◼ *A Morte de Tarelkin* (Smert Tarelkina), de A. Sukhovó-Kobílin, encenadores-laboratoristas, Eisenstein e Inkijinov, construção de V. Stepánova, Teatro do Gitis˙, Moscou.

- *Vertunaf*, revista de AsGoTret (N. Asséiev, Gorodétski, S. Tretiakov), cenário de V. Palmov, N. Rozenfeld, Teatro da Revolução (não houve apresentações públicas).

1923

□ Janeiro. Quarto congresso do Komintern•. Apresentação de *A Morte de Tarelkin* aos delegados.

□ Fevereiro. Quinto aniversário do Exército Vermelho. *Avant-première de A Terra Encabritada*.

□ Lutas ideológicas entre Stálin e Trótski.

□ Agosto. Greves operárias (aumento da produtividade e problemas de desemprego).

- A trupe adota o nome de Meierhold (sigla TIM•).
- *A Jacquerie*, de P. Mérimée, adaptação N. Loiter, Teatro do Gitis• e TIM•, Moscou. Não realizado.
- Remanejamento da encenação de A. Velijev para *O Homem-Massa*, de E. Toller, construção V. Schestakov, Teatro da Revolução.
- *Soirée* de trabalhos do Ateliê de Meierhold (encenações e cenários de V. Fiódorov, N. Ekk, V. Inkijinov, L. Liuce): *A Tiara de Séculos* (Tiara Vekov), extraído de uma composição de I. Aksiónov baseado em *O Refém* e *O Pão Duro*, de P. Claudel – *A Tragédia de Nora Helmer...* (Ato III) – *A Epidemia*, de O. Mirbeau, adaptação de N. Ekk – *A Im(aculada) Conc(cepção)* (Neporzatch), de Tretiakov, Teatro do Gitis•.
- *A Terra Encabritada* (Zemlía Dibom), baseado em M. Martinet, montagem do texto de Tretiakov, encenadores-laboratoristas M. Koreniev e Loiter, construção de L. Popova, TIM•.
- *Um Lugar Lucrativo* (Dokhodnoe Mesto), de Ostróvski, assistente A. Velijev, construção de Schestakov, Teatro da Revolução.
- Turnês do TIM• em Kharkov, Kiev, Ekaterinoslav, Nijnednepróvski e Rostov-na-Donu com *O Corno Magnífico*, *A Morte de Tarelkin* e *A Terra Encabritada*.
- Viagem à Alemanha.
- *O Lago Lull* (Ozero Liul), de A. Faikó, assistente A. Room, construção de Schestakov, música de N. Popov, Teatro da Revolução.

1924

□ Janeiro. Morte de Lênin.

□ XIII congresso do Partido. Começo da ascensão de Stálin. Triunvirato Kámenev, Zinóviev, Stálin.

□ Fevereiro-agosto. "Apelo de Lenin": abertura maciça do Partido exclusivamente ao proletários. São acolhidos duzentos mil novos integrantes que aumentam os efetivos partidários em 50%.

□ Junho. Quinto Congresso do Komintern. Apresentação de *A Terra Encabritada* aos delegados do congresso e depois, no mês seguinte de *D. E.*

□ Julho. Normalização das relações com a Grã-Bretanha, a Itália, a China e a França.

■ *A Floresta* (2), de Ostróvski, montagem do texto de Meierhold, plano de construção de Meierhold, realização Fiódorov, TIM•.

■ *D. E. (Daesch Evropu!)* (1), texto coletivo segundo I. Erenburg, B. Kellerman, P. Amp e E. Sinclair, plano da construção de Meierhold, realização de I. Schlepiánov, música (jazz) de V. Parnakh, TIM•. Estreia em Leningrado.

■ Excursões do TIM• por Leningrado e Kronstadt com *O Corno Magnífico, A Terra Encabritada, A Floresta, D. E.*

1925

□ Auge da NEP•.

□ Abril. Greves nos centros industriais: reivindicações salariais para compensar o aumento da produtividade.

□ Novembro. Suícidio de Essênin.

□ Dezembro. XIV Congresso do Partido: resolução do Comitê Central sobre "A Política do Partido no Domínio da Literatura".

■ Ensaia *Boris Godunov*, de A. Púschkin, cenário de S. Isakov, terceiro Estúdio do Teatro Artístico, Moscou. Espetáculo não realizado.

■ Prepara o plano para encenação *Carmen*, de G. Bizet, transcrito para o acordeom, TIM•.

■ *O Professor Bubus* (Utchitel Bubus), de Faikó, plano de cenário de Meierhold, realização de I. Schlepiánov, música de F. Chopin e F. Liszt, TIM•.

■ Excursão a Ivanovo-Voznessensk com *A Floresta*.

■ *O Mandato*, de N. Erdman, projeto cênico de Meierhold, realização de I. Schlepiánov, TIM•.

■ Projetos de filmes: *Os Dez Dias Que Abalaram o Mundo*, baseado em J. Reed; *A Via de Aço* (Stalnói put), roteiro de Meierhold, N. Okhlópkov, cenário de Fiódorov, N. Ekk; *Mítia*, roteiro de N. Erdman.

■ Apresentação dos cenários do TIM• na Exposição das Artes Decorativas, Paris.

■ Turnês do TIM• por Kiev, Kharkov, Minsk, Gomel, com *A Terra Encabritada, A Floresta, D.E.*

■ Viagem à Itália e à Alemanha.

■ Excursão do TIM• à Leningrado com *A Floresta, D. E, O Professor Bubus, O Mandato*.

■ Início dos ensaios do *Revizor* (*O Inspetor Geral*), de Gógol.

1926

□ Abril. Zinóviev é afastado do Birô Político, Kírov, enviado para Leningrado.

□ Outubro. Trótski é excluído do Birô Político.

- Corrige a *mise-en-scène* de Fiódorov para *Ruge, China!* (Ritchi, Kitai!), de Tretiakov, cenário de S. Efimenko.
- Viagem à França.
- O TIM* torna-se Teatro de Estado (Sigla Gostim*).
- Turnês em Kiev, Kherson, Ekaterinoslav, Zaporíjia, Kharkov, Odessa, com *A Floresta, D. E., O Professor Bubus, O Mandato* e *Ruge, China!*
- Excursão a Orekhovo-Zuevo com *A Floresta.*
- *O Inspetor Geral*, de Gógol, texto cênico de Meierhold e Koreniev, projeto do cenário de Meierhold, realização de Kissiliók, música de M. Gnessin, Gostim*.

1927

  - ▢ Medidas de exceção nos campos: requisição do trigo, prisões de *kuláki*•.
  - ▢ Maio. Conferência sobre as questões teatrais da Seção de Propaganda junto ao Comitê Central do Partido.
  - ▢ Novembro. Trótski e Zinóviev são excluídos do Partido.
- Direção da encenação coletiva de *Uma Janela Para o Campo* (Okno v Derevniú), de R. Akulschin segundo o projeto de Meierhold, cenário de Schestakov, música de R. Mervolf, Gostim*.
- Início do trabalho sobre *Eu Quero um Filho* (Khotchu Rebenka), de S. Tretiakov, cenário de Meierhold e L. Lissítski, Gostim*. Não realizado.

1928

  - ▢ Fim da NEP•.
  - ▢ Abril. Stálin declara a ruptura da paz civil.
  - ▢ Maio. Exílio de Trótski em Alma-Ata.
  - ▢ Verão. Processo de Schákhti, de engenheiros e de técnicos do Donbass.
  - ▢ Contam-se quatro milhões de funcionários no aparelho de Estado.
- *O Corno Magnífico* (2), construção de L. Popova, Gostim*.
- *A Desgraça de Ter Espírito* (Gore ot Uma), de A. Griboiêdov, construção de Schestakov, figurinos de N. Uliânov, música de B. Assáfev, Gostim*
- Desempenha o papel do senador em *A Águia Branca* (Béli Orel), filme de I. Protazánov.
- Turnês do Gostim* por Sverdlóvsk e pelos Montes Urais.
- Estada na França (Paris, Vichy, Nice). Crise em Moscou: ameaça de fechamento do Gostim*.

1929

  - ▢ Janeiro. Expulsão de Trótski para a Turquia. Detenções de trotskistas.
  - ▢ Abril. Adoção do Primeiro Plano Quinquenal.

◻ A RAPP• é declarada como sendo a organização cuja política literária está mais próxima do Partido. Violenta campana contra B. Pilniák e E. Zamiátin.

◼ *O Percevejo* (Klop), de Maiakóvski, que atua como assistente, plano de cenário de Meierhold, realização de *Os Kukriniksy* (para os quadros 1 a 4), A. Ródtchenko (para os quadros 5 a 9), música de D. Schostakóvitch, Gostim•.

◼ Trabalhos preparatórios para o filme *Evguêni Bazárov* com base em *Pais e Filhos* (Ottzí i Déti), de I. Turguêniev, roteiro de O. Brik, O. Leonidov e Meierhold, cenário de V. Egorov, figurinos de N. Uliânov, operador A. Schelenkov, Moscou. Espetáculo não realizado.

◼ *O Comandante do Segundo Exército* (Kommandarm 2), de I. Selvínski, projeto de cenário de Meierhold, realização de S. Vakhtângov. Música de V. Schebalín, Gostim•. Estreia em Kharkov.

◼ Turnês do Gostim• em Kharkov e Kiev.

◼ Direção da *mise-en-scène* coletiva de *Tiro* (Vistrel), de A. Beziménski, cenário de V. Kalinin e L. Pávlov, música de R. Mervolf, Gostim•.

1930

◻ Abril-dezembro. Processo dos sabotadores.

◻ Abril. Suicídio de Maiakóvski.

◻ Maio. Resolução do Sovnarkom• sobre "A Melhoria dos Empreendimentos Teatrais" para uma "Maior Contribuição para a Construção Socialista".

◼ *Os Banhos* (Baniá), de V. Maiakóvski, que atua como assistente, plano do cenário de Meierhold, realização de S. Vakhtângov e A. Deinek, música de Schebalín, Gostim•.

◼ Publicação de *A Reconstrução do Teatro* (Rekonstruktzija Teatra).

◼ Turnê do Gostim• pela Alemanha (Berlim, Wrocław, Dusseldorf, Colônia, Stuttgart, Mannheim, Frankfurt, Darmstadt) com *Ruge, China!, A Floresta, O Inspetor Geral, O Corno Magnífico, O Comandante do Segundo Exército*; depois, pela França (Paris), com *A Floresta* e *O Inspetor Geral*.

◼ *D. S. E.* (Daesch Sovetskuiu Evropu) (2), projeto da construção de Meierhold, realização de I. Schlepiánov, Gostim•.

1930-1931

◼ Primeira proposta para a reconstrução do Gostim•.

1931

◻ VI Congresso dos Sovietes: reestruturação administrativa e territorial.

◻ Ocupação da Manchúria por parte do exército japonês.

◻ Processo contra os mencheviques acusados de sabotagem.

◻ Recrudescimento da coletivização.

- ☐ Instauração da ditadura ideológica de Stálin.
- ☐ Início dos expurgos no Partido.
- ☐ Intervenção de Meierhold no Congresso da RAPP•.
- ◘ *A Luta Final* de V. Vischnévski, projeto cenográfico de V. Meierhold produzido por S. Vakhtângov, música de V. Schebalín, no Gostim•.
- ◘ *A Lista de Boas Obras* de I. Oléscha, projeto cenográfico de V. Meierhold realizado por S. Vakhtângov, I. Leistikov e K. Savitski, com música de G. Popov, no Gostim•.
- ◘ *A Alemanha* de V. Vischnévski, cenografia de S. Vischnevétskaia e E. Fradkina para o Gostim•, espetáculo não realizado.

1931-1932

- ◘ Segunda série de propostas para a reconstrução do Gostim•.
- ◘ O Gostim• abandona em junho de 1931 a sede na praça Triumfalnaia, projetando um longo período de trabalho sem fins lucrativos. Turnês em Leningrado, na Donbass, em Khárkov. Voronej, Kiev.

1932

- ☐ Resolução do Comité Central sobre a "Reformulação das Organizações Literárias e Artísticas". Os grupos e as correntes são suprimidos. Fim da RAPP•.
- ◘ *Dom Juan* (2) cenografia de A. Golovin, Akademitcheskii Teatr Drami, Leningrado.
- ◘ *A Novidade do Dia*, de Paul Hindemith projeto de *mise-en-scène*, Pequena Ópera de Leningrado, espetáculo não realizado.
- ◘ Projeto do filme *O Caminho da Glória*, roteiro de I. Oléscha, dirigido por V. Meierhold.
- ◘ *O Suicidado* de N. Erdman, projeto cenográfico de V. Meierhold, realizado por I. Leistikov, N. Grigoróvitch e S. Kozikov, com música de M. Starokadomskii para o Gostim•, espetáculo que chegou até o ensaio geral e depois foi proibido.
- ◘ Setembro. O Gostim• adquire uma sede no Teatro Ermolova.

1932-1933

- ◘ Terceiro conjunto de propostas para a reconstrução do Gostim• que, como resultado, torna-se uma sala de concertos em homenagem a Tchaikóvski.

1933

- ☐ Último julgamento dos sabotadores.
- ◘ Conferência de Meierhold sobre "Ideologia e Tecnologia no Teatro".
- ◘ *A Introdução* de J. Herman, cenários de I. Leistikov, música de V. Schebalín, no Gostim•.
- ◘ *As Núpcias de Kretchinski* (2) de A. Sukhovó-Kobílin, cenografia de S. Schestakov, com música de M. Starokadomskii, no Gostim•, tendo sido antes apresentado em Leningrado.

Baile de Máscaras (2), cenário de A. Golovin, com música de
A. Glazunov, Akademitcheskii Teatr Drami, Leningrado.

1934

    ☐ xvii Congresso do Partido.

    ☐ Primeiro Congresso dos Escritores Soviéticos. Discurso oficial
de Jdanov sobre o "realismo socialista".

    ☐ Dezembro. Assassinato de Kírov.

■ *A Dama das Camélias* de A. Dumas filho, concepção cenográfica de
V. Meierhold desenvolvido por I. Leistikov, música por V. Schebalín,
para o Gostim•.

1935

    ☐ Renovação das peças do Partido.

    ☐ vii Congresso do Komintern: mobilização de todas as forças
democráticas contra o facismo.

    ☐ Agosto. Nasce o movimento stakhánovista.

■ *33 Desmaios* a partir de três atos únicos de A. Tchékhov (*O Urso,
O Aniversário, Um Pedido de Casamento*), cena de V. Meierhold e
V. Schestakov, para o Gostim•.

■ *A Dama de Espadas* de Tchaikóvski (libreto revisto por V. Meierhold
e V. Stenits com base em Púschkin), cenografia de Tchupiátov,
realização de S. Samossud, no Pequeno Teatro da Ópera, de
Leningrado.

■ *O Convidado de Pedra* (1) de A. Púschkin, música de V. Schebalín,
Comitê Panrusso da Rádio de Moscou.

■ *A Desgraça de Ter Espírito* (2) de A. Griboêdov, dispositivo cênico de V.
Meierhold, V. Schestakov, figurinos e maquiagem de N. Uliânov, com
música de B. Assáfev para o Gostim•, realizada pela primeira vez em
Leningrado.

1936

    ☐ 17 de janeiro. Criação da Comissão de Assuntos Artísticos.

    ☐ 28 de janeiro, 6 e 20 de fevereiro, 1º e 9 de março. No *Pravda*,
campanha de artigos contra o formalismo. Primeiras adesões e
autocrítica da parte dos artistas.

    ☐ Junho. Morte de M. Górki.

    ☐ Julho. Início da Guerra Civil Espanhola.

    ☐ Agosto. Primeiro julgamento dos Processos de Moscou.
Kámenev e Zinóvev são condenados à morte.

    ☐ Setembro. Primeiras concessões do título de Artista do Povo
da urss (em que não figura Meierhold).

    ☐ Outubro. Apoio de Stálin à República Espanhola.

    ☐ Dezembro. Entra em vigor a nova constituição.

- Fevereiro. Ensaio de *O Percevejo* (2), concepção cenográfica de V. Meierhold, com música de D. Schostakóvitch, no Gostim•, espetáculo não realizado.
- 14 de março. Conferência: "Meierhold contra o Meierholdismo".
- Abril-janeiro. Ensaio de *Boris Godunov* (2) de A. Púschkin, cenografia de V. Schestakov, com música de S. Prokófiev, no Gostim•, espetáculo não realizado.
- Turnê do Gostim• na Bielorrússia.
- Outono. Viagem de Meierhold à França e à Tchecoslováquia.

1937

- ▫ Janeiro. Segundo julgamento de Moscou (contra Piatakov e Radek, entre outros).
- ▫ Junho. Processo contra os líderes militares (incluindo Tukhachévski).

- Fevereiro. *O Convidado de Pedra* (2), versão, para o concerto no Gostim•, do espetáculo realizado para o rádio em 1935, música de V. Schebalín.
- Primavera. Ensaio de *Natáscha* de L. Seifullina, cenografia de F. Antonov, música de V. Schebalín, no Gostim•; espetáculo não realizado.
- Março. *A Russalka* de A. Púschkin, transmissão do Comitê Panrusso da Radio de Moscou, música de V. Schebalín.
- Verão. Turnê do Gostim• em Leningrado e o início dos ensaios de *Uma Vida*, o romance *E o Aço Foi Temperado* de N. Ostróvski.
- Setembro. Demissão de Iagóda, substituído por Ejóv.
- Outubro-novembro. Ensaio de *Uma Vida*, cenografia de V. Stenberg, música de G. Popov, no Gostim•, espetáculo proibido.
- 17 de dezembro. Artigo de P. Kerjentsev, intitulado "Um Teatro Estrangeiro" e publicado na *Pravda*.

1938

- ▫ Março. Terceiro julgamento de Moscou (contra Bukhárin e Rikov – "trotskistas de direita" –, entre outros).
- ▫ Julho. Destituição de Ejóv.
- ▫ Dezembro. Béria assume o comando do NKVD•. Liberação aparente.

- 8 de janeiro. Publicação no *Pravda* do decreto de dissolução do Gostim•.
- 17 de janeiro. Stanislávski completa 75 anos.
- 1º de março. Nomeação de Meierhold para diretor do Estúdio de Ópera Stanislávski.
- 7 de agosto. Morte de Stanislávski.
- 29 de dezembro. Primeira representação de *Baile de Máscaras* (3) no Teatro Púschkin de Leningrado, cenografia de A. Golovin, música de A. Glazunov.

1938-1942

◻ Terceiro plano quinquenal.

1939

◻ Março. A Alemanha invade a Tchecoslováquia.

◻ 1º de junho. Vischinski é nomeado vice-presidente do Conselho do Comissariado do Povo.

◻ Agosto. Assinatura do pacto de não agressão germano-soviético.

◻ Setembro. A Alemanha invade a Polônia. Início da Segunda Guerra Mundial.

◼ 10 de março. Primeira representação de *Rigoletto*, de G. Verdi, cenografia de M. Bobischov, direção de K. Stanislávski, realização de V. Meierhold.

◼ 13-20 de junho. Conferência pansoviética dos diretores.

◼ 20 de junho. Prisão de Meierhold.

◼ 6 e 18 de julho. Apresentação do espetáculo do Instituto Lesgaft de cultura física de Leningrado, durante o desfile pansoviético de ginástica, direção de V. Meierhold, música de S. Prokófiev, na Praça do Palácio de Inverno, Leningrado e depois na Praça Vermelha, em Moscou.

◼ 15 de julho. Assassinato de Zinaida Raikh.

1940

◻ 2 fevereiro. V. Meierhold é fuzilado depois de ser condenado pelo Colégio Militar da Corte Suprema da URSS por espionagem.

Bibliografia

Geral

História das Ideias, da Arte e do Teatro na Europa Ocidental

Obras Individuais

APPIA, Adolphe. *Oeuvres complètes*. Edição elaborada e comentada por M. L. Bablet-Hahn. Lausanne: L'Âge d'Homme, t. 1, 1983; t. 2, 1986. 5 v.

BABLET, Denis. *Le Décor de théâtre de 1870 à 1914*. Paris: CNRS, 1983. (Coleção Arts du spectacle).

_____. *Les Révolutions scéniques du XXe siècle*. Paris: Société internationale d'Art du xxe siècle, 1975.

_____. *La Mise en scène contemporaine 1: (1887-1914)*. Bruxelles: La Renaissance du livre, 1968.

_____. *Edward Gordon Craig*. Paris: L'Arche, 1962.

BRECHT, Bertolt. Écrits sur le théâtre. Texto francês de J. Tailleur, G. Eudeline e S. Lamare. Paris: L'Arche, 1963.

COCTEAU, Jean. *Le Coq et l'arlequin*. Paris: Stock/Musique, 1979.

COEUROY, André; SCHAEFFNER, André. *Le Jazz*. Paris: C. Aveline, 1926.

CRAIG, Edward Gordon. *De l'Art du théâtre*. Paris: O. Lieutier-Librairie Théâtrale, 1942.

_____. *Iskusstvo Teatra* (Da Arte do Teatro). Primeiro diálogo. Peterburg: Suvórin, 1906.

DORT, Bernard. *Théâtre: Essais*. Paris: Seuil, 1986.

_____. *Lecture de Brecht*. Segunda edição revista e aumentada de *Pedagogie et forme épique*. Paris: Seuil, 1960.

FUCHS, Georg. *Revoliútsia Teatra* (A Revolução do Teatro). Peterburg: Griaduschtchi den, 1911.

_____. *Die Schaubühne der Zukunft*. Berlin/Leipzig: Shuster und Loeffler, 1904.

GVOZDEV, Aleksei. *Iz Istóri Teatra i Drami* (Elementos de História do Teatro e do Drama). Peterburg: Acadiêmia, 1923.

JOMARON, Jacqueline. *La Mise en scène contemporaine 2: (1914-1940)*. Bruxelles: La Renaissance du livre, 1981.

KANDINSKY, Wassili; MARC, Franz. *L'Almanach du blaue Reiter*. Apresentação e notas de K. Lankheit. Paris: Klincksieck, 1981.

LISTA, Giovanni. *Futurisme. Manifestes. Documents. Proclamations*. Lausanne: l'Âge De Homme, 1973.

LUGNÉ-POE, Aurélien-Marie. *La Parade-Acrobaties: Souvenirs et impressions de théâtre (1894-1902)*. Paris: Gallimard, 1931.

MAUCLAIR, Camille. *Idées vivantes*. Paris: Librairie de l'art ancien et moderne, 1904.

NIETZSCHE, Friedrich. *La Naissance de la tragédie*. Tradução de G. Blanquis, Paris: Gallimard, 1970. (tradução brasileira J. Guinsburg. 2. ed. São Paulo: Companhia das Letras, 1999).

NOVERRE, Jean-Georges. *Lettres sur la danse*. Apresentação de Maurice Béjart. Paris: Ramsay, 1978.

OBRAZTSOVA, Anna. *Sintez Iskusstv i Angliskaia Scena na Rubeje XIX-XX Vekov* (A Síntese das Artes e da Cena Inglesa na Fronteira dos Séculos XIX e XX). Moskvá: Naúka, 1984.

SADOUL, Georges. *Histoire générale du cinéma*. Paris: Denoel, 1973-1975, t. 3, 4 e 5.

SCHOPENHAUER, Arthur. *Le Monde comme volonté et comme représentation*. Tradução de A. Burdeau, revista e corrigida por R. Ross. Paris: PUF, 1966.

SOURIAU, Paul. *La Suggestion dans l'art*. 2. ed. revista. Paris: Félix Alcan, 1909.

STAROBINSKI, Jean. *Portrait de l'artiste en saltimbanque*. Paris: Flammarion, 1983. (Les Sentiers de la création).

SZONDI, Peter. *Théorie du drame moderne 1880-1950*. Tradução de Patrice Pavis. Lausanne: L'Âge d'Homme, 1983.

WAGNER, Richard. *Opéra et drame*. Plan de la Tour/Éditions d'Aujourd'hui, 1982, 2 v. (Coleção Les Introuvables). (Separata das *Oeuvres en prose*. Tradução de J. G. Prodhomme. Paris: Delagrave, 1907-1928, t. 4 e 5. 13 v.).

_____. *L'Art et la révolution. L'Oeuvre d'art de l'avenir*. Plan de la Tour/Éditions d'Aujourd'hui, 1976. (Coleção Les Introuvables). (Separata da edição completa das *Oeuvres en prose*. Tradução de J. G. Prodhomme. Paris: Delagrave, 1907-1928, t. 3. 13 v.).

WILDE, Oscar. *Oeuvres*. Paris: Stock, 1975. 2 t.

Obras Coletivas

COLLAGE et montage au théâtre et dans les autres arts durant les années vingt. Mesa Redonda Internacional do CNRS. Comunicações apresentadas por Denis Bablet. Lausanne: L'Âge D'Homme, 1978. (Coleção TH 20).

DU CIRQUE au théâtre. Organização e apresentação de Claudine Amiard-Chevrel. Lausanne: L'Âge d'Homme, 1983. (Coleção TH 20).

EKSPRESSIONIZM. Coletânea de artigos traduzidos do alemão, edição de E. Braudo e de N. Radlov. Petrograd/Moskvá: Goslitizdát, 1923.

ENCYCLOPÉDIE de l'expressionnisme. Paris: Somogy, 1978.

L'EXPRESSIONNISME dans le théâtre européen. Estudos reunidos e apresentados por Denis Bablet e Jean Jacquot. Paris: CNRS, 1971.

LES FUTURISMES 2. Europe, n. 552, avril 1975. Número especial.

JAQUES-DALCROZE (Emile): *L'Homme, le compositeur, le créateur de la rythmique*. Coletânea de textos sobre Dalcroze de F. Martin, T. Dènes, A. Berchtold, H. Gagnebin, C. Dutoit-Carlier, E. Stadler. Neuchâtel: La Baconnière, 1965.

LES VOIES de la création théâtrale, v. 7: Mises en scène années vingt et trente. Organização e apresentação de Denis Bablet. Paris: CNRS, 1979. (Arts du Spectacle).

Artigos

BABLET, Denis. Le Peintre sur la scène. *Théâtre en Europe*, n. 11. Paris: Ed. Beba, 1986.

_____. Adolphe Appia, acteur, espace, lumière. *Théâtre/public*, Gennevilliers, n. 27, 1979.

Catálogos de Exposições

ADOLPHE Appia 1863-1928: Acteur-espace-lumière. Edição de Pro Helvetia, Zürich, 1979. Paris: Centre Culturel Suisse-Espaces 79, 1979.

DIE MALER und das Theater im 20 jahrhundert. Catálogo e concepção de D. Bablet e E. Billeter. Frankfurt: Schirn Kunsthalle, 1986.

PARIS-Berlin 1900-1933. Paris: Centre d'Art et de Culture Georges Pompidou, 1978.

PARIS-Moscou 1900-1930. Paris: Centre d'Art et de Culture Georges Pompidou, 1979.

VIENNE 1880-1938: L'Apocalypse joyeuse. Direção de J. Clair. Paris: Centre d'Art et de Culture Georges Pompidou, 1986.

Política e Arte

Obras Individuais

BETTELHEIM Charles. *Les Luttes de classe en* URSS: *1ère période 1917-1923. 2e période 1928-1930.* Paris: Seuil/Maspero, 1974 e 1977. 2 v.

BOGDANOV, Alexandre. *La Science, l'art et la classe ouvrière.* Paris: Maspero, 1976.

HELLER, Michel; NEKRICH, Aleksandr. *L'Utopie au pouvoir: Histoire de l'*URSS *de 1917 à nos jours.* Paris: Calmann-Lévy, 1982.

IUFIT, Anatoli. *Revoliútsia i Teatr* (A Revolução e o Teatro). Leningrad: Iskusstvo, 1977.

KERJENTSEV, Platon. *Tvórtcheski Teatr: Putí Sotsialistítcheskogo Teatra.* (O Teatro Criador. Os Caminhos do Teatro Socialista). Petrograd: Kniga, 1918.

LACIS, Asja. *Revolutionär im Beruf: Berichte über proletarisches Theater, über Meyerhold, Brecht, Benjamin und Piscator.* München: Rogner und Bernhardt, 1971.

LENIN. *Revoliútsia i Teatr: Dokumenti i Vospominánia.* (A Revolução e o Teatro. Documentos e Memórias). Edição de A. Iufit. Leningrad: Iskusstvo, 1970.

LOUNATCHARSKY, Anatoli. *Théâtre et révolution.* Prefácio e notas de d'Émile Copfermann. Paris: Maspero, 1971.

PISCATOR, Erwin. *Le Théâtre politique.* Paris: L'Arche, 1972.

_____. *Polititchéski Teatr.* (O Teatro Político). Moskvá: Ogiz/GIHL, 1934.

TRETIAKOV, Serge. *Dans le front gauche de l'art.* Paris: Maspero, 1977.

TROTSKI, Léon. [1923]. *Littérature et révolution.* Paris: UGE, 1974. (Coleção 10/18).

Obras Coletivas

L'OUVRIER *au théâtre de 1871 à nos jours.* Estudo coletivo da equipe "Théâtre moderne", direção de C. Amiard-Chevrel. *Cahiers Théâtre Louvain,* n. 58-59, 1987.

PUTI *Pazvítia Teatra* (Os Caminhos do Desenvolvimento do Teatro). Registro estenográfico e decisão da conferência do Partido sobre as questões teatrais na sessão do Agit-prop em 1927. Moskvá/Leningrad, RSFSR: Knigo-izdát, 1927.

L'THÉÂTRE *d'agit-prop de 1917 à 1932.* Estudos do coletivo do trabalho da equipe "Théâtre moderne" do GR 27 du CNRS, Lausanne: L'Âge d'Homme, 1977. 4 v. (Coleção TH 20).

Revistas

Proletarskaia Kultura, Moskvá, 1918-1921.

Vestnik Teatra, Moskvá, 1919-1921.

Vremênnik TEO *Narkomprosa,* Petrograd/Moskvá, 1918-1919.

O Grotesco

Obras Individuais

BAKHTINE, Mikhail. *L'Oeuvre de F. Rabelais et la culture populaire au Moyen Age et sous la Renaissance.* Paris: Gallimard, 1970.

_____. *Problèmes de la poétique de Dostoïevski.* Lausanne: L'Âge d'Homme, 1970.

BAUDELAIRE, Charles. *Écrits esthétiques.* Paris: UGE, 1986. (Coleção 10/18).

BRION, Marcel. *L'Allemagne romantique, 2: Novalis, Hoffmann, Jean-Paul, Eichendorff.* Paris: Albin Michel/Pluriel, 1963.

DOSTOIEVSKI, Fédor. *Journal d'un écrivain.* Tradução, apresentação e comentários de G. Aucouturier. Paris: Gallimard, 1972. (Coleção Pléiade).

ELIASCHÉVITCH, Arkádi. *Lirizm, Ekspréssia, Grotesk* (Lirismo, Expressão, Grotesco). Leningrad: Khudójestvennaia Literatura, 1975.

GOZZI, Carlo. *Mémoires inutiles*. Lausanne: L'Aire, 1970. (Coleção Bibliothèque des Lettres Anciennes et Modernes).

HOFFMANN, Ernest Theodor Amadeus. *Contes retrouvés*. Paris: Verso/Phébus, 1983.

_____. *Fantaises dans la manière de Callot*. Paris: Verso/Phébus, 1979.

KAYSER, Wolfang. *Das Groteske: Seine Gestaltung und Dichtung*. Oldenburg: G. Stallinz, 1957. (*O Grotesco*. Tradução de J. Guinsburg. São Paulo: Perspectiva, 1986).

MANN, Iúri. *O Groteske v literature*. (Do Grotesco em Literatura). Moskvá: Soviétski Pissátel, 1966.

MIKLASCHÉVSKI, Constantin. *La Commedia dell'Arte: Teatr Italianiskie Comediant 1* (*A Commedia dell'Arte*: O Teatro dos Comediantes Italianos). Petrograd: Izdát N. Butkovskaia, 1914-1917.

POE, Edgar Allan. *Histories grotesques et sérieuses*. Tradução e notas de C. Baudelaire. Paris: Le livre de poche, 1973.

_____. *Nouvelles histoires extraordinaires*. Tradução de Charles Baudelaire. Paris: Le livre de poche, 1972.

SLONIMSKI, Aleksandr. *Tekhnika Komítcheskogo u Gógolia* (A Técnica do Cômico em Gógol). Petrograd: Acadiêmia, 1923.

TAVIANI, Ferdinando; SCHINO, Mirella. *Le Secret de la Commedia dell'Arte: La Mémoire des compagnies italiennes aux XVIᵉ, XVIIᵉ et XVIIIᵉ siècles*. Carcassonne: Bouffonneires, 1984. (Coleção Contrastes).

UBERSFELD, Anne. *Le Roi et le bouffon: Étude sur le théâtre de V. Hugo de 1830 à 1839*. Paris: Corti, 1974.

VASSÍLIEVA, Natalia. *Khudójestvennoe Svoeobrazie Soviétskoi Proze Pervói Polovini 20 Godov. Dissertassía*. (A Originalidade Artística da Prosa Soviética da Primeira Metade dos anos de 1920. Dissertação). Universidade de Donétsk, janeiro 1972.

VINOGRÁDOV Victor. *Evoliútsia Russkogo Naturalizma: Gógol i Dostoiévski* (A Evolução do Naturalismo Russo: Gógol i Dostoiévski). Leningrad: Acadiêmia, 1929.

Obras Coletivas

POETIKA. *Sbórniki po Teórii Poetítcheskogo Iaziká 1, 2*. (Poética, Coletâneas de Teoria da Linguagem Poética 1, 2). Petrograd: 18aia Gos. tipografia, 1919.

LES ROMANTIQUES allemands. Paris: Pléiade, 1963. 2 v.

THÉORIE de la littérature. Textos dos formalistas russos reunidos, apresentados e traduzidos por Tzvetan Todorov. Paris: Seuil, 1965. (Coleção Tel Quel).

Artigos

EFIMOVA, Zinaida. Problema Groteska v Tvórtchestve Dostoevkogo (Problemas do Grotesco na Obra de Dostoiévski). *Zapíski Naútchno-Issledovatelskoi Kafedri Istóri Evropeiskoi Kulturi* (Cadernos de Pesquisa Científica da Cadeira de História da Cultura Europeia). Kharkov, 1927.

HUGO, Victor. Préface de Cromwell. *Théâtre complet*. 2v. Paris: Pléiade, 1963, t. 1. (Tradução brasileira, *Do Grotesco e do Sublime: Prefácio de Cromwell*, 3. ed., São Paulo: Perspectiva, 2010).

PICON-VALLIN, Béatrice. Gogol, point de départ des recherches sur le grotesque au théâtre et au cinéma après la révolution russe 1917-1932. *Cahiers du monde russe et soviétique*, v. 21, n. 3-4, juil./déc., 1980.

PROPP, Vladímir. Problema Smekha i Komizma (O Problema do Riso e do Cômico). *Utchiónie Zapíski*, vip. 76, n. 355, 1971, Seria Filo-ikh Naúk.

SCHILLER, Leon. An Essay on the Grotesque Theatre. *The Mask*, v. 1, n. 10, 1908; n. 11, 1909; n. 12, 1909.

TINIÂNOV, Iúri. [1921]. Dostoiévski i Gógol (K Teórii Parodii) (Dostoiévski e Gógol [Para uma Teoria da Paródia]). *Arkhaisti i Novatori*. München: Wilhelm Fink Verlag, 1969, (separata da edição de Leningrad, 1929).

VASSÍLIEVA, Natalia. Grotesk v Iskusstve Natchala xx Godov: K Postanovke Voprosa (O Grotesco na Arte dos Anos de 1920: Elementos para Formular o Problema). *Literaturovedenie*

Metod Stil, Tradítsiti (Ciência da Literatura: Método, Estilo, Tradições). *Utchiónie Zapíski,* Perm, PGU, n. 241, 1970.

ZERAFFA, Michel. Mélanges et harmonie chez Poe. In: POE, Edgar Allan. *Histories grotesques et sérieuses.* Paris: Le Livre de poche, 1973.

ZUNDELÓVITCH, Iákov. Poetika Groteska (A Poética do Grotesco). *Problemi Poetiki* (Problemas de Poética). Edição de V. Briússov. Moskvá/Leningrad: Zemliá i Fabrika, 1925.

Arte na Rússia e na URSS
(Teatro, Literatura, Cinema, Música) 1900-1930

Textos dos Criadores. Manifestos

Obras Individuais

BIÉLI, Andréi. *Masterstvo Gógolia* (Mestria de Gógol). Moskvá: GIHL, 1934.

_____. *Simvolizm.* Moskvá: Mousaget, 1910.

BELY, Andrey. *The Dramatic Symphony: The Forms of Art.* Tradução de Roger e de Angela Keys, apresentação de John Elsworth. Edinburgh: Polygon, 1982.

BLOK, Alexandre. *Oeuvres en prose (1906-1921).* Tradução e pósfacio de Jacques Michaut. Lausanne: L'Âge d'homme, 1974.

CHOSTAKOVITCH, Dimitri. *Mémoires de D. Chostakovitch.* Conversas coletadas por Salomon Volkov. Paris: Albin Michel, 1980.

EISENSTEIN, Serge. *Le Mouvement de l'art.* Organização de F. Albera e de N. Kleiman. Paris: Éditions du Cerf, 1986.

_____. *Oeuvres, t. 4: Mémoires, 3.* Tradução de Jacques Aumont, Michèle Bokanowski e Claude Ibrahimoff. Paris: UGE, 1985. (Coleção 10/18).

_____. *Cinématisme: peinture et cinema.* Introdução e notas de François Albera. Bruxelles: Complexe, 1980.

_____. *Oeuvres, t. 4: La Non-indifférente nature 2.* Sob a direção de Jacques Aumont, tradução e notas de Luda e Jean Schnitzer. Paris: UGE, 1978.

_____. *Oeuvres, t. 2: La Non-indifférente nature 1.* Sob a direção de Jacques Aumont, tradução e notas de Luda e Jean Schnitzer. Paris: UGE, 1976.

_____. *Au-delà des étoiles.* Paris: UGE, 1974. (Coleção 10/18).

_____. *Réflexions d'un cinéaste.* Moskvá: Ed. do Progrès, 1958.

EISENSTEIN, Serguêi. *Ízbranie Proizvedênia* (Obras). Moskva: Iskusstvo, 1964-1971. 6 v.

EVREINOV, Nicolai. *Teatr Kak Takovói* (O Teatro como Tal). Peterburg: Izdát N. Butkovskaia, 1913.

FOKIN, Mikhail. *Prótiv Tetchênia.* Moskvá/Leningrad: Iskusstvo, 1962.

GAIDEBUROV, Pável. *Literaturnoe Nasledie. Vospominánia. Stati. Rejisserskie eksplikatsi. Vistuplenia* (Herança Literária. Memórias, Artigos, Projetos de Encenações, Discursos). Moskvá: VTO, 1977.

GNESSIN, Mikhail. *Stati, Vospominánia, Materiali* (Artigos, Memórias, Materiais). Moskvá: Sov. Kompositor, 1961.

IURIÉV, Iúri. *Zapíski* (Obras). 2. ed. Leningrad/Moskvá: Iskusstvo, 1973. 2 v.

IUTKÉVITCH, Serguêi. *Kontrapunkt Rejissera.* Moskva: Iskusstvo, 1960.

KÓZINTSEV, Grigóri. *Vremia i Sovest* (O Tempo e a Consciência). Moskvá: Biuro Propangandi Soviétskogo Kinoiskusstva, 1981.

_____. *Gluboki Ekran* (A Tela profunda). Moskvá: Iskusstvo, 1971.

MAIAKÓVSKI, Vladímir. *Pólnoie Sobrânie Sotchiniêni.* (Obras Completas). Moskvá: GIHL, 1955-1961. 13 v.

MGUÉBROV, Aleksandr. *Jizn v Teatre* (Uma Vida no Teatro). Moskvá/Leningrad: Acadiêmia, 1932. 2 v.

RADLOV, Serguêi. *Dessiat Let v Teatre* (Dez Anos no Teatro). Leningrad: Príboi, 1929.

_____. *Stati o Teatre (1918-1922)* (Artigos sobre o Teatro). Petrograd: Misl, 1923.

STANISLAVSKI, Constantin. *La Construction du personnage*. Tradução de Charles Antonetti. Paris: Pygmalion/Gérard Watelet, 1984.

_____. *Ma Vie dans l'art*. Tradução de Denise Yoccoz. Lausanne: L'Âge d'Homme, 1980.

STANISLÁVSKI, Constantin. *Sobrânie Sotchiniêni* (Obras Escolhidas). Moskvá: Iskusstvo, 1954-1961. 8 v.

SULERJÍTSKI, Leopold. *Povesti i Rasskazi, Stati i Zametki o Teatre. Perepiska. Vospominánia o L Sulerjitskom* (Novelas e Relatos. Artigos e Observações sobre o Teatro, Correspondência. Memórias de L. Sulerjítski). Moskvá: Iskusstvo, 1970.

TAïROV, Alexandre. *Le Théâtre libéré*. Tradução, prefácio e notas de Claudine Amiard-Chevrel. Lausanne: L'Age d' Homme, 1974.

TAíROV, Aleksandr. *O Teatre: Zapíski Rejissera, Stati, Bessedi, Retchi, Písma* (Do Teatro: Notas de um Encenador, Artigos, Entrevistas, Discursos, Cartas). Moskvá: VTO, 1970.

VAKHTÁNGOV, Evguêni. *Materiali i Stati* (Materiais e Artigos). Edição de L. Vendrovskaia. Moskvá: VTO, 1959. (Tradução em *Travail Théâtral*, n. 9, Lausanne, L'Âge d'Homme, 1972).

_____. *Zapíski, písma, Stati* (Notas, Cartas, Artigos). Edição de Nadejda Vakhtángova, Liubóv Vendrovskaia. Moskvá/Leningrad: Iskusstvo, 1939.

Obras Coletivas

"BLOKHA", Igra v 4 Akta Evguêni Zamiátina (A Pulga, peça em 4 atos). Coletânea. Leningrad: Acadiêmia, 1927.

KRIZIS Teatra (A Crise do Teatro). Coletânea. Moskvá: Izdát Problemi Iskusstva, 1908.

LITERATURNIE Manifesti 1: Ot Simvolizma K Oktiabriu. München: Wilhelm Fink Verlag, 1969.

MANIFESTES du futurisme. Seleção, tradução e comentários de Léon Robel. Paris: Les Editeurs français réunis, 1971.

O TEATRE (Do Teatro). Coletânea com artigos de V. Blum, E. Beskin, A. Gan, I. Aksiónov, V. Tikhonóvitch, M. Zagórski, B. Arvátov, O. Blum, V. Rappaport, L. Sabanêev. Tver: Tversk Izdát, 1922.

RITM i Kultura Tantsa (O Ritmo e a Cultura da Dança). Coletânea, edição de Aleksei Gvozdev. Leningrad: Acadiêmia, 1926.

TEATR: Kniga o Novom Teatre (O Teatro, Livro sobre o Teatro Novo). Coletânea com artigos de A. Lunatchárski, E. Anitchkov, A. Benois, V. Meierhold, F. Sologúb, S. Tchulkov, G. Rafalóvitch, V. Briússov, A. Biéli, A. Gornfeld. Peterburg: Schipovnik, 1908.

V SPORAKH o Teatre (Debates sobre o Teatro). Coletânea com artigos de I. Aikhenvald, S. Glagol, V. Sakhnóvski, M. Bontch-Tomaschévski, F. Komissarjévskaia, V. Nemiróvitch-Dântchenko. Moskvá: Knigoizdatelstvo Pissátelei v Moskve, 1914.

Artigos

BRIÚSSOV, Valéri. [sob o pseudônimo Avreli]. Vekhi, 2: Iskania Nóvoi Sceni. (Balisas, 2: As Pesquisas da Nova Cena). *Vessi*, Moskvá, n. 12, 1905.

_____. Nenujnaia Pravda: Po povodu Moskovskogo Khudójestvennogo Teatra (Uma Verdade Inútil: A Propósito do Teatro Artístico de Moscou). *Mir Iskusstva*, Peterburg, n. 4, 1902.

EISENSTEIN, Serguêi. Teatr i Kino (Teatro e Cinema). *Iz Istóri Kino, Materialy i Dokumenti* (Extratos da História do Cinema, Materiais e Documentos). Moskvá: Iskusstvo, 1971.

IVANOV, Viatcheslàv. Predtchustvia i Predvestia (Pressentimentos e Presságios). *Po Zvezdam: Stati i aforizmi* (Rumos às Estrelas: Artigos e Aforismos). Peterburg: Ori, 1909.

Obras e Artigos Históricos e Críticos sobre Problemas Gerais

Obras Individuais

CARTER, Huntley. *The New Spirit in the Russian Theatre (1917-1929)*[...]. New York/London/ Paris: Brentano's Ltd, 1929.

EVREINOV, Nicolas. *Histoire du théâtre russe*. Paris: Chêne, 1947.

GOURFINKEL, Nina. *Le Théâtre russe contemporain*. Paris: Albert, 1931.

GOZENPUD, Abram. *Russki Operni Teatr Mejdu dvukh Revoliútsi (1905-1917)* (A Ópera Russa entre Duas Revoluções). Lenigrado: Naúka, 1975.

IEZUITOV, I. *Puti Khudójestvennogo Filma 1919-1934* (Os Caminhos do Filme de Arte 1919-1934). Moskvá: Kinofotoizdát, 1934.

KRASSÓVSKAIA, Vera. *Russki Baletni Teatr Natchala XX Veka* (O Balé na Rússia no Começo do Século XX). Leningrad: Iskusstvo, 1971.

KUZNETSÓV, Evguêni. *Tsirk* (O Circo). Moskvá/Leningrad: Acadiêmia, 1931.

LEYDA, Jay. *Kino: Histoire du cinéma russe et soviétique*. Lausanne: L'Âge d'Homme, 1976.

LO GATTO, Ettore. *Histoire de la littérature russe des origines à nos jours*. Paris: Desclée de Brouwer, 1965.

_____. *Storia del teatro russo*. Florença: Sansoni, 1952. 2 v.

MÁRKOV, Pavel. *O Teatre* (Do Teatro). Moskvá: Iskusstvo, 1974-1977. 4 v.

MIKULASCHEK, Miroslav. *Puti Razvítia Soviétskói Komedi 1925-1934 Godov* (Os Caminhos do Desenvolvimento da Comédia Soviética 1925-1934). Praga: Statní pedagogické nakladatelství 84, 1962.

NOVITSKI, Pável. *Sobremênnie Teatralnie Sistemi* (Os Sistemas Teatrais Contemporâneos). Moskvá: GIHL, 1933.

RIPELLINO, Angelo Maria. *Il trucco e l'anima (i maestri della regia nel teatro russo del novecento)*. Torino: Einaudi, 1965.

_____. *Maiakóvski et le théâtre russe d'avantgarde*. Paris: L'Arche, 1965.

ROBERTI, Jean-Claude. *Historie du théâtre russe jusqu'en 1917*. Paris: PUF, 1981. (Coleção Que sais-je?).

RUDNITSKI, Constantin. *Théâtre russe et soviétique*. Traduzido do inglês por Eric Deschodt, Paris: Regard, 1988.

SURITS, Elizaveta. *Khoreografítcheskoe Iskusstvo Dvadtsatikh Godov* (A Arte Coreográfica dos Anos Vinte). Moskvá: Iskusstvo, 1979.

UVAROVA, Elizaveta. *Estradni Teatr: Miniatiuri, Obozrenia, Miuzik-Holly 1917-1945.* (O Teatro de Variedades: Miniaturas, Revistas, Music-Olls 1917-1945). Moskvá: Iskusstvo, 1983.

VSEVOLODSKI-GUERNGROSS, Vsévolod. *Istória Russkogo Teatra* (História do Teatro Russo). Leningrad/Moskvá: Teakinopetchat, 1929. 2 v.

ZNOSKO-BORÓVSKI, Evguêni. *Istória Russkogo Teatra v Natchale XX Veka.* (História do Teatro Russo desde o Início do Século XX). Praga: Plamia, 1925.

Obras Coletivas

ISTÓRIA *Soviétskogo Dramatítcheskogo Teatra* (História do Teatro Soviético). Moskvá, Naúka, 1966-1967; t. 1, 1917-1920; t. 2, 1921-1925; t. 3, 1926-1932. 6 v.

ISTÓRIA *Soviétskogo Teatrovedenia (1917-1941)* (História da Ciência do Teatro Soviético). Moskvá: Naúka, 1981.

RUSSKAIA *Khudójestvennaia Kultura Kontsa XIX-Natchala XX Veka (1895-1907), Kniga 1: Zrelischtchnie Iskusstva. Muzika* (A Cultura Artística Russa, Fim do Século XIX-Início do Século XX [1895-1907], livro 1: Artes do Espetáculo. Música). Moskvá: Naúka, 1968.

RUSSKAIA *Khudójestvennaia Kultura Kontsa XIX-Natchala XX Veka (1908-1917), Kniga 3: Zrelischtchnie Iskusstva. Muzika* (A Cultura Artística Russa, Fim do Século XIX-Início do Século XX [1908-1917], livro 3: Artes do Espetáculo. Música). Moskvá: Naúka, 1977.

RUSSKI *Soviétski Teatr 1917-1921. Dokumenti i Materiali* (O Teatro Soviético, 1917-1921: Documentos e Materiais). Edição de A. Iufit. Leningrad: Iskusstvo, 1968.

RUSSKI *Soviétski Teatr 1921-1926. Dokumenti i Materiali* (O Teatro Soviético, 1921-1926: Documentos e Materiais). Edição de A. Trábski. Leningrad: Iskusstvo, 1975.

Obras e Artigos Históricos e Críticos sobre Questões Particulares

Obras Individuais

ALPERS, Boris. *Teatr Revoliútsi* (O Teatro da Revolução). Moskvá: Teakinopetchat, 1928.

AMENGUAL, Barthélemy. *Que viva Eisenstein!* Lausanne: L'Âge d'Homme,1980.

AMIARD-CHEVREL, Claudine. *Le Théâtre Artistique de Moscou (1898-1917)*. Paris: CNRS, 1979.

ARNSCHTAM, Leo. *Muzika Geroítcheskogo* (A Música de uma Época Heróica). Moskvá: Iskusstvo, 1977.

BESPALOV, Vladímir. *Teatri v dni Revoliútsi 1917* (Os Teatros durante a Revolução de 1917). Edição de E. Kuznétsov. Leningrad: Acadiêmia, 1927.

TSEKHNOVITSER, Orest. *Prazdnestva Revoliútsi* (As Festas da Revolução). 2. ed. Leningrad: Príboi, 1931.

DANILOV, Serguêi. *Gógol i Teatr* (Gógol e o Teatro). Leningrad: GIHL, 1936.

_____. *Revizor na Scene* (O Inspetor Geral na cena). 2. ed. Leningrad: GIHL, 1934.

DEUTSCHE, Aleksandr. *Golos Pámiati, Teatr, Vpetchatlenia i Vstretchi* (A Voz da Memória, Teatro, Impressões e Encontros). Moskvá: Iskusstvo, 1966.

FRIOUX, Claude. *Maïakovski par lui-même*. Paris: Le Seuil, 1961.

GOLOVASCHENKO, Iúri. *Rejisserskoe Iskusstvo Taírova* (A Arte da Encenação em Tairov). Moskvá: Iskusstvo, 1970.

GORTCHAKOV, Nicolai. *Rejisserkoe Uroki Vakhtángova* (As Lições de *Mise en Scène* de Vakhtángov). Moskvá: Iskusstvo, 1957.

GROMOV, Victor. *Mikhail Tchékhov*. Moskvá: Iskusstvo, 1970.

IUTKÉVITCH, Serguêi. *Igor Ilínski*. Leningrad: Teakinopetchat, 1929.

JAROV, Mikhail. *Jizn, Teatr, Kino. Vospominánia* (Vida, Teatro, Cinema. Memórias). Moskvá: Iskusstvo 1967.

LITÓVSKI, Osaf. *Glazami Sovremênika: Zametki Proslikh Let* (Testemunhos de um Contemporâneo: Notas sobre os Anos Passados). Moskvá: Soviétski Pissátel, 1963.

LUNATCHÁRSKI, Anatoli. *O Teatre i Dramaturgi. Ízbranie Stati* (Do Teatro e da Dramaturgia: Artigos Escolhidos). Edição de A. Deutsche. Moskvá: Iskusstvo, 1958, v. 2.

MIKULASCHEK, Miroslav. *Pobedni Smekh* (Opit Janrovo-Sravnitelnogo Analiza Dramaturgi V. Maiakovskogo) (Um Riso Triunfante. Tentativa de Análise comparativa sobre o Gênero da Dramaturgia de V. Maiakóvski). Brno: Universidade J. E. Purkyne, 1975.

MOGILEVSKI, A.; FILIPPOV, V.; RODIONOV, A. *Teatri Moscou 1917-1927. Stati Materiali* (Os Teatros de Moscou 1917-1927. Artigos e Materiais). Moskvá: GAHN, 1928.

MOKÚLSKI, Stefane. *O Teatre* (Do Teatro). Moskvá: Iskusstvo, 1963.

NEDOBROVO, Vladímir. FEKS. *Grigóri Kózintsev, Leonid Trauberg*. Moskvá/Leningrad: Acadiêmia, 1928. (Tradução francesa de Eric Schmulevitch, *La Nouvelle Babylone*, Coletânia, Paris: Dramaturgie, José Guinot, 1975).

NIVAT, Georges. *Vers la fin du mythe russe: Essais sur la culture russe de Gogol à nos jours*. Lausanne: L'Âge d'Homme, 1982.

PICON-VALLIN, Béatrice. *Le Théâtre juif soviétique pendant les années vingt*. Lausanne: L'Âge d'Homme, 1973.

PIOTRÓVSKI, Adrián. *Teatr. Kino. Jizn* (O Teatro. Le Cinéma. A Vida). Leningrad: Iskusstvo, 1969.

PIAST, Vladímir. *Vstretchi* (Encontros). Moskvá: Federátsia, 1929.

RODINA, Tatiana. *A. Blok i Russki Teatr Natchala XX Veka* (Blok e o Teatro Russo do Início do Século XX). Moskvá: Naúka, 1972.

SCHKLÓVSKI, Victor. *La Marche du cheval*. Paris: Champ libre, 1973.

_____. *Za Sórok Let. Stati o Kino* (Em Quarenta Anos. Artigos sobre o Cinema). Moskvá: Iskusstvo, 1965.

SELEZNEVA, Tamara. *Kinomisl 1920 Godov* (Cinepensamento dos Anos Vinte). Leningrad: Iskusstvo, 1972.

SMELIANSKI, Anatoli. *Naschi Sobesedniki* (Nossos Interlocutores). Moskvá: Iskusstvo, 1981.

START, Eduard. *Starinni Teatr* (O Teatro Antigo). Peterburg: Izdát N. Butkovskaia, 1911.

STROEVA, Marianna. *Rejisserskie Iskânia Stanislavkogo (1898-1917)* (As Pesquisas de Encenação de Stanislávski). Moskvá: Naúka, 1973.

TARSCHIS, Nadejda. *Muzika Spektaklia* (A Música no Espetáculo). Leningrad: Iskusstvo, 1978.

TUROVSKAIA, Maia. *Babanova. Legenda i Biografia* (Babánova. Lenda e Biografia). Moskvá: Iskusstvo, 1981.

VINOGRADSKAIA, Irina. *Jizn i Tvórtchestvo K. Stanislavkogo. Letopis* (A Vida e a Obra de Stanislávski, Crônica). Moskvá: VTO, 1971, t. 1, 1868-1905; t. 2, 1906-1915; t. 3, 1916-1926.

VOLKONSKI, Serguêi (príncipe). *Khudójestvennie Otkliki* (Ecos Artísticos). Peterburg: Apollon, 1912.

ZAVÁDSKI, Iúri. *Utchitelia i Utcheniki* (Professores e Alunos). Moskvá: Iskusstvo, 1975.

Obras Coletivas

EISENSTEIN v Vospomináñiakh Sovremênikov (Eisenstein nas Memórias de Seus Contemporâneos). Moskvá: Iskusstvo, 1974.

MOSKOVSKI Khudójestvennie Teatr Vtoroi (O Teatro Artístico de Moscou 2). Edição de Aleksandr Bródski. Moskvá: Izdát Mosk. Hud. Teatra, 1925.

PÁMIATI Vere Komissarjévskoi. Coletânea em memória de Vera Komissarjévskaia. Peterburg: Alkonost, 1911.

PRINTSESSA Turandot (Teatralno-Tragitcheskaja Skazka v 5 Aktakh C. Gozzi) v Postanovke Tretiei Studi Moskovskogo Khudójestvennogo Akademitcheskogo Teatra im, Vakhtángova (A Princesa Turandot: Na Encenação do Terceiro Estúdio do Teatro Artístico). Moskvá/Petrograd: Goslitizdát, 1923.

REVIZOR 1836-1936 (O Inspetor Geral 1836-1936). Edição de P. Scheffer. Moskvá/Leningrad: Goslitizdát, 1936.

SCRIÁBIN, Aleksandr: Sbórnik stati ("SCRIÁBIN, Aleksandr": Coletânea de Artigos). Moskvá: Sov. Kompositor, 1973

THEATER and Literature in Russia 1900-1930. Edição de Lars Kleberg and Nils Ake Nilsson. Stockholm: Almqvist and Wiksell International, 1984.

ZELENAIA Ptitchka 1 (O Pássaro Verde). Coletânea, edição de Iákov Blokh, Aleksei Gvozdev, Mikhail Kuzmin. Petrograd: Petropolis, 1922.

Artigos

AMIARD-CHEVREL, Claudine. Un Poète symboliste, critique et théoricien du théâtre: Valerij Brjusov. *Cahiers du monde russe et soviétique*, Paris, v. 18, n. 1-2, 1977.

_____. L'Antiquité et l'esthétique théâtrale des symbolistes russes. *Revue des études slaves*, Paris, n. 51, 1978.

GVOZDEV, Aleksei. O Smene Teatralnikh Sistem (A Sucessão do Sistema Teatral). *O Teatre 1: Vremênnik Otdela Istóri i Teórii Teatra Gosudarstvennogo Instituta Istóri Iskusstv* (Do Teatro 1: Anais da Divisão de História e Teoria do Teatro do Instituto Estadual de História da Arte). Leningrad: Acadiêmia, 1926.

KLEBERG, Lars. The Audience as Myth and Reality: Soviet Theatrical Ideology and Audience Research in the 1920's. *Russian History*, New York, C. Schlacks Jr. Publisher, 1982. v. 9, parts 2-3

MÁRKOV, Pável, Sovremênie Akteri (Os Atores Contemporâneos). *Vremênnik Russkogo Teatralnogo Obschtchestva 1*. Edição de Nicolai Bródski. Moskvá: Gos. Notopetchatnaia Muzsektora Goslítizdata, 1924.

RUDNÍTSKI, Constantin. Kogda Stanislávski Razgovarival s Vakhtángovim o Groteske? (Quando foi que Stanislávski falou de Grotesco com Vakhtángov?). *Voprossi Teatra* (Problemas de Teatro). Coletânea de ensaios e de materiais. Moskvá: VTO, 1970.

SULERZITSKI, Leopold. "Iliá Sats". *Maski*, Moskvá, n. 2, 1912.

Revistas de Arte e de Teatro Russas e Soviéticas Consultadas

Apollon, Peterburg, 1909-1917.

Ermitaj, Moskvá, 1922.

Jizn Iskusstva, Petrograd/Leningrad, 1918-1929.

Maski, Moskvá, 1912-1915.

Mir Iskusstva, Peterburg, 1899-1904.

Novi Zritel, Moskvá, 1924-1929.

Rabotchi i Teatr, Leningrad, 1924-1937.

Sovremêni Teatr, Moskvá, 1927-1929.

Teatr, Moskvá, 1937 e s.

Teatr i Iskusstvo, Peterburg/Petrograd, 1897-1918.

Vessi, Moskvá, 1904-1909.

Zrelischtcha, Moskvá, 1922-1924.

As Artes Plásticas na Rússia e na URSS (Pintura, Cenografia, Construção) 1900-1930

Obras Individuais

AKSIÓNOV, Ivan. *Pikasso i Okrestnosti* (Picasso e as Cercanias). Moskvá: Centrifuga, 1917 (separata, Orange, Connecticut, USA: Antiquary, 1986).

ALPATOV, Mikhail; GUNST, Evguêni. *Nicolai Sapunov*. Moskvá: Iskusstvo, 1965.

BASSEKHES, Alfred. *Teatr i Jivopis Golovina* (O Teatro e a Pintura de Golovin). Moskvá: Izobrazitelnoe Iskusstvo, 1970.

BERIÓZKIN, Victor. *Vladímir Dmítriev*. Leningrad: Khudójnik RSFSR, 1981.

BESKIN, Óssip. *Victor Schestakov*. Moskvá: Soviétski Khudójnik, 1965.

BOWLT, John. *The Silver Age: Russian Art of the Early Twentieth Century and the "World of Art" Group*. 2. ed. Newtonville: Oriental research partners studies in Russian art history, 1982.

_____. *Stage Designs and the Russian Avant-Garde (1911-1929)*. Washington: International Exhibition Foundation, 1976-78.

ETKIND, Mark. *Aleksandr Benois 1870-1960*. Leningrad/Moskvá: Iskusstvo, 1985.

GUILIARÓVSKAIA, Nadejda. *Teatralno-dekoratsionnoe Iskusstvo za Piát Let* (A Cenografia de Teatro Há Cinco Anos). Kazan: Isdânie Kombinata Izdatelstva i Pecati, 1924.

GOLOVIN, Aleksandr. *Vstretchi i Vpetchatlenia. Pisma. Vospominaia o Golovin* (Encontros e Impressões. Cartas. Memórias sobre Golovin). Leningrad/Moskvá: Iskusstvo, 1960.

GRAY, Camilla. *L'Avant-garde russe dans l'art moderne 1863-1922*. Lausanne: L'Âge d'Homme, 1971.

GVOZDEV, Aleksei. *Khudójnik v Teatre* (O Cenógrafo no Teatro). Moskvá/Leningrad: Acadiêmia,1931.

LAPSCHINA, Natalia. *Mir Iskusstva: Otcherki Istóri i Tvórtcheskoi Praktiki* (O Mundo da Arte: Ensaio sobre a História e a Prática Criadora). Moskvá: Iskusstvo, 1977.

LODDER, Christina. *Russian Constructivism*. New Haven/London: Yale University Press, 1985.

MALEVITCH, Kazimir. *Écrits*. Apresentação de Andrei Nakov. 2. ed. Paris: Gérard Leibovici, 1986.

MARCADÉ, Valentine. *Le Renouveau de l'art pictural russe 1863-1914*. Lausanne: L'Âge d'Homme, 1971.

MARGOLIN, Samuil. *Khudójnik Teatra za Piatnadtsati Let* (O Cenógrafo de Teatro Há 15 Anos). Moskvá: Ogiz, 1933.

MIAMLIN, Igor. *Vassíli Schukhaev*. Leningrad: Khudójnik RSFSR, 1972.

NAKOV, Andrei. *L'Avant-garde russe*. Paris: F. Hazan, 1984.

PETROV, Vsévolod. *Vladímir Lébedev*. Leningrad: Khudójnik: RSFSR, 1972.

POJARSKAIA, Milítsa. *Russkoe Teatral No-dekoratsionnoe Iskusstvo Kontsa XIX-Natchala XX Veka* (A Arte da Cenografia Teatral Russa, Fim do Século XIX Início do Século XX). Moskvá: Iskusstvo, 1970.

SARABIANOV, Dmítri. *Russkaia Jivopis Kontsa 1900-Natchala 1910 Godov* (A Pintura Russa, Fim dos anos de 1900-começo dos anos de 1910). Moskvá: Iskusstvo, 1970.

SCHLEPIÁNOV, Iliá. Stati, Zametki, Viskazivania: Sovremêniki o Schlepiánove (Artigos, Observações, Intervenções: Memórias sobre Schlepiánov). Moskvá: Iskusstvo, 1969.

SIRKINA, Flora. *Isaak Rabinóvitch*. Moskvá: Soviétski Khudójnik, 1972.

TARABOUKINE, Nicolai. *Le Dernier tableau*. Apresentação de Andrei Nakov. Paris: Champ Libre, 1972.

Obras Coletivas

CONIO, Gérard. *Le Constructivisme russe. Textes théoriques, manifestes, documents, t. 1: Le Constructivisme dans les arts plastiques.* Lausanne: L'Âge d'Homme, 1987.

KHUDÓJNIKI Teatra o Svoem Tvórtchestve (Os Cenógrafos de Teatro Falam de Sua Arte). Coletânea, edição de Flora Sirkina, A. Movschenson, E. Butorina. Moskvá: Sov. Khudójnik, 1973.

KAMERNI Teatr i Ego Khudójniki 1914-1934 (O Teatro de Kamernyi e seus Cenógrafos 1914-1934). Texto de Abram Efros. Moskvá: VTO, 1934.

"MASKARAD". M. *Lérmontova v Teatralnikh Eskizakh A. Golovina* (*O Baile de Máscaras de M. Lérmontov nos esboços de A. Golovin*). Edição de E. Lansere. Moskvá/Leningrad: VTO, 1941-1946.

Artigos

DOUGLAS, Charlotte. Colors without Objects. *The Structurist*, n. 13-14, Universidade de Saskatchewan, Saskatoon, 1973-1974.

GUILIARÓVSKAIA, Nadejda. Dekorativnoe Iskusstvo za Dvenadtsati Let, 1917-1929 (A Arte da Cenografia de Teatro Há Doze anos, 1917,1929). *Iskusstvo*, n. 7-8, 1929.

GVOZDEV, Aleksei. Konstruktivizm i Preodolênie Teatralnói Estetiki Renessantsa (O Construtivismo e a Superação da Estética Teatral da Renascença). *Jizn Iskusstva*, Petrograd/Leningrad, n. 1, 1924.

_____. Dekorátsia ili Ustanovska (Décor ou Dispositivo). *Jizn Iskusstva*, Petrograd/Leningrad, n. 19, 1924.

KOMISSARJÉVSKI, Fiódor. Sapunov Khudójnik (Sapunov Cenógrafo). *Apollon*, Peterburg, n. 4, 1914.

RAKITINA, Elena. Iliá Schlepiánov: Khudójnik Obnovlennogo Teatra (Iliá Schlepiánov: Cenógrafo de um Teatro Renovado). In: *Voprossi Teatra 1967* (Problemas de Teatro 1967). Coletânea de Artigos e de Materiais. Moskvá: VTO, 1968.

_____. "Liubov Popova": Iskusstvo i Manifesti ("Liubov Popova": Arte e Manifesto). *Khudójnik, Scena, Ekran* (O Cenógrafo, a Cena, a Tela). Moskvá: Sov. Khudójnik, 1975.

RUDNÍTSKI, Constantin. "Nicolai Sapunov". *Soviétskie Khudójniki Teatra i Kino 79* (Os Cenógrafos de Teatro e de Cinema 79). Moskvá: Soviétski Khudójnik, 1981.

SOLOVIÓV, Vladímir. "Nicolai Sapunov". *Apollon*, Peterburg, n. 2-3, 1914.

TCHUSCHKIN, Nicolai. "Vladímir Dmítriev", *Teatr*, Moskvá, n. 8, 1975.

Catálogos de Exposições

NAKOV, Andrei. 2-*Stenberg*-2. O período "laboratório" (1919-1921) do construtivismo russo. Paris/London/Toronto. Paris, 1975.

_____. *Catalogue de l'exposition Alexandra Exter*. Paris: Galerie Jean Chauvelin, 1972.

Raumkonzepte. Konstruktivistische Tendenzen in Bühnen und Bildkunst 1910-1930. Städtische Galerie im Städelschen Kunstinstitut. Frankfurt am Main, 1986.

Russian Avant-garde Art. The George Costakis Collection. Coordenação geral de A. Zander-Rudenstine. London: Thames and Hudson, 1981.

544

ANEXOS

Concernente à Meierhold

Textos Teóricos de Meierhold em Russo

Obras

MEIERHOLD, Vsévolod. *Tvórtcheskoe Nasledie V. Meierholda* (A Herança Criadora de V. Meierhold). Edição de L. Vendrovskaia e A. Fevrálski. Moskvá: VTO, 1978.

_____. *Stati, Pisma, Retchi, Besedi* (Artigos, Cartas, Discursos, Entrevistas). Edição de Aleksandr Fevrálski e Boleslav Rostótski. Moskvá: Iskusstvo, 1968, 2 t.

_____. *Perepiska (1896-1939)* (Correspondência). Moskvá: Iskusstvo, 1976.

Artigos

MEIERHOLD, Vsévolod. V. Meierhold ob Iskusstve Teatra (V. Meierhold sobre a Arte do Teatro). *Teatr*, Moskvá, n. 3, 1957.

_____. Iz Zapisei i Vistupleni Raznikh Let (Extratos e Notas e de Intervenções em Diferentes Épocas). *Teatr*, Moskvá, n. 2, 1974.

Traduções dos Textos Teóricos de Meierhold

MEYERHOLD *at Work*. Tradução, comentários e notas de Paul Schmidt. Austin: University of Texas Press, 1980.

MEYERCHOL'd, Vsevolod. *L'ottobre teatrale 1918-1939*. Apresentação, tradução e notas de Fausto Malcovati e Silvana de Vidovich. Milano: Feltrinelli, 1977.

MEYERHOLD, Vsevolod. *Teaterarbeit, 1917-1930*. Apresentação e comentários de Rosemaire Tietse. München: Carl Hanser, 1974.

_____. *Écrits sur le théâtre*. Tradução, prefácio e notas de B. Picon-Vallin. Lausanne: L'Âge d'Homme, 4 t.; t. 1, (1891-1917), 1973; t. 2 (1917-1929), 1975; t. 3 (1930-1936) 1980; t. 4 (1936-1939), 1992. (Coleção TH 20).

_____. *Textos teoricos*. Apresentação e seleção de J. Hormigon. Madrid: Alberto Corazon, 1970-1972. 2 v.

MEYERHOLD *on Theatre*. Tradução, edição e comentários críticos de Edward Braun. London: Methuen and Co, 1969. (Edição Americana. New York: Hill and Wang, 1969).

MEYERHOLD, Vsevolod. *Le Théatre théâtral*. Tradução e apresentação de Nina Gourfinkel. Paris: Gallimard, 1963. (Edição dinamarquesa revista e corrigida, Ed. Odin Theatret, 1974).

_____. *La Rivoluzione teatrale*. Tradução e apresentação de G. Crino, I. Malischtchev, L. Persanti. Roma: Editori Riuniti, 1962.

V. MEYERHOLD: Les Techniques et l'histoire. *Théâtre populaire*, n. 21, Paris, 1956. Coletânea de textos, tradução e apresentação de Nina Gourfinkel.

Traduções Publicadas, Adaptações e Peças de Meierhold

BANG, Herman. Koroli Vozdukha i Dama iz Loji: *Melodrama dliá Teatrov Tipa Parijskogo Grand--Guignol po Rasskazu Datchanina G. Bang* Die vier Teufel (Os Reis do Ar e A Dama do Camarote: Melodrama para Teatros do Tipo Grand-Guignol de Paris segundo a Narrativa de H. Bang *Os Quatros Diabos*). Moskvá: Izdát Teatralnoi Biblioteki M. Sokolóvoi, 1909.

GOZZI, Carlo. *Liubov k Trem Apelsinam*. Divertisment. 12 scen, prolog. epilog i tri intermedi (O Amor das Três Laranjas. Diversão. 12 Cenas, Prólogo, Epílogo e 3 Intermédios). *Liubov k Trem Apelsinam*, n. 1, Peterburg, 1914 (em colaboração com Constantin Vogak e Vladímir Solovióv).

HAUPTMANN, Gerhart. *Kollega Krampton: Komedia v 5 Deistviakh* (O Colega Crampton: Comédia em 5 Atos). Em colaboração com E. Mattern. Moskvá: Litogr. Izdát Moskovskói Teatralnói Biblioteki S. Rassokhina, 1906.

_____. *Do Voskhoda Solntsa: Drama v 5 Deistviakh* (Antes do Nascer do Sol: Drama em 5 Atos). Moskvá: Litogr. Izdát Teatralnoi Biblioteki M. Sokolóvoi, 1904.

MEIERHOLD, Vsévolod. *Alinur: Skazka v 3 Deistviakh s Prologom i Epilogom* (Alinour: Conto em 3 Atos com Prólogo e Epílogo). *Igra*, n. 2, Peterburg, 1918. (Em colaboração com Iúri Bondi).

_____. *Ogon* (O Fogo). *Liubov k Trem Apelsinam*, n. 6-7, 1914. (Em colaboração com Iúri Bondi e Vladímir Solovióv).

RODE, Albert. *Hauptman i Nietzsche: K obiasneniu Potonuvsego Kolokola* (Hauptman e Nietzsche: Para uma Explicação de O Sino Submerso). (Em colaboração com Aleksei Rémizov.) Moskvá: Izdát V. Sablina, 1902.

SCHNITZLER, Arthur. *Khrabri Kassian: Schutka v Odnom Deistvi* (O Corajoso Kassian: Farsa em 1 Ato). (Em colaboração com Sergej Ignatov.) Moskvá: Izdát Teatralnoi Biblioteki M. Sokolóvoi, 1904.

SCHÖNTHAN, Frantz von. *Akrobati: Komedia iz Zakulisnói Jizni Cirka v 3 Deistviakh* (Os Acrobatas: Comédia em 3 Atos sobre a Vida dos Bastidores de um Circo). (Em colaboração com Natalia Budkévitch.) Moskvá: Teatralnoi Biblioteki M. Sokolóvoi, 1903.

WEDEKIND, Frank. *Vampir (Dukh Zemli): Tragedia v 3 Deistviakh* (O Vampiro [O Espírito da Terra], Tragédia em 3 Atos). Peterburg: Schipovnik, 1908.

_____. *Pridvorni Solist: Tri Sceni* (O Cantor da Corte: 3 Cenas). Moskvá: Litogr. Izdát Moskovskói Teatralnoi Biblioteki S. Rassokhina, 1906.

Publicações realizadas por Meierhold ou pelas Edições de seu Teatro

Obras Individuais

AKSIÓNOV, Ivan. *Piát Let Teatra Meierholda* (Os Cinco Anos do Teatro Meierhold). Provas, livro não publicado. Moskvá: Teatralnii Oktiabr, 1926.

Obras Coletivas

SKHEMY *k Izuscheniu Spektaklia* (Esquemas para o Estudo do Espetáculo). Petrograd: Teo Narkompros, 1919.

BORIS *Godunov A. Púschkina, Materialy k Postanovke* (*Boris Godunov* de A. Púschkin: Materiais para *Mise en Scène*). Edição de V. Meierhold i K. Derjavin, publicação com direção de Vsévolod Meierhold e Constantin Derjavin. Petrograd: Izdát Teo, 1919.

AMPLUA *Aktera* (O Uso do Ator). (Em colaboração com Valéri Bébutov e Ivan Aksiónov). Moskvá: Izdát GVYRM, 1922.

UTCHITEL *Bubus: 3 akta Aleksandra Faikó v Postanovke Vsevoloda Meierholda* (O Professor Bubus: Três Atos de Alexandre Faikó na *Mise en Scenè* de V. Meierhold). Edição de Vassíli Fiódorov. Moskvá: Izdát TIM, 1925.

TIM. *Muzei. Catalog Vistavki Piát Let 1920-1925* (TIM. Museu. Catálogo da Exposição dos 5 Anos 1920-1925). Moskvá: Teatralni Oktiabr, 1926.

TEATRALNI *Oktiabr, Sbórnik 1* (O Outubro Teatral, coletânea 1). Artigos de A. Gvozdev, S. Mokúlski, I. Aksiónov, V. Solovióv, G. Gauzner, E. Gabrilóvitch, A. Slomimski, B. Gusman, N. Izvekov, Viatcheslav Ivânov, N. Konrad, E. Vermei, N. Mologin, N. Ivanov, A. Nesterov. Leningrad/Moskvá: Teatralni Oktiabr, 1926.

Revistas e Programas

Afischa TIM, Moskvá, n. 1-4, 1926-1927.

LIUBOV *k Trem Apelsinam*, Peterburg, 1914-1916.

Programas das turnês do GOSTIM pelo Sul da URSS em 1926 e 1927.

Programas da turnê ao exterior *Staatstheater W. Meyerhold Auslandstournee 1930*. Berlin, 1930.

Obras e Artigos Críticos sobre Meierhold

Obras Individuais

ABENSOUR, Gérard. *Vsevolod Meyerhold et le renouveau théâtral au début du XXe Siècle, 1898-1920*. Tese de Doutorado em Letras e Ciências Humanas, Paris: Paris x-Nanterre, 1982.

ALPERS Boris. *Teatr Sotsialnoi Maski* (O Teatro da Máscara Social). Moskvá/Leningrad: GIHL, 1931. Reeditado no primeiro tomo de *Teatralnie Otcherki v Dvukh Tomakh* (Ensaios Teatrais, em 2 Tomos). Moskvá: Iskusstvo, 1977. (Tradução inglesa de Mark Schmidt, *The Theater of Social Mask*, New York: Group Theater, 1934).

BLISS-EATON, Katherine. *The Theater of Meyerhold and Brecht*. Westport/London: Greenwood-Press, 1985.

BRAUN, Edward. *The Theatre of Meyerhold: Revolution on Modern Stage*. New York: Drama Book Specialists, 1979.

BRUKSON, Iácov. *Teatr Meierholda* (O Teatro de Meierhold). Moskvá/Leningrad: Kniga, 1925.

BUBENNIKOVA, Larissa. *Meierhold i Soviétskaia Muzika* (Meierhold e a Música Soviética). Dissertação de mestrado, Moskvá: Institut Istóri Iskusstv, 1974.

ELAGIN, Iúri. *Temni Gêni* (O Gênio Sombrio). New York: M. Tchekhov, 1955.

FEVRÁLSKI, Aleksandr. *Puti k Sintezu: Meierhold i Kino* (Dos Caminhos para a Síntese. Meierhold e do Cinema). Moskvá: Iskusstvo, 1978.

_____. *Zapíski Rovesnika Veka* (Carnês de um Contemporâneo do Século). Moskvá: Soviétski Pissátel, 1976.

_____. *Pervaia Soviétskaia Pessa: Misteriia-Buff v Maiakóvskogo* (A Primeira Peça Soviética: O Mistério-Bufo, de V. Maiakóvski). Moskvá: Soviétski Pissátel, 1971.

_____. *Dessiat Let Teatra Meierholda* (Os Dez Anos do Teatro Meierhold). Moskvá: Federatsía, 1931.

GÁRIN, Erást. *S Meierholdom: Vospominánia* (Com Meierhold: Memórias). Moskvá: Iskusstvo, 1974.

GLADKOV, Aleksandr. *Teatr: Vospominánia i Razmischlenia* (O Teatro: Memórias e Reflexões). Prefácio de Igor Ilínski, posfácio de Aleksandr Matskin. Moskvá: Iskusstvo, 1980.

_____. *Godi Utchêniia Vsévoloda Meierholda* (Os Anos de Estudo de V. Meierhold). Sarátov: Privoljkoe Knijnoe Izdatelstvo, 1979.

GVOZDEV, Aleksei. *Teatr imeni V. Meierholda: 1920-1926* (O TIM 1920-1926). Leningrad: Acadiêmia, 1927 (em parte traduzido em V. Meyerhold, Écrits 2).

HOOVER, Marjorie. *Meyerhold and His Set Designers*. New York/Bern/Paris: Peter Lang, 1988.

_____. *Meyerhold: The Art of Conscious Theatre*. Amherst: University of Massachussets Press, 1974.

ILÍNSKI, Igor. *Sam o Sebe* (Sobre Mim Mesmo). 2. ed. Moskvá: Iskusstvo, 1973.

KOBRIN, Iúri. *Teatr Imeni Meierholda i Rabotchi Zritel* (O Teatro Meierhold e o Espectador Operário). Moskvá: Izd. Mosk. teatr. Izdát, 1926.

MATSKIN, Aleksandr. *Na Temi Gógolia* (Sobre os Temas de Gógol). Moskvá: Iskusstvo, 1984.

_____. *Protreti i Nabliúdenia* (Retratos e Observações). Moskvá: Iskusstvo, 1973.

MAILAND-HANSEN, Christian. *Mejechol'ds Theaterästhetik in den 1920er Jahren*. Copenhagen: Rosenkilde und Bagger, 1980.

MIKLAŠEVSKIJ, Constantin. *La Commedia dell'Arte*. Com um ensaio de Carla Solivetti, Marsilio Editore, 1981. (Slavica, 6).

ROSTÓTSKI, Boleslav. *O Rejisserskom Tvórtchestve V. Meierholda* (Sobre a Mise-en-Scène de Meierhold). Moskvá: VTO, 1960.

RUDNÍTSKI, Constantin. Meierhold. Moskvá, Iskusstvo, 1981. (Série Jizn v Iskusstve).

_____. *Rejisser Meierhold* (Meierhold Encenador). Moskvá: Naúka, 1969. (Tradução de George Petrov, *Meyerhold the Director*, Ann Arbor Michigan: Ardis Publishers, 1981).

SVÉRDLIN, Lev. Stati, Vospominánia (Artigos, Memórias). Moskvá: Iskusstvo, 1979.

SYMONS, James. *Meyerhold's Theatre of the Grotesque, Post-Revolutionary Productions 1920-1932*. Coral Gables, Florida: University of Miami Press, 1971.

TALNIKOV, David. *Novaia Revizia Revizora* (A Nova Revisão do *Revizor*). Moskvá: GIZ, 1927.

VARPAKHÓVSKI, Leonid. *Nabljudenija, Analiz, Opit* (Observações, Análise, Experiência). Moskvá: VTO, 1978.

VERIGUINA, Valentina. *Vospominánia* (Memórias). Leningrad: Iskusstvo, 1974.

VOLKOV, Nicolai. *Meierhold, t. 1: 1874-1908; t. 2: 1908-1917.* Moskvá/Leningrad: Acadiêmia, 1929. 2v.

_____. *Meierhold.* Moskvá: Zrelisca, 1923.

ZAKHÁVA, Boris. *Sovremêniki (Vakhtángov-Meierhold)* (Os Contemporâneos [Vakhtángov-Meierhold]). Moskvá: Iskusstvo, 1969.

ZOLOTNITSKI, David. *Budni i Prazdniki Teatralnogo Oktiabria* (Os Dias e as Festas do Outubro Teatral). Leningrad: Iskusstvo, 1978.

_____. *Zori Teatralnogo Oktiabria* (As Auroras do Outubro Teatral). Leningrad: Iskusstvo, 1976.

Obras Coletivas

GÓGOL i Meierhold. Coleção de cartas da Associação do Pesquisador. Moskvá: Niktínski Subbotniki, 1927.

LE JEU de l'acteur chez Meyerhold et Vakhtangov. *Revue du laboratoire d'études théâtrales de l'Université de Haute-Bretagne.* Paris, Klincksieck, 1982, t. 3. (Coleção Estudos e Documentos).

MEIERHOLD *Sbórnik k 20-letiiu Rejisserskoi i 25-letiiu Akterskoi Deiatelnosti* (Meierhold. Recolha Jubilar). Tver: Izdát Oktiabr, 1923.

PIKOVAIA Dama (A Dama de Espadas). Coletânea de ensaios e materiais. Leningrad: Leningradskaia Pravda, 1935.

REVIZOR v *Teatre Imeni Meierholda* (O Inspetor Geral no TIM). Coletânea. Leningrad: Acadiêmia, 1927.

TEATRALNAIA *Jizn*, n. 5, Moskvá, 1989. Número inteiramente dedicado à Meierhold.

VSTRETCHI s *Meierholdom* (Encontros com Meierhold). Coletânea de Memórias, edição de L. Vendrovskaia, M. Valentei, P. Márkov, B. Rostótski, A. Fevrálskii, N. Tchuschkin, Moskvá, VTO, 1967.

Artigos

ABENSOUR, Gérard. Art et politique: La Tournée du Théâtre Meyerhold à Paris en 1930. *Cahiers du monde russe et soviétique*, v. 17, n. 2-3, 1976.

AKSIÓNOV, Ivan. Mandat. *Jizn Iskusstva*, Petrograd/Leningrad, n. 18, 1925.

ALPERS, Boris. Sudba Teatralnikh Tetchêni (O Destinos das Correntes Teatrais). *Teatr*, Moskvá, n. 5, 1967.

_____. Ostróvski v Postanovkakh Meierholda (Ostróvski nas Encenações de Meierhold). *Teatr*, Moskvá, n. 1, 1937.

_____. Blestiaschaia Schutka. *Ejenedelnik Akademítcheskikh Teatrov*, n. 15, 1924.

_____. "V. Meierhold". *Jizn Iskusstva*, Petrograd/Leningrad, n. 16, 1923.

ALTSCHULLER, Anatoli. Meierhold i Akteri Aleksandrínskogo Teatra (Meierhold e os Atores do Teatro Alexandrínski). In: *Teatr i Dramaturgia.* Leningrad: LGITMIK, 1967.

ASSÁFEV, Boris. Muzika v Drame. *Krasnaia Gazeta*, Leningrad, 30 jan. 1927.

BANU, Georges. Meyerhold et le modèle du théâtre asiatique. *Revue d'histoire du théâtre*, Paris, n. 2, 1981.

BONTCH-TOMASCHÉVSKI, Mikhail. Pantomima A. Schnitzlera v Svobodnom Teatre (A Pantomima de A. Schnitzler no Théâtre Libre). *Maski*, Moskvá, n. 2, 1913-1914.

BUBENNIKOVA, Larissa. Dvijenie Zamisla (O Movimento de um Projeto). *Teatr*, Moskvá, n. 2, 1974.

DEÁK, Frantisek. Meyerhold's Staging of *Sister Beatrice. The Drama Review*, New York, v. 26, n. 1, spring 1982.

DULLIN, Charles. Rencontre avec Meyerhold. *Souvenirs et notes de travail d'un acteur.* Paris: Lieutier, 1946.

FAIKÓ, Aleksandr. V. Meierhold: Tri Vstretchi (V. Meierhold: Três Encontros). *Teatr: Pessi, Vospominánia* (Teatro. Peças, Memórias). Moskvá: Iskusstvo, 1971.

FIÓDOROV, Vassíli. Opiti Izutchênia Publiki (Ensaios de Estudos do Público). *Jizn Iskusstva*, Petrograd/Leningrad, n. 18, 1925.

_____. Masterskaia Meierholda: Fakti (O Ateliê de Meierhold: Os Fatos). *LEF*, n. 2, 1923.

FEDEROW, Wassili. Der Maler und der Konstrukteur im Russisches Theater. *Das Neue Russland*, Berlin, n. 3-4, 1925, número especial.

FEVRÁLSKI, Aleksandr. V. Meierhold v Prage (V. Meierhold em Praga). *Puti Razvítia i Vzaimosviazi Russkogo i Tchekhoslovatskogo Iskusstva* (Os Caminhos do Desenvolvimento e as Relações entre a Arte Russa e a Tcheca). Moskvá: Naúka, 1970.

_____. Serguêi Tretiakov v Teatre Meierholda (S. Tretiakov no Teatro de Meierhold). In: TRETIAKOV, Serguêi. *Slisis, Moskvá?* (Escutas, Moscou?). Moskvá: Iskusstvo, 1966.

_____. Prokófiev i Meierhold (Prokofiev e Meierhold). In: S. *Prokófiev: Stati i Materiali* (S. Prokofiev: Artigos e Materiais). 2. ed. Moskvá: Muzika, 1964.

_____. Meierhold i Kino (Meierhold e o Cinema). *Iskusstvo Kino*, n. 2, Moskvá, 1962.

_____. Teatralnii Oktiabr i Zori (O Outubro Teatral e as Auroras). *Soviétski Teatr*, Moskvá, n. 1, 1931.

GABRILÓVITCH, Evguêni. Rasskazi o Tom, Tchto Proschlo (Relatos sobre o que Passou). *Izkusstvo Kino*, n. 4, 1964.

GLADKOV, Aleksandr. Vospominánia, Zametki, Zapisi o V. Meierholde (Memórias, Observações, Notas sobre V. Meierhold). *Tarusskie Stranítsi* (Páginas de Tarussa). Kaluga: Lit. Khudójestvenni Illiustrirovannii Sbórnik, 1961.

GORDON, Mel. Meyerhold's Biomecanics. *The Drama Review*, New York, v. 18, n. 3, 1974.

GRÓMOV, Victor. Ranniaia Rejissura V. Meierholda (O Primeiro Período da *Mise-en-Scène* de V. Meierhold). In: *U Istokov Rejissuri: Otcherki po Istórii Russkói Rejissuri Kontza XIX-natchala XX Veka* (Nas Fontes da Encenação: Ensaios sobre a História da Encenação Russa, Fim do Século XIX-Início XX). Leningrad: LGITMIK, 1976.

GUILBEAUX, Henri. Meyerhold et les tendances du théâtre contemporain. *Les Humbles*, n. 15, mai/juin 1930.

_____. Der *Cocu Magnifique* der Regisseur Meyerhold und die neue Dramaturgie in der RSFSR. *Das Literarische Echo*, Berlin, n. 24, juli 1922.

GVOZDEV, Aleksei. Muzikalnaia Pantomima v *Revizore* (A Pantomima Musical em *O Inspetor Geral*). *Jizn Iskusstvo*, n. 1, 1927.

_____. Meierhold: Teatralnii Portret (Meierhold. Retrato Teatral). *Jizn Iskusstva*, Petrograd/Leningrad, n. 33, 1925.

_____. *Mandat. Krasnaia Gazeta*, Leningrad, 26 abril 1925.

_____. Ilbazai. *Jizn Iskusstva*, Petrograd/Leningrad, n. 27, 1924.

_____. Postanovka *D.E.* v Teatre Imeni V. Meierholda (A *Mise-en-Scène* de D.E., do TIM). *Jizn Iskusstva*, Petrograd/Leningrad, n. 26, 1924.

_____. *Les* v Plane Narodnogo Teatre (A *Floresta* sob o Ângulo do Teatro Popular). *Zrelischtcha*, Moskvá, n. 74, 1924.

HONZL, Jindřich. "V. Meierchold". *Tvorba*, Praga, n. 8, 1926.

HOOVER, Marjoire. A Meyerxol'd Method? *Love for Three Oranges* (1914-1916). *Slavic-East European Journal*, n. 23-41, spring 1969.

_____. "V. Meyerhold": A Russian Predecessor of Avant-Garde Theatre. *Comparative Literature*, n. 17, 1965.

IUZOVSKI, Iosif. Meierhold i Diuma (Meierhold e Dumas). *Spektakli i Pessi* (Espetáculos e Peças). Moskvá: GIHL, 1935.

KAPLAN, Emmanuil. Partitura Spektaklia *Revizora* (A Partitura do Espetáculo de *O Inspetor Geral*). *Zizn v Muzikalnom Teatre* (Uma Vida no Teatro Musical). Leningrad: Muzika, 1969.

KHERSONSKIJ, Khrisanf. Vziatie Perekopa i Zori (A Tomada de Perekop e As Auroras). *Teatr*, Moskvá, n. 5, 1957.

KÓZINTSEV, Grigóri. "V. Meierhold". *Sobrânie Sotchiniêni* (Obras Escolhidas). Leningrad: Iskusstvo, 1982-1986; t. 3, 1983. 5v.

KRASSOVSKI, Iúri. Nekotorie Problemi Teatralnói Pedagogiki V. Meierholda (1905-1907). Lektsiia (Alguns Problemas da Pedagogia Teatral de V. Meierhold [1905-1907]. Conferência). Leningrad: LGITMIK, 1981.

KRIJISKI, Georgi. "Meierhold". *Rejisserskie Portreti* (Perfis de Encenadores). Moskvá/Leningrad. Teakinopetchat, 1928.

KÚGEL, Aleksandr. "V. Meierhold". *Profili Teatra* (Perfis de Teatro). Moskvá: Teakinopetchat, 1929.

LAW, Alma. *Woe to Wit* (1928): A Reconstruction. *The Drama Review*, New York, v. 18, n. 3, 1974.

LOZOWICK, Louis. *The Death of Tarelkine*: A Constructivist Vision of Tsarist Russia. *Russian History: Twentieth-Century Russian and Ukrainian Stage Design*, v. 8, parts 1-2. Edição de J. Bowlt. New York: Charles Schlacks Jr. Publisher, 1981.

MAKAGONOVA, T. Arkhiv V. Meierholda (Arquivos de V. Meierhold). *Zapíski Otdela Rukopissei*. Moskvá: Kniga, 1981. (Coleção Biblioteka SSSR Imeni V. Lenina, vipusk 42).

MAKSÍMOVA, Vera. 33 Epizoda *Lesa* (33 Episódios de *A Floresta*). *V Poiskakh Realistítcheskoi Obraznósti: Problemi Sovetskói Rejissuri 1920-30 Godov* (À Procura de um Sistema de Imagens Realistas: Problemas da Encenação Soviética desde os Anos de 1920-1930). Coletânea, edição de C. Rudnítski. Moskvá: Naúka, 1981.

_____. *Les* Meierholda-Ostróvskogo (*A Floresta* de Meierhold-Ostróvski). *Voprossi Teatra 1972* (Problemas de Teatro 1972). Coletânea de ensaios e materiais. Moskvá: VTO, 1973.

_____. Dokhodnoe Mesto v Teatre Revoliútsi (Um Lugar Lucrativo no Teatro da Revolução). *Voprossi Teatra 1967* (Problemas de Teatro 1967). Coletânea de ensaios e materiais. Moskvá: VTO, 1967.

MARGOLIN, Samuil. Massovoe Deistvo: Borba i Pobeda (A Ação de Massa: A Luta e a Vitória). *Ekho*, n. 13, 1923.

MÁRKOV, Pável. Pismo o Meierholde (Carta sobre Meierhold). *Teatr i Dramaturgiia*, Moskvá, n. 2, 1934.

_____. Tretii Front: Posle *Mandata* (O Terceiro Fronte: Segundo *O Mandato*). *Petchat i Revoliútsia*, n. 5-6, 1925.

MGUÉBROV, Aleksandr, "Meierhold". *Jizn Iskusstva*, Petrograd/Leningrad, n. 6, 1923.

PICON-VALLIN, Béatrice. Dossier sur la biomécanique. *Exercice*(s), *Bouffonneries*, Lectoure, n. 18-19, 1989.

_____. Les Années dix à Petersbourg: V. Meyerhold, la *Commedia dell'Arte* et *Le Bal masqué*. In: *Le Masque: Du rite au théâtre*. Organização e apresentação de O. Aslan e D. Bablet. Paris: CNRS, 1985.

PIOTRÓVSKI, Adrián. Na Kanune *Revizora* (Na Véspera de *O Inspetor Geral*). *Jizn Iskusstva*, Petrograd/Leningrad, n. 35, 1925.

POTAPOVA, Leonora. O Nekotorikh Osobennostiakh Spektaklia *Pikovaja Dama* v Postanovke V. Meherholda (Sobre Algumas Particularidades do Espetáculo *A Dama de Espadas* na *Mise-en-Scène* de V. Meierhold). *Teatr i Dramaturgiia*, vipusk 6, Leningrad: LGITMIK, 1976.

RUDNEVA, Liubov. "Erást Gárin". *Teatr*, Moskvá, n. 8, 1986.

RUDNÍTSKI, Constantin. "Erast Garin". *Teatr*, Moskvá, n. 8, 1986.

_____. *Les* (A Floresta). *Teatr*, Moskvá, n. 11 e 12, 1976.

_____. Pismo Neznakomki (Uma Carta da Desconhecida). *Teatr*, Moskvá, n. 9, 1971.

_____. Revizor i Meierhold (O Inspetor Geral e Meierhold). *Teatr*, Moskvá, n. 12, 1967.

SAKHNÓVSKI, Vassíli. "Meierhold". In: *Vremênnik Russkogo Teatralnogo Obschtchestva*, 1. Edição de N. Bródski. Moskvá: Gos. Notopetchâtnia mizsektora gosisdata, 1924.

SCHNEIDERMAN, Isaak. V. Meierhold v Rabote Nad Poslednim Vozobnovleniem *Maskarada* (Po Stranicam Stenografitchesikh Zapíssei 1938) (V. Meierhold Trabalha a Última Variante de *O Baile de Mascaras* [Segundo os Estenogramas dos Ensaios de 1938]). *Naúka o Teatre*. Coletânea, edição de A. Iufit. Leningrad: LGITMIK, 1975.

SOLLERTÍNSKI, Ivan. V. Meierhold i Russki Operni Impressionizm (V. Meierhold e o Impressionismo Russo na Ópera). *Istória Sovietskogo teatra 1917-1921*, 1 (História do Teatro Soviético 1917-1921, 1). Edição de V. Rafalovits e E. Kuznétsov. Leningrad: GIHL, 1933.

SOLOVIÓV, Vladímir. K Voprosu o Teórii Scenitcheskoi Kompozitsii 1 (Teoria da Composição Cênica 1). *Liubov k Trem Apelsinam*, n. 4-7, 1915.

_____. K Istórii Scenítcheskoi Tekhniki *Commedia dell'Arte* (A Histórá da Técnica Cênica da *Commedia dell'arte*) 1, 2, 3, 4-5, 6-7. *Liubov k Trem Apelsinam*, n. 1, 2, 3, 4-5, 6-7, 1914.

_____. Teatralnii Tradítsionalizm (O Tradicionalismo Teatral). *Apollon*, Peterburg, n. 4, 1914.

TIKVINSKAIA, Liudmila. Intermedii Doktora Dapertutto (Os Intermédios do Doutor Dapertutto). *Teatr*, Moskvá, n. 3, 1988.

VARPAKHÓVSKI, Leonid. Partitura Spektaklia (A Partitura de um Espetáculo). *Teatr*, Moskvá, n. 11, 1973.

VELEKHOVA, Nina. Govoria s Meierholdom (Falando com Meierhold). *Teatralnie Stranítsi* (Páginas Teatrais). Moskvá: VTO, 1969.

VITEZ, Antoine. Pour un portrait de Meyerhold. *Les Lettres françaises*, Paris, 2 janv. 1964.

WORALL, Nick. Meyerhold's Production of *The Magnificent Cuckold*. *The Drama Review*, New York, v. 17, n. 1, 1973.

_____. Meyerhold Directs Gogol's *Government Inspector*. *Theatre Quaterly*, London, v. 2, n. 7, 1972.

ZINGERMAN, Boris. Klassika i Sovietskaia Rejissura 20-kh Godov (Os Clássicos e a Encenação Soviética dos Anos de 1920). *Teatr*, Moskvá, n. 8, 1980.

ZNOSKO-BORÓVSKI, Evguêni. Batchennii Teatr (O Teatro da Torre). *Apollon*, Peterburg, n. 10, 1910.

ZOLOTNITSKI, David. "V. Meierhold". Problemi Teórii i Praktiki Russkoi Soviétskoi Rejissuri (1917-1925) (Problemas Teóricos e Práticos da *Mise-en-Scène* Russa e Soviética 1917-1925). Coletânea. Leningrad: Iskusstvo, 1978.

Catálogos de Exposições

MEIERHOLD: *Jubileinaia Vistavka k Stoletiiu so dniá Rojdeniia 1874-1974* (Meierhold: Exposição Jubilar para o Centenário do Seu Nascimento 1874-1974). Catálogo por Marina Ivanova e L. Postnikova. Moskvá: Gos. Centralnii Teatralnii Musei Imeni Bakhruschina, 1976.

MAJAKOVSKIJ, *Mejerchol'd, Stanislavskij*. Catálogo da mostra. Milano: Electa, 1975.

VISTAVKA *Khudójnika Aleksandra Golovina*. Exposição do cenógrafo A. Golovin. Moskvá/Praga, 1983.

Textos das Principais Obras Dramáticas Encenadas por Meierhold

ANDREEV, Leonid. *Pessi* (Peças). Moskvá: Iskusstvo, 1959.

BLOK, Aleksandr. *Oeuvres dramatiques*. Tradução e apresentação de G. Abensour. Lausanne: L'Âge d'Homme, 1982.

_____. *Sobrânie Sotchiniêni* (Obras Escolhidas). Moskvá/Leningrad: GIHL, 1959-1963. 8v.

CROMMELYNCK, Fernand. *Théâtre complet*. Paris: Gallimard, 1967-1968, 3v.

ERDMAN, Nicolai. *Mandato*. *Teatr*, Moskvá, n. 10, 1987.

_____. *Samubiitsa* (O Suicidado). *Sovremênnaia Dramaturgiia*, Moskvá, n. 2, 1987.

_____. *Le Suicidé*. In: VINAVER, Michel. *Théâtre complet*. Tradução de M. Vinaver. Arles: L'Aire/Actes Sud, 1986, 2t.

_____. *Il Mandato*. Tradução de Milli Martinelli. Milano: Feltrinelli Economica, 1977.

_____. *Mandat: Pessa v 3 Deistviiakh* (O Mandato: Peça em 3 Atos). Obras e textos para eslava-10, edição de Wolfgang Kasack. München: Verlag Otto Sagner im Kommission, 1976.

FAJKO, Aleksej. *Il maestro Bubus*. In: *Teatro satirico russo (1925-1934)*. Tradução de M. Martinelli. Milano: Garzanti, 1979.

FAIKÓ, Aleksei. *Teatr: Pessi, Vospominaniia* (Teatro, Peças, Memórias). Moskvá: Iskusstvo, 1971.

GOGOL, Nicolas. *Oeuvres complètes*. Direção de Gustave Aucouturier. Paris: Gallimard, 1966 (Pléiade).

GÓGOL, Nicolai. *Sobrânie Sotchiniêni* (Obras Escolhidas). Moskvá: Khudójestvennaia literatura, 1966-1967. 7v.

GRIBOEDOV, Alexandre. *Le Malheur d'avoir trop d'esprit*. Paris: L'Arche, 1966.

MAETERLINCK, Maurice. *Théâtre complet*. Paris/Genève: Ressources, 1979 (reimpressão da edição de Bruxelas/Paris 1901-1902).

MAIAKOVSKI, Vladimir. *Mystère-Bouffe, Poèmes 2*. Tradução de Claude Frioux, edição bilíngue. Paris: Messidor, 1985.

_____. *Théâtre*. Tradução de Michel Wassiltchikov. Paris: Fasquelle, 1957.

OSTROVSKI, Alexandre. *Théâtre*. Tradução de Génia Cannac. Paris: L'Arche, 1967, 2 v.

POUCHKINE, Alexandre. *Oeuvres complètes 1: Drames, romans, nouvelles*. Lausanne: L'Âge d'Homme, 1973.

PÚSCHKIN, Alexandr. *Púschkin i Teatr: Dramatîtcheskie Proizvedênia. Stati, Zametki, Dnevniki, Pisma* (Púschkin e o Teatro: Obras Dramáticas, Artigos, Observações, Diários, Cartas). Edição de B. Gorodétski. Moskvá: Iskusstvo, 1953.

SUKHOVÓ-KOBÍLIN, Aleksandr. *Trilogiia* (Trilogia). Edição e Prefácio de Leonid Grossman. Moskvá/Leningrad: Goslitizdát, 1927.

SOUKHOVO-KOBYLINE, Alexandre. *La Mort de Tarelkine. Le Magasin du spetacle*, Paris, n. 6-7, nov./déc. 1946. Adaptação de Georges Vitaly e Wladimir Stepau.

TRETIAKOV, Serge. *Hurle, Chine! et autres pièces*: Écrits sur le théâtre. Introdução de C. Amiard-Chevrel. Lausanne: L'Âge d'Homme, 1982. (Coleção TH. 20).

Índices

Constam neste índice os nomes das personagens citadas, exceção feita para aqueles presentes nos anexos (cronologia, bibliografia). Não são tomadas em consideração as personagens da comédia, nem as personagens literárias ou lendárias.

As companhias e os teatros foram classificados por país. As instituições ou as oficinas de pedagogia e de pesquisa teatral foram desconsideradas, o mesmo para os grupos artísticos.

Os números de páginas, seguidos da letra L, remetem a uma legenda; seguidos da letra N, a uma nota.

Índice de Nomes

A

ABENSOUR, Gérard 423N
AIKHENVALD, Iúli 38N, 70N
AKHMÁTOVA, Anna 52, 52N
AKIMOV, Nicolai 380
AKSIÓNOV, Ivan 107, 108N, 114, 117, 117N, 123, 123N, 124N, 125, 125N, 127N, 153, 154, 166, 257N, 258N, 271N, 273, 274, 274N, 306N, 369, 369N, 375, 375N
ALEKSANDRÓV, Grigóri 465N
ALMEDINGEN, Boris 103
ALPERS, Boris 21, 21N, 74, 92, 194, 200, 200N, 231, 237, 252, 252N, 254, 254N, 288, 288N, 289, 289N, 290, 292, 293, 335N, 391, 391N, 482N
ALTMAN, Natan 93
AMIARD-CHEVREL, Claudine 33N, 38N, 95N, 302N
ANDREEV, Leonid 42
ANDREEV-BÚRLAK, Vassíli 247
ANGLADA CAMARASA, Hermenegildo 64
ANISFELD, Boris 433
APOLLINAIRE, Guillaume 63, 63N
APPIA, Adolphe 17, 18, 21, 21N, 22, 23, 23N, 28, 53, 54, 471, 486, 497
ARISTÓFANES 408, 408N, 418
ARNSCHTAM, Leo 246, 323, 323N, 374, 469
ARVÁTOV, Boris 116, 117N, 118, 132, 132N
ASSÁFEV, Boris 327, 329, 329N, 431, 431N, 442, 448
ASLAN, Odette 88N
ATTINGER, Gustave 166N
AURIC, Georges 23N

B

BABÁNOVA, María 115, 137L, 168L, 169, 170, 188, 191L, 193, 198L, 300, 410L, 447, 469
BABENTCHIKOV, Mikhail 78N
BABLET, Denis 17, 18N, 19N, 21N, 23, 26N, 28N, 48N, 54N, 88N, 294N
BACH, Johann Sebastian 143, 329, 487

BAKHTIN, Mikhail 29, 30, 30N, 31, 68N, 104, 105N, 106N, 246N, 339N, 426, 426N
BAKRILOV, V. 98L
BAKST, Lev 59
BALMONT, Constantin 153N
BALTRUSCHAITS, Jurgis 37
BALZAC, Honoré de 235
BANG, Herman 55, 55N
BANU, Georges 187N
BANVILLE, Théodore de 48N
BARBEY D'AUREVILLY, Jules 428N
BARNET, Boris 376N
BARTOLI, Adolfo 76
BASKHI, Aleksandr 18
BAUDELAIRE, Charles 30, 30N, 31N, 68N
BÉBUTOV, Valéri 107, 111N, 114, 122, 161, 162N, 166, 203N, 344
BEETHOVEN, Ludwig van 327
BÉKHTEREV, Vladímir 130, 131, 131N
BÉLI, Andréi 19, 19N, 20, 20N, 38, 38N, 39, 41, 52, 145, 332, 335, 336, 337, 337N, 339, 342, 343, 343N, 350, 350N, 382, 382N, 405, 427, 486
BÉLSKI, Boris 553N
BENJAMIN, Walter 505, 505N
BENOIS, Aleksandr 19, 46, 52, 59, 62N, 63N, 75N
BÉRIA, Lavrénti 493
BERIÓZKIN, Victor 111, 121N
BERNHARDT, Sarah 100, 258N, 392
BESKIN, Emmanuil 117, 182, 182N, 332
BEZIN, Ivan 397, 403
BEZIMÉNSKI, Aleksandr 492, 494
BIZET, Georges 457, 474L
BLASIS, Carlo 99N
BLISS EATON, Katherine 20N
BLOK, Aleksandr 19, 22, 23, 29, 29N, 37L, 38, 38N, 46, 46N, 47, 47L, 47N, 48, 48N, 49, 67, 74, 82, 89, 93, 94, 95N, 104, 104N, 105, 114, 236, 236N, 498
BLUM, Vladímir 107, 111N, 167, 182, 182N, 234N, 268, 332, 333, 333N
BÖCKLIN, Arnold 40

BOGATIRIÓV, Piótr 232N
BOGOLIÚBOV, Nicolai 300
BOGUSCHÉVSKI, Vladímir 200N
BONDI, Iúri 65, 65N, 70L, 74, 82, 83L, 94L, 96, 121N
BONDI, Serguêi 74, 96
BONTCH-TOMASCHÉVSKI, Mikhail 58, 58N
BOSCH, Hieronymus 99
BOST, Pierre 369N, 424, 425N, 427N, 451N
BOTTICELLI, Sandro 40, 433, 435
BRECHT, Bertolt 20, 20N, 475, 503, 504, 504N, 505
BRIK, Óssip 119, 119N
BRILLANT, Maurice 423
BRIULÓV, Karl 359
BRIÚSSOV, Valéri 38, 39, 39N, 40, 342
BRONKOV, Maurice 333, 334N
BRUEGEL, Pieter O Velho 99, 435, 460
BRUKSON, Iácov 29
BUBENNIKOVA, Larissa 475
BUKHÁRIN, Nicolai 494N
BULGAKOV, Mikhail 491

C

CALDERÓN DE LA BARCA, Pedro 64, 85
CALLOT, Jacques 37N, 64, 66, 68, 68N, 79, 99, 435, 435N, 498
CERVANTES SAAVEDRA, Miguel de 64, 204
CÉZANNE, Paul 50, 54
CHAPLIN, Charles 189, 195, 196, 196N, 218, 232, 235, 240, 249, 249N, 252, 295, 295N, 375
CHEVALIER, Maurice 468
CHIARI, Abade Pietro 74
CHOPIN, Frédéric 80, 143, 144, 317, 323, 324, 329, 468
CLAUDEL, Paul 97, 114, 280
COCTEAU, Jean 23N
COEUROY, André 481, 481N
COPEAU, Jacques 18, 18N, 19, 20
COQUELIN, Maggiore 133
CRAIG, Edward Gordon 17, 18, 18N, 22, 23, 24, 26, 26N, 28, 41, 52, 53, 65, 66,

ANEXOS

69, 96, 97, 294N, 361, 361N, 486, 496, 500, 502
CROMMELYNCK, Fernard 114, 124L, 127, 153N, 154, 155, 157, 158N, 160, 167, 308
CRUZE, James 380
CZERNY, Carl 146

D
DALCROZE (ver JAQUES-DALCROZE)
DALMATOV, Vassíli 392
D'ANNUNZIO, Gabriele 17
DANTE ALIGHIERI 435
DAPERTUTTO, Doutor (pseudônimo de Meierhold) 25, 27N, 36, 53, 56, 57L, 59, 70, 75, 80N, 81, 81N, 93, 373, 472, 486
DARGOMÍJSKI, Aleksandr 357, 374, 422, 470
DAUMIER, Honoré 367, 381, 383, 435N
DAVID, Louis 435
DAVIDOV, Vladímir 441
DAYAN, Georgi 29N
DEBUSSY, Claude 169, 188, 437, 468
DEED, André 232, 249, 249N
DEGAS, Edgar 50, 373, 445
DELSARTE, François Alexandre Nicolas 99N
DENÍKIN, Anton 106
DENIS, Maurice 53
DENISSOV, Vassíli 39, 433
DERJAVIN, Constantin 97N, 115N, 130N, 203N
DEVÉRIA, Achille 410, 410N
DIÁGHILEV, Serguêi 18, 19N, 490, 490N
DIKI, Aleksei 236
DMÍTRIEV, Vladímir 86, 97, 98, 98N, 111, 111N, 112L, 121N, 354, 359, 360, 361L, 362N, 365L, 366N, 385N, 434
DOBUJINSKI, Mstislav 19, 367
DOHNÁNYI, Ernö 56, 57
DONATO 75
DORÉ, Gustave 435
DORT, Bernard 291N, 337, 337N
DOSTOIÉVSKI, Fiódor 33, 68N, 171, 172N, 295, 309, 324, 331, 344N, 399N, 496
DOUGLAS, Charlotte 65
DOVJENKO, Aleksandr 494
DULLIN, Charles 424, 424N

DUMAS FILHO, Alexandre 435, 474
DUNCAN, Isadora 22, 23, 53, 144, 151, 324, 473, 401
DÜRER, Albrecht 339, 340L, 359, 367, 385, 419, 435, 436, 437
DUSE, Eleonora 169

E
EBREO DA PESARO, Guglielmo 76
EFIMOVA, Zinaida 30
ÉFROS, Anatoli 462n
EHRENBURG, Iliá 189
EIKHENBAUM, Boris 236N, 269, 343, 344
EISENSTEIN, Serguêi 17, 20, 24, 25, 25N, 65, 114, 115, 123, 127N, 130, 130N, 146, 154, 175, 175N, 176, 182N, 186, 187, 193, 195, 195N, 280, 318L, 334, 375, 375N, 376, 380, 435, 435N, 465, 465N, 496, 499, 499N, 504
EKK, Nicolai 114, 212, 376
EKSTER, Aleksandra 96, 97, 114N, 120, 149, 434
ENGELS, Friedrich 304
ERDMAN, Boris 188L
ERDMAN, Nicolai 145, 257-260, 267-277, 286-289, 292, 296, 301, 304, 308, 309, 311, 335, 458, 491, 497
ESSÊNIN, Serguêi 186L, 257
EVREINOV, Nicolai 65, 433
EJÓV, Nicolai 493

F
FAIRBANKS, Douglas 195, 380
FAIKÓ, Aleksei 156, 188, 257, 315, 316N, 318
FATTY (pseudônimo de Roscoe ARBUCKLE) 232
FEDÓTOV, Pável 353, 367, 437
FELDMAN 401N
FEOFILAKTOV, Nicolai 411
FERDINANDOV, Boris 151
FEUILLADE, Louis 195
FEVRÁLSKI, Aleksandr 17, 93N, 105N, 107N, 109N, 132, 132N, 181, 183, 184N, 260, 375N, 459N, 479N, 480N, 490N, 493N, 495, 505
FIELD, John 327N, 329

FIÓDOROV, Vassíli 114, 133N, 150N, 152N, 156, 175N, 179N, 186N, 258N, 270N, 280, 280N, 284N, 286N, 288N, 304N, 317N, 359
FLÖGEL, K. L. 67
FOKIN, Mikhail 55
FOREGGER, Nicolai 25, 151, 151N, 175, 187, 257, 334, 468
FORT, Paul 18, 21
FREGOLI, Leopoldo 103
FREUD, Sigmund 162
FUCHS, Georg 17, 18, 40, 53N, 54, 63, 66, 433, 481
FULLER, Loie 22, 473

G
GABRIEL, Jules-Joseph 478
GABRILÓVITCH, Evguêni 308N, 309, 309N, 318N
GAN, Aleksei 107N, 116N, 118, 132, 199N
GANAKO 325, 481
GÁRIN, Erást 25, 115N, 123, 123N, 130N, 141N, 146, 150N, 182L, 193, 213, 213N, 260, 277, 278, 286, 292, 295, 301N, 303, 303N, 304L, 306, 329, 355, 376, 379, 379L, 388, 391, 393, 397, 399L, 400, 401, 401N, 403, 403L, 404, 404L, 408, 427, 450, 454N, 484
GARRICK, David 69
GASNIER, Louis 196
GASTEV, Aleksei 117, 117N, 131, 135
GAUZNER, Grigóri 308, 309, 309N
GAVARNI, Paul 367, 410
GIOTTO, Bondone 42, 433, 435
GLADKOV, Aleksandr 25, 26N, 28N, 46N, 133N, 234N, 311N, 315N, 337N, 435N, 436, 436N, 458N, 459N, 480N, 483N, 484, 484N, 487N
GLADKOV, Fiódor 335
GLAZUNOV, Aleksandr 88, 467, 468
GLEBOV, Anatoli 335
GLEBOV, Igor (Pseudônimo de Boris Assáfiev) 431N, 443N
GLIER, Reingold 468
GLINKA, Mikhail 88N, 374, 413, 417, 442, 443, 452, 468

GLUCK, Christoph Willibald von 22, 55, 324, 329
GNESSIN, Mikhail 75, 145, 357, 374, 423, 423N, 442, 443L, 445N, 467, 468N, 471L
GODARD, Benjamin 437, 478
GÓGOL, Nicolai 27, 31, 31N, 46, 72, 99, 101, 171, 172, 173, 208, 235, 254, 258N, 259, 267, 268, 269, 269N, 271, 277, 311, 330, 332, 333N, 336-346, 349, 350, 352-357, 359, 360, 367, 369, 371, 382-385, 388, 388N, 391, 392, 395N, 396, 398, 398N, 400N, 404, 407, 407N, 408, 408N, 410, 411N, 412N, 418, 420, 422, 423N, 425, 425N, 427, 429, 438-442, 448, 450N, 451, 453, 455, 465, 491, 496, 497
GOLDONI, Carlo 74, 170, 171
GOLEIZOVSKI, Cassian 189
GÓLOSSOV, M. 113L
GOLOVIN, Aleksandr 32L, 55, 55N, 59, 60L, 61, 61N, 72, 74, 83, 85, 86, 86L, 87, 87L, 88L, 96, 360, 373, 374, 434, 472L, 493, 500
GÓRKI, Maksim 37N, 101, 101N, 258
GOSSET, Nicolas 435N, 457N
GOYA, Francisco 44, 79, 99, 352, 435, 461
GOZZI, Carlo 66, 74, 75, 76, 84, 113, 170, 171, 498, 500
GRANÓVSKI, Aleksandr 151, 489
GRASSO, Giovanni 135
EL GRECO 435
GRIBOIÊDOV, Aleksandr 208, 329, 335, 337, 439, 465, 497
GRIEG, Edvard 143
GRIGÓRIEV, Apollon 208
GRIGÓRIEV, Boris 99
GRIPITCH, Aleksei 74, 96
GROCK (pseudônimo de Adrien Wettach) 162
GRÓMOV, Victor 459
GROSSMAN, Leonid 101N
GUÉRMAN, Iúri 492
GUILBEAUX, Henri 20
GUILIARÓVSKAIA, Nadejda 213N
GVOZDEV, Aleksei 127, 158, 159N, 169, 170N, 193N, 200, 217N, 249, 249N, 306N, 314, 329N, 332, 383, 423, 442, 450, 450N

H
HALL, Edward T. 148N
HAMON, Christine 181N
HANON, C.-L. 146
HARDT, Ernst 471
HAUPTMANN, Gerhart 37, 38, 38N
HELLER, Michel 117N
HINDEMITH, Paul 470
HOFFMANN, Ernest Theodor Amadeus 18, 36, 52, 66, 68, 68N, 69, 69N, 74, 74N, 75, 84, 99, 103, 171, 339N, 334, 352, 435, 487, 498, 500
HOGARTH, William 69, 367, 420
HOLBEIN, Hans O Jovem 99, 435
HOMO NOVUS (pseudônimo de Aleksandr KÚGEL) 93N
HUGO, Victor 30, 30N, 344

I
IÁKHONTOV, Vladímir 318L, 325
IÁKULOV, Georgi 97, 113, 200N, 490N
IBSEN, Henrik 37, 38N, 40, 41, 113, 122, 123L
ILF, Iliá 267
ILÍNSKI, Igor 25, 115, 149, 149N, 157, 158, 161, 162, 163, 165L, 166, 167, 169, 170, 196, 211L, 231, 247N, 249, 249L, 250, 252, 252N, 253, 253N, 257N, 277, 315
IMMERMANN, Karl 53
INCE, Thomas Harper 195
INKIJINOV, Valéri 100, 135
ISOLA, Émile 403
ISOLA, Vincent 403
IURENIÊVA, Vera 169, 171N, 298N, 310N
IURIÉV, Iúri 62, 71
IUTKÉVITCH, Serguêi 114, 149, 149N, 157N, 195N, 253, 253N, 376
IVANOV, Viatcheslác 48, 50, 64, 65, 95, 110, 418
ÍVNEV, Riúrik 93
IZUMO, Takeda, 63

J
JAMES, William 129, 130, 162
JANIN, Jules 344
JANKELÉVITCH, Vladímir 449N, 476N
JAQUES-DALCROZE, Émile 22

JAROV, Mikhail 115, 117L, 300
JARRY, Alfred 23, 69, 153
JIRMUNSKI, Victor 74
JOUVET, Louis 424, 424N

K
KÁLMAKOV, Nicolai 411
KAMENSKI, Vassíli 174
KANDÍNSKI, Vassíli 486
KANTOR, Tadeusz 291, 292N, 466
KAPLAN, A. 212L
KAPLAN, Emmanuil 365L, 371L, 372L, 384N, 446, 447, 447N
KARSÁVINA, Tamara 55N
KAYSER, Wolfgang 30N
KASACK, Wolfgang 260N
KEATON, Buster 375, 380
KELBERER, Aleksei 123L, 260, 400, 401L
KEMP, Robert 403N, 424, 425N, 427N, 449, 449N
KHARMS, Daniil 260N
KHERSONSKI, Khrisanf 134N
KHLÉBNIKOV, Velimir 132
KHODOVÉTSKI 367, 410
KHOLMSKI, V. 335
KHRAKÓVSKI, Vladímir 112
KIPRÉNSKI, Orest 353
KIRÍLLOV, Mikhail 320L
KISSILIÓV, Victor 113L, 114L, 359, 360, 373
KLEIST, Heinrich von 69
KLUTSIS, Gustav 126
KOGAN, E. 182L
KOLENDA, Victor 433
KOLLONTAI, Aleksandra 155
KOMISSARJÉVSKAIA, Vera 40, 42L, 44L, 47, 47L, 52, 59, 318N
KOMISSARJÉVSKI, Fiódor 110N, 122
KORENIEV, Mikhail 114, 133N, 135, 141N, 332N, 340, 341N, 345, 345N, 346, 346N, 349, 350N, 354N, 359N, 362N, 366N, 385N
KORVINA, Ada 74
KOVÁL-SAMBÓRSKI, Ivan 218
KOZIKOV, Stefane 112L, 182L, 372L, 395
KÓZINTSEV, Grigóri 118N, 256, 330, 338, 338N, 496, 496N, 505, 505N
KRÁL, Petr 232N, 233N, 234, 251N, 252N

KRASNOSCHIÓKOV, Aleksandr 267
KREIČA, Otomar 466
KRIJITSKI, Georgi 238
KRISTI, Grigóri 495N
KROL, Georgi 490
KÚGEL, Aleksandr 199, 199N, 332
KULBIN, Nicolai 59, 65, 65N, 73, 73N
KULESCHOV, Lev 196N
KUSTÓDIEV, Boris 236, 362, 367, 368L
KUZMIN, Mikhail 38, 49, 56, 357, 468, 471

L
LABAN, Rudolf von 151
LABICHE, Eugène 268
LATSIS, Assía 20
LANCERAY, Evguêni 367
LANCRET, Nicolas 79
LAVINSKI, Anton 112
LAW, Alma 161N, 231N
LAZARENKO, Vitáli 110
LÉBEDEV, Nicolai 196, 196N
LÉBEDEV, Vladímir 304
LECOCQ, Charles 478
LÉGER, Ferdinand 295, 465
LEISTIKOV, Ivan 436, 477L
LÊNIN 93, 111
LÊNSKI, Aleksandr 392
LENTULOV, Aristarkh 434N
LEONARDO DA VINCI 352
LEÓNOV, Leonid 269
LÉRMONTOV, Mikhail 17, 72, 72N, 84, 88,
   171, 337, 465, 493, 497
LE ROUGE, Gustave 188
LESKOV, Nicolai 236, 236N, 470
LIÁDOV, Anatoli 433, 468
LINDER, Max 232
LIPMAN, David 191L
LISSÍTSKI, Lázar (dito El LISSÍTSKI) 20
LISTA, Giovanni 66N, 78N
LISZT, Franz 79, 80, 303, 317, 322L, 323,
   324, 325, 329, 468
LITTMANN, Max 54
LIUBIMOV, Aleksandr 44L
LIUBIMOV, Iúri 21, 257N
LIUTSE, Vladímir 114, 125, 129L
LIUTSINIUS, Valdemar (pseudônimo de
   Vladímir SOLOVIÓV) 75

LLOYD, Harold 322, 380
LOITER, Naum 114
LOKSCHINA, Khessía 114, 260, 280N
LONGHI, Pietro 435, 435N
LOURIÉ, Arthur 468
LUNATCHÁRSKI, Anatol 20, 107, 107N, 154,
   197, 199, 199N, 258, 267, 267N, 274,
   277, 304, 320, 331, 331N, 332, 391, 490
LUGNÉ-POE, Aurélien-Marie 21, 157, 365N
LVOV, Nicolai 162, 166N

M
MAETERLINCK, Maurice 21, 37-41, 42L,
   48, 69, 498
MAIAKÓVSKI, Vladímir 20, 59N, 93, 104,
   104N, 105, 105N, 109, 110, 110N, 115,
   145, 156, 197, 199, 199N, 278, 291, 311,
   332, 335, 336, 405, 438, 458, 469, 491,
   492, 497
MAILLOL, Aristide 22, 22N, 54, 433
MAKÁROV, M. 193L, 292, 301, 302, 327
MAKHLIS, I. 176L
MALÉVITCH, Kazímir 97, 105, 127, 368,
   369N, 431
MÁMONTOV, Savva 18, 59
MANET, Edouard 475
MANN, Iúri 341N
MARGOLIN, Samuel 178, 178N
MARINETTI, Filippo Tommaso 66, 66N,
   78, 78N, 119
MÁRKOV, G. 83L
MÁRKOV, Pável 149, 149N, 157, 157N, 158,
   159N, 162, 166N, 168N, 199, 200, 208,
   208N, 259N, 260, 260N, 266N, 275,
   275N, 289, 290N, 309N, 331, 331N, 332,
   500, 500N
MARTINET, Marcel 108N, 179
MARTINSON, Serguêi 260, 294L, 298N,
   306, 309, 310, 310N, 355, 391, 403,
   423N, 428, 449, 469, 482, 484, 484L
MARTÍNOV, Nicolai 84
MARX, Karl 261, 418
MASLATSOV, Vladímir 212L, 349, 404L, 408
MATOV, Aleksei 249
MATSKIN, Aleksandr 17, 106N, 332N,
   341N, 345N, 353N, 397, 397N, 408N,
   423N, 438N, 441N, 498N

MAKSÍMOVA, Vera 204N, 231N, 235N, 249N
MEI LAN FANG 481, 481N
MEIERHOLD, Irina 114
MEMLING, Hans 433
MEREJKÓVSKI, Dmítri 342
MÉRIMÉE, Prosper 408, 408N
MESSERER, Assaf 417, 494
MESTETCHKIN, Marc 300
MGUÉBROV, Aleksandr 74
MIKLASCHÉVSKI, Constantin 74, 94, 189N
MIKULASCHEK, Miroslav 258N
MILN, L. 258N
MILTON, Georges 249
MINOUSTCHKIN, Maia 258N
MIRBEAU, Octave 160L
MOKÚLSKI, Stefane 82, 82N, 122, 122N,
   267N, 277N, 325N
MOLIÈRE, Jean-Baptiste 59, 61, 61N, 62,
   71, 72N, 161, 437, 474N
MOLOGUÍN, Nicolai 182L
MOROZÓV, Piótr 96
MOTCHÚLSKI, Constantin 74
MOULIN, Jeanine 154N, 155
MOZART, Wolfgang Amadeus 80, 329,
   358, 470, 487
MUKHIN, Mikhail 211L, 249, 394
MURÁTOV, Pável 88L
MURNAU, Friedrich Wilhelm 436
MUSSÓRGSKI, Modest 324, 442, 458, 460,
   470

N
NABOKOV, Vladímir 350, 350N, 382, 382N
NAKOV, Andréi 120N
NEKRICH, Aleksandr 117
NEMIRÓVITCH-DÂNTCHENKO, Vladímir 24,
   39N, 46, 116, 259N
NICOLAU I 329, 329N, 382
NICOLAU II 267, 342
NIETZSCHE, Friedrich 38, 46
NIVAT, Georges 19, 19N
NOVERRE, Jean-Georges 18, 99, 99N
NYSENHOLC, Adolphe 250N

O
OBÓRIN, Lev 329, 457, 467

ÍNDICES

OFFENBACH, Jacques 478
OKHLÓPKOV, Nicolai 376
OLÉSCHA, Iúri 492
ORLOV, Dmítri 115, 196L
OSTRÓVSKI, Aleksandr 46, 72, 171, 176, 196L, 197-209, 211, 217, 217N, 218, 222, 228, 230, 234N, 236, 242, 249, 252N, 253, 497
OSTRÓVSKI, Nicolai 469, 492
OSTWALD, Wilhelm 38

P
PAQUET, Alfons 181
PARNAKH, Valentin 193, 193N, 317N, 482
PASTERNAK, Boris 336, 337N, 405, 405N, 406, 40N, 500
PATER, Walter 486
PÁVLOV, Ivan 101, 130, 131
PELCHE, Robert 336N
PERUGINO, Il 435
PETROV, Evguêni 267
PETROV, Nicolai 344, 388
PETROV, V. 388
PETROV-VÓDKIN, Kuzmá 96, 111, 435
PICASSO, Pablo 114, 114L, 123, 127, 436
PICKFORD, Mary 195
PICON-VALLIN, Béatrice 121N, 141N, 336N, 494N
PIAST, Vladímir 277, 277N, 280N, 310, 310N, 459
PIEL, Harry 189
PEDRO, O GRANDE 104, 275
PIOTRÓVSKI, Adrián 311N
PISCATOR, Erwin 20, 181, 376, 505
PITARD, Georges 423
PLAUTO, Tito Maccio 74
PODVÓISKI, Nicolai 109N
POE, Edgar Allan 31, 31N, 56N, 68N, 89, 89N, 99
POJARSKAIA, Milítsa 19N
POKRÓVSKI, Mikhail 209
POPOV, Gavriil 469
POPOVA, Liubov 109, 115, 120, 124, 124L, 125, 126, 126N, 128, 156L, 180L, 181, 182
POTIÓMKIN, Piótr 56N, 375
PRIACEL, Stéphane 427, 427N, 505N
PRINCE RIGADIN 232

PROKÓFIEV, Serguêi 127N, 304, 324, 325N, 329, 449, 449N, 457-470, 494
PRZYBYSZEVSKI, Stanislav 37
PUDÓVKIN, Vsévolod 195, 195N, 375, 465N
PÚSCHKIN, Aleksandr 64, 67, 70, 70N, 72, 97, 99, 106, 171, 173, 196, 197, 208, 270, 275, 277, 316, 342, 429, 438, 456-465, 470, 474, 492, 496, 497
PÍRIEV, Ivan 233L, 376

R
RABELAIS, François 30, 105N, 246N, 260
RABINOVITCH, Isaac 159, 352L, 359
RADEK, Karl 494N
RADLOV, Serguêi 74, 94, 95, 95N, 96, 118, 118N, 333, 334N, 356, 373, 373N, 407, 407N
RAIKH, Zinaida 114, 168L, 218L, 253, 283, 284L, 294L, 304, 318L, 325, 372L, 449, 469, 484L, 490, 491N
RAKHMÁNINOV, Serguêi 144
RAKITINA, Elena 126N
RAMEAU, Jean Philippe 62, 71, 80, 468
RAVEL, Maurice 437
REICH, Bernard 20
REINHARDT, Max 53
REMBRANDT, (Harmenszoon van Rijn, dito) 435
RE-MI (Pseudônimo de Nicolai Rémizov) 56L
RÉMIZOV, Aleksei 37, 37N, 38, 93
REMIZOVA, Varvara 222L, 247
RENOIR, Auguste 435
RIKOV, Aleksandr 72L, 76L, 95N
RIKOV, Aleksei 494N
RÓDTCHENKO, Aleksandr 120, 127, 149, 181, 492
ROMANOV, Boris 55N
ROMASCHOV, Boris 267, 268, 277, 334
ROOM, Abram 375
ROPS, Félicien 411
ROSCHAL, Grigóri 376
ROSSI, Carlo 85, 202
ROSSI, Ernesto 202
ROSSINI, Gioachino 447, 470
ROSTROPÓVITCH, Mstislav 88N
ROUCHÉ, Jacques 18, 18N

RÓZANOV, Vassíli 342
RUBENS, Pieter Paul 462
RUDNEV, V. 196L
RUDNÍTSKI, Constantin 17, 33N, 40N, 81N, 173N, 199N, 210, 210N, 231N, 259N, 309N
RUSKIN, John 46

S
SABANÊEV, Leonid 73
SACCHI, os 68, 76
SADA YAKKO 63, 325, 481
SADKO (pseudônimo de Vladímir BLUM) 111N, 168N, 182
SADÓVSKI, Mikhail 247
SAKHNÓVSKI, Vassíli 121N, 127N, 175, 176N, 184N, 259N, 273, 274N, 278N, 285, 285N, 290
SALTIKOV-SCHEDRIN, Mikhail 335
SALVINI, Tommaso 202
SAMOSSUD, Samuel 470
SAPUNOV, Nicolai 37L, 39, 47L, 49, 52, 57, 57L, 58, 58L, 59, 61, 88, 99, 207, 296, 310, 433, 500
SATS, Iliá 40, 433, 468
SAZÓNOVA, J. 422N
SCHAEFFNER, André 481N
SCHAGOVETS, V. 428N
SCHALIÁPIN, Fiódor 54, 142, 481
SCHEBALÍN, Vissarión 437, 458, 458N, 467, 469, 474L, 478, 478N
SCHERSCHENÉVITCH, Vadim 149, 199, 199N, 200N
SCHESTAKOV, Victor 186L, 187L, 188, 197, 260, 335L
SCHERVASCHÍDZE, príncipe Aleksandr 55
SCHIKHMATOV, Leonid 257N
SCHILLER, Friedrich von 207, 229, 230, 245
SCHILLER, Leon 31
SCHILLINGÓVSKI, Pável 60L
SCHKLÓVSKI, Victor 20, 114, 196N, 217N, 232N
SCHLEPIÁNOV, Iliá 152L, 157L, 160L, 179L, 182L, 189, 210L, 212L, 121L, 280, 281L, 316, 359, 360, 363L, 365L, 367-371, 373, 383, 388

ANEXOS

SCHLOSSER 143
SCHNEIDERMAN, Isaac 52N
SCHNITZLER, Arthur 37, 38N, 57, 57L, 58
SCHÖNTHAN, Franz von 56N
SCHOPENHAUER, Arthur 23, 38, 466
SCHOSTAKÓVITCH, Dmítri 329, 442, 466-470, 492N, 493, 496
SCHTCHÉPKIN, Mikhail 404, 404N, 442, 442N
SCHUBERT, Franz 144, 329
SCHUMANN, Robert 55
SCOTT, Walter 344
SCRIÁBIN, Aleksandr 23, 65, 73, 322, 323, 467, 468, 472, 476
SÉE, Edmond 423, 423N
SEIFULLINA, Lidia 470, 492
SELVÍNSKI, Iliá 491, 492
SEMON, Larry 232
SEREBRIANNIKOVA, Natalia 260, 261L
SERRES, Michel 20
SÉTCHENOV, Ivan 131
SHAKESPEARE, William 27, 114, 196, 204, 324, 330, 434N
SHAW, George Bernard 64, 114, 318L
SIBIRIÁK, Nicolai 218L
SÍMONOV, Ruben 257
SLONIMSKI, Aleksandr 236, 237N, 338N, 343, 344, 408, 408N
SMÍRNOVA, Aleksandra 80N
SÓFOCLES 207, 468, 471L
SOFRONÍTSKI, Vladímir 467, 474
SOKOLOV, Hippolyte 118, 118N, 131, 132, 132N
SOLLERTINSKI, Ivan 434, 434N, 474N
SOLOGÚB, Fiódor 44L, 93, 97, 404
SOLOVIÓV, Vladímir 64, 74-80, 94, 103, 103N, 121N, 393, 393N
SÓMOV, Constantin 233, 367, 411
SOSTÉ, K. 390
STÁLIN 260, 264N, 493
STANISLÁVSKI, Constantin 17, 19, 24, 33, 37, 37N, 38, 39, 39N, 40, 80, 116, 116N, 130, 172, 173N, 258, 259N, 311, 315, 331, 339N, 369, 470, 470N, 492, 493, 495, 495N, 496
STARKÓVSKI, Piótr 379L, 393, 441
STAROBINSKI, Jean 46, 47N

STENBERG, Georgij 112, 120N, 126
STENBERG, Vladímir 112, 120N, 126
STEPÁNOVA, Varvara 120, 176, 176L, 178, 179L
STEPAU, Vladímir 102N
STRAUSS, Richard 74, 470
STRAVÍNSKI, Igor 103, 329, 450, 470
STRINDBERG, August 38N, 64
STROHEIM, Eric von 195
STUART, Georges 428N, 457N
SUDÉIKIN, Serguêi 39, 41, 57L, 64, 433
SUKHOVÓ-KOBÍLIN, Aleksandr 101, 101N, 102N, 171, 175, 176L, 178, 268, 497
SUE, Eugène 344
SUSCHKÉVITCH, Boris 460
SVÉRDLIN, Lev 143, 144N, 300
SWANSON, Gloria 375

T
TAÍROV, Aleksandr 20, 75, 96, 97, 113, 115, 133N, 147, 199, 331, 334, 335, 434, 343N, 491
TARABUKIN, Nicolai 331, 370, 371N, 432, 481
TÁTLIN, Vladímir 97, 104, 111, 111N, 120, 132
TAYLOR, Frederick Winslow 117, 131
TCHAIKÓVSKI, Piótr 41, 144, 457, 466, 470, 474, 475
TCHÉKHOV, Anton 19, 27, 27N, 37, 37N, 41, 41N, 72, 171, 173, 271, 296, 333, 489, 496
TCHÉKHOV, Mikhail 333N, 344, 345, 345N, 489, 490
TCHIURLIÓNIS, Mikolaiaus 38
TCHULKÓV, Georgi 259N
TCHUPIÁTOV, Leonid 436, 473L
TCHUSCHKIN, Nicolai 410N
TEATROS, CABARÉS E COMPANHIAS:
Alemanha – Os Meininger 19, 20.
Weimar e Dessau – Bauhaus 143.
Berlim – Berliner Ensemble 21; Renaissance-Theater 257; Volksbühne 181.
Munique – Kunstler Theater 54.
Finlândia-Terioki – Confraria dos Atores, dos Pintores, dos Escritores e dos Músicos 64; Kursaal 64.
França-Paris – Comédie-Française 259N; Théâtre de l'Oeuvre 154; Théâtre des Arts 18, 18N; Théâtre du Châtelet 18;

Théâtre Montparnasse-Gaston Baty 369N, 423, 425N, 427N, 449N, 451N, 469N; Théâtre Pigalle 63N, 369.
Rússia – Balés Russos 18; Confraria do Drama Novo 37.
Moscou – Instituto da Sociedade Filarmônica 24; Ópera Privada de Savva Mámontov 18; Teatro-Estúdio 39, 40L, 481.
Penza – Teatro Popular 46.
Petersburgo – O Cão Errante 59N; Instituto Tenischévski 82, 83L; A Casa dos Intermédios 56, 56L, 57L, 58, 59N, 68; Estúdio da rua Borodinskoia, 80N; Teatro Aleksandrínski 53, 59, 85, 340, 383, 492; Teatro Marínski 53, 55, 93N, 97, 103, 470; Teatro Vera Komissarjévskaia 40, 42L, 44L, 47, 47L, 52, 318N.
Rússia e URSS-Moscou – Circo de Moscou 386; Teatro Artístico 115, 116, 150, 173, 173N, 289, 331, 334, 342, 345, 383, 388N, 491; Teatro Bolschói 25N, 159, 287, 325, 413, 469N, 470; Teatro Kamerni 20, 96, 162; Teatro Máli 247, 334, 423.
URSS – Teatro Acadêmico (ex Teatros Imperiais, Teatro Máli, Teatro Bolschói, Teatro Artístico) 227.
Baku – Teatro Operário 107, 359.
Carcóvia – Teatro do Proletkult* 95, 100, 110, 115, 116, 146, 176, 184.
Carcóvia e Kiev – Teatro Berezil 184.
Leningrado – Akdrama (ex Teatro Aleksandrínski) 197, 257N; Malegot (Pequeno Teatro de Ópera) 458, 473L, 474; Teatros Acadêmicos (ex Teatros Imperiais) 116, 285, 359; Teatro Púschkin (ex Teatro Aleksandrínski) 460, 492.
Moscou – FEX* 95, 118, 187, 338; Goset* 151, 159, 172, 489; Mastfor* 172; Teatro do Ator 124L, 161; Teatro da Comédia 352; Teatro de Ópera Stanislávski 470, 470N, 492; Teatro da Revolução 179, 186L, 187, 188, 196L, 197, 267, 334; Teatro

das Organizações Operárias (Teatro MGSPS) 122; Teatro Ermolova 424; Teatro Habima 173, 254; Teatro Meierhold (TIM•) 20, 112L, 113L, 124N, 131N, 156, 176N, 180L, 183, 184, 184N, 187, 188, 189, 191L, 199, 200, 237N, 246, 249, 257, 258, 258N, 261L, 277, 280, 286, 292N, 295, 295N, 303, 306, 315, 317, 325, 329N, 332, 335N, 336, 336N, 339, 341N, 354N, 369, 369N, 375, 375N, 408N, 465N, 468, 489; Gostim• 63, 316L, 326L, 327L, 332, 334, 335, 340L, 359, 361L, 373, 376, 382, 383, 400, 418, 422N, 423, 423N, 440, 458, 458N, 461, 469, 474L, 478N, 484, 489-494; Teatro RSFSR• 20N, 193L, 107, 108L, 110, 111N, 112, 113L, 114, 123L, 161, 202N; Teatro Estúdio do Ator de Cinema 260; Teatro (da) Taganka 21, 257N, 258; Teatro Vakhtángov 258; Terceiro Estúdio do Teatro Artístico 257, 315. Petrogrado – Comédia Popular 95, 249.
TELIAKÓVSKI, Vladímir 53, 59
TEMERIN, Aleksei 115, 157L, 284L
TERÊNTEV, Igor 332
THAELMANN, Ernst 183
TIÁPKINA, Elena 222L, 257, 258N, 261L, 306L, 308, 308N, 309
TIECK, Ludwig 48, 74, 170, 344, 352, 505
TIKHONRÁVOV, Nicolai 341N
TINIÁNOV, Iúri 343, 344
TIRSO DE MOLINA 435
TODOROV, Tzvetan 31N, 344N
TREDIAKÓVSKI, Vassíli 76
TREICH, Léon 449, 449N, 451N, 469, 469N
TRETIAKOV, Serguêi 20, 108N, 115, 132, 132N, 145, 156, 159, 160N, 168, 169N,

170, 171N, 179, 186, 186N, 258N, 332, 335, 377, 377N, 440, 458, 491, 497
TRÓTSKI, Lev 179, 489
TSÉTNEROVITCH, Pável 326l
TURGUÊNIEV, Ivan 171, 376

U
ÜBERSFELD, Anne 30n
ULIÂNOV, Nicolai 39, 51L

V
VAKHTÂNGOV, Evguêni 19, 33, 33N, 113, 116, 116N, 144N, 172, 173, 173N, 244, 258, 311, 311N, 315, 320, 331, 418, 458, 481N
VAKHTÂNGOV, Serguêi 492
VAL, V. 111N
VALLOTTON, Félix Édouard 435
VAN DYCK, Anton 464
VARLÁMOV, Aleksandr 374, 411, 445
VARPAKHÓVSKI, Leonid 475N, 478N, 486, 486N
VELÁZQUEZ, Diego Rodriguez de Silva y 79, 435, 464
VELEKHOVA, Nina 150, 150N
VENETSIÁNOV, Aleksei 353, 367, 437
VERHAEREN, Émile 38N, 93L, 97, 108L, 110
VERIGUINA, Valentina 50N
VÉRTOV, Dziga 375
VESNIN, Aleksandr 109, 120
VIN, Zakhari 133N, 150N, 152N
VINAVER, Michel 258N, 259N
VINCENT, Jean-Pierre 259N
VINOGRÁDOV, Victor 344, 344N, 348N
VISCHNÉVSKI, Vsévolod 435, 446, 492
VITALY, Georges 102N
VIVITSKAIA, Bojena 93N

VIVIEN, Leonid 74, 94, 99
VOGAK, Constantin 74, 75
VOLKENSTEIN, Vladímir 277
VOLKOV, Nicolai 18N, 24N, 37N, 61N, 63N, 259, 259N, 276N, 311N, 472N
VOLÓSCHIN, Maximilian 38
VSEVOLDSKI-GUERNGROSS, Vsévolod 96
VUILLARD, Edouard 365N
VISCHÍNSKI, Andréi 493

W
WAGNER, Richard 21, 38, 46, 53, 55, 65, 73, 303, 315, 324, 431N, 470, 471, 497, 498, 501, 502, 502N, 504, 504N
WEDEKIND, Frank 37, 38
WHITE, Pearl 195
WHITEMAN, Paul 469
WHITMANN, Walt 110
WILDE, Oscar 46, 64, 79, 80, 94, 96, 430, 468, 486
WISNER, René 425N
WOLF-FERRARI, Ermanno 470
WOLZOGEN, Ernst Ludwig von 66
WOODING, Sam 386

Z
ZAGÓRSKI, Mikhail 110N, 199, 332
ZAÍTCHIKOV, Vassíli 114L, 115, 162, 165L, 169, 170, 292, 396, 397, 397L
ZAKHÁVA, Boris 210L, 222L, 315N, 320L
ZAMIÁTIN, Evguêni 46N, 118, 118N, 236, 236N, 335
ZANDIN, Mikhail 99, 360
ZAVÁDSKI, Iúri 26, 26N
ZEMAKH, Naum 254
ZLOBIN, Zossime 160L
ZNOSKO-BORÓVSKI, Evguêni 56N

560

ANEXOS

Índice de Obras

1913 (Akhmátova) 52
5 x 5 = 25 120

A

Adesão, A (Herman) 469, 482
Advertência para Aqueles Que
 Desejariam Representar *Revizor* Como
 Convém (Gógol) 340
Afischa TIM 295, 336, 369, 375
Alegres Dias de Raspliuiev, Os (A Morte
 de Tarelkin, Sukhovó-Kobílin) 101
Aleksandr Névski (Eisenstein) 465
Alemanha, A (Vischnévski) 435
Alfabeto (Benois) 46
Alma Boa de Sé-Tsuan, A 21
Almanach du blaue Reiter 20, 73
Almas Mortas (Gógol) 172, 336, 346,
 393, 410
Amantes, Os (Meierhold) 64, 468
Amor das Três Laranjas, O (Gozzi) 369
Amor das Três Laranjas, O
 (Meierhold) 74, 80, 94, 121
Amor das Três Laranjas, O
 (Prokófiev) 304, 369
Antígona (Sófocles) 468
Após uma Leitura de Dante, Fantasia
 Quase Sonata (Liszt) 317
Arabesco (Debussy) 169
Arabescos (Gógol) 355
Arlequim Alcoviteiro (Solovióv) 64
Arte do Teatro, A (Craig) 18, 65
Arte Teatral Moderna, A (Rouché) 18
Auroras, As (Verhaeren) 93, 97, 107, 108,
 109, 110, 111, 112, 113, 119, 146, 156, 202,
 243, 359, 418, 468
Avenida Névski, A (Gógol) 346, 347

B

Baile de Máscaras, O (Lérmontov) 17,
 26, 52, 82, 83, 84, 85, 89, 93, 96, 151,
 289, 316, 334, 373, 374, 426, 434, 466,
 468, 492, 493, 497
Balé Mecânico (Léger) 295, 465

Bandeiras (Paquet) 181
Bandoleiros, Os (Schiller) 229
Banhos, Os (Maiakóvski) 156, 491, 492, 494
Barbeiro de Sevilha, O (Rossini) 447
Barraca da Feira de Atrações, A
 (Blok) 22, 24, 41, 45, 46, 47, 48, 50, 57,
 67, 82, 105, 173, 289, 296, 311, 337, 357,
 468, 496, 498
Bofetada no Gosto Público, Uma 59
Bolo de Ar, O (Romaschov) 267
Boris Godunov (Mussórgski) 458, 470, 482
Boris Godunov (Prokófiev) 462
Boris Godunov (Púschkin) 31, 59, 97,
 99, 106, 204, 270, 275, 315, 418, 435,
 456, 457, 458, 459, 460, 465, 466, 469,
 471, 492,3 506

C

Cabeças Redondas e Cabeças Pontudas
 (Brecht) 20
Calçada da Revolução, A (Lébedev) 304
Canção de Amor (Liszt) 323
Canção dos Tijolinhos 246
Canhoto (Leskov) 236
Capote, O (Gógol) 344
Carlitos Maquinista (Chaplin) 240
Carlitos no Teatro (Chaplin) 235
Carlitos Presidiário (Chaplin) 235
Carmem às Avessas (Chaplin) 232
Carmen (Bizet) 303, 457
Carnaval (Schumann) 55
Carnaval das Crianças 18
Carta Sobre o Teatro (Meierhold) 342
Casa de Bonecas (A Tragédia de Nora
 Helmer ou Como uma Mulher Saída
 de uma Família Burguesa Preferiu
 a Independência e o Trabalho,
 Ibsen) 106, 122, 169
Casa dos Corações Partidos, A
 (Shaw) 280
Casamento de Zobeida, O
 (Hoffmansthal) 433
Casamento, O (Gógol) 346

Casamento, O (Mussórgski) 324, 442, 470
Cenas da Vida Mundana (Gógol) 346
Chá para Dois (Youmans) 469
Cimento, O (Gladkov) 335
Comandante do Segundo Exército, O
 (Selvínki) 156, 469, 494
Comédia com Assassinato
 (Maiakóvski) 335
Comédia Musical Negra 386
Compra do Cobre, A (Brecht) 505
Concerto n. 1 (Liszt) 324
Consolação n. 3 (Liszt) 324
Consolação n. 5 (Liszt) 324
Conto Eterno (Przybyszewski) 42
Convidado de Pedra, O
 (Dargomíjski) 458, 470
Convidado de Pedra, O (Púsckin) 64, 78
Coração Ardente (Ostróvski) 334
Corno Magnífico, O (Crommelynck) 20,
 26, 89, 114, 119, 121, 122, 124, 126, 127,
 128, 136, 146, 149, 151, 153, 154, 155,
 156, 157, 158, 159, 160, 161, 162, 166,
 167, 168, 169, 170, 171, 173, 176, 178,
 179, 188, 231, 235, 292, 293, 309, 315,
 320, 331, 468, 482, 501
Covarde Lutador, Um (Cruze) 380
Crescimento, O (Glebov) 335
Crime e Crime (Strindberg) 64
Cruz de São Vladímir, A (Gógol) 342

D

D.E. (Daesch Evropu!) 169, 183, 188,
 189, 193, 196, 231, 279, 306, 327, 336,
 367, 377, 468, 469, 482
Dama das Camélias, A (Dumas) 426,
 435, 437, 458, 466, 469, 471, 476, 477,
 486, 492
Dama de Espadas, A (Púschkin) 474
Dama de Espadas, A (Tchaikóvski) 31,
 207, 426, 457, 458, 470, 474, 492, 496
Das Neue Russland 20
Desconhecida, A (Blok) 82, 83, 97, 121
Desenlace de Revizor, O 340, 404

ÍNDICES

Desgraça de Ter Espírito, A (Griboiêdov) 208, 327, 335, 377, 457, 468, 487, 491, 492

Devoção à Cruz, A (Calderón de La Barca) 46, 64

Diabo Mesquinho, O (Sologúb) 404

Diário de um Louco (Gógol) 338

Dibuk, O (An-Ski) 173, 320

Divina Comédia (Dante) 435

Dom Quixote (Cervantes) 204

Dom Juan (Molière) 46, 53, 59, 61, 62, 63, 68, 71, 82, 83, 85, 151, 468, 492

Doze Cadeiras, As (Ilf e Petrov) 367

Doze, Os (Blok) 103

Dr. Mabuse (Lang) 195

E

E o Aço Foi Temperado (Ostróvski) 492

Echarpe de Colombina, A (Schnitzler) 46, 56, 59, 62, 63, 217, 310, 311, 472, 496

Elektra (Strauss) 74, 470

Em Meu Sangue Arde o Fogo do Desejo (Glinka) 413, 443

Emploi do Ator, O (Meierhold) 167

Encouraçado Potiômkin, O (Eisenstein) 375, 494

Ensaio sobre o teatro grotesco (Schiller) 31

Escândalo em Sociedade (Dwan) 375

Escritos (Piscator) 20

Espectros, Os (Ibsen) 40

Espetáculo Blok (*A Barraca da Feira de Atrações* e *A Desconhecida*) 82, 89

Estranhos Padecimentos de um Diretor de Teatro, Os (Hoffmann) 69

Estudo, opus 10, n. 12 (Chopin) 323

Estudo, opus 10, n. 8 (Chopin) 324

Estudo, opus 25, n. 2 (Chopin) 324

Estudo, opus 25, n. 4 (Chopin) 324

Estudo, opus 25, n. 5 (Chopin) 323

Eu Acuso (Meierhold) 122

Eu me Lembro de um Instante Maravilhoso (Glinka) 226

Eu Quero um Filho (Tretiakov) 156, 335, 492

Extraordinária Aventura de Boireau, A (Deed) 249

Extratos de uma Carta a um Escritor após a Primeira Representação de Revizor (Gógol) 340

F

Façanhas de Elaine, As (Gasner) 196

Fausto (Murnau) 436

Feiticeira, A (Goldfaden) 159

Festim Durante a Peste, Um (Píschkin) 458

Fiabe (Gozzi) 75

Floresta, A (Ostróvski) 189, 193, 194, 196, 197, 199, 200, 201, 202, 203, 204, 208, 209, 210, 212, 213, 217, 231, 232, 233, 234, 235, 236, 237, 238, 242, 243, 246, 253, 253, 254, 277, 282, 284, 288, 296, 301, 315, 322, 324, 327, 331, 337, 3638, 344, 349, 352, 375, 377, 378, 382, 443, 483, 493-494, 497, 503

Fogo, O 121

Formas da Arte, As (Béli) 38

Fugas (Bach) 329

G

Gabinete do Dr. Caligari (Wiene) 195, 453

Gaivota, A (Tchékhov) 37

Galo Vermelho, O (Hauptmann) 67

Garoto, O (Chaplin) 252

Gato de Botas, O (Tieck) 74, 170, 505

Gógol e o Diabo (Merejkóvski) 342

Golliwogg's Cake-walk (Debussy) 188

Grande Enciclopédia Russa 66

Guilherme Tell (Rossini) 470

H

Hamlet (Shakespeare) 78, 202, 207, 302, 423, 436, 492

Hamlet, Romance de um Encenador (Meierhold) 423

Hedda Gabler (Ibsen) 41, 433

Herói de Nosso Tempo, Um (Lérmontov) 493

Hipólito e Arícia (Rameau) 62, 468

História de como Ivan Ivanóvitch Brigou com Ivan Nikiforóvitch, A 418

História de uma Cidade (Saltikov-Schedrin) 335

História e Técnica do Teatro (Meierhold) 18, 40

Hop-frog (Poe) 89

I

Ídolo em Forma de Girafa, O 193

Índias Galantes (Rameau) 62, 468

Internacional, A (Degeyter) 110, 183, 332

Intolerância (Griffith) 195

Irmã Beatriz (Maeterlinck) 41, 433, 468

Ivan Sussánin (Glinka) 374

Ivan, o Terrível (Eisenstein) 465

J

Janela Para o Campo, Uma (Akulschin) 334, 376

Jardim das Cerejeiras, O (Tchaikóvski) 41, 67, 466

Jesus em meio aos Doutores (Dürer) 339

Jizn Iskusstva 95

Jogador, O (Prokofiév) 324, 470

Jogadores, Os (Gógol) 346, 349, 393

Judex (Feuillade) 195

K

Katerina Ismailova (*Lady Macbeth do Distrito de Mtensk*, Shostakóvitc) 470

Komsomolskaia pravda 332, 490

Kreisleriana (Hoffmann) 68, 69

L

L'Humanité 423

La Traviata (Verdi) 471

Ladrão (Leonov) 269

Lago Lull, O (Faikó) 156, 185, 187, 188, 196, 217, 234, 257, 315, 334, 378

Lev Guritch Sinitchkin (Lênski) 257, 491

Lista de Benfeitorias, A (Oléscha) 469

Liubov Iarovaia (Trenëv) 334

Loteria, A (Labiche) 268

Loucuras de Mulher (Stroheim) 195

Lugar Lucrativo, Um (Ostróvski) 187, 197, 209

Lulu (Wedekind) 23

Luta e a Vitória, A (Aksónov) 108, 120

Luta Final, A (Vischnévski) 446, 468, 469, 482, 494

ANEXOS

Lutchinuschka 199

M

Mãe, A (Górki) 258
Mandato, O (Erdman) 231, 257, 258,
259, 260, 266, 267, 268, 269, 270, 271,
272, 273, 274, 276, 277, 278, 279, 280,
282, 284, 285, 286, 288, 289, 290, 291,
292, 294, 295, 296, 297, 303, 308, 309,
311, 315, 331, 349, 354, 362, 367, 377,
412, 418, 495, 496
Mask, The (Craig) 22, 31
Menecmos, Os (Plautos) 74
Menino-Estrela, O (Wilde) 94
Mephisto-walzer (Liszt) 79, 324
Mestres Cantores de Nürnberg, Os
(Wagner) 303
Meus Dezesseis Anos Passaram
(Dargomíjski) 422
Milagre de Santo Antônio, O
(Maeterlinck) 320
Mistério (Scriábin) 23, 468, 472
Mistério-Bufo, O (Maiakóvski) 93, 97,
103, 104, 105, 106, 107, 109, 110, 111,
112, 113, 114, 119, 128, 146, 155, 156, 172,
204, 209, 267, 279, 359, 440, 501
Morte de Tarelkin, A (Sukhovó-
Kobílin) 101, 102, 159, 171, 173, 175,
176, 235, 241, 277, 285, 288, 290, 292,
338
Morte de Tintagiles, A (Maeterlinck) 39,
40, 41, 93, 433, 466
Morte do Comissário, A
(Petrov-Vódkin) 435
Moscou (Béli) 335
Mulher do Mercado Bebendo Chá, A
(Kustódiev) 367
Murmúrios da Floresta (Liszt) 324
Music Hall, O (Marinetti) 60

N

Na Cidade (Iutkévitch) 468
Nariz, O (Schostakóvitch) 442, 469
Natáscha (Seifullina) 492, 470
Neve, A (Przybyszevski) 37
No Lago de Wallenstadt (Liszt) 324
Noite, A (Martinet) 179, 183

Nós (Zamiátin) 118
Nossa Hospitalidade (Keaton) 375
Notícias do Dia (Hindemith) 470
Noturno n. 5 (Field) 329
Novo Cotidiano, O (Lébedev) 304
Núpcias de Kretchinski, As
(Sukhovó-Kobílin) 208

O

Opereta Negra (Wooding) 386
Ordens do Exército da Arte
(Maiakóvski) 109
Orfeu (Gluck) 22, 55, 324, 435, 470, 471, 472
Otelo (Shakespeare) 78
Outubro Teatral, O 418

P

Pais e Filhos (Turguêniev) 376
Pão Duro, O (Claudel) 280
Papagaio Verde, O (Schnitzler) 67
Para uma Teoria da Pintura
(Tarabukin) 432
Parade (Picasso) 23
Passagens Escolhidas de Minha Corres-
pondência com Amigos (Gógol) 340
Pedido de Casamento, Um (Tchékhov) 271
Pequeno Organon, O (Brecht) 503
Percevejo, O (Maiakóvski) 156, 291, 469,
470, 491, 492, 494
Pisanella (D'Annunzio) 17, 74
Prefácio de Cromwell (Hugo) 30
Prelúdio n. 18 (Chopin) 324
Prelúdios (Debussy) 468
Primavera, A (Botticelli) 435
Princesa Brambilla, A (Hoffmann) 27,
68, 113
Princesa Turandot, A (Gozzi) 113, 173,
244, 356
Príncipe Constante, O (Calderón de la
Barca) 85
Príncipe Transformado
(Znosko-Boróvski) 53
Professor Bubus, O (Faikó) 156, 193, 255,
257, 277, 279, 282, 285, 291, 315, 317,
320, 323, 324, 325, 327, 329, 362, 468,
476, 482,3 506
Prometeu (Scriábin) 73

Pulcinella (Stravínski) 450
Pulga, A (Zamiátin) 236

Q

Quatro Diabos, Os (Bang) 55

R

Ragionamento ingênuo e storia sincera
dell'origine dele mie dieci Fiabe
teatrali 74
Recepção Solene (Gnessin) 442
Reconstrução do Teatro, A (Meierhold) 500
Rei Cervo (Gozzi) 74, 170
Reis do Ar e a Dama do Camarote, Os 55
Rendição de Breda, A (Velázquez) 435
Retrato de Dorian Gray, O (Wilde) 79
Revizor (Gógol) 24, 99, 171, 208, 254, 268,
269, 277, 278, 285, 289, 297, 300, 311, 316,
331, 332, 333, 335, 336, 337, 338, 339, 340,
341, 342, 343, 344, 345, 346, 347, 348,
351, 353, 354, 355, 357, 358, 359, 360, 367,
368, 369, 370, 371, 373, 374, 375, 376,
377, 380, 382, 383, 385, 387, 388, 390,
391, 406, 407, 408, 410, 417, 418, 420,
423, 424, 425, 426, 427, 428, 429, 431,
432, 435, 436, 437, 440, 442, 443, 445,
446, 448, 449, 451, 457, 458, 459, 462,
464, 466, 468, 469, 476, 484, 487, 489,
491, 494, 496, 497, 499, 500, 504
Revue rotter rummel (Piscator) 181
Rienzi (Wagner) 470
Rigoletto (Verdi) 470, 492
Rouxinol, O (Stravínski) 103, 470, 473
Ruge, China! (Tretiakov) 156, 435, 469
Russalka, A (Dargomíjski) 470

S

Sábio, O (Ostróvski) 176, 202
Saída de um Teatro, A (Gógol) 340
Salomé (Wilde) 96, 468
Schluck e Iau (Hauptman) 468, 516, 517
Segredo de Suzanne, O (Wolf-Ferrari) 470
Semion Kotko (Prokófiev) 465, 470
Serenata (Anglada Camarasa) 64
Sinfonia Dramática (Béli) 38
Sobre o Teatro (Meierhold) 18, 28, 64,
65, 74

ÍNDICES

Solidão de Stanislávski, A
(Meierhold) 116
Sonata n. 3 (Scriábin) 468
Sonatas (Beethoven) 327
Sonho de uma Noite de Verão
(Shakespeare) 324
Sortilégios dos Mortos, Os (Sologúb) 97
Steps (Craig) 500
Suicidado, O (Erdman) 258, 259, 335, 492
Suite Cita (Prokófiev) 459
Suítes (Gavarni) 410

T
Tantris, o Bufão (Hardt) 471
Teatro da Máscara Social, O (Alpers) 289
Teatro de Feira, O (Meierhold) 72, 208,
331, 498
Teatro do Futuro, O (Fuchs) 18
Teatro Enquanto Tal, O (Evreinov) 65
Tecelões, Os (Hauptmann) 103

Técnica do Cômico em Gógol, A
(Slonimski) 343
Tempestade, A (Ostróvski) 208, 493
Tempestade, A (Shakespeare) 122
Terakoia ou a Escola do Vilarejo
(Takeda) 63
Terra Encabritada, A (Tretiakov) 108,
121, 145, 155, 159, 179, 181, 183, 185,
186, 196, 200, 215, 243, 277, 282, 336,
369, 418
Tiara de Séculos, A 280, 468
Tiro, O (Beziménski) 494
Traidor, O (Room) 375
Tratado de Dança (Ebreo) 77
Três Irmãs, As (Tchékhov) 27
Tripas de Ouro (Crommelynck) 154
Tristão e Isolda (Wagner) 53, 471
Troca, A (Claudel) 97
Trote Tahitiano (Shostakóvitch) 469
Trud 158

U
Ubu Rei (Jarry) 153
União dos Jovens, A (Ibsen) 113, 501
Urso, O (Tchékhov) 271

V
Vagabundo, O (Chaplin) 232, 235
Valsa de Dois Cachorrinhos 225, 231,
246, 301
Valsa do Amor, A 56
Valsa-fantasia (Glinka) 442, 443
Valsas (Schubert) 329
Verdade Inútil, Uma (Briússov) 38
Véu de Beatriz, O (Schnitzler) 57
Véu de Pierrette, O (Schnitzler) 56-57
Via de Aço, A 375
Vida do Homem, A (Andreev) 42
Vida, Uma (Gabrilóvitch) 492
Vitória da Morte, A (Sologub) 42
Viveiro dos Juízes, O 59

Créditos das Imagens

Caderno de Abertura

I A Echarpe de Colombina. *"O Baile", disputa com Arlequim. Quadro pintado por Sapunov a partir do espetáculo, 1910.*

II III IV A Morte de Tintagiles. *Estudos de grupamentos e jogos de cena, de Sudéikin.*

V O Amor das Três Laranjas. *Capa do n. 2 da revista, 1914.*

VI O Baile de Máscaras. *Teatro Alexandrinski, 1917. Cenário de Aleksandr Golovin.*

VII O Baile de Máscaras. *Esboço da cortina do Quadro II.*

VIII IX X XI XII XIII O Baile de Máscaras. *Estudos de personagens para o Quadro II:*

VIII *Tirselin;* **IX** *Polichinelo;* **X** *Um turco;* **XI** *Um anão;* **XII** *A girafa;* **XIII** *O fantasma.*

XIV O Baile de Máscaras. *Quadro 7, "A Casa de Jogos". Esboço de A. Golovin, todo em tons de vermelho e negro.*

XV A Dama de Espadas. *Esboço do quarto da condessa, por Tchupiatov.*

XVI O Baile de Máscaras, *1917. Maquete, reconstituição recente.*

XVII A Floresta, *1924. Maquete, reconstituição recente.*

XVIII O Professor Bubus. *Cartaz da estreia do espetáculo, 1925.*

XIX A Luta Final. *Capa do programa do espetáculo, 1931.*

As imagens VI, VII, VIII, IX, X, XI, XII, XIII, XIV, 28, 30, 31 e 32 são provenientes de "Maskarad" M. Lérmontova v Teatralnikh Eskizakh A. Golovina (O Baile de Máscaras de M. Lérmontov nos Esboços de A. Golovin), edição de E. Lansere. Moskvá / Leningrad: VTO, 1941-1946.

As imagens 14 e 16 são provenientes de Milítsa Pojarskaia, Russkoe Teatral No-dekoratsionnoe Iskusstvo Kontsa XIX-Natchala XX Veka, Moskvá: Iskusstvo, 1970.

As imagens 126 e 130 são provenientes de Flora Sirkina, Isaak Rabinóvitch. Moskvá: Soviétski Khudójnik, 1972.

As imagens 20 e 60 são provenientes de Constantin Rudnítski, Rejisser Meierhold, Moskvá: Nauka, 1969.

As imagens 128, 133, 135 e 138 são provenientes de "Revizor" v TIME, Leningrad, Acadêmia, 1927.

As imagens 51, 53 e 69 (I, II e III) são provenientes de I. Schlepiánov, Stati, Zametki, viskazivania: Sovremêniki o Schlepiánov, Moskvá: Iskusstvo, 1969.

A imagem 44 é proveniente da revista Ermitaj.

As imagens 4, 7, 11, 13 e 23 são provenientes de N. Volkov, Meierhold, tom. I, Moskvá / Leningrad, Acadêmia, 1929.

A imagem 168 é proveniente de L. Varpakhóvski, Nabliudenia, Analiz, Opit, Moskvá: VTO, 1978.

As imagens 83, 86 (I, II, III), 124 e 132 são provenientes de Vstretchi s Meierholdom, Moskvá, VTO, 1967.

A imagem XV é proveniente de Pikovaia Dama, Sbórnik, Leningrad: Leningradskaia Pravda, 1935.

As imagens deste livro provêm dos arquivos de Béatrice Picon-Vallin, reunidos ao longo de suas pesquisas e graças à ajuda da neta de V. Meierhold, Maria Valentei.

TEATRO NA PERSPECTIVA

O Sentido e a Máscara
Gerd A. Bornheim (D008)
A Tragédia Grega
Albin Lesky (D032)
Maiakóvski e o Teatro de Vanguarda
Angelo M. Ripellino (D042)
O Teatro e sua Realidade
Bernard Dort (D127)
Semiologia do Teatro
J. Guinsburg, J. T. Coelho Netto e Reni C. Cardoso
(orgs.) (D138)
Teatro Moderno
Anatol Rosenfeld (D153)
O Teatro Ontem e Hoje
Célia Berrettini (D166)
Oficina: Do Teatro ao Te-Ato
Armando Sérgio da Silva (D175)
O Mito e o Herói no Moderno Teatro Brasileiro
Anatol Rosenfeld (D179)
Natureza e Sentido da Improvisação Teatral
Sandra Chacra (D183)
Jogos Teatrais
Ingrid D. Koudela (D189)
Stanislávski e o Teatro de
Arte de Moscou
J. Guinsburg (D192)
O Teatro Épico
Anatol Rosenfeld (D193)
Exercício Findo
Décio de Almeida Prado (D199)
O Teatro Brasileiro Moderno
Décio de Almeida Prado (D211)
Qorpo-Santo: Surrealismo ou Absurdo?
Eudinyr Fraga (D212)
Performance como Linguagem
Renato Cohen (D219)
Grupo Macunaíma: Carnavalização e Mito
David George (D230)
Bunraku: Um Teatro de Bonecos
Sakae M. Giroux e Tae Suzuki (D241)
No Reino da Desigualdade
Maria Lúcia de Souza B. Pupo (D244)
A Arte do Ator
Richard Boleslavski (D246)
Um Vôo Brechtiano
Ingrid D. Koudela (D248)
Prismas do Teatro
Anatol Rosenfeld (D256)

Teatro de Anchieta a Alencar
Décio de Almeida Prado (D261)
A Cena em Sombras
Leda Maria Martins (D267)
Texto e Jogo
Ingrid D. Koudela (D271)
O Drama Romântico Brasileiro
Décio de Almeida Prado (D273)
Para Trás e Para Frente
David Ball (D278)
Brecht na Pós-Modernidade
Ingrid D. Koudela (D281)
O Teatro É Necessário?
Denis Guénoun (D298)
O Teatro do Corpo Manifesto: Teatro Físico
Lúcia Romano (D301)
O Melodrama
Jean-Marie Thomasseau (D303)
Teatro com Meninos e Meninas de Rua
Marcia Pompeo Nogueira (D312)
O Pós-Dramático: Um conceito Operativo?
J. Guinsburg e S. Fernandes (orgs.) (D314)
Contar Histórias com o Jogo Teatral
Alessandra Ancona de Faria (D323)
Teatro no Brasil
Ruggero Jacobbi (D327)
Teatro Brasileiro: Ideias de uma História
J. Guinsburg e Rosangela Patriota (D329)
Dramaturgia: A Construção da Personagem
Renata Pallottini (D330)
Caminhante, Não Há Caminhos. Só Rastros
Ana Cristina Colla (D331)
Ensaios de Atuação
Renato Ferracinio (D332)
João Caetano
Décio de Almeida Prado (E011)
Mestres do Teatro I
John Gassner (E036)
Mestres do Teatro II
John Gassner (E048)
Artaud e o Teatro
Alain Virmaux (E058)
Improvisação para o Teatro
Viola Spolin (E062)
Jogo, Teatro & Pensamento
Richard Courtney (E076)
Teatro: Leste & Oeste
Leonard C. Pronko (E080)

Uma Atriz: Cacilda Becker
N. Fernandes e M.T. Vargas (orgs.) (E086)

TBC: Crônica de um Sonho
Alberto Guzik (E090)

Os Processos Criativos de Robert Wilson
Luiz Roberto Galizia (E091)

Nelson Rodrigues: Dramaturgia e Encenações
Sábato Magaldi (E098)

José de Alencar e o Teatro
João Roberto Faria (E100)

Sobre o Trabalho do Ator
M. Meiches e S. Fernandes (E103)

Arthur de Azevedo: A Palavra e o Riso
Antonio Martins (E107)

O Texto no Teatro
Sábato Magaldi (E111)

Teatro da Militância
Silvana Garcia (E113)

Brecht: Um Jogo de Aprendizagem
Ingrid D. Koudela (E117)

O Ator no Século XX
Odette Aslan (E119)

Zeami: Cena e Pensamento Nô
Sakae M. Giroux (E122)

Um Teatro da Mulher
Elza Cunha de Vincenzo (E127)

Concerto Barroco às Óperas do Judeu
Francisco Maciel Silveira (E131)

Os Teatros Bunraku e Kabuki: Uma Visada Barroca
Darci Kusano (E133)

O Teatro Realista no Brasil: 1855-1865
João Roberto Faria (E136)

Antunes Filho e a Dimensão Utópica
Sebastião Milaré (E140)

O Truque e a Alma
Angelo Maria Ripellino (E145)

A Procura da Lucidez em Artaud
Vera Lúcia Felício (E148)

Memória e Invenção: Gerald Thomas em Cena
Sílvia Fernandes (E149)

O Inspetor Geral de Gógol/Meyerhold
Arlete Cavaliere (E151)

O Teatro de Heiner Müller
Ruth C. de O. Röhl (E152)

Falando de Shakespeare
Barbara Heliodora (E155)

Moderna Dramaturgia Brasileira
Sábato Magaldi (E159)

Work in Progress na Cena Contemporânea
Renato Cohen (E162)

Stanislávski, Meierhold e Cia
J. Guinsburg (E170)

Apresentação do Teatro Brasileiro Moderno
Décio de Almeida Prado (E172)

Da Cena em Cena
J. Guinsburg (E175)

O Ator Compositor
Matteo Bonfitto (E177)

Ruggero Jacobbi
Berenice Raulino (E182)

Papel do Corpo no Corpo do Ator
Sônia Machado Azevedo (E184)

O Teatro em Progresso
Décio de Almeida Prado (E185)

Édipo em Tebas
Bernard Knox (E186)

Depois do Espetáculo
Sábato Magaldi (E192)

Em Busca da Brasilidade
Claudia Braga (E194)

A Análise dos Espetáculos
Patrice Pavis (E196)

As Máscaras Mutáveis do Buda Dourado
Mark Olsen (E207)

Crítica da Razão Teatral
Alessandra Vannucci (E211)

Caos e Dramaturgia
Rubens Rewald (E213)

Para Ler o Teatro
Anne Ubersfeld (E217)

Entre o Mediterrâneo e o Atlântico
Maria Lúcia de Souza B. Pupo (E220)

Yukio Mishima: O Homem de Teatro e de Cinema
Darci Kusano (E225)

O Teatro da Natureza
Marta Metzler (E226)

Margem e Centro
Ana Lúcia V. de Andrade (E227)

Ibsen e o Novo Sujeito da Modernidade
Tereza Menezes (E229)

Teatro Sempre
Sábato Magaldi (E232)

O Ator como Xamã
Gilberto Icle (E233)

A Terra de Cinzas e Diamantes
Eugenio Barba (E235)
A Ostra e a Pérola
Adriana Dantas de Mariz (E237)
A Crítica de um Teatro Crítico
Rosangela Patriota (E240)
O Teatro no Cruzamento de Culturas
Patrice Pavis (E247)
Eisenstein Ultrateatral: Movimento Expressivo e Montagem de Atrações na Teoria do Espetáculo de Serguei Eisenstein
Vanessa Teixeira de Oliveira (E249)
Teatro em Foco
Sábato Magaldi (E252)
A Arte do Ator entre os Séculos XVI e XVIII
Ana Portich (E254)
O Teatro no Século XVIII
Renata S. Junqueira e Maria Gloria C. Mazzi (orgs.) (E256)
A Gargalhada de Ulisses
Cleise Furtado Mendes (E258)
Dramaturgia da Memória no Teatro-Dança
Lícia Maria Morais Sánchez (E259)
A Cena em Ensaios
Béatrice Picon-Vallin (E260)
Teatro da Morte
Tadeusz Kantor (E262)
Escritura Política no Texto Teatral
Hans-Thies Lehmann (E263)
Na Cena do Dr. Dapertutto
Maria Thais (E267)
A Cinética do Invisível
Matteo Bonfitto (E268)
Luigi Pirandello:
Um Teatro para Marta Abba
Martha Ribeiro (E275)
Teatralidades Contemporâneas
Sílvia Fernandes (E277)
Conversas sobre a Formação do Ator
J. Lassalle e Jean-Loup Rivière (E278)
A Encenação Contemporânea
Patrice Pavis (E279)
As Redes dos Oprimidos
Tristan Castro-Pozo (E283)
O Espaço da Tragédia
Gilson Motta (E290)
A Cena Contaminada
José Tonezzi (E291)

A Gênese da Vertigem
Antonio Araújo (E294)
A Fragmentação da Personagem
Maria Lúcia Levy Candeias (E297)
Alquimistas do Palco: Os Laboratórios Teatrais na Europa
Mirella Schino (E299)
Palavras Praticadas:O Percurso Artístico de Jerzy Grotowski, 1959-1974
Tatiana Motta Lima (E300)
Persona Performática: Alteridade e Experiência na Obra de Renato Cohen
Ana Goldenstein Carvalhaes (E301)
Como Parar de Atuar
Harold Guskin (E303)
Metalinguagem e Teatro: A Obra de Jorge Andrade
Catarina Sant Anna (E304)
Função Estética da Luz
Roberto Gill Camargo (E307)
Do Grotesco e do Sublime
Victor Hugo (EL05)
O Cenário no Avesso
Sábato Magaldi (EL10)
A Linguagem de Beckett
Célia Berrettini (EL23)
Idéia do Teatro
José Ortega y Gasset (EL25)
O Romance Experimental e o Naturalismo no Teatro
Emile Zola (EL35)
Duas Farsas: O Embrião do Teatro de Molière
Célia Berrettini (EL36)
Marta, A Árvore e o Relógio
Jorge Andrade (T001)
O Dibuk
Sch. An-Ski (T005)
Leone de'Sommi: Um Judeu no Teatro da Renascença Italiana
J. Guinsburg (org.) (T008)
Urgência e Ruptura
Consuelo de Castro (T010)
Pirandello do Teatro no Teatro
J. Guinsburg (org.) (T011)
Canetti: O Teatro Terrível
Elias Canetti (T014)
Idéias Teatrais: O Século XIX no Brasil
João Roberto Faria (T015)
Heiner Müller: O Espanto no Teatro
Ingrid D. Koudela (org.)(T016)

Büchner: Na Pena e na Cena
  J. Guinsburg e Ingrid Dormien Koudela (orgs.) (T017)
Teatro Completo
  Renata Pallottini (T018)
Barbara Heliodora: Escritos sobre Teatro
  Claudia Braga (org.) (T020)
Machado de Assis: Do Teatro
  João Roberto Faria (org.)(T023)
Luís Alberto de Abreu: Um Teatro de Pesquisa
  Adélia Nicolete (org.) (T025)
Teatro Espanhol do Século de Ouro
  J. Guinsburg e N. Cunha (orgs.) (T026)
Tatiana Belinky: Uma Janela para o Mundo
  Maria Lúcia de S. B. Pupo (org.) (T28)
Um Encenador de si Mesmo: Gerald Thomas
  J. Guinsburg e Sílvia Fernandes (S021)
Três Tragédias Gregas
  Guilherme de Almeida e Trajano Vieira (S022)
Édipo Rei de Sófocles
  Trajano Vieira (S031)
As Bacantes de Eurípides
  Trajano Vieira (S036)
Édipo em Colono de Sófocles
  Trajano Vieira (S041)
Agamêmnon de Ésquilo
  Trajano Vieira (S046)
Antígone de Sófocles
  Trajano Vieira (S049)
Lisístrata e Tesmoforiantes
  Trajano Vieira (S052)
Teatro e Sociedade: Shakespeare
  Guy Boquet (K015)
O Cotidiano de uma Lenda
  Cristiane L. Takeda (PERS)
Eis Antonin Artaud
  Florence de Mèredieu (PERS)
Eleonora Duse: Vida e Obra
  Giovanni Pontiero (PERS)
Linguagem e Vida
  Antonin Artaud (PERS)

Ninguém se Livra de seus Fantasmas
  Nydia Licia (PERS)
Sábato Magaldi e as Heresias do Teatro
  Maria de Fátima da Silva Assunção (PERS)
Br-3
  Teatro da Vertigem (LSC)
Dicionário de Teatro
  Patrice Pavis (LSC)
Dicionário do Teatro Brasileiro: Temas, Formas e Conceitos
  J. Guinsburg, João Roberto Faria e Mariangela Alves de Lima (LSC)
História Mundial do Teatro
  Margot Berthold (LSC)
História do Teatro Brasileiro, v. 1: Das Origens ao Teatro Profissional da Primeira Metade do Século XX
  João Roberto Faria (DIR.) (LSC)
História do Teatro Brasileiro, v. 2: Do Modernismo às Tendências Contemporâneas
  João Roberto Faria (DIR.) (LSC)
O Jogo Teatral no Livro do Diretor
  Viola Spolin (LSC)
Jogos Teatrais: O Fichário de Viola Spolin
  Viola Spolin (LSC)
Jogos Teatrais na Sala de Aula
  Viola Spolin (LSC)
Queimar a Casa: Origens de um Diretor
  Eugenio Barba (LSC)
Rastros: Treinamento e História de Uma Atriz do Odin Teatret
  Roberta Carreri (LSC)
Teatro Laboratório de Jerzy Grotowsky
  Ludwik Flaszen e Carla Pollastrelli (cur.) (LSC)
Últimos: Comédia Musical em Dois Atos
  Fernando Marques (LSC)
Uma Empresa e seus Segredos: Companhia Maria Della Costa
  Tania Brandão (LSC)
Zé
  Fernando Marques (LSC)

*Este livro foi impresso na cidade de São Paulo,
nas oficinas da MarkPress Brasil, em junho de 2013,
para a Editora Perspectiva.*